并购重组

规定·案例·文书

耿志宏 编

法律与政策工具箱

法律出版社
LAW PRESS·CHINA
北京

图书在版编目（CIP）数据

法律与政策工具箱. 并购重组：规定·案例·文书／耿志宏编. -- 北京：法律出版社，2024. -- ISBN 978 -7-5197-9399-9

Ⅰ. D92；D922.294

中国国家版本馆 CIP 数据核字第 2024SP7175 号

| 法律与政策工具箱：并购重组
（规定·案例·文书）
FALÜ YU ZHENGCE GONGJUXIANG：BINGGOU CHONGZU（GUIDING · ANLI · WENSHU） | 耿志宏 编 | 责任编辑 李沂蔚
装帧设计 汪奇峰 贾丹丹 |

出版发行 法律出版社	开本 A5
编辑统筹 法律应用出版分社	印张 27.75　字数 796 千
责任校对 朱海波	版本 2024 年 8 月第 1 版
责任印制 刘晓伟	印次 2024 年 8 月第 1 次印刷
经　　销 新华书店	印刷 北京盛通印刷股份有限公司

地址：北京市丰台区莲花池西里 7 号（100073）
网址：www.lawpress.com.cn　　　　　销售电话：010-83938349
投稿邮箱：info@lawpress.com.cn　　　客服电话：010-83938350
举报盗版邮箱：jbwq@lawpress.com.cn　咨询电话：010-63939796
版权所有·侵权必究

书号：ISBN 978-7-5197-9399-9　　　定价：138.00 元

凡购买本社图书，如有印装错误，我社负责退换。电话：010-83938349

目 录

第一部分 规范指引

法律

中华人民共和国公司法(2023年12月29日修订) ………… 3
中华人民共和国证券法(2019年12月28日修订) ………… 51
中华人民共和国企业国有资产法(2008年10月28日) ……… 98
中华人民共和国反垄断法(2022年6月24日修正) ………… 111

法规及国务院规范性文件

国务院关于进一步优化企业兼并重组市场环境的意见(2014年3月7日) …………………………………………… 124
国务院办公厅关于推动中央企业结构调整与重组的指导意见(2016年7月17日) ………………………………… 129
国务院办公厅关于建立外国投资者并购境内企业安全审查制度的通知(2011年2月3日) ……………………… 135
国务院关于促进企业兼并重组的意见(2010年8月28日) …… 138
国务院办公厅转发国资委关于推进国有资本调整和国有企业重组指导意见的通知(2006年12月5日) ………… 146
国务院关于经营者集中申报标准的规定(2024年1月22日修订) ……………………………………………………… 152
国务院办公厅关于当前金融促进经济发展的若干意见(2008年12月8日) ………………………………………… 153
企业国有资产监督管理暂行条例(2019年3月2日修订) …… 159
国有资产评估管理办法(2020年11月29日修订) ………… 166

司法解释

最高人民法院关于人民法院为企业兼并重组提供司法保障的指导意见（2014年6月3日） …… 172

最高人民法院关于审理与企业改制相关的民事纠纷案件若干问题的规定（2020年12月23日修正） …… 179

部门规章及规范性文件

国务院国有资产监督管理委员会关于印发《关于国有企业改制重组中积极引入民间投资的指导意见》的通知（2012年5月23日） …… 184

国有资产评估管理办法施行细则（1992年7月18日） …… 186

国家国有资产管理局关于对上市公司国家股配股及股权转让等有关问题的通知（1994年12月1日） …… 198

国家国有资产管理局关于印发《国有资产产权界定和产权纠纷处理暂行办法》的通知（1993年11月21日） …… 199

商务部关于外国投资者并购境内企业的规定（2009年6月22日修改） …… 207

商务部实施外国投资者并购境内企业安全审查制度的规定（2011年8月25日） …… 222

商务部实施外国投资者并购境内企业安全审查制度有关事项的暂行规定（2011年3月4日） …… 225

外国投资者并购境内企业反垄断申报指南（2007年3月8日） …… 228

外国投资者对上市公司战略投资管理办法（2015年10月28日修订） …… 232

国家工商行政管理总局关于做好公司合并分立登记支持企业兼并重组的意见（2011年11月28日） …… 240

中国银监会关于印发《商业银行并购贷款风险管理指引》的通知（2015年2月10日） …… 250

财政部、税务总局关于继续实施企业改制重组有关土地增值税政策的公告（2021年5月31日） …… 258

财政部、税务总局关于继续执行企业事业单位改制重组有关契税政策的公告(2021年4月26日) ………… 259

财政部、国家税务总局关于促进企业重组有关企业所得税处理问题的通知(2014年12月25日) ………… 261

上市公司并购重组行政许可并联审批工作方案(2014年10月24日) ………… 263

国家税务总局关于债务重组所得企业所得税处理问题的批复(2009年1月4日) ………… 264

上市公司收购管理办法(2020年3月20日修正) ………… 265

上市公司重大资产重组管理办法(2023年2月17日修订) ………… 293

上市公司信息披露管理办法(2021年3月18日) ………… 313

上市公司股权激励管理办法(2018年8月15日修正) ………… 328

上市公司国有股权监督管理办法(2018年5月16日) ………… 343

上市公司并购重组财务顾问业务管理办法(2008年6月3日) ………… 359

科创板上市公司持续监管办法(试行)(2019年3月1日) ………… 372

科创板上市公司证券发行注册管理办法(试行)(2020年7月3日) ………… 377

创业板上市公司持续监管办法(试行)(2020年6月12日) ………… 396

创业板上市公司证券发行注册管理办法(试行)(2020年6月12日) ………… 401

北京证券交易所上市公司持续监管办法(试行)(2021年10月30日) ………… 421

北京证券交易所上市公司证券发行注册管理办法(试行)(2021年10月30日) ………… 426

上市公司监管指引第7号——上市公司重大资产重组相关股票异常交易监管(2023年2月17日) ………… 442

公开发行证券的公司信息披露内容与格式准则第26号——上市公司重大资产重组(2023年10月27日修正) ………… 445

公开发行证券的公司信息披露内容与格式准则第18号——被收购公司董事会报告书(2020年3月20日修正) ………… 488

公开发行证券的公司信息披露内容与格式准则第 56 号——北京证券交易所上市公司重大资产重组（2023 年 2 月 17 日）………………………………………………………………… 494

公开发行证券的公司信息披露内容与格式准则第 55 号——北京证券交易所上市公司权益变动报告书、上市公司收购报告书、要约收购报告书、被收购公司董事会报告书（2021 年 10 月 30 日）………………………………………… 516

《上市公司收购管理办法》第七十四条有关通过集中竞价交易方式增持上市公司股份的收购完成时点认定的适用意见——证券期货法律适用意见第 9 号（2021 年 1 月 15 日修正）…………………………………………………………… 536

《上市公司收购管理办法》第六十二条、第六十三条及《上市公司重大资产重组管理办法》第四十六条有关限制股份转让的适用意见——证券期货法律适用意见第 4 号（2023 年 2 月 17 日）………………………………………………… 537

《上市公司重大资产重组管理办法》第二十九条、第四十五条的适用意见——证券期货法律适用意见第 15 号（2023 年 2 月 17 日）……………………………………………………… 538

公开发行证券的公司信息披露内容与格式准则第 16 号——上市公司收购报告书（2020 年 3 月 20 日修正）…………… 540

证监会、财政部、国资委、银监会关于鼓励上市公司兼并重组、现金分红及回购股份的通知（2015 年 8 月 31 日）……… 556

上市公司监管指引第 1 号——上市公司实施重大资产重组后存在未弥补亏损情形的监管要求（2012 年 3 月 23 日）…… 558

上市公司并购重组专家咨询委员会工作规则（2012 年 2 月 6 日）…………………………………………………………… 559

上市公司重大资产重组申报工作指引（2008 年 5 月 20 日）……… 562

中国证券监督管理委员会关于发布《上市公司的收购及相关股份权益变动活动监管工作规程》的通知（2007 年 2 月 5 日）…………………………………………………………… 564

行业规定

上海证券交易所

上海证券交易所关于发布《上海证券交易所上市公司股份协议转让业务办理指引(2021年修订)》的通知(2021年8月20日) ·········· 574

上海证券交易所关于发布《上海证券交易所上市公司股份协议转让业务办理指南(2024年修订)》的通知(2024年5月31日) ·········· 580

上海证券交易所关于发布《上海证券交易所上市公司自律监管指引第5号——交易与关联交易(2023年1月修订)》的通知(2023年1月13日) ·········· 618

上海证券交易所关于发布《上海证券交易所上市公司自律监管指引第6号——重大资产重组(2023年修订)》的通知(2023年2月17日) ·········· 632

上市公司股权分置改革信息披露工作备忘录第7号——就上市公司资产重组作为股权分置改革方案的组成部分,以及股权分置改革过程中股东持股变动的相关问题提醒保荐机构和上市公司的注意事项(2006年2月16日) ·········· 662

深圳证券交易所

深圳证券交易所关于发布《深圳证券交易所上市公司自律监管指引第8号——重大资产重组(2023年修订)》的通知(2023年2月17日) ·········· 664

上市公司业务办理指南第10号——重大重组停牌及材料报送(2009年9月25日修订) ·········· 693

深圳证券交易所公司管理部关于做好上市公司重大资产重组信息披露工作的通知(2008年5月18日) ·········· 698

北京证券交易所

北京证券交易所关于发布《北京证券交易所上市公司重大资产重组业务指引》的公告(2023年2月17日修订) ·········· 700

北京证券交易所关于发布《北京证券交易所上市公司重大资产重组审核规则(试行)》的公告(2021年10月30日) ·········· 730

全国中小企业股份转让系统有限责任公司

全国中小企业股份转让系统有限责任公司关于发布《全国中小企业股份转让系统并购重组业务规则适用指引第2号——权益变动与收购》的公告(2021年11月12日修订) ………………………………………………………… 748

全国中小企业股份转让系统有限责任公司关于发布《全国中小企业股份转让系统重大资产重组业务指南第2号——非上市公众公司发行股份购买资产构成重大资产重组文件报送指南》的公告(2023年2月17日修订) …………… 754

全国中小企业股份转让系统有限责任公司关于发布《全国中小企业股份转让系统并购重组业务规则适用指引第1号——重大资产重组》的公告(2023年2月17日修订) ……… 762

挂牌公司重大资产重组业务问答(2020年9月29日)………… 768

全国中小企业股份转让系统有限责任公司关于发布《全国中小企业股份转让系统重大资产重组业务指南第1号:非上市公众公司重大资产重组内幕信息知情人报备指南》的公告(2020年5月22日) ………………………………………… 773

全国中小企业股份转让系统有限责任公司关于发布《全国中小企业股份转让系统非上市公众公司重大资产重组业务细则》的公告(2023年2月17日修订) ……………………… 777

全国中小企业股份转让系统有限责任公司综合事务部(总经理办公室)关于发布挂牌公司优先股发行及重大资产重组审查要点的通知(2020年11月20日) ……………………… 790

中国资产评估协会关于印发《资产评估专家指引第6号——上市公司重大资产重组评估报告披露》的通知(2015年7月22日) ………………………………………………………… 834

第二部分 典型案例

一、PE对赌条款有效与无效的认定

北京银海通投资中心、新疆西龙土工新材料股份有限公司股

权转让纠纷案 ………………………………………… 843
广东南方广播影视传媒集团有限公司、广东南方领航影视传
　　播有限公司公司增资纠纷案 ………………………… 844
南京报业集团有限责任公司、南京时代传媒投资有限责任公
　　司等合同纠纷案 ……………………………………… 846
南京高科新浚成长一期股权投资合伙企业(有限合伙)诉房
　　某某、梁某某等上市公司股份回购合同纠纷案 ……… 847

二、企业资产收购

新乡日升数控轴承装备股份有限公司与黑石香港投资有限
　　公司、河南新机股份有限公司、新乡市日升投资管理有限
　　公司、申万宏源证券有限公司债权追偿纠纷案 ……… 850

三、股权转让纠纷

曾某诉甘肃华慧能数字科技有限公司、冯某、冯某坤股权转
　　让合同纠纷案 ………………………………………… 852
鸿大(上海)投资管理有限公司与姚某城公司决议纠纷上诉
　　案(《最高人民法院公报》2021年第3期) …………… 854
王某群、武汉天九工贸发展有限公司与中国农产品交易有限
　　公司股权转让纠纷案 ………………………………… 856
恒生阳光集团有限公司、北京巨浪时代投资管理有限公司股
　　权转让纠纷案 ………………………………………… 858
鑫城公司与实嘉公司股权转让纠纷上诉案 ……………… 860

四、国有股权转让合同纠纷

深圳市标榜投资发展有限公司与鞍山市财政局股权转让纠
　　纷案(《最高人民法院公报》2017年第12期) ………… 861
陈某树与云南红塔集团有限公司股权转让纠纷案 ……… 864

五、国企进场交易问题

武汉银城实业发展总公司、中国农业银行股份有限公司湖北
　　省分行营业部与湖北信联实业发展有限公司国有土地使
　　用权转让合同纠纷案 ………………………………… 866
巴菲特投资有限公司与上海自来水投资建设有限公司股权
　　转让纠纷上诉案 ……………………………………… 868

六、VIE 架构

亚兴置业诉安博教育案 ………………………………… 870
杨某荣诉网某(福建)智能科技有限公司合同纠纷案 ……… 871

第三部分　文书范本

文书范本使用说明 ……………………………………… 878

第一部分 规范指引

第十一節　酸化反応索引

中华人民共和国公司法

（1993年12月29日第八届全国人民代表大会常务委员会第五次会议通过 根据1999年12月25日第九届全国人民代表大会常务委员会第十三次会议《关于修改〈中华人民共和国公司法〉的决定》第一次修正 根据2004年8月28日第十届全国人民代表大会常务委员会第十一次会议《关于修改〈中华人民共和国公司法〉的决定》第二次修正 2005年10月27日第十届全国人民代表大会常务委员会第十八次会议第一次修订 根据2013年12月28日第十二届全国人民代表大会常务委员会第六次会议《关于修改〈中华人民共和国海洋环境保护法〉等七部法律的决定》第三次修正 根据2018年10月26日第十三届全国人民代表大会常务委员会第六次会议《关于修改〈中华人民共和国公司法〉的决定》第四次修正 2023年12月29日第十四届全国人民代表大会常务委员会第七次会议第二次修订）

目 录

第一章 总 则
第二章 公司登记
第三章 有限责任公司的设立和组织机构
　第一节 设 立
　第二节 组织机构
第四章 有限责任公司的股权转让
第五章 股份有限公司的设立和组织机构
　第一节 设 立

第二节　股东会

第三节　董事会、经理

第四节　监事会

第五节　上市公司组织机构的特别规定

第六章　股份有限公司的股份发行和转让

第一节　股份发行

第二节　股份转让

第七章　国家出资公司组织机构的特别规定

第八章　公司董事、监事、高级管理人员的资格和义务

第九章　公司债券

第十章　公司财务、会计

第十一章　公司合并、分立、增资、减资

第十二章　公司解散和清算

第十三章　外国公司的分支机构

第十四章　法律责任

第十五章　附　　则

第一章　总　　则

第一条　为了规范公司的组织和行为,保护公司、股东、职工和债权人的合法权益,完善中国特色现代企业制度,弘扬企业家精神,维护社会经济秩序,促进社会主义市场经济的发展,根据宪法,制定本法。

第二条　本法所称公司,是指依照本法在中华人民共和国境内设立的有限责任公司和股份有限公司。

第三条　公司是企业法人,有独立的法人财产,享有法人财产权。公司以其全部财产对公司的债务承担责任。

公司的合法权益受法律保护,不受侵犯。

第四条　有限责任公司的股东以其认缴的出资额为限对公司承担责任;股份有限公司的股东以其认购的股份为限对公司承担责任。

公司股东对公司依法享有资产收益、参与重大决策和选择管理者等权利。

第五条　设立公司应当依法制定公司章程。公司章程对公司、股

东、董事、监事、高级管理人员具有约束力。

第六条 公司应当有自己的名称。公司名称应当符合国家有关规定。

公司的名称权受法律保护。

第七条 依照本法设立的有限责任公司，应当在公司名称中标明有限责任公司或者有限公司字样。

依照本法设立的股份有限公司，应当在公司名称中标明股份有限公司或者股份公司字样。

第八条 公司以其主要办事机构所在地为住所。

第九条 公司的经营范围由公司章程规定。公司可以修改公司章程，变更经营范围。

公司的经营范围中属于法律、行政法规规定须经批准的项目，应当依法经过批准。

第十条 公司的法定代表人按照公司章程的规定，由代表公司执行公司事务的董事或者经理担任。

担任法定代表人的董事或者经理辞任的，视为同时辞去法定代表人。

法定代表人辞任的，公司应当在法定代表人辞任之日起三十日内确定新的法定代表人。

第十一条 法定代表人以公司名义从事的民事活动，其法律后果由公司承受。

公司章程或者股东会对法定代表人职权的限制，不得对抗善意相对人。

法定代表人因执行职务造成他人损害的，由公司承担民事责任。公司承担民事责任后，依照法律或者公司章程的规定，可以向有过错的法定代表人追偿。

第十二条 有限责任公司变更为股份有限公司，应当符合本法规定的股份有限公司的条件。股份有限公司变更为有限责任公司，应当符合本法规定的有限责任公司的条件。

有限责任公司变更为股份有限公司的，或者股份有限公司变更为有限责任公司的，公司变更前的债权、债务由变更后的公司承继。

第十三条 公司可以设立子公司。子公司具有法人资格,依法独立承担民事责任。

公司可以设立分公司。分公司不具有法人资格,其民事责任由公司承担。

第十四条 公司可以向其他企业投资。

法律规定公司不得成为对所投资企业的债务承担连带责任的出资人的,从其规定。

第十五条 公司向其他企业投资或者为他人提供担保,按照公司章程的规定,由董事会或者股东会决议;公司章程对投资或者担保的总额及单项投资或者担保的数额有限额规定的,不得超过规定的限额。

公司为公司股东或者实际控制人提供担保的,应当经股东会决议。

前款规定的股东或者受前款规定的实际控制人支配的股东,不得参加前款规定事项的表决。该项表决由出席会议的其他股东所持表决权的过半数通过。

第十六条 公司应当保护职工的合法权益,依法与职工签订劳动合同,参加社会保险,加强劳动保护,实现安全生产。

公司应当采用多种形式,加强公司职工的职业教育和岗位培训,提高职工素质。

第十七条 公司职工依照《中华人民共和国工会法》组织工会,开展工会活动,维护职工合法权益。公司应当为本公司工会提供必要的活动条件。公司工会代表职工就职工的劳动报酬、工作时间、休息休假、劳动安全卫生和保险福利等事项依法与公司签订集体合同。

公司依照宪法和有关法律的规定,建立健全以职工代表大会为基本形式的民主管理制度,通过职工代表大会或者其他形式,实行民主管理。

公司研究决定改制、解散、申请破产以及经营方面的重大问题、制定重要的规章制度时,应当听取公司工会的意见,并通过职工代表大会或者其他形式听取职工的意见和建议。

第十八条 在公司中,根据中国共产党章程的规定,设立中国共产党的组织,开展党的活动。公司应当为党组织的活动提供必要条件。

第十九条　公司从事经营活动,应当遵守法律法规,遵守社会公德、商业道德,诚实守信,接受政府和社会公众的监督。

第二十条　公司从事经营活动,应当充分考虑公司职工、消费者等利益相关者的利益以及生态环境保护等社会公共利益,承担社会责任。

国家鼓励公司参与社会公益活动,公布社会责任报告。

第二十一条　公司股东应当遵守法律、行政法规和公司章程,依法行使股东权利,不得滥用股东权利损害公司或者其他股东的利益。

公司股东滥用股东权利给公司或者其他股东造成损失的,应当承担赔偿责任。

第二十二条　公司的控股股东、实际控制人、董事、监事、高级管理人员不得利用关联关系损害公司利益。

违反前款规定,给公司造成损失的,应当承担赔偿责任。

第二十三条　公司股东滥用公司法人独立地位和股东有限责任,逃避债务,严重损害公司债权人利益的,应当对公司债务承担连带责任。

股东利用其控制的两个以上公司实施前款规定行为的,各公司应当对任一公司的债务承担连带责任。

只有一个股东的公司,股东不能证明公司财产独立于股东自己的财产的,应当对公司债务承担连带责任。

第二十四条　公司股东会、董事会、监事会召开会议和表决可以采用电子通信方式,公司章程另有规定的除外。

第二十五条　公司股东会、董事会的决议内容违反法律、行政法规的无效。

第二十六条　公司股东会、董事会的会议召集程序、表决方式违反法律、行政法规或者公司章程,或者决议内容违反公司章程的,股东自决议作出之日起六十日内,可以请求人民法院撤销。但是,股东会、董事会的会议召集程序或者表决方式仅有轻微瑕疵,对决议未产生实质影响的除外。

未被通知参加股东会会议的股东自知道或者应当知道股东会决议作出之日起六十日内,可以请求人民法院撤销;自决议作出之日起一年内没有行使撤销权的,撤销权消灭。

第二十七条　有下列情形之一的,公司股东会、董事会的决议不成立:

(一)未召开股东会、董事会会议作出决议的;

(二)股东会、董事会会议未对决议事项进行表决的;

(三)出席会议的人数或者所持表决权数未达到本法或者公司章程规定的人数或者所持表决权数;

(四)同意决议事项的人数或者所持表决权数未达到本法或者公司章程规定的人数或者所持表决权数。

第二十八条　公司股东会、董事会决议被人民法院宣告无效、撤销或者确认不成立的,公司应当向公司登记机关申请撤销根据该决议已办理的登记。

股东会、董事会决议被人民法院宣告无效、撤销或者确认不成立的,公司根据该决议与善意相对人形成的民事法律关系不受影响。

第二章　公司登记

第二十九条　设立公司,应当依法向公司登记机关申请设立登记。

法律、行政法规规定设立公司必须报经批准的,应当在公司登记前依法办理批准手续。

第三十条　申请设立公司,应当提交设立登记申请书、公司章程等文件,提交的相关材料应当真实、合法和有效。

申请材料不齐全或者不符合法定形式的,公司登记机关应当一次性告知需要补正的材料。

第三十一条　申请设立公司,符合本法规定的设立条件的,由公司登记机关分别登记为有限责任公司或者股份有限公司;不符合本法规定的设立条件的,不得登记为有限责任公司或者股份有限公司。

第三十二条　公司登记事项包括:

(一)名称;

（二）住所；

（三）注册资本；

（四）经营范围；

（五）法定代表人的姓名；

（六）有限责任公司股东、股份有限公司发起人的姓名或者名称。

公司登记机关应当将前款规定的公司登记事项通过国家企业信用信息公示系统向社会公示。

第三十三条　依法设立的公司，由公司登记机关发给公司营业执照。公司营业执照签发日期为公司成立日期。

公司营业执照应当载明公司的名称、住所、注册资本、经营范围、法定代表人姓名等事项。

公司登记机关可以发给电子营业执照。电子营业执照与纸质营业执照具有同等法律效力。

第三十四条　公司登记事项发生变更的，应当依法办理变更登记。

公司登记事项未经登记或者未经变更登记，不得对抗善意相对人。

第三十五条　公司申请变更登记，应当向公司登记机关提交公司法定代表人签署的变更登记申请书、依法作出的变更决议或者决定等文件。

公司变更登记事项涉及修改公司章程的，应当提交修改后的公司章程。

公司变更法定代表人的，变更登记申请书由变更后的法定代表人签署。

第三十六条　公司营业执照记载的事项发生变更的，公司办理变更登记后，由公司登记机关换发营业执照。

第三十七条　公司因解散、被宣告破产或者其他法定事由需要终止的，应当依法向公司登记机关申请注销登记，由公司登记机关公告公司终止。

第三十八条　公司设立分公司，应当向公司登记机关申请登记，领取营业执照。

第三十九条 虚报注册资本、提交虚假材料或者采取其他欺诈手段隐瞒重要事实取得公司设立登记的，公司登记机关应当依照法律、行政法规的规定予以撤销。

第四十条 公司应当按照规定通过国家企业信用信息公示系统公示下列事项：

（一）有限责任公司股东认缴和实缴的出资额、出资方式和出资日期，股份有限公司发起人认购的股份数；

（二）有限责任公司股东、股份有限公司发起人的股权、股份变更信息；

（三）行政许可取得、变更、注销等信息；

（四）法律、行政法规规定的其他信息。

公司应当确保前款公示信息真实、准确、完整。

第四十一条 公司登记机关应当优化公司登记办理流程，提高公司登记效率，加强信息化建设，推行网上办理等便捷方式，提升公司登记便利化水平。

国务院市场监督管理部门根据本法和有关法律、行政法规的规定，制定公司登记注册的具体办法。

第三章 有限责任公司的设立和组织机构

第一节 设 立

第四十二条 有限责任公司由一个以上五十个以下股东出资设立。

第四十三条 有限责任公司设立时的股东可以签订设立协议，明确各自在公司设立过程中的权利和义务。

第四十四条 有限责任公司设立时的股东为设立公司从事的民事活动，其法律后果由公司承受。

公司未成立的，其法律后果由公司设立时的股东承受；设立时的股东为二人以上的，享有连带债权，承担连带债务。

设立时的股东为设立公司以自己的名义从事民事活动产生的民事责任，第三人有权选择请求公司或者公司设立时的股东承担。

设立时的股东因履行公司设立职责造成他人损害的,公司或者无过错的股东承担赔偿责任后,可以向有过错的股东追偿。

第四十五条 设立有限责任公司,应当由股东共同制定公司章程。

第四十六条 有限责任公司章程应当载明下列事项:

(一)公司名称和住所;

(二)公司经营范围;

(三)公司注册资本;

(四)股东的姓名或者名称;

(五)股东的出资额、出资方式和出资日期;

(六)公司的机构及其产生办法、职权、议事规则;

(七)公司法定代表人的产生、变更办法;

(八)股东会认为需要规定的其他事项。

股东应当在公司章程上签名或者盖章。

第四十七条 有限责任公司的注册资本为在公司登记机关登记的全体股东认缴的出资额。全体股东认缴的出资额由股东按照公司章程的规定自公司成立之日起五年内缴足。

法律、行政法规以及国务院决定对有限责任公司注册资本实缴、注册资本最低限额、股东出资期限另有规定的,从其规定。

第四十八条 股东可以用货币出资,也可以用实物、知识产权、土地使用权、股权、债权等可以用货币估价并可以依法转让的非货币财产作价出资;但是,法律、行政法规规定不得作为出资的财产除外。

对作为出资的非货币财产应当评估作价,核实财产,不得高估或者低估作价。法律、行政法规对评估作价有规定的,从其规定。

第四十九条 股东应当按期足额缴纳公司章程规定的各自所认缴的出资额。

股东以货币出资的,应当将货币出资足额存入有限责任公司在银行开设的账户;以非货币财产出资的,应当依法办理其财产权的转移手续。

股东未按期足额缴纳出资的,除应当向公司足额缴纳外,还应当对给公司造成的损失承担赔偿责任。

第五十条 有限责任公司设立时,股东未按照公司章程规定实际缴纳出资,或者实际出资的非货币财产的实际价额显著低于所认缴的出资额的,设立时的其他股东与该股东在出资不足的范围内承担连带责任。

第五十一条 有限责任公司成立后,董事会应当对股东的出资情况进行核查,发现股东未按期足额缴纳公司章程规定的出资的,应当由公司向该股东发出书面催缴书,催缴出资。

未及时履行前款规定的义务,给公司造成损失的,负有责任的董事应当承担赔偿责任。

第五十二条 股东未按照公司章程规定的出资日期缴纳出资,公司依照前条第一款规定发出书面催缴书催缴出资的,可以载明缴纳出资的宽限期;宽限期自公司发出催缴书之日起,不得少于六十日。宽限期届满,股东仍未履行出资义务的,公司经董事会决议可以向该股东发出失权通知,通知应当以书面形式发出。自通知发出之日起,该股东丧失其未缴纳出资的股权。

依照前款规定丧失的股权应当依法转让,或者相应减少注册资本并注销该股权;六个月内未转让或者注销的,由公司其他股东按照其出资比例足额缴纳相应出资。

股东对失权有异议的,应当自接到失权通知之日起三十日内,向人民法院提起诉讼。

第五十三条 公司成立后,股东不得抽逃出资。

违反前款规定的,股东应当返还抽逃的出资;给公司造成损失的,负有责任的董事、监事、高级管理人员应当与该股东承担连带赔偿责任。

第五十四条 公司不能清偿到期债务的,公司或者已到期债权的债权人有权要求已认缴出资但未届出资期限的股东提前缴纳出资。

第五十五条 有限责任公司成立后,应当向股东签发出资证明书,记载下列事项:

(一)公司名称;

(二)公司成立日期;

(三)公司注册资本;

（四）股东的姓名或者名称、认缴和实缴的出资额、出资方式和出资日期；

（五）出资证明书的编号和核发日期。

出资证明书由法定代表人签名，并由公司盖章。

第五十六条 有限责任公司应当置备股东名册，记载下列事项：

（一）股东的姓名或者名称及住所；

（二）股东认缴和实缴的出资额、出资方式和出资日期；

（三）出资证明书编号；

（四）取得和丧失股东资格的日期。

记载于股东名册的股东，可以依股东名册主张行使股东权利。

第五十七条 股东有权查阅、复制公司章程、股东名册、股东会会议记录、董事会会议决议、监事会会议决议和财务会计报告。

股东可以要求查阅公司会计账簿、会计凭证。股东要求查阅公司会计账簿、会计凭证的，应当向公司提出书面请求，说明目的。公司有合理根据认为股东查阅会计账簿、会计凭证有不正当目的，可能损害公司合法利益的，可以拒绝提供查阅，并应当自股东提出书面请求之日起十五日内书面答复股东并说明理由。公司拒绝提供查阅的，股东可以向人民法院提起诉讼。

股东查阅前款规定的材料，可以委托会计师事务所、律师事务所等中介机构进行。

股东及其委托的会计师事务所、律师事务所等中介机构查阅、复制有关材料，应当遵守有关保护国家秘密、商业秘密、个人隐私、个人信息等法律、行政法规的规定。

股东要求查阅、复制公司全资子公司相关材料的，适用前四款的规定。

第二节 组织机构

第五十八条 有限责任公司股东会由全体股东组成。股东会是公司的权力机构，依照本法行使职权。

第五十九条 股东会行使下列职权：

（一）选举和更换董事、监事，决定有关董事、监事的报酬事项；

(二)审议批准董事会的报告;

(三)审议批准监事会的报告;

(四)审议批准公司的利润分配方案和弥补亏损方案;

(五)对公司增加或者减少注册资本作出决议;

(六)对发行公司债券作出决议;

(七)对公司合并、分立、解散、清算或者变更公司形式作出决议;

(八)修改公司章程;

(九)公司章程规定的其他职权。

股东会可以授权董事会对发行公司债券作出决议。

对本条第一款所列事项股东以书面形式一致表示同意的,可以不召开股东会会议,直接作出决定,并由全体股东在决定文件上签名或者盖章。

第六十条 只有一个股东的有限责任公司不设股东会。股东作出前条第一款所列事项的决定时,应当采用书面形式,并由股东签名或者盖章后置备于公司。

第六十一条 首次股东会会议由出资最多的股东召集和主持,依照本法规定行使职权。

第六十二条 股东会会议分为定期会议和临时会议。

定期会议应当按照公司章程的规定按时召开。代表十分之一以上表决权的股东、三分之一以上的董事或者监事会提议召开临时会议的,应当召开临时会议。

第六十三条 股东会会议由董事会召集,董事长主持;董事长不能履行职务或者不履行职务的,由副董事长主持;副董事长不能履行职务或者不履行职务的,由过半数的董事共同推举一名董事主持。

董事会不能履行或者不履行召集股东会会议职责的,由监事会召集和主持;监事会不召集和主持的,代表十分之一以上表决权的股东可以自行召集和主持。

第六十四条 召开股东会会议,应当于会议召开十五日前通知全体股东;但是,公司章程另有规定或者全体股东另有约定的除外。

股东会应当对所议事项的决定作成会议记录,出席会议的股东应当在会议记录上签名或者盖章。

第六十五条 股东会会议由股东按照出资比例行使表决权;但是,公司章程另有规定的除外。

第六十六条 股东会的议事方式和表决程序,除本法有规定的外,由公司章程规定。

股东会作出决议,应当经代表过半数表决权的股东通过。

股东会作出修改公司章程、增加或者减少注册资本的决议,以及公司合并、分立、解散或者变更公司形式的决议,应当经代表三分之二以上表决权的股东通过。

第六十七条 有限责任公司设董事会,本法第七十五条另有规定的除外。

董事会行使下列职权:

(一)召集股东会会议,并向股东会报告工作;

(二)执行股东会的决议;

(三)决定公司的经营计划和投资方案;

(四)制订公司的利润分配方案和弥补亏损方案;

(五)制订公司增加或者减少注册资本以及发行公司债券的方案;

(六)制订公司合并、分立、解散或者变更公司形式的方案;

(七)决定公司内部管理机构的设置;

(八)决定聘任或者解聘公司经理及其报酬事项,并根据经理的提名决定聘任或者解聘公司副经理、财务负责人及其报酬事项;

(九)制定公司的基本管理制度;

(十)公司章程规定或者股东会授予的其他职权。

公司章程对董事会职权的限制不得对抗善意相对人。

第六十八条 有限责任公司董事会成员为三人以上,其成员中可以有公司职工代表。职工人数三百人以上的有限责任公司,除依法设监事会并有公司职工代表的外,其董事会成员中应当有公司职工代表。董事会中的职工代表由公司职工通过职工代表大会、职工大会或者其他形式民主选举产生。

董事会设董事长一人,可以设副董事长。董事长、副董事长的产生办法由公司章程规定。

第六十九条 有限责任公司可以按照公司章程的规定在董事会

中设置由董事组成的审计委员会,行使本法规定的监事会的职权,不设监事会或者监事。公司董事会成员中的职工代表可以成为审计委员会成员。

第七十条 董事任期由公司章程规定,但每届任期不得超过三年。董事任期届满,连选可以连任。

董事任期届满未及时改选,或者董事在任期内辞任导致董事会成员低于法定人数的,在改选出的董事就任前,原董事仍应当依照法律、行政法规和公司章程的规定,履行董事职务。

董事辞任的,应当以书面形式通知公司,公司收到通知之日辞任生效,但存在前款规定情形的,董事应当继续履行职务。

第七十一条 股东会可以决议解任董事,决议作出之日解任生效。

无正当理由,在任期届满前解任董事的,该董事可以要求公司予以赔偿。

第七十二条 董事会会议由董事长召集和主持;董事长不能履行职务或者不履行职务的,由副董事长召集和主持;副董事长不能履行职务或者不履行职务的,由过半数的董事共同推举一名董事召集和主持。

第七十三条 董事会的议事方式和表决程序,除本法有规定的外,由公司章程规定。

董事会会议应当有过半数的董事出席方可举行。董事会作出决议,应当经全体董事的过半数通过。

董事会决议的表决,应当一人一票。

董事会应当对所议事项的决定作成会议记录,出席会议的董事应当在会议记录上签名。

第七十四条 有限责任公司可以设经理,由董事会决定聘任或者解聘。

经理对董事会负责,根据公司章程的规定或者董事会的授权行使职权。经理列席董事会会议。

第七十五条 规模较小或者股东人数较少的有限责任公司,可以不设董事会,设一名董事,行使本法规定的董事会的职权。该董事可以兼任公司经理。

第七十六条 有限责任公司设监事会,本法第六十九条、第八十三条另有规定的除外。

监事会成员为三人以上。监事会成员应当包括股东代表和适当比例的公司职工代表,其中职工代表的比例不得低于三分之一,具体比例由公司章程规定。监事会中的职工代表由公司职工通过职工代表大会、职工大会或者其他形式民主选举产生。

监事会设主席一人,由全体监事过半数选举产生。监事会主席召集和主持监事会会议;监事会主席不能履行职务或者不履行职务的,由过半数的监事共同推举一名监事召集和主持监事会会议。

董事、高级管理人员不得兼任监事。

第七十七条 监事的任期每届为三年。监事任期届满,连选可以连任。

监事任期届满未及时改选,或者监事在任期内辞任导致监事会成员低于法定人数的,在改选出的监事就任前,原监事仍应当依照法律、行政法规和公司章程的规定,履行监事职务。

第七十八条 监事会行使下列职权:

(一)检查公司财务;

(二)对董事、高级管理人员执行职务的行为进行监督,对违反法律、行政法规、公司章程或者股东会决议的董事、高级管理人员提出解任的建议;

(三)当董事、高级管理人员的行为损害公司的利益时,要求董事、高级管理人员予以纠正;

(四)提议召开临时股东会会议,在董事会不履行本法规定的召集和主持股东会会议职责时召集和主持股东会会议;

(五)向股东会会议提出提案;

(六)依照本法第一百八十九条的规定,对董事、高级管理人员提起诉讼;

(七)公司章程规定的其他职权。

第七十九条 监事可以列席董事会会议,并对董事会决议事项提出质询或者建议。

监事会发现公司经营情况异常,可以进行调查;必要时,可以聘请会计师事务所等协助其工作,费用由公司承担。

第八十条 监事会可以要求董事、高级管理人员提交执行职务的报告。

董事、高级管理人员应当如实向监事会提供有关情况和资料,不得妨碍监事会或者监事行使职权。

第八十一条 监事会每年度至少召开一次会议,监事可以提议召开临时监事会会议。

监事会的议事方式和表决程序,除本法有规定的外,由公司章程规定。

监事会决议应当经全体监事的过半数通过。

监事会决议的表决,应当一人一票。

监事会应当对所议事项的决定作成会议记录,出席会议的监事应当在会议记录上签名。

第八十二条 监事会行使职权所必需的费用,由公司承担。

第八十三条 规模较小或者股东人数较少的有限责任公司,可以不设监事会,设一名监事,行使本法规定的监事会的职权;经全体股东一致同意,也可以不设监事。

第四章 有限责任公司的股权转让

第八十四条 有限责任公司的股东之间可以相互转让其全部或者部分股权。

股东向股东以外的人转让股权的,应当将股权转让的数量、价格、支付方式和期限等事项书面通知其他股东,其他股东在同等条件下有优先购买权。股东自接到书面通知之日起三十日内未答复的,视为放弃优先购买权。两个以上股东行使优先购买权的,协商确定各自的购买比例;协商不成的,按照转让时各自的出资比例行使优先购买权。

公司章程对股权转让另有规定的,从其规定。

第八十五条 人民法院依照法律规定的强制执行程序转让股东的股权时,应当通知公司及全体股东,其他股东在同等条件下有优先购买权。其他股东自人民法院通知之日起满二十日不行使优先购买权的,视为放弃优先购买权。

第八十六条 股东转让股权的,应当书面通知公司,请求变更股东名册;需要办理变更登记的,并请求公司向公司登记机关办理变更登记。公司拒绝或者在合理期限内不予答复的,转让人、受让人可以依法向人民法院提起诉讼。

股权转让的,受让人自记载于股东名册时起可以向公司主张行使股东权利。

第八十七条 依照本法转让股权后,公司应当及时注销原股东的出资证明书,向新股东签发出资证明书,并相应修改公司章程和股东名册中有关股东及其出资额的记载。对公司章程的该项修改不需再由股东会表决。

第八十八条 股东转让已认缴出资但未届出资期限的股权的,由受让人承担缴纳该出资的义务;受让人未按期足额缴纳出资的,转让人对受让人未按期缴纳的出资承担补充责任。

未按照公司章程规定的出资日期缴纳出资或者作为出资的非货币财产的实际价额显著低于所认缴的出资额的股东转让股权的,转让人与受让人在出资不足的范围内承担连带责任;受让人不知道且不应当知道存在上述情形的,由转让人承担责任。

第八十九条 有下列情形之一的,对股东会该项决议投反对票的股东可以请求公司按照合理的价格收购其股权:

(一)公司连续五年不向股东分配利润,而公司该五年连续盈利,并且符合本法规定的分配利润条件;

(二)公司合并、分立、转让主要财产;

(三)公司章程规定的营业期限届满或者章程规定的其他解散事由出现,股东会通过决议修改章程使公司存续。

自股东会决议作出之日起六十日内,股东与公司不能达成股权收购协议的,股东可以自股东会决议作出之日起九十日内向人民法院提起诉讼。

公司的控股股东滥用股东权利,严重损害公司或者其他股东利益的,其他股东有权请求公司按照合理的价格收购其股权。

公司因本条第一款、第三款规定的情形收购的本公司股权,应当在六个月内依法转让或者注销。

第九十条　自然人股东死亡后,其合法继承人可以继承股东资格;但是,公司章程另有规定的除外。

第五章　股份有限公司的设立和组织机构

第一节　设　　立

第九十一条　设立股份有限公司,可以采取发起设立或者募集设立的方式。

发起设立,是指由发起人认购设立公司时应发行的全部股份而设立公司。

募集设立,是指由发起人认购设立公司时应发行股份的一部分,其余股份向特定对象募集或者向社会公开募集而设立公司。

第九十二条　设立股份有限公司,应当有一人以上二百人以下为发起人,其中应当有半数以上的发起人在中华人民共和国境内有住所。

第九十三条　股份有限公司发起人承担公司筹办事务。

发起人应当签订发起人协议,明确各自在公司设立过程中的权利和义务。

第九十四条　设立股份有限公司,应当由发起人共同制订公司章程。

第九十五条　股份有限公司章程应当载明下列事项:

(一)公司名称和住所;

(二)公司经营范围;

(三)公司设立方式;

(四)公司注册资本、已发行的股份数和设立时发行的股份数,面额股的每股金额;

(五)发行类别股的,每一类别股的股份数及其权利和义务;

(六)发起人的姓名或者名称、认购的股份数、出资方式;

(七)董事会的组成、职权和议事规则;

(八)公司法定代表人的产生、变更办法;

（九）监事会的组成、职权和议事规则；

（十）公司利润分配办法；

（十一）公司的解散事由与清算办法；

（十二）公司的通知和公告办法；

（十三）股东会认为需要规定的其他事项。

第九十六条 股份有限公司的注册资本为在公司登记机关登记的已发行股份的股本总额。在发起人认购的股份缴足前，不得向他人募集股份。

法律、行政法规以及国务院决定对股份有限公司注册资本最低限额另有规定的，从其规定。

第九十七条 以发起设立方式设立股份有限公司的，发起人应当认足公司章程规定的公司设立时应发行的股份。

以募集设立方式设立股份有限公司的，发起人认购的股份不得少于公司章程规定的公司设立时应发行股份总数的百分之三十五；但是，法律、行政法规另有规定的，从其规定。

第九十八条 发起人应当在公司成立前按照其认购的股份全额缴纳股款。

发起人的出资，适用本法第四十八条、第四十九条第二款关于有限责任公司股东出资的规定。

第九十九条 发起人不按照其认购的股份缴纳股款，或者作为出资的非货币财产的实际价额显著低于所认购的股份的，其他发起人与该发起人在出资不足的范围内承担连带责任。

第一百条 发起人向社会公开募集股份，应当公告招股说明书，并制作认股书。认股书应当载明本法第一百五十四条第二款、第三款所列事项，由认股人填写认购的股份数、金额、住所，并签名或者盖章。认股人应当按照所认购股份足额缴纳股款。

第一百零一条 向社会公开募集股份的股款缴足后，应当经依法设立的验资机构验资并出具证明。

第一百零二条 股份有限公司应当制作股东名册并置备于公司。股东名册应当记载下列事项：

（一）股东的姓名或者名称及住所；

（二）各股东所认购的股份种类及股份数；

（三）发行纸面形式的股票的，股票的编号；

（四）各股东取得股份的日期。

第一百零三条 募集设立股份有限公司的发起人应当自公司设立时应发行股份的股款缴足之日起三十日内召开公司成立大会。发起人应当在成立大会召开十五日前将会议日期通知各认股人或者予以公告。成立大会应当有持有表决权过半数的认股人出席，方可举行。

以发起设立方式设立股份有限公司成立大会的召开和表决程序由公司章程或者发起人协议规定。

第一百零四条 公司成立大会行使下列职权：

（一）审议发起人关于公司筹办情况的报告；

（二）通过公司章程；

（三）选举董事、监事；

（四）对公司的设立费用进行审核；

（五）对发起人非货币财产出资的作价进行审核；

（六）发生不可抗力或者经营条件发生重大变化直接影响公司设立的，可以作出不设立公司的决议。

成立大会对前款所列事项作出决议，应当经出席会议的认股人所持表决权过半数通过。

第一百零五条 公司设立时应发行的股份未募足，或者发行股份的股款缴足后，发起人在三十日内未召开成立大会的，认股人可以按照所缴股款并加算银行同期存款利息，要求发起人返还。

发起人、认股人缴纳股款或者交付非货币财产出资后，除未按期募足股份、发起人未按期召开成立大会或者成立大会决议不设立公司的情形外，不得抽回其股本。

第一百零六条 董事会应当授权代表，于公司成立大会结束后三十日内向公司登记机关申请设立登记。

第一百零七条 本法第四十四条、第四十九条第三款、第五十一条、第五十二条、第五十三条的规定，适用于股份有限公司。

第一百零八条 有限责任公司变更为股份有限公司时，折合的实收股本总额不得高于公司净资产额。有限责任公司变更为股份有限公司,为增加注册资本公开发行股份时,应当依法办理。

第一百零九条 股份有限公司应当将公司章程、股东名册、股东会会议记录、董事会会议记录、监事会会议记录、财务会计报告、债券持有人名册置备于本公司。

第一百一十条 股东有权查阅、复制公司章程、股东名册、股东会会议记录、董事会会议决议、监事会会议决议、财务会计报告,对公司的经营提出建议或者质询。

连续一百八十日以上单独或者合计持有公司百分之三以上股份的股东要求查阅公司的会计账簿、会计凭证的,适用本法第五十七条第二款、第三款、第四款的规定。公司章程对持股比例有较低规定的,从其规定。

股东要求查阅、复制公司全资子公司相关材料的,适用前两款的规定。

上市公司股东查阅、复制相关材料的,应当遵守《中华人民共和国证券法》等法律、行政法规的规定。

第二节 股 东 会

第一百一十一条 股份有限公司股东会由全体股东组成。股东会是公司的权力机构,依照本法行使职权。

第一百一十二条 本法第五十九条第一款、第二款关于有限责任公司股东会职权的规定,适用于股份有限公司股东会。

本法第六十条关于只有一个股东的有限责任公司不设股东会的规定,适用于只有一个股东的股份有限公司。

第一百一十三条 股东会应当每年召开一次年会。有下列情形之一的,应当在两个月内召开临时股东会会议:

(一)董事人数不足本法规定人数或者公司章程所定人数的三分之二时;

(二)公司未弥补的亏损达股本总额三分之一时;

(三)单独或者合计持有公司百分之十以上股份的股东请求时;

(四)董事会认为必要时;

（五）监事会提议召开时；

（六）公司章程规定的其他情形。

第一百一十四条 股东会会议由董事会召集，董事长主持；董事长不能履行职务或者不履行职务的，由副董事长主持；副董事长不能履行职务或者不履行职务的，由过半数的董事共同推举一名董事主持。

董事会不能履行或者不履行召集股东会会议职责的，监事会应当及时召集和主持；监事会不召集和主持的，连续九十日以上单独或者合计持有公司百分之十以上股份的股东可以自行召集和主持。

单独或者合计持有公司百分之十以上股份的股东请求召开临时股东会会议的，董事会、监事会应当在收到请求之日起十日内作出是否召开临时股东会会议的决定，并书面答复股东。

第一百一十五条 召开股东会会议，应当将会议召开的时间、地点和审议的事项于会议召开二十日前通知各股东；临时股东会会议应当于会议召开十五日前通知各股东。

单独或者合计持有公司百分之一以上股份的股东，可以在股东会会议召开十日前提出临时提案并书面提交董事会。临时提案应当有明确议题和具体决议事项。董事会应当在收到提案后二日内通知其他股东，并将该临时提案提交股东会审议；但临时提案违反法律、行政法规或者公司章程的规定，或者不属于股东会职权范围的除外。公司不得提高提出临时提案股东的持股比例。

公开发行股份的公司，应当以公告方式作出前两款规定的通知。

股东会不得对通知中未列明的事项作出决议。

第一百一十六条 股东出席股东会会议，所持每一股份有一表决权，类别股股东除外。公司持有的本公司股份没有表决权。

股东会作出决议，应当经出席会议的股东所持表决权过半数通过。

股东会作出修改公司章程、增加或者减少注册资本的决议，以及公司合并、分立、解散或者变更公司形式的决议，应当经出席会议的股东所持表决权的三分之二以上通过。

第一百一十七条 股东会选举董事、监事，可以按照公司章程的规定或者股东会的决议,实行累积投票制。

本法所称累积投票制,是指股东会选举董事或者监事时,每一股份拥有与应选董事或者监事人数相同的表决权,股东拥有的表决权可以集中使用。

第一百一十八条　股东委托代理人出席股东会会议的,应当明确代理人代理的事项、权限和期限;代理人应当向公司提交股东授权委托书,并在授权范围内行使表决权。

第一百一十九条　股东会应当对所议事项的决定作成会议记录,主持人、出席会议的董事应当在会议记录上签名。会议记录应当与出席股东的签名册及代理出席的委托书一并保存。

第三节　董事会、经理

第一百二十条　股份有限公司设董事会,本法第一百二十八条另有规定的除外。

本法第六十七条、第六十八条第一款、第七十条、第七十一条的规定,适用于股份有限公司。

第一百二十一条　股份有限公司可以按照公司章程的规定在董事会中设置由董事组成的审计委员会,行使本法规定的监事会的职权,不设监事会或者监事。

审计委员会成员为三名以上,过半数成员不得在公司担任除董事以外的其他职务,且不得与公司存在任何可能影响其独立客观判断的关系。公司董事会成员中的职工代表可以成为审计委员会成员。

审计委员会作出决议,应当经审计委员会成员的过半数通过。

审计委员会决议的表决,应当一人一票。

审计委员会的议事方式和表决程序,除本法有规定的外,由公司章程规定。

公司可以按照公司章程的规定在董事会中设置其他委员会。

第一百二十二条　董事会设董事长一人,可以设副董事长。董事长和副董事长由董事会以全体董事的过半数选举产生。

董事长召集和主持董事会会议,检查董事会决议的实施情况。副董事长协助董事长工作,董事长不能履行职务或者不履行职务的,由副董事长履行职务;副董事长不能履行职务或者不履行职务的,由过半数的董事共同推举一名董事履行职务。

第一百二十三条 董事会每年度至少召开两次会议,每次会议应当于会议召开十日前通知全体董事和监事。

代表十分之一以上表决权的股东、三分之一以上董事或者监事会,可以提议召开临时董事会会议。董事长应当自接到提议后十日内,召集和主持董事会会议。

董事会召开临时会议,可以另定召集董事会的通知方式和通知时限。

第一百二十四条 董事会会议应当有过半数的董事出席方可举行。董事会作出决议,应当经全体董事的过半数通过。

董事会决议的表决,应当一人一票。

董事会应当对所议事项的决定作成会议记录,出席会议的董事应当在会议记录上签名。

第一百二十五条 董事会会议,应当由董事本人出席;董事因故不能出席,可以书面委托其他董事代为出席,委托书应当载明授权范围。

董事应当对董事会的决议承担责任。董事会的决议违反法律、行政法规或者公司章程、股东会决议,给公司造成严重损失的,参与决议的董事对公司负赔偿责任;经证明在表决时曾表明异议并记载于会议记录的,该董事可以免除责任。

第一百二十六条 股份有限公司设经理,由董事会决定聘任或者解聘。

经理对董事会负责,根据公司章程的规定或者董事会的授权行使职权。经理列席董事会会议。

第一百二十七条 公司董事会可以决定由董事会成员兼任经理。

第一百二十八条 规模较小或者股东人数较少的股份有限公司,可以不设董事会,设一名董事,行使本法规定的董事会的职权。该董事可以兼任公司经理。

第一百二十九条 公司应当定期向股东披露董事、监事、高级管理人员从公司获得报酬的情况。

第四节 监 事 会

第一百三十条 股份有限公司设监事会,本法第一百二十一条第一款、第一百三十三条另有规定的除外。

监事会成员为三人以上。监事会成员应当包括股东代表和适当比例的公司职工代表,其中职工代表的比例不得低于三分之一,具体比例由公司章程规定。监事会中的职工代表由公司职工通过职工代表大会、职工大会或者其他形式民主选举产生。

监事会设主席一人,可以设副主席。监事会主席和副主席由全体监事过半数选举产生。监事会主席召集和主持监事会会议;监事会主席不能履行职务或者不履行职务的,由监事会副主席召集和主持监事会会议;监事会副主席不能履行职务或者不履行职务的,由过半数的监事共同推举一名监事召集和主持监事会会议。

董事、高级管理人员不得兼任监事。

本法第七十七条关于有限责任公司监事任期的规定,适用于股份有限公司监事。

第一百三十一条 本法第七十八条至第八十条的规定,适用于股份有限公司监事会。

监事会行使职权所必需的费用,由公司承担。

第一百三十二条 监事会每六个月至少召开一次会议。监事可以提议召开临时监事会会议。

监事会的议事方式和表决程序,除本法有规定的外,由公司章程规定。

监事会决议应当经全体监事的过半数通过。

监事会决议的表决,应当一人一票。

监事会应当对所议事项的决定作成会议记录,出席会议的监事应当在会议记录上签名。

第一百三十三条 规模较小或者股东人数较少的股份有限公司,可以不设监事会,设一名监事,行使本法规定的监事会的职权。

第五节　上市公司组织机构的特别规定

第一百三十四条　本法所称上市公司,是指其股票在证券交易所上市交易的股份有限公司。

第一百三十五条　上市公司在一年内购买、出售重大资产或者向他人提供担保的金额超过公司资产总额百分之三十的,应当由股东会作出决议,并经出席会议的股东所持表决权的三分之二以上通过。

第一百三十六条　上市公司设独立董事,具体管理办法由国务院证券监督管理机构规定。

上市公司的公司章程除载明本法第九十五条规定的事项外,还应当依照法律、行政法规的规定载明董事会专门委员会的组成、职权以及董事、监事、高级管理人员薪酬考核机制等事项。

第一百三十七条　上市公司在董事会中设置审计委员会的,董事会对下列事项作出决议前应当经审计委员会全体成员过半数通过:

(一)聘用、解聘承办公司审计业务的会计师事务所;

(二)聘任、解聘财务负责人;

(三)披露财务会计报告;

(四)国务院证券监督管理机构规定的其他事项。

第一百三十八条　上市公司设董事会秘书,负责公司股东会和董事会会议的筹备、文件保管以及公司股东资料的管理,办理信息披露事务等事宜。

第一百三十九条　上市公司董事与董事会会议决议事项所涉及的企业或者个人有关联关系的,该董事应当及时向董事会书面报告。有关联关系的董事不得对该项决议行使表决权,也不得代理其他董事行使表决权。该董事会会议由过半数的无关联关系董事出席即可举行,董事会会议所作决议须经无关联关系董事过半数通过。出席董事会会议的无关联关系董事人数不足三人的,应当将该事项提交上市公司股东会审议。

第一百四十条　上市公司应当依法披露股东、实际控制人的信息,相关信息应当真实、准确、完整。

禁止违反法律、行政法规的规定代持上市公司股票。

第一百四十一条 上市公司控股子公司不得取得该上市公司的股份。

上市公司控股子公司因公司合并、质权行使等原因持有上市公司股份的，不得行使所持股份对应的表决权，并应当及时处分相关上市公司股份。

第六章 股份有限公司的股份发行和转让

第一节 股份发行

第一百四十二条 公司的资本划分为股份。公司的全部股份，根据公司章程的规定择一采用面额股或者无面额股。采用面额股的，每一股的金额相等。

公司可以根据公司章程的规定将已发行的面额股全部转换为无面额股或者将无面额股全部转换为面额股。

采用无面额股的，应当将发行股份所得股款的二分之一以上计入注册资本。

第一百四十三条 股份的发行，实行公平、公正的原则，同类别的每一股份应当具有同等权利。

同次发行的同类别股份，每股的发行条件和价格应当相同；认购人所认购的股份，每股应当支付相同价额。

第一百四十四条 公司可以按照公司章程的规定发行下列与普通股权利不同的类别股：

（一）优先或者劣后分配利润或者剩余财产的股份；

（二）每一股的表决权数多于或者少于普通股的股份；

（三）转让须经公司同意等转让受限的股份；

（四）国务院规定的其他类别股。

公开发行股份的公司不得发行前款第二项、第三项规定的类别股；公开发行前已发行的除外。

公司发行本条第一款第二项规定的类别股的，对于监事或者审计委员会成员的选举和更换，类别股与普通股每一股的表决权数相同。

第一百四十五条 发行类别股的公司，应当在公司章程中载明以下事项：

（一）类别股分配利润或者剩余财产的顺序；

（二）类别股的表决权数；

（三）类别股的转让限制；

（四）保护中小股东权益的措施；

（五）股东会认为需要规定的其他事项。

第一百四十六条 发行类别股的公司，有本法第一百一十六条第三款规定的事项等可能影响类别股股东权利的，除应当依照第一百一十六条第三款的规定经股东会决议外，还应当经出席类别股股东会议的股东所持表决权的三分之二以上通过。

公司章程可以对需经类别股股东会议决议的其他事项作出规定。

第一百四十七条 公司的股份采取股票的形式。股票是公司签发的证明股东所持股份的凭证。

公司发行的股票，应当为记名股票。

第一百四十八条 面额股股票的发行价格可以按票面金额，也可以超过票面金额，但不得低于票面金额。

第一百四十九条 股票采用纸面形式或者国务院证券监督管理机构规定的其他形式。

股票采用纸面形式的，应当载明下列主要事项：

（一）公司名称；

（二）公司成立日期或者股票发行的时间；

（三）股票种类、票面金额及代表的股份数，发行无面额股的，股票代表的股份数。

股票采用纸面形式的，还应当载明股票的编号，由法定代表人签名，公司盖章。

发起人股票采用纸面形式的，应当标明发起人股票字样。

第一百五十条 股份有限公司成立后，即向股东正式交付股票。公司成立前不得向股东交付股票。

第一百五十一条 公司发行新股，股东会应当对下列事项作出决议：

（一）新股种类及数额；

（二）新股发行价格；

（三）新股发行的起止日期；

（四）向原有股东发行新股的种类及数额；

（五）发行无面额股的，新股发行所得股款计入注册资本的金额。

公司发行新股，可以根据公司经营情况和财务状况，确定其作价方案。

第一百五十二条 公司章程或者股东会可以授权董事会在三年内决定发行不超过已发行股份百分之五十的股份。但以非货币财产作价出资的，应当经股东会决议。

董事会依照前款规定决定发行股份导致公司注册资本、已发行股份数发生变化的，对公司章程该项记载事项的修改不需再由股东会表决。

第一百五十三条 公司章程或者股东会授权董事会决定发行新股的，董事会决议应当经全体董事三分之二以上通过。

第一百五十四条 公司向社会公开募集股份，应当经国务院证券监督管理机构注册，公告招股说明书。

招股说明书应当附有公司章程，并载明下列事项：

（一）发行的股份总数；

（二）面额股的票面金额和发行价格或者无面额股的发行价格；

（三）募集资金的用途；

（四）认股人的权利和义务；

（五）股份种类及其权利和义务；

（六）本次募股的起止日期及逾期未募足时认股人可以撤回所认股份的说明。

公司设立时发行股份的，还应当载明发起人认购的股份数。

第一百五十五条 公司向社会公开募集股份，应当由依法设立的证券公司承销，签订承销协议。

第一百五十六条 公司向社会公开募集股份，应当同银行签订代收股款协议。

代收股款的银行应当按照协议代收和保存股款，向缴纳股款的认股人出具收款单据，并负有向有关部门出具收款证明的义务。

公司发行股份募足股款后,应予公告。

第二节　股份转让

第一百五十七条　股份有限公司的股东持有的股份可以向其他股东转让,也可以向股东以外的人转让;公司章程对股份转让有限制的,其转让按照公司章程的规定进行。

第一百五十八条　股东转让其股份,应当在依法设立的证券交易场所进行或者按照国务院规定的其他方式进行。

第一百五十九条　股票的转让,由股东以背书方式或者法律、行政法规规定的其他方式进行;转让后由公司将受让人的姓名或者名称及住所记载于股东名册。

股东会会议召开前二十日内或者公司决定分配股利的基准日前五日内,不得变更股东名册。法律、行政法规或者国务院证券监督管理机构对上市公司股东名册变更另有规定的,从其规定。

第一百六十条　公司公开发行股份前已发行的股份,自公司股票在证券交易所上市交易之日起一年内不得转让。法律、行政法规或者国务院证券监督管理机构对上市公司的股东、实际控制人转让其所持有的本公司股份另有规定的,从其规定。

公司董事、监事、高级管理人员应当向公司申报所持有的本公司的股份及其变动情况,在就任时确定的任职期间每年转让的股份不得超过其所持有本公司股份总数的百分之二十五;所持本公司股份自公司股票上市交易之日起一年内不得转让。上述人员离职后半年内,不得转让其所持有的本公司股份。公司章程可以对公司董事、监事、高级管理人员转让其所持有的本公司股份作出其他限制性规定。

股份在法律、行政法规规定的限制转让期限内出质的,质权人不得在限制转让期限内行使质权。

第一百六十一条　有下列情形之一的,对股东会该项决议投反对票的股东可以请求公司按照合理的价格收购其股份,公开发行股份的公司除外:

(一)公司连续五年不向股东分配利润,而公司该五年连续盈利,并且符合本法规定的分配利润条件;

（二）公司转让主要财产；

（三）公司章程规定的营业期限届满或者章程规定的其他解散事由出现，股东会通过决议修改章程使公司存续。

自股东会决议作出之日起六十日内，股东与公司不能达成股份收购协议的，股东可以自股东会决议作出之日起九十日内向人民法院提起诉讼。

公司因本条第一款规定的情形收购的本公司股份，应当在六个月内依法转让或者注销。

第一百六十二条 公司不得收购本公司股份。但是，有下列情形之一的除外：

（一）减少公司注册资本；

（二）与持有本公司股份的其他公司合并；

（三）将股份用于员工持股计划或者股权激励；

（四）股东因对股东会作出的公司合并、分立决议持异议，要求公司收购其股份；

（五）将股份用于转换公司发行的可转换为股票的公司债券；

（六）上市公司为维护公司价值及股东权益所必需。

公司因前款第一项、第二项规定的情形收购本公司股份的，应当经股东会决议；公司因前款第三项、第五项、第六项规定的情形收购本公司股份的，可以按照公司章程或者股东会的授权，经三分之二以上董事出席的董事会会议决议。

公司依照本条第一款规定收购本公司股份后，属于第一项情形的，应当自收购之日起十日内注销；属于第二项、第四项情形的，应当在六个月内转让或者注销；属于第三项、第五项、第六项情形的，公司合计持有的本公司股份数不得超过本公司已发行股份总数的百分之十，并应当在三年内转让或者注销。

上市公司收购本公司股份的，应当依照《中华人民共和国证券法》的规定履行信息披露义务。上市公司因本条第一款第三项、第五项、第六项规定的情形收购本公司股份的，应当通过公开的集中交易方式进行。

公司不得接受本公司的股份作为质权的标的。

第一百六十三条 公司不得为他人取得本公司或者其母公司的股份提供赠与、借款、担保以及其他财务资助,公司实施员工持股计划的除外。

为公司利益,经股东会决议,或者董事会按照公司章程或者股东会的授权作出决议,公司可以为他人取得本公司或者其母公司的股份提供财务资助,但财务资助的累计总额不得超过已发行股本总额的百分之十。董事会作出此项决议应当经全体董事的三分之二以上通过。

违反前两款规定,给公司造成损失的,负有责任的董事、监事、高级管理人员应当承担赔偿责任。

第一百六十四条 股票被盗、遗失或者灭失,股东可以依照《中华人民共和国民事诉讼法》规定的公示催告程序,请求人民法院宣告该股票失效。人民法院宣告该股票失效后,股东可以向公司申请补发股票。

第一百六十五条 上市公司的股票,依照有关法律、行政法规及证券交易所交易规则上市交易。

第一百六十六条 上市公司应当依照法律、行政法规的规定披露相关信息。

第一百六十七条 自然人股东死亡后,其合法继承人可以继承股东资格;但是,股份转让受限的股份有限公司的章程另有规定的除外。

第七章 国家出资公司组织机构的特别规定

第一百六十八条 国家出资公司的组织机构,适用本章规定;本章没有规定的,适用本法其他规定。

本法所称国家出资公司,是指国家出资的国有独资公司、国有资本控股公司,包括国家出资的有限责任公司、股份有限公司。

第一百六十九条 国家出资公司,由国务院或者地方人民政府分别代表国家依法履行出资人职责,享有出资人权益。国务院或者地方人民政府可以授权国有资产监督管理机构或者其他部门、机构代表本级人民政府对国家出资公司履行出资人职责。

代表本级人民政府履行出资人职责的机构、部门,以下统称为履行出资人职责的机构。

第一百七十条　国家出资公司中中国共产党的组织,按照中国共产党章程的规定发挥领导作用,研究讨论公司重大经营管理事项,支持公司的组织机构依法行使职权。

第一百七十一条　国有独资公司章程由履行出资人职责的机构制定。

第一百七十二条　国有独资公司不设股东会,由履行出资人职责的机构行使股东会职权。履行出资人职责的机构可以授权公司董事会行使股东会的部分职权,但公司章程的制定和修改,公司的合并、分立、解散、申请破产,增加或者减少注册资本,分配利润,应当由履行出资人职责的机构决定。

第一百七十三条　国有独资公司的董事会依照本法规定行使职权。

国有独资公司的董事会成员中,应当过半数为外部董事,并应当有公司职工代表。

董事会成员由履行出资人职责的机构委派;但是,董事会成员中的职工代表由公司职工代表大会选举产生。

董事会设董事长一人,可以设副董事长。董事长、副董事长由履行出资人职责的机构从董事会成员中指定。

第一百七十四条　国有独资公司的经理由董事会聘任或者解聘。经履行出资人职责的机构同意,董事会成员可以兼任经理。

第一百七十五条　国有独资公司的董事、高级管理人员,未经履行出资人职责的机构同意,不得在其他有限责任公司、股份有限公司或者其他经济组织兼职。

第一百七十六条　国有独资公司在董事会中设置由董事组成的审计委员会行使本法规定的监事会职权的,不设监事会或者监事。

第一百七十七条　国家出资公司应当依法建立健全内部监督管理和风险控制制度,加强内部合规管理。

第八章　公司董事、监事、高级管理人员的资格和义务

第一百七十八条　有下列情形之一的,不得担任公司的董事、监

事、高级管理人员：

（一）无民事行为能力或者限制民事行为能力；

（二）因贪污、贿赂、侵占财产、挪用财产或者破坏社会主义市场经济秩序，被判处刑罚，或者因犯罪被剥夺政治权利，执行期满未逾五年，被宣告缓刑的，自缓刑考验期满之日起未逾二年；

（三）担任破产清算的公司、企业的董事或者厂长、经理，对该公司、企业的破产负有个人责任的，自该公司、企业破产清算完结之日起未逾三年；

（四）担任因违法被吊销营业执照、责令关闭的公司、企业的法定代表人，并负有个人责任的，自该公司、企业被吊销营业执照、责令关闭之日起未逾三年；

（五）个人因所负数额较大债务到期未清偿被人民法院列为失信被执行人。

违反前款规定选举、委派董事、监事或者聘任高级管理人员的，该选举、委派或者聘任无效。

董事、监事、高级管理人员在任职期间出现本条第一款所列情形的，公司应当解除其职务。

第一百七十九条 董事、监事、高级管理人员应当遵守法律、行政法规和公司章程。

第一百八十条 董事、监事、高级管理人员对公司负有忠实义务，应当采取措施避免自身利益与公司利益冲突，不得利用职权牟取不正当利益。

董事、监事、高级管理人员对公司负有勤勉义务，执行职务应当为公司的最大利益尽到管理者通常应有的合理注意。

公司的控股股东、实际控制人不担任公司董事但实际执行公司事务的，适用前两款规定。

第一百八十一条 董事、监事、高级管理人员不得有下列行为：

（一）侵占公司财产、挪用公司资金；

（二）将公司资金以其个人名义或者以其他个人名义开立账户存储；

（三）利用职权贿赂或者收受其他非法收入；

（四）接受他人与公司交易的佣金归为己有；

（五）擅自披露公司秘密；

（六）违反对公司忠实义务的其他行为。

第一百八十二条　董事、监事、高级管理人员，直接或者间接与本公司订立合同或者进行交易，应当就与订立合同或者进行交易有关的事项向董事会或者股东会报告，并按照公司章程的规定经董事会或者股东会决议通过。

董事、监事、高级管理人员的近亲属，董事、监事、高级管理人员或者其近亲属直接或者间接控制的企业，以及与董事、监事、高级管理人员有其他关联关系的关联人，与公司订立合同或者进行交易，适用前款规定。

第一百八十三条　董事、监事、高级管理人员，不得利用职务便利为自己或者他人谋取属于公司的商业机会。但是，有下列情形之一的除外：

（一）向董事会或者股东会报告，并按照公司章程的规定经董事会或者股东会决议通过；

（二）根据法律、行政法规或者公司章程的规定，公司不能利用该商业机会。

第一百八十四条　董事、监事、高级管理人员未向董事会或者股东会报告，并按照公司章程的规定经董事会或者股东会决议通过，不得自营或者为他人经营与其任职公司同类的业务。

第一百八十五条　董事会对本法第一百八十二条至第一百八十四条规定的事项决议时，关联董事不得参与表决，其表决权不计入表决权总数。出席董事会会议的无关联关系董事人数不足三人的，应当将该事项提交股东会审议。

第一百八十六条　董事、监事、高级管理人员违反本法第一百八十一条至第一百八十四条规定所得的收入应当归公司所有。

第一百八十七条　股东会要求董事、监事、高级管理人员列席会议的，董事、监事、高级管理人员应当列席并接受股东的质询。

第一百八十八条　董事、监事、高级管理人员执行职务违反法律、行政法规或者公司章程的规定，给公司造成损失的，应当承担赔偿责任。

第一百八十九条 董事、高级管理人员有前条规定的情形的,有限责任公司的股东、股份有限公司连续一百八十日以上单独或者合计持有公司百分之一以上股份的股东,可以书面请求监事会向人民法院提起诉讼;监事有前条规定的情形的,前述股东可以书面请求董事会向人民法院提起诉讼。

监事会或者董事会收到前款规定的股东书面请求后拒绝提起诉讼,或者自收到请求之日起三十日内未提起诉讼,或者情况紧急、不立即提起诉讼将会使公司利益受到难以弥补的损害的,前款规定的股东有权为公司利益以自己的名义直接向人民法院提起诉讼。

他人侵犯公司合法权益,给公司造成损失的,本条第一款规定的股东可以依照前两款的规定向人民法院提起诉讼。

公司全资子公司的董事、监事、高级管理人员有前条规定情形,或者他人侵犯公司全资子公司合法权益造成损失的,有限责任公司的股东、股份有限公司连续一百八十日以上单独或者合计持有公司百分之一以上股份的股东,可以依照前三款规定书面请求全资子公司的监事会、董事会向人民法院提起诉讼或者以自己的名义直接向人民法院提起诉讼。

第一百九十条 董事、高级管理人员违反法律、行政法规或者公司章程的规定,损害股东利益的,股东可以向人民法院提起诉讼。

第一百九十一条 董事、高级管理人员执行职务,给他人造成损害的,公司应当承担赔偿责任;董事、高级管理人员存在故意或者重大过失的,也应当承担赔偿责任。

第一百九十二条 公司的控股股东、实际控制人指示董事、高级管理人员从事损害公司或者股东利益的行为的,与该董事、高级管理人员承担连带责任。

第一百九十三条 公司可以在董事任职期间为董事因执行公司职务承担的赔偿责任投保责任保险。

公司为董事投保责任保险或者续保后,董事会应当向股东会报告责任保险的投保金额、承保范围及保险费率等内容。

第九章 公司债券

第一百九十四条 本法所称公司债券,是指公司发行的约定按期还本付息的有价证券。

公司债券可以公开发行,也可以非公开发行。

公司债券的发行和交易应当符合《中华人民共和国证券法》等法律、行政法规的规定。

第一百九十五条 公开发行公司债券,应当经国务院证券监督管理机构注册,公告公司债券募集办法。

公司债券募集办法应当载明下列主要事项:

(一)公司名称;

(二)债券募集资金的用途;

(三)债券总额和债券的票面金额;

(四)债券利率的确定方式;

(五)还本付息的期限和方式;

(六)债券担保情况;

(七)债券的发行价格、发行的起止日期;

(八)公司净资产额;

(九)已发行的尚未到期的公司债券总额;

(十)公司债券的承销机构。

第一百九十六条 公司以纸面形式发行公司债券的,应当在债券上载明公司名称、债券票面金额、利率、偿还期限等事项,并由法定代表人签名,公司盖章。

第一百九十七条 公司债券应当为记名债券。

第一百九十八条 公司发行公司债券应当置备公司债券持有人名册。

发行公司债券的,应当在公司债券持有人名册上载明下列事项:

(一)债券持有人的姓名或者名称及住所;

(二)债券持有人取得债券的日期及债券的编号;

(三)债券总额,债券的票面金额、利率、还本付息的期限和方式;

(四)债券的发行日期。

第一百九十九条 公司债券的登记结算机构应当建立债券登记、存管、付息、兑付等相关制度。

第二百条 公司债券可以转让,转让价格由转让人与受让人约定。

公司债券的转让应当符合法律、行政法规的规定。

第二百零一条 公司债券由债券持有人以背书方式或者法律、行政法规规定的其他方式转让;转让后由公司将受让人的姓名或者名称及住所记载于公司债券持有人名册。

第二百零二条 股份有限公司经股东会决议,或者经公司章程、股东会授权由董事会决议,可以发行可转换为股票的公司债券,并规定具体的转换办法。上市公司发行可转换为股票的公司债券,应当经国务院证券监督管理机构注册。

发行可转换为股票的公司债券,应当在债券上标明可转换公司债券字样,并在公司债券持有人名册上载明可转换公司债券的数额。

第二百零三条 发行可转换为股票的公司债券的,公司应当按照其转换办法向债券持有人换发股票,但债券持有人对转换股票或者不转换股票有选择权。法律、行政法规另有规定的除外。

第二百零四条 公开发行公司债券的,应当为同期债券持有人设立债券持有人会议,并在债券募集办法中对债券持有人会议的召集程序、会议规则和其他重要事项作出规定。债券持有人会议可以对与债券持有人有利害关系的事项作出决议。

除公司债券募集办法另有约定外,债券持有人会议决议对同期全体债券持有人发生效力。

第二百零五条 公开发行公司债券的,发行人应当为债券持有人聘请债券受托管理人,由其为债券持有人办理受领清偿、债权保全、与债券相关的诉讼以及参与债务人破产程序等事项。

第二百零六条 债券受托管理人应当勤勉尽责,公正履行受托管理职责,不得损害债券持有人利益。

受托管理人与债券持有人存在利益冲突可能损害债券持有人利益的,债券持有人会议可以决议变更债券受托管理人。

债券受托管理人违反法律、行政法规或者债券持有人会议决议,损害债券持有人利益的,应当承担赔偿责任。

第十章 公司财务、会计

第二百零七条 公司应当依照法律、行政法规和国务院财政部门的规定建立本公司的财务、会计制度。

第二百零八条 公司应当在每一会计年度终了时编制财务会计报告,并依法经会计师事务所审计。

财务会计报告应当依照法律、行政法规和国务院财政部门的规定制作。

第二百零九条 有限责任公司应当按照公司章程规定的期限将财务会计报告送交各股东。

股份有限公司的财务会计报告应当在召开股东会年会的二十日前置备于本公司,供股东查阅;公开发行股份的股份有限公司应当公告其财务会计报告。

第二百一十条 公司分配当年税后利润时,应当提取利润的百分之十列入公司法定公积金。公司法定公积金累计额为公司注册资本的百分之五十以上的,可以不再提取。

公司的法定公积金不足以弥补以前年度亏损的,在依照前款规定提取法定公积金之前,应当先用当年利润弥补亏损。

公司从税后利润中提取法定公积金后,经股东会决议,还可以从税后利润中提取任意公积金。

公司弥补亏损和提取公积金后所余税后利润,有限责任公司按照股东实缴的出资比例分配利润,全体股东约定不按照出资比例分配利润的除外;股份有限公司按照股东所持有的股份比例分配利润,公司章程另有规定的除外。

公司持有的本公司股份不得分配利润。

第二百一十一条 公司违反本法规定向股东分配利润的,股东应当将违反规定分配的利润退还公司;给公司造成损失的,股东及负有责任的董事、监事、高级管理人员应当承担赔偿责任。

第二百一十二条 股东会作出分配利润的决议的,董事会应当在股东会决议作出之日起六个月内进行分配。

第二百一十三条　公司以超过股票票面金额的发行价格发行股份所得的溢价款、发行无面额股所得股款未计入注册资本的金额以及国务院财政部门规定列入资本公积金的其他项目,应当列为公司资本公积金。

第二百一十四条　公司的公积金用于弥补公司的亏损、扩大公司生产经营或者转为增加公司注册资本。

公积金弥补公司亏损,应当先使用任意公积金和法定公积金;仍不能弥补的,可以按照规定使用资本公积金。

法定公积金转为增加注册资本时,所留存的该项公积金不得少于转增前公司注册资本的百分之二十五。

第二百一十五条　公司聘用、解聘承办公司审计业务的会计师事务所,按照公司章程的规定,由股东会、董事会或者监事会决定。

公司股东会、董事会或者监事会就解聘会计师事务所进行表决时,应当允许会计师事务所陈述意见。

第二百一十六条　公司应当向聘用的会计师事务所提供真实、完整的会计凭证、会计账簿、财务会计报告及其他会计资料,不得拒绝、隐匿、谎报。

第二百一十七条　公司除法定的会计账簿外,不得另立会计账簿。

对公司资金,不得以任何个人名义开立账户存储。

第十一章　公司合并、分立、增资、减资

第二百一十八条　公司合并可以采取吸收合并或者新设合并。

一个公司吸收其他公司为吸收合并,被吸收的公司解散。两个以上公司合并设立一个新的公司为新设合并,合并各方解散。

第二百一十九条　公司与其持股百分之九十以上的公司合并,被合并的公司不需经股东会决议,但应当通知其他股东,其他股东有权请求公司按照合理的价格收购其股权或者股份。

公司合并支付的价款不超过本公司净资产百分之十的,可以不经股东会决议;但是,公司章程另有规定的除外。

公司依照前两款规定合并不经股东会决议的,应当经董事会

决议。

第二百二十条 公司合并,应当由合并各方签订合并协议,并编制资产负债表及财产清单。公司应当自作出合并决议之日起十日内通知债权人,并于三十日内在报纸上或者国家企业信用信息公示系统公告。债权人自接到通知之日起三十日内,未接到通知的自公告之日起四十五日内,可以要求公司清偿债务或者提供相应的担保。

第二百二十一条 公司合并时,合并各方的债权、债务,应当由合并后存续的公司或者新设的公司承继。

第二百二十二条 公司分立,其财产作相应的分割。

公司分立,应当编制资产负债表及财产清单。公司应当自作出分立决议之日起十日内通知债权人,并于三十日内在报纸上或者国家企业信用信息公示系统公告。

第二百二十三条 公司分立前的债务由分立后的公司承担连带责任。但是,公司在分立前与债权人就债务清偿达成的书面协议另有约定的除外。

第二百二十四条 公司减少注册资本,应当编制资产负债表及财产清单。

公司应当自股东会作出减少注册资本决议之日起十日内通知债权人,并于三十日内在报纸上或者国家企业信用信息公示系统公告。债权人自接到通知之日起三十日内,未接到通知的自公告之日起四十五日内,有权要求公司清偿债务或者提供相应的担保。

公司减少注册资本,应当按照股东出资或者持有股份的比例相应减少出资额或者股份,法律另有规定、有限责任公司全体股东另有约定或者股份有限公司章程另有规定的除外。

第二百二十五条 公司依照本法第二百一十四条第二款的规定弥补亏损后,仍有亏损的,可以减少注册资本弥补亏损。减少注册资本弥补亏损的,公司不得向股东分配,也不得免除股东缴纳出资或者股款的义务。

依照前款规定减少注册资本的,不适用前条第二款的规定,但应当自股东会作出减少注册资本决议之日起三十日内在报纸上或者国家企业信用信息公示系统公告。

公司依照前两款的规定减少注册资本后,在法定公积金和任意公积金累计额达到公司注册资本百分之五十前,不得分配利润。

第二百二十六条　违反本法规定减少注册资本的,股东应当退还其收到的资金,减免股东出资的应当恢复原状;给公司造成损失的,股东及负有责任的董事、监事、高级管理人员应当承担赔偿责任。

第二百二十七条　有限责任公司增加注册资本时,股东在同等条件下有权优先按照实缴的出资比例认缴出资。但是,全体股东约定不按照出资比例优先认缴出资的除外。

股份有限公司为增加注册资本发行新股时,股东不享有优先认购权,公司章程另有规定或者股东会决议决定股东享有优先认购权的除外。

第二百二十八条　有限责任公司增加注册资本时,股东认缴新增资本的出资,依照本法设立有限责任公司缴纳出资的有关规定执行。

股份有限公司为增加注册资本发行新股时,股东认购新股,依照本法设立股份有限公司缴纳股款的有关规定执行。

第十二章　公司解散和清算

第二百二十九条　公司因下列原因解散:

(一)公司章程规定的营业期限届满或者公司章程规定的其他解散事由出现;

(二)股东会决议解散;

(三)因公司合并或者分立需要解散;

(四)依法被吊销营业执照、责令关闭或者被撤销;

(五)人民法院依照本法第二百三十一条的规定予以解散。

公司出现前款规定的解散事由,应当在十日内将解散事由通过国家企业信用信息公示系统予以公示。

第二百三十条　公司有前条第一款第一项、第二项情形,且尚未向股东分配财产的,可以通过修改公司章程或者经股东会决议而存续。

依照前款规定修改公司章程或者经股东会决议,有限责任公司须经持有三分之二以上表决权的股东通过,股份有限公司须经出席股东会会议的股东所持表决权的三分之二以上通过。

第二百三十一条 公司经营管理发生严重困难,继续存续会使股东利益受到重大损失,通过其他途径不能解决的,持有公司百分之十以上表决权的股东,可以请求人民法院解散公司。

第二百三十二条 公司因本法第二百二十九条第一款第一项、第二项、第四项、第五项规定而解散的,应当清算。董事为公司清算义务人,应当在解散事由出现之日起十五日内组成清算组进行清算。

清算组由董事组成,但是公司章程另有规定或者股东会决议另选他人的除外。

清算义务人未及时履行清算义务,给公司或者债权人造成损失的,应当承担赔偿责任。

第二百三十三条 公司依照前条第一款的规定应当清算,逾期不成立清算组进行清算或者成立清算组后不清算的,利害关系人可以申请人民法院指定有关人员组成清算组进行清算。人民法院应当受理该申请,并及时组织清算组进行清算。

公司因本法第二百二十九条第一款第四项的规定而解散的,作出吊销营业执照、责令关闭或者撤销决定的部门或者公司登记机关,可以申请人民法院指定有关人员组成清算组进行清算。

第二百三十四条 清算组在清算期间行使下列职权:

(一)清理公司财产,分别编制资产负债表和财产清单;

(二)通知、公告债权人;

(三)处理与清算有关的公司未了结的业务;

(四)清缴所欠税款以及清算过程中产生的税款;

(五)清理债权、债务;

(六)分配公司清偿债务后的剩余财产;

(七)代表公司参与民事诉讼活动。

第二百三十五条 清算组应当自成立之日起十日内通知债权人,并于六十日内在报纸上或者国家企业信用信息公示系统公告。债权人应当自接到通知之日起三十日内,未接到通知的自公告之日起四十五日内,向清算组申报其债权。

债权人申报债权,应当说明债权的有关事项,并提供证明材料。

清算组应当对债权进行登记。

在申报债权期间,清算组不得对债权人进行清偿。

第二百三十六条 清算组在清理公司财产、编制资产负债表和财产清单后,应当制订清算方案,并报股东会或者人民法院确认。

公司财产在分别支付清算费用、职工的工资、社会保险费用和法定补偿金,缴纳所欠税款,清偿公司债务后的剩余财产,有限责任公司按照股东的出资比例分配,股份有限公司按照股东持有的股份比例分配。

清算期间,公司存续,但不得开展与清算无关的经营活动。公司财产在未依照前款规定清偿前,不得分配给股东。

第二百三十七条 清算组在清理公司财产、编制资产负债表和财产清单后,发现公司财产不足清偿债务的,应当依法向人民法院申请破产清算。

人民法院受理破产申请后,清算组应当将清算事务移交给人民法院指定的破产管理人。

第二百三十八条 清算组成员履行清算职责,负有忠实义务和勤勉义务。

清算组成员怠于履行清算职责,给公司造成损失的,应当承担赔偿责任;因故意或者重大过失给债权人造成损失的,应当承担赔偿责任。

第二百三十九条 公司清算结束后,清算组应当制作清算报告,报股东会或者人民法院确认,并报送公司登记机关,申请注销公司登记。

第二百四十条 公司在存续期间未产生债务,或者已清偿全部债务的,经全体股东承诺,可以按照规定通过简易程序注销公司登记。

通过简易程序注销公司登记,应当通过国家企业信用信息公示系统予以公告,公告期限不少于二十日。公告期限届满后,未有异议的,公司可以在二十日内向公司登记机关申请注销公司登记。

公司通过简易程序注销公司登记,股东对本条第一款规定的内容承诺不实的,应当对注销登记前的债务承担连带责任。

第二百四十一条 公司被吊销营业执照、责令关闭或者被撤销,满三年未向公司登记机关申请注销公司登记的,公司登记机关可以通过国家企业信用信息公示系统予以公告,公告期限不少于六十日。公告期限届满后,未有异议的,公司登记机关可以注销公司登记。

依照前款规定注销公司登记的,原公司股东、清算义务人的责任不受影响。

第二百四十二条　公司被依法宣告破产的,依照有关企业破产的法律实施破产清算。

第十三章　外国公司的分支机构

第二百四十三条　本法所称外国公司,是指依照外国法律在中华人民共和国境外设立的公司。

第二百四十四条　外国公司在中华人民共和国境内设立分支机构,应当向中国主管机关提出申请,并提交其公司章程、所属国的公司登记证书等有关文件,经批准后,向公司登记机关依法办理登记,领取营业执照。

外国公司分支机构的审批办法由国务院另行规定。

第二百四十五条　外国公司在中华人民共和国境内设立分支机构,应当在中华人民共和国境内指定负责该分支机构的代表人或者代理人,并向该分支机构拨付与其所从事的经营活动相适应的资金。

对外国公司分支机构的经营资金需要规定最低限额的,由国务院另行规定。

第二百四十六条　外国公司的分支机构应当在其名称中标明该外国公司的国籍及责任形式。

外国公司的分支机构应当在本机构中置备该外国公司章程。

第二百四十七条　外国公司在中华人民共和国境内设立的分支机构不具有中国法人资格。

外国公司对其分支机构在中华人民共和国境内进行经营活动承担民事责任。

第二百四十八条　经批准设立的外国公司分支机构,在中华人民共和国境内从事业务活动,应当遵守中国的法律,不得损害中国的社会公共利益,其合法权益受中国法律保护。

第二百四十九条　外国公司撤销其在中华人民共和国境内的分支机构时,应当依法清偿债务,依照本法有关公司清算程序的规定进行清算。未清偿债务之前,不得将其分支机构的财产转移至中华人民共和国境外。

第十四章　法律责任

第二百五十条　违反本法规定,虚报注册资本、提交虚假材料或者采取其他欺诈手段隐瞒重要事实取得公司登记的,由公司登记机关责令改正,对虚报注册资本的公司,处以虚报注册资本金额百分之五以上百分之十五以下的罚款;对提交虚假材料或者采取其他欺诈手段隐瞒重要事实的公司,处以五万元以上二百万元以下的罚款;情节严重的,吊销营业执照;对直接负责的主管人员和其他直接责任人员处以三万元以上三十万元以下的罚款。

第二百五十一条　公司未依照本法第四十条规定公示有关信息或者不如实公示有关信息的,由公司登记机关责令改正,可以处以一万元以上五万元以下的罚款。情节严重的,处以五万元以上二十万元以下的罚款;对直接负责的主管人员和其他直接责任人员处以一万元以上十万元以下的罚款。

第二百五十二条　公司的发起人、股东虚假出资,未交付或者未按期交付作为出资的货币或者非货币财产的,由公司登记机关责令改正,可以处以五万元以上二十万元以下的罚款;情节严重的,处以虚假出资或者未出资金额百分之五以上百分之十五以下的罚款;对直接负责的主管人员和其他直接责任人员处以一万元以上十万元以下的罚款。

第二百五十三条　公司的发起人、股东在公司成立后,抽逃其出资的,由公司登记机关责令改正,处以所抽逃出资金额百分之五以上百分之十五以下的罚款;对直接负责的主管人员和其他直接责任人员处以三万元以上三十万元以下的罚款。

第二百五十四条　有下列行为之一的,由县级以上人民政府财政部门依照《中华人民共和国会计法》等法律、行政法规的规定处罚:

(一)在法定的会计账簿以外另立会计账簿;

（二）提供存在虚假记载或者隐瞒重要事实的财务会计报告。

第二百五十五条 公司在合并、分立、减少注册资本或者进行清算时，不依照本法规定通知或者公告债权人的，由公司登记机关责令改正，对公司处以一万元以上十万元以下的罚款。

第二百五十六条 公司在进行清算时，隐匿财产，对资产负债表或者财产清单作虚假记载，或者在未清偿债务前分配公司财产的，由公司登记机关责令改正，对公司处以隐匿财产或者未清偿债务前分配公司财产金额百分之五以上百分之十以下的罚款；对直接负责的主管人员和其他直接责任人员处以一万元以上十万元以下的罚款。

第二百五十七条 承担资产评估、验资或者验证的机构提供虚假材料或者提供有重大遗漏的报告的，由有关部门依照《中华人民共和国资产评估法》、《中华人民共和国注册会计师法》等法律、行政法规的规定处罚。

承担资产评估、验资或者验证的机构因其出具的评估结果、验资或者验证证明不实，给公司债权人造成损失的，除能够证明自己没有过错的外，在其评估或者证明不实的金额范围内承担赔偿责任。

第二百五十八条 公司登记机关违反法律、行政法规规定未履行职责或者履行职责不当的，对负有责任的领导人员和直接责任人员依法给予政务处分。

第二百五十九条 未依法登记为有限责任公司或者股份有限公司，而冒用有限责任公司或者股份有限公司名义的，或者未依法登记为有限责任公司或者股份有限公司的分公司，而冒用有限责任公司或者股份有限公司的分公司名义的，由公司登记机关责令改正或者予以取缔，可以并处十万元以下的罚款。

第二百六十条 公司成立后无正当理由超过六个月未开业的，或者开业后自行停业连续六个月以上的，公司登记机关可以吊销营业执照，但公司依法办理歇业的除外。

公司登记事项发生变更时，未依照本法规定办理有关变更登记的，由公司登记机关责令限期登记；逾期不登记的，处以一万元以上十万元以下的罚款。

第二百六十一条 外国公司违反本法规定，擅自在中华人民共和国境内设立分支机构的，由公司登记机关责令改正或者关闭，可以并处五万元以上二十万元以下的罚款。

第二百六十二条 利用公司名义从事危害国家安全、社会公共利益的严重违法行为的，吊销营业执照。

第二百六十三条 公司违反本法规定，应当承担民事赔偿责任和缴纳罚款、罚金的，其财产不足以支付时，先承担民事赔偿责任。

第二百六十四条 违反本法规定，构成犯罪的，依法追究刑事责任。

第十五章 附　则

第二百六十五条 本法下列用语的含义：

（一）高级管理人员，是指公司的经理、副经理、财务负责人，上市公司董事会秘书和公司章程规定的其他人员。

（二）控股股东，是指其出资额占有限责任公司资本总额超过百分之五十或者其持有的股份占股份有限公司股本总额超过百分之五十的股东；出资额或者持有股份的比例虽然低于百分之五十，但依其出资额或者持有的股份所享有的表决权已足以对股东会的决议产生重大影响的股东。

（三）实际控制人，是指通过投资关系、协议或者其他安排，能够实际支配公司行为的人。

（四）关联关系，是指公司控股股东、实际控制人、董事、监事、高级管理人员与其直接或者间接控制的企业之间的关系，以及可能导致公司利益转移的其他关系。但是，国家控股的企业之间不仅因为同受国家控股而具有关联关系。

第二百六十六条 本法自2024年7月1日起施行。

本法施行前已登记设立的公司，出资期限超过本法规定的期限的，除法律、行政法规或者国务院另有规定外，应当逐步调整至本法规定的期限以内；对于出资期限、出资额明显异常的，公司登记机关可以依法要求其及时调整。具体实施办法由国务院规定。

中华人民共和国证券法

（1998年12月29日第九届全国人民代表大会常务委员会第六次会议通过　根据2004年8月28日第十届全国人民代表大会常务委员会第十一次会议《关于修改〈中华人民共和国证券法〉的决定》第一次修正　2005年10月27日第十届全国人民代表大会常务委员会第十八次会议第一次修订　根据2013年6月29日第十二届全国人民代表大会常务委员会第三次会议《关于修改〈中华人民共和国文物保护法〉等十二部法律的决定》第二次修正　根据2014年8月31日第十二届全国人民代表大会常务委员会第十次会议《关于修改〈中华人民共和国保险法〉等五部法律的决定》第三次修正　2019年12月28日第十三届全国人民代表大会常务委员会第十五次会议第二次修订）

目　录

第一章　总　　则
第二章　证券发行
第三章　证券交易
　第一节　一般规定
　第二节　证券上市
　第三节　禁止的交易行为
第四章　上市公司的收购
第五章　信息披露
第六章　投资者保护
第七章　证券交易场所
第八章　证券公司
第九章　证券登记结算机构

第十章　证券服务机构
第十一章　证券业协会
第十二章　证券监督管理机构
第十三章　法律责任
第十四章　附　　则

第一章　总　　则

第一条　为了规范证券发行和交易行为,保护投资者的合法权益,维护社会经济秩序和社会公共利益,促进社会主义市场经济的发展,制定本法。

第二条　在中华人民共和国境内,股票、公司债券、存托凭证和国务院依法认定的其他证券的发行和交易,适用本法;本法未规定的,适用《中华人民共和国公司法》和其他法律、行政法规的规定。

政府债券、证券投资基金份额的上市交易,适用本法;其他法律、行政法规另有规定的,适用其规定。

资产支持证券、资产管理产品发行、交易的管理办法,由国务院依照本法的原则规定。

在中华人民共和国境外的证券发行和交易活动,扰乱中华人民共和国境内市场秩序,损害境内投资者合法权益的,依照本法有关规定处理并追究法律责任。

第三条　证券的发行、交易活动,必须遵循公开、公平、公正的原则。

第四条　证券发行、交易活动的当事人具有平等的法律地位,应当遵守自愿、有偿、诚实信用的原则。

第五条　证券的发行、交易活动,必须遵守法律、行政法规;禁止欺诈、内幕交易和操纵证券市场的行为。

第六条　证券业和银行业、信托业、保险业实行分业经营、分业管理,证券公司与银行、信托、保险业务机构分别设立。国家另有规定的除外。

第七条　国务院证券监督管理机构依法对全国证券市场实行集中统一监督管理。

国务院证券监督管理机构根据需要可以设立派出机构,按照授权履行监督管理职责。

第八条 国家审计机关依法对证券交易场所、证券公司、证券登记结算机构、证券监督管理机构进行审计监督。

第二章 证券发行

第九条 公开发行证券,必须符合法律、行政法规规定的条件,并依法报经国务院证券监督管理机构或者国务院授权的部门注册。未经依法注册,任何单位和个人不得公开发行证券。证券发行注册制的具体范围、实施步骤,由国务院规定。

有下列情形之一的,为公开发行:

(一)向不特定对象发行证券;

(二)向特定对象发行证券累计超过二百人,但依法实施员工持股计划的员工人数不计算在内;

(三)法律、行政法规规定的其他发行行为。

非公开发行证券,不得采用广告、公开劝诱和变相公开方式。

第十条 发行人申请公开发行股票、可转换为股票的公司债券,依法采取承销方式的,或者公开发行法律、行政法规规定实行保荐制度的其他证券的,应当聘请证券公司担任保荐人。

保荐人应当遵守业务规则和行业规范,诚实守信,勤勉尽责,对发行人的申请文件和信息披露资料进行审慎核查,督导发行人规范运作。

保荐人的管理办法由国务院证券监督管理机构规定。

第十一条 设立股份有限公司公开发行股票,应当符合《中华人民共和国公司法》规定的条件和经国务院批准的国务院证券监督管理机构规定的其他条件,向国务院证券监督管理机构报送募股申请和下列文件:

(一)公司章程;

(二)发起人协议;

(三)发起人姓名或者名称,发起人认购的股份数、出资种类及验资证明;

（四）招股说明书；

（五）代收股款银行的名称及地址；

（六）承销机构名称及有关的协议。

依照本法规定聘请保荐人的，还应当报送保荐人出具的发行保荐书。

法律、行政法规规定设立公司必须报经批准的，还应当提交相应的批准文件。

第十二条 公司首次公开发行新股，应当符合下列条件：

（一）具备健全且运行良好的组织机构；

（二）具有持续经营能力；

（三）最近三年财务会计报告被出具无保留意见审计报告；

（四）发行人及其控股股东、实际控制人最近三年不存在贪污、贿赂、侵占财产、挪用财产或者破坏社会主义市场经济秩序的刑事犯罪；

（五）经国务院批准的国务院证券监督管理机构规定的其他条件。

上市公司发行新股，应当符合经国务院批准的国务院证券监督管理机构规定的条件，具体管理办法由国务院证券监督管理机构规定。

公开发行存托凭证的，应当符合首次公开发行新股的条件以及国务院证券监督管理机构规定的其他条件。

第十三条 公司公开发行新股，应当报送募股申请和下列文件：

（一）公司营业执照；

（二）公司章程；

（三）股东大会决议；

（四）招股说明书或者其他公开发行募集文件；

（五）财务会计报告；

（六）代收股款银行的名称及地址。

依照本法规定聘请保荐人的，还应当报送保荐人出具的发行保荐书。依照本法规定实行承销的，还应当报送承销机构名称及有关的协议。

第十四条 公司对公开发行股票所募集资金，必须按照招股说明书或者其他公开发行募集文件所列资金用途使用；改变资金用途，必须经股东大会作出决议。擅自改变用途，未作纠正的，或者未经股东大会认可的,不得公开发行新股。

第十五条　公开发行公司债券,应当符合下列条件:

(一)具备健全且运行良好的组织机构;

(二)最近三年平均可分配利润足以支付公司债券一年的利息;

(三)国务院规定的其他条件。

公开发行公司债券筹集的资金,必须按照公司债券募集办法所列资金用途使用;改变资金用途,必须经债券持有人会议作出决议。公开发行公司债券筹集的资金,不得用于弥补亏损和非生产性支出。

上市公司发行可转换为股票的公司债券,除应当符合第一款规定的条件外,还应当遵守本法第十二条第二款的规定。但是,按照公司债券募集办法,上市公司通过收购本公司股份的方式进行公司债券转换的除外。

第十六条　申请公开发行公司债券,应当向国务院授权的部门或者国务院证券监督管理机构报送下列文件:

(一)公司营业执照;

(二)公司章程;

(三)公司债券募集办法;

(四)国务院授权的部门或者国务院证券监督管理机构规定的其他文件。

依照本法规定聘请保荐人的,还应当报送保荐人出具的发行保荐书。

第十七条　有下列情形之一的,不得再次公开发行公司债券:

(一)对已公开发行的公司债券或者其他债务有违约或者延迟支付本息的事实,仍处于继续状态;

(二)违反本法规定,改变公开发行公司债券所募资金的用途。

第十八条　发行人依法申请公开发行证券所报送的申请文件的格式、报送方式,由依法负责注册的机构或者部门规定。

第十九条　发行人报送的证券发行申请文件,应当充分披露投资者作出价值判断和投资决策所必需的信息,内容应当真实、准确、完整。

为证券发行出具有关文件的证券服务机构和人员,必须严格履行法定职责,保证所出具文件的真实性、准确性和完整性。

第二十条 发行人申请首次公开发行股票的,在提交申请文件后,应当按照国务院证券监督管理机构的规定预先披露有关申请文件。

第二十一条 国务院证券监督管理机构或者国务院授权的部门依照法定条件负责证券发行申请的注册。证券公开发行注册的具体办法由国务院规定。

按照国务院的规定,证券交易所等可以审核公开发行证券申请,判断发行人是否符合发行条件、信息披露要求,督促发行人完善信息披露内容。

依照前两款规定参与证券发行申请注册的人员,不得与发行申请人有利害关系,不得直接或者间接接受发行申请人的馈赠,不得持有所注册的发行申请的证券,不得私下与发行申请人进行接触。

第二十二条 国务院证券监督管理机构或者国务院授权的部门应当自受理证券发行申请文件之日起三个月内,依照法定条件和法定程序作出予以注册或者不予注册的决定,发行人根据要求补充、修改发行申请文件的时间不计算在内。不予注册的,应当说明理由。

第二十三条 证券发行申请经注册后,发行人应当依照法律、行政法规的规定,在证券公开发行前公告公开发行募集文件,并将该文件置备于指定场所供公众查阅。

发行证券的信息依法公开前,任何知情人不得公开或者泄露该信息。

发行人不得在公告公开发行募集文件前发行证券。

第二十四条 国务院证券监督管理机构或者国务院授权的部门对已作出的证券发行注册的决定,发现不符合法定条件或者法定程序,尚未发行证券的,应当予以撤销,停止发行。已经发行尚未上市的,撤销发行注册决定,发行人应当按照发行价并加算银行同期存款利息返还证券持有人;发行人的控股股东、实际控制人以及保荐人,应当与发行人承担连带责任,但是能够证明自己没有过错的除外。

股票的发行人在招股说明书等证券发行文件中隐瞒重要事实或者编造重大虚假内容,已经发行并上市的,国务院证券监督管理机构可以责令发行人回购证券,或者责令负有责任的控股股东、实际控制人买回证券。

第二十五条　股票依法发行后,发行人经营与收益的变化,由发行人自行负责;由此变化引致的投资风险,由投资者自行负责。

第二十六条　发行人向不特定对象发行的证券,法律、行政法规规定应当由证券公司承销的,发行人应当同证券公司签订承销协议。证券承销业务采取代销或者包销方式。

证券代销是指证券公司代发行人发售证券,在承销期结束时,将未售出的证券全部退还给发行人的承销方式。

证券包销是指证券公司将发行人的证券按照协议全部购入或者在承销期结束时将售后剩余证券全部自行购入的承销方式。

第二十七条　公开发行证券的发行人有权依法自主选择承销的证券公司。

第二十八条　证券公司承销证券,应当同发行人签订代销或者包销协议,载明下列事项:

(一)当事人的名称、住所及法定代表人姓名;
(二)代销、包销证券的种类、数量、金额及发行价格;
(三)代销、包销的期限及起止日期;
(四)代销、包销的付款方式及日期;
(五)代销、包销的费用和结算办法;
(六)违约责任;
(七)国务院证券监督管理机构规定的其他事项。

第二十九条　证券公司承销证券,应当对公开发行募集文件的真实性、准确性、完整性进行核查。发现有虚假记载、误导性陈述或者重大遗漏的,不得进行销售活动;已经销售的,必须立即停止销售活动,并采取纠正措施。

证券公司承销证券,不得有下列行为:

(一)进行虚假的或者误导投资者的广告宣传或者其他宣传推介活动;
(二)以不正当竞争手段招揽承销业务;
(三)其他违反证券承销业务规定的行为。

证券公司有前款所列行为，给其他证券承销机构或者投资者造成损失的，应当依法承担赔偿责任。

第三十条 向不特定对象发行证券聘请承销团承销的，承销团应当由主承销和参与承销的证券公司组成。

第三十一条 证券的代销、包销期限最长不得超过九十日。

证券公司在代销、包销期内，对所代销、包销的证券应当保证先行出售给认购人，证券公司不得为本公司预留所代销的证券和预先购入并留存所包销的证券。

第三十二条 股票发行采取溢价发行的，其发行价格由发行人与承销的证券公司协商确定。

第三十三条 股票发行采用代销方式，代销期限届满，向投资者出售的股票数量未达到拟公开发行股票数量百分之七十的，为发行失败。发行人应当按照发行价并加算银行同期存款利息返还股票认购人。

第三十四条 公开发行股票，代销、包销期限届满，发行人应当在规定的期限内将股票发行情况报国务院证券监督管理机构备案。

第三章 证券交易

第一节 一般规定

第三十五条 证券交易当事人依法买卖的证券，必须是依法发行并交付的证券。

非依法发行的证券，不得买卖。

第三十六条 依法发行的证券，《中华人民共和国公司法》和其他法律对其转让期限有限制性规定的，在限定的期限内不得转让。

上市公司持有百分之五以上股份的股东、实际控制人、董事、监事、高级管理人员，以及其他持有发行人首次公开发行前发行的股份或者上市公司向特定对象发行的股份的股东，转让其持有的本公司股份的，不得违反法律、行政法规和国务院证券监督管理机构关于持有期限、卖出时间、卖出数量、卖出方式、信息披露等规定，并应当遵守证券交易所的业务规则。

第三十七条 公开发行的证券,应当在依法设立的证券交易所上市交易或者在国务院批准的其他全国性证券交易场所交易。

非公开发行的证券,可以在证券交易所、国务院批准的其他全国性证券交易场所、按照国务院规定设立的区域性股权市场转让。

第三十八条 证券在证券交易所上市交易,应当采用公开的集中交易方式或者国务院证券监督管理机构批准的其他方式。

第三十九条 证券交易当事人买卖的证券可以采用纸面形式或者国务院证券监督管理机构规定的其他形式。

第四十条 证券交易场所、证券公司和证券登记结算机构的从业人员,证券监督管理机构的工作人员以及法律、行政法规规定禁止参与股票交易的其他人员,在任期或者法定限期内,不得直接或者以化名、借他人名义持有、买卖股票或者其他具有股权性质的证券,也不得收受他人赠送的股票或者其他具有股权性质的证券。

任何人在成为前款所列人员时,其原已持有的股票或者其他具有股权性质的证券,必须依法转让。

实施股权激励计划或者员工持股计划的证券公司的从业人员,可以按照国务院证券监督管理机构的规定持有、卖出本公司股票或者其他具有股权性质的证券。

第四十一条 证券交易场所、证券公司、证券登记结算机构、证券服务机构及其工作人员应当依法为投资者的信息保密,不得非法买卖、提供或者公开投资者的信息。

证券交易场所、证券公司、证券登记结算机构、证券服务机构及其工作人员不得泄露所知悉的商业秘密。

第四十二条 为证券发行出具审计报告或者法律意见书等文件的证券服务机构和人员,在该证券承销期内和期满后六个月内,不得买卖该证券。

除前款规定外,为发行人及其控股股东、实际控制人,或者收购人、重大资产交易方出具审计报告或者法律意见书等文件的证券服务机构和人员,自接受委托之日起至上述文件公开后五日内,不得买卖该证券。实际开展上述有关工作之日早于接受委托之日的,自实际开展上述有关工作之日起至上述文件公开后五日内,不得买卖该证券。

第四十三条 证券交易的收费必须合理,并公开收费项目、收费标准和管理办法。

第四十四条 上市公司、股票在国务院批准的其他全国性证券交易场所交易的公司持有百分之五以上股份的股东、董事、监事、高级管理人员,将其持有的该公司的股票或者其他具有股权性质的证券在买入后六个月内卖出,或者在卖出后六个月内又买入,由此所得收益归该公司所有,公司董事会应当收回其所得收益。但是,证券公司因购入包销售后剩余股票而持有百分之五以上股份,以及有国务院证券监督管理机构规定的其他情形的除外。

前款所称董事、监事、高级管理人员、自然人股东持有的股票或者其他具有股权性质的证券,包括其配偶、父母、子女持有的及利用他人账户持有的股票或者其他具有股权性质的证券。

公司董事会不按照第一款规定执行的,股东有权要求董事会在三十日内执行。公司董事会未在上述期限内执行的,股东有权为了公司的利益以自己的名义直接向人民法院提起诉讼。

公司董事会不按照第一款的规定执行的,负有责任的董事依法承担连带责任。

第四十五条 通过计算机程序自动生成或者下达交易指令进行程序化交易的,应当符合国务院证券监督管理机构的规定,并向证券交易所报告,不得影响证券交易所系统安全或者正常交易秩序。

第二节 证券上市

第四十六条 申请证券上市交易,应当向证券交易所提出申请,由证券交易所依法审核同意,并由双方签订上市协议。

证券交易所根据国务院授权的部门的决定安排政府债券上市交易。

第四十七条 申请证券上市交易,应当符合证券交易所上市规则规定的上市条件。

证券交易所上市规则规定的上市条件,应当对发行人的经营年限、财务状况、最低公开发行比例和公司治理、诚信记录等提出要求。

第四十八条 上市交易的证券,有证券交易所规定的终止上市情形的,由证券交易所按照业务规则终止其上市交易。

证券交易所决定终止证券上市交易的,应当及时公告,并报国务院证券监督管理机构备案。

第四十九条 对证券交易所作出的不予上市交易、终止上市交易决定不服的,可以向证券交易所设立的复核机构申请复核。

第三节 禁止的交易行为

第五十条 禁止证券交易内幕信息的知情人和非法获取内幕信息的人利用内幕信息从事证券交易活动。

第五十一条 证券交易内幕信息的知情人包括:

(一)发行人及其董事、监事、高级管理人员;

(二)持有公司百分之五以上股份的股东及其董事、监事、高级管理人员,公司的实际控制人及其董事、监事、高级管理人员;

(三)发行人控股或者实际控制的公司及其董事、监事、高级管理人员;

(四)由于所任公司职务或者因与公司业务往来可以获取公司有关内幕信息的人员;

(五)上市公司收购人或者重大资产交易方及其控股股东、实际控制人、董事、监事和高级管理人员;

(六)因职务、工作可以获取内幕信息的证券交易场所、证券公司、证券登记结算机构、证券服务机构的有关人员;

(七)因职责、工作可以获取内幕信息的证券监督管理机构工作人员;

(八)因法定职责对证券的发行、交易或者对上市公司及其收购、重大资产交易进行管理可以获取内幕信息的有关主管部门、监管机构的工作人员;

(九)国务院证券监督管理机构规定的可以获取内幕信息的其他人员。

第五十二条 证券交易活动中,涉及发行人的经营、财务或者对该发行人证券的市场价格有重大影响的尚未公开的信息,为内幕信息。

本法第八十条第二款、第八十一条第二款所列重大事件属于内幕信息。

第五十三条 证券交易内幕信息的知情人和非法获取内幕信息的人,在内幕信息公开前,不得买卖该公司的证券,或者泄露该信息,或者建议他人买卖该证券。

持有或者通过协议、其他安排与他人共同持有公司百分之五以上股份的自然人、法人、非法人组织收购上市公司的股份,本法另有规定的,适用其规定。

内幕交易行为给投资者造成损失的,应当依法承担赔偿责任。

第五十四条 禁止证券交易场所、证券公司、证券登记结算机构、证券服务机构和其他金融机构的从业人员、有关监管部门或者行业协会的工作人员,利用因职务便利获取的内幕信息以外的其他未公开的信息,违反规定,从事与该信息相关的证券交易活动,或者明示、暗示他人从事相关交易活动。

利用未公开信息进行交易给投资者造成损失的,应当依法承担赔偿责任。

第五十五条 禁止任何人以下列手段操纵证券市场,影响或者意图影响证券交易价格或者证券交易量:

(一)单独或者通过合谋,集中资金优势、持股优势或者利用信息优势联合或者连续买卖;

(二)与他人串通,以事先约定的时间、价格和方式相互进行证券交易;

(三)在自己实际控制的账户之间进行证券交易;

(四)不以成交为目的,频繁或者大量申报并撤销申报;

(五)利用虚假或者不确定的重大信息,诱导投资者进行证券交易;

(六)对证券、发行人公开作出评价、预测或者投资建议,并进行反向证券交易;

(七)利用在其他相关市场的活动操纵证券市场;

(八)操纵证券市场的其他手段。

操纵证券市场行为给投资者造成损失的,应当依法承担赔偿责任。

第五十六条 禁止任何单位和个人编造、传播虚假信息或者误导性信息，扰乱证券市场。

禁止证券交易场所、证券公司、证券登记结算机构、证券服务机构及其从业人员，证券业协会、证券监督管理机构及其工作人员，在证券交易活动中作出虚假陈述或者信息误导。

各种传播媒介传播证券市场信息必须真实、客观，禁止误导。传播媒介及其从事证券市场信息报道的工作人员不得从事与其工作职责发生利益冲突的证券买卖。

编造、传播虚假信息或者误导性信息，扰乱证券市场，给投资者造成损失的，应当依法承担赔偿责任。

第五十七条 禁止证券公司及其从业人员从事下列损害客户利益的行为：

（一）违背客户的委托为其买卖证券；

（二）不在规定时间内向客户提供交易的确认文件；

（三）未经客户的委托，擅自为客户买卖证券，或者假借客户的名义买卖证券；

（四）为牟取佣金收入，诱使客户进行不必要的证券买卖；

（五）其他违背客户真实意思表示，损害客户利益的行为。

违反前款规定给客户造成损失的，应当依法承担赔偿责任。

第五十八条 任何单位和个人不得违反规定，出借自己的证券账户或者借用他人的证券账户从事证券交易。

第五十九条 依法拓宽资金入市渠道，禁止资金违规流入股市。

禁止投资者违规利用财政资金、银行信贷资金买卖证券。

第六十条 国有独资企业、国有独资公司、国有资本控股公司买卖上市交易的股票，必须遵守国家有关规定。

第六十一条 证券交易场所、证券公司、证券登记结算机构、证券服务机构及其从业人员对证券交易中发现的禁止的交易行为，应当及时向证券监督管理机构报告。

第四章　上市公司的收购

第六十二条　投资者可以采取要约收购、协议收购及其他合法方式收购上市公司。

第六十三条　通过证券交易所的证券交易,投资者持有或者通过协议、其他安排与他人共同持有一个上市公司已发行的有表决权股份达到百分之五时,应当在该事实发生之日起三日内,向国务院证券监督管理机构、证券交易所作出书面报告,通知该上市公司,并予公告,在上述期限内不得再行买卖该上市公司的股票,但国务院证券监督管理机构规定的情形除外。

投资者持有或者通过协议、其他安排与他人共同持有一个上市公司已发行的有表决权股份达到百分之五后,其所持该上市公司已发行的有表决权股份比例每增加或者减少百分之五,应当依照前款规定进行报告和公告,在该事实发生之日起至公告后三日内,不得再行买卖该上市公司的股票,但国务院证券监督管理机构规定的情形除外。

投资者持有或者通过协议、其他安排与他人共同持有一个上市公司已发行的有表决权股份达到百分之五后,其所持该上市公司已发行的有表决权股份比例每增加或者减少百分之一,应当在该事实发生的次日通知该上市公司,并予公告。

违反第一款、第二款规定买入上市公司有表决权的股份的,在买入后的三十六个月内,对该超过规定比例部分的股份不得行使表决权。

第六十四条　依照前条规定所作的公告,应当包括下列内容:

(一)持股人的名称、住所;

(二)持有的股票的名称、数额;

(三)持股达到法定比例或者持股增减变化达到法定比例的日期、增持股份的资金来源;

(四)在上市公司中拥有有表决权的股份变动的时间及方式。

第六十五条　通过证券交易所的证券交易,投资者持有或者通过协议、其他安排与他人共同持有一个上市公司已发行的有表决权股份达到百分之三十时,继续进行收购的,应当依法向该上市公司所有股东发出收购上市公司全部或者部分股份的要约。

收购上市公司部分股份的要约应当约定,被收购公司股东承诺出售的股份数额超过预定收购的股份数额的,收购人按比例进行收购。

第六十六条 依照前条规定发出收购要约,收购人必须公告上市公司收购报告书,并载明下列事项:

(一)收购人的名称、住所;

(二)收购人关于收购的决定;

(三)被收购的上市公司名称;

(四)收购目的;

(五)收购股份的详细名称和预定收购的股份数额;

(六)收购期限、收购价格;

(七)收购所需资金额及资金保证;

(八)公告上市公司收购报告书时持有被收购公司股份数占该公司已发行的股份总数的比例。

第六十七条 收购要约约定的收购期限不得少于三十日,并不得超过六十日。

第六十八条 在收购要约确定的承诺期限内,收购人不得撤销其收购要约。收购人需要变更收购要约的,应当及时公告,载明具体变更事项,且不得存在下列情形:

(一)降低收购价格;

(二)减少预定收购股份数额;

(三)缩短收购期限;

(四)国务院证券监督管理机构规定的其他情形。

第六十九条 收购要约提出的各项收购条件,适用于被收购公司的所有股东。

上市公司发行不同种类股份的,收购人可以针对不同种类股份提出不同的收购条件。

第七十条 采取要约收购方式的,收购人在收购期限内,不得卖出被收购公司的股票,也不得采取要约规定以外的形式和超出要约的条件买入被收购公司的股票。

第七十一条 采取协议收购方式的,收购人可以依照法律、行政法规的规定同被收购公司的股东以协议方式进行股份转让。

以协议方式收购上市公司时,达成协议后,收购人必须在三日内将该收购协议向国务院证券监督管理机构及证券交易所作出书面报告,并予公告。

在公告前不得履行收购协议。

第七十二条 采取协议收购方式的,协议双方可以临时委托证券登记结算机构保管协议转让的股票,并将资金存放于指定的银行。

第七十三条 采取协议收购方式的,收购人收购或者通过协议、其他安排与他人共同收购一个上市公司已发行的有表决权股份达到百分之三十时,继续进行收购的,应当依法向该上市公司所有股东发出收购上市公司全部或者部分股份的要约。但是,按照国务院证券监督管理机构的规定免除发出要约的除外。

收购人依照前款规定以要约方式收购上市公司股份,应当遵守本法第六十五条第二款、第六十六条至第七十条的规定。

第七十四条 收购期限届满,被收购公司股权分布不符合证券交易所规定的上市交易要求的,该上市公司的股票应当由证券交易所依法终止上市交易;其余仍持有被收购公司股票的股东,有权向收购人以收购要约的同等条件出售其股票,收购人应当收购。

收购行为完成后,被收购公司不再具备股份有限公司条件的,应当依法变更企业形式。

第七十五条 在上市公司收购中,收购人持有的被收购的上市公司的股票,在收购行为完成后的十八个月内不得转让。

第七十六条 收购行为完成后,收购人与被收购公司合并,并将该公司解散的,被解散公司的原有股票由收购人依法更换。

收购行为完成后,收购人应当在十五日内将收购情况报告国务院证券监督管理机构和证券交易所,并予公告。

第七十七条 国务院证券监督管理机构依照本法制定上市公司收购的具体办法。

上市公司分立或者被其他公司合并,应当向国务院证券监督管理机构报告,并予公告。

第五章 信息披露

第七十八条 发行人及法律、行政法规和国务院证券监督管理机构规定的其他信息披露义务人,应当及时依法履行信息披露义务。

信息披露义务人披露的信息,应当真实、准确、完整,简明清晰,通俗易懂,不得有虚假记载、误导性陈述或者重大遗漏。

证券同时在境内境外公开发行、交易的,其信息披露义务人在境外披露的信息,应当在境内同时披露。

第七十九条 上市公司、公司债券上市交易的公司、股票在国务院批准的其他全国性证券交易场所交易的公司,应当按照国务院证券监督管理机构和证券交易场所规定的内容和格式编制定期报告,并按照以下规定报送和公告:

(一)在每一会计年度结束之日起四个月内,报送并公告年度报告,其中的年度财务会计报告应当经符合本法规定的会计师事务所审计;

(二)在每一会计年度的上半年结束之日起二个月内,报送并公告中期报告。

第八十条 发生可能对上市公司、股票在国务院批准的其他全国性证券交易场所交易的公司的股票交易价格产生较大影响的重大事件,投资者尚未得知时,公司应当立即将有关该重大事件的情况向国务院证券监督管理机构和证券交易场所报送临时报告,并予公告,说明事件的起因、目前的状态和可能产生的法律后果。

前款所称重大事件包括:

(一)公司的经营方针和经营范围的重大变化;

(二)公司的重大投资行为,公司在一年内购买、出售重大资产超过公司资产总额百分之三十,或者公司营业用主要资产的抵押、质押、出售或者报废一次超过该资产的百分之三十;

(三)公司订立重要合同、提供重大担保或者从事关联交易,可能对公司的资产、负债、权益和经营成果产生重要影响的;

(四)公司发生重大债务和未能清偿到期重大债务的违约情况;

(五)公司发生重大亏损或者重大损失;

（六）公司生产经营的外部条件发生的重大变化；

（七）公司的董事、三分之一以上监事或者经理发生变动，董事长或者经理无法履行职责；

（八）持有公司百分之五以上股份的股东或者实际控制人持有股份或者控制公司的情况发生较大变化，公司的实际控制人及其控制的其他企业从事与公司相同或者相似业务的情况发生较大变化；

（九）公司分配股利、增资的计划，公司股权结构的重要变化，公司减资、合并、分立、解散及申请破产的决定，或者依法进入破产程序、被责令关闭；

（十）涉及公司的重大诉讼、仲裁，股东大会、董事会决议被依法撤销或者宣告无效；

（十一）公司涉嫌犯罪被依法立案调查，公司的控股股东、实际控制人、董事、监事、高级管理人员涉嫌犯罪被依法采取强制措施；

（十二）国务院证券监督管理机构规定的其他事项。

公司的控股股东或者实际控制人对重大事件的发生、进展产生较大影响的，应当及时将其知悉的有关情况书面告知公司，并配合公司履行信息披露义务。

第八十一条 发生可能对上市交易公司债券的交易价格产生较大影响的重大事件，投资者尚未得知时，公司应当立即将有关该重大事件的情况向国务院证券监督管理机构和证券交易场所报送临时报告，并予公告，说明事件的起因、目前的状态和可能产生的法律后果。

前款所称重大事件包括：

（一）公司股权结构或者生产经营状况发生重大变化；

（二）公司债券信用评级发生变化；

（三）公司重大资产抵押、质押、出售、转让、报废；

（四）公司发生未能清偿到期债务的情况；

（五）公司新增借款或者对外提供担保超过上年末净资产的百分之二十；

（六）公司放弃债权或者财产超过上年末净资产的百分之十；

（七）公司发生超过上年末净资产百分之十的重大损失；

（八）公司分配股利，作出减资、合并、分立、解散及申请破产的决

定,或者依法进入破产程序、被责令关闭;

(九)涉及公司的重大诉讼、仲裁;

(十)公司涉嫌犯罪被依法立案调查,公司的控股股东、实际控制人、董事、监事、高级管理人员涉嫌犯罪被依法采取强制措施;

(十一)国务院证券监督管理机构规定的其他事项。

第八十二条 发行人的董事、高级管理人员应当对证券发行文件和定期报告签署书面确认意见。

发行人的监事会应当对董事会编制的证券发行文件和定期报告进行审核并提出书面审核意见。监事应当签署书面确认意见。

发行人的董事、监事和高级管理人员应当保证发行人及时、公平地披露信息,所披露的信息真实、准确、完整。

董事、监事和高级管理人员无法保证证券发行文件和定期报告内容的真实性、准确性、完整性或者有异议的,应当在书面确认意见中发表意见并陈述理由,发行人应当披露。发行人不予披露的,董事、监事和高级管理人员可以直接申请披露。

第八十三条 信息披露义务人披露的信息应当同时向所有投资者披露,不得提前向任何单位和个人泄露。但是,法律、行政法规另有规定的除外。

任何单位和个人不得非法要求信息披露义务人提供依法需要披露但尚未披露的信息。任何单位和个人提前获知的前述信息,在依法披露前应当保密。

第八十四条 除依法需要披露的信息之外,信息披露义务人可以自愿披露与投资者作出价值判断和投资决策有关的信息,但不得与依法披露的信息相冲突,不得误导投资者。

发行人及其控股股东、实际控制人、董事、监事、高级管理人员等作出公开承诺的,应当披露。不履行承诺给投资者造成损失的,应当依法承担赔偿责任。

第八十五条 信息披露义务人未按照规定披露信息,或者公告的证券发行文件、定期报告、临时报告及其他信息披露资料存在虚假记载、误导性陈述或者重大遗漏,致使投资者在证券交易中遭受损失的,信息披露义务人应当承担赔偿责任;发行人的控股股东、实际控制人、董事、监事、高级管理人员和其他直接责任人员以及保荐人、承销的证券公司及其直接责任人员,应当与发行人承担连带赔偿责任,但是能够证明自己没有过错的除外。

第八十六条 依法披露的信息,应当在证券交易场所的网站和符合国务院证券监督管理机构规定条件的媒体发布,同时将其置备于公司住所、证券交易场所,供社会公众查阅。

第八十七条 国务院证券监督管理机构对信息披露义务人的信息披露行为进行监督管理。

证券交易场所应当对其组织交易的证券的信息披露义务人的信息披露行为进行监督,督促其依法及时、准确地披露信息。

第六章 投资者保护

第八十八条 证券公司向投资者销售证券、提供服务时,应当按照规定充分了解投资者的基本情况、财产状况、金融资产状况、投资知识和经验、专业能力等相关信息;如实说明证券、服务的重要内容,充分揭示投资风险;销售、提供与投资者上述状况相匹配的证券、服务。

投资者在购买证券或者接受服务时,应当按照证券公司明示的要求提供前款所列真实信息。拒绝提供或者未按照要求提供信息的,证券公司应当告知其后果,并按照规定拒绝向其销售证券、提供服务。

证券公司违反第一款规定导致投资者损失的,应当承担相应的赔偿责任。

第八十九条 根据财产状况、金融资产状况、投资知识和经验、专业能力等因素,投资者可以分为普通投资者和专业投资者。专业投资者的标准由国务院证券监督管理机构规定。

普通投资者与证券公司发生纠纷的,证券公司应当证明其行为符合法律、行政法规以及国务院证券监督管理机构的规定,不存在误导、欺诈等情形。证券公司不能证明的,应当承担相应的赔偿责任。

第九十条 上市公司董事会、独立董事、持有百分之一以上有表决权股份的股东或者依照法律、行政法规或者国务院证券监督管理机构的规定设立的投资者保护机构(以下简称投资者保护机构),可以作为征集人,自行或者委托证券公司、证券服务机构,公开请求上市公司股东委托其代为出席股东大会,并代为行使提案权、表决权等股东权利。

依照前款规定征集股东权利的,征集人应当披露征集文件,上市公司应当予以配合。

禁止以有偿或者变相有偿的方式公开征集股东权利。

公开征集股东权利违反法律、行政法规或者国务院证券监督管理机构有关规定,导致上市公司或者其股东遭受损失的,应当依法承担赔偿责任。

第九十一条 上市公司应当在章程中明确分配现金股利的具体安排和决策程序,依法保障股东的资产收益权。

上市公司当年税后利润,在弥补亏损及提取法定公积金后有盈余的,应当按照公司章程的规定分配现金股利。

第九十二条 公开发行公司债券的,应当设立债券持有人会议,并应当在募集说明书中说明债券持有人会议的召集程序、会议规则和其他重要事项。

公开发行公司债券的,发行人应当为债券持有人聘请债券受托管理人,并订立债券受托管理协议。受托管理人应当由本次发行的承销机构或者其他经国务院证券监督管理机构认可的机构担任,债券持有人会议可以决议变更债券受托管理人。债券受托管理人应当勤勉尽责,公正履行受托管理职责,不得损害债券持有人利益。

债券发行人未能按期兑付债券本息的,债券受托管理人可以接受全部或者部分债券持有人的委托,以自己名义代表债券持有人提起、参加民事诉讼或者清算程序。

第九十三条 发行人因欺诈发行、虚假陈述或者其他重大违法行为给投资者造成损失的,发行人的控股股东、实际控制人、相关的证券公司可以委托投资者保护机构,就赔偿事宜与受到损失的投资者达成协议,予以先行赔付。先行赔付后,可以依法向发行人以及其他连带责任人追偿。

第九十四条 投资者与发行人、证券公司等发生纠纷的,双方可以向投资者保护机构申请调解。普通投资者与证券公司发生证券业务纠纷,普通投资者提出调解请求的,证券公司不得拒绝。

投资者保护机构对损害投资者利益的行为,可以依法支持投资者向人民法院提起诉讼。

发行人的董事、监事、高级管理人员执行公司职务时违反法律、行政法规或者公司章程的规定给公司造成损失,发行人的控股股东、实际控制人等侵犯公司合法权益给公司造成损失,投资者保护机构持有该公司股份的,可以为公司的利益以自己的名义向人民法院提起诉讼,持股比例和持股期限不受《中华人民共和国公司法》规定的限制。

第九十五条　投资者提起虚假陈述等证券民事赔偿诉讼时,诉讼标的是同一种类,且当事人一方人数众多的,可以依法推选代表人进行诉讼。

对按照前款规定提起的诉讼,可能存在有相同诉讼请求的其他众多投资者的,人民法院可以发出公告,说明该诉讼请求的案件情况,通知投资者在一定期间向人民法院登记。人民法院作出的判决、裁定,对参加登记的投资者发生效力。

投资者保护机构受五十名以上投资者委托,可以作为代表人参加诉讼,并为经证券登记结算机构确认的权利人依照前款规定向人民法院登记,但投资者明确表示不愿意参加该诉讼的除外。

第七章　证券交易场所

第九十六条　证券交易所、国务院批准的其他全国性证券交易场所为证券集中交易提供场所和设施,组织和监督证券交易,实行自律管理,依法登记,取得法人资格。

证券交易所、国务院批准的其他全国性证券交易场所的设立、变更和解散由国务院决定。

国务院批准的其他全国性证券交易场所的组织机构、管理办法等,由国务院规定。

第九十七条　证券交易所、国务院批准的其他全国性证券交易场所可以根据证券品种、行业特点、公司规模等因素设立不同的市场层次。

第九十八条　按照国务院规定设立的区域性股权市场为非公开发行证券的发行、转让提供场所和设施,具体管理办法由国务院规定。

第九十九条 证券交易所履行自律管理职能，应当遵守社会公共利益优先原则，维护市场的公平、有序、透明。

设立证券交易所必须制定章程。证券交易所章程的制定和修改，必须经国务院证券监督管理机构批准。

第一百条 证券交易所必须在其名称中标明证券交易所字样。其他任何单位或者个人不得使用证券交易所或者近似的名称。

第一百零一条 证券交易所可以自行支配的各项费用收入，应当首先用于保证其证券交易场所和设施的正常运行并逐步改善。

实行会员制的证券交易所的财产积累归会员所有，其权益由会员共同享有，在其存续期间，不得将其财产积累分配给会员。

第一百零二条 实行会员制的证券交易所设理事会、监事会。

证券交易所设总经理一人，由国务院证券监督管理机构任免。

第一百零三条 有《中华人民共和国公司法》第一百四十六条规定的情形或者下列情形之一的，不得担任证券交易所的负责人：

（一）因违法行为或者违纪行为被解除职务的证券交易场所、证券登记结算机构的负责人或者证券公司的董事、监事、高级管理人员，自被解除职务之日起未逾五年；

（二）因违法行为或者违纪行为被吊销执业证书或者被取消资格的律师、注册会计师或者其他证券服务机构的专业人员，自被吊销执业证书或者被取消资格之日起未逾五年。

第一百零四条 因违法行为或者违纪行为被开除的证券交易场所、证券公司、证券登记结算机构、证券服务机构的从业人员和被开除的国家机关工作人员，不得招聘为证券交易所的从业人员。

第一百零五条 进入实行会员制的证券交易所参与集中交易的，必须是证券交易所的会员。证券交易所不得允许非会员直接参与股票的集中交易。

第一百零六条 投资者应当与证券公司签订证券交易委托协议，并在证券公司实名开立账户，以书面、电话、自助终端、网络等方式，委托该证券公司代其买卖证券。

第一百零七条 证券公司为投资者开立账户，应当按照规定对投资者提供的身份信息进行核对。

证券公司不得将投资者的账户提供给他人使用。

投资者应当使用实名开立的账户进行交易。

第一百零八条 证券公司根据投资者的委托,按照证券交易规则提出交易申报,参与证券交易所场内的集中交易,并根据成交结果承担相应的清算交收责任。证券登记结算机构根据成交结果,按照清算交收规则,与证券公司进行证券和资金的清算交收,并为证券公司客户办理证券的登记过户手续。

第一百零九条 证券交易所应当为组织公平的集中交易提供保障,实时公布证券交易即时行情,并按交易日制作证券市场行情表,予以公布。

证券交易即时行情的权益由证券交易所依法享有。未经证券交易所许可,任何单位和个人不得发布证券交易即时行情。

第一百一十条 上市公司可以向证券交易所申请其上市交易股票的停牌或者复牌,但不得滥用停牌或者复牌损害投资者的合法权益。

证券交易所可以按照业务规则的规定,决定上市交易股票的停牌或者复牌。

第一百一十一条 因不可抗力、意外事件、重大技术故障、重大人为差错等突发性事件而影响证券交易正常进行时,为维护证券交易正常秩序和市场公平,证券交易所可以按照业务规则采取技术性停牌、临时停市等处置措施,并应当及时向国务院证券监督管理机构报告。

因前款规定的突发性事件导致证券交易结果出现重大异常,按交易结果进行交收将对证券交易正常秩序和市场公平造成重大影响的,证券交易所按照业务规则可以采取取消交易、通知证券登记结算机构暂缓交收等措施,并应当及时向国务院证券监督管理机构报告并公告。

证券交易所对其依照本条规定采取措施造成的损失,不承担民事赔偿责任,但存在重大过错的除外。

第一百一十二条 证券交易所对证券交易实行实时监控,并按照国务院证券监督管理机构的要求,对异常的交易情况提出报告。

证券交易所根据需要,可以按照业务规则对出现重大异常交易情况的证券账户的投资者限制交易,并及时报告国务院证券监督管理机构。

第一百一十三条 证券交易所应当加强对证券交易的风险监测,出现重大异常波动的,证券交易所可以按照业务规则采取限制交易、强制停牌等处置措施,并向国务院证券监督管理机构报告;严重影响证券市场稳定的,证券交易所可以按照业务规则采取临时停市等处置措施并公告。

证券交易所对其依照本条规定采取措施造成的损失,不承担民事赔偿责任,但存在重大过错的除外。

第一百一十四条 证券交易所应当从其收取的交易费用和会员费、席位费中提取一定比例的金额设立风险基金。风险基金由证券交易所理事会管理。

风险基金提取的具体比例和使用办法,由国务院证券监督管理机构会同国务院财政部门规定。

证券交易所应当将收存的风险基金存入开户银行专门账户,不得擅自使用。

第一百一十五条 证券交易所依照法律、行政法规和国务院证券监督管理机构的规定,制定上市规则、交易规则、会员管理规则和其他有关业务规则,并报国务院证券监督管理机构批准。

在证券交易所从事证券交易,应当遵守证券交易所依法制定的业务规则。违反业务规则的,由证券交易所给予纪律处分或者采取其他自律管理措施。

第一百一十六条 证券交易所的负责人和其他从业人员执行与证券交易有关的职务时,与其本人或者其亲属有利害关系的,应当回避。

第一百一十七条 按照依法制定的交易规则进行的交易,不得改变其交易结果,但本法第一百一十一条第二款规定的除外。对交易中违规交易者应负的民事责任不得免除;在违规交易中所获利益,依照有关规定处理。

第八章 证券公司

第一百一十八条 设立证券公司,应当具备下列条件,并经国务院证券监督管理机构批准:

(一)有符合法律、行政法规规定的公司章程;

(二)主要股东及公司的实际控制人具有良好的财务状况和诚信记录,最近三年无重大违法违规记录;

(三)有符合本法规定的公司注册资本;

(四)董事、监事、高级管理人员、从业人员符合本法规定的条件;

(五)有完善的风险管理与内部控制制度;

(六)有合格的经营场所、业务设施和信息技术系统;

(七)法律、行政法规和经国务院批准的国务院证券监督管理机构规定的其他条件。

未经国务院证券监督管理机构批准,任何单位和个人不得以证券公司名义开展证券业务活动。

第一百一十九条 国务院证券监督管理机构应当自受理证券公司设立申请之日起六个月内,依照法定条件和法定程序并根据审慎监管原则进行审查,作出批准或者不予批准的决定,并通知申请人;不予批准的,应当说明理由。

证券公司设立申请获得批准的,申请人应当在规定的期限内向公司登记机关申请设立登记,领取营业执照。

证券公司应当自领取营业执照之日起十五日内,向国务院证券监督管理机构申请经营证券业务许可证。未取得经营证券业务许可证,证券公司不得经营证券业务。

第一百二十条 经国务院证券监督管理机构核准,取得经营证券业务许可证,证券公司可以经营下列部分或者全部证券业务:

(一)证券经纪;

(二)证券投资咨询;

(三)与证券交易、证券投资活动有关的财务顾问;

(四)证券承销与保荐;

(五)证券融资融券;

（六）证券做市交易；

（七）证券自营；

（八）其他证券业务。

国务院证券监督管理机构应当自受理前款规定事项申请之日起三个月内，依照法定条件和程序进行审查，作出核准或者不予核准的决定，并通知申请人；不予核准的，应当说明理由。

证券公司经营证券资产管理业务的，应当符合《中华人民共和国证券投资基金法》等法律、行政法规的规定。

除证券公司外，任何单位和个人不得从事证券承销、证券保荐、证券经纪和证券融资融券业务。

证券公司从事证券融资融券业务，应当采取措施，严格防范和控制风险，不得违反规定向客户出借资金或者证券。

第一百二十一条 证券公司经营本法第一百二十条第一款第（一）项至第（三）项业务的，注册资本最低限额为人民币五千万元；经营第（四）项至第（八）项业务之一的，注册资本最低限额为人民币一亿元；经营第（四）项至第（八）项业务中两项以上的，注册资本最低限额为人民币五亿元。证券公司的注册资本应当是实缴资本。

国务院证券监督管理机构根据审慎监管原则和各项业务的风险程度，可以调整注册资本最低限额，但不得少于前款规定的限额。

第一百二十二条 证券公司变更证券业务范围，变更主要股东或者公司的实际控制人，合并、分立、停业、解散、破产，应当经国务院证券监督管理机构核准。

第一百二十三条 国务院证券监督管理机构应当对证券公司净资本和其他风险控制指标作出规定。

证券公司除依照规定为其客户提供融资融券外，不得为其股东或者股东的关联人提供融资或者担保。

第一百二十四条 证券公司的董事、监事、高级管理人员，应当正直诚实、品行良好，熟悉证券法律、行政法规，具有履行职责所需的经营管理能力。证券公司任免董事、监事、高级管理人员，应当报国务院证券监督管理机构备案。

有《中华人民共和国公司法》第一百四十六条规定的情形或者下

列情形之一的,不得担任证券公司的董事、监事、高级管理人员:

(一)因违法行为或者违纪行为被解除职务的证券交易场所、证券登记结算机构的负责人或者证券公司的董事、监事、高级管理人员,自被解除职务之日起未逾五年;

(二)因违法行为或者违纪行为被吊销执业证书或者被取消资格的律师、注册会计师或者其他证券服务机构的专业人员,自被吊销执业证书或者被取消资格之日起未逾五年。

第一百二十五条 证券公司从事证券业务的人员应当品行良好,具备从事证券业务所需的专业能力。

因违法行为或者违纪行为被开除的证券交易场所、证券公司、证券登记结算机构、证券服务机构的从业人员和被开除的国家机关工作人员,不得招聘为证券公司的从业人员。

国家机关工作人员和法律、行政法规规定的禁止在公司中兼职的其他人员,不得在证券公司中兼任职务。

第一百二十六条 国家设立证券投资者保护基金。证券投资者保护基金由证券公司缴纳的资金及其他依法筹集的资金组成,其规模以及筹集、管理和使用的具体办法由国务院规定。

第一百二十七条 证券公司从每年的业务收入中提取交易风险准备金,用于弥补证券经营的损失,其提取的具体比例由国务院证券监督管理机构会同国务院财政部门规定。

第一百二十八条 证券公司应当建立健全内部控制制度,采取有效隔离措施,防范公司与客户之间、不同客户之间的利益冲突。

证券公司必须将其证券经纪业务、证券承销业务、证券自营业务、证券做市业务和证券资产管理业务分开办理,不得混合操作。

第一百二十九条 证券公司的自营业务必须以自己的名义进行,不得假借他人名义或者以个人名义进行。

证券公司的自营业务必须使用自有资金和依法筹集的资金。

证券公司不得将其自营账户借给他人使用。

第一百三十条 证券公司应当依法审慎经营,勤勉尽责,诚实守信。

证券公司的业务活动,应当与其治理结构、内部控制、合规管理、风险管理以及风险控制指标、从业人员构成等情况相适应,符合审慎监管和保护投资者合法权益的要求。

证券公司依法享有自主经营的权利,其合法经营不受干涉。

第一百三十一条 证券公司客户的交易结算资金应当存放在商业银行,以每个客户的名义单独立户管理。

证券公司不得将客户的交易结算资金和证券归入其自有财产。禁止任何单位或者个人以任何形式挪用客户的交易结算资金和证券。证券公司破产或者清算时,客户的交易结算资金和证券不属于其破产财产或者清算财产。非因客户本身的债务或者法律规定的其他情形,不得查封、冻结、扣划或者强制执行客户的交易结算资金和证券。

第一百三十二条 证券公司办理经纪业务,应当置备统一制定的证券买卖委托书,供委托人使用。采取其他委托方式的,必须作出委托记录。

客户的证券买卖委托,不论是否成交,其委托记录应当按照规定的期限,保存于证券公司。

第一百三十三条 证券公司接受证券买卖的委托,应当根据委托书载明的证券名称、买卖数量、出价方式、价格幅度等,按照交易规则代理买卖证券,如实进行交易记录;买卖成交后,应当按照规定制作买卖成交报告单交付客户。

证券交易中确认交易行为及其交易结果的对账单必须真实,保证账面证券余额与实际持有的证券相一致。

第一百三十四条 证券公司办理经纪业务,不得接受客户的全权委托而决定证券买卖、选择证券种类、决定买卖数量或者买卖价格。

证券公司不得允许他人以证券公司的名义直接参与证券的集中交易。

第一百三十五条 证券公司不得对客户证券买卖的收益或者赔偿证券买卖的损失作出承诺。

第一百三十六条 证券公司的从业人员在证券交易活动中,执行所属的证券公司的指令或者利用职务违反交易规则的,由所属的证券公司承担全部责任。

证券公司的从业人员不得私下接受客户委托买卖证券。

第一百三十七条 证券公司应当建立客户信息查询制度,确保客户能够查询其账户信息、委托记录、交易记录以及其他与接受服务或者购买产品有关的重要信息。

证券公司应当妥善保存客户开户资料、委托记录、交易记录和与内部管理、业务经营有关的各项信息,任何人不得隐匿、伪造、篡改或者毁损。上述信息的保存期限不得少于二十年。

第一百三十八条 证券公司应当按照规定向国务院证券监督管理机构报送业务、财务等经营管理信息和资料。国务院证券监督管理机构有权要求证券公司及其主要股东、实际控制人在指定的期限内提供有关信息、资料。

证券公司及其主要股东、实际控制人向国务院证券监督管理机构报送或者提供的信息、资料,必须真实、准确、完整。

第一百三十九条 国务院证券监督管理机构认为有必要时,可以委托会计师事务所、资产评估机构对证券公司的财务状况、内部控制状况、资产价值进行审计或者评估。具体办法由国务院证券监督管理机构会同有关主管部门制定。

第一百四十条 证券公司的治理结构、合规管理、风险控制指标不符合规定的,国务院证券监督管理机构应当责令其限期改正;逾期未改正,或者其行为严重危及该证券公司的稳健运行、损害客户合法权益的,国务院证券监督管理机构可以区别情形,对其采取下列措施:

(一)限制业务活动,责令暂停部分业务,停止核准新业务;

(二)限制分配红利,限制向董事、监事、高级管理人员支付报酬、提供福利;

(三)限制转让财产或者在财产上设定其他权利;

(四)责令更换董事、监事、高级管理人员或者限制其权利;

(五)撤销有关业务许可;

(六)认定负有责任的董事、监事、高级管理人员为不适当人选;

(七)责令负有责任的股东转让股权,限制负有责任的股东行使股东权利。

证券公司整改后,应当向国务院证券监督管理机构提交报告。国务院证券监督管理机构经验收,治理结构、合规管理、风险控制指标符合规定的,应当自验收完毕之日起三日内解除对其采取的前款规定的有关限制措施。

第一百四十一条 证券公司的股东有虚假出资、抽逃出资行为的,国务院证券监督管理机构应当责令其限期改正,并可责令其转让所持证券公司的股权。

在前款规定的股东按照要求改正违法行为、转让所持证券公司的股权前,国务院证券监督管理机构可以限制其股东权利。

第一百四十二条 证券公司的董事、监事、高级管理人员未能勤勉尽责,致使证券公司存在重大违法违规行为或者重大风险的,国务院证券监督管理机构可以责令证券公司予以更换。

第一百四十三条 证券公司违法经营或者出现重大风险,严重危害证券市场秩序、损害投资者利益的,国务院证券监督管理机构可以对该证券公司采取责令停业整顿、指定其他机构托管、接管或者撤销等监管措施。

第一百四十四条 在证券公司被责令停业整顿、被依法指定托管、接管或者清算期间,或者出现重大风险时,经国务院证券监督管理机构批准,可以对该证券公司直接负责的董事、监事、高级管理人员和其他直接责任人员采取以下措施:

(一)通知出境入境管理机关依法阻止其出境;

(二)申请司法机关禁止其转移、转让或者以其他方式处分财产,或者在财产上设定其他权利。

第九章 证券登记结算机构

第一百四十五条 证券登记结算机构为证券交易提供集中登记、存管与结算服务,不以营利为目的,依法登记,取得法人资格。

设立证券登记结算机构必须经国务院证券监督管理机构批准。

第一百四十六条 设立证券登记结算机构,应当具备下列条件:

(一)自有资金不少于人民币二亿元;

(二)具有证券登记、存管和结算服务所必须的场所和设施;

(三)国务院证券监督管理机构规定的其他条件。

证券登记结算机构的名称中应当标明证券登记结算字样。

第一百四十七条 证券登记结算机构履行下列职能：

（一）证券账户、结算账户的设立；

（二）证券的存管和过户；

（三）证券持有人名册登记；

（四）证券交易的清算和交收；

（五）受发行人的委托派发证券权益；

（六）办理与上述业务有关的查询、信息服务；

（七）国务院证券监督管理机构批准的其他业务。

第一百四十八条 在证券交易所和国务院批准的其他全国性证券交易场所交易的证券的登记结算，应当采取全国集中统一的运营方式。

前款规定以外的证券，其登记、结算可以委托证券登记结算机构或者其他依法从事证券登记、结算业务的机构办理。

第一百四十九条 证券登记结算机构应当依法制定章程和业务规则，并经国务院证券监督管理机构批准。证券登记结算业务参与人应当遵守证券登记结算机构制定的业务规则。

第一百五十条 在证券交易所或者国务院批准的其他全国性证券交易场所交易的证券，应当全部存管在证券登记结算机构。

证券登记结算机构不得挪用客户的证券。

第一百五十一条 证券登记结算机构应当向证券发行人提供证券持有人名册及有关资料。

证券登记结算机构应当根据证券登记结算的结果，确认证券持有人持有证券的事实，提供证券持有人登记资料。

证券登记结算机构应当保证证券持有人名册和登记过户记录真实、准确、完整，不得隐匿、伪造、篡改或者毁损。

第一百五十二条 证券登记结算机构应当采取下列措施保证业务的正常进行：

（一）具有必备的服务设备和完善的数据安全保护措施；

（二）建立完善的业务、财务和安全防范等管理制度；

（三）建立完善的风险管理系统。

第一百五十三条 证券登记结算机构应当妥善保存登记、存管和结算的原始凭证及有关文件和资料。其保存期限不得少于二十年。

第一百五十四条 证券登记结算机构应当设立证券结算风险基金,用于垫付或者弥补因违约交收、技术故障、操作失误、不可抗力造成的证券登记结算机构的损失。

证券结算风险基金从证券登记结算机构的业务收入和收益中提取,并可以由结算参与人按照证券交易业务量的一定比例缴纳。

证券结算风险基金的筹集、管理办法,由国务院证券监督管理机构会同国务院财政部门规定。

第一百五十五条 证券结算风险基金应当存入指定银行的专门账户,实行专项管理。

证券登记结算机构以证券结算风险基金赔偿后,应当向有关责任人追偿。

第一百五十六条 证券登记结算机构申请解散,应当经国务院证券监督管理机构批准。

第一百五十七条 投资者委托证券公司进行证券交易,应当通过证券公司申请在证券登记结算机构开立证券账户。证券登记结算机构应当按照规定为投资者开立证券账户。

投资者申请开立账户,应当持有证明中华人民共和国公民、法人、合伙企业身份的合法证件。国家另有规定的除外。

第一百五十八条 证券登记结算机构作为中央对手方提供证券结算服务的,是结算参与人共同的清算交收对手,进行净额结算,为证券交易提供集中履约保障。

证券登记结算机构为证券交易提供净额结算服务时,应当要求结算参与人按照货银对付的原则,足额交付证券和资金,并提供交收担保。

在交收完成之前,任何人不得动用用于交收的证券、资金和担保物。

结算参与人未按时履行交收义务的,证券登记结算机构有权按照业务规则处理前款所述财产。

第一百五十九条 证券登记结算机构按照业务规则收取的各类结算资金和证券,必须存放于专门的清算交收账户,只能按业务规则用于已成交的证券交易的清算交收,不得被强制执行。

第十章　证券服务机构

第一百六十条　会计师事务所、律师事务所以及从事证券投资咨询、资产评估、资信评级、财务顾问、信息技术系统服务的证券服务机构,应当勤勉尽责、恪尽职守,按照相关业务规则为证券的交易及相关活动提供服务。

从事证券投资咨询服务业务,应当经国务院证券监督管理机构核准;未经核准,不得为证券的交易及相关活动提供服务。从事其他证券服务业务,应当报国务院证券监督管理机构和国务院有关主管部门备案。

第一百六十一条　证券投资咨询机构及其从业人员从事证券服务业务不得有下列行为:

(一)代理委托人从事证券投资;

(二)与委托人约定分享证券投资收益或者分担证券投资损失;

(三)买卖本证券投资咨询机构提供服务的证券;

(四)法律、行政法规禁止的其他行为。

有前款所列行为之一,给投资者造成损失的,应当依法承担赔偿责任。

第一百六十二条　证券服务机构应当妥善保存客户委托文件、核查和验证资料、工作底稿以及与质量控制、内部管理、业务经营有关的信息和资料,任何人不得泄露、隐匿、伪造、篡改或者毁损。上述信息和资料的保存期限不得少于十年,自业务委托结束之日起算。

第一百六十三条　证券服务机构为证券的发行、上市、交易等证券业务活动制作、出具审计报告及其他鉴证报告、资产评估报告、财务顾问报告、资信评级报告或者法律意见书等文件,应当勤勉尽责,对所依据的文件资料内容的真实性、准确性、完整性进行核查和验证。其制作、出具的文件有虚假记载、误导性陈述或者重大遗漏,给他人造成损失的,应当与委托人承担连带赔偿责任,但是能够证明自己没有过错的除外。

第十一章　证券业协会

第一百六十四条　证券业协会是证券业的自律性组织,是社会团体法人。

证券公司应当加入证券业协会。

证券业协会的权力机构为全体会员组成的会员大会。

第一百六十五条　证券业协会章程由会员大会制定,并报国务院证券监督管理机构备案。

第一百六十六条　证券业协会履行下列职责:

(一)教育和组织会员及其从业人员遵守证券法律、行政法规,组织开展证券行业诚信建设,督促证券行业履行社会责任;

(二)依法维护会员的合法权益,向证券监督管理机构反映会员的建议和要求;

(三)督促会员开展投资者教育和保护活动,维护投资者合法权益;

(四)制定和实施证券行业自律规则,监督、检查会员及其从业人员行为,对违反法律、行政法规、自律规则或者协会章程的,按照规定给予纪律处分或者实施其他自律管理措施;

(五)制定证券行业业务规范,组织从业人员的业务培训;

(六)组织会员就证券行业的发展、运作及有关内容进行研究,收集整理、发布证券相关信息,提供会员服务,组织行业交流,引导行业创新发展;

(七)对会员之间、会员与客户之间发生的证券业务纠纷进行调解;

(八)证券业协会章程规定的其他职责。

第一百六十七条　证券业协会设理事会。理事会成员依章程的规定由选举产生。

第十二章　证券监督管理机构

第一百六十八条　国务院证券监督管理机构依法对证券市场实行监督管理,维护证券市场公开、公平、公正,防范系统性风险,维护投资者合法权益,促进证券市场健康发展。

第一百六十九条 国务院证券监督管理机构在对证券市场实施监督管理中履行下列职责:

(一)依法制定有关证券市场监督管理的规章、规则,并依法进行审批、核准、注册,办理备案;

(二)依法对证券的发行、上市、交易、登记、存管、结算等行为,进行监督管理;

(三)依法对证券发行人、证券公司、证券服务机构、证券交易场所、证券登记结算机构的证券业务活动,进行监督管理;

(四)依法制定从事证券业务人员的行为准则,并监督实施;

(五)依法监督检查证券发行、上市、交易的信息披露;

(六)依法对证券业协会的自律管理活动进行指导和监督;

(七)依法监测并防范、处置证券市场风险;

(八)依法开展投资者教育;

(九)依法对证券违法行为进行查处;

(十)法律、行政法规规定的其他职责。

第一百七十条 国务院证券监督管理机构依法履行职责,有权采取下列措施:

(一)对证券发行人、证券公司、证券服务机构、证券交易场所、证券登记结算机构进行现场检查;

(二)进入涉嫌违法行为发生场所调查取证;

(三)询问当事人和与被调查事件有关的单位和个人,要求其对与被调查事件有关的事项作出说明;或者要求其按照指定的方式报送与被调查事件有关的文件和资料;

(四)查阅、复制与被调查事件有关的财产权登记、通讯记录等文件和资料;

(五)查阅、复制当事人和与被调查事件有关的单位和个人的证券交易记录、登记过户记录、财务会计资料及其他相关文件和资料;对可能被转移、隐匿或者毁损的文件和资料,可以予以封存、扣押;

(六)查询当事人和与被调查事件有关的单位和个人的资金账户、证券账户、银行账户以及其他具有支付、托管、结算等功能的账户信息，可以对有关文件和资料进行复制；对有证据证明已经或者可能转移或者隐匿违法资金、证券等涉案财产或者隐匿、伪造、毁损重要证据的，经国务院证券监督管理机构主要负责人或者其授权的其他负责人批准，可以冻结或者查封，期限为六个月；因特殊原因需要延长的，每次延长期限不得超过三个月，冻结、查封期限最长不得超过二年；

（七）在调查操纵证券市场、内幕交易等重大证券违法行为时，经国务院证券监督管理机构主要负责人或者其授权的其他负责人批准，可以限制被调查的当事人的证券买卖，但限制的期限不得超过三个月；案情复杂的，可以延长三个月；

（八）通知出境入境管理机关依法阻止涉嫌违法人员、涉嫌违法单位的主管人员和其他直接责任人员出境。

为防范证券市场风险，维护市场秩序，国务院证券监督管理机构可以采取责令改正、监管谈话、出具警示函等措施。

第一百七十一条　国务院证券监督管理机构对涉嫌证券违法的单位或者个人进行调查期间，被调查的当事人书面申请，承诺在国务院证券监督管理机构认可的期限内纠正涉嫌违法行为，赔偿有关投资者损失，消除损害或者不良影响的，国务院证券监督管理机构可以决定中止调查。被调查的当事人履行承诺的，国务院证券监督管理机构可以决定终止调查；被调查的当事人未履行承诺或者有国务院规定的其他情形的，应当恢复调查。具体办法由国务院规定。

国务院证券监督管理机构决定中止或者终止调查的，应当按照规定公开相关信息。

第一百七十二条　国务院证券监督管理机构依法履行职责，进行监督检查或者调查，其监督检查、调查的人员不得少于二人，并应当出示合法证件和监督检查、调查通知书或者其他执法文书。监督检查、调查的人员少于二人或者未出示合法证件和监督检查、调查通知书或者其他执法文书的，被检查、调查的单位和个人有权拒绝。

第一百七十三条　国务院证券监督管理机构依法履行职责，被检查、调查的单位和个人应当配合，如实提供有关文件和资料，不得拒绝、阻碍和隐瞒。

第一百七十四条　国务院证券监督管理机构制定的规章、规则和监督管理工作制度应当依法公开。

国务院证券监督管理机构依据调查结果,对证券违法行为作出的处罚决定,应当公开。

第一百七十五条 国务院证券监督管理机构应当与国务院其他金融监督管理机构建立监督管理信息共享机制。

国务院证券监督管理机构依法履行职责,进行监督检查或者调查时,有关部门应当予以配合。

第一百七十六条 对涉嫌证券违法、违规行为,任何单位和个人有权向国务院证券监督管理机构举报。

对涉嫌重大违法、违规行为的实名举报线索经查证属实的,国务院证券监督管理机构按照规定给予举报人奖励。

国务院证券监督管理机构应当对举报人的身份信息保密。

第一百七十七条 国务院证券监督管理机构可以和其他国家或者地区的证券监督管理机构建立监督管理合作机制,实施跨境监督管理。

境外证券监督管理机构不得在中华人民共和国境内直接进行调查取证等活动。未经国务院证券监督管理机构和国务院有关主管部门同意,任何单位和个人不得擅自向境外提供与证券业务活动有关的文件和资料。

第一百七十八条 国务院证券监督管理机构依法履行职责,发现证券违法行为涉嫌犯罪的,应当依法将案件移送司法机关处理;发现公职人员涉嫌职务违法或者职务犯罪的,应当依法移送监察机关处理。

第一百七十九条 国务院证券监督管理机构工作人员必须忠于职守、依法办事、公正廉洁,不得利用职务便利牟取不正当利益,不得泄露所知悉的有关单位和个人的商业秘密。

国务院证券监督管理机构工作人员在任职期间,或者离职后在《中华人民共和国公务员法》规定的期限内,不得到与原工作业务直接相关的企业或者其他营利性组织任职,不得从事与原工作业务直接相关的营利性活动。

第十三章　法　律　责　任

第一百八十条　违反本法第九条的规定,擅自公开或者变相公开发行证券,责令停止发行,退还所募资金并加算银行同期存款利息,处以非法所募资金金额百分之五以上百分之五十以下的罚款;对擅自公开或者变相公开发行证券设立的公司,由依法履行监督管理职责的机构或者部门会同县级以上地方人民政府予以取缔。对直接负责的主管人员和其他直接责任人员给予警告,并处以五十万元以上五百万元以下的罚款。

第一百八十一条　发行人在其公告的证券发行文件中隐瞒重要事实或者编造重大虚假内容,尚未发行证券的,处以二百万元以上二千万元以下的罚款;已经发行证券的,处以非法所募资金金额百分之十以上一倍以下的罚款。对直接负责的主管人员和其他直接责任人员,处以一百万元以上一千万元以下的罚款。

发行人的控股股东、实际控制人组织、指使从事前款违法行为的,没收违法所得,并处以违法所得百分之十以上一倍以下的罚款;没有违法所得或者违法所得不足二千万元的,处以二百万元以上二千万元以下的罚款。对直接负责的主管人员和其他直接责任人员,处以一百万元以上一千万元以下的罚款。

第一百八十二条　保荐人出具有虚假记载、误导性陈述或者重大遗漏的保荐书,或者不履行其他法定职责的,责令改正,给予警告,没收业务收入,并处以业务收入一倍以上十倍以下的罚款;没有业务收入或者业务收入不足一百万元的,处以一百万元以上一千万元以下的罚款;情节严重的,并处暂停或者撤销保荐业务许可。对直接负责的主管人员和其他直接责任人员给予警告,并处以五十万元以上五百万元以下的罚款。

第一百八十三条　证券公司承销或者销售擅自公开发行或者变相公开发行的证券的,责令停止承销或者销售,没收违法所得,并处以违法所得一倍以上十倍以下的罚款;没有违法所得或者违法所得不足一百万元的,处以一百万元以上一千万元以下的罚款;情节严重的,并处暂停或者撤销相关业务许可。给投资者造成损失的,应当与发行人承担连带赔偿责任。对直接负责的主管人员和其他直接责任人员给予警告,并处以五十万元以上五百万元以下的罚款。

第一百八十四条 证券公司承销证券违反本法第二十九条规定的,责令改正,给予警告,没收违法所得,可以并处五十万元以上五百万元以下的罚款;情节严重的,暂停或者撤销相关业务许可。对直接负责的主管人员和其他直接责任人员给予警告,可以并处二十万元以上二百万元以下的罚款;情节严重的,并处以五十万元以上五百万元以下的罚款。

第一百八十五条 发行人违反本法第十四条、第十五条的规定擅自改变公开发行证券所募集资金的用途的,责令改正,处以五十万元以上五百万元以下的罚款;对直接负责的主管人员和其他直接责任人员给予警告,并处以十万元以上一百万元以下的罚款。

发行人的控股股东、实际控制人从事或者组织、指使从事前款违法行为的,给予警告,并处以五十万元以上五百万元以下的罚款;对直接负责的主管人员和其他直接责任人员,处以十万元以上一百万元以下的罚款。

第一百八十六条 违反本法第三十六条的规定,在限制转让期内转让证券,或者转让股票不符合法律、行政法规和国务院证券监督管理机构规定的,责令改正,给予警告,没收违法所得,并处以买卖证券等值以下的罚款。

第一百八十七条 法律、行政法规规定禁止参与股票交易的人员,违反本法第四十条的规定,直接或者以化名、借他人名义持有、买卖股票或者其他具有股权性质的证券的,责令依法处理非法持有的股票、其他具有股权性质的证券,没收违法所得,并处以买卖证券等值以下的罚款;属于国家工作人员的,还应当依法给予处分。

第一百八十八条 证券服务机构及其从业人员,违反本法第四十二条的规定买卖证券的,责令依法处理非法持有的证券,没收违法所得,并处以买卖证券等值以下的罚款。

第一百八十九条 上市公司、股票在国务院批准的其他全国性证券交易场所交易的公司的董事、监事、高级管理人员,持有该公司百分之五以上股份的股东,违反本法第四十四条的规定,买卖该公司股票或者其他具有股权性质的证券的,给予警告,并处以十万元以上一百万元以下的罚款。

第一百九十条 违反本法第四十五条的规定,采取程序化交易影响证券交易所系统安全或者正常交易秩序的,责令改正,并处以五十万元以上五百万元以下的罚款。对直接负责的主管人员和其他直接责任人员给予警告,并处以十万元以上一百万元以下的罚款。

第一百九十一条 证券交易内幕信息的知情人或者非法获取内幕信息的人违反本法第五十三条的规定从事内幕交易的,责令依法处理非法持有的证券,没收违法所得,并处以违法所得一倍以上十倍以下的罚款;没有违法所得或者违法所得不足五十万元的,处以五十万元以上五百万元以下的罚款。单位从事内幕交易的,还应当对直接负责的主管人员和其他直接责任人员给予警告,并处以二十万元以上二百万元以下的罚款。国务院证券监督管理机构工作人员从事内幕交易的,从重处罚。

违反本法第五十四条的规定,利用未公开信息进行交易的,依照前款的规定处罚。

第一百九十二条 违反本法第五十五条的规定,操纵证券市场的,责令依法处理其非法持有的证券,没收违法所得,并处以违法所得一倍以上十倍以下的罚款;没有违法所得或者违法所得不足一百万元的,处以一百万元以上一千万元以下的罚款。单位操纵证券市场的,还应当对直接负责的主管人员和其他直接责任人员给予警告,并处以五十万元以上五百万元以下的罚款。

第一百九十三条 违反本法第五十六条第一款、第三款的规定,编造、传播虚假信息或者误导性信息,扰乱证券市场的,没收违法所得,并处以违法所得一倍以上十倍以下的罚款;没有违法所得或者违法所得不足二十万元的,处以二十万元以上二百万元以下的罚款。

违反本法第五十六条第二款的规定,在证券交易活动中作出虚假陈述或者信息误导的,责令改正,处以二十万元以上二百万元以下的罚款;属于国家工作人员的,还应当依法给予处分。

传播媒介及其从事证券市场信息报道的工作人员违反本法第五十六条第三款的规定,从事与其工作职责发生利益冲突的证券买卖的,没收违法所得,并处以买卖证券等值以下的罚款。

第一百九十四条 证券公司及其从业人员违反本法第五十七条的规定,有损害客户利益的行为的,给予警告,没收违法所得,并处以违法所得一倍以上十倍以下的罚款;没有违法所得或者违法所得不足十万元的,处以十万元以上一百万元以下的罚款;情节严重的,暂停或者撤销相关业务许可。

第一百九十五条 违反本法第五十八条的规定,出借自己的证券账户或者借用他人的证券账户从事证券交易的,责令改正,给予警告,可以处五十万元以下的罚款。

第一百九十六条 收购人未按照本法规定履行上市公司收购的公告、发出收购要约义务的,责令改正,给予警告,并处以五十万元以上五百万元以下的罚款。对直接负责的主管人员和其他直接责任人员给予警告,并处以二十万元以上二百万元以下的罚款。

收购人及其控股股东、实际控制人利用上市公司收购,给被收购公司及其股东造成损失的,应当依法承担赔偿责任。

第一百九十七条 信息披露义务人未按照本法规定报送有关报告或者履行信息披露义务的,责令改正,给予警告,并处以五十万元以上五百万元以下的罚款;对直接负责的主管人员和其他直接责任人员给予警告,并处以二十万元以上二百万元以下的罚款。发行人的控股股东、实际控制人组织、指使从事上述违法行为,或者隐瞒相关事项导致发生上述情形的,处以五十万元以上五百万元以下的罚款;对直接负责的主管人员和其他直接责任人员,处以二十万元以上二百万元以下的罚款。

信息披露义务人报送的报告或者披露的信息有虚假记载、误导性陈述或者重大遗漏的,责令改正,给予警告,并处以一百万元以上一千万元以下的罚款;对直接负责的主管人员和其他直接责任人员给予警告,并处以五十万元以上五百万元以下的罚款。发行人的控股股东、实际控制人组织、指使从事上述违法行为,或者隐瞒相关事项导致发生上述情形的,处以一百万元以上一千万元以下的罚款;对直接负责的主管人员和其他直接责任人员,处以五十万元以上五百万元以下的罚款。

第一百九十八条　证券公司违反本法第八十八条的规定未履行或者未按照规定履行投资者适当性管理义务的,责令改正,给予警告,并处以十万元以上一百万元以下的罚款。对直接负责的主管人员和其他直接责任人员给予警告,并处以二十万元以下的罚款。

第一百九十九条　违反本法第九十条的规定征集股东权利的,责令改正,给予警告,可以处五十万元以下的罚款。

第二百条　非法开设证券交易场所的,由县级以上人民政府予以取缔,没收违法所得,并处以违法所得一倍以上十倍以下的罚款;没有违法所得或者违法所得不足一百万元的,处以一百万元以上一千万元以下的罚款。对直接负责的主管人员和其他直接责任人员给予警告,并处以二十万元以上二百万元以下的罚款。

证券交易所违反本法第一百零五条的规定,允许非会员直接参与股票的集中交易的,责令改正,可以并处五十万元以下的罚款。

第二百零一条　证券公司违反本法第一百零七条第一款的规定,未对投资者开立账户提供的身份信息进行核对的,责令改正,给予警告,并处以五万元以上五十万元以下的罚款。对直接负责的主管人员和其他直接责任人员给予警告,并处以十万元以下的罚款。

证券公司违反本法第一百零七条第二款的规定,将投资者的账户提供给他人使用的,责令改正,给予警告,并处以十万元以上一百万元以下的罚款。对直接负责的主管人员和其他直接责任人员给予警告,并处以二十万元以下的罚款。

第二百零二条　违反本法第一百一十八条、第一百二十条第一款、第四款的规定,擅自设立证券公司、非法经营证券业务或者未经批准以证券公司名义开展证券业务活动的,责令改正,没收违法所得,并处以违法所得一倍以上十倍以下的罚款;没有违法所得或者违法所得不足一百万元的,处以一百万元以上一千万元以下的罚款。对直接负责的主管人员和其他直接责任人员给予警告,并处以二十万元以上二百万元以下的罚款。对擅自设立的证券公司,由国务院证券监督管理机构予以取缔。

证券公司违反本法第一百二十条第五款规定提供证券融资融券服务的,没收违法所得,并处以融资融券等值以下的罚款;情节严重的,禁止其在一定期限内从事证券融资融券业务。对直接负责的主管人员和其他直接责任人员给予警告,并处以二十万元以上二百万元以下的罚款。

第二百零三条 提交虚假证明文件或者采取其他欺诈手段骗取证券公司设立许可、业务许可或者重大事项变更核准的,撤销相关许可,并处以一百万元以上一千万元以下的罚款。对直接负责的主管人员和其他直接责任人员给予警告,并处以二十万元以上二百万元以下的罚款。

第二百零四条 证券公司违反本法第一百二十二条的规定,未经核准变更证券业务范围,变更主要股东或者公司的实际控制人,合并、分立、停业、解散、破产的,责令改正,给予警告,没收违法所得,并处以违法所得一倍以上十倍以下的罚款;没有违法所得或者违法所得不足五十万元的,处以五十万元以上五百万元以下的罚款;情节严重的,并处撤销相关业务许可。对直接负责的主管人员和其他直接责任人员给予警告,并处以二十万元以上二百万元以下的罚款。

第二百零五条 证券公司违反本法第一百二十三条第二款的规定,为其股东或者股东的关联人提供融资或者担保的,责令改正,给予警告,并处以五十万元以上五百万元以下的罚款。对直接负责的主管人员和其他直接责任人员给予警告,并处以十万元以上一百万元以下的罚款。股东有过错的,在按照要求改正前,国务院证券监督管理机构可以限制其股东权利;拒不改正的,可以责令其转让所持证券公司股权。

第二百零六条 证券公司违反本法第一百二十八条的规定,未采取有效隔离措施防范利益冲突,或者未分开办理相关业务、混合操作的,责令改正,给予警告,没收违法所得,并处以违法所得一倍以上十倍以下的罚款;没有违法所得或者违法所得不足五十万元的,处以五十万元以上五百万元以下的罚款;情节严重的,并处撤销相关业务许可。对直接负责的主管人员和其他直接责任人员给予警告,并处以二十万元以上二百万元以下的罚款。

第二百零七条 证券公司违反本法第一百二十九条的规定从事证券自营业务的,责令改正,给予警告,没收违法所得,并处以违法所得一倍以上十倍以下的罚款;没有违法所得或者违法所得不足五十万元的,处以五十万元以上五百万元以下的罚款;情节严重的,并处撤销相关业务许可或者责令关闭。对直接负责的主管人员和其他直接责任人员给予警告,并处以二十万元以上二百万元以下的罚款。

第二百零八条　违反本法第一百三十一条的规定,将客户的资金和证券归入自有财产,或者挪用客户的资金和证券的,责令改正,给予警告,没收违法所得,并处以违法所得一倍以上十倍以下的罚款;没有违法所得或者违法所得不足一百万元的,处以一百万元以上一千万元以下的罚款;情节严重的,并处撤销相关业务许可或者责令关闭。对直接负责的主管人员和其他直接责任人员给予警告,并处以五十万元以上五百万元以下的罚款。

第二百零九条　证券公司违反本法第一百三十四条第一款的规定接受客户的全权委托买卖证券的,或者违反本法第一百三十五条的规定对客户的收益或者赔偿客户的损失作出承诺的,责令改正,给予警告,没收违法所得,并处以违法所得一倍以上十倍以下的罚款;没有违法所得或者违法所得不足五十万元的,处以五十万元以上五百万元以下的罚款;情节严重的,并处撤销相关业务许可。对直接负责的主管人员和其他直接责任人员给予警告,并处以二十万元以上二百万元以下的罚款。

证券公司违反本法第一百三十四条第二款的规定,允许他人以证券公司的名义直接参与证券的集中交易的,责令改正,可以并处五十万元以下的罚款。

第二百一十条　证券公司的从业人员违反本法第一百三十六条的规定,私下接受客户委托买卖证券的,责令改正,给予警告,没收违法所得,并处以违法所得一倍以上十倍以下的罚款;没有违法所得的,处以五十万元以下的罚款。

第二百一十一条　证券公司及其主要股东、实际控制人违反本法第一百三十八条的规定,未报送、提供信息和资料,或者报送、提供的信息和资料有虚假记载、误导性陈述或者重大遗漏的,责令改正,给予警告,并处以一百万元以下的罚款;情节严重的,并处撤销相关业务许可。对直接负责的主管人员和其他直接责任人员,给予警告,并处以五十万元以下的罚款。

第二百一十二条 违反本法第一百四十五条的规定,擅自设立证券登记结算机构的,由国务院证券监督管理机构予以取缔,没收违法所得,并处以违法所得一倍以上十倍以下的罚款;没有违法所得或者违法所得不足五十万元的,处以五十万元以上五百万元以下的罚款。对直接负责的主管人员和其他直接责任人员给予警告,并处以二十万元以上二百万元以下的罚款。

第二百一十三条 证券投资咨询机构违反本法第一百六十条第二款的规定擅自从事证券服务业务,或者从事证券服务业务有本法第一百六十一条规定行为的,责令改正,没收违法所得,并处以违法所得一倍以上十倍以下的罚款;没有违法所得或者违法所得不足五十万元的,处以五十万元以上五百万元以下的罚款。对直接负责的主管人员和其他直接责任人员,给予警告,并处以二十万元以上二百万元以下的罚款。

会计师事务所、律师事务所以及从事资产评估、资信评级、财务顾问、信息技术系统服务的机构违反本法第一百六十条第二款的规定,从事证券服务业务未报备案的,责令改正,可以处二十万元以下的罚款。

证券服务机构违反本法第一百六十三条的规定,未勤勉尽责,所制作、出具的文件有虚假记载、误导性陈述或者重大遗漏的,责令改正,没收业务收入,并处以业务收入一倍以上十倍以下的罚款,没有业务收入或者业务收入不足五十万元的,处以五十万元以上五百万元以下的罚款;情节严重的,并处暂停或者禁止从事证券服务业务。对直接负责的主管人员和其他直接责任人员给予警告,并处以二十万元以上二百万元以下的罚款。

第二百一十四条 发行人、证券登记结算机构、证券公司、证券服务机构未按照规定保存有关文件和资料的,责令改正,给予警告,并处以十万元以上一百万元以下的罚款;泄露、隐匿、伪造、篡改或者毁损有关文件和资料的,给予警告,并处以二十万元以上二百万元以下的罚款;情节严重的,处以五十万元以上五百万元以下的罚款,并处暂停、撤销相关业务许可或者禁止从事相关业务。对直接负责的主管人员和其他直接责任人员给予警告,并处以十万元以上一百万元以下的罚款。

第二百一十五条 国务院证券监督管理机构依法将有关市场主体遵守本法的情况纳入证券市场诚信档案。

第二百一十六条 国务院证券监督管理机构或者国务院授权的部门有下列情形之一的,对直接负责的主管人员和其他直接责任人员,依法给予处分:

(一)对不符合本法规定的发行证券、设立证券公司等申请予以核准、注册、批准的;

(二)违反本法规定采取现场检查、调查取证、查询、冻结或者查封等措施的;

(三)违反本法规定对有关机构和人员采取监督管理措施的;

(四)违反本法规定对有关机构和人员实施行政处罚的;

(五)其他不依法履行职责的行为。

第二百一十七条 国务院证券监督管理机构或者国务院授权的部门的工作人员,不履行本法规定的职责,滥用职权、玩忽职守,利用职务便利牟取不正当利益,或者泄露所知悉的有关单位和个人的商业秘密的,依法追究法律责任。

第二百一十八条 拒绝、阻碍证券监督管理机构及其工作人员依法行使监督检查、调查职权,由证券监督管理机构责令改正,处以十万元以上一百万元以下的罚款,并由公安机关依法给予治安管理处罚。

第二百一十九条 违反本法规定,构成犯罪的,依法追究刑事责任。

第二百二十条 违反本法规定,应当承担民事赔偿责任和缴纳罚款、罚金、违法所得,违法行为人的财产不足以支付的,优先用于承担民事赔偿责任。

第二百二十一条 违反法律、行政法规或者国务院证券监督管理机构的有关规定,情节严重的,国务院证券监督管理机构可以对有关责任人员采取证券市场禁入的措施。

前款所称证券市场禁入,是指在一定期限内直至终身不得从事证券业务、证券服务业务,不得担任证券发行人的董事、监事、高级管理人员,或者一定期限内不得在证券交易所、国务院批准的其他全国性证券交易场所交易证券的制度。

第二百二十二条 依照本法收缴的罚款和没收的违法所得,全部上缴国库。

第二百二十三条 当事人对证券监督管理机构或者国务院授权的部门的处罚决定不服的,可以依法申请行政复议,或者依法直接向人民法院提起诉讼。

第十四章 附 则

第二百二十四条 境内企业直接或者间接到境外发行证券或者将其证券在境外上市交易,应当符合国务院的有关规定。

第二百二十五条 境内公司股票以外币认购和交易的,具体办法由国务院另行规定。

第二百二十六条 本法自2020年3月1日起施行。

中华人民共和国企业国有资产法

(2008年10月28日第十一届全国人民代表大会常务委员会第五次会议通过 中华人民共和国主席令第5号 2008年10月28日公布 自2009年5月1日起施行)

目 录

第一章 总 则
第二章 履行出资人职责的机构
第三章 国家出资企业
第四章 国家出资企业管理者的选择与考核
第五章 关系国有资产出资人权益的重大事项
  第一节 一般规定
  第二节 企业改制

第三节　与关联方的交易

第四节　资产评估

第五节　国有资产转让

第六章　国有资本经营预算

第七章　国有资产监督

第八章　法律责任

第九章　附　　则

第一章　总　　则

第一条　为了维护国家基本经济制度,巩固和发展国有经济,加强对国有资产的保护,发挥国有经济在国民经济中的主导作用,促进社会主义市场经济发展,制定本法。

第二条　本法所称企业国有资产(以下称国有资产),是指国家对企业各种形式的出资所形成的权益。

第三条　国有资产属于国家所有即全民所有。国务院代表国家行使国有资产所有权。

第四条　国务院和地方人民政府依照法律、行政法规的规定,分别代表国家对国家出资企业履行出资人职责,享有出资人权益。

国务院确定的关系国民经济命脉和国家安全的大型国家出资企业,重要基础设施和重要自然资源等领域的国家出资企业,由国务院代表国家履行出资人职责。其他的国家出资企业,由地方人民政府代表国家履行出资人职责。

第五条　本法所称国家出资企业,是指国家出资的国有独资企业、国有独资公司,以及国有资本控股公司、国有资本参股公司。

第六条　国务院和地方人民政府应当按照政企分开、社会公共管理职能与国有资产出资人职能分开、不干预企业依法自主经营的原则,依法履行出资人职责。

第七条　国家采取措施,推动国有资本向关系国民经济命脉和国家安全的重要行业和关键领域集中,优化国有经济布局和结构,推进国有企业的改革和发展,提高国有经济的整体素质,增强国有经济的控制力、影响力。

第八条 国家建立健全与社会主义市场经济发展要求相适应的国有资产管理与监督体制,建立健全国有资产保值增值考核和责任追究制度,落实国有资产保值增值责任。

第九条 国家建立健全国有资产基础管理制度。具体办法按照国务院的规定制定。

第十条 国有资产受法律保护,任何单位和个人不得侵害。

第二章 履行出资人职责的机构

第十一条 国务院国有资产监督管理机构和地方人民政府按照国务院的规定设立的国有资产监督管理机构,根据本级人民政府的授权,代表本级人民政府对国家出资企业履行出资人职责。

国务院和地方人民政府根据需要,可以授权其他部门、机构代表本级人民政府对国家出资企业履行出资人职责。

代表本级人民政府履行出资人职责的机构、部门,以下统称履行出资人职责的机构。

第十二条 履行出资人职责的机构代表本级人民政府对国家出资企业依法享有资产收益、参与重大决策和选择管理者等出资人权利。

履行出资人职责的机构依照法律、行政法规的规定,制定或者参与制定国家出资企业的章程。

履行出资人职责的机构对法律、行政法规和本级人民政府规定须经本级人民政府批准的履行出资人职责的重大事项,应当报请本级人民政府批准。

第十三条 履行出资人职责的机构委派的股东代表参加国有资本控股公司、国有资本参股公司召开的股东会会议、股东大会会议,应当按照委派机构的指示提出提案、发表意见、行使表决权,并将其履行职责的情况和结果及时报告委派机构。

第十四条 履行出资人职责的机构应当依照法律、行政法规以及企业章程履行出资人职责,保障出资人权益,防止国有资产损失。

履行出资人职责的机构应当维护企业作为市场主体依法享有的权利,除依法履行出资人职责外,不得干预企业经营活动。

第十五条 履行出资人职责的机构对本级人民政府负责,向本级人民政府报告履行出资人职责的情况,接受本级人民政府的监督和考核,对国有资产的保值增值负责。

履行出资人职责的机构应当按照国家有关规定,定期向本级人民政府报告有关国有资产总量、结构、变动、收益等汇总分析的情况。

第三章 国家出资企业

第十六条 国家出资企业对其动产、不动产和其他财产依照法律、行政法规以及企业章程享有占有、使用、收益和处分的权利。

国家出资企业依法享有的经营自主权和其他合法权益受法律保护。

第十七条 国家出资企业从事经营活动,应当遵守法律、行政法规,加强经营管理,提高经济效益,接受人民政府及其有关部门、机构依法实施的管理和监督,接受社会公众的监督,承担社会责任,对出资人负责。

国家出资企业应当依法建立和完善法人治理结构,建立健全内部监督管理和风险控制制度。

第十八条 国家出资企业应当依照法律、行政法规和国务院财政部门的规定,建立健全财务、会计制度,设置会计账簿,进行会计核算,依照法律、行政法规以及企业章程的规定向出资人提供真实、完整的财务、会计信息。

国家出资企业应当依照法律、行政法规以及企业章程的规定,向出资人分配利润。

第十九条 国有独资公司、国有资本控股公司和国有资本参股公司依照《中华人民共和国公司法》的规定设立监事会。国有独资企业由履行出资人职责的机构按照国务院的规定委派监事组成监事会。

国家出资企业的监事会依照法律、行政法规以及企业章程的规定,对董事、高级管理人员执行职务的行为进行监督,对企业财务进行监督检查。

第二十条 国家出资企业依照法律规定,通过职工代表大会或者其他形式,实行民主管理。

第二十一条　国家出资企业对其所出资企业依法享有资产收益、参与重大决策和选择管理者等出资人权利。

国家出资企业对其所出资企业，应当依照法律、行政法规的规定，通过制定或者参与制定所出资企业的章程，建立权责明确、有效制衡的企业内部监督管理和风险控制制度，维护其出资人权益。

第四章　国家出资企业管理者的选择与考核

第二十二条　履行出资人职责的机构依照法律、行政法规以及企业章程的规定，任免或者建议任免国家出资企业的下列人员：

（一）任免国有独资企业的经理、副经理、财务负责人和其他高级管理人员；

（二）任免国有独资公司的董事长、副董事长、董事、监事会主席和监事；

（三）向国有资本控股公司、国有资本参股公司的股东会、股东大会提出董事、监事人选。

国家出资企业中应当由职工代表出任的董事、监事，依照有关法律、行政法规的规定由职工民主选举产生。

第二十三条　履行出资人职责的机构任命或者建议任命的董事、监事、高级管理人员，应当具备下列条件：

（一）有良好的品行；

（二）有符合职位要求的专业知识和工作能力；

（三）有能够正常履行职责的身体条件；

（四）法律、行政法规规定的其他条件。

董事、监事、高级管理人员在任职期间出现不符合前款规定情形或者出现《中华人民共和国公司法》规定的不得担任公司董事、监事、高级管理人员情形的，履行出资人职责的机构应当依法予以免职或者提出免职建议。

第二十四条　履行出资人职责的机构对拟任命或者建议任命的董事、监事、高级管理人员的人选，应当按照规定的条件和程序进行考察。考察合格的，按照规定的权限和程序任命或者建议任命。

第二十五条　未经履行出资人职责的机构同意，国有独资企业、国有独资公司的董事、高级管理人员不得在其他企业兼职。未经股东会、股东大会同意，国有资本控股公司、国有资本参股公司的董事、高级管理人员不得在经营同类业务的其他企业兼职。

未经履行出资人职责的机构同意，国有独资公司的董事长不得兼任经理。未经股东会、股东大会同意，国有资本控股公司的董事长不得兼任经理。

董事、高级管理人员不得兼任监事。

第二十六条 国家出资企业的董事、监事、高级管理人员，应当遵守法律、行政法规以及企业章程，对企业负有忠实义务和勤勉义务，不得利用职权收受贿赂或者取得其他非法收入和不当利益，不得侵占、挪用企业资产，不得超越职权或者违反程序决定企业重大事项，不得有其他侵害国有资产出资人权益的行为。

第二十七条 国家建立国家出资企业管理者经营业绩考核制度。履行出资人职责的机构应当对其任命的企业管理者进行年度和任期考核，并依据考核结果决定对企业管理者的奖惩。

履行出资人职责的机构应当按照国家有关规定，确定其任命的国家出资企业管理者的薪酬标准。

第二十八条 国有独资企业、国有独资公司和国有资本控股公司的主要负责人，应当接受依法进行的任期经济责任审计。

第二十九条 本法第二十二条第一款第一项、第二项规定的企业管理者，国务院和地方人民政府规定由本级人民政府任免的，依照其规定。履行出资人职责的机构依照本章规定对上述企业管理者进行考核、奖惩并确定其薪酬标准。

第五章　关系国有资产出资人权益的重大事项

第一节　一般规定

第三十条 国家出资企业合并、分立、改制、上市，增加或者减少注册资本，发行债券，进行重大投资，为他人提供大额担保，转让重大财产，进行大额捐赠，分配利润，以及解散、申请破产等重大事项，应当遵守法律、行政法规以及企业章程的规定，不得损害出资人和债权人的权益。

第三十一条　国有独资企业、国有独资公司合并、分立、增加或者减少注册资本,发行债券,分配利润,以及解散、申请破产,由履行出资人职责的机构决定。

第三十二条　国有独资企业、国有独资公司有本法第三十条所列事项的,除依照本法第三十一条和有关法律、行政法规以及企业章程的规定,由履行出资人职责的机构决定的以外,国有独资企业由企业负责人集体讨论决定,国有独资公司由董事会决定。

第三十三条　国有资本控股公司、国有资本参股公司有本法第三十条所列事项的,依照法律、行政法规以及公司章程的规定,由公司股东会、股东大会或者董事会决定。由股东会、股东大会决定的,履行出资人职责的机构委派的股东代表应当依照本法第十三条的规定行使权利。

第三十四条　重要的国有独资企业、国有独资公司、国有资本控股公司的合并、分立、解散、申请破产以及法律、行政法规和本级人民政府规定应当由履行出资人职责的机构报经本级人民政府批准的重大事项,履行出资人职责的机构在作出决定或者向其委派参加国有资本控股公司股东会会议、股东大会会议的股东代表作出指示前,应当报请本级人民政府批准。

本法所称的重要的国有独资企业、国有独资公司和国有资本控股公司,按照国务院的规定确定。

第三十五条　国家出资企业发行债券、投资等事项,有关法律、行政法规规定应当报经人民政府或者人民政府有关部门、机构批准、核准或者备案的,依照其规定。

第三十六条　国家出资企业投资应当符合国家产业政策,并按照国家规定进行可行性研究;与他人交易应当公平、有偿,取得合理对价。

第三十七条　国家出资企业的合并、分立、改制、解散、申请破产等重大事项,应当听取企业工会的意见,并通过职工代表大会或者其他形式听取职工的意见和建议。

第三十八条　国有独资企业、国有独资公司、国有资本控股公司对其所出资企业的重大事项参照本章规定履行出资人职责。具体办法由国务院规定。

第二节 企业改制

第三十九条 本法所称企业改制是指：

（一）国有独资企业改为国有独资公司；

（二）国有独资企业、国有独资公司改为国有资本控股公司或者非国有资本控股公司；

（三）国有资本控股公司改为非国有资本控股公司。

第四十条 企业改制应当依照法定程序，由履行出资人职责的机构决定或者由公司股东会、股东大会决定。

重要的国有独资企业、国有独资公司、国有资本控股公司的改制，履行出资人职责的机构在作出决定或者向其委派参加国有资本控股公司股东会会议、股东大会会议的股东代表作出指示前，应当将改制方案报请本级人民政府批准。

第四十一条 企业改制应当制定改制方案，载明改制后的企业组织形式、企业资产和债权债务处理方案、股权变动方案、改制的操作程序、资产评估和财务审计等中介机构的选聘等事项。

企业改制涉及重新安置企业职工的，还应当制定职工安置方案，并经职工代表大会或者职工大会审议通过。

第四十二条 企业改制应当按照规定进行清产核资、财务审计、资产评估，准确界定和核实资产，客观、公正地确定资产的价值。

企业改制涉及以企业的实物、知识产权、土地使用权等非货币财产折算为国有资本出资或者股份的，应当按照规定对折价财产进行评估，以评估确认价格作为确定国有资本出资额或者股份数额的依据。不得将财产低价折股或者有其他损害出资人权益的行为。

第三节 与关联方的交易

第四十三条 国家出资企业的关联方不得利用与国家出资企业之间的交易，谋取不当利益，损害国家出资企业利益。

本法所称关联方，是指本企业的董事、监事、高级管理人员及其近亲属,以及这些人员所有或者实际控制的企业。

第四十四条　国有独资企业、国有独资公司、国有资本控股公司不得无偿向关联方提供资金、商品、服务或者其他资产,不得以不公平的价格与关联方进行交易。

第四十五条　未经履行出资人职责的机构同意,国有独资企业、国有独资公司不得有下列行为:

(一)与关联方订立财产转让、借款的协议;

(二)为关联方提供担保;

(三)与关联方共同出资设立企业,或者向董事、监事、高级管理人员或者其近亲属所有或者实际控制的企业投资。

第四十六条　国有资本控股公司、国有资本参股公司与关联方的交易,依照《中华人民共和国公司法》和有关行政法规以及公司章程的规定,由公司股东会、股东大会或者董事会决定。由公司股东会、股东大会决定的,履行出资人职责的机构委派的股东代表,应当依照本法第十三条的规定行使权利。

公司董事会对公司与关联方的交易作出决议时,该交易涉及的董事不得行使表决权,也不得代理其他董事行使表决权。

第四节　资产评估

第四十七条　国有独资企业、国有独资公司和国有资本控股公司合并、分立、改制,转让重大财产,以非货币财产对外投资,清算或者有法律、行政法规以及企业章程规定应当进行资产评估的其他情形的,应当按照规定对有关资产进行评估。

第四十八条　国有独资企业、国有独资公司和国有资本控股公司应当委托依法设立的符合条件的资产评估机构进行资产评估;涉及应当报经履行出资人职责的机构决定的事项的,应当将委托资产评估机构的情况向履行出资人职责的机构报告。

第四十九条　国有独资企业、国有独资公司、国有资本控股公司及其董事、监事、高级管理人员应当向资产评估机构如实提供有关情况和资料,不得与资产评估机构串通评估作价。

第五十条　资产评估机构及其工作人员受托评估有关资产,应当遵守法律、行政法规以及评估执业准则,独立、客观、公正地对受托评估的资产进行评估。资产评估机构应当对其出具的评估报告负责。

第五节　国有资产转让

第五十一条　本法所称国有资产转让,是指依法将国家对企业的出资所形成的权益转移给其他单位或者个人的行为;按照国家规定无偿划转国有资产的除外。

第五十二条　国有资产转让应当有利于国有经济布局和结构的战略性调整,防止国有资产损失,不得损害交易各方的合法权益。

第五十三条　国有资产转让由履行出资人职责的机构决定。履行出资人职责的机构决定转让全部国有资产的,或者转让部分国有资产致使国家对该企业不再具有控股地位的,应当报请本级人民政府批准。

第五十四条　国有资产转让应当遵循等价有偿和公开、公平、公正的原则。

除按照国家规定可以直接协议转让的以外,国有资产转让应当在依法设立的产权交易场所公开进行。转让方应当如实披露有关信息,征集受让方;征集产生的受让方为两个以上的,转让应当采用公开竞价的交易方式。

转让上市交易的股份依照《中华人民共和国证券法》的规定进行。

第五十五条　国有资产转让应当以依法评估的、经履行出资人职责的机构认可或者由履行出资人职责的机构报经本级人民政府核准的价格为依据,合理确定最低转让价格。

第五十六条　法律、行政法规或者国务院国有资产监督管理机构规定可以向本企业的董事、监事、高级管理人员或者其近亲属,或者这些人员所有或者实际控制的企业转让的国有资产,在转让时,上述人员或者企业参与受让的,应当与其他受让参与者平等竞买;转让方应当按照国家有关规定,如实披露有关信息;相关的董事、监事和高级管理人员不得参与转让方案的制定和组织实施的各项工作。

第五十七条　国有资产向境外投资者转让的,应当遵守国家有关规定,不得危害国家安全和社会公共利益。

第六章　国有资本经营预算

第五十八条　国家建立健全国有资本经营预算制度,对取得的国有资本收入及其支出实行预算管理。

第五十九条　国家取得的下列国有资本收入,以及下列收入的支出,应当编制国有资本经营预算:

(一)从国家出资企业分得的利润;

(二)国有资产转让收入;

(三)从国家出资企业取得的清算收入;

(四)其他国有资本收入。

第六十条　国有资本经营预算按年度单独编制,纳入本级人民政府预算,报本级人民代表大会批准。

国有资本经营预算支出按照当年预算收入规模安排,不列赤字。

第六十一条　国务院和有关地方人民政府财政部门负责国有资本经营预算草案的编制工作,履行出资人职责的机构向财政部门提出由其履行出资人职责的国有资本经营预算建议草案。

第六十二条　国有资本经营预算管理的具体办法和实施步骤,由国务院规定,报全国人民代表大会常务委员会备案。

第七章　国有资产监督

第六十三条　各级人民代表大会常务委员会通过听取和审议本级人民政府履行出资人职责的情况和国有资产监督管理情况的专项工作报告,组织对本法实施情况的执法检查等,依法行使监督职权。

第六十四条　国务院和地方人民政府应当对其授权履行出资人职责的机构履行职责的情况进行监督。

第六十五条　国务院和地方人民政府审计机关依照《中华人民共和国审计法》的规定,对国有资本经营预算的执行情况和属于审计监督对象的国家出资企业进行审计监督。

第六十六条　国务院和地方人民政府应当依法向社会公布国有资产状况和国有资产监督管理工作情况,接受社会公众的监督。

任何单位和个人有权对造成国有资产损失的行为进行检举和

控告。

第六十七条　履行出资人职责的机构根据需要,可以委托会计师事务所对国有独资企业、国有独资公司的年度财务会计报告进行审计,或者通过国有资本控股公司的股东会、股东大会决议,由国有资本控股公司聘请会计师事务所对公司的年度财务会计报告进行审计,维护出资人权益。

第八章　法律责任

第六十八条　履行出资人职责的机构有下列行为之一的,对其直接负责的主管人员和其他直接责任人员依法给予处分:

(一)不按照法定的任职条件,任命或者建议任命国家出资企业管理者的;

(二)侵占、截留、挪用国家出资企业的资金或者应当上缴的国有资本收入的;

(三)违反法定的权限、程序,决定国家出资企业重大事项,造成国有资产损失的;

(四)有其他不依法履行出资人职责的行为,造成国有资产损失的。

第六十九条　履行出资人职责的机构的工作人员玩忽职守、滥用职权、徇私舞弊,尚不构成犯罪的,依法给予处分。

第七十条　履行出资人职责的机构委派的股东代表未按照委派机构的指示履行职责,造成国有资产损失的,依法承担赔偿责任;属于国家工作人员的,并依法给予处分。

第七十一条　国家出资企业的董事、监事、高级管理人员有下列行为之一,造成国有资产损失的,依法承担赔偿责任;属于国家工作人员的,并依法给予处分:

(一)利用职权收受贿赂或者取得其他非法收入和不当利益的;

(二)侵占、挪用企业资产的;

(三)在企业改制、财产转让等过程中,违反法律、行政法规和公平交易规则,将企业财产低价转让、低价折股的;

(四)违反本法规定与本企业进行交易的;

（五）不如实向资产评估机构、会计师事务所提供有关情况和资料，或者与资产评估机构、会计师事务所串通出具虚假资产评估报告、审计报告的；

（六）违反法律、行政法规和企业章程规定的决策程序，决定企业重大事项的；

（七）有其他违反法律、行政法规和企业章程执行职务行为的。

国家出资企业的董事、监事、高级管理人员因前款所列行为取得的收入，依法予以追缴或者归国家出资企业所有。

履行出资人职责的机构任命或者建议任命的董事、监事、高级管理人员有本条第一款所列行为之一，造成国有资产重大损失的，由履行出资人职责的机构依法予以免职或者提出免职建议。

第七十二条 在涉及关联方交易、国有资产转让等交易活动中，当事人恶意串通，损害国有资产权益的，该交易行为无效。

第七十三条 国有独资企业、国有独资公司、国有资本控股公司的董事、监事、高级管理人员违反本法规定，造成国有资产重大损失，被免职的，自免职之日起五年内不得担任国有独资企业、国有独资公司、国有资本控股公司的董事、监事、高级管理人员；造成国有资产特别重大损失，或者因贪污、贿赂、侵占财产、挪用财产或者破坏社会主义市场经济秩序被判处刑罚的，终身不得担任国有独资企业、国有独资公司、国有资本控股公司的董事、监事、高级管理人员。

第七十四条 接受委托对国家出资企业进行资产评估、财务审计的资产评估机构、会计师事务所违反法律、行政法规的规定和执业准则，出具虚假的资产评估报告或者审计报告的，依照有关法律、行政法规的规定追究法律责任。

第七十五条 违反本法规定，构成犯罪的，依法追究刑事责任。

第九章　附　　则

第七十六条 金融企业国有资产的管理与监督，法律、行政法规另有规定的，依照其规定。

第七十七条 本法自2009年5月1日起施行。

中华人民共和国反垄断法

(2007年8月30日第十届全国人民代表大会常务委员会第二十九次会议通过 根据2022年6月24日第十三届全国人民代表大会常务委员会第三十五次会议《关于修改〈中华人民共和国反垄断法〉的决定》修正)

目 录

第一章 总　则
第二章 垄断协议
第三章 滥用市场支配地位
第四章 经营者集中
第五章 滥用行政权力排除、限制竞争
第六章 对涉嫌垄断行为的调查
第七章 法律责任
第八章 附　则

第一章 总　则

第一条 为了预防和制止垄断行为,保护市场公平竞争,鼓励创新,提高经济运行效率,维护消费者利益和社会公共利益,促进社会主义市场经济健康发展,制定本法。

第二条 中华人民共和国境内经济活动中的垄断行为,适用本法;中华人民共和国境外的垄断行为,对境内市场竞争产生排除、限制影响的,适用本法。

第三条 本法规定的垄断行为包括:

(一)经营者达成垄断协议;

(二)经营者滥用市场支配地位;

(三)具有或者可能具有排除、限制竞争效果的经营者集中。

第四条 反垄断工作坚持中国共产党的领导。

国家坚持市场化、法治化原则,强化竞争政策基础地位,制定和实施与社会主义市场经济相适应的竞争规则,完善宏观调控,健全统一、开放、竞争、有序的市场体系。

第五条 国家建立健全公平竞争审查制度。

行政机关和法律、法规授权的具有管理公共事务职能的组织在制定涉及市场主体经济活动的规定时,应当进行公平竞争审查。

第六条 经营者可以通过公平竞争、自愿联合,依法实施集中,扩大经营规模,提高市场竞争能力。

第七条 具有市场支配地位的经营者,不得滥用市场支配地位,排除、限制竞争。

第八条 国有经济占控制地位的关系国民经济命脉和国家安全的行业以及依法实行专营专卖的行业,国家对其经营者的合法经营活动予以保护,并对经营者的经营行为及其商品和服务的价格依法实施监管和调控,维护消费者利益,促进技术进步。

前款规定行业的经营者应当依法经营,诚实守信,严格自律,接受社会公众的监督,不得利用其控制地位或者专营专卖地位损害消费者利益。

第九条 经营者不得利用数据和算法、技术、资本优势以及平台规则等从事本法禁止的垄断行为。

第十条 行政机关和法律、法规授权的具有管理公共事务职能的组织不得滥用行政权力,排除、限制竞争。

第十一条 国家健全完善反垄断规则制度,强化反垄断监管力量,提高监管能力和监管体系现代化水平,加强反垄断执法司法,依法公正高效审理垄断案件,健全行政执法和司法衔接机制,维护公平竞争秩序。

第十二条 国务院设立反垄断委员会,负责组织、协调、指导反垄断工作,履行下列职责:

(一)研究拟订有关竞争政策;

(二)组织调查、评估市场总体竞争状况,发布评估报告;

(三)制定、发布反垄断指南;

(四)协调反垄断行政执法工作;

(五)国务院规定的其他职责。

国务院反垄断委员会的组成和工作规则由国务院规定。

第十三条 国务院反垄断执法机构负责反垄断统一执法工作。

国务院反垄断执法机构根据工作需要,可以授权省、自治区、直辖市人民政府相应的机构,依照本法规定负责有关反垄断执法工作。

第十四条 行业协会应当加强行业自律,引导本行业的经营者依法竞争,合规经营,维护市场竞争秩序。

第十五条 本法所称经营者,是指从事商品生产、经营或者提供服务的自然人、法人和非法人组织。

本法所称相关市场,是指经营者在一定时期内就特定商品或者服务(以下统称商品)进行竞争的商品范围和地域范围。

第二章 垄断协议

第十六条 本法所称垄断协议,是指排除、限制竞争的协议、决定或者其他协同行为。

第十七条 禁止具有竞争关系的经营者达成下列垄断协议:

(一)固定或者变更商品价格;

(二)限制商品的生产数量或者销售数量;

(三)分割销售市场或者原材料采购市场;

(四)限制购买新技术、新设备或者限制开发新技术、新产品;

(五)联合抵制交易;

(六)国务院反垄断执法机构认定的其他垄断协议。

第十八条 禁止经营者与交易相对人达成下列垄断协议:

(一)固定向第三人转售商品的价格;

(二)限定向第三人转售商品的最低价格;

(三)国务院反垄断执法机构认定的其他垄断协议。

对前款第一项和第二项规定的协议,经营者能够证明其不具有排除、限制竞争效果的,不予禁止。

经营者能够证明其在相关市场的市场份额低于国务院反垄断执法机构规定的标准,并符合国务院反垄断执法机构规定的其他条件的,不予禁止。

第十九条　经营者不得组织其他经营者达成垄断协议或者为其他经营者达成垄断协议提供实质性帮助。

第二十条　经营者能够证明所达成的协议属于下列情形之一的,不适用本法第十七条、第十八条第一款、第十九条的规定:

（一）为改进技术、研究开发新产品的;

（二）为提高产品质量、降低成本、增进效率,统一产品规格、标准或者实行专业化分工的;

（三）为提高中小经营者经营效率,增强中小经营者竞争力的;

（四）为实现节约能源、保护环境、救灾救助等社会公共利益的;

（五）因经济不景气,为缓解销售量严重下降或者生产明显过剩的;

（六）为保障对外贸易和对外经济合作中的正当利益的;

（七）法律和国务院规定的其他情形。

属于前款第一项至第五项情形,不适用本法第十七条、第十八条第一款、第十九条规定的,经营者还应当证明所达成的协议不会严重限制相关市场的竞争,并且能够使消费者分享由此产生的利益。

第二十一条　行业协会不得组织本行业的经营者从事本章禁止的垄断行为。

第三章　滥用市场支配地位

第二十二条　禁止具有市场支配地位的经营者从事下列滥用市场支配地位的行为:

（一）以不公平的高价销售商品或者以不公平的低价购买商品;

（二）没有正当理由,以低于成本的价格销售商品;

（三）没有正当理由,拒绝与交易相对人进行交易;

（四）没有正当理由,限定交易相对人只能与其进行交易或者只能与其指定的经营者进行交易;

（五）没有正当理由搭售商品,或者在交易时附加其他不合理的交易条件;

（六）没有正当理由,对条件相同的交易相对人在交易价格等交易

条件上实行差别待遇;

(七)国务院反垄断执法机构认定的其他滥用市场支配地位的行为。

具有市场支配地位的经营者不得利用数据和算法、技术以及平台规则等从事前款规定的滥用市场支配地位的行为。

本法所称市场支配地位,是指经营者在相关市场内具有能够控制商品价格、数量或者其他交易条件,或者能够阻碍、影响其他经营者进入相关市场能力的市场地位。

第二十三条 认定经营者具有市场支配地位,应当依据下列因素:

(一)该经营者在相关市场的市场份额,以及相关市场的竞争状况;

(二)该经营者控制销售市场或者原材料采购市场的能力;

(三)该经营者的财力和技术条件;

(四)其他经营者对该经营者在交易上的依赖程度;

(五)其他经营者进入相关市场的难易程度;

(六)与认定该经营者市场支配地位有关的其他因素。

第二十四条 有下列情形之一的,可以推定经营者具有市场支配地位:

(一)一个经营者在相关市场的市场份额达到二分之一的;

(二)两个经营者在相关市场的市场份额合计达到三分之二的;

(三)三个经营者在相关市场的市场份额合计达到四分之三的。

有前款第二项、第三项规定的情形,其中有的经营者市场份额不足十分之一的,不应当推定该经营者具有市场支配地位。

被推定具有市场支配地位的经营者,有证据证明不具有市场支配地位的,不应当认定其具有市场支配地位。

第四章 经营者集中

第二十五条 经营者集中是指下列情形:

(一)经营者合并;

(二)经营者通过取得股权或者资产的方式取得对其他经营者的

控制权；

（三）经营者通过合同等方式取得对其他经营者的控制权或者能够对其他经营者施加决定性影响。

第二十六条 经营者集中达到国务院规定的申报标准的，经营者应当事先向国务院反垄断执法机构申报，未申报的不得实施集中。

经营者集中未达到国务院规定的申报标准，但有证据证明该经营者集中具有或者可能具有排除、限制竞争效果的，国务院反垄断执法机构可以要求经营者申报。

经营者未依照前两款规定进行申报的，国务院反垄断执法机构应当依法进行调查。

第二十七条 经营者集中有下列情形之一的，可以不向国务院反垄断执法机构申报：

（一）参与集中的一个经营者拥有其他每个经营者百分之五十以上有表决权的股份或者资产的；

（二）参与集中的每个经营者百分之五十以上有表决权的股份或者资产被同一个未参与集中的经营者拥有的。

第二十八条 经营者向国务院反垄断执法机构申报集中，应当提交下列文件、资料：

（一）申报书；

（二）集中对相关市场竞争状况影响的说明；

（三）集中协议；

（四）参与集中的经营者经会计师事务所审计的上一会计年度财务会计报告；

（五）国务院反垄断执法机构规定的其他文件、资料。

申报书应当载明参与集中的经营者的名称、住所、经营范围、预定实施集中的日期和国务院反垄断执法机构规定的其他事项。

第二十九条 经营者提交的文件、资料不完备的，应当在国务院反垄断执法机构规定的期限内补交文件、资料。经营者逾期未补交文件、资料的，视为未申报。

第三十条 国务院反垄断执法机构应当自收到经营者提交的符合本法第二十八条规定的文件、资料之日起三十日内，对申报的经营者集中进行初步审查,作出是否实施进一步审查的决定,并书面通知经营者。国务院反垄断执法机构作出决定前,经营者不得实施集中。

国务院反垄断执法机构作出不实施进一步审查的决定或者逾期未作出决定的,经营者可以实施集中。

第三十一条 国务院反垄断执法机构决定实施进一步审查的,应当自决定之日起九十日内审查完毕,作出是否禁止经营者集中的决定,并书面通知经营者。作出禁止经营者集中的决定,应当说明理由。审查期间,经营者不得实施集中。

有下列情形之一的,国务院反垄断执法机构经书面通知经营者,可以延长前款规定的审查期限,但最长不得超过六十日:

(一)经营者同意延长审查期限的;

(二)经营者提交的文件、资料不准确,需要进一步核实的;

(三)经营者申报后有关情况发生重大变化的。

国务院反垄断执法机构逾期未作出决定的,经营者可以实施集中。

第三十二条 有下列情形之一的,国务院反垄断执法机构可以决定中止计算经营者集中的审查期限,并书面通知经营者:

(一)经营者未按照规定提交文件、资料,导致审查工作无法进行的;

(二)出现对经营者集中审查具有重大影响的新情况、新事实,不经核实将导致审查工作无法进行的;

(三)需要对经营者集中附加的限制性条件进一步评估,且经营者提出中止请求。

自中止计算审查期限的情形消除之日起,审查期限继续计算,国务院反垄断执法机构应当书面通知经营者。

第三十三条 审查经营者集中,应当考虑下列因素:

(一)参与集中的经营者在相关市场的市场份额及其对市场的控制力;

(二)相关市场的市场集中度;

(三)经营者集中对市场进入、技术进步的影响;

(四)经营者集中对消费者和其他有关经营者的影响;

(五)经营者集中对国民经济发展的影响;

(六)国务院反垄断执法机构认为应当考虑的影响市场竞争的其他因素。

第三十四条 经营者集中具有或者可能具有排除、限制竞争效果的,国务院反垄断执法机构应当作出禁止经营者集中的决定。但是,经营者能够证明该集中对竞争产生的有利影响明显大于不利影响,或者符合社会公共利益的,国务院反垄断执法机构可以作出对经营者集中不予禁止的决定。

第三十五条 对不予禁止的经营者集中,国务院反垄断执法机构可以决定附加减少集中对竞争产生不利影响的限制性条件。

第三十六条 国务院反垄断执法机构应当将禁止经营者集中的决定或者对经营者集中附加限制性条件的决定,及时向社会公布。

第三十七条 国务院反垄断执法机构应当健全经营者集中分类分级审查制度,依法加强对涉及国计民生等重要领域的经营者集中的审查,提高审查质量和效率。

第三十八条 对外资并购境内企业或者以其他方式参与经营者集中,涉及国家安全的,除依照本法规定进行经营者集中审查外,还应当按照国家有关规定进行国家安全审查。

第五章 滥用行政权力排除、限制竞争

第三十九条 行政机关和法律、法规授权的具有管理公共事务职能的组织不得滥用行政权力,限定或者变相限定单位或者个人经营、购买、使用其指定的经营者提供的商品。

第四十条 行政机关和法律、法规授权的具有管理公共事务职能的组织不得滥用行政权力,通过与经营者签订合作协议、备忘录等方式,妨碍其他经营者进入相关市场或者对其他经营者实行不平等待遇,排除、限制竞争。

第四十一条 行政机关和法律、法规授权的具有管理公共事务职能的组织不得滥用行政权力,实施下列行为,妨碍商品在地区之间的自由流通:

(一)对外地商品设定歧视性收费项目、实行歧视性收费标准,或者规定歧视性价格;

（二）对外地商品规定与本地同类商品不同的技术要求、检验标准，或者对外地商品采取重复检验、重复认证等歧视性技术措施，限制外地商品进入本地市场；

（三）采取专门针对外地商品的行政许可，限制外地商品进入本地市场；

（四）设置关卡或者采取其他手段，阻碍外地商品进入或者本地商品运出；

（五）妨碍商品在地区之间自由流通的其他行为。

第四十二条　行政机关和法律、法规授权的具有管理公共事务职能的组织不得滥用行政权力，以设定歧视性资质要求、评审标准或者不依法发布信息等方式，排斥或者限制经营者参加招标投标以及其他经营活动。

第四十三条　行政机关和法律、法规授权的具有管理公共事务职能的组织不得滥用行政权力，采取与本地经营者不平等待遇等方式，排斥、限制、强制或者变相强制外地经营者在本地投资或者设立分支机构。

第四十四条　行政机关和法律、法规授权的具有管理公共事务职能的组织不得滥用行政权力，强制或者变相强制经营者从事本法规定的垄断行为。

第四十五条　行政机关和法律、法规授权的具有管理公共事务职能的组织不得滥用行政权力，制定含有排除、限制竞争内容的规定。

第六章　对涉嫌垄断行为的调查

第四十六条　反垄断执法机构依法对涉嫌垄断行为进行调查。

对涉嫌垄断行为，任何单位和个人有权向反垄断执法机构举报。反垄断执法机构应当为举报人保密。

举报采用书面形式并提供相关事实和证据的，反垄断执法机构应当进行必要的调查。

第四十七条　反垄断执法机构调查涉嫌垄断行为，可以采取下列措施：

（一）进入被调查的经营者的营业场所或者其他有关场所进行

检查；

（二）询问被调查的经营者、利害关系人或者其他有关单位或者个人，要求其说明有关情况；

（三）查阅、复制被调查的经营者、利害关系人或者其他有关单位或者个人的有关单证、协议、会计账簿、业务函电、电子数据等文件、资料；

（四）查封、扣押相关证据；

（五）查询经营者的银行账户。

采取前款规定的措施，应当向反垄断执法机构主要负责人书面报告，并经批准。

第四十八条 反垄断执法机构调查涉嫌垄断行为，执法人员不得少于二人，并应当出示执法证件。

执法人员进行询问和调查，应当制作笔录，并由被询问人或者被调查人签字。

第四十九条 反垄断执法机构及其工作人员对执法过程中知悉的商业秘密、个人隐私和个人信息依法负有保密义务。

第五十条 被调查的经营者、利害关系人或者其他有关单位或者个人应当配合反垄断执法机构依法履行职责，不得拒绝、阻碍反垄断执法机构的调查。

第五十一条 被调查的经营者、利害关系人有权陈述意见。反垄断执法机构应当对被调查的经营者、利害关系人提出的事实、理由和证据进行核实。

第五十二条 反垄断执法机构对涉嫌垄断行为调查核实后，认为构成垄断行为的，应当依法作出处理决定，并可以向社会公布。

第五十三条 对反垄断执法机构调查的涉嫌垄断行为，被调查的经营者承诺在反垄断执法机构认可的期限内采取具体措施消除该行为后果的，反垄断执法机构可以决定中止调查。中止调查的决定应当载明被调查的经营者承诺的具体内容。

反垄断执法机构决定中止调查的，应当对经营者履行承诺的情况进行监督。经营者履行承诺的，反垄断执法机构可以决定终止调查。

有下列情形之一的，反垄断执法机构应当恢复调查：

（一）经营者未履行承诺的；

（二）作出中止调查决定所依据的事实发生重大变化的；

（三）中止调查的决定是基于经营者提供的不完整或者不真实的信息作出的。

第五十四条 反垄断执法机构依法对涉嫌滥用行政权力排除、限制竞争的行为进行调查，有关单位或者个人应当配合。

第五十五条 经营者、行政机关和法律、法规授权的具有管理公共事务职能的组织，涉嫌违反本法规定的，反垄断执法机构可以对其法定代表人或者负责人进行约谈，要求其提出改进措施。

第七章 法律责任

第五十六条 经营者违反本法规定，达成并实施垄断协议的，由反垄断执法机构责令停止违法行为，没收违法所得，并处上一年度销售额百分之一以上百分之十以下的罚款，上一年度没有销售额的，处五百万元以下的罚款；尚未实施所达成的垄断协议的，可以处三百万元以下的罚款。经营者的法定代表人、主要负责人和直接责任人员对达成垄断协议负有个人责任的，可以处一百万元以下的罚款。

经营者组织其他经营者达成垄断协议或者为其他经营者达成垄断协议提供实质性帮助的，适用前款规定。

经营者主动向反垄断执法机构报告达成垄断协议的有关情况并提供重要证据的，反垄断执法机构可以酌情减轻或者免除对该经营者的处罚。

行业协会违反本法规定，组织本行业的经营者达成垄断协议的，由反垄断执法机构责令改正，可以处三百万元以下的罚款；情节严重的，社会团体登记管理机关可以依法撤销登记。

第五十七条 经营者违反本法规定，滥用市场支配地位的，由反垄断执法机构责令停止违法行为，没收违法所得，并处上一年度销售额百分之一以上百分之十以下的罚款。

第五十八条 经营者违反本法规定实施集中，且具有或者可能具有排除、限制竞争效果的，由国务院反垄断执法机构责令停止实施集中、限期处分股份或者资产、限期转让营业以及采取其他必要措施恢复到集中前的状态,处上一年度销售额百分之十以下的罚款;不具有排除、限制竞争效果的,处五百万元以下的罚款。

第五十九条 对本法第五十六条、第五十七条、第五十八条规定的罚款,反垄断执法机构确定具体罚款数额时,应当考虑违法行为的性质、程度、持续时间和消除违法行为后果的情况等因素。

第六十条 经营者实施垄断行为,给他人造成损失的,依法承担民事责任。

经营者实施垄断行为,损害社会公共利益的,设区的市级以上人民检察院可以依法向人民法院提起民事公益诉讼。

第六十一条 行政机关和法律、法规授权的具有管理公共事务职能的组织滥用行政权力,实施排除、限制竞争行为的,由上级机关责令改正;对直接负责的主管人员和其他直接责任人员依法给予处分。反垄断执法机构可以向有关上级机关提出依法处理的建议。行政机关和法律、法规授权的具有管理公共事务职能的组织应当将有关改正情况书面报告上级机关和反垄断执法机构。

法律、行政法规对行政机关和法律、法规授权的具有管理公共事务职能的组织滥用行政权力实施排除、限制竞争行为的处理另有规定的,依照其规定。

第六十二条 对反垄断执法机构依法实施的审查和调查,拒绝提供有关材料、信息,或者提供虚假材料、信息,或者隐匿、销毁、转移证据,或者有其他拒绝、阻碍调查行为的,由反垄断执法机构责令改正,对单位处上一年度销售额百分之一以下的罚款,上一年度没有销售额或者销售额难以计算的,处五百万元以下的罚款;对个人处五十万元以下的罚款。

第六十三条 违反本法规定,情节特别严重、影响特别恶劣、造成特别严重后果的,国务院反垄断执法机构可以在本法第五十六条、第五十七条、第五十八条、第六十二条规定的罚款数额的二倍以上五倍以下确定具体罚款数额。

第六十四条 经营者因违反本法规定受到行政处罚的,按照国家有关规定记入信用记录,并向社会公示。

第六十五条 对反垄断执法机构依据本法第三十四条、第三十五条作出的决定不服的,可以先依法申请行政复议;对行政复议决定不服的,可以依法提起行政诉讼。

对反垄断执法机构作出的前款规定以外的决定不服的,可以依法申请行政复议或者提起行政诉讼。

第六十六条　反垄断执法机构工作人员滥用职权、玩忽职守、徇私舞弊或者泄露执法过程中知悉的商业秘密、个人隐私和个人信息的,依法给予处分。

第六十七条　违反本法规定,构成犯罪的,依法追究刑事责任。

第八章　附　　则

第六十八条　经营者依照有关知识产权的法律、行政法规规定行使知识产权的行为,不适用本法;但是,经营者滥用知识产权,排除、限制竞争的行为,适用本法。

第六十九条　农业生产者及农村经济组织在农产品生产、加工、销售、运输、储存等经营活动中实施的联合或者协同行为,不适用本法。

第七十条　本法自2008年8月1日起施行。

法规及国务院规范性文件

国务院关于进一步优化
企业兼并重组市场环境的意见

(2014年3月7日　国发〔2014〕14号)

各省、自治区、直辖市人民政府，国务院各部委、各直属机构：

兼并重组是企业加强资源整合、实现快速发展、提高竞争力的有效措施，是化解产能严重过剩矛盾、调整优化产业结构、提高发展质量效益的重要途径。近年来，我国企业兼并重组步伐加快，但仍面临审批多、融资难、负担重、服务体系不健全、体制机制不完善、跨地区跨所有制兼并重组困难等问题。为深入贯彻党的十八大和十八届二中、三中全会精神，认真落实党中央和国务院的决策部署，营造良好的市场环境，充分发挥企业在兼并重组中的主体作用，现提出以下意见：

一、主要目标和基本原则

(一)主要目标。

1.体制机制进一步完善。企业兼并重组相关行政审批事项逐步减少，审批效率不断提高，有利于企业兼并重组的市场体系进一步完善，市场壁垒逐步消除。

2.政策环境更加优化。有利于企业兼并重组的金融、财税、土地、职工安置等政策进一步完善，企业兼并重组融资难、负担重等问题逐步得到解决，兼并重组服务体系不断健全。

3.企业兼并重组取得新成效。兼并重组活动日趋活跃，一批企业通过兼并重组焕发活力，有的成长为具有国际竞争力的大企业大集团，产业竞争力进一步增强，资源配置效率显著提高，过剩产能得到化解，产业结构持续优化。

（二）基本原则。

1. 尊重企业主体地位。有效调动企业积极性，由企业自主决策、自愿参与兼并重组，坚持市场化运作，避免违背企业意愿的"拉郎配"。

2. 发挥市场机制作用。发挥市场在资源配置中的决定性作用，加快建立公平开放透明的市场规则，消除企业兼并重组的体制机制障碍，完善统一开放、竞争有序的市场体系。

3. 改善政府的管理和服务。取消限制企业兼并重组和增加企业兼并重组负担的不合理规定，解决企业兼并重组面临的突出问题，引导和激励各种所有制企业自主、自愿参与兼并重组。

二、加快推进审批制度改革

（三）取消下放部分审批事项。系统梳理企业兼并重组涉及的审批事项，缩小审批范围，对市场机制能有效调节的事项，取消相关审批。取消上市公司收购报告书事前审核，强化事后问责。取消上市公司重大资产购买、出售、置换行为审批（构成借壳上市的除外）。对上市公司要约收购义务豁免的部分情形，取消审批。地方国有股东所持上市公司股份的转让，下放地方政府审批。

（四）简化审批程序。优化企业兼并重组相关审批流程，推行并联式审批，避免互为前置条件。实行上市公司并购重组分类审核，对符合条件的企业兼并重组实行快速审核或豁免审核。简化海外并购的外汇管理，改革外汇登记要求，进一步促进投资便利化。优化国内企业境外收购的事前信息报告确认程序，加快办理相关核准手续。提高经营者集中反垄断审查效率。企业兼并重组涉及的生产许可、工商登记、资产权属证明等变更手续，从简限时办理。

三、改善金融服务

（五）优化信贷融资服务。引导商业银行在风险可控的前提下积极稳妥开展并购贷款业务。推动商业银行对兼并重组企业实行综合授信，改善对企业兼并重组的信贷服务。

（六）发挥资本市场作用。符合条件的企业可以通过发行股票、企业债券、非金融企业债务融资工具、可转换债券等方式融资。允许符合条件的企业发行优先股、定向发行可转换债券作为兼并重组支付方式，研究推进定向权证等作为支付方式。鼓励证券公司开展兼并重组融资业务,各类财务投资主体可以通过设立股权投资基金、创业投资基金、产业投资基金、并购基金等形式参与兼并重组。对上市公司发行股份实施兼并事项,不设发行数量下限,兼并非关联企业不再强制要求作出业绩承诺。非上市公众公司兼并重组,不实施全面要约收购制度。改革上市公司兼并重组的股份定价机制,增加定价弹性。非上市公众公司兼并重组,允许实行股份协商定价。

四、落实和完善财税政策

(七)完善企业所得税、土地增值税政策。修订完善兼并重组企业所得税特殊性税务处理的政策,降低收购股权(资产)占被收购企业全部股权(资产)的比例限制,扩大特殊性税务处理政策的适用范围。抓紧研究完善非货币性资产投资交易的企业所得税、企业改制重组涉及的土地增值税等相关政策。

(八)落实增值税、营业税等政策。企业通过合并、分立、出售、置换等方式,转让全部或者部分实物资产以及与其相关联的债权、债务和劳动力的,不属于增值税和营业税征收范围,不应视同销售而征收增值税和营业税。税务部门要加强跟踪管理,企业兼并重组工作牵头部门要积极协助财税部门做好相关税收政策的落实。

(九)加大财政资金投入。中央财政适当增加工业转型升级资金规模,引导实施兼并重组的企业转型升级。利用现有中央财政关闭小企业资金渠道,调整使用范围,帮助实施兼并重组的企业安置职工、转型转产。加大对企业兼并重组公共服务的投入力度。各地要安排资金,按照行政职责,解决本地区企业兼并重组工作中的突出问题。

(十)进一步发挥国有资本经营预算资金的作用。根据企业兼并重组的方向、重点和目标,合理安排国有资本经营预算资金引导国有企业实施兼并重组、做优做强,研究完善相关管理制度,提高资金使用效率。

五、完善土地管理和职工安置政策

(十一)完善土地使用政策。政府土地储备机构有偿收回企业因兼并重组而退出的土地,按规定支付给企业的土地补偿费可以用于企业安置职工、偿还债务等支出。企业兼并重组中涉及因实施城市规划需要搬迁的工业项目,在符合城乡规划及国家产业政策的条件下,市县国土资源管理部门经审核并报同级人民政府批准,可收回原国有土地使用权,并以协议出让或租赁方式为原土地使用权人重新安排工业用地。企业兼并重组涉及土地转让、改变用途的,国土资源、住房城乡建设部门要依法依规加快办理相关用地和规划手续。

(十二)进一步做好职工安置工作。落实完善兼并重组职工安置政策。实施兼并重组的企业要按照国家有关法律法规及政策规定,做好职工安置工作,妥善处理职工劳动关系。地方各级人民政府要进一步落实促进职工再就业政策,做好职工社会保险关系转移接续,保障职工合法权益。对采取有效措施稳定职工队伍的企业给予稳定岗位补贴,所需资金从失业保险基金中列支。

六、加强产业政策引导

(十三)发挥产业政策作用。提高节能、环保、质量、安全等标准,规范行业准入,形成倒逼机制,引导企业兼并重组。支持企业通过兼并重组压缩过剩产能、淘汰落后产能、促进转型转产。产能严重过剩行业项目建设,须制定产能置换方案,实施等量或减量置换。

(十四)鼓励优强企业兼并重组。推动优势企业强强联合、实施战略性重组,带动中小企业"专精特新"发展,形成优强企业主导、大中小企业协调发展的产业格局。

(十五)引导企业开展跨国并购。落实完善企业跨国并购的相关政策,鼓励具备实力的企业开展跨国并购,在全球范围内优化资源配置。规范企业海外并购秩序,加强竞争合作,推动互利共赢。积极指导企业制定境外并购风险应对预案,防范债务风险。鼓励外资参与我国企业兼并重组。

(十六)加强企业兼并重组后的整合。鼓励企业通过兼并重组优化资金、技术、人才等生产要素配置,实施业务流程再造和技术升级改造,加强管理创新,实现优势互补、做优做强。

七、进一步加强服务和管理

(十七)推进服务体系建设。进一步完善企业兼并重组公共信息服务平台,拓宽信息交流渠道。培育一批业务能力强、服务质量高的中介服务机构,提高关键领域、薄弱环节的服务能力,促进中介服务机构专业化、规范化发展。发挥行业协会在企业兼并重组中的重要作用。

（十八）建立统计监测制度。加强企业兼并重组的统计信息工作，构建企业兼并重组统计指标体系，建立和完善统计调查、监测分析和发布制度。整合行业协会、中介组织等信息资源，畅通统计信息渠道，为企业提供及时有效的信息服务。

（十九）规范企业兼并重组行为。严格依照有关法律法规和政策，保护职工、债权人和投资者的合法权益。完善国有产权转让有关规定，规范国有资产处置，防止国有资产流失。采取切实措施防止企业通过兼并重组逃废银行债务，依法维护金融债权，保障金融机构合法权益。在资本市场上，主板、中小板企业兼并重组构成借壳上市的，要符合首次公开发行条件。加强上市公司和非上市公众公司信息披露，强化事中、事后监管，严厉查处内幕交易等违法违规行为。加强外国投资者并购境内企业安全审查，维护国家安全。

八、健全企业兼并重组的体制机制

（二十）完善市场体系建设。深化要素配置市场化改革，进一步完善多层次资本市场体系。加快建立现代企业产权制度，促进产权顺畅流转。加强反垄断和反不正当竞争执法，规范市场竞争秩序，加强市场监管，促进公平竞争和优胜劣汰。行政机关和法律法规授权的具有管理公共事务职责的组织，应严格遵守反垄断法，不得滥用行政权力排除和限制竞争。

（二十一）消除跨地区兼并重组障碍。清理市场分割、地区封锁等限制，加强专项监督检查，落实责任追究制度。加大一般性转移支付力度，平衡地区间利益关系。落实跨地区机构企业所得税分配政策，协调解决企业兼并重组跨地区利益分享问题，解决跨地区被兼并企业的统计归属问题。

（二十二）放宽民营资本市场准入。向民营资本开放非明确禁止进入的行业和领域。推动企业股份制改造，发展混合所有制经济，支持国有企业母公司通过出让股份、增资扩股、合资合作引入民营资本。加快垄断行业改革，向民营资本开放垄断行业的竞争性业务领域。优势企业不得利用垄断力量限制民营企业参与市场竞争。

（二十三）深化国有企业改革。深入推进国有企业产权多元化改革,完善公司治理结构。改革国有企业负责人任免、评价、激励和约束机制,完善国有企业兼并重组考核评价体系。加大国有企业内部资源整合力度,推动国有资本更多投向关系国家安全、国民经济命脉的重要行业和关键领域。

九、切实抓好组织实施

(二十四)进一步加大统筹协调力度。充分发挥企业兼并重组工作部际协调小组的作用,解决跨地区跨所有制企业兼并重组和跨国并购中的重大问题,做好重大部署的落实,组织开展政策执行情况评估和监督检查。各有关部门要按照职责分工抓紧制定出台配套政策措施,加强协调配合,完善工作机制,扎实推进各项工作。

(二十五)切实加强组织领导。各地区要按照本意见要求,结合当地实际抓紧制定优化企业兼并重组市场环境的具体方案,建立健全协调机制和服务体系,积极协调解决本地区企业兼并重组中遇到的问题,确保各项政策措施落到实处,有关重大事项及时报告企业兼并重组工作部际协调小组。

国务院办公厅关于推动中央企业结构调整与重组的指导意见

(2016年7月17日 国办发〔2016〕56号)

各省、自治区、直辖市人民政府,国务院各部委、各直属机构:

近年来,中央企业积极推进结构调整与重组,布局结构不断优化,规模实力显著增强,发展质量明显提升,各项改革发展工作取得了积极成效。但总的来看,中央企业产业分布过广、企业层级过多等结构性问题仍然较为突出,资源配置效率亟待提高、企业创新能力亟待增强。为贯彻落实党中央、国务院关于深化国有企业改革的决策部署,进一步优化国有资本配置,促进中央企业转型升级,经国务院同意,现就推动中央企业结构调整与重组提出以下意见。

一、总体要求

（一）指导思想。

全面贯彻党的十八大和十八届三中、四中、五中全会精神，深入学习领会习近平总书记系列重要讲话精神，认真贯彻落实"四个全面"战略布局和党中央、国务院决策部署，牢固树立创新、协调、绿色、开放、共享的发展理念，推进供给侧结构性改革，坚持公有制主体地位，发挥国有经济主导作用，以优化国有资本配置为中心，着力深化改革，调整结构，加强科技创新，加快转型升级，加大国际化经营力度，提升中央企业发展质量和效益，推动中央企业在市场竞争中不断发展壮大，更好发挥中央企业在保障国民经济持续健康安全发展中的骨干中坚作用。

（二）基本原则。

——坚持服务国家战略。中央企业结构调整与重组，要服务国家发展目标，落实国家发展战略，贯彻国家产业政策，以管资本为主加强国资监管，不断推动国有资本优化配置。

——坚持尊重市场规律。遵循市场经济规律和企业发展规律，维护市场公平竞争秩序，以市场为导向，以企业为主体，以主业为主，因地制宜、因业制宜、因企制宜，有进有退、有所为有所不为，不断提升中央企业市场竞争力。

——坚持与改革相结合。在调整重组中深化企业内部改革，建立健全现代企业制度，形成崭新的体制机制，打造充满生机活力的新型企业。加强党的领导，确保党的建设与调整重组同步推进，实现体制、机制、制度和工作的有效对接。

——坚持严格依法规范。严格按照有关法律法规推进中央企业结构调整与重组，切实保护各类股东、债权人和职工等相关方的合法权益。加强国有资产交易监管，防止逃废金融债务，防范国有资产流失。

——坚持统筹协调推进。突出问题导向，处理好中央企业改革、发展、稳定的关系，把握好调整重组的重点、节奏与力度，统筹好巩固加强、创新发展、重组整合和清理退出等工作。

二、主要目标

到 2020 年,中央企业战略定位更加准确,功能作用有效发挥;总体结构更趋合理,国有资本配置效率显著提高;发展质量明显提升,形成一批具有创新能力和国际竞争力的世界一流跨国公司。具体目标是:

功能作用有效发挥。在国防、能源、交通、粮食、信息、生态等关系国家安全的领域保障能力显著提升;在重大基础设施、重要资源以及公共服务等关系国计民生和国民经济命脉的重要行业控制力明显增强;在重大装备、信息通信、生物医药、海洋工程、节能环保等行业的影响力进一步提高;在新能源、新材料、航空航天、智能制造等产业的带动力更加凸显。

资源配置更趋合理。通过兼并重组、创新合作、淘汰落后产能、化解过剩产能、处置低效无效资产等途径,形成国有资本有进有退、合理流动的机制。中央企业纵向调整加快推进,产业链上下游资源配置不断优化,从价值链中低端向中高端转变取得明显进展,整体竞争力大幅提升。中央企业间的横向整合基本完成,协同经营平台建设加快推进,同质化经营、重复建设、无序竞争等问题得到有效化解。

发展质量明显提升。企业发展战略更加明晰,主业优势更加突出,资产负债规模更趋合理,企业治理更加规范,经营机制更加灵活,创新驱动发展富有成效,国际化经营稳步推进,风险管控能力显著增强,国有资本效益明显提高,实现由注重规模扩张向注重提升质量效益转变,从国内经营为主向国内外经营并重转变。

三、重点工作

(一)巩固加强一批。

巩固安全保障功能。对主业处于关系国家安全、国民经济命脉的重要行业和关键领域、主要承担国家重大专项任务的中央企业,要保证国有资本投入,增强保障国家安全和国民经济运行能力,保持国有资本控股地位,支持非国有资本参股。对重要通信基础设施、重要江河流域控制性水利水电航电枢纽等领域,粮食、棉花、石油、天然气等国家战略物资储备领域,实行国有独资或控股。对战略性矿产资源开发利用,石油天然气主干管网、电网等自然垄断环节的管网,核电、重要公共技术平台、地质等基础数据采集利用领域，国防军工等特殊产业中从事战略武器装备科研生产、关系国家战略安全和涉及国家核心机密的核心军工能力领域，实行国有独资或绝对控股。对其他服务国家战略目标、重要前瞻性战略性产业、生态环境保护、共用技术平台等重要行业和关键领域，加大国有资本投资力度，发挥国有资本引导和带动作用。

（二）创新发展一批。

搭建调整重组平台。改组组建国有资本投资、运营公司，探索有效的运营模式，通过开展投资融资、产业培育、资本整合，推动产业集聚和转型升级，优化中央企业国有资本布局结构；通过股权运作、价值管理、有序进退，促进国有资本合理流动。将中央企业中的低效无效资产以及户数较多、规模较小、产业集中度低、产能严重过剩行业中的中央企业，适度集中至国有资本投资、运营公司，做好增量、盘活存量、主动减量。

搭建科技创新平台。强化科技研发平台建设，加强应用基础研究，完善研发体系，突破企业技术瓶颈，提升自主创新能力。构建行业协同创新平台，推进产业创新联盟建设，建立和完善开放高效的技术创新体系，突破产业发展短板，提升集成创新能力。建设"互联网＋"平台，推动产业互联网发展，促进跨界创新融合。建立支持创新的金融平台，充分用好各种创投基金支持中央企业创新发展，通过市场化方式设立各类中央企业科技创新投资基金，促进科技成果转化和新兴产业培育。把握世界科技发展趋势，搭建国际科技合作平台，积极融入全球创新网络。鼓励企业搭建创新创业孵化和服务平台，支持员工和社会创新创业，推动战略性新兴产业发展，加快形成新的经济增长点。鼓励优势产业集团与中央科研院所企业重组。

搭建国际化经营平台。以优势企业为核心，通过市场化运作方式，搭建优势产业上下游携手走出去平台、高效产能国际合作平台、商产融结合平台和跨国并购平台，增强中央企业联合参与国际市场竞争的能力。加快境外经济合作园区建设，形成走出去企业集群发展优势，降低国际化经营风险。充分发挥现有各类国际合作基金的作用，鼓励以市场化方式发起设立相关基金，组合引入非国有资本、优秀管理人才、先进管理机制和增值服务能力,提高中央企业国际化经营水平。

(三)重组整合一批。

推进强强联合。统筹走出去参与国际竞争和维护国内市场公平竞争的需要,稳妥推进装备制造、建筑工程、电力、钢铁、有色金属、航运、建材、旅游和航空服务等领域企业重组,集中资源形成合力,减少无序竞争和同质化经营,有效化解相关行业产能过剩。鼓励煤炭、电力、冶金等产业链上下游中央企业进行重组,打造全产业链竞争优势,更好发挥协同效应。

推动专业化整合。在国家产业政策和行业发展规划指导下,支持中央企业之间通过资产重组、股权合作、资产置换、无偿划转、战略联盟、联合开发等方式,将资源向优势企业和主业企业集中。鼓励通信、电力、汽车、新材料、新能源、油气管道、海工装备、航空货运等领域相关中央企业共同出资组建股份制专业化平台,加大新技术、新产品、新市场联合开发力度,减少无序竞争,提升资源配置效率。

加快推进企业内部资源整合。鼓励中央企业依托资本市场,通过培育注资、业务重组、吸收合并等方式,利用普通股、优先股、定向发行可转换债券等工具,推进专业化整合,增强持续发展能力。压缩企业管理层级,对五级以下企业进行清理整合,将投资决策权向三级以上企业集中,积极推进管控模式与组织架构调整、流程再造,构建功能定位明确、责权关系清晰、层级设置合理的管控体系。

积极稳妥开展并购重组。鼓励中央企业围绕发展战略,以获取关键技术、核心资源、知名品牌、市场渠道等为重点,积极开展并购重组,提高产业集中度,推动质量品牌提升。建立健全重组评估机制,加强并购后企业的联动与整合,推进管理、业务、技术、市场、文化和人力资源等方面的协同与融合,确保实现并购预期目标。并购重组中要充分发挥各企业的专业化优势和比较优势,尊重市场规律,加强沟通协调,防止无序竞争。

(四)清理退出一批。

大力化解过剩产能。严格按照国家能耗、环保、质量、安全等标准要求,以钢铁、煤炭行业为重点,大力压缩过剩产能,加快淘汰落后产能。对产能严重过剩行业,按照减量置换原则从严控制新项目投资。

对高负债企业,以不推高资产负债率为原则严格控制投资规模。

加大清理长期亏损、扭亏无望企业和低效无效资产力度。通过资产重组、破产清算等方式,解决持续亏损三年以上且不符合布局结构调整方向的企业退出问题。通过产权转让、资产变现、无偿划转等方式,解决三年以上无效益且未来两年生产经营难以好转的低效无效资产处置问题。

下大力气退出一批不具有发展优势的非主营业务。梳理企业非主营业务和资产,对与主业无互补性、协同性的低效业务和资产,加大清理退出力度,实现国有资本形态转换。变现的国有资本除按有关要求用于安置职工、解决历史遗留问题外,集中投向国有资本更需要集中的领域和行业。

加快剥离企业办社会职能和解决历史遗留问题。稳步推进中央企业职工家属区"三供一业"分离移交,实现社会化管理。对中央企业所办医疗、教育、市政、消防、社区管理等公共服务机构,采取移交、撤并、改制或专业化管理、政府购买服务等多种方式分类进行剥离。加快推进厂办大集体改革。对中央企业退休人员统一实行社会化管理。

四、保障措施

(一)加强组织领导。

国务院国资委要会同有关部门根据国家战略要求,结合行业体制改革和产业政策,提出有关中央企业实施重组的具体方案,报国务院批准后稳步推进。中央企业结合实际制定本企业结构调整与重组的具体实施方案,报国务院国资委备案后组织实施,其中涉及国家安全领域的,须经相关行业主管部门审核同意。中央企业在结构调整与重组过程中要切实加强党的领导,建立责任清晰、分工明确的专项工作机制,由主要负责人负总责,加大组织协调力度,切实依法依规操作。同时发挥工会和有关社团组织的作用,做好干部职工的思想政治工作。

(二)加强行业指导。

各有关部门要根据实现"两个一百年"奋斗目标、国家重大战略布局以及统筹国内国际两个市场等需要,明确国有资本分行业、分区域布局的基本要求,作为中央企业布局结构调整的重要依据,同时结合各自职责,配套出台相关产业管理政策,保障国有资本投入规模科学合理,确保中央企业结构调整与重组有利于增强国有经济主导能力、维护市场公平竞争秩序。

(三)加大政策支持。

各有关部门要研究出台财政、金融、人才、科技、薪酬分配、业绩考核等支持政策,并切实落实相关税收优惠政策,为中央企业结构调整与重组创造良好环境。要充分发挥各类基金的作用,积极稳妥引入各类社会资本参与和支持中央企业结构调整与重组。

(四)完善配套措施。

健全企业退出机制,完善相关退出政策,依法妥善处理劳动关系调整、社会保险关系接续等问题,切实维护好企业职工合法权益。建立完善政府和企业合理分担成本的机制,多渠道筹措资金,妥善解决中央企业历史遗留问题,为中央企业公平参与市场竞争创造条件。

金融、文化等中央企业的结构调整与重组,中央另有规定的依其规定执行。

国务院办公厅关于建立外国投资者并购境内企业安全审查制度的通知

(2011年2月3日　国办发〔2011〕6号)

各省、自治区、直辖市人民政府,国务院各部委、各直属机构:

近年来,随着经济全球化的深入发展和我国对外开放的进一步扩大,外国投资者以并购方式进行的投资逐步增多,促进了我国利用外资方式多样化,在优化资源配置、推动技术进步、提高企业管理水平等方面发挥了积极作用。为引导外国投资者并购境内企业有序发展,维护国家安全,经国务院同意,现就建立外国投资者并购境内企业安全审查(以下简称并购安全审查)制度有关事项通知如下:

一、并购安全审查范围

(一)并购安全审查的范围为:外国投资者并购境内军工及军工配

套企业，重点、敏感军事设施周边企业，以及关系国防安全的其他单位；外国投资者并购境内关系国家安全的重要农产品、重要能源和资源、重要基础设施、重要运输服务、关键技术、重大装备制造等企业，且实际控制权可能被外国投资者取得。

（二）外国投资者并购境内企业，是指下列情形：

1. 外国投资者购买境内非外商投资企业的股权或认购境内非外商投资企业增资，使该境内企业变更设立为外商投资企业。

2. 外国投资者购买境内外商投资企业中方股东的股权，或认购境内外商投资企业增资。

3. 外国投资者设立外商投资企业，并通过该外商投资企业协议购买境内企业资产并且运营该资产，或通过该外商投资企业购买境内企业股权。

4. 外国投资者直接购买境内企业资产，并以该资产投资设立外商投资企业运营该资产。

（三）外国投资者取得实际控制权，是指外国投资者通过并购成为境内企业的控股股东或实际控制人。包括下列情形：

1. 外国投资者及其控股母公司、控股子公司在并购后持有的股份总额在50%以上。

2. 数个外国投资者在并购后持有的股份总额合计在50%以上。

3. 外国投资者在并购后所持有的股份总额不足50%，但依其持有的股份所享有的表决权已足以对股东会或股东大会、董事会的决议产生重大影响。

4. 其他导致境内企业的经营决策、财务、人事、技术等实际控制权转移给外国投资者的情形。

二、并购安全审查内容

（一）并购交易对国防安全，包括对国防需要的国内产品生产能力、国内服务提供能力和有关设备设施的影响。

（二）并购交易对国家经济稳定运行的影响。

（三）并购交易对社会基本生活秩序的影响。

（四）并购交易对涉及国家安全关键技术研发能力的影响。

三、并购安全审查工作机制

（一）建立外国投资者并购境内企业安全审查部际联席会议（以下简称联席会议）制度，具体承担并购安全审查工作。

（二）联席会议在国务院领导下，由发展改革委、商务部牵头，根据外资并购所涉及的行业和领域，会同相关部门开展并购安全审查。

（三）联席会议的主要职责是：分析外国投资者并购境内企业对国家安全的影响；研究、协调外国投资者并购境内企业安全审查工作中的重大问题；对需要进行安全审查的外国投资者并购境内企业交易进行安全审查并作出决定。

四、并购安全审查程序

（一）外国投资者并购境内企业，应按照本通知规定，由投资者向商务部提出申请。对属于安全审查范围内的并购交易，商务部应在5个工作日内提请联席会议进行审查。

（二）外国投资者并购境内企业，国务院有关部门、全国性行业协会、同业企业及上下游企业认为需要进行并购安全审查的，可以通过商务部提出进行并购安全审查的建议。联席会议认为确有必要进行并购安全审查的，可以决定进行审查。

（三）联席会议对商务部提请安全审查的并购交易，首先进行一般性审查，对未能通过一般性审查的，进行特别审查。并购交易当事人应配合联席会议的安全审查工作，提供安全审查需要的材料、信息，接受有关询问。

一般性审查采取书面征求意见的方式进行。联席会议收到商务部提请安全审查的并购交易申请后，在5个工作日内，书面征求有关部门的意见。有关部门在收到书面征求意见函后，应在20个工作日内提出书面意见。如有关部门均认为并购交易不影响国家安全，则不再进行特别审查，由联席会议在收到全部书面意见后5个工作日内提出审查意见，并书面通知商务部。

如有部门认为并购交易可能对国家安全造成影响，联席会议应在收到书面意见后5个工作日内启动特别审查程序。启动特别审查程序后，联席会议组织对并购交易的安全评估，并结合评估意见对并购交易进行审查，意见基本一致的，由联席会议提出审查意见；存在重大分歧的,由联席会议报请国务院决定。联席会议自启动特别审查程序之日起60个工作日内完成特别审查,或报请国务院决定。审查意见由联席会议书面通知商务部。

(四)在并购安全审查过程中,申请人可向商务部申请修改交易方案或撤销并购交易。

(五)并购安全审查意见由商务部书面通知申请人。

(六)外国投资者并购境内企业行为对国家安全已经造成或可能造成重大影响的,联席会议应要求商务部会同有关部门终止当事人的交易,或采取转让相关股权、资产或其他有效措施,消除该并购行为对国家安全的影响。

五、其他规定

(一)有关部门和单位要树立全局观念,增强责任意识,保守国家秘密和商业秘密,提高工作效率,在扩大对外开放和提高利用外资水平的同时,推动外资并购健康发展,切实维护国家安全。

(二)外国投资者并购境内企业涉及新增固定资产投资的,按国家固定资产投资管理规定办理项目核准。

(三)外国投资者并购境内企业涉及国有产权变更的,按国家国有资产管理的有关规定办理。

(四)外国投资者并购境内金融机构的安全审查另行规定。

(五)香港特别行政区、澳门特别行政区、台湾地区的投资者进行并购,参照本通知的规定执行。

(六)并购安全审查制度自本通知发布之日起30日后实施。

国务院关于促进企业兼并重组的意见

(2010年8月28日　国发〔2010〕27号)

各省、自治区、直辖市人民政府,国务院各部委、各直属机构:

为深入贯彻落实科学发展观,切实加快经济发展方式转变和结构

调整,提高发展质量和效益,现就加快调整优化产业结构、促进企业兼并重组提出以下意见:

一、充分认识企业兼并重组的重要意义

近年来,各行业、各领域企业通过合并和股权、资产收购等多种形式积极进行整合,兼并重组步伐加快,产业组织结构不断优化,取得了明显成效。但一些行业重复建设严重、产业集中度低、自主创新能力不强、市场竞争力较弱的问题仍很突出。在资源环境约束日益严重、国际间产业竞争更加激烈、贸易保护主义明显抬头的新形势下,必须切实推进企业兼并重组,深化企业改革,促进产业结构优化升级,加快转变发展方式,提高发展质量和效益,增强抵御国际市场风险能力,实现可持续发展。各地区、各有关部门要把促进企业兼并重组作为贯彻落实科学发展观,保持经济平稳较快发展的重要任务,进一步统一思想,正确处理局部与整体、当前与长远的关系,切实抓好促进企业兼并重组各项工作部署的贯彻落实。

二、主要目标和基本原则

(一)主要目标。

通过促进企业兼并重组,深化体制机制改革,完善以公有制为主体、多种所有制经济共同发展的基本经济制度。加快国有经济布局和结构的战略性调整,健全国有资本有进有退的合理流动机制,鼓励和支持民营企业参与竞争性领域国有企业改革、改制和改组,促进非公有制经济和中小企业发展。兼并重组企业要转换经营机制,完善公司治理结构,建立现代企业制度,加强和改善内部管理,加强技术改造,推进技术进步和自主创新,淘汰落后产能,压缩过剩产能,促进节能减排,提高市场竞争力。

进一步贯彻落实重点产业调整和振兴规划,做强做大优势企业。以汽车、钢铁、水泥、机械制造、电解铝、稀土等行业为重点,推动优势企业实施强强联合、跨地区兼并重组、境外并购和投资合作,提高产业集中度,促进规模化、集约化经营,加快发展具有自主知识产权和知名品牌的骨干企业,培养一批具有国际竞争力的大型企业集团,推动产业结构优化升级。

(二)基本原则。

1.发挥企业的主体作用。充分尊重企业意愿,充分调动企业积极性,通过完善相关行业规划和政策措施,引导和激励企业自愿、自主参与兼并重组。

2.坚持市场化运作。遵循市场经济规则,充分发挥市场机制的基础性作用,规范行政行为,由企业通过平等协商、依法合规开展兼并重组,防止"拉郎配"。

3.促进市场有效竞争。统筹协调,分类指导,促进提高产业集中度,促进大中小企业协调发展,促进各种所有制企业公平竞争和优胜劣汰,形成结构合理、竞争有效、规范有序的市场格局。

4.维护企业与社会和谐稳定。严格执行相关法律法规和规章制度,妥善解决企业兼并重组中资产债务处置、职工安置等问题,依法维护债权人、债务人以及企业职工等利益主体的合法权益,促进企业、社会的和谐稳定。

三、消除企业兼并重组的制度障碍

(一)清理限制跨地区兼并重组的规定。为优化产业布局、进一步破除市场分割和地区封锁,要认真清理废止各种不利于企业兼并重组和妨碍公平竞争的规定,尤其要坚决取消各地区自行出台的限制外地企业对本地企业实施兼并重组的规定。

(二)理顺地区间利益分配关系。在不违背国家有关政策规定的前提下,地区间可根据企业资产规模和盈利能力,签订企业兼并重组后的财税利益分成协议,妥善解决企业兼并重组后工业增加值等统计数据的归属问题,实现企业兼并重组成果共享。

(三)放宽民营资本的市场准入。切实向民营资本开放法律法规未禁入的行业和领域,并放宽在股权比例等方面的限制。加快垄断行业改革,鼓励民营资本通过兼并重组等方式进入垄断行业的竞争性业务领域,支持民营资本进入基础设施、公共事业、金融服务和社会事业相关领域。

四、加强对企业兼并重组的引导和政策扶持

(一)落实税收优惠政策。研究完善支持企业兼并重组的财税政策。对企业兼并重组涉及的资产评估增值、债务重组收益、土地房屋权属转移等给予税收优惠,具体按照财政部、税务总局《关于企业兼并重组业务企业所得税处理若干问题的通知》（财税〔2009〕59号）、《关于企业改制重组若干契税政策的通知》（财税〔2008〕175号）等规定执行。

（二）加强财政资金投入。在中央国有资本经营预算中设立专项资金，通过技改贴息、职工安置补助等方式，支持中央企业兼并重组。鼓励地方人民政府通过财政贴息、信贷奖励补助等方式，激励商业银行加大对企业兼并重组的信贷支持力度。有条件的地方可设立企业兼并重组专项资金，支持本地区企业兼并重组，财政资金投入要优先支持重点产业调整和振兴规划确定的企业兼并重组。

（三）加大金融支持力度。商业银行要积极稳妥开展并购贷款业务，扩大贷款规模，合理确定贷款期限。鼓励商业银行对兼并重组后的企业实行综合授信。鼓励证券公司、资产管理公司、股权投资基金以及产业投资基金等参与企业兼并重组，并向企业提供直接投资、委托贷款、过桥贷款等融资支持。积极探索设立专门的并购基金等兼并重组融资新模式，完善股权投资退出机制，吸引社会资金参与企业兼并重组。通过并购贷款、境内外银团贷款、贷款贴息等方式支持企业跨国并购。

（四）支持企业自主创新和技术进步。支持有条件的企业建立企业技术中心，提高研发水平和自主创新能力，加快科技成果向现实生产力转化。大力支持兼并重组企业技术改造和产品结构调整，优先安排技术改造资金，对符合国家产业政策的技术改造项目优先立项。鼓励和引导企业通过兼并重组淘汰落后产能，切实防止以兼并重组为名盲目扩张产能和低水平重复建设。

（五）充分发挥资本市场推动企业重组的作用。进一步推进资本市场企业并购重组的市场化改革，健全市场化定价机制，完善相关规章及配套政策，支持企业利用资本市场开展兼并重组，促进行业整合和产业升级。支持符合条件的企业通过发行股票、债券、可转换债等方式为兼并重组融资。鼓励上市公司以股权、现金及其他金融创新方式作为兼并重组的支付手段，拓宽兼并重组融资渠道，提高资本市场兼并重组效率。

（六）完善相关土地管理政策。兼并重组涉及的划拨土地符合划拨用地条件的,经所在地县级以上人民政府批准可继续以划拨方式使用;不符合划拨用地条件的,依法实行有偿使用,划拨土地使用权价格可依法作为土地使用权人的权益。重点产业调整和振兴规划确定的企业兼并重组项目涉及的原生产经营性划拨土地,经省级以上人民政府国土资源部门批准,可以国家作价出资(入股)方式处置。

(七)妥善解决债权债务和职工安置问题。兼并重组要严格依照有关法律规定和政策妥善分类处置债权债务关系,落实清偿责任,确保债权人、债务人的合法利益。研究债务重组政策措施,支持资产管理公司、创业投资企业、股权投资基金、产业投资基金等机构参与被兼并企业的债务处置。切实落实相关政策规定,积极稳妥解决职工劳动关系、社会保险关系接续、拖欠职工工资等问题。制定完善相关政策措施,继续支持国有企业实施主辅分离、辅业改制和分流安置富余人员。认真落实积极的就业政策,促进下岗失业人员再就业,所需资金从就业专项资金中列支。

(八)深化企业体制改革和管理创新。鼓励兼并重组企业进行公司制、股份制改革,建立健全规范的法人治理结构,转换企业经营机制,创新管理理念、管理机制和管理手段,加强和改善生产经营管理,促进自主创新,提高企业市场竞争力。

五、改进对兼并重组的管理和服务

(一)做好信息咨询服务。加快引进和培养熟悉企业并购业务特别是跨国并购业务的专门人才,建立促进境内外并购活动的公共服务平台,拓宽企业兼并重组信息交流渠道,加强市场信息、战略咨询、法律顾问、财务顾问、资产评估、产权交易、融资中介、独立审计和企业管理等咨询服务,推动企业兼并重组中介服务加快专业化、规范化发展。

(二)加强风险监控。督促企业严格执行兼并重组的有关法律法规和政策,规范操作程序,加强信息披露,防范道德风险,确保兼并重组操作规范、公开、透明。深入研究企业兼并重组中可能出现的各种矛盾和问题,加强风险评估,妥善制定相应的应对预案和措施,切实维护企业、社会和谐稳定。有效防范和打击内幕交易和市场操纵行为,防止恶意收购,防止以企业兼并重组之名甩包袱、偷逃税款、逃废债务,防止国有资产流失。充分发挥境内银行、证券公司等金融机构在跨国并购中的咨询服务作用,指导和帮助企业制定境外并购风险防范和应对方案,保护企业利益。

(三)维护公平竞争和国家安全。完善相关管理办法,加强和完善对重大的企业兼并重组交易的管理,对达到经营者集中法定申报标准的企业兼并重组,依法进行经营者集中审查。进一步完善外资并购管理规定,建立健全外资并购国内企业国家安全审查制度,鼓励和规范外资以参股、并购方式参与国内企业改组改造和兼并重组,维护国家安全。

六、加强对企业兼并重组工作的领导

建立健全组织协调机制,加强对企业兼并重组工作的领导。由工业和信息化部牵头,发展改革委、财政部、人力资源社会保障部、国土资源部、商务部、人民银行、国资委、税务总局、工商总局、银监会、证监会等部门参加,成立企业兼并重组工作协调小组,统筹协调企业兼并重组工作,研究解决推进企业兼并重组工作中的重大问题,细化有关政策和配套措施,落实重点产业调整和振兴规划的相关要求,协调有关地区和企业做好组织实施。各地区要努力营造企业跨地区、跨行业、跨所有制兼并重组的良好环境,指导督促企业切实做好兼并重组有关工作。

附件:促进企业兼并重组任务分工表

附件

促进企业兼并重组任务分工表

序号	工作任务	牵头单位	参加单位
1	清理取消阻碍企业兼并重组的规定。	工业和信息化部	各省、自治区、直辖市人民政府
2	放宽民营资本的市场准入。	工业和信息化部	发展改革委、国土资源部、工商总局、银监会等

续表

序号	工作任务	牵头单位	参加单位
3	完善和落实企业兼并重组的税收优惠政策。	财政部	税务总局
4	鼓励商业银行开展并购贷款业务,扩大贷款规模。鼓励商业银行对兼并重组后的企业实行综合授信。通过并购贷款、境内外银团贷款、贷款贴息等方式支持企业跨国并购。	银监会、人民银行	发展改革委、工业和信息化部、财政部
5	积极探索设立专门并购基金等兼并重组融资新模式,完善股权投资退出机制。支持符合条件的企业通过发行股票、债券、可转换债等为兼并重组融资。	证监会、发展改革委	工业和信息化部、财政部
6	在中央国有资本经营预算中设立专项资金,支持中央企业兼并重组。	财政部	国资委、发展改革委、工业和信息化部、商务部
7	鼓励地方人民政府通过财政贴息、信贷奖励补助等方式,激励商业银行加大对企业兼并重组的信贷支持力度。有条件的地方可设立企业兼并重组专项资金。	各省、自治区、直辖市人民政府	
8	进一步推进资本市场企业并购重组的市场化改革,健全市场化定价机制,完善相关规章及配套政策,支持企业利用资本市场开展兼并重组。鼓励上市公司以股权、现金及其他金融创新方式作为兼并重组的支付手段。	证监会	发展改革委、财政部、商务部、人民银行、银监会
9	完善土地使用优惠政策。	国土资源部	财政部

续表

序号	工作任务	牵头单位	参加单位
10	加大对兼并重组企业技术改造支持力度。支持有条件的企业建立企业技术中心。鼓励和引导企业通过兼并重组淘汰落后产能,切实防止以兼并重组为名盲目扩张产能和低水平重复建设。	发展改革委、工业和信息化部	财政部
11	研究债务重组政策措施,支持资产管理公司、创业投资企业、股权投资基金、产业投资基金等机构参与被兼并企业的债务处置。	财政部	发展改革委、人民银行、国资委、银监会
12	制订完善相关政策措施,继续支持国有企业实施主辅分离、辅业改制和分流安置富余人员。	财政部、国资委	人力资源社会保障部
13	落实积极的就业政策,促进下岗失业人员再就业。	人力资源社会保障部、财政部,各省、自治区、直辖市人民政府	国资委
14	建立促进境内外并购活动的公共服务平台	工业和信息化部	发展改革委、商务部、证监会
15	发挥境内银行、证券公司等金融机构在跨国并购中的咨询服务作用,指导和帮助企业制定境外并购风险防范和应对方案。	商务部	银监会、证监会、工业和信息化部、发展改革委等
16	督促企业严格执行有关法律法规和政策,规范操作程序,加强信息披露。有效防范和打击内幕交易和市场操纵行为,防止恶意收购,防止以企业兼并重组之名甩包袱、偷逃税款、逃废债务,防止国有资产流失。	工业和信息化部	发展改革委、财政部、商务部、国资委、人民银行、税务总局、工商总局、银监会、证监会

续表

序号	工作任务	牵头单位	参加单位
17	深入研究企业兼并重组中可能出现的各种矛盾和问题,加强风险评估,制定相应的应对预案。	工业和信息化部	发展改革委、财政部、人力资源社会保障部、商务部、人民银行、国资委、银监会、证监会
18	对达到经营者集中法定申报标准的企业兼并重组,依法进行经营者集中审查。	商务部	发展改革委、工业和信息化部、国资委等
19	完善相关管理办法,加强和完善对重大的企业兼并重组交易的管理。	工业和信息化部	发展改革委、财政部、商务部、国资委、证监会
20	建立企业兼并重组工作部际协调机制。	工业和信息化部	发展改革委、财政部、人力资源社会保障部、国土资源部、商务部、人民银行、国资委、税务总局、工商总局、银监会、证监会等

国务院办公厅转发国资委关于推进国有资本调整和国有企业重组指导意见的通知

(2006年12月5日　国办发〔2006〕97号)

各省、自治区、直辖市人民政府,国务院各部委、各直属机构:

　　国资委《关于推进国有资本调整和国有企业重组的指导意见》已经国务院同意,现转发给你们,请认真贯彻执行。

国务院国有资产监督管理委员会关于推进国有资本调整和国有企业重组的指导意见

(国资委)

近年来,国有资产管理体制改革取得重大突破,国有经济布局和结构调整取得重要进展,国有企业改革不断深化、经济效益显著提高,对完善社会主义市场经济体制、促进国民经济持续快速健康发展,发挥了重要作用。但从整体上看,国有经济分布仍然过宽,产业布局和企业组织结构不尽合理,一些企业主业不够突出,核心竞争力不强。实行国有资本调整和国有企业重组,完善国有资本有进有退、合理流动的机制,是经济体制改革的一项重大任务。为贯彻落实党的十六届三中、五中全会精神,根据《国务院关于2005年深化经济体制改革的意见》(国发[2005]9号),现就国有资本调整和国有企业重组提出以下意见:

一、国有资本调整和国有企业重组的基本原则和主要目标

(一)基本原则:一是坚持公有制为主体、多种所有制经济共同发展的基本经济制度。毫不动摇地巩固和发展公有制经济,增强国有经济的控制力、影响力、带动力,发挥国有经济的主导作用。毫不动摇地鼓励、支持和引导非公有制经济发展,鼓励和支持个体、私营等非公有制经济参与国有资本调整和国有企业重组。二是坚持政府引导和市场调节相结合,充分发挥市场配置资源的基础性作用。三是坚持加强国有资产监管,严格产权交易和股权转让程序,促进有序流动,防止国有资产流失,确保国有资产保值增值。四是坚持维护职工合法权益,保障职工对企业重组、改制等改革的知情权、参与权、监督权和有关事项的决定权,充分调动和保护广大职工参与国有企业改革重组的积极性。五是坚持加强领导,统筹规划,慎重决策,稳妥推进,维护企业正常的生产经营秩序,确保企业和社会稳定。

(二)主要目标:进一步推进国有资本向关系国家安全和国民经济命脉的重要行业和关键领域(以下简称重要行业和关键领域)集中,加

快形成一批拥有自主知识产权和知名品牌、国际竞争力较强的优势企业;加快国有大型企业股份制改革,完善公司法人治理结构,大力发展国有资本、集体资本和非公有资本等参股的混合所有制经济,实现投资主体多元化,使股份制成为公有制的主要实现形式;大多数国有中小企业放开搞活;到 2008 年,长期积累的一批资不抵债、扭亏无望的国有企业政策性关闭破产任务基本完成;到 2010 年,国资委履行出资人职责的企业(以下简称中央企业)调整和重组至 80－100 家。

二、主要政策措施

(三)推进国有资本向重要行业和关键领域集中,增强国有经济控制力,发挥主导作用。重要行业和关键领域主要包括:涉及国家安全的行业,重大基础设施和重要矿产资源,提供重要公共产品和服务的行业,以及支柱产业和高新技术产业中的重要骨干企业。有关部门要抓紧研究确定具体的行业和领域,出台相应的产业和企业目录。鼓励非公有制企业通过并购和控股、参股等多种形式,参与国有企业的改组改制改造。对需要由国有资本控股的企业,要区别不同情况实行绝对控股和相对控股;对不属于重要行业和关键领域的国有资本,按照有进有退、合理流动的原则,实行依法转让,防止国有资产流失。对国有资产转让收益,应严格按照国家有关政策规定进行使用和管理。

(四)加快国有企业的股份制改革。除了涉及国家安全的企业、必须由国家垄断经营的企业和专门从事国有资产经营管理的公司外,国有大型企业都要逐步改制成为多元股东的公司。对于因各种原因不能进入股份制公司的存续企业,要加大改革与重组的力度,改革重组工作可继续由母公司负责,也可交由国有资产经营管理公司等其他国有企业负责。

(五)大力推进改制上市,提高上市公司质量。积极支持资产或主营业务资产优良的企业实现整体上市,鼓励已经上市的国有控股公司通过增资扩股、收购资产等方式,把主营业务资产全部注入上市公司。要认真贯彻落实《国务院批转证监会关于提高上市公司质量意见的通知》(国发〔2005〕34 号)要求,对上市公司控股股东以借款、提供担保、代偿债务、代垫款项等各种名目侵占上市公司资金的,有关国有资产监管机构应当加大督促、协调力度,促使其按期全部偿还上市公司资金;对不能按期偿还的,应按照法律和相关规定,追究有关责任人的行政和法律责任。同时,要建立长效机制,严禁侵占上市公司资金。

(六)积极鼓励引入战略投资者。引入战略投资者要有利于增强企业技术创新能力,提高产品的档次和水平,改善经营管理,促进企业持续发展。引入境外战略投资者,要以维护国家经济安全、国防安全和产业安全为前提,防止产生垄断,切实保护企业的自主知识产权和知名品牌,推动企业开发新产品。

(七)放开搞活国有中小企业,建立劣势企业退出市场的机制。采取改组、联合、兼并、租赁、承包经营、合资、转让国有产权和股份制、股份合作制等多种形式,继续放开搞活国有中小企业。对长期亏损、资不抵债、不能清偿到期债务的企业和资源枯竭的矿山实施依法破产,对符合有关条件的严格按照有关规定抓紧实施政策性关闭破产。

(八)加快国有大型企业的调整和重组,促进企业资源优化配置。依法推进国有企业强强联合,强强联合要遵循市场规律,符合国家产业政策,有利于资源优化配置,提高企业的规模经济效应,形成合理的产业集中度,培育一批具有国际竞争力的特大型企业集团。在严格执行国家相关行业管理规定和市场规则的前提下,继续推进和完善电信、电力、民航等行业的改革重组。对不具备优势的国有企业,应采取多种方式,大力推动其并入优势国有大企业,以减少污染、节约资源、保障安全生产、提高效率。优势国有大企业要通过增加投资以及资产、业务整合等措施,充分发挥资产的整体效能,促进重组后的企业加快发展。

(九)积极推动应用技术研究院所(以下称研究院所)与相关生产企业(包括大型工程承包企业)的重组。鼓励研究院所与相关生产企业重组,实现研发与生产相互促进、共同发展,提高企业的技术创新能力。积极探索研究院所与生产企业重组的有效途径和形式,可以由一家生产企业与研究院所重组,也可以由多家生产企业共同参与研究院所股份制改革。对主要担负基础研究、行业产品和技术监督检测的研究院所,应尽量由多家生产企业共同参与其股份制改革,并采取相应措施,确保其正常运行和发展。

(十)加大对亏损企业国有资本的调整力度。对有望扭亏的国有企业,要采取措施限期扭亏,对由于经营管理不善造成亏损的,要撤换负有责任的企业负责人。对不属于重要行业和关键领域的亏损企业,短期内难以扭亏的,可以向各类投资主体转让,或与其他国有企业进行重组。要依照有关政策,对重要行业和关键领域亏损严重的重要企业,区别不同情况,采取多种方式和途径,推动其改革重组,促进企业发展,并确保国有资本控股。

(十一)围绕突出主业,积极推进企业非主业资产重组。要通过多种途径,使部分企业非主业资产向主业突出的企业集中,促进企业之间非主业资产的合理流动。对于非主业资产的中小企业,可采取多种形式放开搞活,符合主辅分离、辅业改制政策要求的,要加快主辅分离、辅业改制、分流安置富余人员的步伐。

(十二)加快国有大型企业内部的重组。要简化企业组织机构,对层级过多的下属企业进行清理、整合,通过关闭、破产、撤销、合并、取消企业法人资格等措施,原则上将管理层次控制在三级以内。要完善大企业的母子公司体制,强化母公司在战略管理、资本运作、结构调整、财务控制、风险防范等方面的功能,通过对业务和资产的调整或重组,发挥企业整体优势,实现专业化和规模化经营。

(十三)加快建立国有资本经营预算制度。国有资本经营预算要重点围绕国有资本调整和国有企业重组的方向和目标,统筹使用好国有资本收益,保障和促进企业结构调整和技术进步,提高企业核心竞争力。

(十四)促进中央企业和地方人民政府所出资企业(以下简称地方企业)之间的重组。对不属于重要行业和关键领域的中央企业,下放地方管理有利于发挥地方优势、有利于与地方企业重组提高竞争力的,在征得地方人民政府同意并报经国务院批准后,可以将其交由地方国有资产监管机构或地方企业管理;地方企业并入中央企业有利于优势互补的,在征得地方人民政府同意后,可以将其并入中央企业。鼓励中央企业和地方企业之间通过股权并购、股权置换、相互参股等方式进行重组。在地方企业之间,也应按此要求促进重组。

三、规范改制重组行为,切实加强组织领导

(十五)进一步规范企业改制方案的审批工作。国有独资企业引入非国有投资者的改制方案和国有控股企业改制为国有资本不控股或不参股企业的方案,必须按照《国务院办公厅转发国务院国有资产监督管理委员会关于规范国有企业改制工作意见的通知》(国办发〔2003〕96号)、《国务院办公厅转发国资委关于进一步规范国有企业改制工作实施意见的通知》(国办发〔2005〕60号)以及企业国有产权转让等有关规定严格审批。企业改制涉及财政、劳动保障等事项的,须报经同级人民政府有关部门审核同意后,报国有资产监管机构协调审批;涉及政府公共管理审批事项的,依照国家有关法律法规,报政府有关部门审批。要充分发挥企业职工代表大会和工会的作用,国有独资企业引入非国有投资者的改制方案和国有控股企业改制为国有资本不控股或不参股企业的方案,必须提交企业职工代表大会或职工大会审议,充分听取职工意见;职工安置方案须经企业职工代表大会或职工大会审议通过后方可实施改制。

(十六)完善国有及国有控股企业之间重组的审批程序。对国有及国有控股企业之间的重组,国家已有规定的按规定程序审批,未作规定但因重组致使国有资产监管机构所出资企业减少或者增加的,由国有资产监管机构报本级人民政府审批,其余重组方案由国有资产监管机构审批。具体重组方案应及时向职工代表大会通报。

(十七)进一步统一认识。各地区、各有关部门要深入学习、全面理解、认真贯彻落实党中央、国务院关于深化国有企业改革、调整国有经济布局和结构的精神,提高对国有资本调整和国有企业重组重要性、紧迫性、复杂性的认识。国有及国有控股企业负责人要正确处理国家、企业、个人之间的利益关系,服从国有资本调整和国有企业重组的大局,积极拥护、支持国有资本调整和国有企业重组。要严格执行国家产业政策和行业规划,对涉及国家产业政策和行业规划的重大国有资本调整和国有企业重组事项,国有资产监管机构应会同相关行业主管部门和有关地方政府共同研究决策。

(十八)切实加强组织领导。地方各级人民政府和国有资产监管机构要高度重视推进国有资本调整和国有企业重组工作,搞好调查研究和可行性分析,充分听取各方面的意见,从本地区实际出发,统筹规划,加强领导,周密部署,积极稳妥地推进,维护企业正常的生产经营秩序,确保企业和社会稳定。国资委和有关部门要加强调研、监督和指导，掌握各地工作动态，及时对国有资本调整和国有企业重组中的重大问题研究提出政策建议。国有及国有控股企业要充分发挥企业党组织的政治核心作用尤其是保证监督、宣传引导、协调服务等作用，精心组织实施，深入细致地做好职工的思想政治工作，维护职工合法权益，确保国有资本调整和国有企业重组的顺利进行。

国务院关于经营者集中申报标准的规定

（2008年8月3日国务院令第529号公布　根据2018年9月18日国务院令第703号《关于修改部分行政法规的决定》第一次修订　2024年1月22日国务院令第773号第二次修订）

第一条　为了明确经营者集中的申报标准，根据《中华人民共和国反垄断法》，制定本规定。

第二条　经营者集中是指下列情形：

（一）经营者合并；

（二）经营者通过取得股权或者资产的方式取得对其他经营者的控制权；

（三）经营者通过合同等方式取得对其他经营者的控制权或者能够对其他经营者施加决定性影响。

第三条　经营者集中达到下列标准之一的，经营者应当事先向国务院反垄断执法机构申报，未申报的不得实施集中：

（一）参与集中的所有经营者上一会计年度在全球范围内的营业额合计超过120亿元人民币，并且其中至少两个经营者上一会计年度在中国境内的营业额均超过8亿元人民币；

（二）参与集中的所有经营者上一会计年度在中国境内的营业额合计超过40亿元人民币，并且其中至少两个经营者上一会计年度在中国境内的营业额均超过8亿元人民币。

营业额的计算,应当考虑银行、保险、证券、期货等特殊行业、领域的实际情况,具体办法由国务院反垄断执法机构会同国务院有关部门制定。

第四条 经营者集中未达到本规定第三条规定的申报标准,但有证据证明该经营者集中具有或者可能具有排除、限制竞争效果的,国务院反垄断执法机构可以要求经营者申报。

第五条 经营者未依照本规定第三条和第四条规定进行申报的,国务院反垄断执法机构应当依法进行调查。

第六条 国务院反垄断执法机构应当根据经济发展情况,对本规定确定的申报标准的实施情况进行评估。

第七条 本规定自公布之日起施行。

国务院办公厅关于当前金融促进经济发展的若干意见

(2008年12月8日 国办发〔2008〕126号)

各省、自治区、直辖市人民政府,国务院各部委、各直属机构:

为应对国际金融危机的冲击,贯彻落实党中央、国务院关于进一步扩大内需、促进经济增长的十项措施,认真执行积极的财政政策和适度宽松的货币政策,加大金融支持力度,促进经济平稳较快发展,经国务院批准,提出如下意见:

一、落实适度宽松的货币政策,促进货币信贷稳定增长

(一)保持银行体系流动性充足,促进货币信贷稳定增长。根据经济社会发展需要,创造适度宽松的货币信贷环境,以高于GDP增长与物价上涨之和约3至4个百分点的增长幅度作为2009年货币供应总量目标,争取全年广义货币供应量增长17%左右。密切监测流动性总量及分布变化,适当调减公开市场操作力度,停发3年期央行票据,降低1年期和3个月期央行票据发行频率。根据国内外形势适时适度

调整货币政策操作。

（二）追加政策性银行2008年度贷款规模1000亿元，鼓励商业银行发放中央投资项目配套贷款，力争2008年金融机构人民币贷款增加4万亿元以上。

（三）发挥市场在利率决定中的作用，提高经济自我调节能力。增强贷款利率下浮弹性，改进贴现利率形成机制，完善中央银行利率体系。按照主动性、可控性和渐进性原则，进一步完善人民币汇率形成机制，增强汇率弹性，保持人民币汇率在合理均衡水平上基本稳定。

二、加强和改进信贷服务，满足合理资金需求

（四）加强货币政策、信贷政策与产业政策的协调配合。坚持区别对待、有保有压原则，支持符合国家产业政策的产业发展。加大对民生工程、"三农"、重大工程建设、灾后重建、节能减排、科技创新、技术改造和兼并重组、区域协调发展的信贷支持。积极发展面向农户的小额信贷业务，增加扶贫贴息贷款投放规模。探索发展大学毕业生小额创业贷款业务。支持高新技术产业发展。同时，适当控制对一般加工业的贷款，限制对高耗能、高排放行业和产能过剩行业劣质企业的贷款。

（五）鼓励银行业金融机构在风险可控前提下，对基本面比较好、信用记录较好、有竞争力、有市场、有订单但暂时出现经营或财务困难的企业给予信贷支持。全面清理银行信贷政策、法规、办法和指引，根据当前特殊时期需要，对《贷款通则》等有关规定和要求做适当调整。

（六）支持中小企业发展。落实对中小企业融资担保、贴息等扶持政策，鼓励地方人民政府通过资本注入、风险补偿等多种方式增加对信用担保公司的支持。设立包括中央、地方财政出资和企业联合组建在内的多层次中小企业贷款担保基金和担保机构，提高金融机构中小企业贷款比重。对符合条件的中小企业信用担保机构免征营业税。

（七）鼓励金融机构开展出口信贷业务。将进出口银行的人民币出口卖方信贷优惠利率适用范围，扩大到具有自主知识产权、自主品牌和高附加值出口产品。允许金融机构开办人民币出口买方信贷业务。发挥出口信用保险在支持金融机构开展出口融资业务中的积极作用。

（八）加大对产业转移的信贷支持力度。支持金融机构创新发展针对产业转移的信贷产品和审贷模式，探索多种抵押担保方式。鼓励金融机构优先发放人民币贷款，支持国内过剩产能向境外转移。

（九）加大对农村金融政策支持力度，引导更多信贷资金投向农村。坚持农业银行为农服务方向，拓展农业发展银行支农领域，扩大邮政储蓄银行涉农业务范围，发挥农村信用社为农民服务的主力军作用。县域内银行业金融机构新吸收的存款，主要用于当地发放贷款。建立政府扶持、多方参与、市场运作的农村信贷担保机制。在扩大农村有效担保物范围基础上，积极探索发展农村多种形式担保的信贷产品。指导农村金融机构开展林权质押贷款业务。

（十）落实和出台有关信贷政策措施，支持居民首次购买普通自住房和改善型普通自住房。加大对城市低收入居民廉租房、经济适用房建设和棚户区改造的信贷支持。支持汽车消费信贷业务发展，拓宽汽车金融公司融资渠道。积极扩大农村消费信贷市场。

三、加快建设多层次资本市场体系，发挥市场的资源配置功能

（十一）采取有效措施，稳定股票市场运行，发挥资源配置功能。完善中小企业板市场各项制度，适时推出创业板，逐步完善有机联系的多层次资本市场体系。支持有条件的企业利用资本市场开展兼并重组，促进上市公司行业整合和产业升级，减少审批环节，提升市场效率，不断提高上市公司竞争力。

（十二）推动期货市场稳步发展，探索农产品期货服务"三农"的运作模式，尽快推出适应国民经济发展需要的钢材、稻谷等商品期货新品种。

（十三）扩大债券发行规模，积极发展企业债、公司债、短期融资券和中期票据等债务融资工具。优先安排与基础设施、民生工程、生态环境建设和灾后重建等相关的债券发行。积极鼓励参与国家重点建设项目的上市公司发行公司债券和可转换债券。稳步发展中小企业集合债券，开展中小企业短期融资券试点。推进上市商业银行进入交易所债券市场试点。研究境外机构和企业在境内发行人民币债券，允许在内地有较多业务的香港企业或金融机构在港发行人民币债券。完善债券市场发行规则与监管标准。

四、发挥保险保障和融资功能,促进经济社会稳定运行

(十四)积极发展"三农"保险,进一步扩大农业保险覆盖范围,鼓励保险公司开发农业和农村小额保险及产品质量保险。稳步发展与住房、汽车消费等相关的保险。积极发展建工险、工程险等业务,为重大基础设施项目建设提供风险保障。做好灾后重建保险服务,支持灾区群众基本生活设施和公共服务基础设施恢复重建。研究开放短期出口信用保险市场,引入商业保险公司参与竞争,支持出口贸易。

(十五)发挥保险公司机构投资者作用和保险资金投融资功能,鼓励保险公司购买国债、金融债、企业债和公司债,引导保险公司以债权等方式投资交通、通信、能源等基础设施项目和农村基础设施项目。稳妥推进保险公司投资国有大型龙头企业股权,特别是关系国家战略的能源、资源等产业的龙头企业股权。

(十六)积极发展个人、团体养老等保险业务,鼓励和支持有条件企业通过商业保险建立多层次养老保障计划,研究对养老保险投保人给予延迟纳税等税收优惠。推动健康保险发展,支持相关保险机构投资医疗机构和养老实体。提高保险业参与新型农村合作医疗水平,发展适合农民需求的健康保险和意外伤害保险。

五、创新融资方式,拓宽企业融资渠道

(十七)允许商业银行对境内外企业发放并购贷款。研究完善企业并购税收政策,积极推动企业兼并重组。

(十八)开展房地产信托投资基金试点,拓宽房地产企业融资渠道。发挥债券市场避险功能,稳步推进债券市场交易工具和相关金融产品创新。开展项目收益债券试点。

(十九)加强对社会资金的鼓励和引导。拓宽民间投资领域,吸引更多社会资金参与政府鼓励项目,特别是灾后基础设施重建项目。出台股权投资基金管理办法,完善工商登记、机构投资者投资、证券登记和税收等相关政策,促进股权投资基金行业规范健康发展。按照中小企业促进法关于鼓励创业投资机构增加对中小企业投资的规定,落实和完善促进创业投资企业发展的税收优惠政策。

(二十)充分发挥农村信用社等金融机构支农主力军作用,扩大村镇银行等新型农村金融机构试点,扩大小额贷款公司试点,规范发展民间融资,建立多层次信贷供给市场。

(二十一)创新信用风险管理工具。在进一步规范发展信贷资产重组、转让市场的基础上,允许在银行间债券市场试点发展以中小企业贷款、涉农贷款、国家重点建设项目贷款等为标的资产的信用风险管理工具,适度分散信贷风险。

六、改进外汇管理,大力推动贸易投资便利化

(二十二)改进贸易收结汇与贸易活动真实性、一致性审核,便利企业特别是中小企业贸易融资。加快进出口核销制度改革,简化手续,实现贸易外汇管理向总量核查、非现场核查和主体监管转变。适当提高企业预收货款结汇比例,将一般企业预收货款结汇比例从10%提高到25%,对单笔金额较小的出口预收货款不纳入结汇额度管理。调整企业延期付款年度发生额规模,由原来不得超过企业上年度进口付汇额的10%提高为25%。简化企业申请比例结汇和临时额度的审批程序,缩短审批时间。允许更多符合条件的中外资企业集团实行外汇资金集中管理,提高资金使用效率。支持香港人民币业务发展,扩大人民币在周边贸易中的计价结算规模,降低对外经济活动的汇率风险。

七、加快金融服务现代化建设,全面提高金融服务水平

(二十三)进一步丰富支付工具体系,提高支付清算效率,加快资金周转速度。进一步增强现金供应的前瞻性,科学组织发行基金调拨,确保现金供应。配合实施积极财政政策,扩大国库集中支付涉农、救灾补贴等财政补助资金范围,实现民生工程、基础设施、生态环境建设和灾后重建所需资金直达最终收款人,确保各项财政支出资金及时安全拨付到位。优化进出口产品退税的国库业务流程,提高退税资金到账速度。加快征信体系建设,继续推动中小企业和农村信用体系建设,进一步规范信贷市场和债券市场信用评级,为中小企业融资创造便利条件。

八、加大财税政策支持力度,增强金融业促进经济发展能力

(二十四)放宽金融机构对中小企业贷款和涉农贷款的呆账核销条件。授权金融机构对符合一定条件的中小企业贷款和涉农贷款进行重组和减免。借款人发生财务困难、无力及时足额偿还贷款本息的,在确保重组和减免后能如期偿还剩余债务的条件下,允许金融机构对债务进行展期或延期、减免表外利息后,进一步减免本金和表内利息。

(二十五)简化税务部门审核金融机构呆账核销手续和程序,加快审核进度,提高审核效率,促进金融机构及时化解不良资产,防止信贷收缩。涉农贷款和中小企业贷款税前全额拨备损失准备金。对农户小额贷款、农业担保和农业保险实施优惠政策,鼓励金融机构加大对"三农"的信贷支持力度。研究金融机构抵债资产处置税收政策。结合增值税转型完善融资租赁税收政策。

(二十六)发挥财政资金的杠杆作用,调动银行信贷资金支持经济增长。支持地方人民政府建立中小企业贷款风险补偿基金,对银行业金融机构中小企业贷款按增量给予适度的风险补偿。鼓励金融机构建立专门为中小企业提供信贷服务的部门,增加对中小企业的信贷投放。对符合条件的企业引进先进技术和产品更新换代等方面的外汇资金需求,通过进出口银行提供优惠利率进口信贷方式给予支持。

九、深化金融改革,加强风险管理,切实维护金融安全稳定

(二十七)完善国际金融危机监测及应对工作机制。密切监测国际金融危机发展动态,研究风险的可能传播途径,及时对危机发展趋势和影响进行跟踪和评估。高度关注国内金融市场流动性状况、金融机构流动性及资产负债变化。必要时启动应对预案,包括特别流动性支持、剥离不良资产、补充资本金、对银行负债业务进行担保等,确保金融安全稳定运行。

(二十八)完善金融监管体系。进一步加强中央银行与金融监管部门的沟通协调,加强功能监管、审慎监管,强化资本金约束和流动性管理,完善市场信息披露制度,努力防范各种金融风险。

(二十九)商业银行和其他金融机构要继续深化各项改革,完善公司治理,强化基础管理、内部控制和风险防范机制,理顺落实适度宽松货币政策的传导机制。正确处理好金融促进经济发展与防范金融风险的关系,在经济下行时避免盲目惜贷。切实提高金融促进经济发展的质量,防止低水平重复建设。

(三十)支持和鼓励地方人民政府为改善金融服务创造良好条件。

地方人民政府应在保护银行债权、防止逃废银行债务、处置抵贷资产、合法有序进行破产清算等方面营造有利环境。继续推进地方金融机构改革，维护地方金融稳定，推动地方信用体系建设，培育诚实守信的社会信用文化，促进地方金融生态环境改善。

企业国有资产监督管理暂行条例

（2003年5月27日国务院令第378号公布　根据2011年1月8日国务院令第588号《关于废止和修改部分行政法规的决定》第一次修订　根据2019年3月2日国务院令第709号《关于修改部分行政法规的决定》第二次修订）

第一章　总　则

第一条　为建立适应社会主义市场经济需要的国有资产监督管理体制，进一步搞好国有企业，推动国有经济布局和结构的战略性调整，发展和壮大国有经济，实现国有资产保值增值，制定本条例。

第二条　国有及国有控股企业、国有参股企业中的国有资产的监督管理，适用本条例。

金融机构中的国有资产的监督管理，不适用本条例。

第三条　本条例所称企业国有资产，是指国家对企业各种形式的投资和投资所形成的权益，以及依法认定为国家所有的其他权益。

第四条　企业国有资产属于国家所有。国家实行由国务院和地方人民政府分别代表国家履行出资人职责，享有所有者权益，权利、义务和责任相统一，管资产和管人、管事相结合的国有资产管理体制。

第五条　国务院代表国家对关系国民经济命脉和国家安全的大型国有及国有控股、国有参股企业，重要基础设施和重要自然资源等领域的国有及国有控股、国有参股企业，履行出资人职责。国务院履行出资人职责的企业，由国务院确定、公布。

省、自治区、直辖市人民政府和设区的市、自治州级人民政府分别代表国家对由国务院履行出资人职责以外的国有及国有控股、国有参股企业,履行出资人职责。其中,省、自治区、直辖市人民政府履行出资人职责的国有及国有控股、国有参股企业,由省、自治区、直辖市人民政府确定、公布,并报国务院国有资产监督管理机构备案;其他由设区的市、自治州级人民政府履行出资人职责的国有及国有控股、国有参股企业,由设区的市、自治州级人民政府确定、公布,并报省、自治区、直辖市人民政府国有资产监督管理机构备案。

国务院,省、自治区、直辖市人民政府,设区的市、自治州级人民政府履行出资人职责的企业,以下统称所出资企业。

第六条 国务院,省、自治区、直辖市人民政府,设区的市、自治州级人民政府,分别设立国有资产监督管理机构。国有资产监督管理机构根据授权,依法履行出资人职责,依法对企业国有资产进行监督管理。

企业国有资产较少的设区的市、自治州,经省、自治区、直辖市人民政府批准,可以不单独设立国有资产监督管理机构。

第七条 各级人民政府应当严格执行国有资产管理法律、法规,坚持政府的社会公共管理职能与国有资产出资人职能分开,坚持政企分开,实行所有权与经营权分离。

国有资产监督管理机构不行使政府的社会公共管理职能,政府其他机构、部门不履行企业国有资产出资人职责。

第八条 国有资产监督管理机构应当依照本条例和其他有关法律、行政法规的规定,建立健全内部监督制度,严格执行法律、行政法规。

第九条 发生战争、严重自然灾害或者其他重大、紧急情况时,国家可以依法统一调用、处置企业国有资产。

第十条 所出资企业及其投资设立的企业,享有有关法律、行政法规规定的企业经营自主权。

国有资产监督管理机构应当支持企业依法自主经营,除履行出资人职责以外,不得干预企业的生产经营活动。

第十一条 所出资企业应当努力提高经济效益,对其经营管理的企业国有资产承担保值增值责任。

所出资企业应当接受国有资产监督管理机构依法实施的监督管理，不得损害企业国有资产所有者和其他出资人的合法权益。

第二章　国有资产监督管理机构

第十二条　国务院国有资产监督管理机构是代表国务院履行出资人职责、负责监督管理企业国有资产的直属特设机构。

省、自治区、直辖市人民政府国有资产监督管理机构，设区的市、自治州级人民政府国有资产监督管理机构是代表本级政府履行出资人职责、负责监督管理企业国有资产的直属特设机构。

上级政府国有资产监督管理机构依法对下级政府的国有资产监督管理工作进行指导和监督。

第十三条　国有资产监督管理机构的主要职责是：

（一）依照《中华人民共和国公司法》等法律、法规，对所出资企业履行出资人职责，维护所有者权益；

（二）指导推进国有及国有控股企业的改革和重组；

（三）依照规定向所出资企业委派监事；

（四）依照法定程序对所出资企业的企业负责人进行任免、考核，并根据考核结果对其进行奖惩；

（五）通过统计、稽核等方式对企业国有资产的保值增值情况进行监管；

（六）履行出资人的其他职责和承办本级政府交办的其他事项。

国务院国有资产监督管理机构除前款规定职责外，可以制定企业国有资产监督管理的规章、制度。

第十四条　国有资产监督管理机构的主要义务是：

（一）推进国有资产合理流动和优化配置，推动国有经济布局和结构的调整；

（二）保持和提高关系国民经济命脉和国家安全领域国有经济的控制力和竞争力，提高国有经济的整体素质；

（三）探索有效的企业国有资产经营体制和方式，加强企业国有资产监督管理工作，促进企业国有资产保值增值，防止企业国有资产流失；

（四）指导和促进国有及国有控股企业建立现代企业制度，完善法人治理结构，推进管理现代化；

（五）尊重、维护国有及国有控股企业经营自主权，依法维护企业合法权益，促进企业依法经营管理，增强企业竞争力；

（六）指导和协调解决国有及国有控股企业改革与发展中的困难和问题。

第十五条　国有资产监督管理机构应当向本级政府报告企业国有资产监督管理工作、国有资产保值增值状况和其他重大事项。

第三章　企业负责人管理

第十六条　国有资产监督管理机构应当建立健全适应现代企业制度要求的企业负责人的选用机制和激励约束机制。

第十七条　国有资产监督管理机构依照有关规定，任免或者建议任免所出资企业的企业负责人：

（一）任免国有独资企业的总经理、副总经理、总会计师及其他企业负责人；

（二）任免国有独资公司的董事长、副董事长、董事，并向其提出总经理、副总经理、总会计师等的任免建议；

（三）依照公司章程，提出向国有控股的公司派出的董事、监事人选，推荐国有控股的公司的董事长、副董事长和监事会主席人选，并向其提出总经理、副总经理、总会计师人选的建议；

（四）依照公司章程，提出向国有参股的公司派出的董事、监事人选。

国务院，省、自治区、直辖市人民政府，设区的市、自治州级人民政府，对所出资企业的企业负责人的任免另有规定的，按照有关规定执行。

第十八条　国有资产监督管理机构应当建立企业负责人经营业绩考核制度，与其任命的企业负责人签订业绩合同，根据业绩合同对企业负责人进行年度考核和任期考核。

第十九条　国有资产监督管理机构应当依照有关规定，确定所出资企业中的国有独资企业、国有独资公司的企业负责人的薪酬;依据考核结果,决定其向所出资企业派出的企业负责人的奖惩。

第四章 企业重大事项管理

第二十条 国有资产监督管理机构负责指导国有及国有控股企业建立现代企业制度,审核批准其所出资企业中的国有独资企业、国有独资公司的重组、股份制改造方案和所出资企业中的国有独资公司的章程。

第二十一条 国有资产监督管理机构依照法定程序决定其所出资企业中的国有独资企业、国有独资公司的分立、合并、破产、解散、增减资本、发行公司债券等重大事项。其中,重要的国有独资企业、国有独资公司分立、合并、破产、解散的,应当由国有资产监督管理机构审核后,报本级人民政府批准。

国有资产监督管理机构依照法定程序审核、决定国防科技工业领域其所出资企业中的国有独资企业、国有独资公司的有关重大事项时,按照国家有关法律、规定执行。

第二十二条 国有资产监督管理机构依照公司法的规定,派出股东代表、董事,参加国有控股的公司、国有参股的公司的股东会、董事会。

国有控股的公司、国有参股的公司的股东会、董事会决定公司的分立、合并、破产、解散、增减资本、发行公司债券、任免企业负责人等重大事项时,国有资产监督管理机构派出的股东代表、董事,应当按照国有资产监督管理机构的指示发表意见、行使表决权。

国有资产监督管理机构派出的股东代表、董事,应当将其履行职责的有关情况及时向国有资产监督管理机构报告。

第二十三条 国有资产监督管理机构决定其所出资企业的国有股权转让。其中,转让全部国有股权或者转让部分国有股权致使国家不再拥有控股地位的,报本级人民政府批准。

第二十四条 所出资企业投资设立的重要子企业的重大事项,需由所出资企业报国有资产监督管理机构批准的,管理办法由国务院国有资产监督管理机构另行制定,报国务院批准。

第二十五条　国有资产监督管理机构依照国家有关规定组织协调所出资企业中的国有独资企业、国有独资公司的兼并破产工作,并配合有关部门做好企业下岗职工安置等工作。

第二十六条　国有资产监督管理机构依照国家有关规定拟订所出资企业收入分配制度改革的指导意见,调控所出资企业工资分配的总体水平。

第二十七条　国有资产监督管理机构可以对所出资企业中具备条件的国有独资企业、国有独资公司进行国有资产授权经营。

被授权的国有独资企业、国有独资公司对其全资、控股、参股企业中国家投资形成的国有资产依法进行经营、管理和监督。

第二十八条　被授权的国有独资企业、国有独资公司应当建立和完善规范的现代企业制度,并承担企业国有资产的保值增值责任。

第五章　企业国有资产管理

第二十九条　国有资产监督管理机构依照国家有关规定,负责企业国有资产的产权界定、产权登记、资产评估监管、清产核资、资产统计、综合评价等基础管理工作。

国有资产监督管理机构协调其所出资企业之间的企业国有资产产权纠纷。

第三十条　国有资产监督管理机构应当建立企业国有资产产权交易监督管理制度,加强企业国有资产产权交易的监督管理,促进企业国有资产的合理流动,防止企业国有资产流失。

第三十一条　国有资产监督管理机构对其所出资企业的企业国有资产收益依法履行出资人职责;对其所出资企业的重大投融资规划、发展战略和规划,依照国家发展规划和产业政策履行出资人职责。

第三十二条　所出资企业中的国有独资企业、国有独资公司的重大资产处置,需由国有资产监督管理机构批准的,依照有关规定执行。

第六章　企业国有资产监督

第三十三条　国有资产监督管理机构依法对所出资企业财务进行监督,建立和完善国有资产保值增值指标体系,维护国有资产出资人的权益。

第三十四条　国有及国有控股企业应当加强内部监督和风险控制,依照国家有关规定建立健全财务、审计、企业法律顾问和职工民主监督等制度。

第三十五条　所出资企业中的国有独资企业、国有独资公司应当按照规定定期向国有资产监督管理机构报告财务状况、生产经营状况和国有资产保值增值状况。

第七章　法律责任

第三十六条　国有资产监督管理机构不按规定任免或者建议任免所出资企业的企业负责人,或者违法干预所出资企业的生产经营活动,侵犯其合法权益,造成企业国有资产损失或者其他严重后果的,对直接负责的主管人员和其他直接责任人员依法给予行政处分;构成犯罪的,依法追究刑事责任。

第三十七条　所出资企业中的国有独资企业、国有独资公司未按照规定向国有资产监督管理机构报告财务状况、生产经营状况和国有资产保值增值状况的,予以警告;情节严重的,对直接负责的主管人员和其他直接责任人员依法给予纪律处分。

第三十八条　国有及国有控股企业的企业负责人滥用职权、玩忽职守,造成企业国有资产损失的,应负赔偿责任,并对其依法给予纪律处分;构成犯罪的,依法追究刑事责任。

第三十九条　对企业国有资产损失负有责任受到撤职以上纪律处分的国有及国有控股企业的企业负责人,5年内不得担任任何国有及国有控股企业的企业负责人;造成企业国有资产重大损失或者被判处刑罚的,终身不得担任任何国有及国有控股企业的企业负责人。

第八章　附　　则

第四十条　国有及国有控股企业、国有参股企业的组织形式、组织机构、权利和义务等,依照《中华人民共和国公司法》等法律、行政法规和本条例的规定执行。

第四十一条　国有及国有控股企业、国有参股企业中中国共产党基层组织建设、社会主义精神文明建设和党风廉政建设,依照《中国共产党章程》和有关规定执行。

国有及国有控股企业、国有参股企业中工会组织依照《中华人民共和国工会法》和《中国工会章程》的有关规定执行。

第四十二条 国务院国有资产监督管理机构,省、自治区、直辖市人民政府可以依据本条例制定实施办法。

第四十三条 本条例施行前制定的有关企业国有资产监督管理的行政法规与本条例不一致的,依照本条例的规定执行。

第四十四条 政企尚未分开的单位,应当按照国务院的规定,加快改革,实现政企分开。政企分开后的企业,由国有资产监督管理机构依法履行出资人职责,依法对企业国有资产进行监督管理。

第四十五条 本条例自公布之日起施行。

国有资产评估管理办法

(1991年11月16日国务院令第91号发布 根据2020年11月29日国务院令第732号《关于修改和废止部分行政法规的决定》修订)

第一章 总 则

第一条 为了正确体现国有资产的价值量,保护国有资产所有者和经营者、使用者的合法权益,制定本办法。

第二条 国有资产评估,除法律、法规另有规定外,适用本办法。

第三条 国有资产占有单位(以下简称占有单位)有下列情形之一的,应当进行资产评估:

(一)资产拍卖、转让;

(二)企业兼并、出售、联营、股份经营;

(三)与外国公司、企业和其他经济组织或者个人开办外商投资企业;

（四）企业清算；

（五）依照国家有关规定需要进行资产评估的其他情形。

第四条 占有单位有下列情形之一，当事人认为需要的，可以进行资产评估：

（一）资产抵押及其他担保；

（二）企业租赁；

（三）需要进行资产评估的其他情形。

第五条 全国或者特定行业的国有资产评估，由国务院决定。

第六条 国有资产评估范围包括：固定资产、流动资产、无形资产和其他资产。

第七条 国有资产评估应当遵循真实性、科学性、可行性原则，依照国家规定的标准、程序和方法进行评定和估算。

第二章 组织管理

第八条 国有资产评估工作，按照国有资产管理权限，由国有资产管理行政主管部门负责管理和监督。

国有资产评估组织工作，按照占有单位的隶属关系，由行业主管部门负责。

国有资产管理行政主管部门和行业主管部门不直接从事国有资产评估业务。

第九条 持有国务院或者省、自治区、直辖市人民政府国有资产管理行政主管部门颁发的国有资产评估资格证书的资产评估公司、会计师事务所、审计事务所、财务咨询公司，经国务院或者省、自治区、直辖市人民政府国有资产管理行政主管部门认可的临时评估机构（以下统称资产评估机构），可以接受占有单位的委托，从事国有资产评估业务。

前款所列资产评估机构的管理办法，由国务院国有资产管理行政主管部门制定。

第十条 占有单位委托资产评估机构进行资产评估时，应当如实提供有关情况和资料。资产评估机构应当对占有单位提供的有关情况和资料保守秘密。

第十一条 资产评估机构进行资产评估,实行有偿服务。资产评估收费办法,由国务院国有资产管理行政主管部门会同财政部门、物价主管部门制定。

第三章 评估程序

第十二条 国有资产评估按照下列程序进行:
(一)申请立项;
(二)资产清查;
(三)评定估算;
(四)验证确认。

第十三条 依照本办法第三条、第四条规定进行资产评估的占有单位,经其主管部门审查同意后,应当向同级国有资产管理行政主管部门提交资产评估立项申请书,并附财产目录和有关会计报表等资料。

经国有资产管理行政主管部门授权或者委托,占有单位的主管部门可以审批资产评估立项申请。

第十四条 国有资产管理行政主管部门应当自收到资产评估立项申请书之日起十日内进行审核,并作出是否准予资产评估立项的决定,通知申请单位及其主管部门。

第十五条 国务院决定对全国或者特定行业进行国有资产评估的,视为已经准予资产评估立项。

第十六条 申请单位收到准予资产评估立项通知书后,可以委托资产评估机构评估资产。

第十七条 受占有单位委托的资产评估机构应当在对委托单位的资产、债权、债务进行全面清查的基础上,核实资产账面与实际是否相符,经营成果是否真实,据以作出鉴定。

第十八条 受占有单位委托的资产评估机构应当根据本办法的规定,对委托单位被评估资产的价值进行评定和估算,并向委托单位提出资产评估结果报告书。

委托单位收到资产评估机构的资产评估结果报告书后,应当报其主管部门审查;主管部门审查同意后,报同级国有资产管理行政主管部门确认资产评估结果。

经国有资产管理行政主管部门授权或者委托,占有单位的主管部门可以确认资产评估结果。

第十九条 国有资产管理行政主管部门应当自收到占有单位报送的资产评估结果报告书之日起四十五日内组织审核、验证、协商,确认资产评估结果,并下达确认通知书。

第二十条 占有单位对确认通知书有异议的,可以自收到通知书之日起十五日内向上一级国有资产管理行政主管部门申请复核。上一级国有资产管理行政主管部门应当自收到复核申请之日起三十日内作出裁定,并下达裁定通知书。

第二十一条 占有单位收到确认通知书或者裁定通知书后,应当根据国家有关财务、会计制度进行账务处理。

第四章 评估方法

第二十二条 国有资产重估价值,根据资产原值、净值、新旧程度、重置成本、获利能力等因素和本办法规定的资产评估方法评定。

第二十三条 国有资产评估方法包括:

(一)收益现值法;

(二)重置成本法;

(三)现行市价法;

(四)清算价格法;

(五)国务院国有资产管理行政主管部门规定的其他评估方法。

第二十四条 用收益现值法进行资产评估的,应当根据被评估资产合理的预期获利能力和适当的折现率,计算出资产的现值,并以此评定重估价值。

第二十五条 用重置成本法进行资产评估的,应当根据该项资产在全新情况下的重置成本,减去按重置成本计算的已使用年限的累积折旧额,考虑资产功能变化、成新率等因素,评定重估价值;或者根据资产的使用期限,考虑资产功能变化等因素重新确定成新率,评定重估价值。

第二十六条 用现行市价法进行资产评估的,应当参照相同或者类似资产的市场价格,评定重估价值。

第二十七条 用清算价格法进行资产评估的,应当根据企业清算时其资产可变现的价值,评定重估价值。

第二十八条 对流动资产中的原材料、在制品、协作件、库存商品、低值易耗品等进行评估时,应当根据该项资产的现行市场价格、计划价格,考虑购置费用、产品完工程度、损耗等因素,评定重估价值。

第二十九条 对有价证券的评估,参照市场价格评定重估价值;没有市场价格的,考虑票面价值、预期收益等因素,评定重估价值。

第三十条 对占有单位的无形资产,区别下列情况评定重估价值:

(一)外购的无形资产,根据购入成本及该项资产具有的获利能力;

(二)自创或者自身拥有的无形资产,根据其形成时所需实际成本及该项资产具有的获利能力;

(三)自创或者自身拥有的未单独计算成本的无形资产,根据该项资产具有的获利能力。

第五章 法律责任

第三十一条 占有单位违反本办法的规定,提供虚假情况和资料,或者与资产评估机构串通作弊,致使资产评估结果失实的,国有资产管理行政主管部门可以宣布资产评估结果无效,并可以根据情节轻重,单处或者并处下列处罚:

(一)通报批评;

(二)限期改正,并可以处以相当于评估费用以下的罚款;

(三)提请有关部门对单位主管人员和直接责任人员给予行政处分,并可以处以相当于本人三个月基本工资以下的罚款。

第三十二条 资产评估机构作弊或者玩忽职守,致使资产评估结果失实的,国有资产管理行政主管部门可以宣布资产评估结果无效,并可以根据情节轻重,对该资产评估机构给予下列处罚:

(一)警告;

(二)停业整顿;

（三）吊销国有资产评估资格证书。

第三十三条　被处罚的单位和个人对依照本办法第三十一条、第三十二条规定作出的处罚决定不服的，可以在收到处罚通知之日起十五日内，向上一级国有资产管理行政主管部门申请复议。上一级国有资产管理行政主管部门应当自收到复议申请之日起六十日内作出复议决定。申请人对复议决定不服的，可以自收到复议通知之日起十五日内，向人民法院提起诉讼。

第三十四条　国有资产管理行政主管部门或者行业主管部门工作人员违反本办法，利用职权谋取私利，或者玩忽职守，造成国有资产损失的，国有资产管理行政主管部门或者行业主管部门可以按照干部管理权限，给予行政处分，并可以处以相当于本人三个月基本工资以下的罚款。

违反本办法，利用职权谋取私利的，由有查处权的部门依法追缴其非法所得。

第三十五条　违反本办法，情节严重，构成犯罪的，由司法机关依法追究刑事责任。

第六章　附　　则

第三十六条　境外国有资产的评估，不适用本办法。

第三十七条　有关国有自然资源有偿使用、开采的评估办法，由国务院另行规定。

第三十八条　本办法由国务院国有资产管理行政主管部门负责解释。本办法的施行细则由国务院国有资产管理行政主管部门制定。

第三十九条　本办法自发布之日起施行。

司法解释

最高人民法院关于人民法院
为企业兼并重组提供司法保障的指导意见

（2014年6月3日 法发〔2014〕7号）

各省、自治区、直辖市高级人民法院，解放军军事法院，新疆维吾尔自治区高级人民法院生产建设兵团分院：

企业兼并重组是调整优化产业结构，淘汰落后产能，化解过剩产能，提高经济发展质量和效益的重要手段，也是转变经济发展方式，提升我国综合经济实力的有效途径。当前，我国经济处于增长速度换档期、结构调整阵痛期，同时也是推进企业兼并重组的重要机遇期。党的十八大和十八届三中全会部署了全面深化改革的各项任务，国务院《关于进一步优化企业兼并重组市场环境的意见》（国发〔2014〕14号，以下简称《意见》）明确了推动企业兼并重组的主要目标、基本原则和相关措施。企业兼并重组是今后一个时期推进企业改革的重要任务。各级人民法院要充分认识司法审判工作在企业兼并重组中的重要职能作用，依法有序推进企业兼并重组工作的顺利进行。

一、坚持围绕中心服务大局，以法治方式保障企业兼并重组工作依法有序推进

1. 要自觉将司法审判工作置于党和国家全局工作中，积极回应企业兼并重组工作的司法需求。企业兼并重组工作是党中央、国务院在新时期深化经济体制改革、转变经济发展方式、调整优化产业结构的重要举措。随着中央和地方各级政府部门关于企业兼并重组任务的逐步落实，一些纠纷将不可避免地通过诉讼程序进入人民法院。各级人民法院要充分认识到企业兼并重组涉及的矛盾复杂、主体广泛和利益重大，要强化大局意识和责任意识，紧密结合党的十八大、十八届三中全会精神和《意见》要求,依法充分发挥人民法院的职能作用,切实保障企业兼并重组工作的稳步推进。

2. 要正确处理贯彻党的方针政策与严格执法的关系,实现企业兼并重组法律效果和社会效果的有机统一。党的十八大和十八届三中全会作出的重大战略部署是我国在新的历史起点上全面深化改革的科学指南和行动纲领。党的方针政策和国家法律都是人民根本意志的反映,二者在本质上是一致的。不断完善和发展中国特色社会主义制度,推进国家治理体系和治理能力现代化,对人民法院正确贯彻党的方针政策与严格执法提出了更高的要求。人民法院要从强化国家战略的高度深刻认识为转变经济发展方式、调整优化产业结构提供司法保障的重大意义,通过严格执行法律,公正高效地审理案件,实现兼并重组案件审理法律效果和社会效果的有机统一。

3. 要高度重视企业兼并重组工作,依法保障企业兼并重组政策的顺利实施。企业兼并重组不仅关涉企业自身,还广泛涉及依法平等保护非公经济、防止国有资产流失、维护金融安全、职工再就业和生活保障以及社会稳定等一系列问题。人民法院要提前研判、分类评估、适时介入,依法保障企业兼并重组工作有序进行。要加强与政府部门沟通,根据需要推动建立企业兼并重组工作协调机制,实现信息共享、程序通畅。在案件审理执行中发现的重大性、苗头性问题,要及时向有关职能部门反馈或者提出司法建议。

4. 要依法及时受理审理兼并重组相关案件,通过司法审判化解企业兼并重组中的各类纠纷。人民法院要依法及时受理审理企业兼并重组过程中出现的合同效力认定、股权转让、投资权益确认、民间融资、金融债权保障、职工权益维护、企业清算、企业重整、经济犯罪等案件,无法定理由不得拒绝受理,不得拖延审理。

5. 要按照利益衡平原则,依法妥善处理各种利益冲突。企业兼并重组广泛涉及参与兼并重组的各方企业、出资人、债权人、企业职工等不同主体的切身利益,在此期间的利益博弈与权利冲突无法回避。人民法院要注意透过个案的法律关系,分析利益冲突实质,识别其背后的利益主体和利益诉求,依法确定利益保护的优先位序。法律法规没有明文规定的情形下,在个体利益冲突中应当优先寻找共同利益,尽可能实现各方的最大利益；在个体利益与集体利益、社会公共利益、地方利益与全局利益等不同主体利益的并存与冲突中，要在保护集体利益、社会公共利益和全局利益的同时兼顾个体利益、地方利益。坚决克服地方保护主义、行业及部门保护主义对司法审判工作的不当干扰。

二、强化商事审判理念，充分发挥市场在资源配置中的决定性作用

6. 依法认定兼并重组行为的效力，促进资本合法有序流转。要严格依照合同法第五十二条关于合同效力的规定，正确认定各类兼并重组合同的效力。结合当事人间交易方式和市场交易习惯，准确认定兼并重组中预约、意向协议、框架协议等的效力及强制执行力。要坚持促进交易进行，维护交易安全的商事审判理念，审慎认定企业估值调整协议、股份转换协议等新类型合同的效力，避免简单以法律没有规定为由认定合同无效。要尊重市场主体的意思自治，维护契约精神，恰当认定兼并重组交易行为与政府行政审批的关系。要处理好公司外部行为与公司内部意思自治之间的关系。要严格依照公司法第二十二条的规定，从会议召集程序、表决方式、决议内容等是否违反法律、行政法规或公司章程方面，对兼并重组中涉及的企业合并、分立、新股发行、重大资产变化等决议的法律效力进行审查。对交叉持股表决方式、公司简易合并等目前尚无明确法律规定的问题，应结合个案事实和行为结果，审慎确定行为效力。

7. 树立平等保护意识，鼓励、支持和引导非公经济积极参与企业兼并重组。非公经济是社会主义市场经济的重要组成部分，要依法保障非公经济平等使用生产要素，公开公平参与市场竞争。要统一适用法律规则，优化非公经济投资的司法环境，促进公平、竞争、自由的市场环境形成。要积极配合市场准入负面清单管理方式的实施，推动非公经济进入法律法规未禁入的行业和领域。保护各种所有制企业在投融资、税收、土地使用和对外贸易等方面享受同等待遇，提升非公经济参与国有企业混合所有制兼并重组的动力。要充分尊重企业的经营自主权，反对各种形式的强制交易，最大限度地激发非公经济的活力和创造力。

8.正确适用公司资本法律规则,消除对出资行为的不当限制。要准确把握修改后的公司法中公司资本制度的立法精神,正确认识公司资本的作用与功能,支持企业正常合理的资金运用行为。要按照新修改的公司法有关放宽资本结构的精神审慎处理股东出资问题。职工持股会、企业工会等组织代为持有投资权益是目前部分企业资本结构中的特殊形态,企业兼并重组中涉及投资权益变动的,人民法院要依法协调好名义股东与实际出资人间的利益关系。除法律法规有明确规定外,要注重方便企业设立和发展,在企业资本数额设定、投资义务履行期限等方面要充分尊重投资者的约定和选择,保障投资者顺利搭建重组平台。

9.促进融资方式的多元化,有效解决企业兼并重组的资金瓶颈。对于符合条件的企业发行优先股、定向发行可转换债券作为兼并重组支付方式,要依法确认其效力。审慎处理发行定向权证等衍生品作为支付方式问题。积极支持上市公司兼并重组中股份定价机制改革,依法保障非上市公司兼并重组中的股份协商定价。要依法督促企业尤其是上市公司规范履行信息披露义务,增强市场主体投资信心,切实保障中小投资者合法权益。同时,要积极配合金融监管部门依法履职。

三、加强国有资产保护,依法保障企业资产的稳定与安全

10.依法正确审理国有企业兼并重组案件,实现国有资产的保值增值。要正确认识国有企业深化改革与企业兼并重组之间的关系,切实保障有条件的国有企业改组为国有资本投资公司,不断增强国有经济的控制力和影响力。在现行法律框架范围内支持有利于企业壮大规模、增强实力的企业发展模式。要注意防范企业借管理者收购、合并报表等形式侵占、私分国有资产。严格遵循评估、拍卖法律规范,通过明晰和落实法律责任促进中介服务机构专业化、规范化发展,提升关键领域、薄弱环节的服务能力,防范和避免企业兼并重组过程中的国有资产流失。

11.依法规制关联交易,严厉禁止不当利益输送。严格防范以关联交易的方式侵吞国有资产。要依照公司法等法律法规的规定依法妥当处理企业兼并重组中的关联交易行为。公司股东、董事、高级管

理人员与公司之间从事的交易,符合法律法规规定的关联交易程序规则且不损害公司利益的,应当认定行为有效。对公司大股东、实际控制人或者公司董事等公司内部人员在兼并重组中利用特殊地位将不良资产注入公司,或者与公司进行不公平交易从而损害公司利益的行为,应当严格追究其法律责任。

12. 严厉打击企业兼并重组中的违法犯罪行为。各级人民法院要充分发挥刑事审判职能,坚持依法从严惩处的方针,严厉打击国有企业兼并重组中的贪污贿赂、挪用公款、滥用职权、非法经营等犯罪行为,依法严厉惩处非国有企业兼并重组中的职务侵占、挪用企业资金等犯罪行为,维护企业资产安全,同时,要努力挽回相关主体的经济损失。

四、维护金融安全,有效防控各类纠纷可能引发的区域性、系统性金融风险

13. 依法保障金融债权,有效防范通过不当兼并重组手段逃废债务。对涉及兼并重组的企业合并、分立案件,要明确合并分立前后不同企业的责任关系、责任承担方式及诉讼时效,避免因兼并重组导致金融债权落空。要依法快审快执涉兼并重组企业的金融借款案件,降低商业银行等金融机构的并购贷款风险,实现兼并重组中并购贷款融资方式可持续进行。要引导当事人充分运用民事诉讼法中的担保物权实现程序,减轻债权人的诉讼维权成本,促进担保物权快捷和便利地实现。

14. 加强民间金融案件审理,有效化解金融风险。要妥善审理兼并重组引发的民间融资纠纷,依法保护合法的借贷利息,坚决遏制以兼并重组为名的民间高利贷和投机化倾向,有效降低企业融资成本。依法支持和规范金融机构在企业兼并重组领域的金融创新行为,依法审慎认定金融创新产品的法律效力。在审判执行工作中要注意发现和防范因诉讼纠纷引发的区域性、系统性风险,切实避免金融风险在金融领域和实体经济领域的相互传导。严厉打击和制裁非法吸收或变相吸收公众存款、集资诈骗等金融违法犯罪行为,为企业兼并重组创造良好的融资环境。

五、完善市场退出机制,促进企业资源的优化整合

15. 依法审理企业清算、破产案件,畅通企业退出渠道。要充分发挥企业清算程序和破产程序在淘汰落后企业或产能方面的法律功能,依法受理企业清算、破产案件,督促市场主体有序退出。人民法院判决解散企业后应当告知有关人员依法及时组织企业清算。企业解散后债权人或股东向人民法院提出强制清算申请的,人民法院应当审查并依法受理。公司清算中发现符合破产清算条件的,应当及时转入破产清算。当事人依法主张有关人员承担相应清算责任的,人民法院应予支持。

16. 有效发挥破产重整程序的特殊功能,促进企业资源的流转利用。要积极支持符合产业政策调整目标、具有重整希望和可能的企业进行破产重整。通过合法高效的破产重整程序,帮助企业压缩和合并过剩产能,优化资金、技术、人才等生产要素配置。要注重结合企业自身特点,及时指定重整案件管理人,保障企业业务流程再造和技术升级改造。在企业重整计划的制定和批准上,要着眼建立健全防范和化解过剩产能长效机制,防止借破产重整逃避债务、不当耗费社会资源,避免重整程序空转。

17. 遵循企业清算破产案件审判规律,完善审判工作机制。审理企业清算和破产案件,既是认定事实和适用法律的过程,也是多方积极协调、整体推进的系统工程。有条件的人民法院可以成立企业清算破产案件审判庭或者合议庭,专门审理兼并重组中的企业清算破产案件。要高度重视企业清算破产案件法官的培养和使用,结合实际努力探索科学合理的企业清算破产案件绩效考评机制,充分调动审判人员依法审理企业清算破产案件的积极性。

18. 认真总结破产案件审判经验,逐步完善企业破产配套制度。上市公司破产重整中涉及行政许可的,应当按照行政许可法和最高人民法院《关于审理上市公司破产重整案件工作座谈会纪要》的精神,做好司法程序与行政许可程序的衔接。要协调好企业破产法律程序与普通执行程序就债务人企业财产采取的保全执行措施间的关系,维护债务人企业财产的稳定和完整。要积极协调解决破产程序中企业税款债权问题,要在与税务机关积极沟通的基础上结合实际依法减免相应税款。要适应经济全球化趋势,加快完善企业跨境清算、重整司法制度。

六、充分保障职工合法权益,全力维护社会和谐稳定

19. 依法保护劳动者合法权益,切实保障民生。实现改革发展成果更多更公平惠及全体人民是我们各项事业的出发点和落脚点。企业职工虽然不是企业兼并重组协议的缔约方,但其是利益攸关方。人民法院在审判执行中要及时发现和注意倾听兼并重组企业职工的利益诉求,依法保障企业职工的合法权益,引导相关企业积极承担社会责任,有效防范兼并重组行为侵害企业职工的合法权益。

20. 建立大要案通报制度,制定必要的风险处置预案。对于众多债权人向同一债务企业集中提起的系列诉讼案件、企业破产清算案件、群体性案件等可能存在影响社会和谐稳定因素的案件,人民法院要及时启动大要案工作机制,特别重大的案件要及时向地方党委和上级人民法院报告。上级人民法院要及时指导下级人民法院开展工作,对各方矛盾突出、社会关注度高的案件要作出必要的预判和预案,增强司法处置的前瞻性和针对性。

21. 加强司法新闻宣传,创造良好的社会舆论环境。要高度重视舆论引导和网络宣传工作,针对企业兼并重组审判工作中涉及到的敏感热点问题逐一排查,周密部署。要进一步推进司法公开,有力推动司法审判工作与外界舆论环境的良性互动,着力打造有利于企业兼并重组司法工作顺利开展的社会舆论环境。

当前,我国经济体制改革正向纵深发展。各级人民法院要进一步深入学习习近平总书记一系列重要讲话精神,牢牢坚持司法为民公正司法,坚持迎难而上,勇于担当,为优化企业兼并重组司法环境,保障经济社会持续健康发展,推进法治中国、美丽中国建设作出新的更大贡献。

最高人民法院关于审理与企业改制相关的民事纠纷案件若干问题的规定

(2002年12月3日最高人民法院审判委员会第1259次会议通过 根据2020年12月23日最高人民法院审判委员会第1823次会议通过的《最高人民法院关于修改〈最高人民法院关于破产企业国有划拨土地使用权应否列入破产财产等问题的批复〉等二十九件商事类司法解释的决定》修正)

为了正确审理与企业改制相关的民事纠纷案件,根据《中华人民共和国民法典》《中华人民共和国公司法》《中华人民共和国全民所有制工业企业法》《中华人民共和国民事诉讼法》等法律、法规的规定,结合审判实践,制定本规定。

一、案件受理

第一条 人民法院受理以下平等民事主体间在企业产权制度改造中发生的民事纠纷案件:

(一)企业公司制改造中发生的民事纠纷;

(二)企业股份合作制改造中发生的民事纠纷;

(三)企业分立中发生的民事纠纷;

(四)企业债权转股权纠纷;

(五)企业出售合同纠纷;

(六)企业兼并合同纠纷;

(七)与企业改制相关的其他民事纠纷。

第二条 当事人起诉符合本规定第一条所列情形,并符合民事诉讼法第一百一十九条规定的起诉条件的,人民法院应当予以受理。

第三条 政府主管部门在对企业国有资产进行行政性调整、划转过程中发生的纠纷,当事人向人民法院提起民事诉讼的,人民法院不予受理。

二、企业公司制改造

第四条 国有企业依公司法整体改造为国有独资有限责任公司的，原企业的债务，由改造后的有限责任公司承担。

第五条 企业通过增资扩股或者转让部分产权，实现他人对企业的参股，将企业整体改造为有限责任公司或者股份有限公司的，原企业债务由改造后的新设公司承担。

第六条 企业以其部分财产和相应债务与他人组建新公司，对所转移的债务债权人认可的，由新组建的公司承担民事责任；对所转移的债务未通知债权人或者虽通知债权人，而债权人不予认可的，由原企业承担民事责任。原企业无力偿还债务，债权人就此向新设公司主张债权的，新设公司在所接收的财产范围内与原企业承担连带民事责任。

第七条 企业以其优质财产与他人组建新公司，而将债务留在原企业，债权人以新设公司和原企业作为共同被告提起诉讼主张债权的，新设公司应当在所接收的财产范围内与原企业共同承担连带责任。

三、企业股份合作制改造

第八条 由企业职工买断企业产权，将原企业改造为股份合作制的，原企业的债务，由改造后的股份合作制企业承担。

第九条 企业向其职工转让部分产权，由企业与职工共同组建股份合作制企业的，原企业的债务由改造后的股份合作制企业承担。

第十条 企业通过其职工投资增资扩股，将原企业改造为股份合作制企业的，原企业的债务由改造后的股份合作制企业承担。

第十一条 企业在进行股份合作制改造时，参照公司法的有关规定，公告通知了债权人。企业股份合作制改造后，债权人就原企业资产管理人（出资人）隐瞒或者遗漏的债务起诉股份合作制企业的，如债权人在公告期内申报过该债权，股份合作制企业在承担民事责任后，可再向原企业资产管理人（出资人）追偿。如债权人在公告期内未申报过该债权,则股份合作制企业不承担民事责任,人民法院可告知债权人另行起诉原企业资产管理人(出资人)。

四、企业分立

第十二条 债权人向分立后的企业主张债权,企业分立时对原企业的债务承担有约定,并经债权人认可的,按照当事人的约定处理;企业分立时对原企业债务承担没有约定或者约定不明,或者虽然有约定但债权人不予认可的,分立后的企业应当承担连带责任。

第十三条 分立的企业在承担连带责任后,各分立的企业间对原企业债务承担有约定的,按约定处理;没有约定或者约定不明的,根据企业分立时的资产比例分担。

五、企业债权转股权

第十四条 债权人与债务人自愿达成债权转股权协议,且不违反法律和行政法规强制性规定的,人民法院在审理相关的民事纠纷案件中,应当确认债权转股权协议有效。

政策性债权转股权,按照国务院有关部门的规定处理。

第十五条 债务人以隐瞒企业资产或者虚列企业资产为手段,骗取债权人与其签订债权转股权协议,债权人在法定期间内行使撤销权的,人民法院应当予以支持。

债权转股权协议被撤销后,债权人有权要求债务人清偿债务。

第十六条 部分债权人进行债权转股权的行为,不影响其他债权人向债务人主张债权。

六、国有小型企业出售

第十七条 以协议转让形式出售企业,企业出售合同未经有审批权的地方人民政府或其授权的职能部门审批的,人民法院在审理相关的民事纠纷案件时,应当确认该企业出售合同不生效。

第十八条 企业出售中,当事人双方恶意串通,损害国家利益的,人民法院在审理相关的民事纠纷案件时,应当确认该企业出售行为无效。

第十九条　企业出售中,出卖人实施的行为具有法律规定的撤销情形,买受人在法定期限内行使撤销权的,人民法院应当予以支持。

第二十条　企业出售合同约定的履行期限届满,一方当事人拒不履行合同,或者未完全履行合同义务,致使合同目的不能实现,对方当事人要求解除合同并要求赔偿损失的,人民法院应当予以支持。

第二十一条　企业出售合同约定的履行期限届满,一方当事人未完全履行合同义务,对方当事人要求继续履行合同并要求赔偿损失的,人民法院应当予以支持。双方当事人均未完全履行合同义务的,应当根据当事人的过错,确定各自应当承担的民事责任。

第二十二条　企业出售时,出卖人对所售企业的资产负债状况、损益状况等重大事项未履行如实告知义务,影响企业出售价格,买受人就此向人民法院起诉主张补偿的,人民法院应当予以支持。

第二十三条　企业出售合同被确认无效或者被撤销的,企业售出后买受人经营企业期间发生的经营盈亏,由买受人享有或者承担。

第二十四条　企业售出后,买受人将所购企业资产纳入本企业或者将所购企业变更为所属分支机构的,所购企业的债务,由买受人承担。但买卖双方另有约定,并经债权人认可的除外。

第二十五条　企业售出后,买受人将所购企业资产作价入股与他人重新组建新公司,所购企业法人予以注销的,对所购企业出售前的债务,买受人应当以其所有财产,包括在新组建公司中的股权承担民事责任。

第二十六条　企业售出后,买受人将所购企业重新注册为新的企业法人,所购企业法人被注销的,所购企业出售前的债务,应当由新注册的企业法人承担。但买卖双方另有约定,并经债权人认可的除外。

第二十七条　企业售出后,应当办理而未办理企业法人注销登记,债权人起诉该企业的,人民法院应当根据企业资产转让后的具体情况,告知债权人追加责任主体,并判令责任主体承担民事责任。

第二十八条　出售企业时,参照公司法的有关规定,出卖人公告通知了债权人。企业售出后,债权人就出卖人隐瞒或者遗漏的原企业债务起诉买受人的,如债权人在公告期内申报过该债权,买受人在承担民事责任后,可再行向出卖人追偿。如债权人在公告期内未申报过该债权,则买受人不承担民事责任。人民法院可告知债权人另行起诉出卖人。

第二十九条 出售企业的行为具有民法典第五百三十八条、第五百三十九条规定的情形,债权人在法定期限内行使撤销权的,人民法院应当予以支持。

七、企业兼并

第三十条 企业兼并协议自当事人签字盖章之日起生效。需经政府主管部门批准的,兼并协议自批准之日起生效;未经批准的,企业兼并协议不生效。但当事人在一审法庭辩论终结前补办报批手续的,人民法院应当确认该兼并协议有效。

第三十一条 企业吸收合并后,被兼并企业的债务应当由兼并方承担。

第三十二条 企业新设合并后,被兼并企业的债务由新设合并后的企业法人承担。

第三十三条 企业吸收合并或新设合并后,被兼并企业应当办理而未办理工商注销登记,债权人起诉被兼并企业的,人民法院应当根据企业兼并后的具体情况,告知债权人追加责任主体,并判令责任主体承担民事责任。

第三十四条 以收购方式实现对企业控股的,被控股企业的债务,仍由其自行承担。但因控股企业抽逃资金、逃避债务,致被控股企业无力偿还债务的,被控股企业的债务则由控股企业承担。

八、附　　则

第三十五条 本规定自二〇〇三年二月一日起施行。在本规定施行前,本院制定的有关企业改制方面的司法解释与本规定相抵触的,不再适用。

部门规章及规范性文件

国务院国有资产监督管理委员会关于印发《关于国有企业改制重组中积极引入民间投资的指导意见》的通知

(2012年5月23日 国资发产权〔2012〕80号)

各中央企业,各省、自治区、直辖市及计划单列市和新疆生产建设兵团国资委:

为贯彻落实《国务院关于鼓励和引导民间投资健康发展的若干意见》(国发〔2010〕13号)和《国务院办公厅关于鼓励和引导民间投资健康发展重点工作分工的通知》(国办函〔2010〕120号)精神,积极引导和鼓励民间投资参与国有企业改制重组,我们商有关部门研究制定了《关于国有企业改制重组中积极引入民间投资的指导意见》,现印发给你们,请认真贯彻执行。

关于国有企业改制重组中积极引入民间投资的指导意见

根据《国务院关于鼓励和引导民间投资健康发展的若干意见》(国发〔2010〕13号)和《国务院办公厅关于鼓励和引导民间投资健康发展重点工作分工的通知》(国办函〔2010〕120号)精神,为了积极推动民间投资参与国有企业改制重组,现提出以下意见:

一、坚持毫不动摇地巩固和发展公有制经济、毫不动摇地鼓励支持和引导非公有制经济发展,深入推进国有经济战略性调整,完善国有资本有进有退、合理流动机制。

二、积极引入民间投资参与国有企业改制重组,发展混合所有制经济,建立现代产权制度,进一步推动国有企业转换经营机制、转变发展方式。

三、国有企业改制重组中引入民间投资,应当符合国家对国有经济布局与结构调整的总体要求和相关规定,遵循市场规律,尊重企业意愿,平等保护各类相关利益主体的合法权益。

四、国有企业在改制重组中引入民间投资时,应当通过产权市场、媒体和互联网广泛发布拟引入民间投资项目的相关信息。

五、国有企业改制重组引入民间投资,应当优先引入业绩优秀、信誉良好和具有共同目标追求的民间投资主体。

六、民间投资主体参与国有企业改制重组可以用货币出资,也可以用实物、知识产权、土地使用权等法律、行政法规允许的方式出资。

七、民间投资主体可以通过出资入股、收购股权、认购可转债、融资租赁等多种形式参与国有企业改制重组。

八、民间投资主体之间或者民间投资主体与国有企业之间可以共同设立股权投资基金,参与国有企业改制重组,共同投资战略性新兴产业,开展境外投资。

九、国有企业改制上市或国有控股的上市公司增发股票时,应当积极引入民间投资。国有股东通过公开征集方式或通过大宗交易方式转让所持上市公司股权时,不得在意向受让人资质条件中单独对民间投资主体设置附加条件。

十、企业国有产权转让时,除国家相关规定允许协议转让者外,均应当进入由省级以上国资监管机构选择确认的产权市场公开竞价转让,不得在意向受让人资质条件中单独对民间投资主体设置附加条件。

十一、从事国有产权转让的产权交易机构,应当积极发挥市场配置资源功能,有序聚集和组合民间资本,参与受让企业国有产权。

十二、国有企业改制重组引入民间投资,要遵守国家相关法律、行政法规、国有资产监管制度和企业章程,依法履行决策程序,维护出资人权益。

十三、国有企业改制重组引入民间投资,应按规定履行企业改制重组民主程序,依法制定切实可行的职工安置方案,妥善安置职工,做好劳动合同、社会保险关系接续、偿还拖欠职工债务等工作,维护职工合法权益,维护企业和社会的稳定。

十四、改制企业要依法承继债权债务,维护社会信用秩序,保护金融债权人和其他债权人的合法权益。

国有资产评估管理办法施行细则

(1992年7月18日　国资办发〔1992〕36号)

第一章　总　则

第一条　根据国务院发布的《国有资产评估管理办法》(以下简称《办法》),第三十八条的规定,制定本施行细则。

第二条　《办法》第二条所说的法律、法规另有规定,是指全国人民代表大会及其常务委员会发布的有关资产评估的法律和国务院发布的有关资产评估的行政法规。

第三条　《办法》所说的国有资产是指国家依据法律取得的,国家以各种形式的投资和投资收益形成的或接受捐赠而取得的固定资产、流动资产、无形资产和其它形态的资产。

第四条　《办法》第三条所说的国有资产占有单位包括:

(一)国家机关、军队、社会团体及其他占有国有资产的社会组织;

(二)国营企业、事业单位;

(三)各种形式的国内联营和股份经营单位;

(四)中外合资、合作经营企业;

(五)占有国有资产的集体所有制单位;

(六)其它占有国有资产的单位。

第五条　《办法》第三条规定的应当进行资产评估,是指发生该条款所说的经济情形时,除经国有资产管理行政主管部门批准可以不予评估外,都必须进行资产评估。

第六条 《办法》第三条所说的情形中：

（一）资产转让是指国有资产占有单位有偿转让超过百万元或占全部固定资产原值百分之二十以上的非整体性资产的经济行为。

（二）企业兼并是指一个企业以承担债务、购买、股份化和控股等形式有偿接收其他企业的产权，使被兼并方丧失法人资格或改变法人实体。

（三）企业出售是指独立核算的企业或企业内部的分厂、车间及其它整体性资产的出售。

（四）企业联营是指国内企业、单位之间以固定资产、流动资产、无形资产和其他资产投入组成的各种形式的联合经营。

（五）股份经营是指企业实行股份制，包括法人持股企业、内部职工持股企业、向社会公开发行股票（不上市）企业和股票上市交易的企业。

联营、股份经营的企业进行资产评估时，应对联营及合股各方投入的资产进行全面评估。

（六）企业清算是指依据中华人民共和国企业破产法的规定，宣告企业破产，并进行清算；或依照国家有关规定对改组、合并、撤销法人资格的企业资产进行的清算；或企业按照合同、契约、协议规定终止经济活动的结业清算。

第七条 《办法》第四条中所说的情形中：

（一）抵押是指国有资产占有单位以本单位的资产作为物质保证进行抵押而获得贷款的经济行为。

（二）担保是指国有资产占有单位以本单位的资产为其它单位的经济行为担保，并承担连带责任的行为。

（三）企业租赁是指资产占有单位或上级主管单位在一定期限内，以收取租金的形式，将企业全部或部分资产的经营使用权转让给其他经营使用者的行为。

第八条 《办法》第四条规定可以进行资产评估，是指发生该条款所说的情形时，根据实际情况可以对资产进行评估或者不评估。但属于以下行为必须进行资产评估：

（一）企业整体资产的租赁；

(二)国有资产租赁给外商或非国营单位;

(三)国家行政事业单位占有的非经营性资产转为经营性资产;

(四)国有资产管理行政主管部门认为应当评估的其他情形。

第九条 《办法》第四条所说的当事人是指与上述经济情形有关的国有资产占有单位、行业主管部门、国有资产管理行政主管部门以及其他单位。

第十条 对于应当进行资产评估的情形没有进行评估,或者没有按照《办法》及本细则的规定立项、确认,该经济行为无效。

第十一条 依照《办法》第五条规定对全国或者特定行业的国有资产进行评估,其评估办法由国务院另行规定。

第十二条 《办法》第七条所说的国家规定的标准是指国家和地方人民政府以及中央各部门颁布的有关技术、经济标准。

第二章 组织管理

第十三条 《办法》第八条所说的国有资产管理行政主管部门是指各级政府专门负责国有资产管理的职能部门。中央是指国家国有资产管理局,地方是指各级国有资产管理局或国有资产管理专门机构。

第十四条 国家对资产评估工作实行统一领导、分级管理的原则。国家国有资产管理局负责组织、管理、指导和监督全国的资产评估工作。

地方各级国有资产管理行政主管部门按照国家政策法规和上级国有资产管理行政主管部门的规定,负责管理本级的资产评估工作。

上级国有资产管理行政主管部门对下级国有资产管理行政主管部门在资产评估管理工作中不符合《办法》和本细则规定的做法,有权进行纠正。

《办法》第八条第二款所说的国有资产评估组织工作由行业主管部门负责,是指各级政府的行业主管部门对所属单位的资产评估立项和评估结果进行初审、签署意见,并对本行业的资产评估工作负责督促和指导。

第十五条 《办法》第九条所说的资产评估公司、会计师事务所、审计事务所、财务咨询公司等资产评估机构，必须是经工商行政管理部门注册登记、具有法人资格、并持有国务院或省、自治区、直辖市（含计划单列市）国有资产管理行政主管部门颁发的资产评估资格证书的单位。只有同时具备上述条件的单位才能从事国有资产评估业务。

在发生《办法》第三条、第四条和本细则规定的应进行资产评估情形时，必须委托上述具有资产评估资格的评估机构进行评估。当事人自行评估占有的国有资产或者评估对方占有资产的行为，不具有法律效力。

第十六条 凡需从事资产评估业务的单位，必须按隶属关系向国务院或省、自治区、直辖市国有资产管理行政主管部门申请资产评估资格，经审查批准，取得资产评估资格或临时评估资格后方能从事国有资产评估业务，也可以从事非国有资产的评估业务。

计划单列市从事资产评估业务的单位，由省国有资产管理行政主管部门委托计划单列市国有资产管理行政主管部门审核其资产评估资格并颁发资格证书。

（一）资产评估资格证书由国家国有资产管理局统一印制，盖章、编号。

（二）中央管理的资产评估机构（包括在各地的资产评估机构）的评估资格证书由国家国有资产管理局审核颁发。

（三）地方管理的资产评估机构（包括驻外地的资产评估机构）的评估资格证书，由省、自治区、直辖市国有资产管理行政主管部门审核颁发，并报国家国有资产管理局备案。由计划单列市国有资产管理行政主管部门颁发的资产评估资格证书，除报国家国有资产管理局备案外，还要报省国有资产管理行政主管部门备案。

（四）国务院和省、自治区、直辖市以及计划单列市国有资产管理行政主管部门负责对已取得资产评估资格的评估机构每年进行一次年检（具体办法另定）。

第十七条 委托评估机构进行资产评估的委托方，一般是国有资产占有单位，也可以是经占有单位同意、与被评估资产有关的其它当事人，原则上由申请立项的一方委托。特殊情况由国有资产管理行政主管部门委托。

委托方被委托方应签订资产评估协议书,协议书的主要内容包括:被评估项目名称、评估内容、评估期限、收费办法和金额、违约责任等。

第十八条　经济行为有关各方对委托资产评估机构有争议时,由国有资产管理行政主管部门指定双方可以接受的资产评估机构进行评估。

凡属重大的亿元以上资产评估项目和经国家计委批准立项的中外合资、合作项目的资产评估(含地方),必要时,国家国有资产管理局可以直接组织资产评估机构进行评估。

第十九条　取得资产评估资格证书的资产评估机构,承担评估业务不受地区和行业限制,既可以承接本地和本行业的资产评估业务,也可以承接外地、境外和其它行业的资产评估业务。资产评估机构与被评估单位有直接经济利益关系的,不得委托该评估机构进行评估。

第二十条　凡经批准进行资产评估,资产占有单位必须如实提供评估所需的各种资料。资产评估机构应对所提供的资料保守秘密,不得向外泄露。

对资产评估中涉及的国家机密,有关各方均应严格按照国家保密法规的各项规定执行,必要时由国家国有资产管理局直接组织资产评估机构进行评估。

第二十一条　国有土地使用权价值的评估和国有房产价值的评估,都应纳入《国有资产评估管理办法》的管理范围。

从事国有土地使用权和国有房产价值评估的专业性资产评估机构,要依照《办法》和本细则的规定,向国家国有资产管理局或省、自治区、直辖市国有资产管理行政主管部门申请并取得资产评估资格证书后,才能从事资产评估业务。

第二十二条　按照《办法》第十一条规定,资产评估实行有偿服务。资产评估机构接受委托进行评估时,应依照国家规定的收费办法向委托单位收费,并与委托单位在评估合同中明确具体收费方法。

第二十三条　资产评估机构的评估收费办法,由国家国有资产管理局会同国家物价局另行制定。

第三章 评估程序

第二十四条 国有资产占有单位发生《办法》第三条、第四条所说的经济情形时,应于该经济行为发生之前,按隶属关系申请评估立项。按照统一领导、分级管理的原则,中央管辖的国有资产的评估立项审批,由国家国有资产管理局负责办理;地方各级管辖的国有资产的评估立项审批,原则上由同级国有资产管理行政主管部门负责办理;尚不具备立项审批条件的地、县,可由上级国有资产管理行政主管部门根据《办法》和本细则作出具体规定。

重大的亿元以上资产评估项目和经国家计委批准立项的中外合资、合作项目的评估(含中央、地方国营企业和集体企业占有的国有资产),除报同级国有资产管理行政主管部门立项审批外,还须报国家国有资产管理局备案,必要时由国家国有资产管理局直接审批。

第二十五条 资产评估立项原则上应由被评估国有资产占有单位申报。

第二十六条 国有资产占有单位资产评估立项申请书,应经其主管部门签署意见后,报国有资产管理行政主管部门。在国家和地方计划单列的单位以及没有上级主管部门的单位,资产评估立项申请书直接报同级国有资产管理行政主管部门。

评估立项申请书包括以下内容:

(一)资产占有单位名称、隶属关系、所在地址;
(二)评估目的;
(三)评估资产的范围;
(四)申报日期;
(五)其它内容。

资产评估立项申请书,应由申报单位和上级主管部门盖章,并附该项经济行为审批机关的批准文件和国有资产管理行政主管部门颁发的产权证明文件。

国有资产管理行政主管部门收到立项申请书后,应在十日内下达是否准予评估立项的通知书,超过十日不批复自动生效,并由国有资产管理行政主管部门补办批准手续。

第二十七条 资产评估机构依据批准的评估立项通知书,接受评估委托,按其规定的范围进行评估。对占有单位整体资产评估时,应在资产占有单位全面进行资产和债权、债务清查的基础上,对其资产、财务和经营状况进行核实。

第二十八条 资产评估机构对委托评估的资产,在核实的基础上,根据不同的评估目的和对象,依照国家的法律、法规和政策规定,考虑影响资产价值的各种因素,运用科学的评估方法,选择适当的评估参数,独立、公正、合理地评估出资产的价值。

第二十九条 资产评估机构在评估后应向委托单位提交资产评估结果报告书,其内容包括:正文和附件两部分。

正文的主要内容:

(一)评估机构名称;

(二)委托单位名称;

(三)评估资产的范围、名称和简单说明;

(四)评估基准日期;

(五)评估原则;

(六)评估所依据的法律、法规和政策;

(七)评估方法和计价标准;

(八)对具体资产评估的说明;

(九)评估结论:包括评估价值和有关文字说明;

(十)附件名称;

(十一)评估起止日期和评估报告提出日期;

(十二)评估机构负责人、评估项目负责人签名,并加盖评估机构公章;

(十三)其他。

附件:

(一)资产评估汇总表、明细表;

(二)评估方法说明和计算过程;

(三)与评估基准日有关的会计报表;

(四)资产评估机构评估资格证明文件复印件;

（五）被评估单位占有资产的证明文件复印件；

（六）其它与评估有关的文件资料。

第三十条　国有资产占有单位收到资产评估报告书后提出资产评估结果确认申请报告，连同评估报告书及有关资料，经上级主管部门签署意见后，报批准立项的国有资产管理行政主管部门确认。

第三十一条　国有资产管理行政主管部门对评估结果的确认工作，分为审核验证和确认两个步骤，先对资产评估是否独立公正、科学合理进行审核验证，然后提出审核意见，并下达资产评估结果确认通知书。

第三十二条　国有资产管理行政主管部门从以下方面审核验证资产评估报告：

（一）资产评估工作过程是否符合政策规定；

（二）资产评估机构是否有评估资格；

（三）实际评估范围与规定评估范围是否一致，被评估资产有无漏评和重评；

（四）影响资产价值的因素是否考虑周全；

（五）引用的法律、法规和国家政策是否适当；

（六）引用的资料、数据是否真实、合理、可靠；

（七）运用的评估方法是否科学；

（八）评估价值是否合理；

（九）其它。

第三十三条　资产评估报告凡符合本细则第二十九、第三十和第三十二条要求的，应予以确认，由负责审批的国有资产管理行政主管部门下达确认通知书，不符合要求的，分别情况做出修改、重评或不予确认的决定。

经国有资产管理行政主管部门确认的资产评估价值，作为资产经营和产权变动的底价或作价的依据。

第三十四条　资产占有单位对确认通知书有异议，或与经济情形有关的当事人以及资产评估有关各方因评估问题发生纠纷，经同级国有资产管理行政主管部门协调无效，可以向上级国有资产管理行政主管部门申请复议或仲裁。

第三十五条　资产评估的立项审批和评估结果确认一般应按本细则第二十六条、第三十三条规定办理。国有资产管理行政主管部门认为有必要时，也可以委托国有资产占有单位的主管部门或下级国有资产管理行政主管部门进行。被委托的部门应依照《办法》和本细则的规定，办理资产评估的立项审批和结果确认工作，并将办理结果报委托的国有资产管理行政主管部门备案。

第三十六条　经国有资产管理行政主管部门确认的资产评估结果，除国家经济政策发生重大变动或经济行为当事人另有协议规定之外，自评估基准日起一年内有效。在有效期内，资产数量发生变化时，根据不同情况可由原评估机构或资产占有单位，按原评估方法做相应调整。

第四章　评　估　方　法

第三十七条　资产评估机构进行资产评估时，应根据不同的评估目的和对象，选用《办法》第二十三条所规定的一种或几种方法进行评定估算。选用几种方法评估，应对各种方法评出的结果进行比较和调整，得出合理的资产重估价值。

第三十八条　收益现值法是将评估对象剩余寿命期间每年（或每月）的预期收益，用适当的折现率折现，累加得出评估基准日的现值，以此估算资产价值的方法。

第三十九条　重置成本法是现时条件下被评估资产全新状态的重置成本减去该项资产的实体性贬值、功能性贬值和经济性贬值，估算资产价值的方法。

实体性贬值是由于使用磨损和自然损耗造成的贬值。功能性贬值是由于技术相对落后造成的贬值。经济性贬值是由于外部经济环境变化引起的贬值。

第四十条　现行市价法是通过市场调查，选择一个或几个与评估对象相同或类似的资产作为比较对象，分析比较对象的成交价格和交易条件，进行对比调整，估算出资产价值的方法。

第四十一条　清算价格法适用于依照中华人民共和国企业破产法规定，经人民法院宣告破产的企业的资产评估。评估时应当根据企业清算时其资产可变现的价值,评定重估价值。

第四十二条 资产评估机构接受委托进行资产评估时,选用的价格标准应遵守国家法律法规,并维护经济行为各方的正当权益。

在资产评估时,应根据不同的评估目的、对象,选用不同的价格标准。可以采用国家计划价,也可以采用国家指导价、国内市场价和国际市场价。

汇率、利率应执行国家规定的牌价。自由外汇或以自由外汇购入的资产也可以用外汇调剂价格。

国内各种形式联营(包括集团公司)、股份经营的资产评估,对联营各方投入的同类资产应该采用同一价格标准评估。

第五章　中外合资、合作资产评估

第四十三条 凡在中华人民共和国境内与外国公司、企业和其他经济组织或个人,开办中外合资、合作经营的企业,对中方投入的资产必须按规定进行评估,以确认的评估价值作为投资作价的基础。对外方投入的资产,必要时经外方同意也可进行评估。

第四十四条 中外合资、合作的评估原则上应在项目建议书批准后可行性研究报告批准前进行,特殊情况下也可以在项目建议书审批以前或正式签订合同、协议前进行。

经国有资产管理行政主管部门确认的资产评估报告,作为计划部门批准可行性研究报告、经贸部门审批合同的必备文件;经国有资产管理行政主管部门确认的资产评估报告和出具的产权登记表(包括变更登记或开办登记)作为工商行政管理部门办理登记注册的必备文件。

第四十五条 已开办的中外合资、合作企业中方投资比例占50%以上(含50%),发生《办法》第三条、第四条和本细则第八条的情形时,必须按规定要求进行资产评估。

第四十六条 开办前的中外合资、合作项目,中方资产的评估,原则上应委托中国有评估资格的资产评估机构评估。特殊情况下,经国有资产管理行政主管部门同意,也可以委托国外评估机构评估或中国评估机构和国外评估机构联合评估,其评估报告,须报同级国有资产管理行政主管部门确认。

第四十七条 国有资产占有单位与香港、澳门、台湾地区进行合资、合作经营,其资产评估比照本细则本章有关规定办理。

第六章 股份制企业资产评估

第四十八条 国有资产占有单位改组为股份制企业(包括法人持股、内部职工持股、向社会发行股票不上市交易和向社会发行股票并上市交易)前,应按《办法》和本细则规定,委托具有资产评估资格的机构进行资产评估。

第四十九条 国有资产占有单位改组为股份制企业的资产评估结果,须按规定报国有资产管理行政主管部门审核确认。未经资产评估或资产评估结果未经确认的单位,政府授权部门不办理股份制企业设立审批手续。

第五十条 国有资产管理行政主管部门确认的净资产价值应作为国有资产折股和确定各方股权比例的依据。

注册会计师对准备实行股份制企业的财务和财产状况进行验证后,其验证结果与国有资产管理行政主管部门确认的资产评估结果不一致需要调整时,必须经原资产评估结果确认机关同意。

国有资产占有单位改组的股份公司发行B种股票,若由外方注册会计师查验帐目,其查验结果与国有资产管理行政主管部门确认的资产评估结果不一致需要调整时,也要由原资产评估结果确认机关审核同意。

第五十一条 含有国家股权的股份制企业在经营过程中,发生《办法》第三条、第四条和本细则第八条的情形时,应按规定要求进行资产评估。

国家控股的股份制企业的资产评估,应按规定向国有资产管理行政主管部门办理资产评估立项和评估结果确认手续;非国家控股的股份制企业的资产评估,由董事会批准资产评估申报和对评估结果的确认。

第七章　法律责任

第五十二条　违反《办法》第三条和本细则的规定，对应当进行资产评估的情形而未进行评估的，应按《办法》第三十一条规定对有关当事人给予处罚，造成国有资产重大损失的，应追究有关当事人的法律责任。

第五十三条　国有资产占有单位、资产评估机构违反《办法》和本细则规定，弄虚作假，造成评估结果失实的，国有资产管理行政主管部门有权宣布资产评估结果无效，并根据失实的程度，责令限期改正或重新进行评估。重新评估的费用由违法单位支付。

第五十四条　资产评估机构应对其评估结果的客观、公正、真实性承担法律责任。

资产评估机构违反《办法》及本细则规定，除按《办法》第三十二条规定处罚外，还应没收违法收入，并视违法行为的情节轻重，对单位处以评估费用两倍以内、对个人处以三个月基本工资以内的罚款。也可给予通报批评或建议有关单位给予相应的行政处分。以上处罚可以并处。

第五十五条　被处以停业整顿的资产评估机构，在停业整顿期间不得承接资产评估业务。停业整顿期限不得少于三个月。停业整顿的资产评估机构经原颁发资产评估资格证书的国有资产管理行政主管部门审查合格后方可重新开展资产评估业务。

被吊销资产评估资格证书的资产评估机构，两年内不得重新发给资产评估资格证书。两年期满后，需按审批程序重新申请。

第五十六条　对国有资产占有单位及其责任人的罚款，由同级国有资产管理行政主管部门执行。对责任人的行政处分由同级国有资产管理行政主管部门提出建议，提请有关单位或其上级主管部门处理。

对资产评估机构的警告、停业整顿、吊销资产评估资格证书以及罚款，由颁发资产评估资格证书的国有资产管理行政主管部门执行。对直接责任人的处分，由发证机关提出建议，提请有关部门处理。

第五十七条 国有资产管理行政主管部门及受委托的部门对所办理的资产评估立项审批和结果确认负有行政责任。对违反《办法》及本细则规定的工作人员,按《办法》第三十四条规定处理。

第五十八条 国有资产管理行政主管部门收缴的罚款收入按国家有关规定上交国库。单位支付的罚款在企业留利、预算包干结余和预算外资金中列支,个人支付的罚款由本人负担。

第八章 附　则

第五十九条 国有自然资源资产价值评估,应在国有资产管理行政主管部门管理下进行。其评估办法及实施细则由国家国有资产管理局会同有关部门共同制定,报国务院批准执行。

第六十条 资产评估涉及到企业、单位资金增减变动帐务处理和评估费用的开支渠道,按财政部有关规定执行。

第六十一条 各地可根据《办法》和本细则制定具体实施办法,过去发布的有关资产评估的规定与《办法》和本细则相抵触的,均以《办法》和本细则的规定为准。

第六十二条 集体企业资产评估可参照《办法》和本细则规定办理。

第六十三条 本细则由国家国有资产管理局负责解释。

第六十四条 本细则自发布之日起执行。

国家国有资产管理局关于对上市公司国家股配股及股权转让等有关问题的通知

(1994年12月1日　国资企发〔1994〕91号)

国务院各部委、各直属机构,各省、自治区、直辖市和计划单列市国有资产管理局(办公室、处):

为规范上市公司国家股权管理,维护国家股权益,经商中国证监会，现对上市公司的国家股配股、股权转让等有关问题通知如下：

一、国家股持股单位（含受托行使国家股权单位，下同）在处理上市公司配股时应严格按照国资企发〔1994〕12号文件规定执行，正确、有效行使股权。在股东大会决定配股事宜时，切实维护国家股利益，不得盲目赞成配股。同时具备以下条件可赞成配股：第一，股份公司确需筹集资金；第二，筹资最佳途径为增加股本；第三，保持现有股权比例不被稀释；第四，国家股股东有能力追加股本投资。如国家股持股单位所持股份在股份公司中不占控股地位，无力阻止配股的，应设法购买配股或有偿转让配股权，不得放弃配股权。

二、转让上市公司国家股配股权或者以其他方式单方减少国家股份数量和比例，须在公司董事会或国家股持股单位拟定初步方案后，由国家股持股单位向初审及复审部门事先报送转让配股权、减少国家股份数量和比例的理由等有关说明材料。

三、国家股权由地方有关部门、单位持有的，国家股持股单位向省、自治区、直辖市、计划单列市国有资产管理部门报告，并由其初审后，报国家国有资产管理局复审；国家股权由中央有关部门、机构持有的，国家股持股单位报国家国有资产管理局审核。

凡是涉及到上述情况的，国家国有资产管理局的复审及审核文件是证券监管部门复审配股和上市公司编制股份变动报告的必备文件。

国家国有资产管理局关于印发《国有资产产权界定和产权纠纷处理暂行办法》的通知

（1993年11月21日　国资法规发〔1993〕68号）

国务院各部委、各直属机构，各省、自治区、直辖市及计划单列市国有资产管理局（办公室、处）：

为了进一步明确产权归属，维护国有资产所有者和其他产权主体的合法权益,促进建立产权的现代企业制度,推动产权界定和产权纠纷处理工作的开展,我局制定了《国有资产产权界产和产权纠纷处理暂行办法》。现印发给你们,请遵照执行,并将执行遇到的问题、建议及时告知我们,以便进一步完善。

附件:国有资产产权界定和产权纠纷处理暂行办法

附件

国有资产产权界定和产权纠纷处理暂行办法

第一章 总 则

第一条 为了维护国有资产所有者和其他产权主体的合法权益,明确产权归属,促进社会主义市场经济的发展,制定本办法。

第二条 本办法下列用语的含义:

国有资产。系指国家依法取得和认定的,或者国家以各种形式对企业投资和投资收益、国家向行政事业单位拨款等形成的资产。

产权。系指财产所有权以及与财产所有权有关的经营权、使用权等财产权。不包括债权。

产权界定。系指国家依法划分财产所有权和经营权、使用权等产权归属,明确各类产权主体行使权利的财产范围及管理权限的一种法律行为。

产权纠纷。系指由于财产所有权及经营权、使用权等产权归属不清而发生的争议。

第三条 本办法适用于全部或部分占用国有资产单位的产权界定,全民所有制单位与其他所有制单位之间以及全民所有制单位之间的国有资产产权的界定及产权纠纷的处理。

第四条 产权界定应遵循"谁投资、谁拥有产权"的原则进行。在界定过程中,既要维护国有资产所有者及经营使用者的合法权益,又不得侵犯其他财产所有者的合法权益。

第五条 产权纠纷的处理应本着实事求是、公正、公平的原则依法进行。

第二章 国有资产所有权界定

第六条 中华人民共和国是国有资产所有权的唯一主体，国务院代表国家行使国有资产的所有权，国家对国有资产实行分级分工管理，国有资产分级分工管理主体的区分和变动不是国有资产所有权的分割和转移。

第七条 国有机关及其所属事业单位占有、使用的资产以及政党、人民团体中由国家拨款等形成的资产，界定为国有资产。

第八条 全民所有制企业中的产权界定依下列办法处理：

1. 有权代表国家投资的部门和机构以货币、实物和所有权属于国家的土地使用权、知识产权等向企业投资，形成的国家资本金，界定为国有资产；

2. 全民所有制企业运用国家资本金及在经营中借入的资金等所形成的税后利润经国家批准留给企业作为增加投资的部分以及从税后利润中提取的盈余公积金、公益金和未分配利润等，界定为国有资产；

3. 以全民所有制企业和行政事业单位（以下统称全民单位）担保，完全用国内外借入资金投资创办的或完全由其他单位借款创办的全民所有制企业，其收益积累的净资产，界定为国有资产；

4. 全民所有制企业接受馈赠形成的资产，界定为国有资产；

5. 在实行《企业财务通则》、《企业会计准则》以前，全民所有制企业从留利中提取的职工福利基金、职工奖励基金和"两则"实行后用公益金购建的集体福利设施而相应增加的所有者权益，界定为国有资产；

6. 全民所有制企业中党、团、工会组织等占用企业的财产，不包括以个人缴纳党费、团费、会费以及按国家规定由企业拨付的活动经费等结余购建的资产，界定为国有资产。

第九条 集体所有制企业中国有资产所有权界定依下列办法处理：

1. 全民单位以货币、实物和所有权属于国家的土地使用权、知识产权等独资(包括几个全民单位合资,下同)创办的以集体所有制名义注册登记的企业单位,其资产所有权界定按照本办法第八条的规定办理。但依国家法律、法规规定或协议约定并经国有资产管理部门认定的属于无偿资助的除外;

2.全民单位用国有资产在非全民单位独资创办的集体企业(以下简称集体企业)中的投资以及按照投资份额应取得的资产收益留给集体企业发展生产的资本金及其权益,界定为国有资产;

3.集体企业依据国家规定享受税前还贷形成的资产,其中属于国家税收应收未收的税款部分,界定为国有资产;集体企业依据国家规定享受减免税形成的资产,其中列为"国家扶持基金"等投资性的减免税部分界定为国有资产。经国有资产管理部门会同有关部门核定数额后,继续留给集体企业使用,由国家收取资产占用费。上述国有资产的增殖部分由于历史原因无法核定的,可以不再追溯产权。

集体企业改组为股份制企业时,改组前税前还贷形成的资产中国家税收应收未收的税款部分和各种减免税形成的资产中列为"国家扶持基金"等投资性的减免税部分界定为国家股,其他减免税部分界定为企业资本公积金;

4.集体企业使用银行贷款、国家借款等借贷资金形成的资产,全民单位只提供担保的,不界定为国家资产;但履行了连带责任的,全民单位应予追索清偿或经协商转为投资。

第十条 供销、手工业、信用等合作社中由国家拨入的资本金(含资金或者实物)界定为国有资产,经国有资产管理部门会同有关部门核定数额后,继续留给合作社使用,由国家收取资产占用费。上述国有资产的增殖部分由于历史原因无法核定的,可以不再追溯产权。

第十一条 集体企业和合作社无偿占用国有土地的,应由国有资产管理部门会同土地管理部门核定其占用土地的面积和价值量,并依法收取土地占用费。

集体企业和合作社改组为股份制企业时,国有土地折价部分,形成的国家股份或其他所有者权益,界定为国家资产。

第十二条 中外合资经营企业中国有资产所有权界定依下列办法处理:

1. 中方以国有资产出资投入的资本总额,包括现金、厂房建筑物、机器设备、场地使用权、无形资产等形成的资产,界定为国有资产;

2. 企业注册资本增加,按双方协议,中方以分得利润向企业再投资或优先购买另一方股份的投资活动中所形成的资产,界定为国有资产;

3. 可分配利润及从税后利润中提取的各项基金中中方按投资比例所占的相应份额,不包括已提取用于职工奖励、福利等分配给个人消费的基金,界定为国有资产;

4. 中方职工的工资差额,界定为国有资产;

5. 企业根据中国法律和有关规定按中方工资总额一定比例提取的中方职工的住房补贴基金,界定为国有资产;

6. 企业清算或完全解散时,馈赠或无偿留给中方继续使用的各项资产,界定为国有资产。

第十三条 中外合作经营企业中国有资产所有权界定参照第十二条规定的原则办理。

第十四条 股份制企业中国有资产所有权界定依下列办法处理:

1. 国家机关或其授权单位向股份制企业投资形成的股份,包括现有已投入企业的国有资产折成的股份,构成股份制企业中的国家股,界定为国有资产;

2. 全民所有制企业向股份制企业投资形成的股份,构成国有法人股,界定为国有资产;

3. 股份制企业公积金、公益金中,全民单位按照投资应占有的份额,界定为国有资产;

4. 股份制企业未分配利润中,全民单位按照投资比例所占的相应份额,界定为国有资产。

第十五条 联营企业中国有资产所有权界定参照第十四条规定的原则办理。

第三章 全民单位之间产权界定

第十六条 各个单位占用的国有资产,应按分级分工管理的原则,分别明确其与中央、地方、部门之间的管理关系,非经有权管理其所有权的人民政府批准或双方约定，并办理产权划转手续，不得变更资产的管理关系。

第十七条　全民单位对国家授予其使用或经营的资产拥有使用权或经营权。除法律、法规另有规定者外，不得在全民单位之间无偿调拨其资产。

第十八条　全民所有制企业之间是平等竞争的法人实体，相互之间可以投资入股，按照"谁投资、谁拥有产权"的原则，企业法人的对外长期投资或入股，属于企业法人的权益，不受非法干预或侵占。

第十九条　依据国家有关规定，企业之间可以实行联营，并享有联营合同规定范围内的财产权利。

第二十条　国家机关投资创办的企业和其他经济实体，应与国家机关脱钩，其产权由国有资产管理部门会同有关部门委托有关机构管理。

第二十一条　国家机关所属事业单位经批准以其占用的国有资产出资创办的企业和其他经济实体，其产权归该单位拥有。

第二十二条　对全民单位由于历史原因或管理问题造成的有关房屋产权和土地使用权关系不清或有争议的，依下列办法处理：

1. 全民单位租用房产管理部门的房产，因各种历史原因全民单位实际上长期占用，并进行过多次投入、改造或翻新，房产结构和面积发生较大变化的，可由双方协商共同拥有产权；

2. 对数家全民单位共同出资或由上级主管部门集资修建的职工宿舍、办公楼等，应在核定各自出资份额的基础上，由出资单位按份共有或共同共有其产权；

3. 对有关全民单位已办理征用手续的土地，但被另一些单位或个人占用，应由原征用土地一方进行产权登记，办理相应法律手续。已被其他单位或个人占用的，按规定实行有偿使用；

4. 全民单位按国家规定以优惠价向职工个人出售住房，凡由于分期付款，或者在产权限制期内，或者由于保留溢值分配权等原因，产权没有完全让渡到个人之前，全民单位对这部分房产应视为共有财产。

第二十三条　对电力、邮电、铁路和城市市政公用事业等部门，按国家规定由行业统一经营管理，可由国有资产管理部门委托行业主管

部门根据历史因素及其行业管理特点,对使用单位投入资金形成的资产,依下列办法处理:

1. 使用单位投入资金形成的资产交付这些行业进行统一管理,凡已办理资产划转手续的,均作为管理单位法人资产;凡没有办理资产划转手续的,可根据使用单位与管理单位双方自愿的原则,协商办理资产划转手续或资产代管手续。

2. 对使用单位投入资金形成的资产,未交付这些行业统一管理而归使用单位自己管理的,产权由使用单位拥有;

3. 对由电力部门代管的农电资产,凡已按规定办理有关手续,并经过多次更新改造,技术等级已发生变化,均作为电力企业法人资产;

4. 凡属于上述部门的企业代管其他企业、单位的各项资产,在产权界定或清产核资过程中找不到有关单位协商或办理手续的,经通告在一定期限后,可以视同为无主资产,归国家所有,其产权归代管企业;

5. 对于地方政府以征收的电力建设资金或集资、筹资等用于电力建设形成的资产,凡属于直接投资实行按资分利的,在产权界定中均按投资比例划分投入资本份额;属于有偿使用已经或者将要还本付息的,其产权划归电力企业。

第四章 产权界定的组织实施

第二十四条 国有资产产权界定工作,按照资产的现行分级分工管理关系,由各级国有资产管理部门会同有关部门进行。

第二十五条 省级以上国有资产管理部门应当成立产权界定和产权纠纷调处委员会,具体负责产权界定及纠纷处理事宜。

第二十六条 全国性的产权界定工作,可结合清产核资,逐步进行。

第二十七条 占有、使用国有资产的单位,发生下列情形的,应当进行产权界定:

1. 与外方合资、合作的;

2. 实行股份制改造和与其他企业联营的;

3. 发生兼并、折卖等产权变动的;

4. 国家机关及其所属事业单位创办企业和其他经济实体的；

5. 国有资产管理部门认为需要界定的其他情形。

第二十八条 产权界定依下列程序进行：

1. 全民单位的各项资产及对外投资,由全民单位首先进行清理和界定,其上级主管部门负责督促和检查。必要时也可以由上级主管部门或国有资产管理部门直接进行清理和界定；

2. 全民单位经清理、界定已清楚属于国有资产的部分,按财务隶属关系报同级国有资产管理部门认定；

3. 经认定的国有资产,须按规定办理产权登记等有关手续。

占用国有资产的其他单位的产权界定,可以参照上述程序办理。

第五章 产权纠纷处理程序

第二十九条 全民所有制单位之间因对国有资产的经营权、使用权等发生争议而产生的纠纷,应在维护国有资产权益的前提下,由当事人协商解决。协商不能解决的,应向同级或共同上一级国有资产管理部门申请调解和裁定,必要时报有权管辖的人民政府裁定,国务院拥有最终裁定权。

第三十条 上述全民单位对国有资产管理部门的裁定不服的,可以在收到裁定书之日起十五日内,向上一级国有资产管理部门申请复议,上一级国有资产管理部门应当自收到复议申请之日起六十日内作出复议决定。

第三十一条 全民所有制单位与其他经济成份之间发生的产权纠纷,由全民单位提出处理意见,经同级国有资产管理部门同意后,与对方当事人协商解决。协商不能解决的,依司法程序处理。

第六章 法律责任

第三十二条 对违反本办法规定,导致国有资产流失的,由国有资产管理部门会同有关部门(以下简称产权界定主管机关)根据情节轻重,分别给予直接责任人员行政经济的处罚,触犯刑律的,由司法部门予以惩处。

第三十三条 产权界定主管机关的工作人员违反本办法,利用职权谋取私利或者玩忽职守,造成国有资产损失的,国有资产管理部门和有关部门应按照干部管理权限,给予责任人员行政处分,触犯刑律的,提交司法机关处理。

第三十四条 发生属于产权界定范围的情形,国有资产占用单位隐瞒不报或串通作弊,导致国有资产权益受损的,产权界定主管机关可以根据情节轻重,对占用单位的主管人员和直接责任人员给予通报批评、罚款等处罚。

发生上款情形,还需补办产权界定手续。

第三十五条 对于违反产权界定及纠纷处理程序,国有资产管理部门可以单独或会同有关部门给予责任人员行政、经济的处罚。

第七章 附 则

第三十六条 本办法由国家国有资产管理局负责解释。

第三十七条 本办法自公布之日起施行。

商务部关于外国投资者并购境内企业的规定

(商务部令2009年第6号 根据2009年6月22日《商务部关于修改〈关于外国投资者并购境内企业的规定〉的决定》修改)

第一章 总 则

第一条 为了促进和规范外国投资者来华投资,引进国外的先进技术和管理经验,提高利用外资的水平,实现资源的合理配置,保证就业、维护公平竞争和国家经济安全,依据外商投资企业的法律、行政法规及《公司法》和其他相关法律、行政法规,制定本规定。

第二条 本规定所称外国投资者并购境内企业,系指外国投资者购买境内非外商投资企业(以下称"境内公司")股东的股权或认购境内公司增资,使该境内公司变更设立为外商投资企业(以下称"股权并购");或者,外国投资者设立外商投资企业,并通过该企业协议购买境内企业资产且运营该资产,或,外国投资者协议购买境内企业资产,并以该资产投资设立外商投资企业运营该资产(以下称"资产并购")。

第三条 外国投资者并购境内企业应遵守中国的法律、行政法规和规章,遵循公平合理、等价有偿、诚实信用的原则,不得造成过度集中、排除或限制竞争,不得扰乱社会经济秩序和损害社会公共利益,不得导致国有资产流失。

第四条 外国投资者并购境内企业,应符合中国法律、行政法规和规章对投资者资格的要求及产业、土地、环保等政策。

依照《外商投资产业指导目录》不允许外国投资者独资经营的产业,并购不得导致外国投资者持有企业的全部股权;需由中方控股或相对控股的产业,该产业的企业被并购后,仍应由中方在企业中占控股或相对控股地位;禁止外国投资者经营的产业,外国投资者不得并购从事该产业的企业。

被并购境内企业原有所投资企业的经营范围应符合有关外商投资产业政策的要求;不符合要求的,应进行调整。

第五条 外国投资者并购境内企业涉及企业国有产权转让和上市公司国有股权管理事宜的,应当遵守国有资产管理的相关规定。

第六条 外国投资者并购境内企业设立外商投资企业,应依照本规定经审批机关批准,向登记管理机关办理变更登记或设立登记。

如果被并购企业为境内上市公司,还应根据《外国投资者对上市公司战略投资管理办法》,向国务院证券监督管理机构办理相关手续。

第七条 外国投资者并购境内企业所涉及的各方当事人应当按照中国税法规定纳税,接受税务机关的监督。

第八条 外国投资者并购境内企业所涉及的各方当事人应遵守中国有关外汇管理的法律和行政法规,及时向外汇管理机关办理各项外汇核准、登记、备案及变更手续。

第二章　基　本　制　度

第九条 外国投资者在并购后所设外商投资企业注册资本中的出资比例高于25%的,该企业享受外商投资企业待遇。

外国投资者在并购后所设外商投资企业注册资本中的出资比例低于25%的,除法律和行政法规另有规定外,该企业不享受外商投资企业待遇,其举借外债按照境内非外商投资企业举借外债的有关规定办理。审批机关向其颁发加注"外资比例低于25%"字样的外商投资企业批准证书(以下称"批准证书")。登记管理机关、外汇管理机关分别向其颁发加注"外资比例低于25%"字样的外商投资企业营业执照和外汇登记证。

境内公司、企业或自然人以其在境外合法设立或控制的公司名义并购与其有关联关系的境内公司,所设立的外商投资企业不享受外商投资企业待遇,但该境外公司认购境内公司增资,或者该境外公司向并购后所设企业增资,增资额占所设企业注册资本比例达到25%以上的除外。根据该款所述方式设立的外商投资企业,其实际控制人以外的外国投资者在企业注册资本中的出资比例高于25%的,享受外商投资企业待遇。

外国投资者并购境内上市公司后所设外商投资企业的待遇,按照国家有关规定办理。

第十条 本规定所称的审批机关为中华人民共和国商务部或省级商务主管部门(以下称"省级审批机关"),登记管理机关为中华人民共和国国家工商行政管理总局或其授权的地方工商行政管理局,外汇管理机关为中华人民共和国国家外汇管理局或其分支机构。

并购后所设外商投资企业,根据法律、行政法规和规章的规定,属于应由商务部审批的特定类型或行业的外商投资企业的,省级审批机关应将申请文件转报商务部审批,商务部依法决定批准或不批准。

第十一条 境内公司、企业或自然人以其在境外合法设立或控制的公司名义并购与其有关联关系的境内的公司,应报商务部审批。

当事人不得以外商投资企业境内投资或其他方式规避前述要求。

第十二条 外国投资者并购境内企业并取得实际控制权,涉及重点行业、存在影响或可能影响国家经济安全因素或者导致拥有驰名商标或中华老字号的境内企业实际控制权转移的,当事人应就此向商务部进行申报。

当事人未予申报,但其并购行为对国家经济安全造成或可能造成重大影响的,商务部可以会同相关部门要求当事人终止交易或采取转让相关股权、资产或其他有效措施,以消除并购行为对国家经济安全的影响。

第十三条 外国投资者股权并购的,并购后所设外商投资企业承继被并购境内公司的债权和债务。

外国投资者资产并购的,出售资产的境内企业承担其原有的债权和债务。

外国投资者、被并购境内企业、债权人及其他当事人可以对被并购境内企业的债权债务的处置另行达成协议,但是该协议不得损害第三人利益和社会公共利益。债权债务的处置协议应报送审批机关。

出售资产的境内企业应当在投资者向审批机关报送申请文件之前至少15日,向债权人发出通知书,并在全国发行的省级以上报纸上发布公告。

第十四条 并购当事人应以资产评估机构对拟转让的股权价值或拟出售资产的评估结果作为确定交易价格的依据。并购当事人可以约定在中国境内依法设立的资产评估机构。资产评估应采用国际通行的评估方法。禁止以明显低于评估结果的价格转让股权或出售资产,变相向境外转移资本。

外国投资者并购境内企业,导致以国有资产投资形成的股权变更或国有资产产权转移时,应当符合国有资产管理的有关规定。

第十五条 并购当事人应对并购各方是否存在关联关系进行说明,如果有两方属于同一个实际控制人,则当事人应向审批机关披露其实际控制人,并就并购目的和评估结果是否符合市场公允价值进行解释。当事人不得以信托、代持或其他方式规避前述要求。

第十六条 外国投资者并购境内企业设立外商投资企业,外国投资者应自外商投资企业营业执照颁发之日起3个月内向转让股权的股东,或出售资产的境内企业支付全部对价。对特殊情况需要延长者,经审批机关批准后,应自外商投资企业营业执照颁发之日起6个月内支付全部对价的60%以上,1年内付清全部对价,并按实际缴付的出资比例分配收益。

外国投资者认购境内公司增资,有限责任公司和以发起方式设立的境内股份有限公司的股东应当在公司申请外商投资企业营业执照时缴付不低于20%的新增注册资本,其余部分的出资时间应符合《公司法》、有关外商投资的法律和《公司登记管理条例》的规定。其他法律和行政法规另有规定的,从其规定。股份有限公司为增加注册资本发行新股时,股东认购新股,依照设立股份有限公司缴纳股款的有关规定执行。

外国投资者资产并购的,投资者应在拟设立的外商投资企业合同、章程中规定出资期限。设立外商投资企业,并通过该企业协议购买境内企业资产且运营该资产的,对与资产对价等额部分的出资,投资者应在本条第一款规定的对价支付期限内缴付;其余部分的出资应符合设立外商投资企业出资的相关规定。

外国投资者并购境内企业设立外商投资企业,如果外国投资者出资比例低于企业注册资本25%,投资者以现金出资的,应自外商投资企业营业执照颁发之日起3个月内缴清;投资者以实物、工业产权等出资的,应自外商投资企业营业执照颁发之日起6个月内缴清。

第十七条 作为并购对价的支付手段,应符合国家有关法律和行政法规的规定。外国投资者以其合法拥有的人民币资产作为支付手段的,应经外汇管理机关核准。外国投资者以其拥有处置权的股权作为支付手段的,按照本规定第四章办理。

第十八条 外国投资者协议购买境内公司股东的股权,境内公司变更设立为外商投资企业后,该外商投资企业的注册资本为原境内公司注册资本,外国投资者的出资比例为其所购买股权在原注册资本中所占比例。

外国投资者认购境内有限责任公司增资的,并购后所设外商投资企业的注册资本为原境内公司注册资本与增资额之和。外国投资者与被并购境内公司原其他股东,在境内公司资产评估的基础上,确定各自在外商投资企业注册资本中的出资比例。

外国投资者认购境内股份有限公司增资的,按照《公司法》有关规定确定注册资本。

第十九条 外国投资者股权并购的,除国家另有规定外,对并购后所设外商投资企业应按照以下比例确定投资总额的上限:

(一)注册资本在 210 万美元以下的,投资总额不得超过注册资本的 10/7;

(二)注册资本在 210 万美元以上至 500 万美元的,投资总额不得超过注册资本的 2 倍;

(三)注册资本在 500 万美元以上至 1200 万美元的,投资总额不得超过注册资本的 2.5 倍;

(四)注册资本在 1200 万美元以上的,投资总额不得超过注册资本的 3 倍。

第二十条 外国投资者资产并购的,应根据购买资产的交易价格和实际生产经营规模确定拟设立的外商投资企业的投资总额。拟设立的外商投资企业的注册资本与投资总额的比例应符合有关规定。

第三章 审批与登记

第二十一条 外国投资者股权并购的,投资者应根据并购后所设外商投资企业的投资总额、企业类型及所从事的行业,依照设立外商投资企业的法律、行政法规和规章的规定,向具有相应审批权限的审批机关报送下列文件:

(一)被并购境内有限责任公司股东一致同意外国投资者股权并购的决议,或被并购境内股份有限公司同意外国投资者股权并购的股东大会决议;

(二)被并购境内公司依法变更设立为外商投资企业的申请书;

(三)并购后所设外商投资企业的合同、章程;

(四)外国投资者购买境内公司股东股权或认购境内公司增资的协议;

(五)被并购境内公司上一财务年度的财务审计报告;

(六)经公证和依法认证的投资者的身份证明文件或注册登记证明及资信证明文件;

（七）被并购境内公司所投资企业的情况说明；

（八）被并购境内公司及其所投资企业的营业执照（副本）；

（九）被并购境内公司职工安置计划；

（十）本规定第十三条、第十四条、第十五条要求报送的文件。

并购后所设外商投资企业的经营范围、规模、土地使用权的取得等，涉及其他相关政府部门许可的，有关的许可文件应一并报送。

第二十二条 股权购买协议、境内公司增资协议应适用中国法律，并包括以下主要内容：

（一）协议各方的状况，包括名称（姓名）、住所、法定代表人姓名、职务、国籍等；

（二）购买股权或认购增资的份额和价款；

（三）协议的履行期限、履行方式；

（四）协议各方的权利、义务；

（五）违约责任、争议解决；

（六）协议签署的时间、地点。

第二十三条 外国投资者资产并购的，投资者应根据拟设立的外商投资企业的投资总额、企业类型及所从事的行业，依照设立外商投资企业的法律、行政法规和规章的规定，向具有相应审批权限的审批机关报送下列文件：

（一）境内企业产权持有人或权力机构同意出售资产的决议；

（二）外商投资企业设立申请书；

（三）拟设立的外商投资企业的合同、章程；

（四）拟设立的外商投资企业与境内企业签署的资产购买协议，或外国投资者与境内企业签署的资产购买协议；

（五）被并购境内企业的章程、营业执照（副本）；

（六）被并购境内企业通知、公告债权人的证明以及债权人是否提出异议的说明；

（七）经公证和依法认证的投资者的身份证明文件或开业证明、有关资信证明文件；

（八）被并购境内企业职工安置计划；

（九）本规定第十三条、第十四条、第十五条要求报送的文件。

依照前款的规定购买并运营境内企业的资产,涉及其他相关政府部门许可的,有关的许可文件应一并报送。

外国投资者协议购买境内企业资产并以该资产投资设立外商投资企业的,在外商投资企业成立之前,不得以该资产开展经营活动。

第二十四条 资产购买协议应适用中国法律,并包括以下主要内容:

(一)协议各方的状况,包括名称(姓名)、住所、法定代表人姓名、职务、国籍等;

(二)拟购买资产的清单、价格;

(三)协议的履行期限、履行方式;

(四)协议各方的权利、义务;

(五)违约责任、争议解决;

(六)协议签署的时间、地点。

第二十五条 外国投资者并购境内企业设立外商投资企业,除本规定另有规定外,审批机关应自收到规定报送的全部文件之日起30日内,依法决定批准或不批准。决定批准的,由审批机关颁发批准证书。

外国投资者协议购买境内公司股东股权,审批机关决定批准的,应同时将有关批准文件分别抄送股权转让方、境内公司所在地外汇管理机关。股权转让方所在地外汇管理机关为其办理转股收汇外资外汇登记并出具相关证明,转股收汇外资外汇登记证明是证明外方已缴付的股权收购对价已到位的有效文件。

第二十六条 外国投资者资产并购的,投资者应自收到批准证书之日起30日内,向登记管理机关申请办理设立登记,领取外商投资企业营业执照。

外国投资者股权并购的,被并购境内公司应依照本规定向原登记管理机关申请变更登记,领取外商投资企业营业执照。原登记管理机关没有登记管辖权的,应自收到申请文件之日起10日内转送有管辖权的登记管理机关办理,同时附送该境内公司的登记档案。被并购境内公司在申请变更登记时,应提交以下文件,并对其真实性和有效性负责：

（一）变更登记申请书；

（二）外国投资者购买境内公司股东股权或认购境内公司增资的协议；

（三）修改后的公司章程或原章程的修正案和依法需要提交的外商投资企业合同；

（四）外商投资企业批准证书；

（五）外国投资者的主体资格证明或者自然人身份证明；

（六）修改后的董事会名单，记载新增董事姓名、住所的文件和新增董事的任职文件；

（七）国家工商行政管理总局规定的其他有关文件和证件。

投资者自收到外商投资企业营业执照之日起30日内，到税务、海关、土地管理和外汇管理等有关部门办理登记手续。

第四章　外国投资者以股权作为支付手段并购境内公司

第一节　以股权并购的条件

第二十七条　本章所称外国投资者以股权作为支付手段并购境内公司，系指境外公司的股东以其持有的境外公司股权，或者境外公司以其增发的股份，作为支付手段，购买境内公司股东的股权或者境内公司增发股份的行为。

第二十八条　本章所称的境外公司应合法设立并且其注册地具有完善的公司法律制度，且公司及其管理层最近3年未受到监管机构的处罚；除本章第三节所规定的特殊目的公司外，境外公司应为上市公司，其上市所在地应具有完善的证券交易制度。

第二十九条　外国投资者以股权并购境内公司所涉及的境内外公司的股权，应符合以下条件：

（一）股东合法持有并依法可以转让；

（二）无所有权争议且没有设定质押及任何其他权利限制；

（三）境外公司的股权应在境外公开合法证券交易市场（柜台交易

市场除外）挂牌交易；

（四）境外公司的股权最近1年交易价格稳定。

前款第（三）、（四）项不适用于本章第三节所规定的特殊目的公司。

第三十条 外国投资者以股权并购境内公司，境内公司或其股东应当聘请在中国注册登记的中介机构担任顾问（以下称"并购顾问"）。并购顾问应就并购申请文件的真实性、境外公司的财务状况以及并购是否符合本规定第十四条、第二十八条和第二十九条的要求作尽职调查，并出具并购顾问报告，就前述内容逐项发表明确的专业意见。

第三十一条 并购顾问应符合以下条件：

（一）信誉良好且有相关从业经验；

（二）无重大违法违规记录；

（三）应有调查并分析境外公司注册地和上市所在地法律制度与境外公司财务状况的能力。

第二节 申报文件与程序

第三十二条 外国投资者以股权并购境内公司应报送商务部审批，境内公司除报送本规定第三章所要求的文件外，另须报送以下文件：

（一）境内公司最近1年股权变动和重大资产变动情况的说明；

（二）并购顾问报告；

（三）所涉及的境内外公司及其股东的开业证明或身份证明文件；

（四）境外公司的股东持股情况说明和持有境外公司5%以上股权的股东名录；

（五）境外公司的章程和对外担保的情况说明；

（六）境外公司最近年度经审计的财务报告和最近半年的股票交易情况报告。

第三十三条 商务部自收到规定报送的全部文件之日起30日内对并购申请进行审核，符合条件的，颁发批准证书，并在批准证书上加注"外国投资者以股权并购境内公司，自营业执照颁发之日起6个月内有效"。

第三十四条　境内公司应自收到加注的批准证书之日起30日内,向登记管理机关、外汇管理机关办理变更登记,由登记管理机关、外汇管理机关分别向其颁发加注"自颁发之日起8个月内有效"字样的外商投资企业营业执照和外汇登记证。

境内公司向登记管理机关办理变更登记时,应当预先提交旨在恢复股权结构的境内公司法定代表人签署的股权变更申请书、公司章程修正案、股权转让协议等文件。

第三十五条　自营业执照颁发之日起6个月内,境内公司或其股东应就其持有境外公司股权事项,向商务部、外汇管理机关申请办理境外投资开办企业核准、登记手续。

当事人除向商务部报送《关于境外投资开办企业核准事项的规定》所要求的文件外,另须报送加注的外商投资企业批准证书和加注的外商投资企业营业执照。商务部在核准境内公司或其股东持有境外公司的股权后,颁发中国企业境外投资批准证书,并换发无加注的外商投资企业批准证书。

境内公司取得无加注的外商投资企业批准证书后,应在30日内向登记管理机关、外汇管理机关申请换发无加注的外商投资企业营业执照、外汇登记证。

第三十六条　自营业执照颁发之日起6个月内,如果境内外公司没有完成其股权变更手续,则加注的批准证书和中国企业境外投资批准证书自动失效。登记管理机关根据境内公司预先提交的股权变更登记申请文件核准变更登记,使境内公司股权结构恢复到股权并购之前的状态。

并购境内公司增发股份而未实现的,在登记管理机关根据前款予以核准变更登记之前,境内公司还应当按照《公司法》的规定,减少相应的注册资本并在报纸上公告。

境内公司未按照前款规定办理相应的登记手续的,由登记管理机关按照《公司登记管理条例》的有关规定处理。

第三十七条　境内公司取得无加注的外商投资企业批准证书、外汇登记证之前,不得向股东分配利润或向有关联关系的公司提供担保,不得对外支付转股、减资、清算等资本项目款项。

第三十八条　境内公司或其股东凭商务部和登记管理机关颁发的无加注批准证书和营业执照,到税务机关办理税务变更登记。

第三节　对于特殊目的公司的特别规定

第三十九条　特殊目的公司系指中国境内公司或自然人为实现以其实际拥有的境内公司权益在境外上市而直接或间接控制的境外公司。

特殊目的公司为实现在境外上市,其股东以其所持公司股权,或者特殊目的公司以其增发的股份,作为支付手段,购买境内公司股东的股权或者境内公司增发的股份的,适用本节规定。

当事人以持有特殊目的公司权益的境外公司作为境外上市主体的,该境外公司应符合本节对于特殊目的公司的相关要求。

第四十条　特殊目的公司境外上市交易,应经国务院证券监督管理机构批准。

特殊目的公司境外上市所在国家或者地区应有完善的法律和监管制度,其证券监管机构已与国务院证券监督管理机构签订监管合作谅解备忘录,并保持着有效的监管合作关系。

第四十一条　本节所述的权益在境外上市的境内公司应符合下列条件:

(一)产权明晰,不存在产权争议或潜在产权争议;

(二)有完整的业务体系和良好的持续经营能力;

(三)有健全的公司治理结构和内部管理制度;

(四)公司及其主要股东近3年无重大违法违规记录。

第四十二条　境内公司在境外设立特殊目的公司,应向商务部申请办理核准手续。办理核准手续时,境内公司除向商务部报送《关于境外投资开办企业核准事项的规定》要求的文件外,另须报送以下文件:

(一)特殊目的公司实际控制人的身份证明文件;

(二)特殊目的公司境外上市商业计划书;

(三)并购顾问就特殊目的公司未来境外上市的股票发行价格所

作的评估报告。

获得中国企业境外投资批准证书后,设立人或控制人应向所在地外汇管理机关申请办理相应的境外投资外汇登记手续。

第四十三条 特殊目的公司境外上市的股票发行价总值,不得低于其所对应的经中国有关资产评估机构评估的被并购境内公司股权的价值。

第四十四条 特殊目的公司以股权并购境内公司的,境内公司除向商务部报送本规定第三十二条所要求的文件外,另须报送以下文件:

(一)设立特殊目的公司时的境外投资开办企业批准文件和证书;

(二)特殊目的公司境外投资外汇登记表;

(三)特殊目的公司实际控制人的身份证明文件或开业证明、章程;

(四)特殊目的公司境外上市商业计划书;

(五)并购顾问就特殊目的公司未来境外上市的股票发行价格所作的评估报告。

如果以持有特殊目的公司权益的境外公司作为境外上市主体,境内公司还须报送以下文件:

(一)该境外公司的开业证明和章程;

(二)特殊目的公司与该境外公司之间就被并购的境内公司股权所作的交易安排和折价方法的详细说明。

第四十五条 商务部对本规定第四十四条所规定的文件初审同意的,出具原则批复函,境内公司凭该批复函向国务院证券监督管理机构报送申请上市的文件。国务院证券监督管理机构于20个工作日内决定是否核准。

境内公司获得核准后,向商务部申领批准证书。商务部向其颁发加注"境外特殊目的公司持股,自营业执照颁发之日起1年内有效"字样的批准证书。

并购导致特殊目的公司股权等事项变更的,持有特殊目的公司股权的境内公司或自然人,凭加注的外商投资企业批准证书,向商务部就特殊目的公司相关事项办理境外投资开办企业变更核准手续,并向所在地外汇管理机关申请办理境外投资外汇登记变更。

第四十六条 境内公司应自收到加注的批准证书之日起 30 日内,向登记管理机关、外汇管理机关办理变更登记,由登记管理机关、外汇管理机关分别向其颁发加注"自颁发之日起 14 个月内有效"字样的外商投资企业营业执照和外汇登记证。

境内公司向登记管理机关办理变更登记时,应当预先提交旨在恢复股权结构的境内公司法定代表人签署的股权变更申请书、公司章程修正案、股权转让协议等文件。

第四十七条 境内公司应自特殊目的公司或与特殊目的公司有关联关系的境外公司完成境外上市之日起 30 日内,向商务部报告境外上市情况和融资收入调回计划,并申请换发无加注的外商投资企业批准证书。同时,境内公司应自完成境外上市之日起 30 日内,向国务院证券监督管理机构报告境外上市情况并提供相关的备案文件。境内公司还应向外汇管理机关报送融资收入调回计划,由外汇管理机关监督实施。境内公司取得无加注的批准证书后,应在 30 日内向登记管理机关、外汇管理机关申请换发无加注的外商投资企业营业执照、外汇登记证。

如果境内公司在前述期限内未向商务部报告,境内公司加注的批准证书自动失效,境内公司股权结构恢复到股权并购之前的状态,并应按本规定第三十六条办理变更登记手续。

第四十八条 特殊目的公司的境外上市融资收入,应按照报送外汇管理机关备案的调回计划,根据现行外汇管理规定调回境内使用。融资收入可采取以下方式调回境内:

(一)向境内公司提供商业贷款;

(二)在境内新设外商投资企业;

(三)并购境内企业。

在上述情形下调回特殊目的公司境外融资收入,应遵守中国有关外商投资及外债管理的法律和行政法规。如果调回特殊目的公司境外融资收入,导致境内公司和自然人增持特殊目的公司权益或特殊目的公司净资产增加,当事人应如实披露并报批,在完成审批手续后办理相应的外资外汇登记和境外投资登记变更。

境内公司及自然人从特殊目的公司获得的利润、红利及资本变动所得外汇收入,应自获得之日起6个月内调回境内。利润或红利可以进入经常项目外汇帐户或者结汇。资本变动外汇收入经外汇管理机关核准,可以开立资本项目专用帐户保留,也可经外汇管理机关核准后结汇。

第四十九条 自营业执照颁发之日起1年内,如果境内公司不能取得无加注批准证书,则加注的批准证书自动失效,并应按本规定第三十六条办理变更登记手续。

第五十条 特殊目的公司完成境外上市且境内公司取得无加注的批准证书和营业执照后,当事人继续以该公司股份作为支付手段并购境内公司的,适用本章第一节和第二节的规定。

第五章 附 则

第五十一条 依据《反垄断法》的规定,外国投资者并购境内企业达到《国务院关于经营者集中申报标准的规定》规定的申报标准的,应当事先向商务部申报,未申报不得实施交易。

第五十二条 外国投资者在中国境内依法设立的投资性公司并购境内企业,适用本规定。

外国投资者购买境内外商投资企业股东的股权或认购境内外商投资企业增资的,适用现行外商投资企业法律、行政法规和外商投资企业投资者股权变更的相关规定,其中没有规定的,参照本规定办理。

外国投资者通过其在中国设立的外商投资企业合并或收购境内企业的,适用关于外商投资企业合并与分立的相关规定和关于外商投资企业境内投资的相关规定,其中没有规定的,参照本规定办理。

外国投资者并购境内有限责任公司并将其改制为股份有限公司的,或者境内公司为股份有限公司的,适用关于设立外商投资股份有限公司的相关规定,其中没有规定的,适用本规定。

第五十三条 申请人或申报人报送文件,应依照本规定对文件进行分类,并附文件目录。规定报送的全部文件应用中文表述。

第五十四条 被股权并购境内公司的中国自然人股东,经批准,可继续作为变更后所设外商投资企业的中方投资者。

第五十五条 境内公司的自然人股东变更国籍的,不改变该公司的企业性质。

第五十六条 相关政府机构工作人员必须忠于职守、依法履行职责,不得利用职务之便牟取不正当利益,并对知悉的商业秘密负有保密义务。

第五十七条 香港特别行政区、澳门特别行政区和台湾地区的投资者并购境内其他地区的企业,参照本规定办理。

第五十八条 本规定自公布之日起施行。

商务部实施外国投资者并购境内企业安全审查制度的规定

(2011年8月25日商务部公告2011年第53号公布
自2011年9月1日起施行)

第一条 外国投资者并购境内企业,属于《国务院办公厅关于建立外国投资者并购境内企业安全审查制度的通知》明确的并购安全审查范围的,外国投资者应向商务部提出并购安全审查申请。

两个或者两个以上外国投资者共同并购的,可以共同或确定一个外国投资者(以下简称申请人)向商务部提出并购安全审查申请。

第二条 地方商务主管部门在按照《关于外国投资者并购境内企业的规定》、《外商投资企业投资者股权变更的若干规定》、《关于外商投资企业境内投资的暂行规定》等有关规定受理并购交易申请时,对于属于并购安全审查范围,但申请人未向商务部提出并购安全审查申请的,应暂停办理,并在5个工作日内书面要求申请人向商务部提交并购安全审查申请,同时将有关情况报商务部。

第三条 外国投资者并购境内企业,国务院有关部门、全国性行业协会、同业企业及上下游企业认为需要进行并购安全审查的,可向商务部提出进行并购安全审查的建议,并提交有关情况的说明(包括并购交易基本情况、对国家安全的具体影响等),商务部可要求利益相关方提交有关说明。属于并购安全审查范围的,商务部应在5个工作日内将建议提交联席会议。联席会议认为确有必要进行并购安全审查的,商务部根据联席会议决定,要求外国投资者按本规定提交并购安全审查申请。

第四条 在向商务部提出并购安全审查正式申请前,申请人可就其并购境内企业的程序性问题向商务部提出商谈申请,提前沟通有关情况。该预约商谈不是提交正式申请的必经程序,商谈情况不具有约束力和法律效力,不作为提交正式申请的依据。

第五条 在向商务部提出并购安全审查正式申请时,申请人应提交下列文件:

(一)经申请人的法定代表人或其授权代表签署的并购安全审查申请书和交易情况说明;

(二)经公证和依法认证的外国投资者身份证明或注册登记证明及资信证明文件;法定代表人身份证明或外国投资者的授权代表委托书、授权代表身份证明;

(三)外国投资者及关联企业(包括其实际控制人、一致行动人)的情况说明,与相关国家政府的关系说明;

(四)被并购境内企业的情况说明、章程、营业执照(复印件)、上一年度经审计的财务报表、并购前后组织架构图、所投资企业的情况说明和营业执照(复印件);

(五)并购后拟设立的外商投资企业的合同、章程或合伙协议以及拟由股东各方委任的董事会成员、聘用的总经理或合伙人等高级管理人员名单;

(六)为股权并购交易的,应提交股权转让协议或者外国投资者认购境内企业增资的协议、被并购境内企业股东决议、股东大会决议,以及相应资产评估报告;

(七)为资产并购交易的,应提交境内企业的权力机构或产权持有人同意出售资产的决议、资产购买协议(包括拟购买资产的清单、状况)、协议各方情况,以及相应资产评估报告;

（八）关于外国投资者在并购后所享有的表决权对股东会或股东大会、董事会决议、合伙事务执行的影响说明，其他导致境内企业的经营决策、财务、人事、技术等实际控制权转移给外国投资者或其境内外关联企业的情况说明，以及与上述情况相关的协议或文件；

（九）商务部要求的其他文件。

第六条 申请人所提交的并购安全审查申请文件完备且符合法定要求的，商务部应书面通知申请人受理申请。

属于并购安全审查范围的，商务部在15个工作日内书面告知申请人，并在其后5个工作日内提请外国投资者并购境内企业安全审查部际联席会议（以下简称联席会议）进行审查。

自书面通知申请人受理申请之日起的15个工作日内，申请人不得实施并购交易，地方商务主管部门不得审批并购交易。15个工作日后，商务部未书面告知申请人的，申请人可按照国家有关法律法规办理相关手续。

第七条 商务部收到联席会议书面审查意见后，在5个工作日内将审查意见书面通知申请人（或当事人），以及负责并购交易管理的地方商务主管部门。

（一）对不影响国家安全的，申请人可按照《关于外国投资者并购境内企业的规定》、《外商投资企业投资者股权变更的若干规定》、《关于外商投资企业境内投资的暂行规定》等有关规定，到具有相应管理权限的相关主管部门办理并购交易手续。

（二）对可能影响国家安全且并购交易尚未实施的，当事人应当终止交易。申请人未经调整并购交易、修改申报文件并经重新审查，不得申请并实施并购交易。

（三）外国投资者并购境内企业行为对国家安全已经造成或可能造成重大影响的，根据联席会议审查意见，商务部会同有关部门终止当事人的交易，或采取转让相关股权、资产或其他有效措施，以消除该并购行为对国家安全的影响。

第八条 在商务部向联席会议提交审查后，申请人修改申报文件、撤销并购交易或应联席会议要求补交、修改材料的，应向商务部提交相关文件。商务部在收到申请报告及有关文件后，于5个工作日内提交联席会议。

第九条 对于外国投资者并购境内企业,应从交易的实质内容和实际影响来判断并购交易是否属于并购安全审查的范围;外国投资者不得以任何方式实质规避并购安全审查,包括但不限于代持、信托、多层次再投资、租赁、贷款、协议控制、境外交易等方式。

第十条 外国投资者并购境内企业未被提交联席会议审查,或联席会议经审查认为不影响国家安全的,若此后发生调整并购交易、修改有关协议文件、改变经营活动以及其他变化(包括境外实际控制人的变化等),导致该并购交易属于《国务院办公厅关于建立外国投资者并购境内企业安全审查制度的通知》明确的并购安全审查范围的,当事人应当停止有关交易和活动,由外国投资者按照本规定向商务部提交并购安全审查申请。

第十一条 参与并购安全审查的商务主管部门、相关单位和人员应对并购安全审查中的国家秘密、商业秘密及其他需要保密的信息承担保密义务。

第十二条 本规定自2011年9月1日起实施。

商务部实施外国投资者并购境内企业安全审查制度有关事项的暂行规定

(2011年3月4日商务部公告2011年第8号公布)

一、外国投资者并购属于《国务院办公厅关于建立外国投资者并购境内企业安全审查制度的通知》明确的并购安全审查范围的境内企业,应向商务部提出并购安全审查申请。

两个或者两个以上外国投资者共同并购的,可以共同或确定一个外国投资者向商务部提出并购安全审查申请(以下简称申请人)。

二、地方商务主管部门在按照《关于外国投资者并购境内企业的规定》《外商投资企业投资者股权变更的若干规定》等有关规定受理并购交易申请时,对于属于并购安全审查范围,但申请人未向商务部提出并购安全审查申请的,应暂不受理并购交易申请,书面要求申请人向商务部提交并购安全审查申请,并将有关情况上报商务部。

三、在向商务部提出并购安全审查正式申请前,申请人可就其并购境内企业的程序性问题向商务部提出商谈申请。

四、在向商务部提出并购安全审查正式申请时,申请人应提交下列文件:

(一)经申请人的法定代表人或其授权代表签署的并购安全审查申请书和交易情况说明;

(二)经公证和依法认证的外国投资者身份证明或注册登记证明及资信证明文件;法定代表人身份证明或外国投资者的授权代表委托书、授权代表身份证明;

(三)外国投资者及关联企业(包括其实际控制人、一致行动人)的情况说明,与相关国家政府的关系说明;

(四)被并购境内企业的情况说明、章程、营业执照(复印件)、上一年度经审计的财务报表、并购前后组织架构图、所投资企业的情况说明和营业执照(复印件);

(五)并购后拟设立的外商投资企业的合同、章程或合伙协议以及拟由股东各方委任的董事会成员、聘用的总经理或合伙人等高级管理人员名单;

(六)为股权并购交易的,应提交股权转让协议或者外国投资者认购境内企业增资的协议、被并购境内企业股东决议、股东大会决议,以及相应资产评估报告;

(七)为资产并购交易的,应提交境内企业的权力机构或产权持有人同意出售资产的决议、资产购买协议(包括拟购买资产的清单、状况)、协议各方情况,以及相应资产评估报告;

(八)关于外国投资者在并购后所享有的表决权对股东会或股东大会、董事会决议、合伙事务执行的影响说明,其他导致境内企业的经营决策、财务、人事、技术等实际控制权转移给外国投资者或其境内外关联企业的情况说明,以及与上述情况相关的协议或文件;

(九)商务部要求的其他文件。

五、申请人所提交的并购安全审查申请文件完备且符合法定要求的,商务部应书面通知申请人受理申请。

属于并购安全审查范围的,商务部在15个工作日内书面告知申请人,并在其后5个工作日内提请外国投资者并购境内企业安全审查部际联席会议(以下简称联席会议)进行审查。

自书面通知申请人受理申请之日起的15个工作日内,申请人不得实施并购交易,地方商务主管部门不得进行并购审查。15个工作日后,商务部未书面告知申请人的,申请人可按照国家有关法律法规办理相关手续。

六、商务部收到联席会议书面审查意见后,在5个工作日内将审查意见书面通知申请人(或当事人),以及负责并购交易管理的地方商务主管部门。

(一)对不影响国家安全的,申请人可按照《关于外国投资者并购境内企业的规定》、《外商投资企业投资者股权变更的若干规定》、《关于外商投资企业境内投资的暂行规定》等有关规定,到具有相应管理权限的相关主管部门办理并购交易手续。

(二)对可能影响国家安全的,申请人未经调整并购交易、修改申请文件并经重新审查,不得申请并实施并购交易。

(三)外国投资者并购境内企业行为对国家安全已经造成或可能造成重大影响的,根据联席会议审查意见,商务部会同有关部门终止当事人的交易,或采取转让相关股权、资产或其他有效措施,以消除该并购行为对国家安全的影响。

七、在商务部向联席会议提交审查后,申请人对申报文件有关内容做出修改或撤销并购交易的,应向商务部提交交易修改方案或撤销并购交易申请。商务部在收到申请报告及有关文件后,于5个工作日内提交联席会议。

八、外国投资者并购境内企业,国务院有关部门、全国性行业协会、同业企业及上下游企业认为需要进行并购安全审查的,可向商务部提出进行并购安全审查的建议,并提交有关情况的说明(包括并购交易基本情况、对国家安全的具体影响等)。属于并购安全审查范围的,商务部应在5个工作日内将建议提交联席会议。联席会议认为确有必要进行并购安全审查的,商务部根据联席会议决定,要求外国投资者按本规定提交并购安全审查申请。

九、外国投资者并购境内企业申请未被提交联席会议审查,或联席会议审查认为不影响国家安全的,若此后因调整并购交易、修改有关协议或文件等因素,导致该并购交易属于《国务院办公厅关于建立外国投资者并购境内企业安全审查制度的通知》明确的并购安全审查范围的,当事人应当停止交易,由外国投资者按照本规定向商务部提交并购安全审查申请。

十、本规定未尽事宜,按照《国务院办公厅关于建立外国投资者并购境内企业安全审查制度的通知》执行。

十一、本规定自2011年3月5日起实施,有效期至2011年8月31日。

外国投资者并购境内企业反垄断申报指南

(2007年3月8日商务部条法司反垄断调查办公室发布)

根据商务部、国务院国有资产监督管理委员会、国家税务总局、国家工商行政管理总局、中国证券监督管理委员会、国家外汇管理局于2006年8月8日联合发布的《关于外国投资者并购境内企业的规定》(商务部令2006第10号发布),达到规定标准的企业并购应当事先进行企业并购反垄断申报。为方便当事人申报,现发布指南如下:

一、申报人

申报人原则上为并购方,根据案件的具体情况也可以是被并购方。多人符合申报人条件的,可以共同申报,也可以分别申报。申报人可以以自己的名义自行申报,也可以委托中国律师事务所,由具有中国律师执业资格的律师代理申报。

二、申报时间

企业并购反垄断申报应当在对外公布并购方案之前提出,境外并购申报应当在对外公布并购方案之前或者报所在国主管机构的同时提出反垄断申报。

三、申报材料

申报人应提交书面申报材料一式两份,并提供全套书面申报材料的电子版一份(建议使用光盘载体)。申报材料应为中文,原件为外文的应附中文翻译件。申报材料包括:

(一)申报函。申报函内容应简练,建议以一至两页 A4 纸为宜。申报函应由申报人或其委托代理人签字。

(二)申报人身份证明或注册登记证明。外国投资者并购境内企业,境外申报人还须提交当地公证机关的公证和认证文件;如有必要反垄断调查办公室也可以要求境外并购的境外申报人提交当地公证机关的公证和认证文件。

(三)授权委托书和介绍信。申报人自行申报的,申报人应当为其经办人出具身份证明或者授权委托书。委托代理人申报的,须提供经申报人签字的授权委托书和委托代理人所在律师事务所出具的介绍信。身份证明、授权委托书和介绍信须提交原件。

(四)并购各方的基本情况。建议包括但不限于:企业名称;注册地;经营范围;企业形式(公司、合伙或其他形式);联系人姓名、职务、联系方式;并购各方在最近一个会计年度的营业额(包括全球和中国境内),公司规模,公司在业界的地位;公司设立和重要变更的历史情况等。

(五)与并购各方存在关联关系的企业和个人名单及简介。存在关联关系的企业和个人,建议从以下角度考虑:

1. 所有直接或间接控制并购各方的企业或者个人;

2. 所有直接或间接受并购各方控制的企业;

3. 除并购方以外,所有直接或间接受控于 1 所定义的企业或者个人的其他企业;

4. 其他存在关联关系的企业和个人。

如有必要,建议使用组织系统图或其他图表来说明上述企业和个人之间的股权结构、实际控制等关联关系。

(六)并购各方在中国境内设立的企业(包括外商投资企业及其境

内投资企业)、常驻代表机构、分公司和其他在中国境内登记的实体机构的批准证书和营业执照。

(七)并购交易概况。建议包括：交易性质和方式(如资产收购、股权收购、合并、组建合营企业等)，交易标的、交易金额，并购交易过程，并购交易预计完成的日期，并购交易完成后相关公司的控制和关联关系(必要时，可用图表表示公司结构)，并购交易所涉行业或主要产品，并购交易的动机、目的或经济合理性分析。

(八)相关市场界定。相关市场的界定一般包括产品市场和地域市场的界定。界定相关市场的范围或者认为不需要界定相关市场均应说明理由。

(九)最近两个会计年度内并购各方相关市场内的销售额及市场份额，并说明数据来源、计算依据，提交相应证明资料。

(十)相关市场内最大的5个竞争者的名称。为提高审查效率，鼓励同时提交上述竞争者的市场份额或在相关市场(领域)的地位、联系人及联系方式。

(十一)相关市场的供应结构和需求结构情况。应提交并购各方上、下游主要企业名单、联系人及联系方式。为提高审查效率，鼓励同时提交相关市场上、下游主要企业名单、联系人及联系方式。

(十二)相关市场的竞争状况。建议包括但不限于从如下角度提交描述竞争状况的资料：

1.市场进入分析。建议包括但不限于从以下方面进行分析：(1)进入市场的成本；(2)任何法定或事实上的准入障碍；(3)因知识产权而产生的限制；(4)并购各方在相关市场中作为知识产权许可人或被许可人情况；(5)相关产品规模经济的重要性；(6)相关市场上竞争者数量、规模以及上下游市场是否存在事实或法律上的限制等。

2.相关市场内经营者横向或纵向合作协议情况。例如是否存在研发、专利使用权转让、联合生产、分销、长期供应以及资料交换等方面的协议。如有可能，应提交上述协议的进一步情况。

3.最近三年，相关市场上的重大市场进入或退出情况，如有可能请提交进入或退出企业名称、联系方式等详细情况。

(十三)并购协议。如果协议为外文,应同时报送中文译本或重要部分中文摘要。

(十四)并购各方上一会计年度经审计的财务报表。如果会计报表为外文,应同时报送中文译本或主要部分中文摘要。

(十五)请求审查豁免的材料。

申报人认为符合《关于外国投资者并购境内企业的规定》关于审查豁免的情形并主张审查豁免的,应同时提交审查豁免的材料。

(十六)相关市场的行业协会信息。包括是否存在行业协会,协会的名称、负责人以及联系方式等。

(十七)本并购在其他司法管辖区的申报审查情况。

(十八)其他需要向主管机关说明的情况。

(十九)并购各方或(和)其授权代理人签署的就申报信息真实性和(或)信息来源准确性的声明。

申报材料应当合理编排,便于查阅。申报材料前应有文件目录,并附联系人详细联系方式。

申报人无法提交上述某项材料,或者根据具体情况认为不需要提交上述某项材料的,可以在申报前商谈阶段提出,或在申报材料中说明理由。经反垄断调查办公室同意,可以部分提交或者不提交。

四、审查期限

并购审查期间为三十个工作日,自收到完整申报材料之日起算。三十个工作日期间届满,申报当事人没有接到进一步审查通知的,视为通过审查。如申报当事人接到延期通知,审查期间将延长到第九十个工作日。申报当事人应按照通知要求向主管部门进一步提供资料或说明情况。

五、申报前商谈

为提高效率、确保审查透明度和可预测性,反垄断调查办公室鼓励申报方及其委托代理人在正式申报前进行非正式接洽,就是否需要申报、界定相关市场等重要事项进行商谈。申报人申请商谈应当在正式申报前尽早提出。商谈请求应当以书面方式传真给反垄断调查办公室。

为提高商谈效率和效果,建议申请人准备好商谈的相关材料,包括交易情况和背景介绍、相关行业和相关市场情况、以及该交易对市场竞争的影响等。如果协商申请人对是否申报不存在疑义,也可以提供并购报告草案作为商谈的基础。

六、保密

如果申请人不希望其申报的信息被公开或披露,则应当对需要保密的文件或内容单独标注,并简要说明信息不被披露或公开的原因。要求保密的应同时提交非保密版本的申报材料。

七、报送时间、地点

申报人应在商务部办公时间向反垄断调查办公室报送申报材料。为便于即时登记签收,请于上午8:30-11:00或下午1:30-4:00之间报送。

商务部反垄断调查办公室地址:北京市东长安街2号商务部3516房间。

发布本指南的目的旨在为企业并购申报提供指导和帮助。反垄断调查办公室将根据法律、法规、规章和其他规范性文件的要求,以及执行情况和实际工作的需要适时进行修订。

外国投资者对上市公司战略投资管理办法

(2005年12月31日商务部、中国证券监督管理委员会、国家税务总局、国家工商总局、国家外汇管理局令2005年第28号发布 根据2015年10月28日商务部令2015年第2号《关于修改部分规章和规范性文件的决定》修订)

第一条 为了规范股权分置改革后外国投资者对A股上市公司(以下简称上市公司)进行战略投资,维护证券市场秩序,引进境外先进管理经验、技术和资金,改善上市公司治理结构,保护上市公司和股东的合法权益,按照《关于上市公司股权分置改革的指导意见》的要求,根据国家有关外商投资、上市公司监管的法律法规以及《外国投资者并购境内企业暂行规定》,制定本办法。

第二条 本办法适用于外国投资者(以下简称投资者)对已完成股权分置改革的上市公司和股权分置改革后新上市公司通过具有一定规模的中长期战略性并购投资(以下简称战略投资),取得该公司A股股份的行为。

第三条 经商务部批准,投资者可以根据本办法对上市公司进行战略投资。

第四条 战略投资应遵循以下原则:

(一)遵守国家法律、法规及相关产业政策,不得危害国家经济安全和社会公共利益;

(二)坚持公开、公正、公平的原则,维护上市公司及其股东的合法权益,接受政府、社会公众的监督及中国的司法和仲裁管辖;

(三)鼓励中长期投资,维护证券市场的正常秩序,不得炒作;

(四)不得妨碍公平竞争,不得造成中国境内相关产品市场过度集中、排除或限制竞争。

第五条 投资者进行战略投资应符合以下要求:

(一)以协议转让、上市公司定向发行新股方式以及国家法律法规规定的其他方式取得上市公司A股股份;

(二)投资可分期进行,首次投资完成后取得的股份比例不低于该公司已发行股份的百分之十,但特殊行业有特别规定或经相关主管部门批准的除外;

(三)取得的上市公司A股股份三年内不得转让;

(四)法律法规对外商投资持股比例有明确规定的行业,投资者持有上述行业股份比例应符合相关规定;属法律法规禁止外商投资的领域,投资者不得对上述领域的上市公司进行投资;

(五)涉及上市公司国有股股东的,应符合国有资产管理的相关规定。

第六条 投资者应符合以下要求:

(一)依法设立、经营的外国法人或其他组织,财务稳健、资信良好且具有成熟的管理经验;

(二)境外实有资产总额不低于1亿美元或管理的境外实有资产

总额不低于5亿美元;或其母公司境外实有资产总额不低于1亿美元或管理的境外实有资产总额不低于5亿美元;

（三）有健全的治理结构和良好的内控制度,经营行为规范;

（四）近三年内未受到境内外监管机构的重大处罚(包括其母公司)。

第七条 通过上市公司定向发行方式进行战略投资的,按以下程序办理:

（一）上市公司董事会通过向投资者定向发行新股及公司章程修改草案的决议;

（二）上市公司股东大会通过向投资者定向发行新股及修改公司章程的决议;

（三）上市公司与投资者签订定向发行的合同;

（四）上市公司根据本办法第十二条向商务部报送相关申请文件,有特殊规定的从其规定;

（五）定向发行完成后,上市公司到商务部领取外商投资企业批准证书,并凭该批准证书到工商行政管理部门办理变更登记。

第八条 通过协议转让方式进行战略投资的,按以下程序办理:

（一）上市公司董事会通过投资者以协议转让方式进行战略投资的决议;

（二）上市公司股东大会通过投资者以协议转让方式进行战略投资的决议;

（三）转让方与投资者签订股份转让协议;

（四）投资者根据本办法第十二条向商务部报送相关申请文件,有特殊规定的从其规定;

（五）投资者参股上市公司的,获得前述批准后向证券交易所办理股份转让确认手续、向证券登记结算机构申请办理登记过户手续,并报中国证监会备案;

（六）协议转让完成后,上市公司到商务部领取外商投资企业批准证书,并凭该批准证书到工商行政管理部门办理变更登记。

第九条 投资者拟通过协议转让方式构成对上市公司的实际控制,按照第八条第(一)、(二)、(三)、(四)项的程序获得批准后,向中国证监会报送上市公司收购报告书及相关文件,经中国证监会审核无异议后向证券交易所办理股份转让确认手续、向证券登记结算机构申请办理登记过户手续。完成上述手续后,按照第八条第(六)项办理。

第十条 投资者对上市公司进行战略投资,应按《证券法》和中国证监会的相关规定履行报告、公告及其他法定义务。

第十一条 投资者对其已持有股份的上市公司继续进行战略投资的,需按本办法规定的方式和程序办理。

第十二条 上市公司或投资者应向商务部报送以下文件:

(一)战略投资申请书(格式见附件1);

(二)战略投资方案(格式见附件2);

(三)定向发行合同或股份转让协议;

(四)保荐机构意见书(涉及定向发行)或法律意见书;

(五)投资者持续持股的承诺函;

(六)投资者三年内未受到境内外监管机构重大处罚的声明,以及是否受到其他非重大处罚的说明;

(七)经依法公证、认证的投资者的注册登记证明、法定代表人(或授权代表)身份证明;

(八)经注册会计师审计的该投资者近三年来的资产负债表;

(九)上述(一)、(二)、(三)、(五)、(六)项中规定提交的文件均需经投资者法定代表人或其授权代表签署,由授权代表签署的还应提交经法定代表人签署的授权书及相应的公证、认证文件;

(十)商务部规定的其他文件。

前款所列文件,除第七项、第八项所列文件外,必须报送中文本原件,第七项、第八项所列文件应报送原件及中文译件。

商务部收到上述全部文件后应在30日内作出原则批复,原则批复有效期180日。

第十三条 符合本办法第六条规定的外国公司("母公司")可以通过其全资拥有的境外子公司("投资者")进行战略投资,投资者除提交本办法第九条所列文件外,还应向商务部提交其母公司对投资者投资行为承担连带责任的不可撤销的承诺函。

第十四条　投资者应在商务部原则批复之日起15日内根据外商投资并购的相关规定开立外汇账户。投资者从境外汇入的用于战略投资的外汇资金,应当根据外汇管理的有关规定,到上市公司注册所在地外汇局申请开立外国投资者专用外汇账户(收购类),账户内资金的结汇及账户注销手续参照相关外汇管理规定办理。

第十五条　投资者可以持商务部对该投资者对上市公司进行战略投资的批准文件和有效身份证明,向证券登记结算机构办理相关手续。

对于投资者在上市公司股权分置改革前持有的非流通股份或在上市公司首次公开发行前持有的股份,证券登记结算机构可以根据投资者申请为其开立证券账户。

证券登记结算机构应根据本管理办法制定相应规定。

第十六条　投资者应在资金结汇之日起15日内启动战略投资行为,并在原则批复之日起180日内完成战略投资。

投资者未能在规定时间内按战略投资方案完成战略投资的,审批机关的原则批复自动失效。投资者应在原则批复失效之日起45日内,经外汇局核准后将结汇所得人民币资金购汇并汇出境外。

第十七条　战略投资完成后,上市公司应于10日内凭以下文件到商务部领取外商投资企业批准证书:

(一)申请书;

(二)商务部原则批复函;

(三)证券登记结算机构出具的股份持有证明;

(四)上市公司营业执照和法定代表人身份证明;

(五)上市公司章程。

商务部在收到上述全部文件之日起5日内颁发外商投资企业批准证书,加注"外商投资股份公司(A股并购)"。

如投资者取得单一上市公司25%或以上股份并承诺在10年内持续持股不低于25%,商务部在颁发的外商投资企业批准证书上加注"外商投资股份公司(A股并购25%或以上)"。

第十八条　上市公司应自外商投资企业批准证书签发之日起30日内,向工商行政管理机关申请办理公司类型变更登记,并提交下列文件：

（一）公司法定代表人签署的申请变更申请书；

（二）外商投资企业批准证书；

（三）证券登记结算机构出具的股份持有证明；

（四）经公证、认证的投资者的合法开业证明；

（五）国家工商行政管理总局规定应提交的其他文件。

经核准变更的，工商行政管理机关在营业执照企业类型栏目中加注"外商投资股份公司（A股并购）"字样，其中，投资者进行战略投资取得单一上市公司25%或以上股份并承诺在10年内持续持股不低于25%的，加注"外商投资股份公司（A股并购25%或以上）"。

第十九条 上市公司应自外商投资企业营业执照签发之日起30日内，到税务、海关、外汇管理等有关部门办理相关手续。外汇管理部门在所颁发的外汇登记证上加注"外商投资股份公司（A股并购）"。如投资者进行战略投资取得单一上市公司25%或以上股份并承诺在10年内持续持股不低于25%的，外汇管理部门在外汇登记证上加注"外商投资股份公司（A股并购25%或以上）"。

第二十条 除以下情形外，投资者不得进行证券买卖（B股除外）：

（一）投资者进行战略投资所持上市公司A股股份，在其承诺的持股期限届满后可以出售；

（二）投资者根据《证券法》相关规定须以要约方式进行收购的，在要约期间可以收购上市公司A股股东出售的股份；

（三）投资者在上市公司股权分置改革前持有的非流通股份，在股权分置改革完成且限售期满后可以出售；

（四）投资者在上市公司首次公开发行前持有的股份，在限售期满后可以出售；

（五）投资者承诺的持股期限届满前，因其破产、清算、抵押等特殊原因需转让其股份的，经商务部批准可以转让。

第二十一条 投资者减持股份使上市公司外资股比低于25%，上市公司应在10日内向商务部备案并办理变更外商投资企业批准证书的相关手续。

投资者减持股份使上市公司外资股比低于10%,且该投资者非为单一最大股东,上市公司应在10日内向审批机关备案并办理注销外商投资企业批准证书的相关手续。

第二十二条 投资者减持股份使上市公司外资股比低于25%,上市公司应自外商投资企业批准证书变更之日起30日内到工商行政管理机关办理变更登记,工商行政管理机关在营业执照上企业类型调整为"外商投资股份公司(A股并购)"。上市公司应自营业执照变更之日起30日内到外汇管理部门办理变更外汇登记,外汇管理部门在外汇登记证上加注"外商投资股份公司(A股并购)"。

投资者减持股份使上市公司外资股比低于10%,且投资者非为单一最大股东,上市公司自外商投资企业批准证书注销之日起30日内到工商行政管理机关办理变更登记,企业类型变更为股份有限公司。上市公司应自营业执照变更之日起30日内到外汇管理部门办理外汇登记注销手续。

第二十三条 母公司通过其全资拥有的境外子公司进行战略投资并已按期完成的,母公司转让上述境外子公司前应向商务部报告,并根据本办法所列程序提出申请。新的受让方仍应符合本办法所规定的条件,承担母公司及其子公司在上市公司中的全部权利和义务,并依法履行向中国证监会报告、公告及其他法定义务。

第二十四条 投资者通过A股市场将所持上市公司股份出让的,可凭以下文件向上市公司注册所在地外汇局申请购汇汇出:

(一)书面申请;

(二)为战略投资目的所开立的外国投资者专用外汇账户(收购类)内资金经外汇局核准结汇的核准件;

(三)商务部出具的关于上市公司股权结构变更的批复文件;

(四)证券经纪机构出具的有关证券交易证明文件。

第二十五条 投资者持股比例低于25%的上市公司,其举借外债按照境内中资企业举借外债的有关规定办理。

第二十六条 相关政府机构工作人员必须忠于职守、依法履行职责,不得利用职务便利牟取不正当利益,并对知悉的商业秘密负有保密义务。

第二十七条 香港特别行政区、澳门特别行政区、台湾地区的投资者进行战略投资,参照本办法办理。

第二十八条 本办法自发布之日起30日后施行。

附件1

战略投资申请书

一、投资者名称

二、目标上市公司名称

三、投资意向

(投资者及授权代表签章)

年 月 日

附件2

战略投资方案

一、投资者名称及自身情况简介(母公司通过其全资拥有的境外子公司进行战略投资的还应提供母公司的相关材料)

二、目标上市公司名称、经营范围,拟取得公司股份的具体方式、拟取得的股份数量及取得后占上市公司已发行股份的比例、战略投资时限

三、持续持股期限

四、投资者与目标上市公司控股股东的关联关系说明

(投资者及授权代表签章)

年 月 日

国家工商行政管理总局关于做好公司合并分立登记支持企业兼并重组的意见

(2011年11月28日 工商企字〔2011〕226号)

各省、自治区、直辖市及计划单列市、副省级市工商行政管理局、市场监督管理局:

为贯彻落实《国务院关于促进企业兼并重组的意见》(国发〔2010〕27号),规范公司合并分立登记,促进公司通过兼并重组优化产业结构,现提出以下意见。

一、进一步增强做好公司合并分立登记支持企业兼并重组的责任感

按照中央加快转变经济发展方式的决策部署,各行业、各领域的企业兼并重组步伐不断加快。公司合并分立作为兼并重组的重要方式之一,有助于完善公司治理结构,促进公司扩大规模,提升市场竞争力;有助于加强资源整合、强强联合,淘汰落后产能,形成规模化、集约化经营,推动产业结构优化升级。

做好公司合并分立登记,既是工商行政管理部门作为企业登记机关的基本职能,也是工商行政管理部门服务经济科学发展的必然要求,对于支持企业兼并重组,促进经济发展方式加快转变和经济结构战略性调整具有十分重要的作用。各级工商行政管理部门要从国家经济战略的高度,把支持和服务公司合并分立作为贯彻落实科学发展观的重要任务,进一步增强责任感,充分发挥市场主体准入职能作用,坚持依法行政与服务企业发展的有机统一,更加自觉、主动、积极为企业兼并重组提供优质高效的服务。

二、进一步提供良好的公司合并分立登记服务

(一)支持公司采取多种方式合并分立重组。公司合并可以采取两种形式:一种是吸收合并,指一个公司吸收其他公司后存续,被吸收公司解散;另一种是新设合并,指两个或者两个以上公司归并为一个新公司,原有各公司解散。

公司分立可以采取两种形式:一种是存续分立,指一个公司分出一个或者一个以上新公司,原公司存续;另一种是解散分立,指一个公司分为两个或者两个以上新公司,原公司解散。

(二)支持各类企业合并分立重组。支持依法设立的内资公司按照本意见办理合并、分立登记。外商投资的公司分立,存续或者新设的公司属于内资公司的,可以参照有关法律、行政法规、规章和本意见办理登记。

(三)支持公司自行选择重组公司类型。合并、分立后存续或者新设的公司,只要符合《公司法》规定的条件,可以选择有限责任公司或者股份有限公司类型。

(四)支持公司同时办理重组登记。因公司合并、分立申请办理公司登记,自公告刊登之日起45日后,申请人可以同时申请办理公司注销、设立或者变更登记。其中,不属于同一登记机关管辖的,相关登记机关应当加强登记衔接。需要层级衔接的,上级登记机关要主动协调;需要区域衔接的,先收到有关咨询、申请的登记机关要主动协调。

(五)支持公司自主约定注册资本数额。因合并而存续或者新设的公司,其注册资本、实收资本数额由合并协议约定,但不得高于合并前各公司的注册资本之和、实收资本之和。合并各方之间存在投资关系的,计算合并前各公司的注册资本之和、实收资本之和时,应当扣除投资所对应的注册资本、实收资本数额。

因分立而存续或者新设的公司,其注册资本、实收资本数额由分立决议或者决定约定,但分立后公司注册资本之和、实收资本之和不得高于分立前公司的注册资本、实收资本。

(六)支持公司自主约定股东出资份额。因合并、分立而存续或者新设的公司,其股东(发起人)的出资比例、认缴或者实缴的出资额,由合并协议、分立决议或者决定约定。法律、行政法规或者国务院决定规定公司合并、分立涉及出资比例、认缴或者实缴的出资额必须报经批准的,应当经过批准。

合并、分立前注册资本未足额缴纳的公司,合并、分立后存续或者新设公司的注册资本应当根据合并协议、分立决议或者决定的约定,按照合并、分立前规定的出资期限缴足。

（七）支持分公司办理隶属关系变更。因合并而解散或者分立的公司有分公司的，应当在合并协议、分立决议或者决定中载明其分公司的处置方案。处置方案中载明分公司注销的，应当在公司合并、分立前办理分公司注销登记；处置方案中载明分公司归属于存续或者新设的公司的，可以按照分公司名称变更程序办理分公司隶属关系的变更登记。

（八）支持有限责任公司股权承继。因合并而解散或者分立的公司持有其他有限责任公司股权的，应当在合并协议、分立决议或者决定中载明其持有股权的处置方案。处置方案中载明通过股权转让或者减资方式退出的，应当在公司合并、分立前办理股权所在有限责任公司的股东转让股权或者注册资本、实收资本变更登记；处置方案中载明股权归属于存续或者新设的公司的，可以在公司合并、分立后办理股权所在有限责任公司的股东变更登记。

（九）支持公司一次性申请多项变更登记。公司合并分立时增加股东、增加注册资本等其他登记事项变更的，只要符合《公司法》、《公司登记管理条例》等法律法规和公司章程的规定，可以一并提交相关登记申请，并按照总局内资企业登记材料规范的要求提交申请材料。

三、进一步提高支持企业兼并重组的服务效能

（一）积极开展宣传，努力提高社会认知度。各地工商行政管理部门要充分利用各种媒体平台，宣传公司合并分立登记扶持政策对服务经济发展方式转变和经济结构调整的重要意义和积极作用，提高社会对公司合并分立登记规范的认可度，营造良好的舆论环境和企业发展环境。

（二）认真组织学习，提高工作人员业务水平。各地工商行政管理部门要组织企业登记人员深入学习公司合并分立的相关规定，有计划、分步骤地开展培训活动。通过培训，全面提升企业登记人员的理论认识和业务水平，切实做到深刻理解、综合运用。

（三）建立协调机制，精心组织工作实施。公司合并分立登记中，涉及不同地区、不同层级登记机关的，各登记机关之间要加强协调，尽可能优化工商内部办事流程，缩短办事时间，提高服务效率，把做好公司合并分立登记,支持企业兼并重组的要求落到实处。

按照规范公司合并分立登记的要求,总局同时补充制定了有关登记提交材料规范和《内资公司合并分立登记文书规范》,随本意见下发,请一并遵照执行。

各地在办理公司合并分立登记以及支持企业兼并重组工作中遇到的新情况、新问题,要注意收集汇总,及时上报总局。

附件:1. 公司合并分立登记提交材料规范(补充)

2. 内资公司合并分立登记文书规范

附件1

公司合并分立登记提交材料规范(补充)

一、公司合并登记提交材料规范

因合并申请设立、变更或注销登记的公司,除按照《中华人民共和国公司登记管理条例》和国家工商行政管理总局《内资企业登记提交材料规范》(工商企字〔2009〕83号)的规定执行外,还应当提交以下材料:

(一)合并各方签署的合并协议。合并协议应当包括:合并协议各方的名称,合并形式,合并后公司的名称,合并后公司的注册资本和实收资本,合并后公司股东(发起人)认缴和实缴的情况,合并协议各方债权、债务的承继方案,解散公司分公司、持有其他公司股权的处置情况,签约日期、地点以及合并协议各方认为需要规定的其他事项;

(二)依法刊登公告的报纸样张。合并公告应当包括:合并各方的名称,合并形式,合并前后各公司的注册资本和实收资本;

(三)合并各方公司关于通过合并协议的决议或决定;

(四)合并各方的营业执照复印件;

(五)债务清偿或者债务担保情况的说明;

(六)法律、行政法规和国务院决定规定必须报经批准的,提交有关的批准文件或者许可证书复印件;

(七)因合并办理公司设立、变更登记的,提交载明合并情况的解散公司的注销证明。

因合并而解散的公司不进行清算的,注销登记可以不提交清算报告,但是合并协议中载明解散公司需先行办理清算的除外。

因合并新设公司的经营范围或存续公司新增的经营范围中,涉及法律法规规定应当在登记前报经有关部门审批的,应当在登记前报有关部门审批,凭有关部门的许可文件、证件办理登记。

二、因合并解散公司申请分公司变更登记提交材料规范

解散公司注销后分公司归属于新设或存续公司的,公司申请该分公司变更登记时,应当提交以下材料:

(一)公司法定代表人签署的《分公司变更登记申请书》;

(二)公司签署的《指定代表或者共同委托代理人的证明》及指定代表或委托代理人的身份证件复印件;

(三)合并协议复印件;

(四)新设或存续公司的章程(加盖公司公章);

(五)载明合并情况的解散公司的注销证明、新设或存续公司的设立或变更证明;

(六)因合并新设或存续公司的营业执照副本复印件;

(七)法律、行政法规和国务院决定规定必须报经批准的,提交有关的批准文件或者许可证书复印件;

(八)分公司营业执照。

申请人提交的上述材料应当符合国家工商行政管理总局有关企业登记提交材料的规定。

三、因合并解散公司持有股权所在公司的变更登记提交材料规范

根据合并协议,解散公司注销后其持有的其他有限责任公司股权归属于新设或存续公司的,被投资公司申请变更登记时,应当提交以下材料:

(一)公司法定代表人签署的《公司变更登记申请书》;

(二)公司签署的《有限责任公司变更登记附表——股东出资信息》;

(三)公司签署的《指定代表或者共同委托代理人的证明》及指定代表或委托代理人的身份证件复印件;

(四)合并协议复印件;

（五）载明合并情况的解散公司注销证明、新设或存续公司的设立或变更证明；

（六）因合并存续或新设公司的营业执照副本复印件；

（七）修改后的公司章程或者公司章程修正案；

（八）法律、行政法规和国务院决定规定必须报经批准的，提交有关的批准文件或者许可证书复印件；

（九）公司营业执照副本。

申请人提交的上述材料应当符合国家工商行政管理总局有关企业登记提交材料的规定。

四、公司分立登记提交材料规范

因分立申请设立、变更或注销登记的公司除按照《中华人民共和国公司登记管理条例》和国家工商行政管理总局《内资企业登记提交材料规范》(工商企字〔2009〕83号)的规定执行外，还应当提交以下材料：

（一）公司分立的决议或决定。分立决议或决定应当包括：分立形式，分立前后公司的名称，分立后公司的注册资本和实收资本，分立后公司股东(发起人)认缴和实缴的情况，分立后原公司债权、债务的承继方案，公司分公司、持有其他公司股权的处置情况；

（二）依法刊登公告的报纸样张。分立公告应当包括：分立各方的名称，分立形式，分立前后各公司的注册资本和实收资本；

（三）分立各方的营业执照复印件；

（四）债务清偿或者债务担保情况的说明；

（五）法律、行政法规和国务院决定规定必须报经批准的，提交有关的批准文件或者许可证书复印件；

（六）因分立申请公司设立登记的，提交载明分立情况的存续公司的变更证明或解散公司的注销证明。

因分立而解散的公司不进行清算的，注销登记可以不提交清算报告，但是分立决议或决定中载明解散公司需先行办理清算的除外。

因分立新设公司的经营范围中，涉及法律法规规定应当在登记前报经有关部门审批的，应当在登记前报有关部门审批，凭有关部门的许可文件、证件办理登记。

五、因分立公司分公司的变更登记提交材料规范

根据分立决议或决定,分立前公司分公司归属于新设公司的,公司办理该分公司变更登记时,应当提交以下材料:

(一)公司法定代表人签署的《分公司变更登记申请书》;

(二)公司签署的《指定代表或者共同委托代理人的证明》及指定代表或委托代理人的身份证件复印件;

(三)分立决议或决定复印件;

(四)因分立新设公司的章程(加盖公司公章);

(五)载明分立情况的存续或解散公司的变更或注销证明、新设公司的设立证明;

(六)因分立新设公司的营业执照副本复印件;

(七)法律、行政法规和国务院决定规定必须报经批准的,提交有关的批准文件或者许可证书复印件;

(八)分公司营业执照。

申请人提交的上述材料应当符合国家工商行政管理总局有关企业登记提交材料的规定。

六、因分立公司持有股权所在公司的变更登记提交材料规范

根据合并协议,分立前公司持有的其他有限责任公司股权归属于新设公司的,被投资公司办理变更登记时,应当提交以下材料:

(一)公司法定代表人签署的《公司变更登记申请书》;

(二)公司签署的《有限责任公司变更登记附表——股东出资信息》;

(三)公司签署的《指定代表或者共同委托代理人的证明》及指定代表或委托代理人的身份证件复印件;

(四)分立决议或决定复印件;

(五)载明分立情况的存续或解散公司变更或注销证明、新设公司的设立证明;

(六)因分立新设公司的营业执照副本复印件;

(七)修改后的公司章程或者公司章程修正案;

(八)法律、行政法规和国务院决定规定必须报经批准的,提交有关的批准文件或者许可证书复印件;

(九)公司营业执照副本。

申请人提交的上述材料应当符合国家工商行政管理总局有关企业登记提交材料的规定。

附件2

内资公司合并分立登记文书规范

准予注销登记通知书

（　）登记内销字[　　]第　号

_____：

经审查,因(吸收/新设)合并而提交的_____注销登记申请,申请材料齐全,符合法定形式,我局决定准予注销登记。

合并前公司:AA 公司(注册号:　　　　　)

BB 公司(注册号:　　　　　)

（印章）

年　月　日

(本通知适用于因公司吸收合并或新设合并而办理公司注销登记)

准予设立登记通知书

（　）登记内设字[　　]第　号

_____：

经审查,因新设合并而提交的_____设立登记申请,申请材料齐全,符合法定形式,我局决定准予设立登记。我局将于10日内通知你单位领取营业执照。

合并前公司:AA 公司(注册号:　　　　　)

BB 公司(注册号:　　　　　)

（印章）

年　月　日

（本通知适用于因公司新设合并而办理新设公司的设立登记）

准予变更登记通知书

（　　）登记内变字[　　　]第　号

_____：

经审查，因吸收合并而提交的_____的_____变更登记申请，申请材料齐全，符合法定形式，我局决定准予变更登记。我局将于 10 日内通知你单位换领营业执照。

合并前公司：AA 公司（注册号：　　　　　　）

　　　　　　BB 公司（注册号：　　　　　　）

（印章）

年　月　日

（本通知适用于因公司吸收合并而办理存续公司的变更登记）

准予注销登记通知书

（　　）登记内销字[　　　]第　号

_____：

经审查，因解散分立而提交的_____注销登记申请，申请材料齐全，符合法定形式，我局决定准予注销登记。

分立前公司：AA 公司（注册号：　　　　　　）

（印章）

年　月　日

（本通知适用于因公司解散而办理公司注销登记）

准予设立登记通知书

(　　)登记内设字[　　]第　号

_____:

　　经审查,因(存续/解散)分立而提交的_____设立登记申请,申请材料齐全,符合法定形式,我局决定准予设立登记。我局将于10日内通知你单位领取营业执照。

　　分立前公司:AA公司(注册号:　　　　　)

(印章)

年　月　日

(本通知适用于因公司存续分立或解散分立而办理新设公司的设立登记)

准予变更登记通知书

(　　)登记内变字[　　]第　号

_____:

　　经审查,因存续分立而提交的_____的_____变更登记申请,申请材料齐全,符合法定形式,我局决定准予变更登记。我局将于10日内通知你单位换领营业执照。

　　分立前公司:AA公司(注册号:　　　　　)

(印章)

年　月　日

(本通知适用于因公司存续分立而办理存续公司的变更登记)

中国银监会关于印发《商业银行并购贷款风险管理指引》的通知

(2015年2月10日 银监发〔2015〕5号)

各银监局,各政策性银行、国有商业银行、股份制商业银行、邮储银行,银监会直接监管的企业集团财务公司:

现将修订后的《商业银行并购贷款风险管理指引》印发给你们,并就有关事项通知如下:

一、银行业金融机构要积极支持优化产业结构,按照依法合规、审慎经营、风险可控、商业可持续的原则,积极稳妥开展并购贷款业务,提高对企业兼并重组的金融服务水平。

二、银行业金融机构要不断优化并购贷款投向,大力推动化解产能过剩,助力技术升级,积极促进有竞争优势的境内企业"走出去",助推企业提升跨国经营能力和产业竞争力,实现优势互补、互利共赢。

三、银行业金融机构要持续强化并购贷款风险防控体系建设,不断完善并购贷款风险管理,在全面分析并购交易各项风险的基础上,做好并购贷款风险评估工作,审慎确定并购贷款条件,加大贷后管理力度,切实保障并购贷款安全。

商业银行并购贷款风险管理指引

第一章 总 则

第一条 为规范商业银行并购贷款经营行为,提高商业银行并购贷款风险管理能力,加强商业银行对经济结构调整和资源优化配置的支持力度,促进银行业公平竞争,维护银行业合法稳健运行,根据《中华人民共和国银行业监督管理法》、《中华人民共和国商业银行法》等法律法规,制定本指引。

  第二条 本指引所称商业银行是指依照《中华人民共和国商业银行法》设立的商业银行法人机构。

  第三条 本指引所称并购,是指境内并购方企业通过受让现有股权、认购新增股权,或收购资产、承接债务等方式以实现合并或实际控制已设立并持续经营的目标企业或资产的交易行为。

  并购可由并购方通过其专门设立的无其他业务经营活动的全资或控股子公司(以下称子公司)进行。

  第四条 本指引所称并购贷款,是指商业银行向并购方或其子公司发放的,用于支付并购交易价款和费用的贷款。

  第五条 开办并购贷款业务的商业银行法人机构应当符合以下条件:

  (一)有健全的风险管理和有效的内控机制;

  (二)资本充足率不低于10%;

  (三)其他各项监管指标符合监管要求;

  (四)有并购贷款尽职调查和风险评估的专业团队。

  商业银行开办并购贷款业务前,应当制定并购贷款业务流程和内控制度,并向监管机构报告。商业银行开办并购贷款业务后,如发生不能持续满足上述条件之一的情况,应当停止办理新的并购贷款业务。

  第六条 商业银行开办并购贷款业务应当遵循依法合规、审慎经营、风险可控、商业可持续的原则。

  第七条 商业银行应制定并购贷款业务发展策略,充分考虑国家产业、土地、环保等相关政策,明确发展并购贷款业务的目标、客户范围、风险承受限额及其主要风险特征,合理满足企业兼并重组融资需求。

  第八条 商业银行应按照管理强度高于其他贷款种类的原则建立相应的并购贷款管理制度和管理信息系统,确保业务流程、内控制度以及管理信息系统能够有效地识别、计量、监测和控制并购贷款的风险。

  商业银行应按照监管要求建立并购贷款统计制度,做好并购贷款的统计、汇总、分析等工作。

第九条 银监会及其派出机构依法对商业银行并购贷款业务实施监督管理,发现商业银行不符合业务开办条件或违反本指引有关规定,不能有效控制并购贷款风险的,可根据有关法律法规采取责令商业银行暂停并购贷款业务等监管措施。

第二章 风险评估

第十条 商业银行应在全面分析战略风险、法律与合规风险、整合风险、经营风险以及财务风险等与并购有关的各项风险的基础上评估并购贷款的风险。商业银行并购贷款涉及跨境交易的,还应分析国别风险、汇率风险和资金过境风险等。

第十一条 商业银行评估战略风险,应从并购双方行业前景、市场结构、经营战略、管理团队、企业文化和股东支持等方面进行分析,包括但不限于以下内容:

(一)并购双方的产业相关度和战略相关性,以及可能形成的协同效应;

(二)并购双方从战略、管理、技术和市场整合等方面取得额外回报的机会;

(三)并购后的预期战略成效及企业价值增长的动力来源;

(四)并购后新的管理团队实现新战略目标的可能性;

(五)并购的投机性及相应风险控制对策;

(六)协同效应未能实现时,并购方可能采取的风险控制措施或退出策略。

第十二条 商业银行评估法律与合规风险,包括但不限于分析以下内容:

(一)并购交易各方是否具备并购交易主体资格;

(二)并购交易是否按有关规定已经或即将获得批准,并履行必要的登记、公告等手续;

(三)法律法规对并购交易的资金来源是否有限制性规定;

(四)担保的法律结构是否合法有效并履行了必要的法定程序;

(五)借款人对还款现金流的控制是否合法合规;

(六)贷款人权利能否获得有效的法律保障;

(七)与并购、并购融资法律结构有关的其他方面的合规性。

第十三条 商业银行评估整合风险,包括但不限于分析并购双方是否有能力通过以下方面的整合实现协同效应:

(一)发展战略整合;

(二)组织整合;

(三)资产整合;

(四)业务整合;

(五)人力资源及文化整合。

第十四条 商业银行评估经营及财务风险,包括但不限于分析以下内容:

(一)并购后企业经营的主要风险,如行业发展和市场份额是否能保持稳定或增长趋势,公司治理是否有效,管理团队是否稳定并且具有足够能力,技术是否成熟并能提高企业竞争力,财务管理是否有效等;

(二)并购双方的未来现金流及其稳定程度;

(三)并购股权(或资产)定价高于目标企业股权(或资产)合理估值的风险;

(四)并购双方的分红策略及其对并购贷款还款来源造成的影响;

(五)并购中使用的债务融资工具及其对并购贷款还款来源造成的影响;

(六)汇率和利率等因素变动对并购贷款还款来源造成的影响。

商业银行应当综合考虑上述风险因素,根据并购双方经营和财务状况、并购融资方式和金额等情况,合理测算并购贷款还款来源,审慎确定并购贷款所支持的并购项目的财务杠杆率,确保并购的资金来源中含有合理比例的权益性资金,防范高杠杆并购融资带来的风险。

第十五条 商业银行应在全面分析与并购有关的各项风险的基础上,建立审慎的财务模型,测算并购双方未来财务数据,以及对并购贷款风险有重要影响的关键财务杠杆和偿债能力指标。

第十六条 商业银行应在财务模型测算的基础上,充分考虑各种不利情形对并购贷款风险的影响。不利情形包括但不限于:

(一)并购双方的经营业绩(包括现金流)在还款期内未能保持稳定或增长趋势;

（二）并购双方的治理结构不健全，管理团队不稳定或不能胜任；

（三）并购后并购方与目标企业未能产生协同效应；

（四）并购方与目标企业存在关联关系，尤其是并购方与目标企业受同一实际控制人控制的情形。

第十七条 商业银行应在全面评估并购贷款风险的基础上，确认并购交易的真实性，综合判断借款人的还款资金来源是否充足，还款来源与还款计划是否匹配，借款人是否能够按照合同约定支付贷款利息和本金等，并提出并购贷款质量下滑时可采取的应对措施或退出策略，形成贷款评审报告。

第三章　风险管理

第十八条 商业银行全部并购贷款余额占同期本行一级资本净额的比例不应超过50%。

第十九条 商业银行应按照本行并购贷款业务发展策略，分别按单一借款人、集团客户、行业类别、国家或地区对并购贷款集中度建立相应的限额控制体系，并向银监会或其派出机构报告。

第二十条 商业银行对单一借款人的并购贷款余额占同期本行一级资本净额的比例不应超过5%。

第二十一条 并购交易价款中并购贷款所占比例不应高于60%。

第二十二条 并购贷款期限一般不超过七年。

第二十三条 商业银行应具有与本行并购贷款业务规模和复杂程度相适应的熟悉并购相关法律、财务、行业等知识的专业人员。

第二十四条 商业银行应在内部组织并购贷款尽职调查和风险评估的专业团队，对本指引第十一条到第十七条的内容进行调查、分析和评估，并形成书面报告。

前款所称专业团队的负责人应有3年以上并购从业经验，成员可包括但不限于并购专家、信贷专家、行业专家、法律专家和财务专家等。

第二十五条 商业银行应在并购贷款业务受理、尽职调查、风险评估、合同签订、贷款发放、贷后管理等主要业务环节以及内部控制体系中加强专业化的管理与控制。

第二十六条 商业银行受理的并购贷款申请应符合以下基本条件：

（一）并购方依法合规经营，信用状况良好，没有信贷违约、逃废银行债务等不良记录；

（二）并购交易合法合规，涉及国家产业政策、行业准入、反垄断、国有资产转让等事项的，应按相关法律法规和政策要求，取得有关方面的批准和履行相关手续；

（三）并购方与目标企业之间具有较高的产业相关度或战略相关性，并购方通过并购能够获得目标企业的研发能力、关键技术与工艺、商标、特许权、供应或分销网络等战略性资源以提高其核心竞争能力。

第二十七条 商业银行可根据并购交易的复杂性、专业性和技术性，聘请中介机构进行有关调查并在风险评估时使用该中介机构的调查报告。

有前款所述情形的，商业银行应建立相应的中介机构管理制度，并通过书面合同明确中介机构的法律责任。

第二十八条 并购方与目标企业存在关联关系的，商业银行应当加强贷前调查，了解和掌握并购交易的经济动机、并购双方整合的可行性、协同效应的可能性等相关情况，核实并购交易的真实性以及并购交易价格的合理性，防范关联企业之间利用虚假并购交易套取银行信贷资金的行为。

第二十九条 商业银行原则上应要求借款人提供充足的能够覆盖并购贷款风险的担保，包括但不限于资产抵押、股权质押、第三方保证，以及符合法律规定的其他形式的担保。以目标企业股权质押时，商业银行应采用更为审慎的方法评估其股权价值和确定质押率。

第三十条 商业银行应根据并购贷款风险评估结果，审慎确定借款合同中贷款金额、期限、利率、分期还款计划、担保方式等基本条款的内容。

第三十一条 商业银行应在借款合同中约定保护贷款人利益的关键条款，包括但不限于：

（一）对借款人或并购后企业重要财务指标的约束性条款；

（二）对借款人特定情形下获得的额外现金流用于提前还款的强

制性条款；

（三）对借款人或并购后企业的主要或专用账户的监控条款；

（四）确保贷款人对重大事项知情权或认可权的借款人承诺条款。

第三十二条　商业银行应通过本指引第三十一条所述的关键条款约定在并购双方出现以下情形时可采取的风险控制措施：

（一）重要股东的变化；

（二）经营战略的重大变化；

（三）重大投资项目变化；

（四）营运成本的异常变化；

（五）品牌、客户、市场渠道等的重大不利变化；

（六）产生新的重大债务或对外担保；

（七）重大资产出售；

（八）分红策略的重大变化；

（九）担保人的担保能力或抵质押物发生重大变化；

（十）影响企业持续经营的其他重大事项。

第三十三条　商业银行应在借款合同中约定提款条件以及与贷款支付使用相关的条款，提款条件应至少包括并购方自筹资金已足额到位和并购合规性条件已满足等内容。

商业银行应按照借款合同约定，加强对贷款资金的提款和支付管理，做好资金流向监控，防范关联企业借助虚假并购交易套取贷款资金，确保贷款资金不被挪用。

第三十四条　商业银行应在借款合同中约定，借款人有义务在贷款存续期间定期报送并购双方、担保人的财务报表以及贷款人需要的其他相关资料。

第三十五条　商业银行在贷款存续期间，应加强贷后检查，及时跟踪并购实施情况，定期评估并购双方未来现金流的可预测性和稳定性，定期评估借款人的还款计划与还款来源是否匹配，对并购交易或者并购双方出现异常情况的，及时采取有效措施保障贷款安全。

并购方与目标企业存在关联关系的，商业银行应加大贷后管理力度，特别是应确认并购交易得到实际执行以及并购方对目标企业真正实施整合。

第三十六条　商业银行在贷款存续期间,应密切关注借款合同中关键条款的履行情况。

第三十七条　商业银行应按照不低于其他贷款种类的频率和标准对并购贷款进行风险分类和计提拨备。

第三十八条　并购贷款出现不良时,商业银行应及时采取贷款清收、保全,以及处置抵质押物、依法接管企业经营权等风险控制措施。

第三十九条　商业银行应明确并购贷款业务内部报告的内容、路线和频率,并应至少每年对并购贷款业务的合规性和资产价值变化进行内部检查和独立的内部审计,对其风险状况进行全面评估。当出现并购贷款集中度趋高、贷款风险分类趋降等情形时,商业银行应提高内部报告、检查和评估的频率。

第四十条　商业银行在并购贷款的不良贷款额或不良率上升时应加强对以下内容的报告、检查和评估:

(一)并购贷款担保的方式、构成和覆盖贷款本息的情况;

(二)针对不良贷款所采取的清收和保全措施;

(三)处置质押股权的情况;

(四)依法接管企业经营权的情况;

(五)并购贷款的呆账核销情况。

第四章　附　则

第四十一条　商业银行贷款支持已获得目标企业控制权的并购方企业,为维持对目标企业的控制权而受让或者认购目标企业股权的,适用本指引。

第四十二条　政策性银行、外国银行分行和企业集团财务公司开办并购贷款业务的,参照本指引执行。

第四十三条　本指引所称并购双方是指并购方与目标企业。

第四十四条　本指引由中国银监会负责解释。

第四十五条　本指引自印发之日起施行。《中国银监会关于印发〈商业银行并购贷款风险管理指引〉的通知》(银监发〔2008〕84号)同时废止。

财政部、税务总局关于继续实施企业改制重组有关土地增值税政策的公告

（2021年5月31日财政部、税务总局公告2021年第21号公布）

为支持企业改制重组，优化市场环境，现就继续执行有关土地增值税政策公告如下：

一、企业按照《中华人民共和国公司法》有关规定整体改制，包括非公司制企业改制为有限责任公司或股份有限公司，有限责任公司变更为股份有限公司，股份有限公司变更为有限责任公司，对改制前的企业将国有土地使用权、地上的建筑物及其附着物（以下称房地产）转移、变更到改制后的企业，暂不征土地增值税。

本公告所称整体改制是指不改变原企业的投资主体，并承继原企业权利、义务的行为。

二、按照法律规定或者合同约定，两个或两个以上企业合并为一个企业，且原企业投资主体存续的，对原企业将房地产转移、变更到合并后的企业，暂不征土地增值税。

三、按照法律规定或者合同约定，企业分设为两个或两个以上与原企业投资主体相同的企业，对原企业将房地产转移、变更到分立后的企业，暂不征土地增值税。

四、单位、个人在改制重组时以房地产作价入股进行投资，对其将房地产转移、变更到被投资的企业，暂不征土地增值税。

五、上述改制重组有关土地增值税政策不适用于房地产转移任意一方为房地产开发企业的情形。

六、改制重组后再转让房地产并申报缴纳土地增值税时，对"取得土地使用权所支付的金额"，按照改制重组前取得该宗国有土地使用权所支付的地价款和按国家统一规定缴纳的有关费用确定；经

批准以国有土地使用权作价出资入股的,为作价入股时县级及以上自然资源部门批准的评估价格。按购房发票确定扣除项目金额的,按照改制重组前购房发票所载金额并从购买年度起至本次转让年度止每年加计5%计算扣除项目金额,购买年度是指购房发票所载日期的当年。

七、纳税人享受上述税收政策,应按税务机关规定办理。

八、本公告所称不改变原企业投资主体、投资主体相同,是指企业改制重组前后出资人不发生变动,出资人的出资比例可以发生变动;投资主体存续,是指原企业出资人必须存在于改制重组后的企业,出资人的出资比例可以发生变动。

九、本公告执行期限为2021年1月1日至2023年12月31日。企业改制重组过程中涉及的土地增值税尚未处理的,符合本公告规定可按本公告执行。

财政部、税务总局关于继续执行企业事业单位改制重组有关契税政策的公告

(2021年4月26日财政部、税务总局公告2021年第17号公布)

为支持企业、事业单位改制重组,优化市场环境,现就继续执行有关契税政策公告如下:

一、企业改制

企业按照《中华人民共和国公司法》有关规定整体改制,包括非公司制企业改制为有限责任公司或股份有限公司,有限责任公司变更为股份有限公司,股份有限公司变更为有限责任公司,原企业投资主体存续并在改制(变更)后的公司中所持股权(股份)比例超过75%,且改制(变更)后公司承继原企业权利、义务的,对改制(变更)后公司承受原企业土地、房屋权属,免征契税。

二、事业单位改制

事业单位按照国家有关规定改制为企业,原投资主体存续并在改制后企业中出资(股权、股份)比例超过50%的,对改制后企业承受原事业单位土地、房屋权属,免征契税。

三、公司合并

两个或两个以上的公司,依照法律规定、合同约定,合并为一个公司,且原投资主体存续的,对合并后公司承受原合并各方土地、房屋权属,免征契税。

四、公司分立

公司依照法律规定、合同约定分立为两个或两个以上与原公司投资主体相同的公司,对分立后公司承受原公司土地、房屋权属,免征契税。

五、企业破产

企业依照有关法律法规规定实施破产,债权人(包括破产企业职工)承受破产企业抵偿债务的土地、房屋权属,免征契税;对非债权人承受破产企业土地、房屋权属,凡按照《中华人民共和国劳动法》等国家有关法律法规政策妥善安置原企业全部职工规定,与原企业全部职工签订服务年限不少于三年的劳动用工合同的,对其承受所购企业土地、房屋权属,免征契税;与原企业超过30%的职工签订服务年限不少于三年的劳动用工合同的,减半征收契税。

六、资产划转

对承受县级以上人民政府或国有资产管理部门按规定进行行政性调整、划转国有土地、房屋权属的单位,免征契税。

同一投资主体内部所属企业之间土地、房屋权属的划转,包括母公司与其全资子公司之间,同一公司所属全资子公司之间,同一自然人与其设立的个人独资企业、一人有限公司之间土地、房屋权属的划转,免征契税。

母公司以土地、房屋权属向其全资子公司增资,视同划转,免征契税。

七、债权转股权

经国务院批准实施债权转股权的企业,对债权转股权后新设立的公司承受原企业的土地、房屋权属,免征契税。

八、划拨用地出让或作价出资

以出让方式或国家作价出资(入股)方式承受原改制重组企业、事业单位划拨用地的,不属上述规定的免税范围,对承受方应按规定征收契税。

九、公司股权(股份)转让

在股权(股份)转让中,单位、个人承受公司股权(股份),公司土地、房屋权属不发生转移,不征收契税。

十、有关用语含义

本公告所称企业、公司,是指依照我国有关法律法规设立并在中国境内注册的企业、公司。

本公告所称投资主体存续,是指原改制重组企业、事业单位的出资人必须存在于改制重组后的企业,出资人的出资比例可以发生变动。

本公告所称投资主体相同,是指公司分立前后出资人不发生变动,出资人的出资比例可以发生变动。

十一、本公告自2021年1月1日起至2023年12月31日执行。自执行之日起,企业、事业单位在改制重组过程中,符合本公告规定但已缴纳契税的,可申请退税;涉及的契税尚未处理且符合本公告规定的,可按本公告执行。

财政部、国家税务总局关于促进企业重组有关企业所得税处理问题的通知

(2014年12月25日 财税〔2014〕109号)

各省、自治区、直辖市、计划单列市财政厅(局)、国家税务局、地方税务局,新疆生产建设兵团财务局:

为贯彻落实《国务院关于进一步优化企业兼并重组市场环境的意

见》（国发〔2014〕14号），根据《中华人民共和国企业所得税法》及其实施条例有关规定，现就企业重组有关企业所得税处理问题明确如下：

一、关于股权收购

将《财政部 国家税务总局关于企业重组业务企业所得税处理若干问题的通知》（财税〔2009〕59号）第六条第（二）项中有关"股权收购，收购企业购买的股权不低于被收购企业全部股权的75%"规定调整为"股权收购，收购企业购买的股权不低于被收购企业全部股权的50%"。

二、关于资产收购

将财税〔2009〕59号文件第六条第（三）项中有关"资产收购，受让企业收购的资产不低于转让企业全部资产的75%"规定调整为"资产收购，受让企业收购的资产不低于转让企业全部资产的50%"。

三、关于股权、资产划转

对100%直接控制的居民企业之间，以及受同一或相同多家居民企业100%直接控制的居民企业之间按账面净值划转股权或资产，凡具有合理商业目的、不以减少、免除或者推迟缴纳税款为主要目的，股权或资产划转后连续12个月内不改变被划转股权或资产原来实质性经营活动，且划出方企业和划入方企业均未在会计上确认损益的，可以选择按以下规定进行特殊性税务处理：

1. 划出方企业和划入方企业均不确认所得。

2. 划入方企业取得被划转股权或资产的计税基础，以被划转股权或资产的原账面净值确定。

3. 划入方企业取得的被划转资产，应按其原账面净值计算折旧扣除。

四、本通知自2014年1月1日起执行。本通知发布前尚未处理的企业重组，符合本通知规定的可按本通知执行。

上市公司并购重组行政许可并联审批工作方案

(2014年10月24日工业和信息化部、证监会、发展改革委、商务部发布)

为进一步简化审批程序,提高效率,根据上市公司并购重组实际情况,制定并联审批工作方案如下。

一、并联审批的依据、原则

(一)贯彻党中央、国务院行政审批体制改革相关要求。《中共中央关于全面深化改革若干重大问题的决定》指出,要进一步简政放权,深化行政审批制度改革……对保留的行政审批事项,要规范管理、提高效率。《国务院关于进一步优化企业兼并重组市场环境的意见》(国发〔2014〕14号)进一步要求,"优化企业兼并重组相关审批流程,推行并联式审批,避免互为前置条件"。

(二)在实施并联审批、提高效率的同时,将国家及相关部委关于上市公司并购重组的各项政策和监管要求落到实处,避免实施并联审批而造成监管真空。

二、实行的并联审批项目

根据实际情况,发展改革委实施的境外投资项目核准和备案、商务部实施的外国投资者战略投资上市公司核准和经营者集中审查等三项审批事项,不再作为证监会上市公司并购重组行政许可审批的前置条件,改为并联式审批。

上市公司并购重组涉及的相关部委的其他审批事项,如外国投资者并购的安全审查等,仍按现行程序执行,暂不作调整。

三、并联审批方式

(一)上市公司可在股东大会通过后同时向证监会和相关部委报送并购重组行政许可申请,证监会和相关部委对上市公司的申请实行并联审批,独立作出核准或不予核准的决定。

(二)涉及并联审批的上市公司并购重组项目,在取得相关部委核准前,不得实施。具体而言:

1. 上市公司在公告重组预案时,在重组报告书显著位置披露本次重组需取得相关部委批准的情况,明确本次重组的实施需通过证监会和相关部委的审批,并详细说明已向有关部门报批的情况和尚需呈报批准的程序,对可能无法获得批准的风险作出重大风险提示。

2. 证监会审核期间,上市公司取得有关部门核准的情况,上市公司应及时作出公告。

3. 上市公司取得证监会核准,但尚未取得相关部门批准的,应在公告并购重组项目获得证监会核准时,同时公告尚需取得有关部门批准的情况,并对可能无法获得批准的风险作出特别提示,明确未取得相关部门批准前,尚不能实施本次并购重组。

4. 上市公司在取得全部相关部门的核准后,公告本次重组已经取得全部相关部门的核准、重组合同已经生效,具备实施条件。之后,方可实施重组方案。

四、实施时间

上市公司并购重组与发展改革委境外投资项目核准和备案、商务部经营者集中申报审查的并联审批,即日起实施。上市公司并购重组与商务部关于外国投资者战略投资上市公司核准的并联审批,待商务部修订颁布《外国投资者对上市公司战略投资管理办法》后实施。

国家税务总局关于债务重组所得企业所得税处理问题的批复

(2009年1月4日 国税函〔2009〕1号)

海南省国家税务局:

你局《关于企业债务重组所得征免企业所得税问题的请示》(琼国

税发〔2008〕231号)收悉,经研究,批复如下:

《企业债务重组业务所得税处理办法》(国家税务总局令第6号)自2003年3月1日起执行。此前,企业债务重组中因豁免债务等取得的债务重组所得,应按照当时的会计准则处理,即"以低于债务账面价值的现金清偿某项债务的,债务人应将重组债务的账面价值与支付的现金之间的差额;或以债务转为资本清偿某项债务的,债务人应将重组债务的账面价值与债权人因放弃债权而享有股权的份额之间的差额",确认为资本公积。

上市公司收购管理办法

(2006年7月31日中国证券监督管理委员会令第35号公布　根据2008年8月27日中国证券监督管理委员会令第56号《关于修改〈上市公司收购管理办法〉第六十三条的决定》、2012年2月14日中国证券监督管理委员会令第77号《关于修改〈上市公司收购管理办法〉第六十二条及第六十三条的决定》、2014年10月23日中国证券监督管理委员会令第108号《关于修改〈上市公司收购管理办法〉的决定》、2020年3月20日中国证券监督管理委员会令第166号《关于修改部分证券期货规章的决定》修正)

第一章　总　　则

第一条　为了规范上市公司的收购及相关股份权益变动活动,保护上市公司和投资者的合法权益,维护证券市场秩序和社会公共利益,促进证券市场资源的优化配置,根据《证券法》、《公司法》及其他相关法律、行政法规,制定本办法。

第二条　上市公司的收购及相关股份权益变动活动,必须遵守法律、行政法规及中国证券监督管理委员会(以下简称中国证监会)的规定。当事人应当诚实守信,遵守社会公德、商业道德,自觉维护证券市场秩序,接受政府、社会公众的监督。

第三条 上市公司的收购及相关股份权益变动活动,必须遵循公开、公平、公正的原则。

上市公司的收购及相关股份权益变动活动中的信息披露义务人,应当充分披露其在上市公司中的权益及变动情况,依法严格履行报告、公告和其他法定义务。在相关信息披露前,负有保密义务。

信息披露义务人报告、公告的信息必须真实、准确、完整,不得有虚假记载、误导性陈述或者重大遗漏。

第四条 上市公司的收购及相关股份权益变动活动不得危害国家安全和社会公共利益。

上市公司的收购及相关股份权益变动活动涉及国家产业政策、行业准入、国有股份转让等事项,需要取得国家相关部门批准的,应当在取得批准后进行。

外国投资者进行上市公司的收购及相关股份权益变动活动的,应当取得国家相关部门的批准,适用中国法律,服从中国的司法、仲裁管辖。

第五条 收购人可以通过取得股份的方式成为一个上市公司的控股股东,可以通过投资关系、协议、其他安排的途径成为一个上市公司的实际控制人,也可以同时采取上述方式和途径取得上市公司控制权。

收购人包括投资者及与其一致行动的他人。

第六条 任何人不得利用上市公司的收购损害被收购公司及其股东的合法权益。

有下列情形之一的,不得收购上市公司:

(一)收购人负有数额较大债务,到期未清偿,且处于持续状态;

(二)收购人最近3年有重大违法行为或者涉嫌有重大违法行为;

(三)收购人最近3年有严重的证券市场失信行为;

(四)收购人为自然人的,存在《公司法》第一百四十六条规定情形;

(五)法律、行政法规规定以及中国证监会认定的不得收购上市公司的其他情形。

第七条 被收购公司的控股股东或者实际控制人不得滥用股东权利损害被收购公司或者其他股东的合法权益。

被收购公司的控股股东、实际控制人及其关联方有损害被收购公司及其他股东合法权益的,上述控股股东、实际控制人在转让被收购公司控制权之前,应当主动消除损害;未能消除损害的,应当就其出让相关股份所得收入用于消除全部损害做出安排,对不足以消除损害的部分应当提供充分有效的履约担保或安排,并依照公司章程取得被收购公司股东大会的批准。

第八条 被收购公司的董事、监事、高级管理人员对公司负有忠实义务和勤勉义务,应当公平对待收购本公司的所有收购人。

被收购公司董事会针对收购所做出的决策及采取的措施,应当有利于维护公司及其股东的利益,不得滥用职权对收购设置不适当的障碍,不得利用公司资源向收购人提供任何形式的财务资助,不得损害公司及其股东的合法权益。

第九条 收购人进行上市公司的收购,应当聘请符合《证券法》规定的专业机构担任财务顾问。收购人未按照本办法规定聘请财务顾问的,不得收购上市公司。

财务顾问应当勤勉尽责,遵守行业规范和职业道德,保持独立性,保证其所制作、出具文件的真实性、准确性和完整性。

财务顾问认为收购人利用上市公司的收购损害被收购公司及其股东合法权益的,应当拒绝为收购人提供财务顾问服务。

财务顾问不得教唆、协助或者伙同委托人编制或披露存在虚假记载、误导性陈述或者重大遗漏的报告、公告文件,不得从事不正当竞争,不得利用上市公司的收购谋取不正当利益。

为上市公司收购出具资产评估报告、审计报告、法律意见书的证券服务机构及其从业人员,应当遵守法律、行政法规、中国证监会的有关规定,以及证券交易所的相关规则,遵循本行业公认的业务标准和道德规范,诚实守信,勤勉尽责,对其所制作、出具文件的真实性、准确性和完整性承担责任。

第十条 中国证监会依法对上市公司的收购及相关股份权益变动活动进行监督管理。

中国证监会设立由专业人员和有关专家组成的专门委员会。专门委员会可以根据中国证监会职能部门的请求，就是否构成上市公司的收购、是否有不得收购上市公司的情形以及其他相关事宜提供咨询意见。中国证监会依法做出决定。

第十一条 证券交易所依法制定业务规则，为上市公司的收购及相关股份权益变动活动组织交易和提供服务，对相关证券交易活动进行实时监控，监督上市公司的收购及相关股份权益变动活动的信息披露义务人切实履行信息披露义务。

证券登记结算机构依法制定业务规则，为上市公司的收购及相关股份权益变动活动所涉及的证券登记、存管、结算等事宜提供服务。

第二章 权益披露

第十二条 投资者在一个上市公司中拥有的权益，包括登记在其名下的股份和虽未登记在其名下但该投资者可以实际支配表决权的股份。投资者及其一致行动人在一个上市公司中拥有的权益应当合并计算。

第十三条 通过证券交易所的证券交易，投资者及其一致行动人拥有权益的股份达到一个上市公司已发行股份的5%时，应当在该事实发生之日起3日内编制权益变动报告书，向中国证监会、证券交易所提交书面报告，通知该上市公司，并予公告；在上述期限内，不得再行买卖该上市公司的股票，但中国证监会规定的情形除外。

前述投资者及其一致行动人拥有权益的股份达到一个上市公司已发行股份的5%后，通过证券交易所的证券交易，其拥有权益的股份占该上市公司已发行股份的比例每增加或者减少5%，应当依照前款规定进行报告和公告。在该事实发生之日起至公告后3日内，不得再行买卖该上市公司的股票，但中国证监会规定的情形除外。

前述投资者及其一致行动人拥有权益的股份达到一个上市公司已发行股份的5%后，其拥有权益的股份占该上市公司已发行股份的比例每增加或者减少1%，应当在该事实发生的次日通知该上市公司，并予公告。

违反本条第一款、第二款的规定买入在上市公司中拥有权益的股份的,在买入后的36个月内,对该超过规定比例部分的股份不得行使表决权。

第十四条 通过协议转让方式,投资者及其一致行动人在一个上市公司中拥有权益的股份拟达到或者超过一个上市公司已发行股份的5%时,应当在该事实发生之日起3日内编制权益变动报告书,向中国证监会、证券交易所提交书面报告,通知该上市公司,并予公告。

前述投资者及其一致行动人拥有权益的股份达到一个上市公司已发行股份的5%后,其拥有权益的股份占该上市公司已发行股份的比例每增加或者减少达到或者超过5%的,应当依照前款规定履行报告、公告义务。

前两款规定的投资者及其一致行动人在作出报告、公告前,不得再行买卖该上市公司的股票。相关股份转让及过户登记手续按照本办法第四章及证券交易所、证券登记结算机构的规定办理。

第十五条 投资者及其一致行动人通过行政划转或者变更、执行法院裁定、继承、赠与等方式拥有权益的股份变动达到前条规定比例的,应当按照前条规定履行报告、公告义务,并参照前条规定办理股份过户登记手续。

第十六条 投资者及其一致行动人不是上市公司的第一大股东或者实际控制人,其拥有权益的股份达到或者超过该公司已发行股份的5%,但未达到20%的,应当编制包括下列内容的简式权益变动报告书:

(一)投资者及其一致行动人的姓名、住所;投资者及其一致行动人为法人的,其名称、注册地及法定代表人;

(二)持股目的,是否有意在未来12个月内继续增加其在上市公司中拥有的权益;

(三)上市公司的名称、股票的种类、数量、比例;

(四)在上市公司中拥有权益的股份达到或者超过上市公司已发行股份的5%或者拥有权益的股份增减变化达到5%的时间及方式、增持股份的资金来源;

(五)在上市公司中拥有权益的股份变动的时间及方式;

(六)权益变动事实发生之日前6个月内通过证券交易所的证券

交易买卖该公司股票的简要情况；

（七）中国证监会、证券交易所要求披露的其他内容。

前述投资者及其一致行动人为上市公司第一大股东或者实际控制人，其拥有权益的股份达到或者超过一个上市公司已发行股份的5%，但未达到20%的，还应当披露本办法第十七条第一款规定的内容。

第十七条　投资者及其一致行动人拥有权益的股份达到或者超过一个上市公司已发行股份的20%但未超过30%的，应当编制详式权益变动报告书，除须披露前条规定的信息外，还应当披露以下内容：

（一）投资者及其一致行动人的控股股东、实际控制人及其股权控制关系结构图；

（二）取得相关股份的价格、所需资金额，或者其他支付安排；

（三）投资者、一致行动人及其控股股东、实际控制人所从事的业务与上市公司的业务是否存在同业竞争或者潜在的同业竞争，是否存在持续关联交易；存在同业竞争或者持续关联交易的，是否已做出相应的安排，确保投资者、一致行动人及其关联方与上市公司之间避免同业竞争以及保持上市公司的独立性；

（四）未来12个月内对上市公司资产、业务、人员、组织结构、公司章程等进行调整的后续计划；

（五）前24个月内投资者及其一致行动人与上市公司之间的重大交易；

（六）不存在本办法第六条规定的情形；

（七）能够按照本办法第五十条的规定提供相关文件。

前述投资者及其一致行动人为上市公司第一大股东或者实际控制人的，还应当聘请财务顾问对上述权益变动报告书所披露的内容出具核查意见，但国有股行政划转或者变更、股份转让在同一实际控制人控制的不同主体之间进行、因继承取得股份的除外。投资者及其一致行动人承诺至少3年放弃行使相关股份表决权的，可免于聘请财务顾问和提供前款第（七）项规定的文件。

第十八条　已披露权益变动报告书的投资者及其一致行动人在披露之日起6个月内，因拥有权益的股份变动需要再次报告、公告权益变动报告书的,可以仅就与前次报告书不同的部分作出报告、公告;自前次披露之日起超过 6 个月的,投资者及其一致行动人应当按照本章的规定编制权益变动报告书,履行报告、公告义务。

第十九条　因上市公司减少股本导致投资者及其一致行动人拥有权益的股份变动出现本办法第十四条规定情形的,投资者及其一致行动人免于履行报告和公告义务。上市公司应当自完成减少股本的变更登记之日起 2 个工作日内,就因此导致的公司股东拥有权益的股份变动情况作出公告;因公司减少股本可能导致投资者及其一致行动人成为公司第一大股东或者实际控制人的,该投资者及其一致行动人应当自公司董事会公告有关减少公司股本决议之日起 3 个工作日内,按照本办法第十七条第一款的规定履行报告、公告义务。

第二十条　上市公司的收购及相关股份权益变动活动中的信息披露义务人依法披露前,相关信息已在媒体上传播或者公司股票交易出现异常的,上市公司应当立即向当事人进行查询,当事人应当及时予以书面答复,上市公司应当及时作出公告。

第二十一条　上市公司的收购及相关股份权益变动活动中的信息披露义务人应当在证券交易所的网站和符合中国证监会规定条件的媒体上依法披露信息;在其他媒体上进行披露的,披露内容应当一致,披露时间不得早于前述披露的时间。

第二十二条　上市公司的收购及相关股份权益变动活动中的信息披露义务人采取一致行动的,可以以书面形式约定由其中一人作为指定代表负责统一编制信息披露文件,并同意授权指定代表在信息披露文件上签字、盖章。

各信息披露义务人应当对信息披露文件中涉及其自身的信息承担责任;对信息披露文件中涉及的与多个信息披露义务人相关的信息,各信息披露义务人对相关部分承担连带责任。

第三章　要约收购

第二十三条　投资者自愿选择以要约方式收购上市公司股份的,可以向被收购公司所有股东发出收购其所持有的全部股份的要约(以下简称全面要约),也可以向被收购公司所有股东发出收购其所持有的部分股份的要约(以下简称部分要约)。

第二十四条　通过证券交易所的证券交易,收购人持有一个上市公司的股份达到该公司已发行股份的30%时,继续增持股份的,应当采取要约方式进行,发出全面要约或者部分要约。

第二十五条　收购人依照本办法第二十三条、第二十四条、第四十七条、第五十六条的规定,以要约方式收购一个上市公司股份的,其预定收购的股份比例均不得低于该上市公司已发行股份的5%。

第二十六条　以要约方式进行上市公司收购的,收购人应当公平对待被收购公司的所有股东。持有同一种类股份的股东应当得到同等对待。

第二十七条　收购人为终止上市公司的上市地位而发出全面要约的,或者因不符合本办法第六章的规定而发出全面要约的,应当以现金支付收购价款;以依法可以转让的证券(以下简称证券)支付收购价款的,应当同时提供现金方式供被收购公司股东选择。

第二十八条　以要约方式收购上市公司股份的,收购人应当编制要约收购报告书,聘请财务顾问,通知被收购公司,同时对要约收购报告书摘要作出提示性公告。

本次收购依法应当取得相关部门批准的,收购人应当在要约收购报告书摘要中作出特别提示,并在取得批准后公告要约收购报告书。

第二十九条　前条规定的要约收购报告书,应当载明下列事项:

(一)收购人的姓名、住所;收购人为法人的,其名称、注册地及法定代表人,与其控股股东、实际控制人之间的股权控制关系结构图;

(二)收购人关于收购的决定及收购目的,是否拟在未来12个月内继续增持;

(三)上市公司的名称、收购股份的种类;

(四)预定收购股份的数量和比例;

(五)收购价格;

(六)收购所需资金额、资金来源及资金保证,或者其他支付安排;

(七)收购要约约定的条件;

(八)收购期限;

(九)公告收购报告书时持有被收购公司的股份数量、比例;

（十）本次收购对上市公司的影响分析，包括收购人及其关联方所从事的业务与上市公司的业务是否存在同业竞争或者潜在的同业竞争，是否存在持续关联交易；存在同业竞争或者持续关联交易的，收购人是否已作出相应的安排，确保收购人及其关联方与上市公司之间避免同业竞争以及保持上市公司的独立性；

（十一）未来 12 个月内对上市公司资产、业务、人员、组织结构、公司章程等进行调整的后续计划；

（十二）前 24 个月内收购人及其关联方与上市公司之间的重大交易；

（十三）前 6 个月内通过证券交易所的证券交易买卖被收购公司股票的情况；

（十四）中国证监会要求披露的其他内容。

收购人发出全面要约的，应当在要约收购报告书中充分披露终止上市的风险、终止上市后收购行为完成的时间及仍持有上市公司股份的剩余股东出售其股票的其他后续安排；收购人发出以终止公司上市地位为目的的全面要约，无须披露前款第（十）项规定的内容。

第三十条　收购人按照本办法第四十七条拟收购上市公司股份超过 30%，须改以要约方式进行收购的，收购人应当在达成收购协议或者做出类似安排后的 3 日内对要约收购报告书摘要作出提示性公告，并按照本办法第二十八条、第二十九条的规定履行公告义务，同时免于编制、公告上市公司收购报告书；依法应当取得批准的，应当在公告中特别提示本次要约须取得相关批准方可进行。

未取得批准的，收购人应当在收到通知之日起 2 个工作日内，公告取消收购计划，并通知被收购公司。

第三十一条　收购人自作出要约收购提示性公告起 60 日内，未公告要约收购报告书的，收购人应当在期满后次一个工作日通知被收购公司，并予公告；此后每 30 日应当公告一次，直至公告要约收购报告书。

收购人作出要约收购提示性公告后，在公告要约收购报告书之前，拟自行取消收购计划的，应当公告原因；自公告之日起 12 个月内，该收购人不得再次对同一上市公司进行收购。

第三十二条 被收购公司董事会应当对收购人的主体资格、资信情况及收购意图进行调查,对要约条件进行分析,对股东是否接受要约提出建议,并聘请独立财务顾问提出专业意见。在收购人公告要约收购报告书后20日内,被收购公司董事会应当公告被收购公司董事会报告书与独立财务顾问的专业意见。

收购人对收购要约条件做出重大变更的,被收购公司董事会应当在3个工作日内公告董事会及独立财务顾问就要约条件的变更情况所出具的补充意见。

第三十三条 收购人作出提示性公告后至要约收购完成前,被收购公司除继续从事正常的经营活动或者执行股东大会已经作出的决议外,未经股东大会批准,被收购公司董事会不得通过处置公司资产、对外投资、调整公司主要业务、担保、贷款等方式,对公司的资产、负债、权益或者经营成果造成重大影响。

第三十四条 在要约收购期间,被收购公司董事不得辞职。

第三十五条 收购人按照本办法规定进行要约收购的,对同一种类股票的要约价格,不得低于要约收购提示性公告日前6个月内收购人取得该种股票所支付的最高价格。

要约价格低于提示性公告日前30个交易日该种股票的每日加权平均价格的算术平均值的,收购人聘请的财务顾问应当就该种股票前6个月的交易情况进行分析,说明是否存在股价被操纵、收购人是否有未披露的一致行动人、收购人前6个月取得公司股份是否存在其他支付安排、要约价格的合理性等。

第三十六条 收购人可以采用现金、证券、现金与证券相结合等合法方式支付收购上市公司的价款。收购人以证券支付收购价款的,应当提供该证券的发行人最近3年经审计的财务会计报告、证券估值报告,并配合被收购公司聘请的独立财务顾问的尽职调查工作。收购人以在证券交易所上市的债券支付收购价款的,该债券的可上市交易时间应当不少于一个月。收购人以未在证券交易所上市交易的证券支付收购价款的,必须同时提供现金方式供被收购公司的股东选择,并详细披露相关证券的保管、送达被收购公司股东的方式和程序安排。

收购人聘请的财务顾问应当对收购人支付收购价款的能力和资金来源进行充分的尽职调查,详细披露核查的过程和依据,说明收购人是否具备要约收购的能力。收购人应当在作出要约收购提示性公告的同时,提供以下至少一项安排保证其具备履约能力:

(一)以现金支付收购价款的,将不少于收购价款总额的 20% 作为履约保证金存入证券登记结算机构指定的银行;收购人以在证券交易所上市交易的证券支付收购价款的,将用于支付的全部证券交由证券登记结算机构保管,但上市公司发行新股的除外;

(二)银行对要约收购所需价款出具保函;

(三)财务顾问出具承担连带保证责任的书面承诺,明确如要约期满收购人不支付收购价款,财务顾问进行支付。

第三十七条 收购要约约定的收购期限不得少于 30 日,并不得超过 60 日;但是出现竞争要约的除外。

在收购要约约定的承诺期限内,收购人不得撤销其收购要约。

第三十八条 采取要约收购方式的,收购人作出公告后至收购期限届满前,不得卖出被收购公司的股票,也不得采取要约规定以外的形式和超出要约的条件买入被收购公司的股票。

第三十九条 收购要约提出的各项收购条件,适用于被收购公司的所有股东。

上市公司发行不同种类股份的,收购人可以针对持有不同种类股份的股东提出不同的收购条件。

收购人需要变更收购要约的,必须及时公告,载明具体变更事项,并通知被收购公司。变更收购要约不得存在下列情形:

(一)降低收购价格;

(二)减少预定收购股份数额;

(三)缩短收购期限;

(四)中国证监会规定的其他情形。

第四十条 收购要约期限届满前 15 日内,收购人不得变更收购要约;但是出现竞争要约的除外。

出现竞争要约时,发出初始要约的收购人变更收购要约距初始要约收购期限届满不足 15 日的,应当延长收购期限,延长后的要约期应当不少于15日,不得超过最后一个竞争要约的期满日,并按规定追加履约保证。

发出竞争要约的收购人最迟不得晚于初始要约收购期限届满前15日发出要约收购的提示性公告,并应当根据本办法第二十八条和第二十九条的规定履行公告义务。

第四十一条 要约收购报告书所披露的基本事实发生重大变化的,收购人应当在该重大变化发生之日起2个工作日内作出公告,并通知被收购公司。

第四十二条 同意接受收购要约的股东(以下简称预受股东),应当委托证券公司办理预受要约的相关手续。收购人应当委托证券公司向证券登记结算机构申请办理预受要约股票的临时保管。证券登记结算机构临时保管的预受要约的股票,在要约收购期间不得转让。

前款所称预受,是指被收购公司股东同意接受要约的初步意思表示,在要约收购期限内不可撤回之前不构成承诺。在要约收购期限届满3个交易日前,预受股东可以委托证券公司办理撤回预受要约的手续,证券登记结算机构根据预受要约股东的撤回申请解除对预受要约股票的临时保管。在要约收购期限届满前3个交易日内,预受股东不得撤回其对要约的接受。在要约收购期限内,收购人应当每日在证券交易所网站上公告已预受收购要约的股份数量。

出现竞争要约时,接受初始要约的预受股东撤回全部或者部分预受的股份,并将撤回的股份售予竞争要约人的,应当委托证券公司办理撤回预受初始要约的手续和预受竞争要约的相关手续。

第四十三条 收购期限届满,发出部分要约的收购人应当按照收购要约约定的条件购买被收购公司股东预受的股份,预受要约股份的数量超过预定收购数量时,收购人应当按照同等比例收购预受要约的股份;以终止被收购公司上市地位为目的的,收购人应当按照收购要约约定的条件购买被收购公司股东预受的全部股份;因不符合本办法第六章的规定而发出全面要约的收购人应当购买被收购公司股东预受的全部股份。

收购期限届满后3个交易日内,接受委托的证券公司应当向证券登记结算机构申请办理股份转让结算、过户登记手续,解除对超过预定收购比例的股票的临时保管；收购人应当公告本次要约收购的结果。

第四十四条 收购期限届满，被收购公司股权分布不符合证券交易所规定的上市交易要求，该上市公司的股票由证券交易所依法终止上市交易。在收购行为完成前，其余仍持有被收购公司股票的股东，有权在收购报告书规定的合理期限内向收购人以收购要约的同等条件出售其股票，收购人应当收购。

第四十五条 收购期限届满后 15 日内，收购人应当向证券交易所提交关于收购情况的书面报告，并予以公告。

第四十六条 除要约方式外，投资者不得在证券交易所外公开求购上市公司的股份。

第四章　协议收购

第四十七条 收购人通过协议方式在一个上市公司中拥有权益的股份达到或者超过该公司已发行股份的 5%，但未超过 30% 的，按照本办法第二章的规定办理。

收购人拥有权益的股份达到该公司已发行股份的 30% 时，继续进行收购的，应当依法向该上市公司的股东发出全面要约或者部分要约。符合本办法第六章规定情形的，收购人可以免于发出要约。

收购人拟通过协议方式收购一个上市公司的股份超过 30% 的，超过 30% 的部分，应当改以要约方式进行；但符合本办法第六章规定情形的，收购人可以免于发出要约。符合前述规定情形的，收购人可以履行其收购协议；不符合前述规定情形的，在履行其收购协议前，应当发出全面要约。

第四十八条 以协议方式收购上市公司股份超过 30%，收购人拟依据本办法第六十二条、第六十三条第一款第（一）项、第（二）项、第（十）项的规定免于发出要约的，应当在与上市公司股东达成收购协议之日起 3 日内编制上市公司收购报告书，通知被收购公司，并公告上市公司收购报告书摘要。

收购人应当在收购报告书摘要公告后 5 日内，公告其收购报告书、财务顾问专业意见和律师出具的法律意见书；不符合本办法第六章规定的情形的,应当予以公告,并按照本办法第六十一条第二款的规定办理。

第四十九条 依据前条规定所作的上市公司收购报告书,须披露本办法第二十九条第(一)项至第(六)项和第(九)项至第(十四)项规定的内容及收购协议的生效条件和付款安排。

已披露收购报告书的收购人在披露之日起6个月内,因权益变动需要再次报告、公告的,可以仅就与前次报告书不同的部分作出报告、公告;超过6个月的,应当按照本办法第二章的规定履行报告、公告义务。

第五十条 收购人公告上市公司收购报告书时,应当提交以下备查文件:

(一)中国公民的身份证明,或者在中国境内登记注册的法人、其他组织的证明文件;

(二)基于收购人的实力和从业经验对上市公司后续发展计划可行性的说明,收购人拟修改公司章程、改选公司董事会、改变或者调整公司主营业务的,还应当补充其具备规范运作上市公司的管理能力的说明;

(三)收购人及其关联方与被收购公司存在同业竞争、关联交易的,应提供避免同业竞争等利益冲突、保持被收购公司经营独立性的说明;

(四)收购人为法人或者其他组织的,其控股股东、实际控制人最近2年未变更的说明;

(五)收购人及其控股股东或实际控制人的核心企业和核心业务、关联企业及主营业务的说明;收购人或其实际控制人为两个或两个以上的上市公司控股股东或实际控制人的,还应当提供其持股5%以上的上市公司以及银行、信托公司、证券公司、保险公司等其他金融机构的情况说明;

(六)财务顾问关于收购人最近3年的诚信记录、收购资金来源合法性、收购人具备履行相关承诺的能力以及相关信息披露内容真实性、准确性、完整性的核查意见;收购人成立未满3年的,财务顾问还应当提供其控股股东或者实际控制人最近3年诚信记录的核查意见。

境外法人或者境外其他组织进行上市公司收购的,除应当提交第一款第(二)项至第(六)项规定的文件外,还应当提交以下文件:

(一)财务顾问出具的收购人符合对上市公司进行战略投资的条件、具有收购上市公司的能力的核查意见;

(二)收购人接受中国司法、仲裁管辖的声明。

第五十一条 上市公司董事、监事、高级管理人员、员工或者其所控制或者委托的法人或者其他组织,拟对本公司进行收购或者通过本办法第五章规定的方式取得本公司控制权(以下简称管理层收购)的,该上市公司应当具备健全且运行良好的组织机构以及有效的内部控制制度,公司董事会成员中独立董事的比例应当达到或者超过1/2。公司应当聘请符合《证券法》规定的资产评估机构提供公司资产评估报告,本次收购应当经董事会非关联董事作出决议,且取得2/3以上的独立董事同意后,提交公司股东大会审议,经出席股东大会的非关联股东所持表决权过半数通过。独立董事发表意见前,应当聘请独立财务顾问就本次收购出具专业意见,独立董事及独立财务顾问的意见应当一并予以公告。

上市公司董事、监事、高级管理人员存在《公司法》第一百四十八条规定情形,或者最近3年有证券市场不良诚信记录的,不得收购本公司。

第五十二条 以协议方式进行上市公司收购的,自签订收购协议起至相关股份完成过户的期间为上市公司收购过渡期(以下简称过渡期)。在过渡期内,收购人不得通过控股股东提议改选上市公司董事会,确有充分理由改选董事会的,来自收购人的董事不得超过董事会成员的1/3;被收购公司不得为收购人及其关联方提供担保;被收购公司不得公开发行股份募集资金,不得进行重大购买、出售资产及重大投资行为或者与收购人及其关联方进行其他关联交易,但收购人为挽救陷入危机或者面临严重财务困难的上市公司的情形除外。

第五十三条 上市公司控股股东向收购人协议转让其所持有的上市公司股份的,应当对收购人的主体资格、诚信情况及收购意图进行调查,并在其权益变动报告书中披露有关调查情况。

控股股东及其关联方未清偿其对公司的负债,未解除公司为其负债提供的担保,或者存在损害公司利益的其他情形的,被收购公司董事会应当对前述情形及时予以披露,并采取有效措施维护公司利益。

第五十四条 协议收购的相关当事人应当向证券登记结算机构申请办理拟转让股份的临时保管手续,并可以将用于支付的现金存放于证券登记结算机构指定的银行。

第五十五条 收购报告书公告后,相关当事人应当按照证券交易所和证券登记结算机构的业务规则,在证券交易所就本次股份转让予以确认后,凭全部转让款项存放于双方认可的银行账户的证明,向证券登记结算机构申请解除拟协议转让股票的临时保管,并办理过户登记手续。

收购人未按规定履行报告、公告义务,或者未按规定提出申请的,证券交易所和证券登记结算机构不予办理股份转让和过户登记手续。

收购人在收购报告书公告后30日内仍未完成相关股份过户手续的,应当立即作出公告,说明理由;在未完成相关股份过户期间,应当每隔30日公告相关股份过户办理进展情况。

第五章 间接收购

第五十六条 收购人虽不是上市公司的股东,但通过投资关系、协议、其他安排导致其拥有权益的股份达到或者超过一个上市公司已发行股份的5%未超过30%的,应当按照本办法第二章的规定办理。

收购人拥有权益的股份超过该公司已发行股份的30%的,应当向该公司所有股东发出全面要约;收购人预计无法在事实发生之日起30日内发出全面要约的,应当在前述30日内促使其控制的股东将所持有的上市公司股份减持至30%或者30%以下,并自减持之日起2个工作日内予以公告;其后收购人或者其控制的股东拟继续增持的,应当采取要约方式;拟依据本办法第六章的规定免于发出要约的,应当按照本办法第四十八条的规定办理。

第五十七条 投资者虽不是上市公司的股东,但通过投资关系取得对上市公司股东的控制权,而受其支配的上市公司股东所持股份达到前条规定比例、且对该股东的资产和利润构成重大影响的,应当按照前条规定履行报告、公告义务。

第五十八条　上市公司实际控制人及受其支配的股东，负有配合上市公司真实、准确、完整披露有关实际控制人发生变化的信息的义务；实际控制人及受其支配的股东拒不履行上述配合义务，导致上市公司无法履行法定信息披露义务而承担民事、行政责任的，上市公司有权对其提起诉讼。实际控制人、控股股东指使上市公司及其有关人员不依法履行信息披露义务的，中国证监会依法进行查处。

第五十九条　上市公司实际控制人及受其支配的股东未履行报告、公告义务的，上市公司应当自知悉之日起立即作出报告和公告。上市公司就实际控制人发生变化的情况予以公告后，实际控制人仍未披露的，上市公司董事会应当向实际控制人和受其支配的股东查询，必要时可以聘请财务顾问进行查询，并将查询情况向中国证监会、上市公司所在地的中国证监会派出机构（以下简称派出机构）和证券交易所报告；中国证监会依法对拒不履行报告、公告义务的实际控制人进行查处。

上市公司知悉实际控制人发生较大变化而未能将有关实际控制人的变化情况及时予以报告和公告的，中国证监会责令改正，情节严重的，认定上市公司负有责任的董事为不适当人选。

第六十条　上市公司实际控制人及受其支配的股东未履行报告、公告义务，拒不履行第五十八条规定的配合义务，或者实际控制人存在不得收购上市公司情形的，上市公司董事会应当拒绝接受受实际控制人支配的股东向董事会提交的提案或者临时议案，并向中国证监会、派出机构和证券交易所报告。中国证监会责令实际控制人改正，可以认定实际控制人通过受其支配的股东所提名的董事为不适当人选；改正前，受实际控制人支配的股东不得行使其持有股份的表决权。上市公司董事会未拒绝接受实际控制人及受其支配的股东所提出的提案的，中国证监会可以认定负有责任的董事为不适当人选。

第六章　免除发出要约

第六十一条　符合本办法第六十二条、第六十三条规定情形的，投资者及其一致行动人可以：

（一）免于以要约收购方式增持股份；

（二）存在主体资格、股份种类限制或者法律、行政法规、中国证监会规定的特殊情形的，免于向被收购公司的所有股东发出收购要约。

不符合本章规定情形的，投资者及其一致行动人应当在30日内将其或者其控制的股东所持有的被收购公司股份减持到30%或者30%以下；拟以要约以外的方式继续增持股份的，应当发出全面要约。

第六十二条　有下列情形之一的，收购人可以免于以要约方式增持股份：

（一）收购人与出让人能够证明本次股份转让是在同一实际控制人控制的不同主体之间进行，未导致上市公司的实际控制人发生变化；

（二）上市公司面临严重财务困难，收购人提出的挽救公司的重组方案取得该公司股东大会批准，且收购人承诺3年内不转让其在该公司中所拥有的权益；

（三）中国证监会为适应证券市场发展变化和保护投资者合法权益的需要而认定的其他情形。

第六十三条　有下列情形之一的，投资者可以免于发出要约：

（一）经政府或者国有资产管理部门批准进行国有资产无偿划转、变更、合并，导致投资者在一个上市公司中拥有权益的股份占该公司已发行股份的比例超过30%；

（二）因上市公司按照股东大会批准的确定价格向特定股东回购股份而减少股本，导致投资者在该公司中拥有权益的股份超过该公司已发行股份的30%；

（三）经上市公司股东大会非关联股东批准，投资者取得上市公司向其发行的新股，导致其在该公司拥有权益的股份超过该公司已发行股份的30%，投资者承诺3年内不转让本次向其发行的新股，且公司股东大会同意投资者免于发出要约；

（四）在一个上市公司中拥有权益的股份达到或者超过该公司已发行股份的30%的，自上述事实发生之日起一年后，每12个月内增持不超过该公司已发行的2%的股份；

（五）在一个上市公司中拥有权益的股份达到或者超过该公司已

发行股份的50%的,继续增加其在该公司拥有的权益不影响该公司的上市地位;

(六)证券公司、银行等金融机构在其经营范围内依法从事承销、贷款等业务导致其持有一个上市公司已发行股份超过30%,没有实际控制该公司的行为或者意图,并且提出在合理期限内向非关联方转让相关股份的解决方案;

(七)因继承导致在一个上市公司中拥有权益的股份超过该公司已发行股份的30%;

(八)因履行约定购回式证券交易协议购回上市公司股份导致投资者在一个上市公司中拥有权益的股份超过该公司已发行股份的30%,并且能够证明标的股份的表决权在协议期间未发生转移;

(九)因所持优先股表决权依法恢复导致投资者在一个上市公司中拥有权益的股份超过该公司已发行股份的30%;

(十)中国证监会为适应证券市场发展变化和保护投资者合法权益的需要而认定的其他情形。

相关投资者应在前款规定的权益变动行为完成后3日内就股份增持情况做出公告,律师应就相关投资者权益变动行为发表符合规定的专项核查意见并由上市公司予以披露。相关投资者按照前款第(五)项规定采用集中竞价方式增持股份的,每累计增持股份比例达到上市公司已发行股份的2%的,在事实发生当日和上市公司发布相关股东增持公司股份进展公告的当日不得再行增持股份。前款第(四)项规定的增持不超过2%的股份锁定期为增持行为完成之日起6个月。

第六十四条 收购人按照本章规定的情形免于发出要约的,应当聘请符合《证券法》规定的律师事务所等专业机构出具专业意见。

第七章 财务顾问

第六十五条 收购人聘请的财务顾问应当履行以下职责:

(一)对收购人的相关情况进行尽职调查;

(二)应收购人的要求向收购人提供专业化服务,全面评估被收购公司的财务和经营状况,帮助收购人分析收购所涉及的法律、财务、经营风险,就收购方案所涉及的收购价格、收购方式、支付安排等事项提出对策建议,并指导收购人按照规定的内容与格式制作公告文件;

(三)对收购人进行证券市场规范化运作的辅导,使收购人的董事、监事和高级管理人员熟悉有关法律、行政法规和中国证监会的规定,充分了解其应当承担的义务和责任,督促其依法履行报告、公告和其他法定义务;

(四)对收购人是否符合本办法的规定及公告文件内容的真实性、准确性、完整性进行充分核查和验证,对收购事项客观、公正地发表专业意见;

(五)与收购人签订协议,在收购完成后12个月内,持续督导收购人遵守法律、行政法规、中国证监会的规定、证券交易所规则、上市公司章程,依法行使股东权利,切实履行承诺或者相关约定。

第六十六条 收购人聘请的财务顾问就本次收购出具的财务顾问报告,应当对以下事项进行说明和分析,并逐项发表明确意见:

(一)收购人编制的上市公司收购报告书或者要约收购报告书所披露的内容是否真实、准确、完整;

(二)本次收购的目的;

(三)收购人是否提供所有必备证明文件,根据对收购人及其控股股东、实际控制人的实力、从事的主要业务、持续经营状况、财务状况和诚信情况的核查,说明收购人是否具备主体资格,是否具备收购的经济实力,是否具备规范运作上市公司的管理能力,是否需要承担其他附加义务及是否具备履行相关义务的能力,是否存在不良诚信记录;

(四)对收购人进行证券市场规范化运作辅导的情况,其董事、监事和高级管理人员是否已经熟悉有关法律、行政法规和中国证监会的规定,充分了解应承担的义务和责任,督促其依法履行报告、公告和其他法定义务的情况;

(五)收购人的股权控制结构及其控股股东、实际控制人支配收购人的方式;

(六)收购人的收购资金来源及其合法性,是否存在利用本次收购的股份向银行等金融机构质押取得融资的情形;

（七）涉及收购人以证券支付收购价款的，应当说明有关该证券发行人的信息披露是否真实、准确、完整以及该证券交易的便捷性等情况；

（八）收购人是否已经履行了必要的授权和批准程序；

（九）是否已对收购过渡期间保持上市公司稳定经营作出安排，该安排是否符合有关规定；

（十）对收购人提出的后续计划进行分析，收购人所从事的业务与上市公司从事的业务存在同业竞争、关联交易的，对收购人解决与上市公司同业竞争等利益冲突及保持上市公司经营独立性的方案进行分析，说明本次收购对上市公司经营独立性和持续发展可能产生的影响；

（十一）在收购标的上是否设定其他权利，是否在收购价款之外还作出其他补偿安排；

（十二）收购人及其关联方与被收购公司之间是否存在业务往来，收购人与被收购公司的董事、监事、高级管理人员是否就其未来任职安排达成某种协议或者默契；

（十三）上市公司原控股股东、实际控制人及其关联方是否存在未清偿对公司的负债、未解除公司为其负债提供的担保或者损害公司利益的其他情形；存在该等情形的，是否已提出切实可行的解决方案；

（十四）涉及收购人拟免于发出要约的，应当说明本次收购是否属于本办法第六章规定的情形，收购人是否作出承诺及是否具备履行相关承诺的实力。

第六十七条 上市公司董事会或者独立董事聘请的独立财务顾问，不得同时担任收购人的财务顾问或者与收购人的财务顾问存在关联关系。独立财务顾问应当根据委托进行尽职调查，对本次收购的公正性和合法性发表专业意见。独立财务顾问报告应当对以下问题进行说明和分析，发表明确意见：

（一）收购人是否具备主体资格；

（二）收购人的实力及本次收购对被收购公司经营独立性和持续发展可能产生的影响分析；

（三）收购人是否存在利用被收购公司的资产或者由被收购公司

为本次收购提供财务资助的情形；

（四）涉及要约收购的，分析被收购公司的财务状况，说明收购价格是否充分反映被收购公司价值，收购要约是否公平、合理，对被收购公司社会公众股股东接受要约提出的建议；

（五）涉及收购人以证券支付收购价款的，还应当根据该证券发行人的资产、业务和盈利预测，对相关证券进行估值分析，就收购条件对被收购公司的社会公众股股东是否公平合理、是否接受收购人提出的收购条件提出专业意见；

（六）涉及管理层收购的，应当对上市公司进行估值分析，就本次收购的定价依据、支付方式、收购资金来源、融资安排、还款计划及其可行性、上市公司内部控制制度的执行情况及其有效性、上述人员及其直系亲属在最近24个月内与上市公司业务往来情况以及收购报告书披露的其他内容等进行全面核查，发表明确意见。

第六十八条 财务顾问应当在财务顾问报告中作出以下承诺：

（一）已按照规定履行尽职调查义务，有充分理由确信所发表的专业意见与收购人公告文件的内容不存在实质性差异；

（二）已对收购人公告文件进行核查，确信公告文件的内容与格式符合规定；

（三）有充分理由确信本次收购符合法律、行政法规和中国证监会的规定，有充分理由确信收购人披露的信息真实、准确、完整，不存在虚假记载、误导性陈述和重大遗漏；

（四）就本次收购所出具的专业意见已提交其内核机构审查，并获得通过；

（五）在担任财务顾问期间，已采取严格的保密措施，严格执行内部防火墙制度；

（六）与收购人已订立持续督导协议。

第六十九条 财务顾问在收购过程中和持续督导期间，应当关注被收购公司是否存在为收购人及其关联方提供担保或者借款等损害上市公司利益的情形，发现有违法或者不当行为的，应当及时向中国证监会、派出机构和证券交易所报告。

第七十条 财务顾问为履行职责，可以聘请其他专业机构协助其对收购人进行核查，但应当对收购人提供的资料和披露的信息进行独立判断。

第七十一条 自收购人公告上市公司收购报告书至收购完成后12个月内，财务顾问应当通过日常沟通、定期回访等方式，关注上市公司的经营情况，结合被收购公司定期报告和临时公告的披露事宜，对收购人及被收购公司履行持续督导职责：

（一）督促收购人及时办理股权过户手续，并依法履行报告和公告义务；

（二）督促和检查收购人及被收购公司依法规范运作；

（三）督促和检查收购人履行公开承诺的情况；

（四）结合被收购公司定期报告，核查收购人落实后续计划的情况，是否达到预期目标，实施效果是否与此前的披露内容存在较大差异，是否实现相关盈利预测或者管理层预计达到的目标；

（五）涉及管理层收购的，核查被收购公司定期报告中披露的相关还款计划的落实情况与事实是否一致；

（六）督促和检查履行收购中约定的其他义务的情况。

在持续督导期间，财务顾问应当结合上市公司披露的季度报告、半年度报告和年度报告出具持续督导意见，并在前述定期报告披露后的15日内向派出机构报告。

在此期间，财务顾问发现收购人在上市公司收购报告书中披露的信息与事实不符的，应当督促收购人如实披露相关信息，并及时向中国证监会、派出机构、证券交易所报告。财务顾问解除委托合同的，应当及时向中国证监会、派出机构作出书面报告，说明无法继续履行持续督导职责的理由，并予公告。

第八章 持续监管

第七十二条 在上市公司收购行为完成后12个月内，收购人聘请的财务顾问应当在每季度前3日内就上一季度对上市公司影响较大的投资、购买或者出售资产、关联交易、主营业务调整以及董事、监事、高级管理人员的更换、职工安置、收购人履行承诺等情况向派出机构报告。

收购人注册地与上市公司注册地不同的,还应当将前述情况的报告同时抄报收购人所在地的派出机构。

第七十三条 派出机构根据审慎监管原则,通过与承办上市公司审计业务的会计师事务所谈话、检查财务顾问持续督导责任的落实、定期或者不定期的现场检查等方式,在收购完成后对收购人和上市公司进行监督检查。

派出机构发现实际情况与收购人披露的内容存在重大差异的,对收购人及上市公司予以重点关注,可以责令收购人延长财务顾问的持续督导期,并依法进行查处。

在持续督导期间,财务顾问与收购人解除合同的,收购人应当另行聘请其他财务顾问机构履行持续督导职责。

第七十四条 在上市公司收购中,收购人持有的被收购公司的股份,在收购完成后18个月内不得转让。

收购人在被收购公司中拥有权益的股份在同一实际控制人控制的不同主体之间进行转让不受前述18个月的限制,但应当遵守本办法第六章的规定。

第九章 监管措施与法律责任

第七十五条 上市公司的收购及相关股份权益变动活动中的信息披露义务人,未按照本办法的规定履行报告、公告以及其他相关义务的,中国证监会责令改正,采取监管谈话、出具警示函、责令暂停或者停止收购等监管措施。在改正前,相关信息披露义务人不得对其持有或者实际支配的股份行使表决权。

第七十六条 上市公司的收购及相关股份权益变动活动中的信息披露义务人在报告、公告等文件中有虚假记载、误导性陈述或者重大遗漏的,中国证监会责令改正,采取监管谈话、出具警示函、责令暂停或者停止收购等监管措施。在改正前,收购人对其持有或者实际支配的股份不得行使表决权。

第七十七条 投资者及其一致行动人取得上市公司控制权而未按照本办法的规定聘请财务顾问,规避法定程序和义务,变相进行上市公司的收购,或者外国投资者规避管辖的,中国证监会责令改正,采取出具警示函、责令暂停或者停止收购等监管措施。在改正前,收购人不得对其持有或者实际支配的股份行使表决权。

第七十八条 收购人未依照本办法的规定履行相关义务、相应程序擅自实施要约收购的,或者不符合本办法规定的免除发出要约情形,拒不履行相关义务、相应程序的,中国证监会责令改正,采取监管谈话、出具警示函、责令暂停或者停止收购等监管措施。在改正前,收购人不得对其持有或者支配的股份行使表决权。

发出收购要约的收购人在收购要约期限届满,不按照约定支付收购价款或者购买预受股份的,自该事实发生之日起3年内不得收购上市公司,中国证监会不受理收购人及其关联方提交的申报文件。

存在前二款规定情形,收购人涉嫌虚假披露、操纵证券市场的,中国证监会对收购人进行立案稽查,依法追究其法律责任;收购人聘请的财务顾问没有充分证据表明其勤勉尽责的,自收购人违规事实发生之日起1年内,中国证监会不受理该财务顾问提交的上市公司并购重组申报文件,情节严重的,依法追究法律责任。

第七十九条 上市公司控股股东和实际控制人在转让其对公司的控制权时,未清偿其对公司的负债,未解除公司为其提供的担保,或者未对其损害公司利益的其他情形作出纠正的,中国证监会责令改正、责令暂停或者停止收购活动。

被收购公司董事会未能依法采取有效措施促使公司控股股东、实际控制人予以纠正,或者在收购完成后未能促使收购人履行承诺、安排或者保证的,中国证监会可以认定相关董事为不适当人选。

第八十条 上市公司董事未履行忠实义务和勤勉义务,利用收购谋取不当利益的,中国证监会采取监管谈话、出具警示函等监管措施,可以认定为不适当人选。

上市公司章程中涉及公司控制权的条款违反法律、行政法规和本办法规定的,中国证监会责令改正。

第八十一条 为上市公司收购出具资产评估报告、审计报告、法律意见书和财务顾问报告的证券服务机构或者证券公司及其专业人员,未依法履行职责的,或者违反中国证监会的有关规定或者行业规范、业务规则的,中国证监会责令改正,采取监管谈话、出具警示函、责令公开说明、责令定期报告等监管措施。

前款规定的证券服务机构及其从业人员被责令改正的,在改正前,不得接受新的上市公司并购重组业务。

第八十二条 中国证监会将上市公司的收购及相关股份权益变动活动中的当事人的违法行为和整改情况记入诚信档案。

违反本办法的规定构成证券违法行为的,依法追究法律责任。

第十章 附 则

第八十三条 本办法所称一致行动,是指投资者通过协议、其他安排,与其他投资者共同扩大其所能够支配的一个上市公司股份表决权数量的行为或者事实。

在上市公司的收购及相关股份权益变动活动中有一致行动情形的投资者,互为一致行动人。如无相反证据,投资者有下列情形之一的,为一致行动人:

(一)投资者之间有股权控制关系;

(二)投资者受同一主体控制;

(三)投资者的董事、监事或者高级管理人员中的主要成员,同时在另一个投资者担任董事、监事或者高级管理人员;

(四)投资者参股另一投资者,可以对参股公司的重大决策产生重大影响;

(五)银行以外的其他法人、其他组织和自然人为投资者取得相关股份提供融资安排;

(六)投资者之间存在合伙、合作、联营等其他经济利益关系;

(七)持有投资者30%以上股份的自然人,与投资者持有同一上市公司股份;

(八)在投资者任职的董事、监事及高级管理人员,与投资者持有同一上市公司股份;

(九)持有投资者30%以上股份的自然人和在投资者任职的董事、监事及高级管理人员,其父母、配偶、子女及其配偶、配偶的父母、兄弟姐妹及其配偶、配偶的兄弟姐妹及其配偶等亲属,与投资者持有同一上市公司股份;

（十）在上市公司任职的董事、监事、高级管理人员及其前项所述亲属同时持有本公司股份的，或者与其自己或者其前项所述亲属直接或者间接控制的企业同时持有本公司股份；

（十一）上市公司董事、监事、高级管理人员和员工与其所控制或者委托的法人或者其他组织持有本公司股份；

（十二）投资者之间具有其他关联关系。

一致行动人应当合并计算其所持有的股份。投资者计算其所持有的股份，应当包括登记在其名下的股份，也包括登记在其一致行动人名下的股份。

投资者认为其与他人不应被视为一致行动人的，可以向中国证监会提供相反证据。

第八十四条 有下列情形之一的，为拥有上市公司控制权：

（一）投资者为上市公司持股50%以上的控股股东；

（二）投资者可以实际支配上市公司股份表决权超过30%；

（三）投资者通过实际支配上市公司股份表决权能够决定公司董事会半数以上成员选任；

（四）投资者依其可实际支配的上市公司股份表决权足以对公司股东大会的决议产生重大影响；

（五）中国证监会认定的其他情形。

第八十五条 信息披露义务人涉及计算其拥有权益比例的，应当将其所持有的上市公司已发行的可转换为公司股票的证券中有权转换部分与其所持有的同一上市公司的股份合并计算，并将其持股比例与合并计算非股权类证券转为股份后的比例相比，以二者中的较高者为准；行权期限届满未行权的，或者行权条件不再具备的，无需合并计算。

前款所述二者中的较高者，应当按下列公式计算：

（一）投资者持有的股份数量/上市公司已发行股份总数

（二）（投资者持有的股份数量＋投资者持有的可转换为公司股票的非股权类证券所对应的股份数量）/（上市公司已发行股份总数＋上市公司发行的可转换为公司股票的非股权类证券所对应的股份总数）

前款所称"投资者持有的股份数量"包括投资者拥有的普通股数量和优先股恢复的表决权数量,"上市公司已发行股份总数"包括上市公司已发行的普通股总数和优先股恢复的表决权总数。

第八十六条　投资者因行政划转、执行法院裁决、继承、赠与等方式取得上市公司控制权的,应当按照本办法第四章的规定履行报告、公告义务。

第八十七条　权益变动报告书、收购报告书、要约收购报告书、被收购公司董事会报告书等文件的内容与格式,由中国证监会另行制定。

第八十八条　被收购公司在境内、境外同时上市的,收购人除应当遵守本办法及中国证监会的相关规定外,还应当遵守境外上市地的相关规定。

第八十九条　外国投资者收购上市公司及在上市公司中拥有的权益发生变动的,除应当遵守本办法的规定外,还应当遵守外国投资者投资上市公司的相关规定。

第九十条　本办法自2006年9月1日起施行。中国证监会发布的《上市公司收购管理办法》(证监会令第10号)、《上市公司股东持股变动信息披露管理办法》(证监会令第11号)、《关于要约收购涉及的被收购公司股票上市交易条件有关问题的通知》(证监公司字〔2003〕16号)和《关于规范上市公司实际控制权转移行为有关问题的通知》(证监公司字〔2004〕1号)同时废止。

上市公司重大资产重组管理办法

（2008年4月16日中国证券监督管理委员会令第53号公布 根据2011年8月1日中国证券监督管理委员会令第73号《关于修改上市公司重大资产重组与配套融资相关规定的决定》修正 2014年10月23日中国证券监督管理委员会令第109号修订 根据2016年9月8日中国证券监督管理委员会令第127号《关于修改〈上市公司重大资产重组管理办法〉的决定》、2019年10月18日中国证券监督管理委员会令第159号《关于修改〈上市公司重大资产重组管理办法〉的决定》、2020年3月20日中国证券监督管理委员会令第166号《关于修改部分证券期货规章的决定》修正 2023年2月17日中国证券监督管理委员会令第214号修订）

第一章 总　　则

第一条 为了规范上市公司重大资产重组行为,保护上市公司和投资者的合法权益,促进上市公司质量不断提高,维护证券市场秩序和社会公共利益,根据《中华人民共和国公司法》、《中华人民共和国证券法》(以下简称《证券法》)等法律、行政法规的规定,制定本办法。

第二条 本办法适用于上市公司及其控股或者控制的公司在日常经营活动之外购买、出售资产或者通过其他方式进行资产交易达到规定的标准,导致上市公司的主营业务、资产、收入发生重大变化的资产交易行为(以下简称重大资产重组)。

上市公司发行股份购买资产应当符合本办法的规定。

上市公司按照经中国证券监督管理委员会(以下简称中国证监会)注册的证券发行申请所披露的募集资金用途,使用募集资金购买资产、对外投资的行为,不适用本办法。

第三条 任何单位和个人不得利用重大资产重组损害上市公司

及其股东的合法权益。

第四条 上市公司实施重大资产重组,有关各方必须及时、公平地披露或者提供信息,保证所披露或者提供信息的真实、准确、完整,不得有虚假记载、误导性陈述或者重大遗漏。

第五条 上市公司的董事、监事和高级管理人员在重大资产重组活动中,应当诚实守信、勤勉尽责,维护公司资产的安全,保护公司和全体股东的合法权益。

第六条 为重大资产重组提供服务的证券服务机构和人员,应当遵守法律、行政法规和中国证监会的有关规定,以及证券交易所的相关规则,遵循本行业公认的业务标准和道德规范,诚实守信,勤勉尽责,严格履行职责,对其所制作、出具文件的真实性、准确性和完整性承担责任。

前款规定的证券服务机构和人员,不得教唆、协助或者伙同委托人编制或者披露存在虚假记载、误导性陈述或者重大遗漏的报告、公告文件,不得从事不正当竞争,不得利用上市公司重大资产重组谋取不正当利益。

第七条 任何单位和个人对所知悉的重大资产重组信息在依法披露前负有保密义务。

禁止任何单位和个人利用重大资产重组信息从事内幕交易、操纵证券市场等违法活动。

第八条 中国证监会依法对上市公司重大资产重组行为进行监督管理。

证券交易所依法制定上市公司重大资产重组业务规则,并对上市公司重大资产重组行为、证券服务机构和人员履职行为等进行自律管理。

中国证监会基于证券交易所的审核意见,依法对上市公司发行股份购买资产涉及的证券发行申请履行注册程序,并对证券交易所的审核工作进行监督。

第九条 对上市公司发行股份购买资产涉及的证券发行申请予以注册,不表明中国证监会和证券交易所对该证券的投资价值或者投资者的收益作出实质性判断或者保证,也不表明中国证监会和证券交易所对申请文件的真实性、准确性、完整性作出保证。

第十条 鼓励依法设立的并购基金、股权投资基金、创业投资基金、产业投资基金等投资机构参与上市公司并购重组。

第二章 重大资产重组的原则和标准

第十一条 上市公司实施重大资产重组,应当就本次交易符合下列要求作出充分说明,并予以披露:

(一)符合国家产业政策和有关环境保护、土地管理、反垄断、外商投资、对外投资等法律和行政法规的规定;

(二)不会导致上市公司不符合股票上市条件;

(三)重大资产重组所涉及的资产定价公允,不存在损害上市公司和股东合法权益的情形;

(四)重大资产重组所涉及的资产权属清晰,资产过户或者转移不存在法律障碍,相关债权债务处理合法;

(五)有利于上市公司增强持续经营能力,不存在可能导致上市公司重组后主要资产为现金或者无具体经营业务的情形;

(六)有利于上市公司在业务、资产、财务、人员、机构等方面与实际控制人及其关联人保持独立,符合中国证监会关于上市公司独立性的相关规定;

(七)有利于上市公司形成或者保持健全有效的法人治理结构。

第十二条 上市公司及其控股或者控制的公司购买、出售资产,达到下列标准之一的,构成重大资产重组:

(一)购买、出售的资产总额占上市公司最近一个会计年度经审计的合并财务会计报告期末资产总额的比例达到百分之五十以上;

(二)购买、出售的资产在最近一个会计年度所产生的营业收入占上市公司同期经审计的合并财务会计报告营业收入的比例达到百分之五十以上,且超过五千万元人民币;

(三)购买、出售的资产净额占上市公司最近一个会计年度经审计的合并财务会计报告期末净资产额的比例达到百分之五十以上,且超过五千万元人民币。

购买、出售资产未达到前款规定标准,但中国证监会发现涉嫌违反国家产业政策、违反法律和行政法规、违反中国证监会的规定、可能损害上市公司或者投资者合法权益等重大问题的,可以根据审慎监管原则,责令上市公司暂停交易、按照本办法的规定补充披露相关信息、聘请符合《证券法》规定的独立财务顾问或者其他证券服务机构补充核查并披露专业意见。

第十三条 上市公司自控制权发生变更之日起三十六个月内,向收购人及其关联人购买资产,导致上市公司发生以下根本变化情形之一的,构成重大资产重组,应当按照本办法的规定履行相关义务和程序:

(一)购买的资产总额占上市公司控制权发生变更的前一个会计年度经审计的合并财务会计报告期末资产总额的比例达到百分之一百以上;

(二)购买的资产在最近一个会计年度所产生的营业收入占上市公司控制权发生变更的前一个会计年度经审计的合并财务会计报告营业收入的比例达到百分之一百以上;

(三)购买的资产净额占上市公司控制权发生变更的前一个会计年度经审计的合并财务会计报告期末净资产额的比例达到百分之一百以上;

(四)为购买资产发行的股份占上市公司首次向收购人及其关联人购买资产的董事会决议前一个交易日的股份的比例达到百分之一百以上;

(五)上市公司向收购人及其关联人购买资产虽未达到第(一)至第(四)项标准,但可能导致上市公司主营业务发生根本变化;

(六)中国证监会认定的可能导致上市公司发生根本变化的其他情形。

上市公司实施前款规定的重大资产重组,应当符合下列规定:

(一)符合本办法第十一条、第四十三条规定的要求;

(二)上市公司购买的资产对应的经营实体应当是股份有限公司或者有限责任公司,且符合《首次公开发行股票注册管理办法》规定的其他发行条件、相关板块定位,以及证券交易所规定的具体条件;

(三)上市公司及其最近三年内的控股股东、实际控制人不存在因涉嫌犯罪正被司法机关立案侦查或涉嫌违法违规正被中国证监会立案调查的情形。但是，涉嫌犯罪或违法违规的行为已经终止满三年，交易方案能够消除该行为可能造成的不良后果，且不影响对相关行为人追究责任的除外；

（四）上市公司及其控股股东、实际控制人最近十二个月内未受到证券交易所公开谴责，不存在其他重大失信行为；

（五）本次重大资产重组不存在中国证监会认定的可能损害投资者合法权益，或者违背公开、公平、公正原则的其他情形。

上市公司实施第一款规定的重大资产重组，涉及发行股份的，适用《证券法》和中国证监会的相关规定，应当报经中国证监会注册。

第一款所称控制权，按照《上市公司收购管理办法》第八十四条的规定进行认定。上市公司股权分散，董事、高级管理人员可以支配公司重大的财务和经营决策的，视为具有上市公司控制权。

上市公司自控制权发生变更之日起，向收购人及其关联人购买的资产属于金融、创业投资等特定行业的，由中国证监会另行规定。

第十四条 计算本办法第十二条、第十三条规定的标准时，应当遵守下列规定：

（一）购买的资产为股权的，其资产总额以被投资企业的资产总额与该项投资所占股权比例的乘积和成交金额二者中的较高者为准，营业收入以被投资企业的营业收入与该项投资所占股权比例的乘积为准，资产净额以被投资企业的净资产额与该项投资所占股权比例的乘积和成交金额二者中的较高者为准；出售的资产为股权的，其资产总额、营业收入以及资产净额分别以被投资企业的资产总额、营业收入以及净资产额与该项投资所占股权比例的乘积为准。

购买股权导致上市公司取得被投资企业控股权的，其资产总额以被投资企业的资产总额和成交金额二者中的较高者为准，营业收入以被投资企业的营业收入为准，资产净额以被投资企业的净资产额和成交金额二者中的较高者为准；出售股权导致上市公司丧失被投资企业控股权的，其资产总额、营业收入以及资产净额分别以被投资企业的资产总额、营业收入以及净资产额为准。

（二）购买的资产为非股权资产的，其资产总额以该资产的账面值和成交金额二者中的较高者为准,资产净额以相关资产与负债的账面值差额和成交金额二者中的较高者为准;出售的资产为非股权资产的,其资产总额、资产净额分别以该资产的账面值、相关资产与负债账面值的差额为准;该非股权资产不涉及负债的,不适用本办法第十二条第一款第(三)项规定的资产净额标准。

(三)上市公司同时购买、出售资产的,应当分别计算购买、出售资产的相关比例,并以二者中比例较高者为准。

(四)上市公司在十二个月内连续对同一或者相关资产进行购买、出售的,以其累计数分别计算相应数额。已按照本办法的规定编制并披露重大资产重组报告书的资产交易行为,无须纳入累计计算的范围。中国证监会对本办法第十三条第一款规定的重大资产重组的累计期限和范围另有规定的,从其规定。

交易标的资产属于同一交易方所有或者控制,或者属于相同或者相近的业务范围,或者中国证监会认定的其他情形下,可以认定为同一或者相关资产。

第十五条 本办法第二条所称通过其他方式进行资产交易,包括:

(一)与他人新设企业、对已设立的企业增资或者减资;

(二)受托经营、租赁其他企业资产或者将经营性资产委托他人经营、租赁;

(三)接受附义务的资产赠与或者对外捐赠资产;

(四)中国证监会根据审慎监管原则认定的其他情形。

上述资产交易实质上构成购买、出售资产,且达到本办法第十二条、第十三条规定的标准的,应当按照本办法的规定履行相关义务和程序。

第三章 重大资产重组的程序

第十六条 上市公司与交易对方就重大资产重组事宜进行初步磋商时,应当立即采取必要且充分的保密措施,制定严格有效的保密制度,限定相关敏感信息的知悉范围。上市公司及交易对方聘请证券服务机构的,应当立即与所聘请的证券服务机构签署保密协议。

上市公司关于重大资产重组的董事会决议公告前,相关信息已在媒体上传播或者公司股票交易出现异常波动的,上市公司应当立即将有关计划、方案或者相关事项的现状以及相关进展情况和风险因素等予以公告,并按照有关信息披露规则办理其他相关事宜。

第十七条 上市公司应当聘请符合《证券法》规定的独立财务顾问、律师事务所以及会计师事务所等证券服务机构就重大资产重组出具意见。

独立财务顾问和律师事务所应当审慎核查重大资产重组是否构成关联交易,并依据核查确认的相关事实发表明确意见。重大资产重组涉及关联交易的,独立财务顾问应当就本次重组对上市公司非关联股东的影响发表明确意见。

资产交易定价以资产评估结果为依据的,上市公司应当聘请符合《证券法》规定的资产评估机构出具资产评估报告。

证券服务机构在其出具的意见中采用其他证券服务机构或者人员的专业意见的,仍然应当进行尽职调查,审慎核查其采用的专业意见的内容,并对利用其他证券服务机构或者人员的专业意见所形成的结论负责。在保持职业怀疑并进行审慎核查、开展必要调查和复核的基础上,排除职业怀疑的,可以合理信赖。

第十八条 上市公司及交易对方与证券服务机构签订聘用合同后,非因正当事由不得更换证券服务机构。确有正当事由需要更换证券服务机构的,应当披露更换的具体原因以及证券服务机构的陈述意见。

第十九条 上市公司应当在重大资产重组报告书的管理层讨论与分析部分,就本次交易对上市公司的持续经营能力、未来发展前景、当年每股收益等财务指标和非财务指标的影响进行详细分析;涉及购买资产的,还应当就上市公司对交易标的资产的整合管控安排进行详细分析。

第二十条 重大资产重组中相关资产以资产评估结果作为定价依据的,资产评估机构应当按照资产评估相关准则和规范开展执业活动;上市公司董事会应当对评估机构的独立性、评估假设前提的合理性、评估方法与评估目的的相关性以及评估定价的公允性发表明确意见。

相关资产不以资产评估结果作为定价依据的,上市公司应当在重大资产重组报告书中详细分析说明相关资产的估值方法、参数及其他影响估值结果的指标和因素。上市公司董事会应当对估值机构的独立性、估值假设前提的合理性、估值方法与估值目的的相关性发表明确意见,并结合相关资产的市场可比交易价格、同行业上市公司的市盈率或者市净率等通行指标,在重大资产重组报告书中详细分析本次交易定价的公允性。

前两款情形中,评估机构、估值机构原则上应当采取两种以上的方法进行评估或者估值;上市公司独立董事应当出席董事会会议,对评估机构或者估值机构的独立性、评估或者估值假设前提的合理性和交易定价的公允性发表独立意见,并单独予以披露。

第二十一条 上市公司进行重大资产重组,应当由董事会依法作出决议,并提交股东大会批准。

上市公司董事会应当就重大资产重组是否构成关联交易作出明确判断,并作为董事会决议事项予以披露。

上市公司独立董事应当在充分了解相关信息的基础上,就重大资产重组发表独立意见。重大资产重组构成关联交易的,独立董事可以另行聘请独立财务顾问就本次交易对上市公司非关联股东的影响发表意见。上市公司应当积极配合独立董事调阅相关材料,并通过安排实地调查、组织证券服务机构汇报等方式,为独立董事履行职责提供必要的支持和便利。

第二十二条 上市公司应当在董事会作出重大资产重组决议后的次一工作日至少披露下列文件:

(一)董事会决议及独立董事的意见;

(二)上市公司重大资产重组预案。

本次重组的重大资产重组报告书、独立财务顾问报告、法律意见书以及重组涉及的审计报告、资产评估报告或者估值报告至迟应当与召开股东大会的通知同时公告。上市公司自愿披露盈利预测报告的,该报告应当经符合《证券法》规定的会计师事务所审核,与重大资产重组报告书同时公告。

第一款第(二)项及第二款规定的信息披露文件的内容与格式另行规定。

上市公司应当在证券交易所的网站和一家符合中国证监会规定条件的媒体公告董事会决议、独立董事的意见、重大资产重组报告书及其摘要、相关证券服务机构的报告或者意见等信息披露文件。

第二十三条 上市公司股东大会就重大资产重组作出的决议,至少应当包括下列事项:

(一)本次重大资产重组的方式、交易标的和交易对方;

(二)交易价格或者价格区间;

(三)定价方式或者定价依据;

(四)相关资产自定价基准日至交割日期间损益的归属;

(五)相关资产办理权属转移的合同义务和违约责任;

(六)决议的有效期;

(七)对董事会办理本次重大资产重组事宜的具体授权;

(八)其他需要明确的事项。

第二十四条 上市公司股东大会就重大资产重组事项作出决议,必须经出席会议的股东所持表决权的三分之二以上通过。

上市公司重大资产重组事宜与本公司股东或者其关联人存在关联关系的,股东大会就重大资产重组事项进行表决时,关联股东应当回避表决。

交易对方已经与上市公司控股股东就受让上市公司股权或者向上市公司推荐董事达成协议或者合意,可能导致上市公司的实际控制权发生变化的,上市公司控股股东及其关联人应当回避表决。

上市公司就重大资产重组事宜召开股东大会,应当以现场会议形式召开,并应当提供网络投票和其他合法方式为股东参加股东大会提供便利。除上市公司的董事、监事、高级管理人员、单独或者合计持有上市公司百分之五以上股份的股东以外,其他股东的投票情况应当单独统计并予以披露。

第二十五条 上市公司应当在股东大会作出重大资产重组决议后的次一工作日公告该决议,以及律师事务所对本次会议的召集程序、召集人和出席人员的资格、表决程序以及表决结果等事项出具的法律意见书。

涉及发行股份购买资产的,上市公司应当根据中国证监会的规定委托独立财务顾问,在作出决议后三个工作日内向证券交易所提出申请。

第二十六条 上市公司全体董事、监事、高级管理人员应当公开承诺,保证重大资产重组的信息披露和申请文件不存在虚假记载、误导性陈述或者重大遗漏。

重大资产重组的交易对方应当公开承诺,将及时向上市公司提供本次重组相关信息,并保证所提供的信息真实、准确、完整,如因提供的信息存在虚假记载、误导性陈述或者重大遗漏,给上市公司或者投资者造成损失的,将依法承担赔偿责任。

前两款规定的单位和个人还应当公开承诺,如本次交易因涉嫌所提供或者披露的信息存在虚假记载、误导性陈述或者重大遗漏,被司法机关立案侦查或者被中国证监会立案调查的,在案件调查结论明确之前,将暂停转让其在该上市公司拥有权益的股份。

第二十七条 证券交易所设立并购重组委员会(以下简称并购重组委)依法审议上市公司发行股份购买资产申请,提出审议意见。

证券交易所应当在规定的时限内基于并购重组委的审议意见,形成本次交易是否符合重组条件和信息披露要求的审核意见。

证券交易所认为符合相关条件和要求的,将审核意见、上市公司注册申请文件及相关审核资料报中国证监会注册;认为不符合相关条件和要求的,作出终止审核决定。

第二十八条 中国证监会收到证券交易所报送的审核意见等相关文件后,依照法定条件和程序,在十五个工作日内对上市公司的注册申请作出予以注册或者不予注册的决定,按规定应当扣除的时间不计算在本款规定的时限内。

中国证监会基于证券交易所的审核意见依法履行注册程序,发现存在影响重组条件的新增事项,可以要求证券交易所问询并就新增事项形成审核意见。

中国证监会认为证券交易所对前款规定的新增事项审核意见依据明显不充分的,可以退回补充审核。证券交易所补充审核后,认为符合重组条件和信息披露要求的,重新向中国证监会报送审核意见等相关文件,注册期限按照第一款规定重新计算。

第二十九条　股东大会作出重大资产重组的决议后,上市公司拟对交易对象、交易标的、交易价格等作出变更,构成对原交易方案重大调整的,应当在董事会表决通过后重新提交股东大会审议,并及时公告相关文件。

证券交易所审核或者中国证监会注册期间,上市公司按照前款规定对原交易方案作出重大调整的,应当按照本办法的规定向证券交易所重新提出申请,同时公告相关文件。

证券交易所审核或者中国证监会注册期间,上市公司董事会决议撤回申请的,应当说明原因,向证券交易所提出申请,予以公告;上市公司董事会决议终止本次交易的,应当按照公司章程的规定提交股东大会审议,股东大会就重大资产重组事项作出决议时已具体授权董事会可以决议终止本次交易的除外。

第三十条　上市公司收到中国证监会就其申请作出的予以注册或者不予注册的决定后,应当在次一工作日予以公告。

中国证监会予以注册的,上市公司应当在公告注册决定的同时,按照相关信息披露准则的规定补充披露相关文件。

第三十一条　上市公司重大资产重组不涉及发行股份的,应当根据中国证监会的规定聘请独立财务顾问和其他证券服务机构,按照本办法和证券交易所的要求履行相关程序、披露相关信息。

证券交易所通过问询、现场检查、现场督导、要求独立财务顾问和其他证券服务机构补充核查并披露专业意见等方式进行自律管理,发现重组活动明显违反本办法规定的重组条件和信息披露要求,可能因定价显失公允、不正当利益输送等问题严重损害上市公司、投资者合法权益的,可以报请中国证监会根据本办法的规定采取相关措施。

第三十二条　上市公司重大资产重组完成相关批准程序后,应当及时实施重组方案,并于实施完毕之日起三个工作日内编制实施情况报告书,向证券交易所提交书面报告,并予以公告。

上市公司聘请的独立财务顾问和律师事务所应当对重大资产重组的实施过程、资产过户事宜和相关后续事项的合规性及风险进行核查,发表明确的结论性意见。独立财务顾问和律师事务所出具的意见应当与实施情况报告书同时报告、公告。

第三十三条 自完成相关批准程序之日起六十日内,本次重大资产重组未实施完毕的,上市公司应当于期满后次一工作日将实施进展情况报告,并予以公告;此后每三十日应当公告一次,直至实施完毕。属于本办法第四十四条规定的交易情形的,自收到中国证监会注册文件之日起超过十二个月未实施完毕的,注册文件失效。

第三十四条 上市公司在实施重大资产重组的过程中,发生法律、法规要求披露的重大事项的,应当及时作出公告;该事项导致本次交易发生实质性变动的,须重新提交股东大会审议,涉及发行股份购买资产的,还须按照本办法的规定向证券交易所重新提出申请。

第三十五条 采取收益现值法、假设开发法等基于未来收益预期的方法对拟购买资产进行评估或者估值并作为定价参考依据的,上市公司应当在重大资产重组实施完毕后三年内的年度报告中单独披露相关资产的实际盈利数与利润预测数的差异情况,并由会计师事务所对此出具专项审核意见;交易对方应当与上市公司就相关资产实际盈利数不足利润预测数的情况签订明确可行的补偿协议。

预计本次重大资产重组将摊薄上市公司当年每股收益的,上市公司应当提出填补每股收益的具体措施,并将相关议案提交董事会和股东大会进行表决。负责落实该等具体措施的相关责任主体应当公开承诺,保证切实履行其义务和责任。

上市公司向控股股东、实际控制人或者其控制的关联人之外的特定对象购买资产且未导致控制权发生变更的,不适用前两款规定,上市公司与交易对方可以根据市场化原则,自主协商是否采取业绩补偿和每股收益填补措施及相关具体安排。

第三十六条 上市公司重大资产重组发生下列情形的,独立财务顾问应当及时出具核查意见,并予以公告:

(一)上市公司完成相关批准程序前,对交易对象、交易标的、交易价格等作出变更,构成对原重组方案重大调整,或者因发生重大事项导致原重组方案发生实质性变动的;

(二)上市公司完成相关批准程序后,在实施重组过程中发生重大事项,导致原重组方案发生实质性变动的。

第三十七条 独立财务顾问应当按照中国证监会的相关规定,以及证券交易所的相关规则,对实施重大资产重组的上市公司履行持续督导职责。持续督导的期限自本次重大资产重组实施完毕之日起,应当不少于一个会计年度。实施本办法第十三条规定的重大资产重组,持续督导的期限自本次重大资产重组实施完毕之日起,应当不少于三个会计年度。持续督导期限届满后,仍存在尚未完结的督导事项的,独立财务顾问应当就相关事项继续履行持续督导职责。

第三十八条 独立财务顾问应当结合上市公司重大资产重组当年和实施完毕后的第一个会计年度的年报,自年报披露之日起十五日内,对重大资产重组实施的下列事项出具持续督导意见,并予以公告:

(一)交易资产的交付或者过户情况;

(二)交易各方当事人承诺的履行情况;

(三)已公告的盈利预测或者利润预测的实现情况;

(四)管理层讨论与分析部分提及的各项业务的发展现状,以及上市公司对所购买资产整合管控安排的执行情况;

(五)公司治理结构与运行情况;

(六)与已公布的重组方案存在差异的其他事项。

独立财务顾问还应当结合本办法第十三条规定的重大资产重组实施完毕后的第二、第三个会计年度的年报,自年报披露之日起十五日内,对前款第(二)至(六)项事项出具持续督导意见,并予以公告。

第四章 重大资产重组的信息管理

第三十九条 上市公司筹划、实施重大资产重组,相关信息披露义务人应当公平地向所有投资者披露可能对上市公司股票交易价格产生较大影响的相关信息(以下简称股价敏感信息),不得提前泄露。

第四十条 上市公司的股东、实际控制人以及参与重大资产重组筹划、论证、决策等环节的其他相关机构和人员,应当做好保密工作。对于依法应当披露的信息,应当及时通知上市公司,并配合上市公司及时、准确、完整地进行披露。相关信息发生泄露的,应当立即通知上市公司,并督促上市公司依法披露。

第四十一条 上市公司及其董事、监事、高级管理人员,重大资产重组的交易对方及其关联方,交易对方及其关联方的董事、监事、高级管理人员或者主要负责人,交易各方聘请的证券服务机构及其从业人员,参与重大资产重组筹划、论证、决策、审批等环节的相关机构和人员,以及因直系亲属关系、提供服务和业务往来等知悉或者可能知悉股价敏感信息的其他相关机构和人员,在重大资产重组的股价敏感信息依法披露前负有保密义务,禁止利用该信息进行内幕交易。

第四十二条 上市公司筹划重大资产重组事项,应当详细记载筹划过程中每一具体环节的进展情况,包括商议相关方案、形成相关意向、签署相关协议或者意向书的具体时间、地点、参与机构和人员、商议和决议内容等,制作书面的交易进程备忘录并予以妥当保存。参与每一具体环节的所有人员应当即时在备忘录上签名确认。

上市公司筹划发行股份购买资产,可以按照证券交易所的有关规定申请停牌。上市公司不申请停牌的,应当就本次交易做好保密工作,在发行股份购买资产预案、发行股份购买资产报告书披露前,不得披露所筹划交易的相关信息。信息已经泄露的,上市公司应当立即披露发行股份购买资产预案、发行股份购买资产报告书,或者申请停牌。

上市公司筹划不涉及发行股份的重大资产重组,应当分阶段披露相关情况,不得申请停牌。

上市公司股票交易价格因重大资产重组的市场传闻发生异常波动时,上市公司应当及时核实有无影响上市公司股票交易价格的重组事项并予以澄清,不得以相关事项存在不确定性为由不履行信息披露义务。

第五章 发行股份购买资产

第四十三条 上市公司发行股份购买资产,应当符合下列规定:

(一)充分说明并披露本次交易有利于提高上市公司资产质量、改善财务状况和增强持续经营能力,有利于上市公司减少关联交易、避免同业竞争、增强独立性。

(二)上市公司最近一年及一期财务会计报告被会计师事务所出具无保留意见审计报告;被出具保留意见、否定意见或者无法表示意见的审计报告的,须经会计师事务所专项核查确认,该保留意见、否定意见或者无法表示意见所涉及事项的重大影响已经消除或者将通过本次交易予以消除。

(三)上市公司及其现任董事、高级管理人员不存在因涉嫌犯罪正被司法机关立案侦查或涉嫌违法违规正被中国证监会立案调查的情形。但是,涉嫌犯罪或违法违规的行为已经终止满三年,交易方案有助于消除该行为可能造成的不良后果,且不影响对相关行为人追究责任的除外。

(四)充分说明并披露上市公司发行股份所购买的资产为权属清晰的经营性资产,并能在约定期限内办理完毕权属转移手续。

(五)中国证监会规定的其他条件。

上市公司为促进行业的整合、转型升级,在其控制权不发生变更的情况下,可以向控股股东、实际控制人或者其控制的关联人之外的特定对象发行股份购买资产。所购买资产与现有主营业务没有显著协同效应的,应当充分说明并披露本次交易后的经营发展战略和业务管理模式,以及业务转型升级可能面临的风险和应对措施。

特定对象以现金或者资产认购上市公司发行的股份后,上市公司用同一次发行所募集的资金向该特定对象购买资产的,视同上市公司发行股份购买资产。

第四十四条 上市公司发行股份购买资产的,可以同时募集部分配套资金,其定价方式按照相关规定办理。

上市公司发行股份购买资产应当遵守本办法关于重大资产重组的规定,编制发行股份购买资产预案、发行股份购买资产报告书,并向证券交易所提出申请。

第四十五条 上市公司发行股份的价格不得低于市场参考价的百分之八十。市场参考价为本次发行股份购买资产的董事会决议公告日前二十个交易日、六十个交易日或者一百二十个交易日的公司股票交易均价之一。本次发行股份购买资产的董事会决议应当说明市场参考价的选择依据。

前款所称交易均价的计算公式为:董事会决议公告日前若干个交易日公司股票交易均价=决议公告日前若干个交易日公司股票交易

总额/决议公告日前若干个交易日公司股票交易总量。

本次发行股份购买资产的董事会决议可以明确,在中国证监会注册前,上市公司的股票价格相比最初确定的发行价格发生重大变化的,董事会可以按照已经设定的调整方案对发行价格进行一次调整。

前款规定的发行价格调整方案应当明确、具体、可操作,详细说明是否相应调整拟购买资产的定价、发行股份数量及其理由,在首次董事会决议公告时充分披露,并按照规定提交股东大会审议。股东大会作出决议后,董事会按照已经设定的方案调整发行价格的,上市公司无需按照本办法第二十九条的规定向证券交易所重新提出申请。

第四十六条 特定对象以资产认购而取得的上市公司股份,自股份发行结束之日起十二个月内不得转让;属于下列情形之一的,三十六个月内不得转让:

(一)特定对象为上市公司控股股东、实际控制人或者其控制的关联人;

(二)特定对象通过认购本次发行的股份取得上市公司的实际控制权;

(三)特定对象取得本次发行的股份时,对其用于认购股份的资产持续拥有权益的时间不足十二个月。

属于本办法第十三条第一款规定的交易情形的,上市公司原控股股东、原实际控制人及其控制的关联人,以及在交易过程中从该等主体直接或间接受让该上市公司股份的特定对象应当公开承诺,在本次交易完成后三十六个月内不转让其在该上市公司中拥有权益的股份;除收购人及其关联人以外的特定对象应当公开承诺,其以资产认购而取得的上市公司股份自股份发行结束之日起二十四个月内不得转让。

第四十七条 上市公司发行股份购买资产导致特定对象持有或者控制的股份达到法定比例的,应当按照《上市公司收购管理办法》的规定履行相关义务。

上市公司向控股股东、实际控制人或者其控制的关联人发行股份购买资产,或者发行股份购买资产将导致上市公司实际控制权发生变更的,认购股份的特定对象应当在发行股份购买资产报告书中公开承诺:本次交易完成后六个月内如上市公司股票连续二十个交易日的收盘价低于发行价,或者交易完成后六个月期末收盘价低于发行价的,其持有公司股票的锁定期自动延长至少六个月。

前款规定的特定对象还应当在发行股份购买资产报告书中公开承诺:如本次交易因涉嫌所提供或披露的信息存在虚假记载、误导性陈述或者重大遗漏,被司法机关立案侦查或者被中国证监会立案调查的,在案件调查结论明确以前,不转让其在该上市公司拥有权益的股份。

第四十八条 中国证监会对上市公司发行股份购买资产的申请作出予以注册的决定后,上市公司应当及时实施。向特定对象购买的相关资产过户至上市公司后,上市公司聘请的独立财务顾问和律师事务所应当对资产过户事宜和相关后续事项的合规性及风险进行核查,并发表明确意见。上市公司应当在相关资产过户完成后三个工作日内就过户情况作出公告,公告中应当包括独立财务顾问和律师事务所的结论性意见。

上市公司完成前款规定的公告、报告后,可以到证券交易所、证券登记结算机构为认购股份的特定对象申请办理证券登记手续。

第四十九条 换股吸收合并涉及上市公司的,上市公司的股份定价及发行按照本办法有关规定执行。

上市公司发行优先股用于购买资产或者与其他公司合并,中国证监会另有规定的,从其规定。

上市公司可以向特定对象发行可转换为股票的公司债券、定向权证、存托凭证等用于购买资产或者与其他公司合并。

第六章 监督管理和法律责任

第五十条 未依照本办法的规定履行相关义务或者程序,擅自实施重大资产重组的,由中国证监会责令改正,并可以采取监管谈话、出具警示函等监管措施;情节严重的,可以责令暂停或者终止重组活动,处以警告、罚款,并可以对有关责任人员采取证券市场禁入的措施。

擅自实施本办法第十三条第一款规定的重大资产重组,交易尚未完成的,中国证监会责令上市公司暂停重组活动、补充披露相关信息,涉及发行股份的,按照本办法规定报送注册申请文件;交易已经完成的,可以处以警告、罚款,并对有关责任人员采取证券市场禁入的措施;涉嫌犯罪的,依法移送司法机关追究刑事责任。

上市公司重大资产重组因定价显失公允、不正当利益输送等问题损害上市公司、投资者合法权益的,由中国证监会责令改正,并可以采取监管谈话、出具警示函等监管措施;情节严重的,可以责令暂停或者终止重组活动,处以警告、罚款,并可以对有关责任人员采取证券市场禁入的措施。

第五十一条 上市公司或者其他信息披露义务人未按照本办法规定报送重大资产重组有关报告或者履行信息披露义务的,由中国证监会责令改正,依照《证券法》第一百九十七条予以处罚;情节严重的,可以责令暂停或者终止重组活动,并可以对有关责任人员采取证券市场禁入的措施;涉嫌犯罪的,依法移送司法机关追究刑事责任。

上市公司控股股东、实际控制人组织、指使从事前款违法违规行为,或者隐瞒相关事项导致发生前款情形的,依照《证券法》第一百九十七条予以处罚;情节严重的,可以责令暂停或者终止重组活动,并可以对有关责任人员采取证券市场禁入的措施;涉嫌犯罪的,依法移送司法机关追究刑事责任。

重大资产重组的交易对方未及时向上市公司或者其他信息披露义务人提供信息的,按照第一款规定执行。

第五十二条 上市公司或者其他信息披露义务人报送的报告或者披露的信息存在虚假记载、误导性陈述或者重大遗漏的,由中国证监会责令改正,依照《证券法》第一百九十七条予以处罚;情节严重的,可以责令暂停或者终止重组活动,并可以对有关责任人员采取证券市场禁入的措施;涉嫌犯罪的,依法移送司法机关追究刑事责任。

上市公司的控股股东、实际控制人组织、指使从事前款违法违规行为,或者隐瞒相关事项导致发生前款情形的,依照《证券法》第一百九十七条予以处罚;情节严重的,可以责令暂停或者终止重组活动,并可以对有关责任人员采取证券市场禁入的措施;涉嫌犯罪的,依法移送司法机关追究刑事责任。

重大资产重组的交易对方提供的信息有虚假记载、误导性陈述或者重大遗漏的,按照第一款规定执行。

第五十三条 上市公司发行股份购买资产,在其公告的有关文件中隐瞒重要事实或者编造重大虚假内容的,中国证监会依照《证券法》第一百八十一条予以处罚。

上市公司的控股股东、实际控制人组织、指使从事前款违法行为的,中国证监会依照《证券法》第一百八十一条予以处罚。

第五十四条 重大资产重组涉嫌本办法第五十条、第五十一条、第五十二条、第五十三条规定情形的,中国证监会可以责令上市公司作出公开说明、聘请独立财务顾问或者其他证券服务机构补充核查并披露专业意见,在公开说明、披露专业意见之前,上市公司应当暂停重组活动;上市公司涉嫌前述情形被司法机关立案侦查或者被中国证监会立案调查的,在案件调查结论明确之前应当暂停重组活动。

涉嫌本办法第五十一条、第五十二条、第五十三条规定情形,被司法机关立案侦查或者被中国证监会立案调查的,有关单位和个人应当严格遵守其所作的公开承诺,在案件调查结论明确之前,不得转让其在该上市公司拥有权益的股份。

第五十五条 上市公司董事、监事和高级管理人员未履行诚实守信、勤勉尽责义务,或者上市公司的股东、实际控制人及其有关负责人员未按照本办法的规定履行相关义务,导致重组方案损害上市公司利益的,由中国证监会责令改正,并可以采取监管谈话、出具警示函等监管措施;情节严重的,处以警告、罚款,并可以对有关责任人员采取证券市场禁入的措施;涉嫌犯罪的,依法移送司法机关追究刑事责任。

第五十六条 为重大资产重组出具独立财务顾问报告、审计报告、法律意见书、资产评估报告、估值报告及其他专业文件的证券服务机构及其从业人员未履行诚实守信、勤勉尽责义务,违反中国证监会的有关规定、行业规范、业务规则,或者未依法履行报告和公告义务、持续督导义务的,由中国证监会责令改正,并可以采取监管谈话、出具警示函、责令公开说明、责令定期报告等监管措施;情节严重的,依法追究法律责任,并可以对有关责任人员采取证券市场禁入的措施。

前款规定的证券服务机构及其从业人员所制作、出具的文件存在虚假记载、误导性陈述或者重大遗漏的,由中国证监会责令改正,依照《证券法》第二百一十三条予以处罚;情节严重的,可以采取证券市场禁入的措施；涉嫌犯罪的，依法移送司法机关追究刑事责任。

第五十七条 重大资产重组实施完毕后，凡因不属于上市公司管理层事前无法获知且事后无法控制的原因，上市公司所购买资产实现的利润未达到资产评估报告或者估值报告预测金额的百分之八十，或者实际运营情况与重大资产重组报告书中管理层讨论与分析部分存在较大差距，以及上市公司实现的利润未达到盈利预测报告预测金额的百分之八十的，上市公司的董事长、总经理以及对此承担相应责任的会计师事务所、独立财务顾问、资产评估机构、估值机构及其从业人员应当在上市公司披露年度报告的同时，在同一媒体上作出解释，并向投资者公开道歉；实现利润未达到预测金额百分之五十的，中国证监会可以对上市公司、相关机构及其责任人员采取监管谈话、出具警示函、责令定期报告等监管措施。

交易对方超期未履行或者违反业绩补偿协议、承诺的，由中国证监会责令改正，并可以采取监管谈话、出具警示函、责令公开说明等监管措施，将相关情况记入诚信档案；情节严重的，可以对有关责任人员采取证券市场禁入的措施。

第五十八条 任何知悉重大资产重组信息的人员在相关信息依法公开前，泄露该信息、买卖或者建议他人买卖相关上市公司证券、利用重大资产重组散布虚假信息、操纵证券市场或者进行欺诈活动的，中国证监会依照《证券法》第一百九十一条、第一百九十二条、第一百九十三条予以处罚；涉嫌犯罪的，依法移送司法机关追究刑事责任。

第七章 附 则

第五十九条 中国证监会对证券交易所相关板块上市公司重大资产重组另有规定的，从其规定，关于注册时限的规定适用本办法。

第六十条 实施重大资产重组的上市公司为创新试点红筹企业，或者上市公司拟购买资产涉及创新试点红筹企业的，在计算本办法规定的重大资产重组认定标准等监管指标时，应当采用根据中国企业会计准则编制或者调整的财务数据。

上市公司中的创新试点红筹企业实施重大资产重组，可以按照境外注册地法律法规和公司章程履行内部决策程序，并及时披露重大资产重组报告书、独立财务顾问报告、法律意见书以及重组涉及的审计报告、资产评估报告或者估值报告。

第六十一条 本办法自公布之日起施行。

上市公司信息披露管理办法

(2021年3月18日中国证券监督管理委员会令第182号公布 自2021年5月1日起施行)

第一章 总 则

第一条 为了规范上市公司及其他信息披露义务人的信息披露行为,加强信息披露事务管理,保护投资者合法权益,根据《中华人民共和国公司法》(以下简称《公司法》)、《中华人民共和国证券法》(以下简称《证券法》)等法律、行政法规,制定本办法。

第二条 信息披露义务人履行信息披露义务应当遵守本办法的规定,中国证券监督管理委员会(以下简称中国证监会)对首次公开发行股票并上市、上市公司发行证券信息披露另有规定的,从其规定。

第三条 信息披露义务人应当及时依法履行信息披露义务,披露的信息应当真实、准确、完整,简明清晰、通俗易懂,不得有虚假记载、误导性陈述或者重大遗漏。

信息披露义务人披露的信息应当同时向所有投资者披露,不得提前向任何单位和个人泄露。但是,法律、行政法规另有规定的除外。

在内幕信息依法披露前,内幕信息的知情人和非法获取内幕信息的人不得公开或者泄露该信息,不得利用该信息进行内幕交易。任何单位和个人不得非法要求信息披露义务人提供依法需要披露但尚未披露的信息。

证券及其衍生品种同时在境内境外公开发行、交易的,其信息披露义务人在境外市场披露的信息,应当同时在境内市场披露。

第四条 上市公司的董事、监事、高级管理人员应当忠实、勤勉地履行职责,保证披露信息的真实、准确、完整,信息披露及时、公平。

第五条 除依法需要披露的信息之外,信息披露义务人可以自愿披露与投资者作出价值判断和投资决策有关的信息,但不得与依法披露的信息相冲突,不得误导投资者。

信息披露义务人自愿披露的信息应当真实、准确、完整。自愿性信息披露应当遵守公平原则,保持信息披露的持续性和一致性,不得进行选择性披露。

信息披露义务人不得利用自愿披露的信息不当影响公司证券及其衍生品种交易价格,不得利用自愿性信息披露从事市场操纵等违法违规行为。

第六条 上市公司及其控股股东、实际控制人、董事、监事、高级管理人员等作出公开承诺的,应当披露。

第七条 信息披露文件包括定期报告、临时报告、招股说明书、募集说明书、上市公告书、收购报告书等。

第八条 依法披露的信息,应当在证券交易所的网站和符合中国证监会规定条件的媒体发布,同时将其置备于上市公司住所、证券交易所,供社会公众查阅。

信息披露文件的全文应当在证券交易所的网站和符合中国证监会规定条件的报刊依法开办的网站披露,定期报告、收购报告书等信息披露文件的摘要应当在证券交易所的网站和符合中国证监会规定条件的报刊披露。

信息披露义务人不得以新闻发布或者答记者问等任何形式代替应当履行的报告、公告义务,不得以定期报告形式代替应当履行的临时报告义务。

第九条 信息披露义务人应当将信息披露公告文稿和相关备查文件报送上市公司注册地证监局。

第十条 信息披露文件应当采用中文文本。同时采用外文文本的,信息披露义务人应当保证两种文本的内容一致。两种文本发生歧义时,以中文文本为准。

第十一条 中国证监会依法对信息披露文件及公告的情况、信息披露事务管理活动进行监督检查,对信息披露义务人的信息披露行为进行监督管理。

证券交易所应当对上市公司及其他信息披露义务人的信息披露行为进行监督,督促其依法及时、准确地披露信息,对证券及其衍生品种交易实行实时监控。证券交易所制定的上市规则和其他信息披露规则应当报中国证监会批准。

第二章 定期报告

第十二条 上市公司应当披露的定期报告包括年度报告、中期报告。凡是对投资者作出价值判断和投资决策有重大影响的信息,均应当披露。

年度报告中的财务会计报告应当经符合《证券法》规定的会计师事务所审计。

第十三条 年度报告应当在每个会计年度结束之日起四个月内,中期报告应当在每个会计年度的上半年结束之日起两个月内编制完成并披露。

第十四条 年度报告应当记载以下内容:

(一)公司基本情况;

(二)主要会计数据和财务指标;

(三)公司股票、债券发行及变动情况,报告期末股票、债券总额、股东总数,公司前十大股东持股情况;

(四)持股百分之五以上股东、控股股东及实际控制人情况;

(五)董事、监事、高级管理人员的任职情况、持股变动情况、年度报酬情况;

(六)董事会报告;

(七)管理层讨论与分析;

(八)报告期内重大事件及对公司的影响;

(九)财务会计报告和审计报告全文;

(十)中国证监会规定的其他事项。

第十五条 中期报告应当记载以下内容:

(一)公司基本情况;

(二)主要会计数据和财务指标;

（三）公司股票、债券发行及变动情况、股东总数、公司前十大股东持股情况，控股股东及实际控制人发生变化的情况；

（四）管理层讨论与分析；

（五）报告期内重大诉讼、仲裁等重大事件及对公司的影响；

（六）财务会计报告；

（七）中国证监会规定的其他事项。

第十六条 定期报告内容应当经上市公司董事会审议通过。未经董事会审议通过的定期报告不得披露。

公司董事、高级管理人员应当对定期报告签署书面确认意见，说明董事会的编制和审议程序是否符合法律、行政法规和中国证监会的规定，报告的内容是否能够真实、准确、完整地反映上市公司的实际情况。

监事会应当对董事会编制的定期报告进行审核并提出书面审核意见。监事应当签署书面确认意见。监事会对定期报告出具的书面审核意见，应当说明董事会的编制和审议程序是否符合法律、行政法规和中国证监会的规定，报告的内容是否能够真实、准确、完整地反映上市公司的实际情况。

董事、监事无法保证定期报告内容的真实性、准确性、完整性或者有异议的，应当在董事会或者监事会审议、审核定期报告时投反对票或者弃权票。

董事、监事和高级管理人员无法保证定期报告内容的真实性、准确性、完整性或者有异议的，应当在书面确认意见中发表意见并陈述理由，上市公司应当披露。上市公司不予披露的，董事、监事和高级管理人员可以直接申请披露。

董事、监事和高级管理人员按照前款规定发表意见，应当遵循审慎原则，其保证定期报告内容的真实性、准确性、完整性的责任不仅因发表意见而当然免除。

第十七条 上市公司预计经营业绩发生亏损或者发生大幅变动的，应当及时进行业绩预告。

第十八条 定期报告披露前出现业绩泄露，或者出现业绩传闻且公司证券及其衍生品种交易出现异常波动的，上市公司应当及时披露本报告期相关财务数据。

第十九条 定期报告中财务会计报告被出具非标准审计意见的，上市公司董事会应当针对该审计意见涉及事项作出专项说明。

定期报告中财务会计报告被出具非标准审计意见，证券交易所认为涉嫌违法的，应当提请中国证监会立案调查。

第二十条 上市公司未在规定期限内披露年度报告和中期报告的，中国证监会应当立即立案调查，证券交易所应当按照股票上市规则予以处理。

第二十一条 年度报告、中期报告的格式及编制规则，由中国证监会和证券交易所制定。

第三章　临时报告

第二十二条 发生可能对上市公司证券及其衍生品种交易价格产生较大影响的重大事件，投资者尚未得知时，上市公司应当立即披露，说明事件的起因、目前的状态和可能产生的影响。

前款所称重大事件包括：

（一）《证券法》第八十条第二款规定的重大事件；

（二）公司发生大额赔偿责任；

（三）公司计提大额资产减值准备；

（四）公司出现股东权益为负值；

（五）公司主要债务人出现资不抵债或者进入破产程序，公司对相应债权未提取足额坏账准备；

（六）新公布的法律、行政法规、规章、行业政策可能对公司产生重大影响；

（七）公司开展股权激励、回购股份、重大资产重组、资产分拆上市或者挂牌；

（八）法院裁决禁止控股股东转让其所持股份；任一股东所持公司百分之五以上股份被质押、冻结、司法拍卖、托管、设定信托或者被依法限制表决权等，或者出现被强制过户风险；

（九）主要资产被查封、扣押或者冻结；主要银行账户被冻结；

（十）上市公司预计经营业绩发生亏损或者发生大幅变动；

（十一）主要或者全部业务陷入停顿；

（十二）获得对当期损益产生重大影响的额外收益，可能对公司的资产、负债、权益或者经营成果产生重要影响；

（十三）聘任或者解聘为公司审计的会计师事务所；

（十四）会计政策、会计估计重大自主变更；

（十五）因前期已披露的信息存在差错、未按规定披露或者虚假记载，被有关机关责令改正或者经董事会决定进行更正；

（十六）公司或者其控股股东、实际控制人、董事、监事、高级管理人员受到刑事处罚，涉嫌违法违规被中国证监会立案调查或者受到中国证监会行政处罚，或者受到其他有权机关重大行政处罚；

（十七）公司的控股股东、实际控制人、董事、监事、高级管理人员涉嫌严重违纪违法或者职务犯罪被纪检监察机关采取留置措施且影响其履行职责；

（十八）除董事长或者经理外的公司其他董事、监事、高级管理人员因身体、工作安排等原因无法正常履行职责达到或者预计达到三个月以上，或者因涉嫌违法违规被有权机关采取强制措施且影响其履行职责；

（十九）中国证监会规定的其他事项。

上市公司的控股股东或者实际控制人对重大事件的发生、进展产生较大影响的，应当及时将其知悉的有关情况书面告知上市公司，并配合上市公司履行信息披露义务。

第二十三条 上市公司变更公司名称、股票简称、公司章程、注册资本、注册地址、主要办公地址和联系电话等，应当立即披露。

第二十四条 上市公司应当在最先发生的以下任一时点，及时履行重大事件的信息披露义务：

（一）董事会或者监事会就该重大事件形成决议时；

（二）有关各方就该重大事件签署意向书或者协议时；

（三）董事、监事或者高级管理人员知悉该重大事件发生时。

在前款规定的时点之前出现下列情形之一的，上市公司应当及时披露相关事项的现状、可能影响事件进展的风险因素：

（一）该重大事件难以保密；

(二)该重大事件已经泄露或者市场出现传闻；

(三)公司证券及其衍生品种出现异常交易情况。

第二十五条 上市公司披露重大事件后，已披露的重大事件出现可能对上市公司证券及其衍生品种交易价格产生较大影响的进展或者变化的，上市公司应当及时披露进展或者变化情况、可能产生的影响。

第二十六条 上市公司控股子公司发生本办法第二十二条规定的重大事件，可能对上市公司证券及其衍生品种交易价格产生较大影响的，上市公司应当履行信息披露义务。

上市公司参股公司发生可能对上市公司证券及其衍生品种交易价格产生较大影响的事件的，上市公司应当履行信息披露义务。

第二十七条 涉及上市公司的收购、合并、分立、发行股份、回购股份等行为导致上市公司股本总额、股东、实际控制人等发生重大变化的，信息披露义务人应当依法履行报告、公告义务，披露权益变动情况。

第二十八条 上市公司应当关注本公司证券及其衍生品种的异常交易情况及媒体关于本公司的报道。

证券及其衍生品种发生异常交易或者在媒体中出现的消息可能对公司证券及其衍生品种的交易产生重大影响时，上市公司应当及时向相关各方了解真实情况，必要时应当以书面方式问询。

上市公司控股股东、实际控制人及其一致行动人应当及时、准确地告知上市公司是否存在拟发生的股权转让、资产重组或者其他重大事件，并配合上市公司做好信息披露工作。

第二十九条 公司证券及其衍生品种交易被中国证监会或者证券交易所认定为异常交易的，上市公司应当及时了解造成证券及其衍生品种交易异常波动的影响因素，并及时披露。

第四章　信息披露事务管理

第三十条 上市公司应当制定信息披露事务管理制度。信息披露事务管理制度应当包括：

(一)明确上市公司应当披露的信息，确定披露标准；

（二）未公开信息的传递、审核、披露流程；

（三）信息披露事务管理部门及其负责人在信息披露中的职责；

（四）董事和董事会、监事和监事会、高级管理人员等的报告、审议和披露的职责；

（五）董事、监事、高级管理人员履行职责的记录和保管制度；

（六）未公开信息的保密措施，内幕信息知情人登记管理制度，内幕信息知情人的范围和保密责任；

（七）财务管理和会计核算的内部控制及监督机制；

（八）对外发布信息的申请、审核、发布流程；与投资者、证券服务机构、媒体等的信息沟通制度；

（九）信息披露相关文件、资料的档案管理制度；

（十）涉及子公司的信息披露事务管理和报告制度；

（十一）未按规定披露信息的责任追究机制，对违反规定人员的处理措施。

上市公司信息披露事务管理制度应当经公司董事会审议通过，报注册地证监局和证券交易所备案。

第三十一条　上市公司董事、监事、高级管理人员应当勤勉尽责，关注信息披露文件的编制情况，保证定期报告、临时报告在规定期限内披露。

第三十二条　上市公司应当制定定期报告的编制、审议、披露程序。经理、财务负责人、董事会秘书等高级管理人员应当及时编制定期报告草案，提请董事会审议；董事会秘书负责送达董事审阅；董事长负责召集和主持董事会会议审议定期报告；监事会负责审核董事会编制的定期报告；董事会秘书负责组织定期报告的披露工作。

第三十三条　上市公司应当制定重大事件的报告、传递、审核、披露程序。董事、监事、高级管理人员知悉重大事件发生时，应当按照公司规定立即履行报告义务；董事长在接到报告后，应当立即向董事会报告，并敦促董事会秘书组织临时报告的披露工作。

上市公司应当制定董事、监事、高级管理人员对外发布信息的行为规范，明确非经董事会书面授权不得对外发布上市公司未披露信息的情形。

第三十四条 上市公司通过业绩说明会、分析师会议、路演、接受投资者调研等形式就公司的经营情况、财务状况及其他事件与任何单位和个人进行沟通的,不得提供内幕信息。

第三十五条 董事应当了解并持续关注公司生产经营情况、财务状况和公司已经发生的或者可能发生的重大事件及其影响,主动调查、获取决策所需要的资料。

第三十六条 监事应当对公司董事、高级管理人员履行信息披露职责的行为进行监督;关注公司信息披露情况,发现信息披露存在违法违规问题的,应当进行调查并提出处理建议。

第三十七条 高级管理人员应当及时向董事会报告有关公司经营或者财务方面出现的重大事件、已披露的事件的进展或者变化情况及其他相关信息。

第三十八条 董事会秘书负责组织和协调公司信息披露事务,汇集上市公司应予披露的信息并报告董事会,持续关注媒体对公司的报道并主动求证报道的真实情况。董事会秘书有权参加股东大会、董事会会议、监事会会议和高级管理人员相关会议,有权了解公司的财务和经营情况,查阅涉及信息披露事宜的所有文件。董事会秘书负责办理上市公司信息对外公布等相关事宜。

上市公司应当为董事会秘书履行职责提供便利条件,财务负责人应当配合董事会秘书在财务信息披露方面的相关工作。

第三十九条 上市公司的股东、实际控制人发生以下事件时,应当主动告知上市公司董事会,并配合上市公司履行信息披露义务:

(一)持有公司百分之五以上股份的股东或者实际控制人持有股份或者控制公司的情况发生较大变化,公司的实际控制人及其控制的其他企业从事与公司相同或者相似业务的情况发生较大变化;

(二)法院裁决禁止控股股东转让其所持股份,任一股东所持公司百分之五以上股份被质押、冻结、司法拍卖、托管、设定信托或者被依法限制表决权等,或者出现被强制过户风险;

(三)拟对上市公司进行重大资产或者业务重组;

(四)中国证监会规定的其他情形。

应当披露的信息依法披露前,相关信息已在媒体上传播或者公司证券及其衍生品种出现交易异常情况的,股东或者实际控制人应当及时、准确地向上市公司作出书面报告,并配合上市公司及时、准确地公告。

上市公司的股东、实际控制人不得滥用其股东权利、支配地位,不得要求上市公司向其提供内幕信息。

第四十条 上市公司向特定对象发行股票时,其控股股东、实际控制人和发行对象应当及时向上市公司提供相关信息,配合上市公司履行信息披露义务。

第四十一条 上市公司董事、监事、高级管理人员、持股百分之五以上的股东及其一致行动人、实际控制人应当及时向上市公司董事会报送上市公司关联人名单及关联关系的说明。上市公司应当履行关联交易的审议程序,并严格执行关联交易回避表决制度。交易各方不得通过隐瞒关联关系或者采取其他手段,规避上市公司的关联交易审议程序和信息披露义务。

第四十二条 通过接受委托或者信托等方式持有上市公司百分之五以上股份的股东或者实际控制人,应当及时将委托人情况告知上市公司,配合上市公司履行信息披露义务。

第四十三条 信息披露义务人应当向其聘用的证券公司、证券服务机构提供与执业相关的所有资料,并确保资料的真实、准确、完整,不得拒绝、隐匿、谎报。

证券公司、证券服务机构在为信息披露出具专项文件时,发现上市公司及其他信息披露义务人提供的材料有虚假记载、误导性陈述、重大遗漏或者其他重大违法行为的,应当要求其补充、纠正。信息披露义务人不予补充、纠正的,证券公司、证券服务机构应当及时向公司注册地证监局和证券交易所报告。

第四十四条 上市公司解聘会计师事务所的,应当在董事会决议后及时通知会计师事务所,公司股东大会就解聘会计师事务所进行表决时,应当允许会计师事务所陈述意见。股东大会作出解聘、更换会计师事务所决议的,上市公司应当在披露时说明解聘、更换的具体原因和会计师事务所的陈述意见。

第四十五条 为信息披露义务人履行信息披露义务出具专项文

件的证券公司、证券服务机构及其人员,应当勤勉尽责、诚实守信,按照法律、行政法规、中国证监会规定、行业规范、业务规则等发表专业意见,保证所出具文件的真实性、准确性和完整性。

证券服务机构应当妥善保存客户委托文件、核查和验证资料、工作底稿以及与质量控制、内部管理、业务经营有关的信息和资料。证券服务机构应当配合中国证监会的监督管理,在规定的期限内提供、报送或者披露相关资料、信息,保证其提供、报送或者披露的资料、信息真实、准确、完整,不得有虚假记载、误导性陈述或者重大遗漏。

第四十六条 会计师事务所应当建立并保持有效的质量控制体系、独立性管理和投资者保护机制,秉承风险导向审计理念,遵守法律、行政法规、中国证监会的规定,严格执行注册会计师执业准则、职业道德守则及相关规定,完善鉴证程序,科学选用鉴证方法和技术,充分了解被鉴证单位及其环境,审慎关注重大错报风险,获取充分、适当的证据,合理发表鉴证结论。

第四十七条 资产评估机构应当建立并保持有效的质量控制体系、独立性管理和投资者保护机制,恪守职业道德,遵守法律、行政法规、中国证监会的规定,严格执行评估准则或者其他评估规范,恰当选择评估方法,评估中提出的假设条件应当符合实际情况,对评估对象所涉及交易、收入、支出、投资等业务的合法性、未来预测的可靠性取得充分证据,充分考虑未来各种可能性发生的概率及其影响,形成合理的评估结论。

第四十八条 任何单位和个人不得非法获取、提供、传播上市公司的内幕信息,不得利用所获取的内幕信息买卖或者建议他人买卖公司证券及其衍生品种,不得在投资价值分析报告、研究报告等文件中使用内幕信息。

第四十九条 媒体应当客观、真实地报道涉及上市公司的情况,发挥舆论监督作用。

任何单位和个人不得提供、传播虚假或者误导投资者的上市公司信息。

第五章　监督管理与法律责任

第五十条　中国证监会可以要求信息披露义务人或者其董事、监事、高级管理人员对有关信息披露问题作出解释、说明或者提供相关资料，并要求上市公司提供证券公司或者证券服务机构的专业意见。

中国证监会对证券公司和证券服务机构出具的文件的真实性、准确性、完整性有疑义的，可以要求相关机构作出解释、补充，并调阅其工作底稿。

信息披露义务人及其董事、监事、高级管理人员，证券公司和证券服务机构应当及时作出回复，并配合中国证监会的检查、调查。

第五十一条　上市公司董事、监事、高级管理人员应当对公司信息披露的真实性、准确性、完整性、及时性、公平性负责，但有充分证据表明其已经履行勤勉尽责义务的除外。

上市公司董事长、经理、董事会秘书，应当对公司临时报告信息披露的真实性、准确性、完整性、及时性、公平性承担主要责任。

上市公司董事长、经理、财务负责人应当对公司财务会计报告的真实性、准确性、完整性、及时性、公平性承担主要责任。

第五十二条　信息披露义务人及其董事、监事、高级管理人员违反本办法的，中国证监会为防范市场风险，维护市场秩序，可以采取以下监管措施：

（一）责令改正；

（二）监管谈话；

（三）出具警示函；

（四）责令公开说明；

（五）责令定期报告；

（六）责令暂停或者终止并购重组活动；

（七）依法可以采取的其他监管措施。

第五十三条　上市公司未按本办法规定制定上市公司信息披露事务管理制度的，由中国证监会责令改正；拒不改正的，给予警告并处国务院规定限额以下罚款。

第五十四条　信息披露义务人未按照《证券法》规定在规定期限

内报送有关报告、履行信息披露义务,或者报送的报告、披露的信息有虚假记载、误导性陈述或者重大遗漏的,由中国证监会按照《证券法》第一百九十七条处罚。

上市公司通过隐瞒关联关系或者采取其他手段,规避信息披露、报告义务的,由中国证监会按照《证券法》第一百九十七条处罚。

第五十五条 为信息披露义务人履行信息披露义务出具专项文件的证券公司、证券服务机构及其人员,违反法律、行政法规和中国证监会规定的,中国证监会为防范市场风险,维护市场秩序,可以采取责令改正、监管谈话、出具警示函、责令公开说明、责令定期报告等监管措施;依法应当给予行政处罚的,由中国证监会依照有关规定进行处罚。

第五十六条 任何单位和个人泄露上市公司内幕信息,或者利用内幕信息买卖证券的,由中国证监会按照《证券法》第一百九十一条处罚。

第五十七条 任何单位和个人编造、传播虚假信息或者误导性信息,扰乱证券市场的;证券交易场所、证券公司、证券登记结算机构、证券服务机构及其从业人员、证券业协会、中国证监会及其工作人员,在证券交易活动中作出虚假陈述或者信息误导的;传播媒介传播上市公司信息不真实、不客观的,由中国证监会按照《证券法》第一百九十三条处罚。

第五十八条 上市公司董事、监事在董事会或者监事会审议、审核定期报告时投赞成票,又在定期报告披露时表示无法保证定期报告内容的真实性、准确性、完整性或者有异议的,中国证监会可以对相关人员给予警告并处国务院规定限额以下罚款;情节严重的,可以对有关责任人员采取证券市场禁入的措施。

第五十九条 利用新闻报道以及其他传播方式对上市公司进行敲诈勒索的,由中国证监会责令改正,并向有关部门发出监管建议函,由有关部门依法追究法律责任。

第六十条 信息披露义务人违反本办法的规定,情节严重的,中国证监会可以对有关责任人员采取证券市场禁入的措施。

第六十一条 违反本办法,涉嫌犯罪的,依法移送司法机关追究刑事责任。

第六章 附 则

第六十二条 本办法下列用语的含义：

（一）为信息披露义务人履行信息披露义务出具专项文件的证券公司、证券服务机构，是指为证券发行、上市、交易等证券业务活动制作、出具保荐书、审计报告、资产评估报告、估值报告、法律意见书、财务顾问报告、资信评级报告等文件的证券公司、会计师事务所、资产评估机构、律师事务所、财务顾问机构、资信评级机构等。

（二）信息披露义务人，是指上市公司及其董事、监事、高级管理人员、股东、实际控制人、收购人、重大资产重组、再融资、重大交易有关各方等自然人、单位及其相关人员，破产管理人及其成员，以及法律、行政法规和中国证监会规定的其他承担信息披露义务的主体。

（三）及时，是指自起算日起或者触及披露时点的两个交易日内。

（四）上市公司的关联交易，是指上市公司或者其控股子公司与上市公司关联人之间发生的转移资源或者义务的事项。

关联人包括关联法人（或者其他组织）和关联自然人。

具有以下情形之一的法人（或者其他组织），为上市公司的关联法人（或者其他组织）：

1. 直接或者间接地控制上市公司的法人（或者其他组织）；

2. 由前项所述法人（或者其他组织）直接或者间接控制的除上市公司及其控股子公司以外的法人（或者其他组织）；

3. 关联自然人直接或者间接控制的，或者担任董事、高级管理人员的，除上市公司及其控股子公司以外的法人（或者其他组织）；

4. 持有上市公司百分之五以上股份的法人（或者其他组织）及其一致行动人；

5. 在过去十二个月内或者根据相关协议安排在未来十二月内，存在上述情形之一的；

6. 中国证监会、证券交易所或者上市公司根据实质重于形式的原则认定的其他与上市公司有特殊关系，可能或者已经造成上市公司对其利益倾斜的法人（或者其他组织）。

具有以下情形之一的自然人,为上市公司的关联自然人:

1. 直接或者间接持有上市公司百分之五以上股份的自然人;

2. 上市公司董事、监事及高级管理人员;

3. 直接或者间接地控制上市公司的法人的董事、监事及高级管理人员;

4. 上述第1、2项所述人士的关系密切的家庭成员,包括配偶、父母、年满十八周岁的子女及其配偶、兄弟姐妹及其配偶,配偶的父母、兄弟姐妹,子女配偶的父母;

5. 在过去十二个月内或者根据相关协议安排在未来十二个月内,存在上述情形之一的;

6. 中国证监会、证券交易所或者上市公司根据实质重于形式的原则认定的其他与上市公司有特殊关系,可能或者已经造成上市公司对其利益倾斜的自然人。

第六十三条 中国证监会可以对金融、房地产等特定行业上市公司的信息披露作出特别规定。

第六十四条 境外企业在境内发行股票或者存托凭证并上市的,依照本办法履行信息披露义务。法律、行政法规或者中国证监会另有规定的,从其规定。

第六十五条 本办法自2021年5月1日起施行。2007年1月30日发布的《上市公司信息披露管理办法》(证监会令第40号)、2016年12月9日发布的《公开发行证券的公司信息披露编报规则第13号——季度报告的内容与格式》(证监会公告〔2016〕33号)同时废止。

附件:《上市公司信息披露管理办法》修订说明(略)

上市公司股权激励管理办法

(2016年7月13日中国证券监督管理委员会令第126号公布　根据2018年8月15日中国证券监督管理委员会令第148号《关于修改〈上市公司股权激励管理办法〉的决定》修正)

第一章　总　　则

第一条　为进一步促进上市公司建立健全激励与约束机制,依据《中华人民共和国公司法》(以下简称《公司法》)、《中华人民共和国证券法》(以下简称《证券法》)及其他法律、行政法规的规定,制定本办法。

第二条　本办法所称股权激励是指上市公司以本公司股票为标的,对其董事、高级管理人员及其他员工进行的长期性激励。

上市公司以限制性股票、股票期权实行股权激励的,适用本办法;以法律、行政法规允许的其他方式实行股权激励的,参照本办法有关规定执行。

第三条　上市公司实行股权激励,应当符合法律、行政法规、本办法和公司章程的规定,有利于上市公司的持续发展,不得损害上市公司利益。

上市公司的董事、监事和高级管理人员在实行股权激励中应当诚实守信,勤勉尽责,维护公司和全体股东的利益。

第四条　上市公司实行股权激励,应当严格按照本办法和其他相关规定的要求履行信息披露义务。

第五条　为上市公司股权激励计划出具意见的证券中介机构和人员,应当诚实守信、勤勉尽责,保证所出具的文件真实、准确、完整。

第六条　任何人不得利用股权激励进行内幕交易、操纵证券市场等违法活动。

第二章 一般规定

第七条 上市公司具有下列情形之一的,不得实行股权激励:

(一)最近一个会计年度财务会计报告被注册会计师出具否定意见或者无法表示意见的审计报告;

(二)最近一个会计年度财务报告内部控制被注册会计师出具否定意见或无法表示意见的审计报告;

(三)上市后最近36个月内出现过未按法律法规、公司章程、公开承诺进行利润分配的情形;

(四)法律法规规定不得实行股权激励的;

(五)中国证监会认定的其他情形。

第八条 激励对象可以包括上市公司的董事、高级管理人员、核心技术人员或者核心业务人员,以及公司认为应当激励的对公司经营业绩和未来发展有直接影响的其他员工,但不应当包括独立董事和监事。外籍员工任职上市公司董事、高级管理人员、核心技术人员或者核心业务人员的,可以成为激励对象。

单独或合计持有上市公司5%以上股份的股东或实际控制人及其配偶、父母、子女,不得成为激励对象。下列人员也不得成为激励对象:

(一)最近12个月内被证券交易所认定为不适当人选的;

(二)最近12个月内被中国证监会及其派出机构认定为不适当人选;

(三)最近12个月内因重大违法违规行为被中国证监会及其派出机构行政处罚或者采取市场禁入措施;

(四)具有《公司法》规定的不得担任公司董事、高级管理人员情形的;

(五)法律法规规定不得参与上市公司股权激励的;

(六)中国证监会认定的其他情形。

第九条 上市公司依照本办法制定股权激励计划的,应当在股权激励计划中载明下列事项:

(一)股权激励的目的;

（二）激励对象的确定依据和范围；

（三）拟授出的权益数量，拟授出权益涉及的标的股票种类、来源、数量及占上市公司股本总额的百分比；分次授出的，每次拟授出的权益数量、涉及的标的股票数量及占股权激励计划涉及的标的股票总额的百分比、占上市公司股本总额的百分比；设置预留权益的，拟预留权益的数量、涉及标的股票数量及占股权激励计划的标的股票总额的百分比；

（四）激励对象为董事、高级管理人员的，其各自可获授的权益数量、占股权激励计划拟授出权益总量的百分比；其他激励对象（各自或者按适当分类）的姓名、职务、可获授的权益数量及占股权激励计划拟授出权益总量的百分比；

（五）股权激励计划的有效期，限制性股票的授予日、限售期和解除限售安排，股票期权的授权日、可行权日、行权有效期和行权安排；

（六）限制性股票的授予价格或者授予价格的确定方法，股票期权的行权价格或者行权价格的确定方法；

（七）激励对象获授权益、行使权益的条件；

（八）上市公司授出权益、激励对象行使权益的程序；

（九）调整权益数量、标的股票数量、授予价格或行权价格的方法和程序；

（十）股权激励会计处理方法、限制性股票或股票期权公允价值的确定方法、涉及估值模型重要参数取值合理性、实施股权激励应当计提费用及对上市公司经营业绩的影响；

（十一）股权激励计划的变更、终止；

（十二）上市公司发生控制权变更、合并、分立以及激励对象发生职务变更、离职、死亡等事项时股权激励计划的执行；

（十三）上市公司与激励对象之间相关纠纷或争端解决机制；

（十四）上市公司与激励对象的其他权利义务。

第十条 上市公司应当设立激励对象获授权益、行使权益的条件。拟分次授出权益的，应当就每次激励对象获授权益分别设立条件；分期行权的，应当就每次激励对象行使权益分别设立条件。

激励对象为董事、高级管理人员的，上市公司应当设立绩效考核指标作为激励对象行使权益的条件。

第十一条 绩效考核指标应当包括公司业绩指标和激励对象个人绩效指标。相关指标应当客观公开、清晰透明，符合公司的实际情况，有利于促进公司竞争力的提升。

上市公司可以公司历史业绩或同行业可比公司相关指标作为公司业绩指标对照依据，公司选取的业绩指标可以包括净资产收益率、每股收益、每股分红等能够反映股东回报和公司价值创造的综合性指标，以及净利润增长率、主营业务收入增长率等能够反映公司盈利能力和市场价值的成长性指标。以同行业可比公司相关指标作为对照依据的，选取的对照公司不少于3家。

激励对象个人绩效指标由上市公司自行确定。

上市公司应当在公告股权激励计划草案的同时披露所设定指标的科学性和合理性。

第十二条 拟实行股权激励的上市公司，可以下列方式作为标的股票来源：

（一）向激励对象发行股份；

（二）回购本公司股份；

（三）法律、行政法规允许的其他方式。

第十三条 股权激励计划的有效期从首次授予权益日起不得超过10年。

第十四条 上市公司可以同时实行多期股权激励计划。同时实行多期股权激励计划的，各期激励计划设立的公司业绩指标应当保持可比性，后期激励计划的公司业绩指标低于前期激励计划的，上市公司应当充分说明其原因与合理性。

上市公司全部在有效期内的股权激励计划所涉及的标的股票总数累计不得超过公司股本总额的10%。非经股东大会特别决议批准，任何一名激励对象通过全部在有效期内的股权激励计划获授的本公司股票，累计不得超过公司股本总额的1%。

本条第二款所称股本总额是指股东大会批准最近一次股权激励计划时公司已发行的股本总额。

第十五条 上市公司在推出股权激励计划时，可以设置预留权益,预留比例不得超过本次股权激励计划拟授予权益数量的20%。

上市公司应当在股权激励计划经股东大会审议通过后12个月内明确预留权益的授予对象;超过12个月未明确激励对象的,预留权益失效。

第十六条 相关法律、行政法规、部门规章对上市公司董事、高级管理人员买卖本公司股票的期间有限制的,上市公司不得在相关限制期间内向激励对象授出限制性股票,激励对象也不得行使权益。

第十七条 上市公司启动及实施增发新股、并购重组、资产注入、发行可转债、发行公司债券等重大事项期间,可以实行股权激励计划。

第十八条 上市公司发生本办法第七条规定的情形之一的,应当终止实施股权激励计划,不得向激励对象继续授予新的权益,激励对象根据股权激励计划已获授但尚未行使的权益应当终止行使。

在股权激励计划实施过程中,出现本办法第八条规定的不得成为激励对象情形的,上市公司不得继续授予其权益,其已获授但尚未行使的权益应当终止行使。

第十九条 激励对象在获授限制性股票或者对获授的股票期权行使权益前后买卖股票的行为,应当遵守《证券法》、《公司法》等相关规定。

上市公司应当在本办法第二十条规定的协议中,就前述义务向激励对象作出特别提示。

第二十条 上市公司应当与激励对象签订协议,确认股权激励计划的内容,并依照本办法约定双方的其他权利义务。

上市公司应当承诺,股权激励计划相关信息披露文件不存在虚假记载、误导性陈述或者重大遗漏。

所有激励对象应当承诺,上市公司因信息披露文件中有虚假记载、误导性陈述或者重大遗漏,导致不符合授予权益或行使权益安排的,激励对象应当自相关信息披露文件被确认存在虚假记载、误导性陈述或者重大遗漏后,将由股权激励计划所获得的全部利益返还公司。

第二十一条 激励对象参与股权激励计划的资金来源应当合法合规,不得违反法律、行政法规及中国证监会的相关规定。

上市公司不得为激励对象依股权激励计划获取有关权益提供贷款以及其他任何形式的财务资助，包括为其贷款提供担保。

第三章　限制性股票

第二十二条　本办法所称限制性股票是指激励对象按照股权激励计划规定的条件，获得的转让等部分权利受到限制的本公司股票。

限制性股票在解除限售前不得转让、用于担保或偿还债务。

第二十三条　上市公司在授予激励对象限制性股票时，应当确定授予价格或授予价格的确定方法。授予价格不得低于股票票面金额，且原则上不得低于下列价格较高者：

（一）股权激励计划草案公布前1个交易日的公司股票交易均价的50%；

（二）股权激励计划草案公布前20个交易日、60个交易日或者120个交易日的公司股票交易均价之一的50%。

上市公司采用其他方法确定限制性股票授予价格的，应当在股权激励计划中对定价依据及定价方式作出说明。

第二十四条　限制性股票授予日与首次解除限售日之间的间隔不得少于12个月。

第二十五条　在限制性股票有效期内，上市公司应当规定分期解除限售，每期时限不得少于12个月，各期解除限售的比例不得超过激励对象获授限制性股票总额的50%。

当期解除限售的条件未成就的，限制性股票不得解除限售或递延至下期解除限售，应当按照本办法第二十六条规定处理。

第二十六条　出现本办法第十八条、第二十五条规定情形，或者其他终止实施股权激励计划的情形或激励对象未达到解除限售条件的，上市公司应当回购尚未解除限售的限制性股票，并按照《公司法》的规定进行处理。

对出现本办法第十八条第一款情形负有个人责任的，或出现本办法第十八条第二款情形的，回购价格不得高于授予价格；出现其他情形的，回购价格不得高于授予价格加上银行同期存款利息之和。

第二十七条　上市公司应当在本办法第二十六条规定的情形出

现后及时召开董事会审议回购股份方案,并依法将回购股份方案提交股东大会批准。回购股份方案包括但不限于以下内容:

(一)回购股份的原因;

(二)回购股份的价格及定价依据;

(三)拟回购股份的种类、数量及占股权激励计划所涉及的标的股票的比例、占总股本的比例;

(四)拟用于回购的资金总额及资金来源;

(五)回购后公司股本结构的变动情况及对公司业绩的影响。

律师事务所应当就回购股份方案是否符合法律、行政法规、本办法的规定和股权激励计划的安排出具专业意见。

第四章 股票期权

第二十八条 本办法所称股票期权是指上市公司授予激励对象在未来一定期限内以预先确定的条件购买本公司一定数量股份的权利。

激励对象获授的股票期权不得转让、用于担保或偿还债务。

第二十九条 上市公司在授予激励对象股票期权时,应当确定行权价格或者行权价格的确定方法。行权价格不得低于股票票面金额,且原则上不得低于下列价格较高者:

(一)股权激励计划草案公布前1个交易日的公司股票交易均价;

(二)股权激励计划草案公布前20个交易日、60个交易日或者120个交易日的公司股票交易均价之一。

上市公司采用其他方法确定行权价格的,应当在股权激励计划中对定价依据及定价方式作出说明。

第三十条 股票期权授权日与获授股票期权首次可行权日之间的间隔不得少于12个月。

第三十一条 在股票期权有效期内,上市公司应当规定激励对象分期行权,每期时限不得少于12个月,后一行权期的起算日不得早于前一行权期的届满日。每期可行权的股票期权比例不得超过激励对象获授股票期权总额的50%。

当期行权条件未成就的,股票期权不得行权或递延至下期行权,并应当按照本办法第三十二条第二款规定处理。

第三十二条 股票期权各行权期结束后,激励对象未行权的当期股票期权应当终止行权,上市公司应当及时注销。

出现本办法第十八条、第三十一条规定情形,或者其他终止实施股权激励计划的情形或激励对象不符合行权条件的,上市公司应当注销对应的股票期权。

第五章 实施程序

第三十三条 上市公司董事会下设的薪酬与考核委员会负责拟订股权激励计划草案。

第三十四条 上市公司实行股权激励,董事会应当依法对股权激励计划草案作出决议,拟作为激励对象的董事或与其存在关联关系的董事应当回避表决。

董事会审议本办法第四十六条、第四十七条、第四十八条、第四十九条、第五十条、第五十一条规定中有关股权激励计划实施的事项时,拟作为激励对象的董事或与其存在关联关系的董事应当回避表决。

董事会应当在依照本办法第三十七条、第五十四条的规定履行公示、公告程序后,将股权激励计划提交股东大会审议。

第三十五条 独立董事及监事会应当就股权激励计划草案是否有利于上市公司的持续发展,是否存在明显损害上市公司及全体股东利益的情形发表意见。

独立董事或监事会认为有必要的,可以建议上市公司聘请独立财务顾问,对股权激励计划的可行性、是否有利于上市公司的持续发展、是否损害上市公司利益以及对股东利益的影响发表专业意见。上市公司未按照建议聘请独立财务顾问的,应当就此事项作特别说明。

第三十六条 上市公司未按照本办法第二十三条、第二十九条定价原则,而采用其他方法确定限制性股票授予价格或股票期权行权价格的,应当聘请独立财务顾问,对股权激励计划的可行性、是否有利于上市公司的持续发展、相关定价依据和定价方法的合理性、是否损害上市公司利益以及对股东利益的影响发表专业意见。

第三十七条 上市公司应当在召开股东大会前,通过公司网站或者其他途径,在公司内部公示激励对象的姓名和职务,公示期不少于10天。

监事会应当对股权激励名单进行审核,充分听取公示意见。上市公司应当在股东大会审议股权激励计划前5日披露监事会对激励名单审核及公示情况的说明。

第三十八条 上市公司应当对内幕信息知情人在股权激励计划草案公告前6个月内买卖本公司股票及其衍生品种的情况进行自查,说明是否存在内幕交易行为。

知悉内幕信息而买卖本公司股票的,不得成为激励对象,法律、行政法规及相关司法解释规定不属于内幕交易的情形除外。

泄露内幕信息而导致内幕交易发生的,不得成为激励对象。

第三十九条 上市公司应当聘请律师事务所对股权激励计划出具法律意见书,至少对以下事项发表专业意见:

(一)上市公司是否符合本办法规定的实行股权激励的条件;

(二)股权激励计划的内容是否符合本办法的规定;

(三)股权激励计划的拟订、审议、公示等程序是否符合本办法的规定;

(四)股权激励对象的确定是否符合本办法及相关法律法规的规定;

(五)上市公司是否已按照中国证监会的相关要求履行信息披露义务;

(六)上市公司是否为激励对象提供财务资助;

(七)股权激励计划是否存在明显损害上市公司及全体股东利益和违反有关法律、行政法规的情形;

(八)拟作为激励对象的董事或与其存在关联关系的董事是否根据本办法的规定进行了回避;

(九)其他应当说明的事项。

第四十条 上市公司召开股东大会审议股权激励计划时,独立董事应当就股权激励计划向所有的股东征集委托投票权。

第四十一条 股东大会应当对本办法第九条规定的股权激励计划内容进行表决,并经出席会议的股东所持表决权的2/3以上通过。

除上市公司董事、监事、高级管理人员、单独或合计持有上市公司5%以上股份的股东以外,其他股东的投票情况应当单独统计并予以披露。

上市公司股东大会审议股权激励计划时,拟为激励对象的股东或者与激励对象存在关联关系的股东,应当回避表决。

第四十二条　上市公司董事会应当根据股东大会决议,负责实施限制性股票的授予、解除限售和回购以及股票期权的授权、行权和注销。

上市公司监事会应当对限制性股票授予日及期权授予日激励对象名单进行核实并发表意见。

第四十三条　上市公司授予权益与回购限制性股票、激励对象行使权益前,上市公司应当向证券交易所提出申请,经证券交易所确认后,由证券登记结算机构办理登记结算事宜。

第四十四条　股权激励计划经股东大会审议通过后,上市公司应当在60日内授予权益并完成公告、登记;有获授权益条件的,应当在条件成就后60日内授出权益并完成公告、登记。上市公司未能在60日内完成上述工作的,应当及时披露未完成的原因,并宣告终止实施股权激励,自公告之日起3个月内不得再次审议股权激励计划。根据本办法规定上市公司不得授出权益的期间不计算在60日内。

第四十五条　上市公司应当按照证券登记结算机构的业务规则,在证券登记结算机构开设证券账户,用于股权激励的实施。

激励对象为外籍员工的,可以向证券登记结算机构申请开立证券账户。

尚未行权的股票期权,以及不得转让的标的股票,应当予以锁定。

第四十六条　上市公司在向激励对象授出权益前,董事会应当就股权激励计划设定的激励对象获授权益的条件是否成就进行审议,独立董事及监事会应当同时发表明确意见。律师事务所应当对激励对象获授权益的条件是否成就出具法律意见。

上市公司向激励对象授出权益与股权激励计划的安排存在差异时,独立董事、监事会(当激励对象发生变化时)、律师事务所、独立财务顾问(如有)应当同时发表明确意见。

第四十七条 激励对象在行使权益前,董事会应当就股权激励计划设定的激励对象行使权益的条件是否成就进行审议,独立董事及监事会应当同时发表明确意见。律师事务所应当对激励对象行使权益的条件是否成就出具法律意见。

第四十八条 因标的股票除权、除息或者其他原因需要调整权益价格或者数量的,上市公司董事会应当按照股权激励计划规定的原则、方式和程序进行调整。

律师事务所应当就上述调整是否符合本办法、公司章程的规定和股权激励计划的安排出具专业意见。

第四十九条 分次授出权益的,在每次授出权益前,上市公司应当召开董事会,按照股权激励计划的内容及首次授出权益时确定的原则,决定授出的权益价格、行使权益安排等内容。

当次授予权益的条件未成就时,上市公司不得向激励对象授予权益,未授予的权益也不得递延下期授予。

第五十条 上市公司在股东大会审议通过股权激励方案之前可对其进行变更。变更需经董事会审议通过。

上市公司对已通过股东大会审议的股权激励方案进行变更的,应当及时公告并提交股东大会审议,且不得包括下列情形:

(一)导致加速行权或提前解除限售的情形;

(二)降低行权价格或授予价格的情形。

独立董事、监事会应当就变更后的方案是否有利于上市公司的持续发展,是否存在明显损害上市公司及全体股东利益的情形发表独立意见。律师事务所应当就变更后的方案是否符合本办法及相关法律法规的规定、是否存在明显损害上市公司及全体股东利益的情形发表专业意见。

第五十一条 上市公司在股东大会审议股权激励计划之前拟终止实施股权激励的,需经董事会审议通过。

上市公司在股东大会审议通过股权激励计划之后终止实施股权激励的,应当由股东大会审议决定。

律师事务所应当就上市公司终止实施激励是否符合本办法及相关法律法规的规定、是否存在明显损害上市公司及全体股东利益的情形发表专业意见。

第五十二条　上市公司股东大会或董事会审议通过终止实施股权激励计划决议，或者股东大会审议未通过股权激励计划的，自决议公告之日起3个月内，上市公司不得再次审议股权激励计划。

第六章　信息披露

第五十三条　上市公司实行股权激励，应当真实、准确、完整、及时、公平地披露或者提供信息，不得有虚假记载、误导性陈述或者重大遗漏。

第五十四条　上市公司应当在董事会审议通过股权激励计划草案后，及时公告董事会决议、股权激励计划草案、独立董事意见及监事会意见。

上市公司实行股权激励计划依照规定需要取得有关部门批准的，应当在取得有关批复文件后的2个交易日内进行公告。

第五十五条　股东大会审议股权激励计划前，上市公司拟对股权激励方案进行变更的，变更议案经董事会审议通过后，上市公司应当及时披露董事会决议公告，同时披露变更原因、变更内容及独立董事、监事会、律师事务所意见。

第五十六条　上市公司在发出召开股东大会审议股权激励计划的通知时，应当同时公告法律意见书；聘请独立财务顾问的，还应当同时公告独立财务顾问报告。

第五十七条　股东大会审议通过股权激励计划及相关议案后，上市公司应当及时披露股东大会决议公告、经股东大会审议通过的股权激励计划、以及内幕信息知情人买卖本公司股票情况的自查报告。股东大会决议公告中应当包括中小投资者单独计票结果。

第五十八条　上市公司分次授出权益的，分次授出权益的议案经董事会审议通过后，上市公司应当及时披露董事会决议公告，对拟授出的权益价格、行使权益安排、是否符合股权激励计划的安排等内容进行说明。

第五十九条　因标的股票除权、除息或者其他原因调整权益价格或者数量的，调整议案经董事会审议通过后，上市公司应当及时披露董事会决议公告,同时公告律师事务所意见。

第六十条 上市公司董事会应当在授予权益及股票期权行权登记完成后、限制性股票解除限售前,及时披露相关实施情况的公告。

第六十一条 上市公司向激励对象授出权益时,应当按照本办法第四十四条规定履行信息披露义务,并再次披露股权激励会计处理方法、公允价值确定方法、涉及估值模型重要参数取值的合理性、实施股权激励应当计提的费用及对上市公司业绩的影响。

第六十二条 上市公司董事会按照本办法第四十六条、第四十七条规定对激励对象获授权益、行使权益的条件是否成就进行审议的,上市公司应当及时披露董事会决议公告,同时公告独立董事、监事会、律师事务所意见以及独立财务顾问意见(如有)。

第六十三条 上市公司董事会按照本办法第二十七条规定审议限制性股票回购方案的,应当及时公告回购股份方案及律师事务所意见。回购股份方案经股东大会批准后,上市公司应当及时公告股东大会决议。

第六十四条 上市公司终止实施股权激励的,终止实施议案经股东大会或董事会审议通过后,上市公司应当及时披露股东大会决议公告或董事会决议公告,并对终止实施股权激励的原因、股权激励已筹划及实施进展、终止实施股权激励对上市公司的可能影响等作出说明,并披露律师事务所意见。

第六十五条 上市公司应当在定期报告中披露报告期内股权激励的实施情况,包括:

(一)报告期内激励对象的范围;

(二)报告期内授出、行使和失效的权益总额;

(三)至报告期末累计已授出但尚未行使的权益总额;

(四)报告期内权益价格、权益数量历次调整的情况以及经调整后的最新权益价格与权益数量;

(五)董事、高级管理人员各自的姓名、职务以及在报告期内历次获授、行使权益的情况和失效的权益数量;

(六)因激励对象行使权益所引起的股本变动情况;

(七)股权激励的会计处理方法及股权激励费用对公司业绩的

影响;

（八）报告期内激励对象获授权益、行使权益的条件是否成就的说明;

（九）报告期内终止实施股权激励的情况及原因。

第七章 监督管理

第六十六条 上市公司股权激励不符合法律、行政法规和本办法规定,或者上市公司未按照本办法、股权激励计划的规定实施股权激励的,上市公司应当终止实施股权激励,中国证监会及其派出机构责令改正,并书面通报证券交易所和证券登记结算机构。

第六十七条 上市公司未按照本办法及其他相关规定披露股权激励相关信息或者所披露的信息有虚假记载、误导性陈述或者重大遗漏的,中国证监会及其派出机构对公司及相关责任人员采取责令改正、监管谈话、出具警示函等监管措施;情节严重的,依照《证券法》予以处罚;涉嫌犯罪的,依法移交司法机关追究刑事责任。

第六十八条 上市公司因信息披露文件有虚假记载、误导性陈述或者重大遗漏,导致不符合授予权益或行使权益安排的,未行使权益应当统一回购注销,已经行使权益的,所有激励对象应当返还已获授权益。对上述事宜不负有责任的激励对象因返还已获授权益而遭受损失的,可按照股权激励计划相关安排,向上市公司或负有责任的对象进行追偿。

董事会应当按照前款规定和股权激励计划相关安排收回激励对象所得收益。

第六十九条 上市公司实施股权激励过程中,上市公司独立董事及监事未按照本办法及相关规定履行勤勉尽责义务的,中国证监会及其派出机构采取责令改正、监管谈话、出具警示函、认定为不适当人选等措施;情节严重的,依照《证券法》予以处罚;涉嫌犯罪的,依法移交司法机关追究刑事责任。

第七十条 利用股权激励进行内幕交易或者操纵证券市场的,中国证监会及其派出机构依照《证券法》予以处罚;情节严重的,对相关责任人员实施市场禁入等措施;涉嫌犯罪的,依法移交司法机关追究刑事责任。

第七十一条 为上市公司股权激励计划出具专业意见的证券服务机构和人员未履行勤勉尽责义务,所发表的专业意见存在虚假记载、误导性陈述或者重大遗漏的,中国证监会及其派出机构对相关机构及签字人员采取责令改正、监管谈话、出具警示函等措施;情节严重的,依照《证券法》予以处罚;涉嫌犯罪的,依法移交司法机关追究刑事责任。

第八章 附　　则

第七十二条 本办法下列用语具有如下含义:

标的股票:指根据股权激励计划,激励对象有权获授或者购买的上市公司股票。

权益:指激励对象根据股权激励计划获得的上市公司股票、股票期权。

授出权益(授予权益、授权):指上市公司根据股权激励计划的安排,授予激励对象限制性股票、股票期权的行为。

行使权益(行权):指激励对象根据股权激励计划的规定,解除限制性股票的限售、行使股票期权购买上市公司股份的行为。

分次授出权益(分次授权):指上市公司根据股权激励计划的安排,向已确定的激励对象分次授予限制性股票、股票期权的行为。

分期行使权益(分期行权):指根据股权激励计划的安排,激励对象已获授的限制性股票分期解除限售、已获授的股票期权分期行权的行为。

预留权益:指股权激励计划推出时未明确激励对象、股权激励计划实施过程中确定激励对象的权益。

授予日或者授权日:指上市公司向激励对象授予限制性股票、股票期权的日期。授予日、授权日必须为交易日。

限售期:指股权激励计划设定的激励对象行使权益的条件尚未成就,限制性股票不得转让、用于担保或偿还债务的期间,自激励对象获授限制性股票完成登记之日起算。

可行权日:指激励对象可以开始行权的日期。可行权日必须为交易日。

授予价格：上市公司向激励对象授予限制性股票时所确定的、激励对象获得上市公司股份的价格。

行权价格：上市公司向激励对象授予股票期权时所确定的、激励对象购买上市公司股份的价格。

标的股票交易均价：标的股票交易总额/标的股票交易总量。

本办法所称的"以上"、"以下"含本数，"超过"、"低于"、"少于"不含本数。

第七十三条 国有控股上市公司实施股权激励，国家有关部门对其有特别规定的，应当同时遵守其规定。

第七十四条 本办法适用于股票在上海、深圳证券交易所上市的公司。

第七十五条 本办法自2016年8月13日起施行。原《上市公司股权激励管理办法（试行）》（证监公司字〔2005〕151号）及相关配套制度同时废止。

上市公司国有股权监督管理办法

（2018年5月16日国务院国有资产监督管理委员会、财政部、中国证券监督管理委员会令第36号公布 自2018年7月1日起施行）

第一章 总 则

第一条 为规范上市公司国有股权变动行为，推动国有资源优化配置，平等保护各类投资者合法权益，防止国有资产流失，根据《中华人民共和国公司法》、《中华人民共和国证券法》、《中华人民共和国企业国有资产法》、《企业国有资产监督管理暂行条例》等法律法规，制定本办法。

第二条 本办法所称上市公司国有股权变动行为，是指上市公司国有股权持股主体、数量或比例等发生变化的行为，具体包括：国有股东所持上市公司股份通过证券交易系统转让、公开征集转让、非公开协议转让、无偿划转、间接转让、国有股东发行可交换公司债券;国有股东通过证券交易系统增持、协议受让、间接受让、要约收购上市公司股份和认购上市公司发行股票;国有股东所控股上市公司吸收合并、发行证券;国有股东与上市公司进行资产重组等行为。

第三条 本办法所称国有股东是指符合以下情形之一的企业和单位,其证券账户标注"SS":

(一)政府部门、机构、事业单位、境内国有独资或全资企业;

(二)第一款中所述单位或企业独家持股比例超过50%,或合计持股比例超过50%,且其中之一为第一大股东的境内企业;

(三)第二款中所述企业直接或间接持股的各级境内独资或全资企业。

第四条 上市公司国有股权变动行为应坚持公开、公平、公正原则,遵守国家有关法律、行政法规和规章制度规定,符合国家产业政策和国有经济布局结构调整方向,有利于国有资本保值增值,提高企业核心竞争力。

第五条 上市公司国有股权变动涉及的股份应当权属清晰,不存在受法律法规规定限制的情形。

第六条 上市公司国有股权变动的监督管理由省级以上国有资产监督管理机构负责。省级国有资产监督管理机构报经省级人民政府同意,可以将地市级以下有关上市公司国有股权变动的监督管理交由地市级国有资产监督管理机构负责。省级国有资产监督管理机构需建立相应的监督检查工作机制。

上市公司国有股权变动涉及政府社会公共管理事项的,应当依法报政府有关部门审核。受让方为境外投资者的,应当符合外商投资产业指导目录或负面清单管理的要求,以及外商投资安全审查的规定,涉及该类情形的,各审核主体在接到相关申请后,应就转让行为是否符合吸收外商投资政策向同级商务部门征求意见,具体申报程序由省级以上国有资产监督管理机构商同级商务部门按《关于上市公司国有股向外国投资者及外商投资企业转让申报程序有关问题的通知》(商资字〔2004〕1号)确定的原则制定。

按照法律、行政法规和本级人民政府有关规定,须经本级人民政府批准的上市公司国有股权变动事项,国有资产监督管理机构应当履行报批程序。

第七条　国家出资企业负责管理以下事项:

(一)国有股东通过证券交易系统转让所持上市公司股份,未达到本办法第十二条规定的比例或数量的事项;

(二)国有股东所持上市公司股份在本企业集团内部进行的无偿划转、非公开协议转让事项;

(三)国有控股股东所持上市公司股份公开征集转让、发行可交换公司债券及所控股上市公司发行证券,未导致其持股比例低于合理持股比例的事项;国有参股股东所持上市公司股份公开征集转让、发行可交换公司债券事项;

(四)国有股东通过证券交易系统增持、协议受让、认购上市公司发行股票等未导致上市公司控股权转移的事项;

(五)国有股东与所控股上市公司进行资产重组,不属于中国证监会规定的重大资产重组范围的事项。

第八条　国有控股股东的合理持股比例(与国有控股股东属于同一控制人的,其所持股份的比例应合并计算)由国家出资企业研究确定,并报国有资产监督管理机构备案。

确定合理持股比例的具体办法由省级以上国有资产监督管理机构另行制定。

第九条　国有股东所持上市公司股份变动应在作充分可行性研究的基础上制定方案,严格履行决策、审批程序,规范操作,按照证券监管的相关规定履行信息披露等义务。在上市公司国有股权变动信息披露前,各关联方要严格遵守保密规定。违反保密规定的,应依法依规追究相关人员责任。

第十条　上市公司国有股权变动应当根据证券市场公开交易价格、可比公司股票交易价格、每股净资产值等因素合理定价。

第十一条　国有资产监督管理机构通过上市公司国有股权管理信息系统(以下简称管理信息系统)对上市公司国有股权变动实施统一监管。

国家出资企业应通过管理信息系统,及时、完整、准确将所持上市公司股份变动情况报送国有资产监督管理机构。

其中,按照本办法规定由国家出资企业审核批准的变动事项须通过管理信息系统作备案管理,并取得统一编号的备案表。

第二章 国有股东所持上市公司股份通过证券交易系统转让

第十二条 国有股东通过证券交易系统转让上市公司股份,按照国家出资企业内部决策程序决定,有以下情形之一的,应报国有资产监督管理机构审核批准:

(一)国有控股股东转让上市公司股份可能导致持股比例低于合理持股比例的;

(二)总股本不超过10亿股的上市公司,国有控股股东拟于一个会计年度内累计净转让(累计转让股份扣除累计增持股份后的余额,下同)达到总股本5%及以上的;总股本超过10亿股的上市公司,国有控股股东拟于一个会计年度内累计净转让数量达到5000万股及以上的;

(三)国有参股股东拟于一个会计年度内累计净转让达到上市公司总股本5%及以上的。

第十三条 国家出资企业、国有资产监督管理机构决定或批准国有股东通过证券交易系统转让上市公司股份时,应当审核以下文件:

(一)国有股东转让上市公司股份的内部决策文件;

(二)国有股东转让上市公司股份方案,内容包括但不限于:转让的必要性,国有股东及上市公司基本情况、主要财务数据,拟转让股份权属情况,转让底价及确定依据,转让数量、转让时限等;

(三)上市公司股份转让的可行性研究报告;

(四)国家出资企业、国有资产监督管理机构认为必要的其他文件。

第三章 国有股东所持上市公司股份公开征集转让

第十四条 公开征集转让是指国有股东依法公开披露信息,征集受让方转让上市公司股份的行为。

第十五条　国有股东拟公开征集转让上市公司股份的,在履行内部决策程序后,应书面告知上市公司,由上市公司依法披露,进行提示性公告。国有控股股东公开征集转让上市公司股份可能导致上市公司控股权转移的,应当一并通知上市公司申请停牌。

第十六条　上市公司发布提示性公告后,国有股东应及时将转让方案、可行性研究报告、内部决策文件、拟发布的公开征集信息等内容通过管理信息系统报送国有资产监督管理机构。

第十七条　公开征集信息内容包括但不限于:拟转让股份权属情况、数量,受让方应当具备的资格条件,受让方的选择规则,公开征集期限等。

公开征集信息对受让方的资格条件不得设定指向性或违反公平竞争要求的条款,公开征集期限不得少于10个交易日。

第十八条　国有资产监督管理机构通过管理信息系统对公开征集转让事项出具意见。国有股东在获得国有资产监督管理机构同意意见后书面通知上市公司发布公开征集信息。

第十九条　国有股东收到拟受让方提交的受让申请及受让方案后,应当成立由内部职能部门人员以及法律、财务等独立外部专家组成的工作小组,严格按照已公告的规则选择确定受让方。

第二十条　公开征集转让可能导致上市公司控股权转移的,国有股东应当聘请具有上市公司并购重组财务顾问业务资格的证券公司、证券投资咨询机构或者其他符合条件的财务顾问机构担任财务顾问(以下简称财务顾问)。财务顾问应当具有良好的信誉,近三年内无重大违法违规记录,且与受让方不存在利益关联。

第二十一条　财务顾问应当勤勉尽责,遵守行业规范和职业道德,对上市公司股份的转让方式、转让价格、股份转让对国有股东和上市公司的影响等方面出具专业意见;并对拟受让方进行尽职调查,出具尽职调查报告。尽职调查应当包括但不限于以下内容:

(一)拟受让方受让股份的目的;

(二)拟受让方的经营情况、财务状况、资金实力及是否有重大违法违规记录和不良诚信记录;

（三）拟受让方是否具有及时足额支付转让价款的能力、受让资金的来源及合法性；

（四）拟受让方是否具有促进上市公司持续发展和改善上市公司法人治理结构的能力。

第二十二条　国有股东确定受让方后，应当及时与受让方签订股份转让协议。股份转让协议应当包括但不限于以下内容：

（一）转让方、上市公司、拟受让方的名称、法定代表人及住所；

（二）转让方持股数量、拟转让股份数量及价格；

（三）转让方、受让方的权利和义务；

（四）股份转让价款支付方式及期限；

（五）股份登记过户的条件；

（六）协议生效、变更和解除条件、争议解决方式、违约责任等。

第二十三条　国有股东公开征集转让上市公司股份的价格不得低于下列两者之中的较高者：

（一）提示性公告日前30个交易日的每日加权平均价格的算术平均值；

（二）最近一个会计年度上市公司经审计的每股净资产值。

第二十四条　国有股东与受让方签订协议后，属于本办法第七条规定情形的，由国家出资企业审核批准，其他情形由国有资产监督管理机构审核批准。

第二十五条　国家出资企业、国有资产监督管理机构批准国有股东所持上市公司股份公开征集转让时，应当审核以下文件：

（一）受让方的征集及选择情况；

（二）国有股东基本情况、受让方基本情况及上一年度经审计的财务会计报告；

（三）股份转让协议及股份转让价格的定价说明；

（四）受让方与国有股东、上市公司之间在最近12个月内股权转让、资产置换、投资等重大情况及债权债务情况；

（五）律师事务所出具的法律意见书；

（六）财务顾问出具的尽职调查报告（适用于上市公司控股权转移的）；

（七）国家出资企业、国有资产监督管理机构认为必要的其他文件。

第二十六条　国有股东应在股份转让协议签订后5个工作日内收取不低于转让价款30%的保证金，其余价款应在股份过户前全部结清。在全部转让价款支付完毕或交由转让双方共同认可的第三方妥善保管前，不得办理股份过户登记手续。

第二十七条　国有资产监督管理机构关于国有股东公开征集转让上市公司股份的批准文件或国有资产监督管理机构、管理信息系统出具的统一编号的备案表和全部转让价款支付凭证是证券交易所、中国证券登记结算有限责任公司办理上市公司股份过户登记手续的必备文件。

上市公司股份过户前，原则上受让方人员不能提前进入上市公司董事会和经理层，不得干预上市公司正常生产经营。

第四章　国有股东所持上市公司股份非公开协议转让

第二十八条　非公开协议转让是指不公开征集受让方，通过直接签订协议转让上市公司股份的行为。

第二十九条　符合以下情形之一的，国有股东可以非公开协议转让上市公司股份：

（一）上市公司连续两年亏损并存在退市风险或严重财务危机，受让方提出重大资产重组计划及具体时间表的；

（二）企业主业处于关系国家安全、国民经济命脉的重要行业和关键领域，主要承担重大专项任务，对受让方有特殊要求的；

（三）为实施国有资源整合或资产重组，在国有股东、潜在国有股东（经本次国有资源整合或资产重组后成为上市公司国有股东的，以下统称国有股东）之间转让的；

（四）上市公司回购股份涉及国有股东所持股份的；

（五）国有股东因接受要约收购方式转让其所持上市公司股份的；

（六）国有股东因解散、破产、减资、被依法责令关闭等原因转让其所持上市公司股份的；

(七)国有股东以所持上市公司股份出资的。

第三十条　国有股东在履行内部决策程序后,应当及时与受让方签订股份转让协议。涉及上市公司控股权转移的,在转让协议签订前,应按本办法第二十条、第二十一条规定聘请财务顾问,对拟受让方进行尽职调查,出具尽职调查报告。

第三十一条　国有股东与受让方签订协议后,属于本办法第七条规定情形的,由国家出资企业审核批准,其他情形由国有资产监督管理机构审核批准。

第三十二条　国有股东非公开协议转让上市公司股份的价格不得低于下列两者之中的较高者:

(一)提示性公告日前30个交易日的每日加权平均价格的算术平均值;

(二)最近一个会计年度上市公司经审计的每股净资产值。

第三十三条　国有股东非公开协议转让上市公司股份存在下列特殊情形的,可按以下原则确定股份转让价格:

(一)国有股东为实施资源整合或重组上市公司,并在其所持上市公司股份转让完成后全部回购上市公司主业资产的,股份转让价格由国有股东根据中介机构出具的该上市公司股票价格的合理估值结果确定;

(二)为实施国有资源整合或资产重组,在国有股东之间转让且上市公司中的国有权益并不因此减少的,股份转让价格应当根据上市公司股票的每股净资产值、净资产收益率、合理的市盈率等因素合理确定。

第三十四条　国家出资企业、国有资产监督管理机构批准国有股东非公开协议转让上市公司股份时,应当审核以下文件:

(一)国有股东转让上市公司股份的决策文件;

(二)国有股东转让上市公司股份的方案,内容包括但不限于:不公开征集受让方的原因、转让价格及确定依据、转让的数量、转让收入的使用计划等;

(三)国有股东基本情况、受让方基本情况及上一年度经审计的财务会计报告;

(四)可行性研究报告;

(五)股份转让协议;

(六)以非货币资产支付的说明;

(七)拟受让方与国有股东、上市公司之间在最近12个月内股权转让、资产置换、投资等重大情况及债权债务情况;

(八)律师事务所出具的法律意见书;

(九)财务顾问出具的尽职调查报告(适用于上市公司控股权转移的);

(十)国家出资企业、国有资产监督管理机构认为必要的其他文件。

第三十五条 以现金支付股份转让价款的,转让价款收取按照本办法第二十六条规定办理;以非货币资产支付股份转让价款的,应当符合国家相关规定。

第三十六条 国有资产监督管理机构关于国有股东非公开协议转让上市公司股份的批准文件或国有资产监督管理机构、管理信息系统出具的统一编号的备案表和全部转让价款支付凭证(包括非货币资产的交割凭证)是证券交易所、中国证券登记结算有限责任公司办理上市公司股份过户登记手续的必备文件。

第五章 国有股东所持上市公司股份无偿划转

第三十七条 政府部门、机构、事业单位、国有独资或全资企业之间可以依法无偿划转所持上市公司股份。

第三十八条 国有股东所持上市公司股份无偿划转属于本办法第七条规定情形的,由国家出资企业审核批准,其他情形由国有资产监督管理机构审核批准。

第三十九条 国家出资企业、国有资产监督管理机构批准国有股东所持上市公司股份无偿划转时,应当审核以下文件:

(一)国有股东无偿划转上市公司股份的内部决策文件;

(二)国有股东无偿划转上市公司股份的方案和可行性研究报告;

(三)上市公司股份无偿划转协议;

(四)划转双方基本情况、上一年度经审计的财务会计报告;

（五）划出方债务处置方案及或有负债的解决方案，及主要债权人对无偿划转的无异议函；

（六）划入方未来12个月内对上市公司的重组计划或未来三年发展规划（适用于上市公司控股权转移的）；

（七）律师事务所出具的法律意见书；

（八）国家出资企业、国有资产监督管理机构认为必要的其他文件。

第四十条 国有资产监督管理机构关于国有股东无偿划转上市公司股份的批准文件或国有资产监督管理机构、管理信息系统出具的统一编号的备案表是证券交易所、中国证券登记结算有限责任公司办理股份过户登记手续的必备文件。

第六章　国有股东所持上市公司股份间接转让

第四十一条 本办法所称国有股东所持上市公司股份间接转让是指因国有产权转让或增资扩股等原因导致国有股东不再符合本办法第三条规定情形的行为。

第四十二条 国有股东拟间接转让上市公司股份的，履行内部决策程序后，应书面通知上市公司进行信息披露，涉及国有控股股东的，应当一并通知上市公司申请停牌。

第四十三条 国有股东所持上市公司股份间接转让应当按照本办法第二十三条规定确定其所持上市公司股份价值，上市公司股份价值确定的基准日应与国有股东资产评估的基准日一致，且与国有股东产权直接持有单位对该产权变动决策的日期相差不得超过一个月。

国有产权转让或增资扩股到产权交易机构挂牌时，因上市公司股价发生大幅变化等原因，导致资产评估报告的结论已不能反映交易标的的真实价值的，原决策机构应对间接转让行为重新审议。

第四十四条 国有控股股东所持上市公司股份间接转让，应当按本办法第二十条、第二十一条规定聘请财务顾问，对国有产权拟受让方或投资人进行尽职调查，并出具尽职调查报告。

第四十五条 国有股东所持上市公司股份间接转让的，国有股东应在产权转让或增资扩股协议签订后，产权交易机构出具交易凭证前报国有资产监督管理机构审核批准。

第四十六条　国有资产监督管理机构批准国有股东所持上市公司股份间接转让时,应当审核以下文件:

(一)产权转让或增资扩股决策文件、资产评估结果核准、备案文件及可行性研究报告;

(二)经批准的产权转让或增资扩股方案;

(三)受让方或投资人征集、选择情况;

(四)国有产权转让协议或增资扩股协议;

(五)国有股东资产作价金额,包括国有股东所持上市公司股份的作价说明;

(六)受让方或投资人基本情况及上一年度经审计的财务会计报告;

(七)财务顾问出具的尽职调查报告(适用于国有控股股东国有产权变动的);

(八)律师事务所出具的法律意见书;

(九)国有资产监督管理机构认为必要的其他文件。

第四十七条　国有股东产权转让或增资扩股未构成间接转让的,其资产评估涉及上市公司股份作价按照本办法第四十三条规定确定。

第七章　国有股东发行可交换公司债券

第四十八条　本办法所称国有股东发行可交换公司债券,是指上市公司国有股东依法发行、在一定期限内依据约定条件可以交换成该股东所持特定上市公司股份的公司债券的行为。

第四十九条　国有股东发行的可交换公司债券交换为上市公司每股股份的价格,应不低于债券募集说明书公告日前1个交易日、前20个交易日、前30个交易日该上市公司股票均价中的最高者。

第五十条　国有股东发行的可交换公司债券,其利率应当在参照同期银行贷款利率、银行票据利率、同行业其他企业发行的债券利率,以及标的公司股票每股交换价格、上市公司未来发展前景等因素的前提下,通过市场询价合理确定。

第五十一条　国有股东发行可交换公司债券属于本办法第七条

规定情形的,由国家出资企业审核批准,其他情形由国有资产监督管理机构审核批准。

第五十二条 国家出资企业、国有资产监督管理机构批准国有股东发行可交换公司债券时,应当审核以下文件:

(一)国有股东发行可交换公司债券的内部决策文件;

(二)国有股东发行可交换公司债券的方案,内容包括但不限于:国有股东、上市公司基本情况及主要财务数据,预备用于交换的股份数量及保证方式、风险评估论证情况、偿本付息及应对债务风险的具体方案,对国有股东控股地位影响的分析等;

(三)可行性研究报告;

(四)律师事务所出具的法律意见书;

(五)国家出资企业、国有资产监督管理机构认为必要的其他文件。

第八章 国有股东受让上市公司股份

第五十三条 本办法所称国有股东受让上市公司股份行为主要包括国有股东通过证券交易系统增持、协议受让、间接受让、要约收购上市公司股份和认购上市公司发行股票等。

第五十四条 国有股东受让上市公司股份属于本办法第七条规定情形的,由国家出资企业审核批准,其他情形由国有资产监督管理机构审核批准。

第五十五条 国家出资企业、国有资产监督管理机构批准国有股东受让上市公司股份时,应当审核以下文件:

(一)国有股东受让上市公司股份的内部决策文件;

(二)国有股东受让上市公司股份方案,内容包括但不限于:国有股东及上市公司的基本情况、主要财务数据、价格上限及确定依据、数量及受让时限等;

(三)可行性研究报告;

(四)股份转让协议(适用于协议受让的)、产权转让或增资扩股协议(适用于间接受让的);

(五)财务顾问出具的尽职调查报告和上市公司估值报告(适用于

取得控股权的）；

（六）律师事务所出具的法律意见书；

（七）国家出资企业、国有资产监督管理机构认为必要的其他文件。

第五十六条 国有股东将其持有的可转换公司债券或可交换公司债券转换、交换成上市公司股票的，通过司法机关强制执行手续取得上市公司股份的，按照相关法律、行政法规及规章制度的规定办理，并在上述行为完成后10个工作日内将相关情况通过管理信息系统按程序报告国有资产监督管理机构。

第九章　国有股东所控股上市公司吸收合并

第五十七条 本办法所称国有股东所控股上市公司吸收合并，是指国有控股上市公司之间或国有控股上市公司与非国有控股上市公司之间的吸收合并。

第五十八条 国有股东所控股上市公司应当聘请财务顾问，对吸收合并的双方进行尽职调查和内部核查，并出具专业意见。

第五十九条 国有股东应指导上市公司根据股票交易价格，并参考可比交易案例，合理确定上市公司换股价格。

第六十条 国有股东应当在上市公司董事会审议吸收合并方案前，将该方案报国有资产监督管理机构审核批准。

第六十一条 国有资产监督管理机构批准国有股东所控股上市公司吸收合并时，应当审核以下文件：

（一）国家出资企业、国有股东的内部决策文件；

（二）国有股东所控股上市公司吸收合并的方案，内容包括但不限于：国有控股股东及上市公司基本情况、换股价格的确定依据、现金选择权安排、吸收合并后的股权结构、债务处置、职工安置、市场应对预案等；

（三）可行性研究报告；

（四）律师事务所出具的法律意见书；

（五）国有资产监督管理机构认为必要的其他文件。

第十章　国有股东所控股上市公司发行证券

第六十二条　本办法所称国有股东所控股上市公司发行证券包括上市公司采用公开方式向原股东配售股份、向不特定对象公开募集股份、采用非公开方式向特定对象发行股份以及发行可转换公司债券等行为。

第六十三条　国有股东所控股上市公司发行证券,应当在股东大会召开前取得批准。属于本办法第七条规定情形的,由国家出资企业审核批准,其他情形报国有资产监督管理机构审核批准。

第六十四条　国家出资企业、国有资产监管机构批准国有股东所控股上市公司发行证券时,应当审核以下文件:

(一)上市公司董事会决议;

(二)国有股东所控股上市公司发行证券的方案,内容包括但不限于:相关国有股东、上市公司基本情况,发行方式、数量、价格,募集资金用途,对国有股东控股地位影响的分析,发行可转换公司债券的风险评估论证情况、偿本付息及应对债务风险的具体方案等;

(三)可行性研究报告;

(四)律师事务所出具的法律意见书;

(五)国家出资企业、国有资产监督管理机构认为必要的其他文件。

第十一章　国有股东与上市公司进行资产重组

第六十五条　本办法所称国有股东与上市公司进行资产重组是指国有股东向上市公司注入、购买或置换资产并涉及国有股东所持上市公司股份发生变化的情形。

第六十六条　国有股东就资产重组事项进行内部决策后,应书面通知上市公司,由上市公司依法披露,并申请股票停牌。在上市公司董事会审议资产重组方案前,应当将可行性研究报告报国家出资企业、国有资产监督管理机构预审核,并由国有资产监督管理机构通过管理信息系统出具意见。

第六十七条　国有股东与上市公司进行资产重组方案经上市公

司董事会审议通过后,应当在上市公司股东大会召开前获得相应批准。属于本办法第七条规定情形的,由国家出资企业审核批准,其他情形由国有资产监督管理机构审核批准。

第六十八条　国家出资企业、国有资产监督管理机构批准国有股东与上市公司进行资产重组时,应当审核以下文件:

(一)国有股东决策文件和上市公司董事会决议;

(二)资产重组的方案,内容包括但不限于:资产重组的原因及目的,涉及标的资产范围、业务情况及近三年损益情况、未来盈利预测及其依据,相关资产作价的说明,资产重组对国有股东及上市公司权益、盈利水平和未来发展的影响等;

(三)资产重组涉及相关资产的评估备案表或核准文件;

(四)律师事务所出具的法律意见书;

(五)国家出资企业、国有资产监督管理机构认为必要的其他文件。

第六十九条　国有股东参股的非上市企业参与非国有控股上市公司的资产重组事项由国家出资企业按照内部决策程序自主决定。

第十二章　法律责任

第七十条　在上市公司国有股权变动中,相关方有下列行为之一的,国有资产监督管理机构或国家出资企业应要求终止上市公司股权变动行为,必要时应向人民法院提起诉讼:

(一)不履行相应的内部决策程序、批准程序或者超越权限,擅自变动上市公司国有股权的;

(二)向中介机构提供虚假资料,导致审计、评估结果失真,造成国有资产损失的;

(三)相关方恶意串通,签订显失公平的协议,造成国有资产损失的;

(四)相关方采取欺诈、隐瞒等手段变动上市公司国有股权,造成国有资产损失的;

(五)相关方未在约定期限内履行承诺义务的;

(六)违反上市公司信息披露规定,涉嫌内幕交易的。

第七十一条 违反有关法律、法规或本办法的规定变动上市公司国有股权并造成国有资产损失的，国有资产监督管理机构可以责令国有股东采取措施限期纠正；国有股东、上市公司负有直接责任的主管人员和其他直接责任人员，由国有资产监督管理机构或者相关企业按照权限给予纪律处分，造成国有资产损失的，应负赔偿责任；涉嫌犯罪的，依法移送司法机关处理。

第七十二条 社会中介机构在上市公司国有股权变动的审计、评估、咨询和法律等服务中违规执业的，由国有资产监督管理机构将有关情况通报其行业主管部门，建议给予相应处罚；情节严重的，国有股东三年内不得再委托其开展相关业务。

第七十三条 上市公司国有股权变动批准机构及其有关人员违反有关法律、法规或本办法的规定，擅自批准或者在批准中以权谋私，造成国有资产损失的，由有关部门按照权限给予纪律处分；涉嫌犯罪的，依法移送司法机关处理。

国有资产监督管理机构违反有关法律、法规或本办法的规定审核批准上市公司国有股权变动并造成国有资产损失的，对直接负责的主管人员和其他责任人员给予纪律处分；涉嫌犯罪的，依法移送司法机关处理。

第十三章 附　　则

第七十四条 不符合本办法规定的国有股东标准，但政府部门、机构、事业单位和国有独资或全资企业通过投资关系、协议或者其他安排，能够实际支配其行为的境内外企业，证券账户标注为"CS"，所持上市公司股权变动行为参照本办法管理。

第七十五条 政府部门、机构、事业单位及其所属企业持有的上市公司国有股权变动行为，按照现行监管体制，比照本办法管理。

第七十六条 金融、文化类上市公司国有股权的监督管理，国家另有规定的，依照其规定。

第七十七条 国有或国有控股的专门从事证券业务的证券公司及基金管理公司转让、受让上市公司股份的监督管理按照相关规定办理。

第七十八条　国有出资的有限合伙企业不作国有股东认定,其所持上市公司股份的监督管理另行规定。

第七十九条　本办法自2018年7月1日起施行。

上市公司并购重组财务顾问业务管理办法

(2008年6月3日中国证券监督管理委员会令第54号公布　自2008年8月4日起施行)

第一章　总　　则

第一条　为了规范证券公司、证券投资咨询机构及其他财务顾问机构从事上市公司并购重组财务顾问业务活动,保护投资者的合法权益,促进上市公司规范运作,维护证券市场秩序,根据《证券法》和其他相关法律、行政法规的规定,制定本办法。

第二条　上市公司并购重组财务顾问业务是指为上市公司的收购、重大资产重组、合并、分立、股份回购等对上市公司股权结构、资产和负债、收入和利润等具有重大影响的并购重组活动提供交易估值、方案设计、出具专业意见等专业服务。

经中国证券监督管理委员会(以下简称中国证监会)核准具有上市公司并购重组财务顾问业务资格的证券公司、证券投资咨询机构或者其他符合条件的财务顾问机构(以下简称财务顾问),可以依照本办法的规定从事上市公司并购重组财务顾问业务。

未经中国证监会核准,任何单位和个人不得从事上市公司并购重组财务顾问业务。

第三条　财务顾问应当遵守法律、行政法规、中国证监会的规定和行业规范,诚实守信,勤勉尽责,对上市公司并购重组活动进行尽职调查,对委托人的申报文件进行核查,出具专业意见,并保证其所出具的意见真实、准确、完整。

第四条　财务顾问的委托人应当依法承担相应的责任,配合财务顾问履行职责，并向财务顾问提供有关文件及其他必要的信息，不得拒绝、隐匿、谎报。

财务顾问履行职责，不能减轻或者免除委托人、其他专业机构及其签名人员的责任。

第五条 中国证监会依照法律、行政法规和本办法的规定，对财务顾问实行资格许可管理，对财务顾问及其负责并购重组项目的签名人员（以下简称财务顾问主办人）的执业情况进行监督管理。

中国证券业协会依法对财务顾问及其财务顾问主办人进行自律管理。

第二章 业务许可

第六条 证券公司从事上市公司并购重组财务顾问业务，应当具备下列条件：

（一）公司净资本符合中国证监会的规定；

（二）具有健全且运行良好的内部控制机制和管理制度，严格执行风险控制和内部隔离制度；

（三）建立健全的尽职调查制度，具备良好的项目风险评估和内核机制；

（四）公司财务会计信息真实、准确、完整；

（五）公司控股股东、实际控制人信誉良好且最近3年无重大违法违规记录；

（六）财务顾问主办人不少于5人；

（七）中国证监会规定的其他条件。

第七条 证券投资咨询机构从事上市公司并购重组财务顾问业务，应当具备下列条件：

（一）已经取得中国证监会核准的证券投资咨询业务资格；

（二）实缴注册资本和净资产不低于人民币500万元；

（三）具有健全且运行良好的内部控制机制和管理制度，严格执行风险控制和内部隔离制度；

（四）公司财务会计信息真实、准确、完整；

（五）控股股东、实际控制人在公司申请从事上市公司并购重组财

务顾问业务资格前一年未发生变化,信誉良好且最近3年无重大违法违规记录;

(六)具有2年以上从事公司并购重组财务顾问业务活动的执业经历,且最近2年每年财务顾问业务收入不低于100万元;

(七)有证券从业资格的人员不少于20人,其中,具有从事证券业务经验3年以上的人员不少于10人,财务顾问主办人不少于5人;

(八)中国证监会规定的其他条件。

第八条 其他财务顾问机构从事上市公司并购重组财务顾问业务,除应当符合前条第(二)至(四)项及第(七)项的条件外,还应当具备下列条件:

(一)具有3年以上从事公司并购重组财务顾问业务活动的执业经历,且最近3年每年财务顾问业务收入不低于100万元;

(二)董事、高级管理人员应当正直诚实,品行良好,熟悉证券法律、行政法规,具有从事证券市场工作3年以上或者金融工作5年以上的经验,具备履行职责所需的经营管理能力;

(三)控股股东、实际控制人信誉良好且最近3年无重大违法违规记录;

(四)中国证监会规定的其他条件。

资产评估机构、会计师事务所、律师事务所或者相关人员从事上市公司并购重组财务顾问业务,应当另行成立专门机构。

第九条 证券公司、证券投资咨询机构和其他财务顾问机构有下列情形之一的,不得担任财务顾问:

(一)最近24个月内存在违反诚信的不良记录;

(二)最近24个月内因执业行为违反行业规范而受到行业自律组织的纪律处分;

(三)最近36个月内因违法违规经营受到处罚或者因涉嫌违法违规经营正在被调查。

第十条 财务顾问主办人应当具备下列条件:

(一)具有证券从业资格;

(二)具备中国证监会规定的投资银行业务经历;

(三)参加中国证监会认可的财务顾问主办人胜任能力考试且成

绩合格；

（四）所任职机构同意推荐其担任本机构的财务顾问主办人；

（五）未负有数额较大到期未清偿的债务；

（六）最近24个月无违反诚信的不良记录；

（七）最近24个月未因执业行为违反行业规范而受到行业自律组织的纪律处分；

（八）最近36个月未因执业行为违法违规受到处罚；

（九）中国证监会规定的其他条件。

第十一条 证券公司、证券投资咨询机构和其他财务顾问机构申请从事上市公司并购重组财务顾问业务资格，应当提交下列文件：

（一）申请报告；

（二）营业执照复印件和公司章程；

（三）董事长、高级管理人员及并购重组业务负责人的简历；

（四）符合本办法规定条件的财务顾问主办人的证明材料；

（五）关于公司控股股东、实际控制人信誉良好和最近3年无重大违法违规记录的说明；

（六）公司治理结构和内控制度的说明，包括公司风险控制、内部隔离制度及内核部门人员名单和最近3年从业经历；

（七）经具有从事证券业务资格的会计师事务所审计的公司最近2年的财务会计报告；

（八）律师出具的法律意见书；

（九）中国证监会规定的其他文件。

第十二条 证券投资咨询机构申请从事上市公司并购重组财务顾问业务资格，除提交本办法第十一条规定的申报材料外，还应当提交下列文件：

（一）中国证监会核准的证券投资咨询业务许可证复印件；

（二）从事公司并购重组财务顾问业务2年以上执业经历的说明，以及最近2年每年财务顾问业务收入不低于100万元的证明文件，包括相关合同和纳税证明；

（三）申请资格前一年控股股东、实际控制人未发生变化的说明。

第十三条 其他财务顾问机构申请从事上市公司并购重组财务

顾问业务资格,除提交本办法第十一条规定的申报材料外,还应当提交下列文件:

(一)从事公司并购重组财务顾问业务 3 年以上执业经历的说明,以及最近 3 年每年财务顾问业务收入不低于 100 万元的证明文件,包括相关合同和纳税证明;

(二)董事、高级管理人员符合本办法规定条件的说明;

(三)申请资格前一年控股股东、实际控制人未发生变化的说明。

第十四条　财务顾问申请人应当提交有关财务顾问主办人的下列证明文件:

(一)证券从业资格证书;

(二)中国证监会规定的投资银行业务经历的证明文件;

(三)中国证监会认可的财务顾问主办人胜任能力考试且成绩合格的证书;

(四)财务顾问申请人推荐其担任本机构的财务顾问主办人的推荐函;

(五)不存在数额较大到期未清偿的债务的说明;

(六)最近 24 个月无违反诚信的不良记录的说明;

(七)最近 24 个月未受到行业自律组织的纪律处分的说明;

(八)最近 36 个月未因执业行为违法违规受到处罚的说明;

(九)中国证监会规定的其他文件。

第十五条　财务顾问申请人应当保证申请文件真实、准确、完整。申请期间,文件内容发生重大变化的,财务顾问申请人应当自变化之日起 5 个工作日内向中国证监会提交更新资料。

第十六条　中国证监会对财务顾问申请人的上市公司并购重组财务顾问业务资格申请进行审查、做出决定。

中国证监会及时公布和更新财务顾问及其财务顾问主办人的名单。

第十七条　证券公司、证券投资咨询机构或者其他财务顾问机构受聘担任上市公司独立财务顾问的,应当保持独立性,不得与上市公司存在利害关系;存在下列情形之一的,不得担任独立财务顾问:

(一)持有或者通过协议、其他安排与他人共同持有上市公司股份

达到或者超过 5%,或者选派代表担任上市公司董事;

(二)上市公司持有或者通过协议、其他安排与他人共同持有财务顾问的股份达到或者超过 5%,或者选派代表担任财务顾问的董事;

(三)最近 2 年财务顾问与上市公司存在资产委托管理关系、相互提供担保,或者最近一年财务顾问为上市公司提供融资服务;

(四)财务顾问的董事、监事、高级管理人员、财务顾问主办人或者其直系亲属有在上市公司任职等影响公正履行职责的情形;

(五)在并购重组中为上市公司的交易对方提供财务顾问服务;

(六)与上市公司存在利害关系、可能影响财务顾问及其财务顾问主办人独立性的其他情形。

第十八条 上市公司并购重组活动涉及公开发行股票的,应当按照有关规定聘请具有保荐资格的证券公司从事相关业务。

第三章 业务规则

第十九条 财务顾问从事上市公司并购重组财务顾问业务,应当履行以下职责:

(一)接受并购重组当事人的委托,对上市公司并购重组活动进行尽职调查,全面评估相关活动所涉及的风险;

(二)就上市公司并购重组活动向委托人提供专业服务,帮助委托人分析并购重组相关活动所涉及的法律、财务、经营风险,提出对策和建议,设计并购重组方案,并指导委托人按照上市公司并购重组的相关规定制作申报文件;

(三)对委托人进行证券市场规范化运作的辅导,使其熟悉有关法律、行政法规和中国证监会的规定,充分了解其应承担的义务和责任,督促其依法履行报告、公告和其他法定义务;

(四)在对上市公司并购重组活动及申报文件的真实性、准确性、完整性进行充分核查和验证的基础上,依据中国证监会的规定和监管要求,客观、公正地发表专业意见;

(五)接受委托人的委托,向中国证监会报送有关上市公司并购重组的申报材料,并根据中国证监会的审核意见,组织和协调委托人及其他专业机构进行答复;

（六）根据中国证监会的相关规定,持续督导委托人依法履行相关义务;

（七）中国证监会要求的其他事项。

第二十条 财务顾问应当与委托人签订委托协议,明确双方的权利和义务,就委托人配合财务顾问履行其职责的义务、应提供的材料和责任划分、双方的保密责任等事项做出约定。财务顾问接受上市公司并购重组多方当事人委托的,不得存在利益冲突或者潜在的利益冲突。

接受委托的,财务顾问应当指定2名财务顾问主办人负责,同时,可以安排一名项目协办人参与。

第二十一条 财务顾问应当建立尽职调查制度和具体工作规程,对上市公司并购重组活动进行充分、广泛、合理的调查,核查委托人提供的为出具专业意见所需的资料,对委托人披露的内容进行独立判断,并有充分理由确信所作的判断与委托人披露的内容不存在实质性差异。

委托人应当配合财务顾问进行尽职调查,提供相应的文件资料。委托人不能提供必要的材料、不配合进行尽职调查或者限制调查范围的,财务顾问应当终止委托关系或者相应修改其结论性意见。

第二十二条 财务顾问利用其他证券服务机构专业意见的,应当进行必要的审慎核查,对委托人提供的资料和披露的信息进行独立判断。

财务顾问对同一事项所作的判断与其他证券服务机构的专业意见存在重大差异的,应当进一步调查、复核,并可自行聘请相关专业机构提供专业服务。

第二十三条 财务顾问应当采取有效方式对新进入上市公司的董事、监事和高级管理人员、控股股东和实际控制人的主要负责人进行证券市场规范化运作的辅导,包括上述人员应履行的责任和义务、上市公司治理的基本原则、公司决策的法定程序和信息披露的基本要求,并对辅导结果进行验收,将验收结果存档。验收不合格的,财务顾问应当重新进行辅导和验收。

第二十四条 财务顾问对上市公司并购重组活动进行尽职调查

应当重点关注以下问题,并在专业意见中对以下问题进行分析和说明:

(一)涉及上市公司收购的,担任收购人的财务顾问,应当关注收购人的收购目的、实力、收购人与其控股股东和实际控制人的控制关系结构、管理经验、资信情况、诚信记录、资金来源、履约能力、后续计划、对上市公司未来发展的影响、收购人的承诺及是否具备履行相关承诺的能力等事项;因国有股行政划转或者变更、在同一实际控制人控制的不同主体之间转让股份、继承取得上市公司股份超过30%的,收购人可免于聘请财务顾问;

(二)涉及对上市公司进行要约收购的,收购人的财务顾问除关注本条第(一)项所列事项外,还应当关注要约收购的目的、收购人的支付方式和支付条件、履约能力、是否将导致公司退市、对收购完成后剩余中小股东的保护机制是否适当等事项;

收购人公告要约收购报告书摘要后15日内未能发出要约的,财务顾问应当督促收购人立即公告未能如期发出要约的原因及中国证监会提出的反馈意见;

(三)涉及上市公司重大资产重组的,财务顾问应当关注重组目的、重组方案、交易定价的公允性、资产权属的清晰性、资产的完整性、重组后上市公司是否具备持续经营能力和持续盈利能力、盈利预测的可实现性、公司经营独立性、重组方是否存在利用资产重组侵害上市公司利益的问题等事项;

(四)涉及上市公司发行股份购买资产的,财务顾问应当关注本次发行的目的、发行方案、拟购买资产的估值分析及定价的公允性、拟购买资产的完整性、独立性、盈利能力、对上市公司影响的量化分析、拟发行股份的定价模式、中小股东合法权益是否受到侵害、上市公司股票交易是否存在异常等事项;涉及导致公司控制权发生变化的,还应当按照本条第(一)项有关收购人的关注要点对本次发行的特定对象进行核查;

(五)涉及上市公司合并的,财务顾问应当关注合并的目的、合并的可行性、合并方案、合并方与被合并方的估值分析、折股比例的确定原则和公允性、对上市公司的业务和财务结构的影响、对上市公司持

续盈利能力的影响、合并后的整合安排等事项;

(六)涉及上市公司回购本公司股份的,财务顾问应当关注回购目的的适当性、回购必要性、回购方案、回购价格的定价模式和公允性、对上市公司现金流的影响、是否存在不利于上市公司持续发展的问题等事项;

(七)财务顾问应当关注上市公司并购重组活动中,相关各方是否存在利用并购重组信息进行内幕交易、市场操纵和证券欺诈等事项;

(八)中国证监会要求的其他事项。

第二十五条 财务顾问应当设立由专业人员组成的内部核查机构,内部核查机构应当恪尽职守,保持独立判断,对相关业务活动进行充分论证与复核,并就所出具的财务顾问专业意见提出内部核查意见。

第二十六条 财务顾问应当在充分尽职调查和内部核查的基础上,按照中国证监会的相关规定,对并购重组事项出具财务顾问专业意见,并作出以下承诺:

(一)已按照规定履行尽职调查义务,有充分理由确信所发表的专业意见与委托人披露的文件内容不存在实质性差异;

(二)已对委托人披露的文件进行核查,确信披露文件的内容与格式符合要求;

(三)有充分理由确信委托人委托财务顾问出具意见的并购重组方案符合法律、法规和中国证监会及证券交易所的相关规定,所披露的信息真实、准确、完整,不存在虚假记载、误导性陈述或者重大遗漏;

(四)有关本次并购重组事项的财务顾问专业意见已提交内部核查机构审查,并同意出具此专业意见;

(五)在与委托人接触后到担任财务顾问期间,已采取严格的保密措施,严格执行风险控制和内部隔离制度,不存在内幕交易、操纵市场和证券欺诈问题。

第二十七条 财务顾问的法定代表人或者其授权代表人、部门负责人、内部核查机构负责人、财务顾问主办人和项目协办人应当在财务顾问专业意见上签名,并加盖财务顾问单位公章。

第二十八条 财务顾问代表委托人向中国证监会提交申请文件

后,应当配合中国证监会的审核,并承担以下工作:

(一)指定财务顾问主办人与中国证监会进行专业沟通,并按照中国证监会提出的反馈意见作出回复;

(二)按照中国证监会的要求对涉及本次并购重组活动的特定事项进行尽职调查或者核查;

(三)组织委托人及其他专业机构对中国证监会的意见进行答复;

(四)委托人未能在行政许可的期限内公告相关并购重组报告全文的,财务顾问应当督促委托人及时公开披露中国证监会提出的问题及委托人未能如期公告的原因;

(五)自申报至并购重组事项完成前,对于上市公司和其他并购重组当事人发生较大变化对本次并购重组构成较大影响的情况予以高度关注,并及时向中国证监会报告;

(六)申报本次担任并购重组财务顾问的收费情况;

(七)中国证监会要求的其他事项。

第二十九条 财务顾问应当建立健全内部报告制度,财务顾问主办人应当就中国证监会在反馈意见中提出的问题按照内部程序向部门负责人、内部核查机构负责人等相关负责人报告,并对中国证监会提出的问题进行充分的研究、论证,审慎回复。回复意见应当由财务顾问的法定代表人或者其授权代表人、财务顾问主办人和项目协办人签名,并加盖财务顾问单位公章。

第三十条 财务顾问将申报文件报中国证监会审核期间,委托人和财务顾问终止委托协议的,财务顾问和委托人应当自终止之日起5个工作日内向中国证监会报告,申请撤回申报文件,并说明原因。委托人重新聘请财务顾问就同一并购重组事项进行申报的,应当在报送中国证监会的申报文件中予以说明。

第三十一条 根据中国证监会有关并购重组的规定,自上市公司收购、重大资产重组、发行股份购买资产、合并等事项完成后的规定期限内,财务顾问承担持续督导责任。

财务顾问应当通过日常沟通、定期回访等方式,结合上市公司定期报告的披露,做好以下持续督导工作:

(一)督促并购重组当事人按照相关程序规范实施并购重组方案,

及时办理产权过户手续,并依法履行报告和信息披露的义务;

(二)督促上市公司按照《上市公司治理准则》的要求规范运作;

(三)督促和检查申报人履行对市场公开作出的相关承诺的情况;

(四)督促和检查申报人落实后续计划及并购重组方案中约定的其他相关义务的情况;

(五)结合上市公司定期报告,核查并购重组是否按计划实施、是否达到预期目标;其实施效果是否与此前公告的专业意见存在较大差异,是否实现相关盈利预测或者管理层预计达到的业绩目标;

(六)中国证监会要求的其他事项。

在持续督导期间,财务顾问应当结合上市公司披露的定期报告出具持续督导意见,并在前述定期报告披露后的 15 日内向上市公司所在地的中国证监会派出机构报告。

第三十二条 财务顾问应当建立健全内部检查制度,确保财务顾问主办人切实履行持续督导责任,按时向中国证监会派出机构提交持续督导工作的情况报告。

在持续督导期间,财务顾问解除委托协议的,应当及时向中国证监会派出机构作出书面报告,说明无法继续履行持续督导职责的理由,并予以公告。委托人应当在一个月内另行聘请财务顾问对其进行持续督导。

第三十三条 财务顾问应当建立并购重组工作档案和工作底稿制度,为每一项目建立独立的工作档案。

财务顾问的工作档案和工作底稿应当真实、准确、完整,保存期不少于 10 年。

第三十四条 财务顾问及其财务顾问主办人应当严格履行保密责任,不得利用职务之便买卖相关上市公司的证券或者牟取其他不当利益,并应当督促委托人、委托人的董事、监事和高级管理人员及其他内幕信息知情人严格保密,不得进行内幕交易。

财务顾问应当按照中国证监会的要求,配合提供上市公司并购重组相关内幕信息知情人买卖、持有相关上市公司证券的文件,并向中国证监会报告内幕信息知情人的违法违规行为,配合中国证监会依法进行的调查。

第三十五条　财务顾问从事上市公司并购重组财务顾问业务,应当公平竞争,按照业务复杂程度及所承担的责任和风险与委托人商议财务顾问报酬,不得以明显低于行业水平等不正当竞争手段招揽业务。

第三十六条　中国证券业协会可以根据本办法的规定,制定财务顾问执业规范,组织财务顾问主办人进行持续培训。

财务顾问可以申请加入中国证券业协会。财务顾问主办人应当参加中国证券业协会组织的相关培训,接受后续教育。

第四章　监督管理与法律责任

第三十七条　中国证监会及其派出机构可以根据审慎监管原则,要求财务顾问提供已按照本办法的规定履行尽职调查义务的证明材料、工作档案和工作底稿,并对财务顾问的公司治理、内部控制、经营运作、风险状况、从业活动等方面进行非现场检查或者现场检查。

财务顾问及其有关人员应当配合中国证监会及其派出机构的检查工作,提交的材料应当真实、准确、完整,不得以任何理由拒绝、拖延提供有关材料,或者提供不真实、不准确、不完整的材料。

第三十八条　中国证监会建立监管信息系统,对财务顾问及其财务顾问主办人进行持续动态监管,并将以下事项记入其诚信档案:

(一)财务顾问及其财务顾问主办人被中国证监会采取监管措施的;

(二)在持续督导期间,上市公司或者其他委托人违反公司治理有关规定、相关资产状况及上市公司经营成果等与财务顾问的专业意见出现较大差异的;

(三)中国证监会认定的其他事项。

第三十九条　财务顾问及其财务顾问主办人出现下列情形之一的,中国证监会对其采取监管谈话、出具警示函、责令改正等监管措施:

(一)内部控制机制和管理制度、尽职调查制度以及相关业务规则存在重大缺陷或者未得到有效执行的;

(二)未按照本办法规定发表专业意见的;

（三）在受托报送申报材料过程中，未切实履行组织、协调义务、申报文件制作质量低下的；

（四）未依法履行持续督导义务的；

（五）未按照本办法的规定向中国证监会报告或者公告的；

（六）违反其就上市公司并购重组相关业务活动所作承诺的；

（七）违反保密制度或者未履行保密责任的；

（八）采取不正当竞争手段进行恶性竞争的；

（九）唆使、协助或者伙同委托人干扰中国证监会审核工作的；

（十）中国证监会认定的其他情形。

责令改正的，财务顾问及其财务顾问主办人在改正期间，或者按照要求完成整改并经中国证监会验收合格之前，不得接受新的上市公司并购重组财务顾问业务。

第四十条 上市公司就并购重组事项出具盈利预测报告的，在相关并购重组活动完成后，凡不属于上市公司管理层事前无法获知且事后无法控制的原因，上市公司或者购买资产实现的利润未达到盈利预测报告或者资产评估报告预测金额80%的，中国证监会责令财务顾问及其财务顾问主办人在股东大会及中国证监会指定报刊上公开说明未实现盈利预测的原因并向股东和社会公众投资者道歉；利润实现数未达到盈利预测50%的，中国证监会可以同时对财务顾问及其财务顾问主办人采取监管谈话、出具警示函、责令定期报告等监管措施。

第四十一条 财务顾问不再符合本办法规定条件的，应当在5个工作日内向中国证监会报告并依法进行公告，由中国证监会责令改正。责令改正期满后，仍不符合本办法规定条件的，中国证监会撤销其从事上市公司并购重组财务顾问业务资格。

财务顾问主办人发生变化的，财务顾问应当在5个工作日内向中国证监会报告。财务顾问主办人不再符合本办法规定条件的，中国证监会将其从财务顾问主办人名单中去除，财务顾问不得聘请其作为财务顾问主办人从事相关业务。

第四十二条 财务顾问及其财务顾问主办人或者其他责任人员所发表的专业意见存在虚假记载、误导性陈述或者重大遗漏的，中国证监会责令改正并依据《证券法》第二百二十三条的规定予以处罚。

第四十三条 财务顾问及其财务顾问主办人在相关并购重组信息未依法公开前,泄漏该信息、买卖或者建议他人买卖该公司证券,利用相关并购重组信息散布虚假信息、操纵证券市场或者进行证券欺诈活动的,中国证监会依据《证券法》第二百零二条、第二百零三条、第二百零七条等相关规定予以处罚;涉嫌犯罪的,依法移送司法机关追究刑事责任。

第四十四条 中国证券业协会对财务顾问及其财务顾问主办人违反自律规范的行为,依法进行调查,给予纪律处分。

第五章 附 则

第四十五条 本办法自2008年8月4日起施行。

科创板上市公司持续监管办法(试行)

(2019年3月1日中国证券监督管理委员会令
第154号公布施行)

第一章 总 则

第一条 为了规范科创企业股票、存托凭证在上海证券交易所(以下简称交易所)科创板上市后相关各方的行为,支持引导科技创新企业更好地发展,保护投资者合法权益,根据《中华人民共和国证券法》(以下简称《证券法》)、《中华人民共和国公司法》、《国务院办公厅转发证监会关于开展创新企业境内发行股票或存托凭证试点若干意见的通知》、《关于在上海证券交易所设立科创板并试点注册制的实施意见》(以下简称《实施意见》)以及相关法律法规,制定本办法。

第二条 中国证券监督管理委员会(以下简称中国证监会)根据《证券法》等法律法规、《实施意见》、本办法和中国证监会其他相关规定,对科创板上市公司(以下简称科创公司)及相关主体进行监督管理。中国证监会其他相关规定与本办法规定不一致的,适用本办法。

第三条 交易所根据《实施意见》、《证券交易所管理办法》、本办法等有关规定，建立以上市规则为中心的科创板持续监管规则体系，在持续信息披露、股份减持、并购重组、股权激励、退市等方面制定符合科创公司特点的具体实施规则。科创公司应当遵守交易所持续监管实施规则。

交易所应当履行一线监管职责，加强信息披露与二级市场交易监管联动，加大现场检查力度，强化监管问询，切实防范和打击内幕交易与操纵市场行为，督促科创公司提高信息披露质量。

第二章 公司治理

第四条 科创公司应当保持健全、有效、透明的治理体系和监督机制，保证股东大会、董事会、监事会规范运作，督促董事、监事和高级管理人员履行忠实、勤勉义务，保障全体股东合法权利，积极履行社会责任，保护利益相关者的基本权益。

第五条 科创公司控股股东、实际控制人应当诚实守信，依法行使权利，严格履行承诺，维持公司独立性，维护公司和全体股东的共同利益。

第六条 科创公司应当积极回报股东，根据自身条件和发展阶段，制定并执行现金分红、股份回购等股东回报政策。交易所可以制定股东回报相关规则。

第七条 存在特别表决权股份的科创公司，应当在公司章程中规定特别表决权股份的持有人资格、特别表决权股份拥有的表决权数量与普通股份拥有的表决权数量的比例安排、持有人所持特别表决权股份能够参与表决的股东大会事项范围、特别表决权股份锁定安排及转让限制、特别表决权股份与普通股份的转换情形等事项。公司章程有关上述事项的规定，应当符合交易所的有关规定。

科创公司应当在定期报告中持续披露特别表决权安排的情况；特别表决权安排发生重大变化的，应当及时披露。

交易所应对存在特别表决权股份科创公司的上市条件、表决权差异的设置、存续、调整、信息披露和投资者保护事项制定有关规定。

第三章 信息披露

第八条 科创公司和相关信息披露义务人应当及时、公平地披露所有可能对证券交易价格或者投资决策有较大影响的事项，保证所披露信息的真实、准确、完整，不存在虚假记载、误导性陈述或者重大遗漏。

第九条 控股股东和实际控制人应当积极配合科创公司履行信息披露义务，不得要求或者协助科创公司隐瞒应当披露的信息。

第十条 科创公司筹划的重大事项存在较大不确定性，立即披露可能会损害公司利益或者误导投资者，且有关内幕信息知情人已书面承诺保密的，公司可以暂不披露，但最迟应在该重大事项形成最终决议、签署最终协议、交易确定能够达成时对外披露。已经泄密或确实难以保密的，科创公司应当立即披露该信息。

第十一条 科创公司应当结合所属行业特点，充分披露行业经营信息，尤其是科研水平、科研人员、科研投入等能够反映行业竞争力的信息以及核心技术人员任职及持股情况，便于投资者合理决策。

第十二条 科创公司应当充分披露可能对公司核心竞争力、经营活动和未来发展产生重大不利影响的风险因素。

科创公司尚未盈利的，应当充分披露尚未盈利的成因，以及对公司现金流、业务拓展、人才吸引、团队稳定性、研发投入、战略性投入、生产经营可持续性等方面的影响。

第十三条 科创公司和相关信息披露义务人认为相关信息有助于投资者决策，但不属于依法应当披露信息的，可以自愿披露。

科创公司自愿披露的信息应当真实、准确、完整，科创公司不得利用该等信息不当影响公司股票价格，并应当按照同一标准披露后续类似事件。

第十四条 科创公司和信息披露义务人确有需要的，可以在非交易时段对外发布重大信息，但应当在下一交易时段开始前披露相关公告，不得以新闻发布或者答记者问等形式代替信息披露。

第十五条 科创公司和相关信息披露义务人适用中国证监会、交易所相关信息披露规定，可能导致其难以反映经营活动的实际情况、难以符合行业监管要求或者公司注册地有关规定的，可以依照有关规定暂缓适用或免于适用,但是应当充分说明原因和替代方案,并聘请律师事务所出具法律意见。中国证监会、交易所认为依法不应调整适用的,科创公司和相关信息披露义务人应当执行相关规定。

第四章 股份减持

第十六条 股份锁定期届满后,科创公司控股股东、实际控制人、董事、监事、高级管理人员、核心技术人员及其他股东减持首次公开发行前已发行的股份(以下简称首发前股份)以及通过非公开发行方式取得的股份的,应当遵守交易所有关减持方式、程序、价格、比例以及后续转让等事项的规定。

第十七条 上市时未盈利的科创公司,其控股股东、实际控制人、董事、监事、高级管理人员、核心技术人员所持首发前股份的股份锁定期应适当延长,具体期限由交易所规定。

第十八条 科创公司核心技术人员所持首发前股份的股份锁定期应适当延长,具体期限由交易所规定。

第五章 重大资产重组

第十九条 科创公司并购重组,由交易所统一审核;涉及发行股票的,由交易所审核通过后报经中国证监会履行注册程序。审核标准等事项由交易所规定。

第二十条 科创公司重大资产重组或者发行股份购买资产,标的资产应当符合科创板定位,并与公司主营业务具有协同效应。

第六章 股权激励

第二十一条 科创公司以本公司股票为标的实施股权激励的,应当设置合理的公司业绩和个人绩效等考核指标,有利于公司持续发展。

第二十二条 单独或合计持有科创公司5%以上股份的股东或实际控制人及其配偶、父母、子女,作为董事、高级管理人员、核心技术人员或者核心业务人员的,可以成为激励对象。

科创公司应当充分说明前款规定人员成为激励对象的必要性、合理性。

第二十三条　科创公司授予激励对象的限制性股票,包括符合股权激励计划授予条件的激励对象在满足相应条件后分次获得并登记的本公司股票。

限制性股票的授予和登记等事项,应当遵守交易所和证券登记结算机构的有关规定。

第二十四条　科创公司授予激励对象限制性股票的价格,低于市场参考价50%的,应符合交易所有关规定,并应说明定价依据及定价方式。

出现前款规定情形的,科创公司应当聘请独立财务顾问,对股权激励计划的可行性、相关定价依据和定价方法的合理性、是否有利于公司持续发展、是否损害股东利益等发表意见。

第二十五条　科创公司全部在有效期内的股权激励计划所涉及的标的股票总数,累计不得超过公司总股本的20%。

第七章　终 止 上 市

第二十六条　科创公司触及终止上市标准的,股票直接终止上市,不再适用暂停上市、恢复上市、重新上市程序。

第二十七条　科创公司构成欺诈发行、重大信息披露违法或者其他涉及国家安全、公共安全、生态安全、生产安全和公众健康安全等领域的重大违法行为的,股票应当终止上市。

第二十八条　科创公司股票交易量、股价、市值、股东人数等交易指标触及终止上市标准的,股票应当终止上市,具体标准由交易所规定。

第二十九条　科创公司丧失持续经营能力,财务指标触及终止上市标准的,股票应当终止上市。

科创板不适用单一的连续亏损终止上市指标,交易所应当设置能够反映公司持续经营能力的组合终止上市指标。

第三十条　科创公司信息披露或者规范运作方面存在重大缺陷,严重损害投资者合法权益、严重扰乱证券市场秩序的,其股票应当终止上市。交易所可依据《证券法》在上市规则中作出具体规定。

第八章　其 他 事 项

第三十一条　达到一定规模的上市公司,可以依据法律法规、中国证监会和交易所有关规定,分拆业务独立、符合条件的子公司在科创板上市。

第三十二条 科创公司应当建立完善募集资金管理使用制度,按照交易所规定持续披露募集资金使用情况和募集资金重点投向科技创新领域的具体安排。

第三十三条 科创公司控股股东、实际控制人质押公司股份的,应当合理使用融入资金,维持科创公司控制权和生产经营稳定,不得侵害科创公司利益或者向科创公司转移风险,并依据中国证监会、交易所的规定履行信息披露义务。

第三十四条 科创公司及其股东、实际控制人、董事、监事、高级管理人员、其他信息披露义务人、内幕信息知情人等相关主体违反本办法的,中国证监会根据《证券法》等法律法规和中国证监会其他有关规定,依法追究其法律责任。

第三十五条 中国证监会会同有关部门,加强对科创公司等相关市场主体的诚信信息共享,完善失信联合惩戒机制。

第九章 附 则

第三十六条 本办法自公布之日起施行。

科创板上市公司证券发行注册管理办法(试行)

(2020年7月3日中国证券监督管理委员会令第171号公布施行)

第一章 总 则

第一条 为了规范科创板上市公司(以下简称上市公司)证券发行行为,保护投资者合法权益和社会公共利益,根据《中华人民共和国证券法》(以下简称《证券法》)、《国务院办公厅关于贯彻实施修订后的证券法有关工作的通知》、《关于在上海证券交易所设立科创板并试点注册制的实施意见》、《国务院办公厅转发证监会关于开展创新企业境内发行股票或存托凭证试点若干意见的通知》(以下简称《若干意见》)及相关法律法规,制定本办法。

第二条 上市公司申请在境内发行证券,适用本办法。

本办法所称证券,指下列证券品种:

(一)股票;

(二)可转换公司债券(以下简称可转债);

(三)存托凭证;

(四)中国证券监督管理委员会(以下简称中国证监会)认可的其他品种。

前款所称可转债,是指上市公司依法发行、在一定期间内依据约定的条件可以转换成股份的公司债券。

第三条 上市公司发行证券,可以向不特定对象发行,也可以向特定对象发行。

向不特定对象发行证券包括上市公司向原股东配售股份(以下简称配股)、向不特定对象募集股份(以下简称增发)和向不特定对象发行可转债。

向特定对象发行证券包括上市公司向特定对象发行股票、向特定对象发行可转债。

第四条 上市公司发行证券的,应当符合《证券法》和本办法规定的发行条件和相关信息披露要求,依法经上海证券交易所(以下简称交易所)发行上市审核并报经中国证监会注册,但因依法实行股权激励、公积金转为增加公司资本、分配股票股利的除外。

第五条 上市公司应当诚实守信,依法充分披露投资者作出价值判断和投资决策所必需的信息,所披露信息必须真实、准确、完整,简明清晰、通俗易懂,不得有虚假记载、误导性陈述或者重大遗漏。

上市公司应当按照保荐人、证券服务机构要求,依法向其提供真实、准确、完整的财务会计资料和其他资料,配合相关机构开展尽职调查和其他相关工作。

上市公司控股股东、实际控制人、董事、监事、高级管理人员应当配合相关机构开展尽职调查和其他相关工作，不得要求或者协助上市公司隐瞒应当提供的资料或者应当披露的信息。

第六条 保荐人应当诚实守信，勤勉尽责，按照依法制定的业务规则和行业自律规范的要求，充分了解上市公司经营情况和风险，对注册申请文件和信息披露资料进行全面核查验证，对上市公司是否符合发行条件独立作出专业判断，审慎作出推荐决定，并对募集说明书或者其他信息披露文件及其所出具的相关文件的真实性、准确性、完整性负责。

第七条 证券服务机构应当严格遵守法律法规、中国证监会制定的监管规则、业务规则和本行业公认的业务标准和道德规范，建立并保持有效的质量控制体系，保护投资者合法权益，审慎履行职责，作出专业判断与认定，并对募集说明书或者其他信息披露文件中与其专业职责有关的内容及其所出具的文件的真实性、准确性、完整性负责。

证券服务机构及其相关执业人员应当对与本专业相关的业务事项履行特别注意义务，对其他业务事项履行普通注意义务，并承担相应法律责任。

证券服务机构及其执业人员从事证券服务业务应当配合中国证监会的监督管理，在规定的期限内提供、报送或披露相关资料、信息，并保证其提供、报送或披露的资料、信息真实、准确、完整，不得有虚假记载、误导性陈述或者重大遗漏。

证券服务机构应当妥善保存客户委托文件、核查和验证资料、工作底稿以及与质量控制、内部管理、业务经营有关的信息和资料。

第八条 对上市公司发行证券申请予以注册，不表明中国证监会和交易所对该证券的投资价值或者投资者的收益作出实质性判断或者保证，也不表明中国证监会和交易所对申请文件的真实性、准确性、完整性作出保证。

第二章　发 行 条 件

第一节　发 行 股 票

第九条 上市公司向不特定对象发行股票，应当符合下列规定：

（一）具备健全且运行良好的组织机构；

（二）现任董事、监事和高级管理人员具备法律、行政法规规定的任职要求；

（三）具有完整的业务体系和直接面向市场独立经营的能力，不存在对持续经营有重大不利影响的情形；

（四）会计基础工作规范，内部控制制度健全且有效执行，财务报表的编制和披露符合企业会计准则和相关信息披露规则的规定，在所有重大方面公允反映了上市公司的财务状况、经营成果和现金流量，最近三年财务会计报告被出具无保留意见审计报告；

（五）除金融类企业外，最近一期末不存在金额较大的财务性投资。

第十条　上市公司存在下列情形之一的，不得向不特定对象发行股票：

（一）擅自改变前次募集资金用途未作纠正，或者未经股东大会认可；

（二）上市公司及其现任董事、监事和高级管理人员最近三年受到中国证监会行政处罚，或者最近一年受到证券交易所公开谴责，或者因涉嫌犯罪正被司法机关立案侦查或者涉嫌违法违规正在被中国证监会立案调查；

（三）上市公司及其控股股东、实际控制人最近一年存在未履行向投资者作出的公开承诺的情形；

（四）上市公司及其控股股东、实际控制人最近三年存在贪污、贿赂、侵占财产、挪用财产或者破坏社会主义市场经济秩序的刑事犯罪，或者存在严重损害上市公司利益、投资者合法权益、社会公共利益的重大违法行为。

第十一条　上市公司存在下列情形之一的，不得向特定对象发行股票：

（一）擅自改变前次募集资金用途未作纠正，或者未经股东大会认可。

（二）最近一年财务报表的编制和披露在重大方面不符合企业会计准则或者相关信息披露规则的规定；最近一年财务会计报告被出具

否定意见或者无法表示意见的审计报告;最近一年财务会计报告被出具保留意见的审计报告,且保留意见所涉及事项对上市公司的重大不利影响尚未消除。本次发行涉及重大资产重组的除外。

(三)现任董事、监事和高级管理人员最近三年受到中国证监会行政处罚,或者最近一年受到证券交易所公开谴责。

(四)上市公司及其现任董事、监事和高级管理人员因涉嫌犯罪正在被司法机关立案侦查或者涉嫌违法违规正被中国证监会立案调查。

(五)控股股东、实际控制人最近三年存在严重损害上市公司利益或者投资者合法权益的重大违法行为。

(六)最近三年存在严重损害投资者合法权益或者社会公共利益的重大违法行为。

第十二条 上市公司发行股票,募集资金使用应当符合下列规定:

(一)应当投资于科技创新领域的业务;

(二)符合国家产业政策和有关环境保护、土地管理等法律、行政法规规定;

(三)募集资金项目实施后,不会与控股股东、实际控制人及其控制的其他企业新增构成重大不利影响的同业竞争、显失公平的关联交易,或者严重影响公司生产经营的独立性。

第二节 发行可转债

第十三条 上市公司发行可转债,应当符合下列规定:

(一)具备健全且运行良好的组织机构;

(二)最近三年平均可分配利润足以支付公司债券一年的利息;

(三)具有合理的资产负债结构和正常的现金流量。

除前款规定条件外,上市公司向不特定对象发行可转债,还应当遵守本办法第九条第(二)项至第(五)项、第十条的规定;向特定对象发行可转债,还应当遵守本办法第十一条的规定。但是,按照公司债券募集办法,上市公司通过收购本公司股份的方式进行公司债券转换的除外。

第十四条 上市公司存在下列情形之一的,不得发行可转债:

（一）对已公开发行的公司债券或者其他债务有违约或者延迟支付本息的事实，仍处于继续状态；

（二）违反《证券法》规定，改变公开发行公司债券所募资金用途。

第十五条 上市公司发行可转债，募集资金除不得用于弥补亏损和非生产性支出外，还应当遵守本办法第十二条的规定。

第三章 发 行 程 序

第十六条 上市公司申请发行证券，董事会应当依法就下列事项作出决议，并提请股东大会批准：

（一）本次证券发行的方案；

（二）本次发行方案的论证分析报告；

（三）本次募集资金使用的可行性报告；

（四）其他必须明确的事项。

上市公司董事会拟引入战略投资者的，应当将引入战略投资者的事项作为单独议案，就每名战略投资者单独审议，并提交股东大会批准。

董事会依照前二款作出决议，董事会决议日与首次公开发行股票上市日的时间间隔不得少于六个月。

第十七条 董事会在编制本次发行方案的论证分析报告时，应当结合上市公司所处行业和发展阶段、融资规划、财务状况、资金需求等情况进行论证分析，独立董事应当发表专项意见。论证分析报告至少应当包括下列内容：

（一）本次发行证券及其品种选择的必要性；

（二）本次发行对象的选择范围、数量和标准的适当性；

（三）本次发行定价的原则、依据、方法和程序的合理性；

（四）本次发行方式的可行性；

（五）本次发行方案的公平性、合理性；

（六）本次发行对原股东权益或者即期回报摊薄的影响以及填补的具体措施。

第十八条 股东大会就发行证券作出的决定，至少应当包括下列事项：

（一）本次发行证券的种类和数量；

（二）发行方式、发行对象及向原股东配售的安排；

（三）定价方式或者价格区间；

（四）募集资金用途；

（五）决议的有效期；

（六）对董事会办理本次发行具体事宜的授权；

（七）其他必须明确的事项。

第十九条 股东大会就发行可转债作出的决定，至少应当包括下列事项：

（一）本办法第十八条规定的事项；

（二）债券利率；

（三）债券期限；

（四）赎回条款；

（五）回售条款；

（六）还本付息的期限和方式；

（七）转股期；

（八）转股价格的确定和修正。

第二十条 股东大会就发行证券事项作出决议，必须经出席会议的股东所持表决权的三分之二以上通过，中小投资者表决情况应当单独计票。向本公司特定的股东及其关联人发行证券的，股东大会就发行方案进行表决时，关联股东应当回避。股东大会对引入战略投资者议案作出决议的，应当就每名战略投资者单独表决。

上市公司就发行证券事项召开股东大会，应当提供网络投票方式，公司还可以通过其他方式为股东参加股东大会提供便利。

第二十一条 上市公司年度股东大会可以根据公司章程的规定，授权董事会决定向特定对象发行融资总额不超过人民币三亿元且不超过最近一年末净资产百分之二十的股票，该项授权在下一年度股东大会召开日失效。

上市公司年度股东大会给予董事会前款授权的，应当就本办法第十八条规定的事项通过相关决定。

第二十二条 上市公司申请发行证券，应当按照中国证监会有关规定制作注册申请文件,依法由保荐人保荐并向交易所申报。

交易所收到注册申请文件后,五个工作日内作出是否受理的决定。

第二十三条 申请文件受理后,未经中国证监会或者交易所同意,不得改动。

发生重大事项的,上市公司、保荐人、证券服务机构应当及时向交易所报告,并按要求更新申请文件和信息披露资料。

第二十四条 交易所审核部门负责审核上市公司证券发行上市申请;科创板上市委员会负责对上市公司向不特定对象发行证券的申请文件和审核部门出具的审核报告提出审议意见。

交易所主要通过向上市公司提出审核问询、上市公司回答问题方式开展审核工作,判断上市公司发行申请是否符合发行条件和信息披露要求。

第二十五条 上市公司应当向交易所报送审核问询回复的相关文件,并以临时公告的形式披露交易所审核问询回复意见。

第二十六条 交易所按照规定的条件和程序,形成上市公司是否符合发行条件和信息披露要求的审核意见,认为上市公司符合发行条件和信息披露要求的,将审核意见、上市公司注册申请文件及相关审核资料报中国证监会注册;认为上市公司不符合发行条件或者信息披露要求的,作出终止发行上市审核决定。

第二十七条 交易所应当自受理注册申请文件之日起二个月内形成审核意见,但本办法另有规定的除外。

上市公司根据要求补充、修改申请文件,或者交易所按照规定对上市公司实施现场检查,要求保荐人、证券服务机构对有关事项进行专项核查,并要求上市公司补充、修改申请文件的时间不计算在内。

第二十八条 符合相关规定的上市公司按照本办法第二十一条规定申请向特定对象发行股票的,适用简易程序。

第二十九条 交易所采用简易程序的,应当在收到注册申请文件后,二个工作日内作出是否受理的决定,自受理之日起三个工作日内完成审核并形成上市公司是否符合发行条件和信息披露要求的审核意见。

交易所应当制定简易程序的业务规则,并报中国证监会批准。

第三十条　中国证监会依法履行发行注册程序,主要关注交易所发行上市审核内容有无遗漏,审核程序是否符合规定,以及上市公司在发行条件和信息披露要求的重大方面是否符合相关规定。中国证监会认为存在需要进一步说明或者落实事项的,可以要求交易所进一步问询。

中国证监会认为交易所对影响发行条件的重大事项未予关注或者交易所的审核意见依据明显不充分的,可以退回交易所补充审核。交易所补充审核后,认为上市公司符合发行条件和信息披露要求的,重新向中国证监会报送审核意见及相关资料,本办法第三十一条规定的注册期限重新计算。

第三十一条　中国证监会在十五个工作日内对上市公司的注册申请作出予以注册或者不予注册的决定。

上市公司根据要求补充、修改注册申请文件,或者中国证监会要求交易所进一步问询,要求保荐人、证券服务机构等对有关事项进行核查,对上市公司现场检查,并要求上市公司补充、修改申请文件的时间不计算在内。

中国证监会收到交易所依照本办法第二十九条规定报送的审核意见、上市公司注册申请文件及相关审核资料后,三个工作日内作出予以注册或者不予注册的决定。

第三十二条　中国证监会的予以注册决定,自作出之日起一年内有效,上市公司应当在注册决定有效期内发行证券,发行时点由上市公司自主选择。

适用简易程序的,应当在中国证监会作出予以注册决定后十个工作日内完成发行缴款,未完成的,本次发行批文失效。

第三十三条　中国证监会作出予以注册决定后、上市公司证券上市交易前,上市公司应当及时更新信息披露文件;保荐人以及证券服务机构应当持续履行尽职调查职责;发生重大事项的,上市公司、保荐人应当及时向交易所报告。

交易所应当对上述事项及时处理,发现上市公司存在重大事项影响发行条件的,应当出具明确意见并及时向中国证监会报告。

第三十四条 中国证监会作出予以注册决定后、上市公司证券上市交易前,发现可能影响本次发行的重大事项的,中国证监会可以要求上市公司暂缓发行、上市;相关重大事项导致上市公司不符合发行条件的,应当撤销注册。

中国证监会撤销注册后,证券尚未发行的,上市公司应当停止发行;证券已经发行尚未上市的,上市公司应当按照发行价并加算银行同期存款利息返还证券持有人。

第三十五条 交易所认为上市公司不符合发行条件或者信息披露要求,作出终止发行上市审核决定,或者中国证监会作出不予注册决定的,自决定作出之日起六个月后,上市公司可以再次提出证券发行申请。

第三十六条 上市公司证券发行上市审核或者注册程序的中止、终止等情形参照适用《科创板首次公开发行股票注册管理办法(试行)》的相关规定。

第三十七条 中国证监会和交易所可以对上市公司进行现场检查,或者要求保荐人、证券服务机构对有关事项进行专项核查并出具意见。

第四章 信息披露

第三十八条 上市公司发行证券,应当以投资者决策需求为导向,按照中国证监会制定的信息披露规则,编制募集说明书或者其他信息披露文件,依法履行信息披露义务,保证相关信息真实、准确、完整。信息披露内容应当简明清晰,通俗易懂,不得有虚假记载、误导性陈述或者重大遗漏。

中国证监会制定的信息披露规则是信息披露的最低要求。不论上述规则是否有明确规定,凡是投资者作出价值判断和投资决策所必需的信息,上市公司均应当充分披露,内容应当真实、准确、完整。

第三十九条 中国证监会依法制定募集说明书或者其他证券发行信息披露文件内容与格式准则、编报规则等信息披露规则,对申请文件和信息披露资料的内容、格式、编制要求、披露形式等作出规定。

交易所可以依据中国证监会部门规章和规范性文件,制定信息披露细则或者指引,在中国证监会确定的信息披露内容范围内,对信息披露提出细化和补充要求,报中国证监会批准后实施。

第四十条 上市公司应当在募集说明书或者其他证券发行信息披露文件中,以投资者需求为导向,有针对性地披露行业特点、业务模式、公司治理、发展战略、经营政策、会计政策,充分披露科研水平、科研人员、科研资金投入等相关信息,并充分揭示可能对公司核心竞争力、经营稳定性以及未来发展产生重大不利影响的风险因素。

第四十一条 证券发行议案经董事会表决通过后,应当在二个工作日内披露,并及时公告召开股东大会的通知。

使用募集资金收购资产或者股权的,应当在公告召开股东大会通知的同时,披露该资产或者股权的基本情况、交易价格、定价依据以及是否与公司股东或者其他关联人存在利害关系。

第四十二条 股东大会通过本次发行议案之日起二个工作日内,上市公司应当披露股东大会决议公告。

第四十三条 上市公司提出发行申请后,出现下列情形之一的,应当在次一个工作日予以公告:

(一)收到交易所不予受理或者终止发行上市审核决定;

(二)收到中国证监会终止发行注册决定;

(三)收到中国证监会予以注册或者不予注册的决定;

(四)上市公司撤回证券发行申请。

第四十四条 上市公司及其董事、监事、高级管理人员应当在募集说明书或者其他证券发行信息披露文件上签字、盖章,保证信息披露内容真实、准确、完整,不存在虚假记载、误导性陈述或者重大遗漏,按照诚信原则履行承诺,并声明承担相应的法律责任。

上市公司控股股东、实际控制人应当在募集说明书或者其他证券发行信息披露文件上签字、盖章,确认信息披露内容真实、准确、完整,不存在虚假记载、误导性陈述或者重大遗漏,按照诚信原则履行承诺,并声明承担相应法律责任。

第四十五条 保荐人及其保荐代表人应当在募集说明书或者其他证券发行信息披露文件上签字、盖章,确认信息披露内容真实、准确、完整,不存在虚假记载、误导性陈述或者重大遗漏,并声明承担相应的法律责任。

第四十六条　为证券发行出具专项文件的律师、注册会计师、资产评估人员、资信评级人员及其所在机构,应当在募集说明书或者其他证券发行信息披露文件上签字、盖章,确认对上市公司信息披露文件引用其出具的专业意见无异议,信息披露文件不因引用其出具的专业意见而出现虚假记载、误导性陈述或者重大遗漏,并声明承担相应的法律责任。

第四十七条　募集说明书等证券发行信息披露文件所引用的审计报告、盈利预测审核报告、资产评估报告、资信评级报告,应当由符合规定的证券服务机构出具,并由至少二名有执业资格的人员签署。

募集说明书或者其他证券发行信息披露文件所引用的法律意见书,应当由律师事务所出具,并由至少二名经办律师签署。

第四十八条　募集说明书自最后签署之日起六个月内有效。

募集说明书或者其他证券发行信息披露文件不得使用超过有效期的资产评估报告或者资信评级报告。

第四十九条　向不特定对象发行证券申请经注册后,上市公司应当在证券发行前二至五个工作日内将公司募集说明书刊登在交易所网站和符合中国证监会规定条件的网站,供公众查阅。

第五十条　向特定对象发行证券申请经注册后,上市公司应当在证券发行前将公司募集文件刊登在交易所网站和符合中国证监会规定条件的网站,供公众查阅。

向特定对象发行证券的,上市公司应当在证券发行后的二个工作日内,将发行情况报告书刊登在交易所网站和符合中国证监会规定条件的网站,供公众查阅。

第五十一条　上市公司可以将募集说明书或者其他证券发行信息披露文件、发行情况报告书刊登于其他网站,但不得早于按照本办法第四十九条、第五十条规定披露信息的时间。

第五章　发行承销的特别规定

第五十二条　上市公司证券发行与承销行为,适用《证券发行与承销管理办法》(以下简称《承销办法》),但本办法另有规定的除外。

交易所可以根据《承销办法》和本办法制定上市公司证券发行承销业务规则,并报中国证监会批准。

第五十三条　上市公司配股的,拟配售股份数量不超过本次配售前股本总额的百分之五十,并应当采用代销方式发行。

控股股东应当在股东大会召开前公开承诺认配股份的数量。控股股东不履行认配股份的承诺,或者代销期限届满,原股东认购股票的数量未达到拟配售数量百分之七十的,上市公司应当按照发行价并加算银行同期存款利息返还已经认购的股东。

第五十四条　上市公司增发的,发行价格应当不低于公告招股意向书前二十个交易日或者前一个交易日公司股票均价。

第五十五条　上市公司向特定对象发行证券,发行对象应当符合股东大会决议规定的条件,且每次发行对象不超过三十五名。

第五十六条　上市公司向特定对象发行股票,发行价格应当不低于定价基准日前二十个交易日公司股票均价的百分之八十。

前款所称"定价基准日",是指计算发行底价的基准日。

第五十七条　向特定对象发行股票的定价基准日为发行期首日。上市公司应当以不低于发行底价的价格发行股票。

上市公司董事会决议提前确定全部发行对象,且发行对象属于下列情形之一的,定价基准日可以为关于本次发行股票的董事会决议公告日、股东大会决议公告日或者发行期首日：

(一)上市公司的控股股东、实际控制人或者其控制的关联人；

(二)通过认购本次发行的股票取得上市公司实际控制权的投资者；

(三)董事会拟引入的境内外战略投资者。

第五十八条　向特定对象发行股票发行对象属于本办法第五十七条第二款规定以外的情形的,上市公司应当以竞价方式确定发行价格和发行对象。

董事会决议确定部分发行对象的,确定的发行对象不得参与竞价,且应当接受竞价结果,并明确在通过竞价方式未能产生发行价格的情况下,是否继续参与认购、价格确定原则及认购数量。

第五十九条　向特定对象发行的股票,自发行结束之日起六个月内不得转让。发行对象属于本办法第五十七条第二款规定情形的,其认购的股票自发行结束之日起十八个月内不得转让。

第六十条 向特定对象发行股票的定价基准日为本次发行股票的董事会决议公告日或者股东大会决议公告日的,向特定对象发行股票的董事会决议公告后,出现下列情况需要重新召开董事会的,应当由董事会重新确定本次发行的定价基准日:

(一)本次发行股票股东大会决议的有效期已过;

(二)本次发行方案发生重大变化;

(三)其他对本次发行定价具有重大影响的事项。

第六十一条 可转债应当具有期限、面值、利率、评级、债券持有人权利、转股价格及调整原则、赎回及回售、转股价格向下修正等要素。

向不特定对象发行的可转债利率由上市公司与主承销商依法协商确定。

向特定对象发行的可转债应当采用竞价方式确定利率和发行对象。

第六十二条 可转债自发行结束之日起六个月后方可转换为公司股票,转股期限由公司根据可转债的存续期限及公司财务状况确定。

债券持有人对转股或者不转股有选择权,并于转股的次日成为上市公司股东。

第六十三条 向特定对象发行的可转债不得采用公开的集中交易方式转让。

向特定对象发行的可转债转股的,所转股票自可转债发行结束之日起十八个月内不得转让。

第六十四条 向不特定对象发行可转债的转股价格应当不低于募集说明书公告日前二十个交易日上市公司股票交易均价和前一个交易日均价。

向特定对象发行可转债的转股价格应当不低于认购邀请书发出前二十个交易日上市公司股票交易均价和前一个交易日的均价,且不得向下修正。

第六十五条　上市公司发行证券,应当由证券公司承销。上市公司董事会决议提前确定全部发行对象的,可以由上市公司自行销售。

第六十六条　向特定对象发行证券,上市公司及其控股股东、实际控制人、主要股东不得向发行对象做出保底保收益或者变相保底保收益承诺,也不得直接或者通过利益相关方向发行对象提供财务资助或者其他补偿。

第六十七条　上市公司发行证券采用竞价方式的,认购邀请书内容、认购邀请书发送对象范围、发行价格及发行对象的确定原则等应当符合中国证监会及交易所相关规定,上市公司和主承销商的控股股东、实际控制人、董事、监事、高级管理人员及其控制或者施加重大影响的关联方不得参与竞价。

第六十八条　网下投资者应当结合行业监管要求、资产规模等合理确定申购金额,不得超资产规模申购,承销商可以认定超资产规模的申购为无效申购。

第六十九条　上市公司向不特定对象发行证券的,投资者弃购数量占发行总数比例较大的,上市公司和主承销商可以将投资者弃购部分向网下投资者二次配售。比例较大的标准由交易所规定。

第七十条　上市公司和主承销商可以在符合中国证监会和交易所相关规定前提下约定中止发行的情形。

第七十一条　交易所对证券发行承销过程实施监管。发行承销涉嫌违法违规或者存在异常情形的,中国证监会可以要求交易所对相关事项进行调查处理,或者直接责令上市公司和承销商暂停或者中止发行。

第六章　监督管理和法律责任

第七十二条　中国证监会依法批准交易所制定的科创板上市公司证券发行上市的审核标准、审核程序、信息披露、发行承销等方面的制度规则,指导交易所制定与发行上市审核相关的其他业务规则。

第七十三条　中国证监会建立对交易所发行上市审核工作和发行承销过程监管的监督机制,持续关注交易所审核情况和发行承销过程监管情况,发现交易所自律监管措施或者纪律处分失当的,可以责令交易所改正。

第七十四条 中国证监会对交易所发行上市审核和发行承销过程监管等相关工作进行年度例行检查。在检查过程中，可以调阅审核工作文件，列席相关审核会议。

中国证监会定期或者不定期按一定比例对交易所发行上市审核和发行承销过程监管等相关工作进行抽查。

对于中国证监会在检查和抽查等监督过程中发现的问题，交易所应当整改。

第七十五条 交易所发行上市审核工作违反本办法规定，有下列情形之一的，由中国证监会责令改正；情节严重的，追究直接责任人员相关责任：

（一）未按审核标准开展发行上市审核工作；

（二）未按审核程序开展发行上市审核工作；

（三）不配合中国证监会对发行上市审核工作和发行承销监管工作的检查、抽查，或者不按中国证监会的整改要求进行整改。

第七十六条 上市公司在证券发行文件中隐瞒重要事实或者编造重大虚假内容的，中国证监会采取五年内不接受上市公司发行证券相关文件的监管措施。对相关责任人员，视情节轻重，采取认定为不适当人选的监管措施，或者采取证券市场禁入的措施。

第七十七条 存在下列情形之一的，中国证监会采取三年至五年内不接受上市公司发行证券相关文件的监管措施：

（一）申请文件存在虚假记载、误导性陈述或者重大遗漏；

（二）上市公司阻碍或者拒绝中国证监会、交易所依法对其实施检查、核查；

（三）上市公司及其关联方以不正当手段严重干扰发行上市审核或者发行注册工作；

（四）重大事项未报告、未披露；

（五）上市公司及其董事、监事、高级管理人员、控股股东、实际控制人的签名、盖章系伪造或者变造。

第七十八条 上市公司控股股东、实际控制人违反本办法的规定，致使上市公司所报送的申请文件和披露的信息存在虚假记载、误导性陈述或者重大遗漏,或者组织、指使上市公司进行财务造假、利润操纵或者在证券发行文件中隐瞒重要事实或者编造重大虚假内容的,中国证监会视情节轻重,对相关单位和责任人员采取一年到五年内不接受相关单位及其控制的下属单位发行证券相关文件,对责任人员采取认定为不适当人选等监管措施,或者采取证券市场禁入的措施。

上市公司董事、监事和高级管理人员违反本办法规定,致使上市公司所报送的申请文件和披露的信息存在虚假记载、误导性陈述或者重大遗漏的,中国证监会视情节轻重,对责任人员采取认定为不适当人选等监管措施,或者采取证券市场禁入的措施。

第七十九条 保荐人未勤勉尽责,致使上市公司信息披露资料存在虚假记载、误导性陈述或者重大遗漏的,中国证监会视情节轻重,采取暂停保荐人业务资格一年至三年,责令保荐人更换相关负责人的监管措施;情节严重的,撤销保荐人业务资格,对相关责任人员采取证券市场禁入的措施。

保荐代表人未勤勉尽责,致使上市公司信息披露资料存在虚假记载、误导性陈述或者重大遗漏的,按规定认定为不适当人选。

证券服务机构未勤勉尽责,致使上市公司信息披露资料中与其职责有关的内容及其所出具的文件存在虚假记载、误导性陈述或者重大遗漏的,中国证监会视情节轻重,采取三个月至三年内不接受相关单位及其责任人员出具的发行证券专项文件的监管措施;情节严重的,对证券服务机构相关责任人员采取证券市场禁入的措施。

第八十条 保荐人存在下列情形之一的,中国证监会视情节轻重,采取暂停保荐人业务资格三个月至三年的监管措施;情节特别严重的,撤销其业务资格:

(一)伪造或者变造签字、盖章;

(二)重大事项未报告或者未披露;

(三)以不正当手段干扰审核注册工作;

(四)不履行其他法定职责。

保荐代表人存在前款规定情形的,视情节轻重,按规定三个月至三年不受理相关保荐代表人具体负责的推荐;情节特别严重的,按规定认定为不适当人选。

证券服务机构及其相关人员存在第一款规定情形的,中国证监会视情节轻重,采取三个月至三年内不接受相关单位及其责任人员出具的发行证券专项文件的监管措施。

第八十一条 保荐人、证券服务机构及其责任人员存在下列情形之一的,中国证监会视情节轻重,采取责令改正、监管谈话、出具警示函、一年内不接受相关单位及其责任人员出具的与注册申请有关的文件等监管措施;情节严重的,可以同时采取三个月至一年内不接受相关单位及其责任人员出具的发行证券专项文件的监管措施:

（一）制作或者出具的文件不齐备或者不符合要求;

（二）擅自改动申请文件、信息披露资料或者其他已提交文件;

（三）申请文件或者信息披露资料存在相互矛盾或者同一事实表述不一致且有实质性差异;

（四）文件披露的内容表述不清,逻辑混乱,严重影响阅读理解;

（五）对重大事项未及时报告或者未及时披露。

上市公司存在前款规定情形的,中国证监会视情节轻重,采取责令改正、监管谈话、出具警示函、六个月至一年内不接受上市公司发行证券相关文件的监管措施。

第八十二条 按照本办法第二十八条申请注册的,交易所和中国证监会发现上市公司或者相关中介机构及其责任人员存在相关违法违规行为的,中国证监会按照本章规定从重处罚,并采取三年至五年内不接受上市公司和保荐人该类发行证券相关文件的监管措施。

第八十三条 上市公司披露盈利预测的,利润实现数如未达到盈利预测的百分之八十,除因不可抗力外,其法定代表人、财务负责人应当在股东大会以及证券交易所网站、符合中国证监会规定条件的媒体上公开作出解释并道歉;中国证监会可以对法定代表人处以警告。

利润实现数未达到盈利预测百分之五十,除因不可抗力外,中国证监会在三年内不接受上市公司发行证券相关文件。

注册会计师为上述盈利预测出具审核报告的过程中未勤勉尽责的,中国证监会视情节轻重,对相关机构和责任人员采取监管谈话等监管措施;情节严重的,给予警告等行政处罚。

第八十四条 参与认购的投资者擅自转让限售期限未满的证券

的,中国证监会可以责令改正;情节严重的,十二个月内不得作为特定对象认购证券。

第八十五条 相关主体违反本办法第六十六条规定的,中国证监会视情节轻重,采取责令改正、监管谈话、出具警示函、认定为不适当人选、一年至三年内不接受发行证券相关文件的监管措施,以及市场禁入的措施;保荐人、证券服务机构未勤勉尽责的,中国证监会还可以采取一年至三年内不接受相关单位及其责任人员出具的与注册申请有关的文件等监管措施。

第八十六条 上市公司及其控股股东和实际控制人、董事、监事、高级管理人员,保荐人、承销商、证券服务机构及其相关执业人员、参与认购的投资者,在证券发行并上市相关的活动中存在其他违反本办法规定行为的,中国证监会视情节轻重,采取责令改正、监管谈话、出具警示函、责令公开说明、责令定期报告、认定为不适当人选、暂不受理与行政许可有关的文件等监管措施,或者采取证券市场禁入的措施。

第八十七条 上市公司及其控股股东、实际控制人、保荐人、证券服务机构及其相关执业人员违反《证券法》依法应予以行政处罚的,中国证监会依法予以处罚;涉嫌犯罪的,依法移送司法机关,追究其刑事责任。

第七章 附 则

第八十八条 本办法所称战略投资者,是指符合下列情形之一,且具有同行业或者相关行业较强的重要战略性资源,与上市公司谋求双方协调互补的长期共同战略利益,愿意长期持有上市公司较大比例股份,愿意并且有能力认真履行相应职责,委派董事实际参与公司治理,提升上市公司治理水平,帮助上市公司显著提高公司质量和内在价值,具有良好诚信记录,最近三年未受到中国证监会行政处罚或者被追究刑事责任的投资者:

(一)能够给上市公司带来国际国内领先的核心技术资源,显著增强上市公司的核心竞争力和创新能力,带动上市公司的产业技术升级,显著提升上市公司的盈利能力;

（二）能够给上市公司带来国际国内领先的市场、渠道、品牌等战略性资源，大幅促进上市公司市场拓展，推动实现上市公司销售业绩大幅提升；

境外战略投资者应当同时遵守国家的相关规定。

第八十九条 符合《若干意见》等规定的红筹企业，首次公开发行股票并在科创板上市后，发行股票还应当符合本办法的规定。

符合《若干意见》等规定的红筹企业，首次公开发行存托凭证并在科创板上市后，发行以红筹企业新增证券为基础证券的存托凭证，适用《证券法》《若干意见》以及本办法关于上市公司发行股票的规定，本办法没有规定的，适用中国证监会关于存托凭证的有关规定。

发行存托凭证的红筹企业境外基础股票配股时，相关方案安排应确保存托凭证持有人实际享有权益与境外基础股票持有人权益相当。

第九十条 上市公司发行优先股、向员工发行证券用于激励的办法，由中国证监会另行规定。

第九十一条 上市公司向特定对象发行股票将导致上市公司控制权发生变化的，还应当符合中国证监会的其他规定。

第九十二条 依据本办法通过向特定对象发行股票取得的上市公司股份，其减持不适用《上市公司股东、董监高减持股份的若干规定》的有关规定。

第九十三条 本办法自公布之日起施行。

附件：《科创板上市公司证券发行注册管理办法（试行）》立法说明（略）

创业板上市公司持续监管办法（试行）

（2020年6月12日中国证券监督管理委员会令
第169号公布施行）

第一条 为了规范企业股票、存托凭证及其衍生品种在深圳证券交易所(以下简称交易所)创业板上市后相关各方的行为,支持引导企业更好地发展,保护投资者合法权益,根据《中华人民共和国证券法》(以下简称《证券法》)、《中华人民共和国公司法》、《国务院办公厅转发证监会关于开展创新企业境内发行股票或存托凭证试点若干意见的通知》以及相关法律法规,制定本办法。

第二条 中国证券监督管理委员会(以下简称中国证监会)根据《证券法》等法律法规、本办法和中国证监会其他相关规定,对创业板上市公司(以下简称上市公司)及相关主体进行监督管理。

中国证监会其他相关规定与本办法规定不一致的,适用本办法。

第三条 交易所根据《证券交易所管理办法》、本办法等有关规定,建立以股票上市规则为中心的创业板持续监管规则体系,在持续信息披露、股份减持、并购重组、股权激励、退市等方面制定具体实施规则。上市公司应当遵守交易所持续监管实施规则。

第四条 上市公司应当保持健全、有效、透明的治理体系和监督机制,保证股东大会、董事会、监事会规范运作,督促董事、监事和高级管理人员履行忠实、勤勉义务,保障全体股东合法权利,积极履行社会责任,保护利益相关者的基本权益。

第五条 上市公司控股股东、实际控制人应当诚实守信,规范行使权利,严格履行承诺,维持公司独立性,维护公司和全体股东的共同利益。

第六条 上市公司应当积极回报股东,根据自身条件和发展阶段,制定并执行现金分红、股份回购等股东回报政策。

第七条 上市公司设置表决权差异安排的,应当在公司章程中规定特别表决权股份的持有人资格、特别表决权股份拥有的表决权数量与普通股份拥有的表决权数量的比例安排、持有人所持特别表决权股份能够参与表决的股东大会事项范围、特别表决权股份锁定安排及转让限制、特别表决权股份与普通股份的转换情形等事项。公司章程有关上述事项的规定,应当符合交易所的有关规定。

上市公司应当在定期报告中持续披露特别表决权安排的情况;特别表决权安排发生重大变化的,应当及时披露。

交易所应当对存在特别表决权股份公司的上市条件、表决权差异的设置、存续、调整、信息披露和投资者保护事项制定有关规定。

第八条 上市公司的控股股东、实际控制人应当配合上市公司履行信息披露义务，不得要求或者协助上市公司隐瞒应当披露的信息。

第九条 上市公司筹划的重大事项存在较大不确定性，立即披露可能会损害公司利益或者误导投资者，且有关内幕信息知情人已书面承诺保密的，上市公司可以暂不披露，但最迟应当在该重大事项形成最终决议、签署最终协议或者交易确定能够达成时对外披露；已经泄密或者确实难以保密的，上市公司应当立即披露该信息。

第十条 上市公司应当结合所属行业的特点，充分披露行业经营信息，尤其是针对性披露技术、产业、业态、模式等能够反映行业竞争力的信息，便于投资者合理决策。

第十一条 上市公司应当充分披露可能对公司核心竞争力、经营活动和未来发展产生重大不利影响的风险因素。

上市公司尚未盈利的，应当充分披露尚未盈利的成因，以及对公司现金流、业务拓展、人才吸引、团队稳定性、研发投入、战略性投入、生产经营可持续性等方面的影响。

第十二条 除依法需要披露的信息之外，上市公司和相关信息披露义务人可以自愿披露与投资者作出价值判断和投资决策有关的信息，但不得与依法披露的信息相冲突，不得误导投资者。

上市公司自愿披露的信息应当真实、准确、完整，简明清晰，通俗易懂，上市公司不得利用该等信息不当影响公司股票价格，并应当按照同一标准披露后续类似信息。

第十三条 上市公司和相关信息披露义务人确有需要的，可以在非交易时段对外发布重大信息，但应当在下一交易时段开始前披露相关公告，不得以新闻发布或者答记者问等形式代替信息披露。

第十四条 上市公司和相关信息披露义务人适用中国证监会、交易所相关信息披露规定，可能导致其难以反映经营活动的实际情况、难以符合行业监管要求或者公司注册地有关规定的，可以依照相关规定暂缓适用或者免于适用，但是应当充分说明原因和替代方案。中国证监会、交易所认为依法不应当调整适用的，上市公司和相关信息披露义务人应当执行相关规定。

第十五条　股份锁定期届满后,上市公司控股股东、实际控制人、董事、监事、高级管理人员及其他股东减持首次公开发行前已发行的股份(以下简称首发前股份)以及上市公司向特定对象发行的股份,应当遵守交易所有关减持方式、程序、价格、比例以及后续转让等事项的规定。

第十六条　上市时未盈利的上市公司,其控股股东、实际控制人、董事、监事、高级管理人员所持首发前股份的锁定期应当适当延长,具体期限由交易所规定。

第十七条　上市公司存在重大违法情形,触及重大违法强制退市标准的,控股股东、实际控制人、董事、监事、高级管理人员应当遵守交易所相关股份转让的规定。

第十八条　上市公司实施重大资产重组或者发行股份购买资产的,标的资产所属行业应当符合创业板定位,或者与上市公司处于同行业或者上下游。

第十九条　上市公司并购重组,涉及发行股票的,由交易所审核通过后报中国证监会注册。

中国证监会收到交易所报送的审核意见等相关文件后,在五个工作日内对上市公司注册申请作出予以注册或者不予注册的决定,按规定应当扣除的时间不计算在本款规定的时限内。

第二十条　上市公司实施重大资产重组的标准,按照《上市公司重大资产重组管理办法》(以下简称《重组办法》)第十二条予以认定,但其中营业收入指标执行下列标准:购买、出售的资产在最近一个会计年度所产生的营业收入占上市公司同期经审计的合并财务会计报告营业收入的比例达到百分之五十以上,且超过五千万元人民币。

上市公司实施重大资产重组,构成《重组办法》第十三条规定的交易情形的,置入资产的具体条件由交易所制定。

第二十一条　上市公司发行股份购买资产的,发行股份的价格不得低于市场参考价的百分之八十。市场参考价为本次发行股份购买资产的董事会决议公告日前二十个交易日、六十个交易日或者一百二十个交易日的公司股票交易均价之一。

第二十二条　实施重大资产重组或者发行股份购买资产的上市

公司为创新试点红筹企业,或者上市公司拟购买资产涉及创新试点红筹企业的,在计算重大资产重组认定标准等监管指标时,应当采用根据中国企业会计准则编制或者调整的财务数据。

上市公司中的创新试点红筹企业实施重大资产重组或者发行股份购买资产,可以按照境外注册地法律法规和公司章程履行内部决策程序,并及时披露重组报告书、独立财务顾问报告、法律意见书以及重组涉及的审计报告、资产评估报告或者估值报告。

第二十三条 交易所应当制定符合上市公司特点的并购重组具体实施标准和规则,报中国证监会批准,并依法对信息披露、中介机构督导等进行自律管理。

第二十四条 上市公司发行优先股、定向可转债、定向权证、存托凭证购买资产或者与其他公司合并的,参照适用本办法;本办法没有规定的,适用《重组办法》等有关规定。

第二十五条 上市公司以本公司股票为标的实施股权激励的,应当设置合理的考核指标,有利于公司持续发展。

第二十六条 单独或者合计持有上市公司百分之五以上股份的股东或者实际控制人及其配偶、父母、子女,作为上市公司董事、高级管理人员、核心技术人员或者核心业务人员的,可以成为激励对象。

上市公司应当充分说明上述人员成为激励对象的必要性、合理性。

第二十七条 上市公司授予激励对象的限制性股票,包括符合股权激励计划授予条件的激励对象在满足相应条件后分次获得并登记的本公司股票。

限制性股票的授予和登记,应当遵守交易所和证券登记结算机构的有关规定。

第二十八条 上市公司授予激励对象限制性股票的价格低于市场参考价百分之五十的,应当符合交易所有关规定,并应当说明定价依据及定价方式。

出现前款规定情形的,上市公司应当聘请独立财务顾问,对股权激励计划的可行性、相关定价依据和定价方法的合理性、是否有利于公司持续发展、是否损害股东利益等发表意见。

第二十九条 上市公司全部在有效期内的股权激励计划所涉及

的标的股票总数,累计不得超过公司总股本的百分之二十。

第三十条 上市公司应当建立完善募集资金管理使用制度,按照交易所业务规则持续披露募集资金使用情况。

第三十一条 上市公司控股股东、实际控制人质押公司股份的,应当合理使用融入资金,维持公司控制权和生产经营稳定,不得侵害公司利益或者向公司转移风险,并依据中国证监会、交易所的规定履行信息披露义务。

第三十二条 上市公司及其股东、实际控制人、董事、监事、高级管理人员、其他信息披露义务人、内幕信息知情人等相关主体违反本办法的,中国证监会根据《证券法》等法律法规和中国证监会其他有关规定,依法追究其法律责任。

第三十三条 中国证监会将遵守本办法的情况记入证券市场诚信档案,会同有关部门加强信息共享,依法依规实施守信激励与失信惩戒。

第三十四条 上市公司根据自身定位和发展需要,可以申请转板至其他板块上市。具体规则另行制定。

第三十五条 本办法自公布之日起施行。

附件:《创业板上市公司持续监管办法(试行)》立法说明(略)

创业板上市公司证券发行注册管理办法(试行)

(2020年6月12日中国证券监督管理委员会令第168号公布施行)

第一章 总 则

第一条 为了规范创业板上市公司(以下简称上市公司)证券发行行为,保护投资者合法权益和社会公共利益,根据《中华人民共和国证券法》(以下简称《证券法》)、《国务院办公厅关于贯彻实施修订后的证券法有关工作的通知》、《国务院办公厅转发证监会关于开展创新企业境内发行股票或存托凭证试点若干意见的通知》(以下简称《若干意见》)及相关法律法规,制定本办法。

第二条　上市公司申请在境内发行证券,适用本办法。

本办法所称证券,指下列证券品种:

(一)股票;

(二)可转换公司债券(以下简称可转债);

(三)存托凭证;

(四)中国证券监督管理委员会(以下简称中国证监会)认可的其他品种。

前款所称可转债,是指上市公司依法发行、在一定期间内依据约定的条件可以转换成股份的公司债券。

第三条　上市公司发行证券,可以向不特定对象发行,也可以向特定对象发行。

向不特定对象发行证券包括上市公司向原股东配售股份(以下简称配股)、向不特定对象募集股份(以下简称增发)和向不特定对象发行可转债。

向特定对象发行证券包括上市公司向特定对象发行股票、向特定对象发行可转债。

第四条　上市公司发行证券的,应当符合《证券法》和本办法规定的发行条件和相关信息披露要求,依法经深圳证券交易所(以下简称交易所)发行上市审核并报中国证监会注册,但因依法实行股权激励、公积金转为增加公司资本、分配股票股利的除外。

第五条　上市公司应当诚实守信,依法充分披露投资者作出价值判断和投资决策所必需的信息,所披露信息必须真实、准确、完整,简明清晰、通俗易懂,不得有虚假记载、误导性陈述或者重大遗漏。

上市公司应当按照保荐人、证券服务机构要求,依法向其提供真实、准确、完整的财务会计资料和其他资料,配合相关机构开展尽职调查和其他相关工作。

上市公司控股股东、实际控制人、董事、监事、高级管理人员应当配合相关机构开展尽职调查和其他相关工作,不得要求或者协助上市公司隐瞒应当提供的资料或者应当披露的信息。

第六条 保荐人应当诚实守信,勤勉尽责,按照依法制定的业务规则和行业自律规范的要求,充分了解上市公司经营情况和风险,对注册申请文件和信息披露资料进行全面核查验证,对上市公司是否符合发行条件独立作出专业判断,审慎作出推荐决定,并对募集说明书或者其他信息披露文件及其所出具的相关文件的真实性、准确性、完整性负责。

第七条 证券服务机构应当严格遵守法律法规、中国证监会制定的监管规则、业务规则和本行业公认的业务标准和道德规范,建立并保持有效的质量控制体系,保护投资者合法权益,审慎履行职责,作出专业判断与认定,并对募集说明书或者其他信息披露文件中与其专业职责有关的内容及其所出具的文件的真实性、准确性、完整性负责。

证券服务机构及其相关执业人员应当对与本专业相关的业务事项履行特别注意义务,对其他业务事项履行普通注意义务,并承担相应法律责任。

证券服务机构及其执业人员从事证券服务业务应当配合中国证监会的监督管理,在规定的期限内提供、报送或披露相关资料、信息,并保证其提供、报送或披露的资料、信息真实、准确、完整,不得有虚假记载、误导性陈述或者重大遗漏。

证券服务机构应当妥善保存客户委托文件、核查和验证资料、工作底稿以及与质量控制、内部管理、业务经营有关的信息和资料。

第八条 对上市公司发行证券申请予以注册,不表明中国证监会和交易所对该证券的投资价值或者投资者的收益作出实质性判断或者保证,也不表明中国证监会和交易所对申请文件的真实性、准确性、完整性作出保证。

第二章 发行条件

第一节 发行股票

第九条 上市公司向不特定对象发行股票,应当符合下列规定:

（一）具备健全且运行良好的组织机构；

（二）现任董事、监事和高级管理人员符合法律、行政法规规定的任职要求；

（三）具有完整的业务体系和直接面向市场独立经营的能力，不存在对持续经营有重大不利影响的情形；

（四）会计基础工作规范，内部控制制度健全且有效执行，财务报表的编制和披露符合企业会计准则和相关信息披露规则的规定，在所有重大方面公允反映了上市公司的财务状况、经营成果和现金流量，最近三年财务会计报告被出具无保留意见审计报告；

（五）最近二年盈利，净利润以扣除非经常性损益前后孰低者为计算依据；

（六）除金融类企业外，最近一期末不存在金额较大的财务性投资。

第十条 上市公司存在下列情形之一的，不得向不特定对象发行股票：

（一）擅自改变前次募集资金用途未作纠正，或者未经股东大会认可；

（二）上市公司及其现任董事、监事和高级管理人员最近三年受到中国证监会行政处罚，或者最近一年受到证券交易所公开谴责，或者因涉嫌犯罪正在被司法机关立案侦查或者涉嫌违法违规正在被中国证监会立案调查；

（三）上市公司及其控股股东、实际控制人最近一年存在未履行向投资者作出的公开承诺的情形；

（四）上市公司及其控股股东、实际控制人最近三年存在贪污、贿赂、侵占财产、挪用财产或者破坏社会主义市场经济秩序的刑事犯罪，或者存在严重损害上市公司利益、投资者合法权益、社会公共利益的重大违法行为。

第十一条 上市公司存在下列情形之一的，不得向特定对象发行股票：

（一）擅自改变前次募集资金用途未作纠正，或者未经股东大会认可；

（二）最近一年财务报表的编制和披露在重大方面不符合企业会计准则或者相关信息披露规则的规定；最近一年财务会计报告被出具否定意见或者无法表示意见的审计报告；最近一年财务会计报告被出具保留意见的审计报告，且保留意见所涉及事项对上市公司的重大不利影响尚未消除。本次发行涉及重大资产重组的除外；

（三）现任董事、监事和高级管理人员最近三年受到中国证监会行政处罚，或者最近一年受到证券交易所公开谴责；

（四）上市公司及其现任董事、监事和高级管理人员因涉嫌犯罪正在被司法机关立案侦查或者涉嫌违法违规正在被中国证监会立案调查；

（五）控股股东、实际控制人最近三年存在严重损害上市公司利益或者投资者合法权益的重大违法行为；

（六）最近三年存在严重损害投资者合法权益或者社会公共利益的重大违法行为。

第十二条 上市公司发行股票，募集资金使用应当符合下列规定：

（一）符合国家产业政策和有关环境保护、土地管理等法律、行政法规规定；

（二）除金融类企业外，本次募集资金使用不得为持有财务性投资，不得直接或者间接投资于以买卖有价证券为主要业务的公司；

（三）募集资金项目实施后，不会与控股股东、实际控制人及其控制的其他企业新增构成重大不利影响的同业竞争、显失公平的关联交易，或者严重影响公司生产经营的独立性。

第二节 发行可转债

第十三条 上市公司发行可转债，应当符合下列规定：

（一）具备健全且运行良好的组织机构；

（二）最近三年平均可分配利润足以支付公司债券一年的利息；

（三）具有合理的资产负债结构和正常的现金流量。

除前款规定条件外，上市公司向不特定对象发行可转债，还应当遵守本办法第九条第（二）项至第（六）项、第十条的规定；向特定对象发行可转债,还应当遵守本办法第十一条的规定。但是,按照公司债券募集办法,上市公司通过收购本公司股份的方式进行公司债券转换的除外。

第十四条 上市公司存在下列情形之一的,不得发行可转债:

(一)对已公开发行的公司债券或者其他债务有违约或者延迟支付本息的事实,仍处于继续状态;

(二)违反《证券法》规定,改变公开发行公司债券所募资金用途。

第十五条 上市公司发行可转债,募集资金除不得用于弥补亏损和非生产性支出外,还应当遵守本办法第十二条的规定。

第三章 发 行 程 序

第十六条 上市公司申请发行证券,董事会应当依法就下列事项作出决议,并提请股东大会批准:

(一)本次证券发行的方案;

(二)本次发行方案的论证分析报告;

(三)本次募集资金使用的可行性报告;

(四)其他必须明确的事项。

上市公司董事会拟引入战略投资者的,应当将引入战略投资者的事项作为单独议案,就每名战略投资者单独审议,并提交股东大会批准。

董事会依照前二款作出决议,董事会决议日与首次公开发行股票上市日的时间间隔不得少于六个月。

第十七条 董事会在编制本次发行方案的论证分析报告时,应当结合上市公司所处行业和发展阶段、融资规划、财务状况、资金需求等情况进行论证分析,独立董事应当发表专项意见。论证分析报告至少应当包括下列内容:

(一)本次发行证券及其品种选择的必要性;

(二)本次发行对象的选择范围、数量和标准的适当性;

(三)本次发行定价的原则、依据、方法和程序的合理性;

(四)本次发行方式的可行性;

(五)本次发行方案的公平性、合理性;

（六）本次发行对原股东权益或者即期回报摊薄的影响以及填补的具体措施。

第十八条 股东大会就发行证券作出的决定，至少应当包括下列事项：

（一）本次发行证券的种类和数量；

（二）发行方式、发行对象及向原股东配售的安排；

（三）定价方式或者价格区间；

（四）募集资金用途；

（五）决议的有效期；

（六）对董事会办理本次发行具体事宜的授权；

（七）其他必须明确的事项。

第十九条 股东大会就发行可转债作出的决定，至少应当包括下列事项：

（一）本办法第十八条规定的事项；

（二）债券利率；

（三）债券期限；

（四）赎回条款；

（五）回售条款；

（六）还本付息的期限和方式；

（七）转股期；

（八）转股价格的确定和修正。

第二十条 股东大会就发行证券事项作出决议，必须经出席会议的股东所持表决权的三分之二以上通过，中小投资者表决情况应当单独计票。向本公司特定的股东及其关联人发行证券的，股东大会就发行方案进行表决时，关联股东应当回避。股东大会对引入战略投资者议案作出决议的，应当就每名战略投资者单独表决。

上市公司就发行证券事项召开股东大会，应当提供网络投票方式，公司还可以通过其他方式为股东参加股东大会提供便利。

第二十一条 上市公司年度股东大会可以根据公司章程的规定，授权董事会决定向特定对象发行融资总额不超过人民币三亿元且不超过最近一年末净资产百分之二十的股票，该项授权在下一年度股东大会召开日失效。

上市公司年度股东大会给予董事会前款授权的,应当就本办法第十八条规定的事项通过相关决定。

第二十二条 上市公司申请发行证券,应当按照中国证监会有关规定制作注册申请文件,依法由保荐人保荐并向交易所申报。

交易所收到注册申请文件后,五个工作日内作出是否受理的决定。

第二十三条 申请文件受理后,未经中国证监会或者交易所同意,不得改动。

发生重大事项的,上市公司、保荐人、证券服务机构应当及时向交易所报告,并按要求更新申请文件和信息披露资料。

第二十四条 交易所审核部门负责审核上市公司证券发行上市申请;创业板上市委员会负责对上市公司向不特定对象发行证券的申请文件和审核部门出具的审核报告提出审议意见。

交易所主要通过向上市公司提出审核问询、上市公司回答问题方式开展审核工作,判断上市公司发行申请是否符合发行条件和信息披露要求。

第二十五条 上市公司应当向交易所报送审核问询回复的相关文件,并以临时公告的形式披露交易所审核问询回复意见。

第二十六条 交易所按照规定的条件和程序,形成上市公司是否符合发行条件和信息披露要求的审核意见,认为上市公司符合发行条件和信息披露要求的,将审核意见、上市公司注册申请文件及相关审核资料报中国证监会注册;认为上市公司不符合发行条件或者信息披露要求的,作出终止发行上市审核决定。

第二十七条 交易所应当自受理注册申请文件之日起二个月内形成审核意见,但本办法另有规定的除外。

上市公司根据要求补充、修改申请文件,或者交易所按照规定对上市公司实施现场检查,要求保荐人、证券服务机构对有关事项进行专项核查,并要求上市公司补充、修改申请文件的时间不计算在内。

第二十八条 符合相关规定的上市公司按照本办法第二十一条规定申请向特定对象发行股票的,适用简易程序。

第二十九条　交易所采用简易程序的,应当在收到注册申请文件后,二个工作日内作出是否受理的决定,自受理之日起三个工作日内完成审核并形成上市公司是否符合发行条件和信息披露要求的审核意见。

交易所应当制定简易程序的业务规则,并报中国证监会批准。

第三十条　中国证监会依法履行发行注册程序,主要关注交易所发行上市审核内容有无遗漏,审核程序是否符合规定,以及上市公司在发行条件和信息披露要求的重大方面是否符合相关规定。中国证监会认为存在需要进一步说明或者落实事项的,可以要求交易所进一步问询。

中国证监会认为交易所对影响发行条件的重大事项未予关注或者交易所的审核意见依据明显不充分的,可以退回交易所补充审核。交易所补充审核后,认为上市公司符合发行条件和信息披露要求的,重新向中国证监会报送审核意见及相关资料,本办法第三十一条规定的注册期限重新计算。

第三十一条　中国证监会在十五个工作日内对上市公司的注册申请作出予以注册或者不予注册的决定。

上市公司根据要求补充、修改注册申请文件,或者中国证监会要求交易所进一步问询,要求保荐人、证券服务机构等对有关事项进行核查,对上市公司现场检查,并要求上市公司补充、修改申请文件的时间不计算在内。

中国证监会收到交易所依照本办法第二十九条规定报送的审核意见、上市公司注册申请文件及相关审核资料后,三个工作日内作出予以注册或者不予注册的决定。

第三十二条　中国证监会的予以注册决定,自作出之日起一年内有效,上市公司应当在注册决定有效期内发行证券,发行时点由上市公司自主选择。

适用简易程序的,应当在中国证监会作出予以注册决定后十个工作日内完成发行缴款,未完成的,本次发行批文失效。

第三十三条　中国证监会作出予以注册决定后、上市公司证券上市交易前,上市公司应当及时更新信息披露文件;保荐人以及证券服务机构应当持续履行尽职调查职责;发生重大事项的,上市公司、保荐人应当及时向交易所报告。

交易所应当对上述事项及时处理,发现上市公司存在重大事项影响发行条件的,应当出具明确意见并及时向中国证监会报告。

第三十四条　中国证监会作出予以注册决定后、上市公司证券上市交易前,发现可能影响本次发行的重大事项的,中国证监会可以要求上市公司暂缓发行、上市;相关重大事项导致上市公司不符合发行条件的,应当撤销注册。

中国证监会撤销注册后,证券尚未发行的,上市公司应当停止发行;证券已经发行尚未上市的,上市公司应当按照发行价并加算银行同期存款利息返还证券持有人。

第三十五条　交易所认为上市公司不符合发行条件或者信息披露要求,作出终止发行上市审核决定,或者中国证监会作出不予注册决定的,自决定作出之日起六个月后,上市公司可以再次提出证券发行申请。

第三十六条　上市公司证券发行上市审核或者注册程序的中止、终止等情形参照适用《创业板首次公开发行股票注册管理办法(试行)》的相关规定。

第三十七条　中国证监会和交易所可以对上市公司进行现场检查,或者要求保荐人、证券服务机构对有关事项进行专项核查并出具意见。

第四章　信息披露

第三十八条　上市公司发行证券,应当以投资者决策需求为导向,按照中国证监会制定的信息披露规则,编制募集说明书或者其他信息披露文件,依法履行信息披露义务,保证相关信息真实、准确、完整。信息披露内容应当简明清晰,通俗易懂,不得有虚假记载、误导性陈述或者重大遗漏。

中国证监会制定的信息披露规则是信息披露的最低要求。不论上述规则是否有明确规定,凡是投资者作出价值判断和投资决策所必需的信息,上市公司均应当充分披露,内容应当真实、准确、完整。

第三十九条　中国证监会依法制定募集说明书或者其他证券发行信息披露文件内容与格式准则、编报规则等信息披露规则,对申请文件和信息披露资料的内容、格式、编制要求、披露形式等作出规定。

交易所可以依据中国证监会部门规章和规范性文件,制定信息披露细则或者指引,在中国证监会确定的信息披露内容范围内,对信息披露提出细化和补充要求,报中国证监会批准后实施。

第四十条　上市公司应当在募集说明书或者其他证券发行信息披露文件中,以投资者需求为导向,有针对性地披露业务模式、公司治理、发展战略、经营政策、会计政策、财务状况分析等信息,并充分揭示可能对公司核心竞争力、经营稳定性以及未来发展产生重大不利影响的风险因素。

第四十一条　证券发行议案经董事会表决通过后,应当在二个工作日内披露,并及时公告召开股东大会的通知。

使用募集资金收购资产或者股权的,应当在公告召开股东大会通知的同时,披露该资产或者股权的基本情况、交易价格、定价依据以及是否与公司股东或者其他关联人存在利害关系。

第四十二条　股东大会通过本次发行议案之日起二个工作日内,上市公司应当披露股东大会决议公告。

第四十三条　上市公司提出发行申请后,出现下列情形之一的,应当在次一个工作日予以公告:

(一)收到交易所不予受理或者终止发行上市审核决定;

(二)收到中国证监会终止发行注册决定;

(三)收到中国证监会予以注册或者不予注册的决定;

(四)上市公司撤回证券发行申请。

第四十四条　上市公司及其董事、监事、高级管理人员应当在募集说明书或者其他证券发行信息披露文件上签字、盖章,保证信息披露内容真实、准确、完整,不存在虚假记载、误导性陈述或者重大遗漏,按照诚信原则履行承诺,并声明承担相应的法律责任。

上市公司控股股东、实际控制人应当在募集说明书或者其他证券发行信息披露文件上签字、盖章,确认信息披露内容真实、准确、完整,不存在虚假记载、误导性陈述或者重大遗漏,按照诚信原则履行承诺,并声明承担相应法律责任。

第四十五条 保荐人及其保荐代表人应当在募集说明书或者其他证券发行信息披露文件上签字、盖章，确认信息披露内容真实、准确、完整，不存在虚假记载、误导性陈述或者重大遗漏，并声明承担相应的法律责任。

第四十六条 为证券发行出具专项文件的律师、注册会计师、资产评估人员、资信评级人员及其所在机构，应当在募集说明书或者其他证券发行信息披露文件上签字、盖章，确认对上市公司信息披露文件引用其出具的专业意见无异议，信息披露文件不因引用其出具的专业意见而出现虚假记载、误导性陈述或者重大遗漏，并声明承担相应的法律责任。

第四十七条 募集说明书等证券发行信息披露文件所引用的审计报告、盈利预测审核报告、资产评估报告、资信评级报告，应当由符合规定的证券服务机构出具，并由至少二名有执业资格的人员签署。

募集说明书或者其他证券发行信息披露文件所引用的法律意见书，应当由律师事务所出具，并由至少二名经办律师签署。

第四十八条 募集说明书自最后签署之日起六个月内有效。

募集说明书或者其他证券发行信息披露文件不得使用超过有效期的资产评估报告或者资信评级报告。

第四十九条 向不特定对象发行证券申请经注册后，上市公司应当在证券发行前二至五个工作日内将公司募集说明书刊登在交易所网站和符合中国证监会规定条件的网站，供公众查阅。

第五十条 向特定对象发行证券申请经注册后，上市公司应当在证券发行前将公司募集文件刊登在交易所网站和符合中国证监会规定条件的网站，供公众查阅。

向特定对象发行证券的，上市公司应当在证券发行后的二个工作日内，将发行情况报告书刊登在交易所网站和符合中国证监会规定条件的网站，供公众查阅。

第五十一条 上市公司可以将募集说明书或者其他证券发行信息披露文件、发行情况报告书刊登于其他网站，但不得早于按照本办法第四十九条、第五十条规定披露信息的时间。

第五章 发行承销的特别规定

第五十二条 上市公司证券发行与承销行为,适用《证券发行与承销管理办法》(以下简称《承销办法》),但本办法另有规定的除外。

交易所可以根据《承销办法》和本办法制定上市公司证券发行承销业务规则,并报中国证监会批准。

第五十三条 上市公司配股的,拟配售股份数量不超过本次配售前股本总额的百分之五十,并应当采用代销方式发行。

控股股东应当在股东大会召开前公开承诺认配股份的数量。控股股东不履行认配股份的承诺,或者代销期限届满,原股东认购股票的数量未达到拟配售数量百分之七十的,上市公司应当按照发行价并加算银行同期存款利息返还已经认购的股东。

第五十四条 上市公司增发的,发行价格应当不低于公告招股意向书前二十个交易日或者前一个交易日公司股票均价。

第五十五条 上市公司向特定对象发行证券,发行对象应当符合股东大会决议规定的条件,且每次发行对象不超过三十五名。

第五十六条 上市公司向特定对象发行股票,发行价格应当不低于定价基准日前二十个交易日公司股票均价的百分之八十。

前款所称"定价基准日",是指计算发行底价的基准日。

第五十七条 向特定对象发行股票的定价基准日为发行期首日。上市公司应当以不低于发行底价的价格发行股票。

上市公司董事会决议提前确定全部发行对象,且发行对象属于下列情形之一的,定价基准日可以为关于本次发行股票的董事会决议公告日、股东大会决议公告日或者发行期首日:

(一)上市公司的控股股东、实际控制人或者其控制的关联人;

(二)通过认购本次发行的股票取得上市公司实际控制权的投资者;

(三)董事会拟引入的境内外战略投资者。

第五十八条 向特定对象发行股票发行对象属于本办法第五十七条第二款规定以外的情形的,上市公司应当以竞价方式确定发行价格和发行对象。

董事会决议确定部分发行对象的,确定的发行对象不得参与竞价,且应当接受竞价结果,并明确在通过竞价方式未能产生发行价格的情况下,是否继续参与认购、价格确定原则及认购数量。

第五十九条 向特定对象发行的股票,自发行结束之日起六个月内不得转让。发行对象属于本办法第五十七条第二款规定情形的,其认购的股票自发行结束之日起十八个月内不得转让。

第六十条 向特定对象发行股票的定价基准日为本次发行股票的董事会决议公告日或者股东大会决议公告日,向特定对象发行股票的董事会决议公告后,出现下列情况需要重新召开董事会的,应当由董事会重新确定本次发行的定价基准日:

(一)本次发行股票股东大会决议的有效期已过;

(二)本次发行方案发生重大变化;

(三)其他对本次发行定价具有重大影响的事项。

第六十一条 可转债应当具有期限、面值、利率、评级、债券持有人权利、转股价格及调整原则、赎回及回售、转股价格向下修正等要素。

向不特定对象发行的可转债利率由上市公司与主承销商依法协商确定。

向特定对象发行的可转债应当采用竞价方式确定利率和发行对象。

第六十二条 可转债自发行结束之日起六个月后方可转换为公司股票,转股期限由公司根据可转债的存续期限及公司财务状况确定。

债券持有人对转股或者不转股有选择权,并于转股的次日成为上市公司股东。

第六十三条 向特定对象发行的可转债不得采用公开的集中交易方式转让。

向特定对象发行的可转债转股的,所转股票自可转债发行结束之日起十八个月内不得转让。

第六十四条 向不特定对象发行可转债的转股价格应当不低于募集说明书公告日前二十个交易日上市公司股票交易均价和前一个

交易日均价。

向特定对象发行可转债的转股价格应当不低于认购邀请书发出前二十个交易日上市公司股票交易均价和前一个交易日的均价,且不得向下修正。

第六十五条 上市公司发行证券,应当由证券公司承销。上市公司董事会决议提前确定全部发行对象的,可以由上市公司自行销售。

第六十六条 向特定对象发行证券,上市公司及其控股股东、实际控制人、主要股东不得向发行对象做出保底保收益或者变相保底保收益承诺,也不得直接或者通过利益相关方向发行对象提供财务资助或者其他补偿。

第六十七条 上市公司发行证券采用竞价方式的,认购邀请书内容、认购邀请书发送对象范围、发行价格及发行对象的确定原则等应当符合中国证监会及交易所相关规定,上市公司和主承销商的控股股东、实际控制人、董事、监事、高级管理人员及其控制或者施加重大影响的关联方不得参与竞价。

第六十八条 网下投资者应当结合行业监管要求、资产规模等合理确定申购金额,不得超资产规模申购,承销商可以认定超资产规模的申购为无效申购。

第六十九条 上市公司向不特定对象发行证券的,投资者弃购数量占发行总数比例较大的,上市公司和主承销商可以将投资者弃购部分向网下投资者二次配售。比例较大的标准由交易所规定。

第七十条 上市公司和主承销商可以在符合中国证监会和交易所相关规定前提下约定中止发行的情形。

第七十一条 交易所对证券发行承销过程实施监管。发行承销涉嫌违法违规或者存在异常情形的,中国证监会可以要求交易所对相关事项进行调查处理,或者直接责令上市公司和承销商暂停或者中止发行。

第六章 监督管理和法律责任

第七十二条 中国证监会依法批准交易所制定的创业板上市公司证券发行上市的审核标准、审核程序、信息披露、发行承销等方面的制度规则,指导交易所制定与发行上市审核相关的其他业务规则。

第七十三条 中国证监会建立对交易所发行上市审核工作和发行承销过程监管的监督机制,持续关注交易所审核情况和发行承销过程监管情况,发现交易所自律监管措施或者纪律处分失当的,可以责令交易所改正。

第七十四条 中国证监会对交易所发行上市审核和发行承销过程监管等相关工作进行年度例行检查。在检查过程中,可以调阅审核工作文件,列席相关审核会议。

中国证监会定期或者不定期按一定比例对交易所发行上市审核和发行承销过程监管等相关工作进行抽查。

对于中国证监会在检查和抽查等监督过程中发现的问题,交易所应当整改。

第七十五条 交易所发行上市审核工作违反本办法规定,有下列情形之一的,由中国证监会责令改正;情节严重的,追究直接责任人员相关责任:

(一)未按审核标准开展发行上市审核工作;

(二)未按审核程序开展发行上市审核工作;

(三)不配合中国证监会对发行上市审核工作和发行承销监管工作的检查、抽查,或者不按中国证监会的整改要求进行整改。

第七十六条 上市公司在证券发行文件中隐瞒重要事实或者编造重大虚假内容的,中国证监会采取五年内不接受上市公司发行证券相关文件的监管措施。对相关责任人员,视情节轻重,采取认定为不适当人选的监管措施,或者采取证券市场禁入的措施。

第七十七条 存在下列情形之一的,中国证监会采取三年至五年内不接受上市公司发行证券相关文件的监管措施:

(一)申请文件存在虚假记载、误导性陈述或者重大遗漏;

(二)上市公司阻碍或者拒绝中国证监会、交易所依法对其实施检查、核查;

(三)上市公司及其关联方以不正当手段严重干扰发行上市审核或者发行注册工作;

(四)重大事项未报告、未披露;

（五）上市公司及其董事、监事、高级管理人员、控股股东、实际控制人的签名、盖章系伪造或者变造。

第七十八条 上市公司控股股东、实际控制人违反本办法的规定，致使上市公司所报送的申请文件和披露的信息存在虚假记载、误导性陈述或者重大遗漏，或者组织、指使上市公司进行财务造假、利润操纵或者在证券发行文件中隐瞒重要事实或者编造重大虚假内容的，中国证监会视情节轻重，对相关单位和责任人员采取一年到五年内不接受相关单位及其控制的下属单位发行证券相关文件，对责任人员采取认定为不适当人选等监管措施，或者采取证券市场禁入的措施。

上市公司董事、监事和高级管理人员违反本办法规定，致使上市公司所报送的申请文件和披露的信息存在虚假记载、误导性陈述或者重大遗漏的，中国证监会视情节轻重，对责任人员采取认定为不适当人选等监管措施，或者采取证券市场禁入的措施。

第七十九条 保荐人未勤勉尽责，致使上市公司信息披露资料存在虚假记载、误导性陈述或者重大遗漏的，中国证监会视情节轻重，采取暂停保荐人业务资格一年至三年，责令保荐人更换相关负责人的监管措施；情节严重的，撤销保荐人业务资格，对相关责任人员采取证券市场禁入的措施。

保荐代表人未勤勉尽责，致使上市公司信息披露资料存在虚假记载、误导性陈述或者重大遗漏的，按规定认定为不适当人选。

证券服务机构未勤勉尽责，致使上市公司信息披露资料中与其职责有关的内容及其所出具的文件存在虚假记载、误导性陈述或者重大遗漏的，中国证监会视情节轻重，采取三个月至三年内不接受相关单位及其责任人员出具的发行证券专项文件的监管措施；情节严重的，对证券服务机构相关责任人员采取证券市场禁入的措施。

第八十条 保荐人存在下列情形之一的，中国证监会视情节轻重，采取暂停保荐人业务资格三个月至三年的监管措施；情节特别严重的，撤销其业务资格：

（一）伪造或者变造签字、盖章；

（二）重大事项未报告或者未披露；

（三）以不正当手段干扰审核注册工作；

（四）不履行其他法定职责。

保荐代表人存在前款规定情形的，视情节轻重，按规定三个月至三年不受理相关保荐代表人具体负责的推荐；情节特别严重的，按规定认定为不适当人选。

证券服务机构及其相关人员存在第一款规定情形的，中国证监会视情节轻重，采取三个月至三年内不接受相关单位及其责任人员出具的发行证券专项文件的监管措施。

第八十一条 保荐人、证券服务机构及其责任人员存在下列情形之一的，中国证监会视情节轻重，采取责令改正、监管谈话、出具警示函、一年内不接受相关单位及其责任人员出具的与注册申请有关的文件等监管措施；情节严重的，可以同时采取三个月至一年内不接受相关单位及其责任人员出具的发行证券专项文件的监管措施：

（一）制作或者出具的文件不齐备或者不符合要求；

（二）擅自改动申请文件、信息披露资料或者其他已提交文件；

（三）申请文件或者信息披露资料存在相互矛盾或者同一事实表述不一致且有实质性差异；

（四）文件披露的内容表述不清，逻辑混乱，严重影响阅读理解；

（五）对重大事项未及时报告或者未及时披露。

上市公司存在前款规定情形的，中国证监会视情节轻重，采取责令改正、监管谈话、出具警示函、六个月至一年内不接受上市公司发行证券相关文件的监管措施。

第八十二条 按照本办法第二十八条申请注册的，交易所和中国证监会发现上市公司或者相关中介机构及其责任人员存在相关违法违规行为的，中国证监会按照本章规定从重处罚，并采取三年至五年内不接受上市公司和保荐人该类发行证券相关文件的监管措施。

第八十三条 上市公司披露盈利预测，利润实现数如未达到盈利预测的百分之八十的，除因不可抗力外，其法定代表人、财务负责人应当在股东大会以及证券交易所网站、符合中国证监会规定条件的媒体上公开作出解释并道歉；中国证监会可以对法定代表人处以警告。

利润实现数未达到盈利预测百分之五十的，除因不可抗力外，中国证监会在三年内不接受上市公司发行证券相关文件。

注册会计师为上述盈利预测出具审核报告的过程中未勤勉尽责的,中国证监会视情节轻重,对相关机构和责任人员采取监管谈话等监管措施;情节严重的,给予警告等行政处罚。

第八十四条 参与认购的投资者擅自转让限售期限未满的证券的,中国证监会可以责令改正;情节严重的,十二个月内不得作为特定对象认购证券。

第八十五条 相关主体违反本办法第六十六条规定的,中国证监会视情节轻重,采取责令改正、监管谈话、出具警示函、认定为不适当人选、一年至三年内不接受发行证券相关文件的监管措施,以及市场禁入的措施;保荐人、证券服务机构未勤勉尽责的,中国证监会还可以采取一年至三年内不接受相关单位及其责任人员出具的与注册申请有关的文件等监管措施。

第八十六条 上市公司及其控股股东和实际控制人、董事、监事、高级管理人员,保荐人、承销商、证券服务机构及其相关执业人员、参与认购的投资者,在证券发行并上市相关的活动中存在其他违反本办法规定行为的,中国证监会视情节轻重,采取责令改正、监管谈话、出具警示函、责令公开说明、责令定期报告、认定为不适当人选、暂不受理与行政许可有关的文件等监管措施,或者采取证券市场禁入的措施。

第八十七条 上市公司及其控股股东、实际控制人、保荐人、证券服务机构及其相关人员违反《证券法》依法应予以行政处罚的,中国证监会依法予以处罚;涉嫌犯罪的,依法移送司法机关,追究其刑事责任。

第七章　附　　则

第八十八条 本办法所称战略投资者,是指符合下列情形之一,且具有同行业或者相关行业较强的重要战略性资源,与上市公司谋求双方协调互补的长期共同战略利益,愿意长期持有上市公司较大比例股份,愿意并且有能力认真履行相应职责,委派董事实际参与公司治理,提升上市公司治理水平,帮助上市公司显著提高公司质量和内在价值,具有良好诚信记录,最近三年未受到中国证监会行政处罚或者被追究刑事责任的投资者：

（一）能够给上市公司带来国际国内领先的核心技术资源，显著增强上市公司的核心竞争力和创新能力，带动上市公司的产业技术升级，显著提升上市公司的盈利能力；

（二）能够给上市公司带来国际国内领先的市场、渠道、品牌等战略性资源，大幅促进上市公司市场拓展，推动实现上市公司销售业绩大幅提升。

境外战略投资者应当同时遵守国家的相关规定。

第八十九条 符合《若干意见》等规定的红筹企业，首次公开发行股票并在创业板上市后，发行股票还应当符合本办法的规定。

符合《若干意见》等规定的红筹企业，首次公开发行存托凭证并在创业板上市后，发行以红筹企业新增证券为基础证券的存托凭证，适用《证券法》、《若干意见》以及本办法关于上市公司发行股票的规定，本办法没有规定的，适用中国证监会关于存托凭证的有关规定。

发行存托凭证的红筹企业境外基础股票配股时，相关方案安排应确保存托凭证持有人实际享有权益与境外基础股票持有人权益相当。

第九十条 上市公司发行优先股、向员工发行证券用于激励的办法，由中国证监会另行规定。

第九十一条 上市公司向特定对象发行股票将导致上市公司控制权发生变化的，还应当符合中国证监会的其他规定。

第九十二条 依据本办法通过向特定对象发行股票取得的上市公司股份，其减持不适用《上市公司股东、董监高减持股份的若干规定》的有关规定。

第九十三条 本办法自公布之日起施行。《创业板上市公司证券发行管理暂行办法》（证监会令第164号）同时废止。

附件：《创业板上市公司证券发行注册管理办法（试行）》立法说明（略）

北京证券交易所上市公司
持续监管办法(试行)

(2021年10月30日中国证券监督管理委员会令第189号公布 自2021年11月15日起施行)

第一章 总 则

第一条 为了规范企业股票在北京证券交易所(以下简称北交所)上市后相关各方的行为,支持引导创新型中小企业更好地发展,保护投资者合法权益,根据《中华人民共和国证券法》(以下简称《证券法》)、《中华人民共和国公司法》以及相关法律法规,制定本办法。

第二条 中国证券监督管理委员会(以下简称中国证监会)根据《证券法》等法律法规、本办法和中国证监会的其他相关规定,对北交所上市公司(以下简称上市公司)及相关主体进行监督管理。

中国证监会其他相关规定与本办法规定不一致的,适用本办法。

中国证监会根据北交所以服务创新型中小企业为主的特点和市场运行情况,适时完善相关具体制度安排。

第三条 北交所根据《证券交易所管理办法》、本办法等有关规定,建立以上市规则为中心的持续监管规则体系,在公司治理、持续信息披露、股份减持、股权激励、员工持股计划、重大资产重组、退市等方面制定具体实施规则。上市公司应当遵守北交所持续监管实施规则。

北交所应当履行一线监管职责,加强信息披露与二级市场交易监管联动,加大现场检查力度,强化监管问询,切实防范和打击内幕交易与操纵市场行为,督促上市公司提高信息披露质量。

第二章 公 司 治 理

第四条 上市公司应当增强公众公司意识,保持健全、有效、透明的治理体系和监督机制,保证股东大会、董事会、监事会规范运作,督促董事、监事和高级管理人员履行忠实、勤勉义务,明确纠纷解决机制,保障全体股东合法权利,积极履行社会责任,保护利益相关者的基本权益。

上市公司控股股东、实际控制人应当诚实守信,依法行使权利,严格履行承诺,维持公司独立性,维护公司和全体股东的共同利益。

第五条 上市公司设独立董事,独立董事的选任、履职应当符合中国证监会和北交所的有关规定。

第六条 鼓励上市公司根据需要设立审计、战略、提名、薪酬与考核等专门委员会,专门委员会对董事会负责,依照公司章程和董事会授权履行职责。专门委员会成员全部由董事构成,其中审计委员会、提名委员会、薪酬与考核委员会中独立董事应当占多数并担任召集人,审计委员会的召集人应当为会计专业人士。

第七条 上市公司应当积极回报股东,根据自身条件和发展阶段,在公司章程中规定现金分红、股份回购等股东回报政策并严格执行。北交所可以制定股东回报相关规则。

第八条 上市公司应当建立完善募集资金管理使用制度。募集资金的存放、使用、变更和持续披露等具体规则由北交所制定。

第九条 上市公司存在特别表决权股份的,应当在公司章程中规定特别表决权股份的持有人资格、特别表决权股份拥有的表决权数量与普通股份拥有的表决权数量的比例安排、持有人所持特别表决权股份能够参与表决的股东大会事项范围、特别表决权股份锁定安排及转让限制、特别表决权股份与普通股份的转换情形等事项。

上市公司应当在定期报告中持续披露特别表决权安排的情况;特别表决权安排发生重大变化的,应当及时披露。

北交所应对存在特别表决权股份公司的上市条件、表决权差异的设置、存续、调整、信息披露和投资者保护事项制定有关规定。

第三章 信息披露

第十条 上市公司和相关信息披露义务人应当及时、公平地披露所有可能对证券交易价格或者投资决策有较大影响的事项,保证所披露信息的真实、准确、完整，不存在虚假记载、误导性陈述或者重大遗漏。

上市公司应当建立并执行信息披露事务管理制度，增强信息披露的透明度。上市公司董事长对信息披露事务管理承担首要责任，董事会秘书负责组织和协调公司信息披露事务、办理信息对外公布等相关事宜。

第十一条 上市公司筹划的重大事项存在较大不确定性，立即披露可能会损害公司利益或者误导投资者，且有关内幕信息知情人已书面承诺保密的，上市公司可以暂不披露，但最迟应当在该重大事项形成最终决议、签署最终协议或者交易确定能够达成时对外披露；已经泄密或者确实难以保密的，上市公司应当立即披露该信息。

第十二条 上市公司应当结合所属行业的特点，充分披露行业经营信息，便于投资者合理决策。

第十三条 上市公司应当充分披露可能对公司核心竞争力、经营活动和未来发展产生重大不利影响的风险因素。

上市公司尚未盈利的，应当充分披露尚未盈利的成因，以及对公司现金流、业务拓展、人才吸引、团队稳定性、研发投入、战略性投入、生产经营可持续性等方面的影响。

第十四条 上市公司和相关信息披露义务人确有需要的，可以在非交易时段对外发布重大信息，但应当在下一交易时段开始前披露相关公告，不得以新闻发布或者答记者问等形式代替信息披露。

第十五条 上市公司和相关信息披露义务人适用中国证监会、北交所相关信息披露规定，可能导致其难以反映经营活动的实际情况、难以符合行业监管要求等有关规定的，可以依照相关规定暂缓适用或者免于适用，但是应当充分说明原因和替代方案。中国证监会、北交所认为依法不应当调整适用的，上市公司和相关信息披露义务人应当执行相关规定。

第十六条 上市公司的控股股东、实际控制人应当配合上市公司履行信息披露义务，不得要求或者协助上市公司隐瞒应当披露的信息。

第十七条 上市公司应当在符合《证券法》规定的信息披露平台

发布信息,在其他媒体披露信息的时间不得早于在符合《证券法》规定的信息披露平台披露的时间,并确保披露内容的一致性。

第四章 股份减持

第十八条 股份锁定期届满后,上市公司控股股东、实际控制人、董事、监事、高级管理人员及其他股东减持向不特定合格投资者公开发行并上市前的股份以及上市公司向特定对象发行的股份,应当遵守北交所有关减持方式、程序、价格、比例以及后续转让等事项的规定。

第十九条 上市时未盈利的公司,其控股股东、实际控制人、董事、监事、高级管理人员所持向不特定合格投资者公开发行并上市前的股份锁定期应当适当延长,具体期限由北交所规定。

第二十条 上市公司股东、实际控制人、董事、监事、高级管理人员减持股份应当按照中国证监会和北交所的要求及时履行信息披露义务。

持股百分之五以上股东、实际控制人、董事、监事、高级管理人员计划通过北交所集中竞价交易减持股份,应当在首次卖出的十五个交易日前预先披露减持计划,并按照北交所的规定披露减持计划实施情况;拟在三个月内减持股份的总数超过公司股份总数百分之一的,还应当在首次卖出的三十个交易日前预先披露减持计划。

持股百分之五以上股东、实际控制人减持其通过北交所和全国股转系统竞价或做市交易买入的上市公司股份,不适用前款规定。

第五章 股权激励

第二十一条 上市公司以本公司股票为标的实施股权激励的,应当设置合理的考核指标,有利于促进公司持续发展。

第二十二条 单独或合计持有上市公司百分之五以上股份的股东或实际控制人及其配偶、父母、子女,作为董事、高级管理人员、核心技术人员或者核心业务人员的,可以成为激励对象。

上市公司应当充分说明前款规定人员成为激励对象的必要性、合理性。

第二十三条 上市公司向激励对象授予的限制性股票的价格低

于市场参考价百分之五十的,或者股票期权的行权价格低于市场参考价的,应当符合北交所相关规定,并应当说明定价依据及定价方式。

出现前款规定情形的,上市公司应当聘请独立财务顾问,对股权激励计划的可行性、相关定价依据和定价方法的合理性、是否有利于公司持续发展、是否损害股东利益等发表意见。

第二十四条 上市公司全部在有效期内的股权激励计划所涉及的标的股票总数,累计不得超过公司股本总额的百分之三十。经股东大会特别决议批准,单个激励对象通过全部在有效期内的股权激励计划获授的本公司股票,累计可以超过公司股本总额的百分之一。

第二十五条 上市公司开展员工持股计划的具体实施规则,由北交所根据中国证监会的相关规定另行制定。

第六章 重大资产重组

第二十六条 上市公司实施重大资产重组或者发行股份购买资产的,标的资产应当符合北交所相关行业要求,或者与上市公司处于同行业或上下游。

第二十七条 上市公司实施重大资产重组的标准,按照《上市公司重大资产重组管理办法》(以下简称《重组办法》)第十二条予以认定,其中营业收入指标执行下列标准:购买、出售的资产在最近一个会计年度所产生的营业收入占上市公司同期经审计的合并财务会计报告营业收入的比例达到百分之五十以上,且超过五千万元人民币。

上市公司实施重大资产重组,构成《重组办法》第十三条规定的交易情形,置入资产的具体条件由北交所制定。

第二十八条 上市公司发行股份购买资产的,发行股份的价格不得低于市场参考价的百分之八十,市场参考价按照《重组办法》的规定计算。

第二十九条 北交所对重大资产重组进行审核,并对信息披露、持续督导等进行自律管理。

涉及发行股份购买资产的,北交所审核通过后,报中国证监会履行注册程序。

第七章 其他事项

第三十条 上市公司控股股东、实际控制人质押公司股份的,应当合理使用融入资金,维持公司控制权和生产经营稳定,不得侵害公司利益或者向公司转移风险,并依据中国证监会、北交所的规定履行信息披露义务。

第三十一条 上市公司及其股东、实际控制人、董事、监事、高级管理人员、其他信息披露义务人、内幕信息知情人等相关主体违反本办法,证券公司、证券服务机构及其人员未勤勉尽责且情节严重的,中国证监会根据《证券法》等法律法规和中国证监会其他有关规定,依法追究其法律责任。

第三十二条 中国证监会将遵守本办法的情况记入证券市场诚信档案,会同有关部门加强信息共享,依法依规实施守信激励与失信惩戒。

第八章 附则

第三十三条 本办法自2021年11月15日起施行。

附件:《北京证券交易所上市公司持续监管办法(试行)》立法说明(略)

北京证券交易所上市公司证券发行注册管理办法(试行)

(2021年10月30日中国证券监督管理委员会令第188号公布 自2021年11月15日起施行)

第一章 总则

第一条 为了规范北京证券交易所上市公司(以下简称上市公

司)证券发行行为,保护投资者合法权益和社会公共利益,根据《中华人民共和国证券法》(以下简称《证券法》)、《国务院办公厅关于贯彻实施修订后的证券法有关工作的通知》及相关法律法规,制定本办法。

第二条　上市公司申请在境内发行股票、可转换为股票的公司债券及中国证券监督管理委员会(以下简称中国证监会)认可的其他证券品种,适用本办法。

第三条　上市公司发行证券,可以向不特定合格投资者公开发行,也可以向特定对象发行。

第四条　上市公司发行证券的,应当符合《证券法》和本办法规定的发行条件和相关信息披露要求,依法经北京证券交易所(以下简称北交所)发行上市审核,并报中国证监会注册,但因依法实行股权激励、公积金转为增加公司资本、分配股票股利的除外。

第五条　上市公司应当诚实守信,依法充分披露投资者作出价值判断和投资决策所必需的信息,所披露信息必须真实、准确、完整,简明清晰、通俗易懂,不得有虚假记载、误导性陈述或者重大遗漏。

上市公司应当按照保荐人、证券服务机构要求,依法向其提供真实、准确、完整的财务会计资料和其他资料,配合相关机构开展尽职调查和其他相关工作。

上市公司的控股股东、实际控制人、董事、监事、高级管理人员应当配合相关机构开展尽职调查和其他相关工作,不得要求或者协助上市公司隐瞒应当提供的资料或者应当披露的信息。

第六条　保荐人应当诚实守信,勤勉尽责,按照依法制定的业务规则和行业自律规范的要求,充分了解上市公司经营情况和风险,对注册申请文件和信息披露资料进行全面核查验证,对上市公司是否符合发行条件独立作出专业判断,审慎作出保荐决定,并对募集说明书、发行情况报告书或者其他信息披露文件及其所出具的相关文件的真实性、准确性、完整性负责。

第七条　证券服务机构应当严格遵守法律法规、中国证监会制定的监管规则、业务规则和本行业公认的业务标准和道德规范,建立并保持有效的质量控制体系,保护投资者合法权益,审慎履行职责,作出专业判断与认定,并对募集说明书、发行情况报告书或者其他信息披露文件中与其专业职责有关的内容及其所出具文件的真实性、准确性、完整性负责。

证券服务机构及其相关执业人员应当对与本专业相关的业务事项履行特别注意义务,对其他业务事项履行普通注意义务,并承担相应法律责任。

证券服务机构及其执业人员从事证券服务应当配合中国证监会的监督管理,在规定的期限内提供、报送或披露相关资料、信息,并保证其提供、报送或披露的资料、信息真实、准确、完整,不得有虚假记载、误导性陈述或者重大遗漏。

证券服务机构应当妥善保存客户委托文件、核查和验证资料、工作底稿以及与质量控制、内部管理、业务经营有关的信息和资料。

第八条 对上市公司发行证券申请予以注册,不表明中国证监会和北交所对该证券的投资价值或者投资者的收益作出实质性判断或者保证,也不表明中国证监会和北交所对申请文件的真实性、准确性、完整性作出保证。

第二章 发行条件

第九条 上市公司向特定对象发行股票,应当符合下列规定:

(一)具备健全且运行良好的组织机构。

(二)具有独立、稳定经营能力,不存在对持续经营有重大不利影响的情形。

(三)最近一年财务会计报告无虚假记载,未被出具否定意见或无法表示意见的审计报告;最近一年财务会计报告被出具保留意见的审计报告,保留意见所涉及事项对上市公司的重大不利影响已经消除。本次发行涉及重大资产重组的除外。

(四)合法规范经营,依法履行信息披露义务。

第十条 上市公司存在下列情形之一的,不得向特定对象发行股票:

(一)上市公司或其控股股东、实际控制人最近三年内存在贪污、贿赂、侵占财产、挪用财产或者破坏社会主义市场经济秩序的刑事犯罪,存在欺诈发行、重大信息披露违法或者其他涉及国家安全、公共安全、生态安全、生产安全、公众健康安全等领域的重大违法行为。

（二）上市公司或其控股股东、实际控制人，现任董事、监事、高级管理人员最近一年内受到中国证监会行政处罚、北交所公开谴责；或因涉嫌犯罪正被司法机关立案侦查或者涉嫌违法违规正被中国证监会立案调查，尚未有明确结论意见。

（三）擅自改变募集资金用途，未作纠正或者未经股东大会认可。

（四）上市公司或其控股股东、实际控制人被列入失信被执行人名单且情形尚未消除。

（五）上市公司利益严重受损的其他情形。

第十一条 上市公司向不特定合格投资者公开发行股票的，除应当符合本办法第九条、第十条规定的条件外，还应当符合《北京证券交易所向不特定合格投资者公开发行股票注册管理办法（试行）》规定的其他条件。

第十二条 上市公司发行可转换为股票的公司债券，应当符合下列规定：

（一）具备健全且运行良好的组织机构；

（二）最近三年平均可分配利润足以支付公司债券一年的利息；

（三）具有合理的资产负债结构和正常的现金流量。

除前款规定条件外，上市公司向特定对象发行可转换为股票的公司债券，还应当遵守本办法第九条、第十条的规定；向不特定合格投资者公开发行可转换为股票的公司债券，还应当遵守本办法第十一条的规定。但上市公司通过收购本公司股份的方式进行公司债券转换的除外。

第十三条 上市公司存在下列情形之一的，不得发行可转换为股票的公司债券：

（一）对已公开发行的公司债券或者其他债务有违约或者延迟支付本息的事实，仍处于继续状态；

（二）违反《证券法》规定，改变公开发行公司债券所募资金用途。

第十四条 上市公司及其控股股东、实际控制人、主要股东不得向发行对象做出保底保收益或者变相保底保收益承诺，也不得直接或者通过利益相关方向发行对象提供财务资助或者其他补偿。

第十五条 上市公司最近一期末存在持有金额较大的财务性投资的,保荐人应当对上市公司本次募集资金的必要性和合理性审慎发表核查意见。

第三章 发 行 程 序

第一节 发行人审议

第十六条 董事会应当依法就本次发行证券的具体方案、本次募集资金使用的可行性及其他必须明确的事项作出决议,并提请股东大会批准。

独立董事应当就证券发行事项的必要性、合理性、可行性、公平性发表专项意见。

第十七条 监事会应当对董事会编制的募集说明书等文件进行审核并提出书面审核意见。

第十八条 股东大会就本次发行证券作出决议,决议至少应当包括下列事项:

(一)本次发行证券的种类和数量(数量上限);

(二)发行方式、发行对象或范围、现有股东的优先认购安排(如有);

(三)定价方式或发行价格(区间);

(四)限售情况(如有);

(五)募集资金用途;

(六)决议的有效期;

(七)对董事会办理本次发行具体事宜的授权;

(八)发行前滚存利润的分配方案;

(九)其他必须明确的事项。

第十九条 股东大会就发行可转换为股票的公司债券作出决议,除应当符合本办法第十八条的规定外,还应当就债券利率、债券期限、赎回条款、回售条款、还本付息的期限和方式、转股期、转股价格的确定和修正等事项作出决议。

第二十条 股东大会就发行证券事项作出决议,必须经出席会议的股东所持表决权的 2/3 以上通过。上市公司应当对出席会议的持股比例在 5% 以下的中小股东表决情况单独计票并予以披露。

上市公司就发行证券事项召开股东大会，应当提供网络投票的方式，上市公司还可以通过其他方式为股东参加股东大会提供便利。

第二十一条 董事会、股东大会就向特定对象发行证券事项作出决议，应当按要求履行表决权回避制度，上市公司向原股东配售股份的除外。

第二十二条 上市公司拟引入战略投资者的，董事会、股东大会应当将引入战略投资者的事项作为单独议案，就每名战略投资者单独审议。

第二十三条 根据公司章程的规定，上市公司年度股东大会可以授权董事会向特定对象发行累计融资额低于一亿元且低于公司最近一年末净资产 20% 的股票（以下简称授权发行），该项授权的有效期不得超过上市公司下一年度股东大会召开日。

第二节 审核与注册

第二十四条 上市公司申请发行证券，应当按照中国证监会有关规定制作注册申请文件，依法由保荐人保荐并向北交所申报。北交所收到注册申请文件后，应当在五个工作日内作出是否受理的决定，本办法另有规定的除外。

第二十五条 自注册申请文件申报之日起，上市公司及其控股股东、实际控制人、董事、监事、高级管理人员，以及与本次证券发行相关的保荐人、证券服务机构及相关责任人员，即承担相应法律责任。

第二十六条 注册申请文件受理后，未经中国证监会或者北交所同意，不得改动。

发生重大事项的，上市公司、保荐人、证券服务机构应当及时向北交所报告，并按要求更新注册申请文件和信息披露资料。

第二十七条 上市公司发行证券，不属于本办法第二十八条规定情形的，保荐人应当指定保荐代表人负责具体保荐工作。

保荐人持续督导期间为证券上市当年剩余时间及其后两个完整会计年度。

保荐人及保荐代表人应当按照本办法及《证券发行上市保荐业务管理办法》的规定履行职责,并依法承担相应的责任。

第二十八条　上市公司向前十名股东、实际控制人、董事、监事、高级管理人员及核心员工发行股票,连续12个月内发行的股份未超过公司总股本10%且融资总额不超过2000万元的,无需提供保荐人出具的保荐文件以及律师事务所出具的法律意见书。

按照前款规定发行股票的,董事会决议中应当明确发行对象、发行价格和发行数量,且不得存在以下情形:

(一)上市公司采用授权发行方式发行;

(二)认购人以非现金资产认购;

(三)发行股票导致上市公司控制权发生变动;

(四)本次发行中存在特殊投资条款安排;

(五)上市公司或其控股股东、实际控制人,现任董事、监事、高级管理人员最近一年内被中国证监会给予行政处罚或采取监管措施、被北交所采取纪律处分。

第二十九条　北交所审核部门负责审核上市公司证券发行申请;北交所上市委员会负责对上市公司向不特定合格投资者公开发行证券的申请文件和审核部门出具的审核报告提出审议意见。

北交所应当根据本办法制定上市公司证券发行审核业务规则,并报中国证监会批准。

第三十条　北交所主要通过向上市公司提出审核问询、上市公司回答问题方式开展审核工作,判断上市公司是否符合发行条件和信息披露要求。

第三十一条　北交所按照规定的条件和程序,形成上市公司是否符合发行条件和信息披露要求的审核意见。认为上市公司符合发行条件和信息披露要求的,将审核意见、上市公司注册申请文件及相关审核资料报送中国证监会注册;认为上市公司不符合发行条件或者信息披露要求的,作出终止发行上市审核决定。

第三十二条　北交所应当自受理注册申请文件之日起两个月内形成审核意见。

上市公司采用授权发行方式向特定对象发行股票且按照竞价方

式确定发行价格和发行对象的,北交所应当在两个工作日内作出是否受理的决定,并自受理注册申请文件之日起三个工作日内形成审核意见。

通过对上市公司实施现场检查、对保荐人实施现场督导、要求保荐人和证券服务机构对有关事项进行专项核查等方式要求上市公司补充、修改申请文件的时间不计算在内。

第三十三条 中国证监会收到北交所报送的审核意见、上市公司注册申请文件及相关审核资料后,履行发行注册程序。发行注册主要关注北交所发行上市审核内容有无遗漏,审核程序是否符合规定,以及上市公司在发行条件和信息披露要求的重大方面是否符合相关规定。中国证监会认为存在需要进一步说明或者落实事项的,可以要求北交所进一步问询。

中国证监会认为北交所对影响发行条件的重大事项未予关注或者北交所的审核意见依据明显不充分的,可以退回北交所补充审核。北交所补充审核后,认为上市公司符合发行条件和信息披露要求的,重新向中国证监会报送审核意见及相关资料,本办法第三十四条规定的注册期限重新计算。

第三十四条 中国证监会在十五个工作日内对上市公司的注册申请作出同意注册或不予注册的决定。通过要求北交所进一步问询、要求保荐人和证券服务机构等对有关事项进行核查、对发行人现场检查等方式要求发行人补充、修改申请文件的时间不计算在内。

第三十五条 中国证监会的予以注册决定,自作出之日起一年内有效,上市公司应当在注册决定有效期内发行证券,发行时点由上市公司自主选择。

第三十六条 中国证监会作出予以注册决定后、上市公司证券上市交易前,上市公司应当及时更新信息披露文件;保荐人以及证券服务机构应当持续履行尽职调查职责;发生重大事项的,上市公司、保荐人应当及时向北交所报告。北交所应当对上述事项及时处理,发现上市公司存在重大事项影响发行条件的,应当出具明确意见并及时向中国证监会报告。

中国证监会作出予以注册决定后、上市公司证券上市交易前,发生可能影响本次发行的重大事项的,中国证监会可以要求上市公司暂缓发行、上市;相关重大事项导致上市公司不符合发行条件的,应当撤销注册。中国证监会撤销注册后,证券尚未发行的,上市公司应当停止发行;证券已经发行尚未上市的,上市公司应当按照发行价并加算银行同期存款利息返还证券持有人。

第三十七条　上市公司申请向特定对象发行股票,可申请一次注册,分期发行。自中国证监会予以注册之日起,公司应当在三个月内首期发行,剩余数量应当在十二个月内发行完毕。首期发行数量应当不少于总发行数量的50%,剩余各期发行的数量由公司自行确定,每期发行后5个工作日内将发行情况报北交所备案。

第三十八条　北交所认为上市公司不符合发行条件或者信息披露要求,作出终止发行上市审核决定,或者中国证监会作出不予注册决定的,自决定作出之日起六个月后,上市公司可以再次提出证券发行申请。

第三十九条　上市公司证券发行上市审核或者注册程序的中止、终止等情形参照适用《北京证券交易所向不特定合格投资者公开发行股票注册管理办法(试行)》的相关规定。

第四十条　中国证监会和北交所可以对上市公司进行现场检查,可以要求保荐人、证券服务机构对有关事项进行专项核查并出具意见。

第三节　定价、发售与认购

第四十一条　上市公司发行证券,应当聘请具有证券承销业务资格的证券公司承销,但上市公司向特定对象发行证券且董事会提前确定全部发行对象的除外。

上市公司向不特定合格投资者公开发行股票的,发行承销的具体要求参照适用《北京证券交易所向不特定合格投资者公开发行股票注册管理办法(试行)》的相关规定,本办法另有规定的除外。

上市公司向特定对象发行证券的发行承销行为,适用本章规定。

第四十二条　上市公司向原股东配售股份的,应当采用代销方式发行。

控股股东应当在股东大会召开前公开承诺认配股份的数量。控股股东不履行认配股份的承诺，或者代销期限届满，原股东认购股票的数量未达到拟配售数量70%的，上市公司应当按照发行价并加算银行同期存款利息返还已经认购的股东。

第四十三条 上市公司向不特定合格投资者公开发行股票的，发行价格应当不低于公告招股意向书前二十个交易日或者前一个交易日公司股票均价。

第四十四条 上市公司向特定对象发行股票的，发行价格应当不低于定价基准日前二十个交易日公司股票均价的80%。

向特定对象发行股票的定价基准日为发行期首日。

上市公司董事会决议提前确定全部发行对象，且发行对象属于下列情形之一的，定价基准日可以为关于本次发行股票的董事会决议公告日、股东大会决议公告日或者发行期首日：

（一）上市公司的控股股东、实际控制人或者其控制的关联方；

（二）按照本办法第二十八条规定参与认购的上市公司前十名股东、董事、监事、高级管理人员及核心员工；

（三）通过认购本次发行的股票成为上市公司控股股东或实际控制人的投资者；

（四）董事会拟引入的境内外战略投资者。

第四十五条 上市公司向特定对象发行股票的，发行对象属于本办法第四十四条第三款规定以外情形的，上市公司应当以竞价方式确定发行价格和发行对象。

上市公司向特定对象发行可转换为股票的公司债券的，上市公司应当采用竞价方式确定利率和发行对象，本次发行涉及发行可转换为股票的公司债券购买资产的除外。

董事会决议确定部分发行对象的，确定的发行对象不得参与竞价，且应当接受竞价结果，并明确在通过竞价方式未能产生发行价格的情况下，是否继续参与认购、价格确定原则及认购数量。

上市公司发行证券采用竞价方式的，上市公司和承销商的控股股东、实际控制人、董事、监事、高级管理人员及其控制或者施加重大影响的关联方不得参与竞价。

第四十六条 上市公司以竞价方式向特定对象发行股票的,在发行期首日前一工作日,上市公司及承销商可以向符合条件的特定对象提供认购邀请书。认购邀请书发送对象至少应当包括:

(一)已经提交认购意向书的投资者;

(二)上市公司前二十名股东;

(三)合计不少于十家证券投资基金管理公司、证券公司或保险机构。

认购邀请书发送后,上市公司及承销商应当在认购邀请书约定的时间内收集特定投资者签署的申购报价表。

在申购报价期间,上市公司及承销商应当确保任何工作人员不泄露发行对象的申购报价情况。

申购报价结束后,上市公司及承销商应当对有效申购按照报价高低进行累计统计,按照价格优先等董事会确定的原则合理确定发行对象、发行价格和发行股数。

第四十七条 上市公司向特定对象发行证券的,发行对象确定后,上市公司应当与发行对象签订认购合同,上市公司向原股东配售股份的除外。

第四十八条 向特定对象发行的股票,自发行结束之日起六个月内不得转让,做市商为取得做市库存股参与发行认购的除外,但做市商应当承诺自发行结束之日起六个月内不得申请退出为上市公司做市。

发行对象属于本办法第四十四条第三款规定情形的,其认购的股票自发行结束之日起十二个月内不得转让。法律法规、部门规章对前述股票的限售期另有规定的,同时还应当遵守相关规定。

第四十九条 上市公司向原股东配售股份的,应当向股权登记日在册的股东配售,且配售比例应当相同。

向原股东配售股份的价格由上市公司和承销商协商确定,豁免适用本节关于向特定对象发行股票定价与限售的相关规定。

第五十条 上市公司在证券发行过程中触及北交所规定的终止上市情形的,应当终止发行。

第四章　信息披露

第五十一条　上市公司应当按照中国证监会制定的信息披露规则，编制并披露募集说明书、发行情况报告书等信息披露文件。

上市公司应当以投资者需求为导向，根据自身特点，有针对性地披露上市公司基本信息、本次发行情况以及本次发行对上市公司的影响。

中国证监会制定的信息披露规则是信息披露的最低要求。不论上述规则是否有明确规定，凡是投资者作出价值判断和投资决策所必需的信息，上市公司均应当充分披露。

第五十二条　中国证监会依法制定募集说明书、发行情况报告书内容与格式准则等信息披露规则，对相关信息披露文件的内容、格式等作出规定。

北交所可以依据中国证监会部门规章和规范性文件，制定信息披露细则或指引，在中国证监会确定的信息披露内容范围内，对信息披露提出细化和补充要求。

第五十三条　上市公司应当结合现有主营业务、生产经营规模、财务状况、技术条件、发展目标、前次发行募集资金使用情况等因素合理确定募集资金规模，充分披露本次募集资金的必要性和合理性。

第五十四条　上市公司应当按照中国证监会和北交所有关规定及时披露董事会决议、股东大会通知、股东大会决议、受理通知、审核决定、注册决定等发行进展公告。

第五十五条　北交所认为上市公司符合发行条件和信息披露要求，将上市公司注册申请文件报送中国证监会时，募集说明书等文件应当同步在北交所网站和中国证监会网站公开。

第五十六条　上市公司应当在发行证券前在符合《证券法》规定的信息披露平台刊登经注册生效的募集说明书，同时将其置备于公司住所、北交所，供社会公众查阅。

第五十七条　向特定对象发行证券的，上市公司应当在发行结束后，按照中国证监会和北交所的有关要求编制并披露发行情况报告书。

申请分期发行的上市公司应在每期发行后,按照中国证监会和北交所的有关要求进行披露,并在全部发行结束或者超过注册文件有效期后按照中国证监会的有关要求编制并披露发行情况报告书。

第五十八条 上市公司可以将募集说明书以及有关附件刊登于其他报刊、网站,但披露内容应当完全一致,且不得早于在符合《证券法》规定的信息披露平台的披露时间。

第五章 监督管理与法律责任

第五十九条 中国证监会建立对北交所发行上市审核工作和发行承销过程监管的监督机制,可以对北交所相关工作进行检查或抽查。对于中国证监会监督过程中发现的问题,北交所应当整改。

第六十条 北交所应当发挥自律管理作用,对证券发行相关行为进行监督。发现上市公司及其控股股东、实际控制人、董事、监事、高级管理人员以及保荐人、承销商、证券服务机构及其相关执业人员等违反法律、行政法规和中国证监会相关规定的,应当向中国证监会报告,并采取自律管理措施。

北交所对证券发行承销过程实施自律管理。发现异常情形或者涉嫌违法违规的,中国证监会可以要求北交所对相关事项进行调查处理,或者直接责令上市公司、承销商暂停或中止发行。

第六十一条 中国证券业协会应当发挥自律管理作用,对从事证券发行业务的保荐人进行监督,督促其勤勉尽责地履行尽职调查和督导职责。发现保荐人有违反法律、行政法规和中国证监会相关规定的行为,应当向中国证监会报告,并采取自律管理措施。

中国证券业协会应当建立对承销商询价、定价、配售行为和询价投资者报价行为的自律管理制度,并加强相关行为的监督检查,发现违规情形的,应当及时采取自律管理措施。

第六十二条 北交所发行上市审核工作存在下列情形之一的,由中国证监会责令改正;情节严重的,追究直接责任人员相关责任:

(一)未按审核标准开展发行上市审核工作;

(二)未按审核程序开展发行上市审核工作;

(三)不配合中国证监会对发行上市审核工作和发行承销监管工

作的检查、抽查，或者不按中国证监会的整改要求进行整改。

第六十三条　上市公司在证券发行文件中隐瞒重要事实或者编造重大虚假内容的，中国证监会可以视情节轻重，对上市公司及相关责任人员依法采取责令改正、监管谈话、出具警示函等监管措施，或者采取证券市场禁入的措施。

第六十四条　上市公司的控股股东、实际控制人违反本办法规定，致使上市公司报送的注册申请文件和披露的信息存在虚假记载、误导性陈述或者重大遗漏，或者组织、指使上市公司进行财务造假、利润操纵或者在发行证券文件中隐瞒重要事实或编造重大虚假内容的，中国证监会可以视情节轻重，依法采取责令改正、监管谈话、出具警示函等监管措施，或者采取证券市场禁入的措施。

上市公司的董事、监事和高级管理人员违反本办法规定，致使上市公司报送的注册申请文件和披露的信息存在虚假记载、误导性陈述或者重大遗漏的，中国证监会可以视情节轻重，依法采取责令改正、监管谈话、出具警示函等监管措施，或者采取证券市场禁入的措施。

第六十五条　保荐人未勤勉尽责，致使上市公司信息披露资料存在虚假记载、误导性陈述或者重大遗漏的，中国证监会可以视情节轻重，对保荐人及相关责任人员依法采取责令改正、监管谈话、出具警示函、暂停保荐业务资格一年到三年、证券市场禁入等措施。

证券服务机构未勤勉尽责，致使上市公司信息披露资料中与其职责有关的内容及其所出具的文件存在虚假记载、误导性陈述或者重大遗漏，中国证监会可以视情节轻重，对证券服务机构及相关责任人员，依法采取责令改正、监管谈话、出具警示函、证券市场禁入等措施。

第六十六条　保荐人存在下列情形之一的，中国证监会可以视情节轻重，采取暂停保荐业务资格三个月至三年的监管措施；情节特别严重的，撤销其业务资格：

（一）伪造或者变造签字、盖章；

（二）重大事项未报告、未披露；

（三）以不正当手段干扰审核注册工作；

（四）不履行其他法定职责。

第六十七条　上市公司、保荐人、证券服务机构存在以下情形之

一的,中国证监会可以视情节轻重,依法采取责令改正、监管谈话、出具警示函等监管措施:

(一)制作或者出具的文件不齐备或者不符合要求;

(二)擅自改动注册申请文件、信息披露资料或者其他已提交文件;

(三)注册申请文件或者信息披露资料存在相互矛盾或者同一事实表述不一致且有实质性差异;

(四)文件披露的内容表述不清,逻辑混乱,严重影响投资者理解;

(五)未及时报告或者未及时披露重大事项。

第六十八条 承销商及其直接负责的主管人员和其他责任人员在承销证券过程中,存在违法违规行为的,中国证监会可以视情节轻重,依法采取责令改正、监管谈话、出具警示函等监管措施,或者采取证券市场禁入的措施。

第六十九条 北交所按照本办法第三十二条第二款开展审核工作的,北交所和中国证监会发现上市公司或者相关中介机构及其责任人员存在相关违法违规行为的,中国证监会按照本章规定从重处罚。

第七十条 参与认购的投资者擅自转让限售期限未满的证券的,中国证监会可以视情节轻重,依法采取责令改正、监管谈话、出具警示函等监管措施。

第七十一条 相关主体违反本办法第十四条规定的,中国证监会可以视情节轻重,依法采取责令改正、监管谈话、出具警示函等监管措施,或者采取证券市场禁入的措施。

第七十二条 上市公司及其控股股东和实际控制人、董事、监事、高级管理人员,保荐人、承销商、证券服务机构及其相关执业人员,在证券发行活动中存在其他违反本办法规定行为的,中国证监会可以视情节轻重,依法采取责令改正、监管谈话、出具警示函、责令公开说明、责令定期报告等监管措施,或者采取证券市场禁入的措施。

上市公司及其控股股东、实际控制人、董事、监事、高级管理人员以及保荐人、承销商、证券服务机构及其相关执业人员等违反《证券法》依法应予以行政处罚的,中国证监会将依法予以处罚。涉嫌犯罪的,依法移送司法机关,追究其刑事责任。

第七十三条　中国证监会将遵守本办法的情况记入证券市场诚信档案,会同有关部门加强信息共享,依法实施守信激励与失信惩戒。

第六章　附　　则

第七十四条　本办法所称战略投资者,是指符合下列情形之一,且与上市公司具有协同效应,愿意长期持有上市公司较大比例股份,愿意且有能力协助上市公司提高公司治理质量,具有良好诚信记录,最近三年未受到中国证监会行政处罚或被追究刑事责任的投资者:

(一)能够为上市公司带来领先的技术资源,增强上市公司的核心竞争力和创新能力,带动上市公司产业技术升级,提升上市公司盈利能力;

(二)能够为上市公司带来市场渠道、品牌等战略性资源,促进上市公司市场拓展,推动实现上市公司销售业绩提升;

(三)具备相关产业投资背景,且自愿设定二十四个月及以上限售期的其他长期投资者。

境外战略投资者应当同时遵守国家的相关规定。

第七十五条　本办法所称的核心员工,应当由上市公司董事会提名,并向全体员工公示和征求意见,由监事会发表明确意见后,经股东大会审议批准。

第七十六条　上市公司向不特定合格投资者公开发行可转换为股票的公司债券的,还应当遵守中国证监会的相关规定。

上市公司发行优先股的,其申请、审核、注册、发行等相关程序,参照本办法相关规定执行。

第七十七条　本办法自2021年11月15日起施行。

附件:《北京证券交易所上市公司证券发行注册管理办法(试行)》立法说明(略)

上市公司监管指引第 7 号
——上市公司重大资产重组相关股票异常交易监管

（2023 年 2 月 17 日中国证券监督管理委员会公告
〔2023〕39 号公布施行）

第一条 为加强与上市公司重大资产重组相关股票异常交易监管，防控和打击内幕交易，维护证券市场秩序，保护投资者合法权益，根据《中华人民共和国证券法》《中华人民共和国行政许可法》《国务院办公厅转发证监会等部门关于依法打击和防控资本市场内幕交易意见的通知》《上市公司信息披露管理办法》《上市公司重大资产重组管理办法》，制定本指引。

第二条 上市公司和交易对方，以及其控股股东、实际控制人，为本次重大资产重组提供服务的证券公司、证券服务机构等重大资产重组相关主体，应当严格按照法律、行政法规、规章的规定，做好重大资产重组信息的管理和内幕信息知情人登记工作，增强保密意识。

第三条 上市公司及其控股股东、实际控制人等相关方研究、筹划、决策涉及上市公司重大资产重组事项的，原则上应当在非交易时间进行，并应当简化决策流程、提高决策效率、缩短决策时限，尽可能缩小内幕信息知情人范围。

如需要向有关部门进行政策咨询、方案论证的，应当做好相关保密工作。

第四条 上市公司因发行股份购买资产事项首次披露后，证券交易所立即启动二级市场股票交易核查程序，并在后续各阶段对二级市场股票交易情况进行持续监管。

第五条 上市公司向证券交易所提出发行股份购买资产申请，如该重大资产重组事项涉嫌内幕交易被中国证券监督管理委员会（以下简称中国证监会)立案调查或者被司法机关立案侦查,尚未受理的,证券交易所不予受理;已经受理的,证券交易所暂停审核、中国证监会暂停注册。

第六条 按照本指引第五条不予受理或暂停审核、注册的发行股份购买资产申请,如符合以下条件,未受理的,恢复受理程序;暂停审核、注册的,恢复审核、注册:

(一)中国证监会或者司法机关经调查核实未发现上市公司、占本次重组总交易金额比例在百分之二十以上的交易对方(如涉及多个交易对方违规的,交易金额合并计算),及上述主体的控股股东、实际控制人及其控制的机构存在内幕交易的;

(二)中国证监会或者司法机关经调查核实未发现上市公司董事、监事、高级管理人员,上市公司控股股东、实际控制人的董事、监事、高级管理人员,交易对方的董事、监事、高级管理人员,占本次重组总交易金额比例在百分之二十以下的交易对方及其控股股东、实际控制人及上述主体控制的机构,为本次重大资产重组提供服务的证券公司、证券服务机构及其经办人员,参与本次重大资产重组的其他主体等存在内幕交易的;或者上述主体虽涉嫌内幕交易,但已被撤换或者退出本次重大资产重组交易的;

(三)被立案调查或者立案侦查的事项未涉及第(一)项、第(二)项所列主体的。

依据前款第(二)项规定撤换独立财务顾问的,上市公司应当撤回原发行股份购买资产申请,重新向证券交易所提出申请。

上市公司对交易对象、交易标的等作出变更导致重大资产重组方案重大调整的,还应当重新履行相应的决策程序。

第七条 证券交易所、中国证监会根据掌握的情况,确认不予受理或暂停审核、注册的上市公司发行股份购买资产申请符合本指引第六条规定条件的,及时恢复受理、审核或者恢复注册。

上市公司有证据证明其发行股份购买资产申请符合本指引第六条规定条件的,经聘请的独立财务顾问和律师事务所对本次重大资产重组有关的主体进行尽职调查,并出具确认意见,可以向证券交易所、中国证监会提出恢复受理、审核或者恢复注册的申请。证券交易所、中国证监会根据掌握的情况，决定是否恢复受理、审核或者恢复注册。

第八条 因本次重大资产重组事项存在重大市场质疑或者有明确线索的举报，上市公司及涉及的相关机构和人员应当就市场质疑及时作出说明或澄清；中国证监会、证券交易所应当对该项举报进行核查。如果该涉嫌内幕交易的重大市场质疑或者举报涉及事项已被中国证监会立案调查或者被司法机关立案侦查，按照本指引第五条至第七条的规定执行。

第九条 证券交易所受理发行股份购买资产申请后，本指引第六条第一款第（一）项所列主体因本次重大资产重组相关的内幕交易被中国证监会行政处罚或者被司法机关依法追究刑事责任的，证券交易所终止审核、中国证监会终止注册。

第十条 发行股份购买资产申请被证券交易所不予受理、恢复受理程序、暂停审核、恢复审核或者终止审核，被中国证监会暂停注册、恢复注册或者终止注册的，上市公司应当及时公告并作出风险提示。

第十一条 上市公司披露重大资产重组预案或者草案后主动终止重大资产重组进程的，上市公司应当同时承诺自公告之日起至少一个月内不再筹划重大资产重组，并予以披露。

发行股份购买资产申请因上市公司控股股东及其实际控制人存在内幕交易被证券交易所、中国证监会依照本指引第九条的规定终止审核或者终止注册的，上市公司应当同时承诺自公告之日起至少十二个月内不再筹划重大资产重组，并予以披露。

第十二条 本指引第六条所列主体因涉嫌本次重大资产重组相关的内幕交易被立案调查或者立案侦查的，自立案之日起至责任认定前不得参与任何上市公司的重大资产重组。中国证监会作出行政处罚或者司法机关依法追究刑事责任的，上述主体自中国证监会作出行政处罚决定或者司法机关作出相关裁判生效之日起至少三十六个月内不得参与任何上市公司的重大资产重组。

第十三条 上市公司及其控股股东、实际控制人和交易相关方、证券公司及证券服务机构、其他信息披露义务人，应当配合中国证监会的监管执法工作。拒不配合的，中国证监会将依法采取监管措施，并将实施监管措施的情况对外公布。

第十四条 关于上市公司吸收合并、分立的审核、注册事项,参照本指引执行。

第十五条 证券交易所可以根据本指引相关规定,就不涉及发行股份的上市公司重大资产重组制定股票异常交易监管业务规则。

第十六条 本指引自公布之日起施行。2022年1月5日施行的《上市公司监管指引第7号——上市公司重大资产重组相关股票异常交易监管》(证监会公告〔2022〕23号)同时废止。

附件:关于《上市公司监管指引第7号——上市公司重大资产重组相关股票异常交易监管》的立法说明(略)

公开发行证券的公司信息披露内容与格式准则第26号——上市公司重大资产重组

(2023年2月17日中国证券监督管理委员会公告〔2023〕35号公布 根据2023年10月27日中国证券监督管理委员会公告〔2023〕57号《关于修改〈公开发行证券的公司信息披露内容与格式准则第26号——上市公司重大资产重组〉的决定》修正)

第一章 总 则

第一条 为规范上市公司重大资产重组的信息披露行为,根据《中华人民共和国证券法》(以下简称《证券法》)、《上市公司重大资产重组管理办法》(以下简称《重组办法》)及其他相关法律、行政法规及部门规章的规定,制定本准则。

第二条 上市公司进行《重组办法》规定的资产交易行为(以下简称重大资产重组),应当按照本准则编制重大资产重组报告书(以下简称重组报告书)等信息披露文件,并按《重组办法》等相关规定予以披露。

上市公司进行需经中国证券监督管理委员会(以下简称中国证监会)注册的资产交易行为,还应当按照本准则的要求制作并向证券交易所报送申请文件。上市公司未按照本准则的要求制作、报送申请文件的,证券交易所可不予受理或者要求其重新制作、报送。

第三条 本准则的规定是对上市公司重大资产重组信息披露或申请文件的最低要求。不论本准则是否有明确规定,凡对上市公司股票及其衍生品交易价格可能产生较大影响或对投资者做出投资决策有重大影响的信息,均应当披露或提供。

本准则某些具体要求对当次重大资产重组确实不适用的,上市公司可根据实际情况,在不影响内容完整性的前提下予以适当调整,但应当在披露或申请时作出说明。

中国证监会、证券交易所可以根据监管实际需要,要求上市公司补充披露其他有关信息或提供其他有关文件。

第四条 由于涉及国家机密、商业秘密(如核心技术的保密资料、商业合同的具体内容等)等特殊原因,本准则规定的某些信息或文件确实不便披露或提供的,上市公司可以不予披露或提供,但应当在相关章节中详细说明未按本准则要求进行披露或提供的原因。中国证监会、证券交易所认为需要披露或提供的,上市公司应当披露或提供。

第五条 重大资产重组有关各方应当及时、公平地披露或提供信息,披露或提供的所有信息应当真实、准确、完整,所描述的事实应当有充分、客观、公正的依据,所引用的数据应当注明资料来源,不得有虚假记载、误导性陈述或者重大遗漏。

上市公司全体董事、监事、高级管理人员及相关证券服务机构及其人员应当按要求在重大资产重组信息披露或申请文件中发表声明,确保披露或提供文件的真实性、准确性和完整性。

交易对方应当按要求在重大资产重组信息披露或申请文件中发表声明,确保为本次重组所提供的信息的真实性、准确性和完整性。

第六条 重大资产重组信息披露文件应当便于投资者阅读,在充分披露的基础上做到逻辑清晰、简明扼要,具有可读性和可理解性。

在不影响信息披露的完整性和不致引起阅读不便的前提下,上市公司可以采用相互引证的方法,对重大资产重组信息披露文件和申请文件(如涉及)相关部分进行适当的技术处理,以避免重复,保持文字简洁。

第二章 重组预案

第七条 上市公司编制的重组预案应当至少包括以下内容:

(一)重大事项提示、重大风险提示;

(二)本次交易的背景和目的;

(三)本次交易的方案概况。方案介绍中应当披露本次交易是否构成《重组办法》第十三条规定的交易情形(以下简称重组上市)及其判断依据;

(四)上市公司最近三十六个月的控制权变动情况,最近三年的主营业务发展情况以及因本次交易导致的股权控制结构的预计变化情况;

(五)主要交易对方基本情况。主要交易对方为法人的,应当披露其名称、注册地、法定代表人,与其控股股东、实际控制人之间的产权及控制关系结构图;主要交易对方为自然人的,应当披露其姓名(包括曾用名)、性别、国籍、是否取得其他国家或者地区的居留权等;主要交易对方为其他主体的,应当披露其名称、性质,如为合伙企业,还应当披露合伙企业相关的产权及控制关系、主要合伙人等情况。

上市公司以公开招标、公开拍卖等方式购买或出售资产的,如确实无法在重组预案中披露交易对方基本情况,应当说明无法披露的原因及影响;

(六)交易标的基本情况,包括报告期(本准则所述报告期指最近两年及一期,如初步估算为重组上市的情形,报告期指最近三年及一期)主营业务(主要产品或服务、盈利模式、核心竞争力等概要情况)、主要财务指标(可为未审计数)、预估值及拟定价(如有)等。未披露预估值及拟定价的,应当说明原因及影响。

相关证券服务机构未完成审计、评估或估值、盈利预测审核(如涉及)的,上市公司应当作出"相关资产经审计的财务数据、评估或估值结果以及经审核的盈利预测数据(如涉及)将在重大资产重组报告书中予以披露"的特别提示以及"相关资产经审计的财务数据、评估或估值最终结果可能与预案披露情况存在较大差异"的风险揭示。

交易标的属于境外资产或者通过公开招标、公开拍卖等方式购买的,如确实无法披露财务数据,应当说明无法披露的原因和影响,并提出解决方案;

(七)重组支付方式情况。上市公司支付现金购买资产的,应当披露资金来源。上市公司发行股份购买资产的,应当披露发行股份的定价及依据、本次发行股份购买资产的董事会决议明确的发行价格调整方案等相关信息。上市公司通过发行优先股、向特定对象发行可转换为股票的公司债券(以下简称可转债)、定向权证、存托凭证等购买资产的,应当比照前述发行股份的要求披露相关信息。

交易方案涉及吸收合并的,应当披露换股价格及确定方法、本次吸收合并的董事会决议明确的换股价格调整方案、异议股东权利保护安排、债权人权利保护安排等相关信息。

交易方案涉及募集配套资金的,应当简要披露募集配套资金的预计金额及相当于发行证券购买资产交易价格的比例、证券发行情况、用途等相关信息;

(八)本次交易存在其他重大不确定性因素,包括尚需取得有关主管部门的批准等情况的,应当对相关风险作出充分说明和特别提示;

(九)上市公司的控股股东及其一致行动人对本次重组的原则性意见,以及上市公司控股股东及其一致行动人、董事、监事、高级管理人员自本次重组预案披露之日起至实施完毕期间的股份减持计划。上市公司披露为无控股股东的,应当比照前述要求,披露第一大股东及持股百分之五以上股东的意见及减持计划;

(十)相关证券服务机构对重组预案已披露内容发表的核查意见(如有)。

第三章 重组报告书

第一节 封面、目录、释义

第八条 上市公司应当在重组报告书全文文本封面列明重组报告书的标题。重组报告书标题应当明确具体交易形式,包括但不限于：×××公司重大资产购买报告书、×××公司重大资产出售报告书、×××公司重大资产置换报告书、×××公司发行股份购买资产报告书或×××公司吸收合并×××公司报告书。

资产重组采取两种以上交易形式组合的，应当在标题中列明，如"×××公司重大资产置换及发行股份购买资产报告书"；发行股份购买资产同时募集配套资金的，应当在标题中标明"并募集配套资金"，如"×××公司发行股份购买资产并募集配套资金报告书"；资产重组构成关联交易的，还应当在标题中标明"暨关联交易"的字样，如"×××公司重大资产购买暨关联交易报告书"。

同时，封面中应当载明以下内容：

（1）上市公司的名称、股票上市地点、股票简称、股票代码；

（2）交易对方的名称或姓名；

（3）独立财务顾问名称；

（4）重组报告书签署日期。

第九条 重组报告书的目录应当标明各章、节的标题及相应的页码，内容编排应当符合通行的中文惯例。

第十条 上市公司应当在重组报告书中对可能造成投资者理解障碍及有特定含义的术语作出释义，释义应当在目录次页排印。

第二节 重大事项提示

第十一条 上市公司应当在重组报告书扉页中，遵循重要性和相关性原则，以简明扼要的方式，就与本次重组有关的重大事项，进行"重大事项提示"。包括但不限于：

（一）本次重组方案简要介绍，主要包括：

1. 以表格形式简介重组方案概况，参考格式如下：

交易形式	
交易方案简介	
交易价格 （不含募集配套资金金额）	

续表

交易标的一	名称		
	主营业务		
	所属行业		
	其他（如为拟购买资产）	符合板块定位	□是 □否 □不适用
		属于上市公司的同行业或上下游	□是 □否
		与上市公司主营业务具有协同效应	□是 □否
交易标的二	名称		
	主营业务		
	所属行业		
	其他（如为拟购买资产）	符合板块定位	□是 □否 □不适用
		属于上市公司的同行业或上下游	□是 □否
		与上市公司主营业务具有协同效应	□是 □否
交易性质		构成关联交易	□是 □否
		构成《重组办法》第十二条规定的重大资产重组	□是 □否
		构成重组上市	□是 □否
本次交易有无业绩补偿承诺			□有 □无
本次交易有无减值补偿承诺			□有 □无
其他需特别说明的事项			

2. 以表格形式简介交易标的评估或估值情况，参考格式如下：

交易标的名称	基准日	评估或估值方法	评估或估值结果	增值率/溢价率	本次拟交易的权益比例	交易价格	其他说明
合计	—		—		—		

注：①交易标的如使用两种或两种以上评估或估值方法的，表格中填写最终采用的评估或估值情况；
②如涉及加期评估或估值的，表格中填写作为最终作价参考依据的评估或估值情况；加期评估或估值情况及是否存在评估或估值减值情况应当备注说明。

3. 以表格形式简介本次重组支付方式：

1) 如涉及购买资产，参考格式如下：

序号	交易对方	交易标的名称及权益比例	支付方式				向该交易对方支付的总对价
			现金对价	股份对价	可转债对价	其他	
1							
2							
合计	—	—					

2）如涉及出售资产，参考格式如下：

序号	交易对方	交易标的名称及权益比例	支付方式		向该交易对方收取的总对价
			现金对价	其他	
1					
2					
合计	—	—			

4. 上市公司发行股份购买资产的，应当以表格形式简介发行情况，参考格式如下：

股票种类		每股面值	
定价基准日		发行价格	（　）元/股，不低于定价基准日前（　）个交易日的上市公司股票交易均价的（　）%
发行数量	（　）股，占发行后上市公司总股本的比例为（　）%		
是否设置发行价格调整方案		□是 □否	
锁定期安排			

上市公司发行可转债购买资产的，应当以表格形式简介可转债发行情况，参考格式如下：

证券种类	可转换为普通股A股的公司债券	每张面值	
票面利率		存续期限	
发行数量	（　）张	评级情况（如有）	
初始转股价格	（　）元/股，不低于定价基准日前（　）个交易日的上市公司股票交易均价的（　）%	转股期限	
是否约定转股价格调整条款		□是 □否	
是否约定赎回条款		□是 □否	

续表

是否约定回售条款	□是 □否
锁定期安排	

上市公司发行优先股、定向权证、存托凭证等购买资产的,应当比照上述要求以表格形式简介发行情况;

5. 本次交易属于吸收合并的,不适用上述要求,参考格式如下:

交易形式				
交易方案简介				
吸收合并方	公司名称			
	主营业务			
	所属行业			
	换股价格(发行价格)	是否设置换股价格调整方案		□是 □否
	定价原则			
被吸收合并方	公司名称			
	主营业务			
	所属行业			
	换股价格/交易价格			
	溢价率			
	定价原则			
吸收合并方与被吸收合并方之间的关联关系				
评估或估值情况(如有)	评估/估值对象	吸收合并方		被吸收合并方
	评估/估值方法			
	基准日			
	评估/估值结果			
	增值率			
吸收合并方异议股东现金选择权价格		是否设置现金选择权价格调整方案		□是 □否

续表

被吸收合并方异议股东现金选择权价格	是否设置现金选择权价格调整方案	□是 □否
股份锁定期安排		
本次交易有无业绩补偿承诺		□有 □无
本次交易有无减值补偿承诺		□有 □无
本次交易是否符合中国证监会关于板块定位的要求		□是 □否
吸收合并方与被吸收合并方是否属于同行业或上下游		□是 □否
吸收合并方与被吸收合并方是否具有协同效应		□是 □否
其他需要特别说明的事项		

（二）募集配套资金情况（如涉及）的简要介绍，主要包括：

1. 以表格形式简介募集配套资金安排，参考格式如下：

募集配套资金金额	发行股份	
	发行可转债（如有）	
	发行其他证券（如有）	
	合计	
发行对象	发行股份	示例：不超过三十五名特定对象/包含×× ×在内的不超过三十五名特定对象/×××
	发行可转债（如有）	
	发行其他证券（如有）	
募集配套资金用途	项目名称	拟使用募集资金金额	使用金额占全部募集配套资金金额的比例

2. 上市公司发行股份、可转债等募集配套资金的，应当比照第（一）项第 4 目以表格形式简介发行情况；

（三）本次重组对上市公司影响的简要介绍，主要包括：

1. 简要介绍本次重组对上市公司主营业务的影响；

2. 列表披露本次重组对上市公司股权结构的影响；

3. 列表披露本次重组对上市公司主要财务指标的影响；

（四）本次重组尚未履行的决策程序及报批程序，本次重组方案实施前尚需取得的有关批准。涉及并联审批的，应当明确取得批准前不得实施本次重组方案；

（五）上市公司的控股股东及其一致行动人对本次重组的原则性意见，以及上市公司控股股东及其一致行动人、董事、监事、高级管理人员自本次重组预案或重组报告书披露之日起至实施完毕期间的股份减持计划。上市公司披露为无控股股东的，应当比照前述要求，披露第一大股东及持股百分之五以上股东的意见及减持计划；

（六）简要介绍本次重组对中小投资者权益保护的安排，包括但不限于股东大会表决情况、网络投票安排、并购重组摊薄当期每股收益的填补回报安排等；

（七）其他需要提醒投资者重点关注的事项。

第三节　重大风险提示

第十二条　上市公司应当在重组报告书扉页中针对本次重组的实际情况，遵循重要性和相关性原则，在本章第十三节"风险因素"基础上，选择若干可能直接或间接对本次重组及重组后上市公司生产经营状况、财务状况和持续经营能力等产生严重不利影响的风险因素，进行"重大风险提示"。不得简单重复第十三节"风险因素"的相关内容。

第四节　本次交易概况

第十三条　本次重组的交易概况，包括但不限于：

（一）交易背景及目的；

（二）本次交易具体方案。如交易方案发生重大调整，应当披露调整内容、调整原因及已履行的审议程序；

（三）本次交易的性质：

1. 本次交易是否构成《重组办法》第十二条规定的重大资产重组，以及按《重组办法》规定计算的相关指标；

2. 本次交易是否构成关联交易。如构成关联交易，应当披露构成关联交易的原因、涉及董事和股东的回避表决安排；

3.本次交易是否构成重组上市及判断依据。如披露本次交易不构成重组上市，但交易完成后，持有上市公司百分之五以上股份的股东或者实际控制人持股情况或者控制公司的情况以及上市公司的业务构成都将发生较大变化，应当披露未来三十六个月上市公司是否存在维持或变更控制权、调整主营业务的相关安排、承诺、协议等，如存在，应当详细披露主要内容；

（四）本次重组对上市公司的影响；

（五）本次交易决策过程和批准情况；

（六）列表披露本次重组相关方作出的重要承诺，已在重组报告书扉页载明的承诺除外。

第五节　交易各方

第十四条　上市公司基本情况，包括最近三十六个月的控制权变动情况，最近三年重大资产重组的基本情况、效果及相关承诺违反情况（如有），最近三年的主营业务发展情况和主要财务指标，以及控股股东、实际控制人概况。

上市公司是否因涉嫌犯罪被司法机关立案侦查或者涉嫌违法违规被中国证监会立案调查，最近三年是否受到行政处罚或者刑事处罚，如存在，应当披露相关情况，并说明对本次重组的影响。

第十五条　交易对方情况：

（一）交易对方为法人的，应当披露其名称、企业性质、注册地、主要办公地点、法定代表人、注册资本、统一社会信用代码、历史沿革、经营范围，最近三年注册资本变化情况、主要业务发展状况和最近两年主要财务指标，最近一年简要财务报表并注明是否已经审计。

以方框图或者其他有效形式，全面披露交易对方相关的产权及控制关系，包括交易对方的主要股东或权益持有人、股权或权益的间接控制人及各层之间的产权关系结构图，直至自然人、国有资产管理部门或者股东之间达成某种协议或安排的其他机构，并披露是否存在影响交易对方独立性的协议或其他安排（如协议控制架构，让渡经营管理权、收益权等），如存在，披露具体情况；以文字简要介绍交易对方的主要股东及其他关联人的基本情况;列示交易对方按产业类别划分的下属企业名目。

交易对方成立不足一个完整会计年度、没有具体经营业务或者是专为本次交易而设立的,还应当按照上述要求披露交易对方的实际控制人或者控股公司的相关资料;

(二)交易对方为自然人的,应当披露其姓名(包括曾用名)、性别、国籍、身份证号码、住所、通讯地址、是否取得其他国家或者地区的居留权、最近三年的职业和职务,并注明每份职业的起止日期和任职单位,是否与任职单位存在产权关系,以及其控制的企业和关联企业的基本情况;

(三)交易对方为其他主体的,应当披露其名称、性质及相关协议安排,并比照第(一)项相关要求,披露该主体的基本情况及其相关产权及控制关系,以及该主体下属企业名目等情况。如为合伙企业,应当穿透披露至最终出资人,同时还应当披露合伙人、最终出资人与参与本次交易的其他有关主体的关联关系(如有)。交易完成后合伙企业成为上市公司第一大股东或持股百分之五以上股东的,还应当披露最终出资人的资金来源,合伙企业利润分配、亏损负担及合伙事务执行(含表决权行使)的有关协议安排,上市公司董事会就本次交易申请停牌前或首次作出决议前(孰早)六个月内及停牌期间(如有)合伙人入伙、退伙、转让财产份额、有限合伙人与普通合伙人转变身份的情况及未来存续期间内的类似变动安排(如有)。如为契约型私募基金、券商资产管理计划、基金专户及基金子公司产品、信托计划、理财产品、保险资管计划、专为本次交易设立的公司等,应当比照对合伙企业的上述要求进行披露;

(四)交易对方为多个主体的,应当披露交易对方之间是否存在关联关系及情况说明;

(五)交易对方与上市公司及其控股股东、实际控制人之间是否存在关联关系及情况说明,交易对方是否属于上市公司控股股东、实际控制人控制的关联人及情况说明,交易对方向上市公司推荐董事或者高级管理人员的情况;

(六)交易对方及其主要管理人员最近五年内受过行政处罚(与证

券市场明显无关的除外)、刑事处罚、涉及与经济纠纷有关的重大民事诉讼或者仲裁的,应当披露处罚机关或者受理机构的名称、处罚种类、诉讼或者仲裁结果、日期、原因和执行情况;

(七)交易对方及其主要管理人员最近五年的诚信情况,包括但不限于:交易对方及其主要管理人员未按期偿还大额债务、未履行承诺、被中国证监会采取行政监管措施或受到证券交易所纪律处分的情况等。

第六节 交易标的

第十六条 交易标的为完整经营性资产的(包括股权或其他构成可独立核算会计主体的经营性资产),应当披露:

(一)该经营性资产的名称、企业性质、注册地、主要办公地点、法定代表人、注册资本、成立日期、统一社会信用代码;

(二)该经营性资产的历史沿革,包括设立情况、历次增减资或股权转让情况、是否存在出资瑕疵或影响其合法存续的情况。

该经营性资产最近三年增减资及股权转让的原因、作价依据及其合理性,股权变动相关方的关联关系,是否履行必要的审议和批准程序,是否符合相关法律法规及公司章程的规定,是否存在违反限制或禁止性规定而转让的情形。

该经营性资产最近三年申请首次公开发行股票并上市的情况及终止原因(如有),以及该经营性资产最近三年作为上市公司重大资产重组交易标的的情况及终止原因(如有);

(三)该经营性资产的产权及控制关系,包括其主要股东或权益持有人及其持有股权或权益的比例,公司章程或相关投资协议中可能对本次交易产生影响的主要内容,高级管理人员的安排。是否存在影响该资产独立性的协议或其他安排(如协议控制架构,让渡经营管理权、收益权等),如存在,披露具体情况;

(四)该经营性资产及其对应的主要资产的权属状况、对外担保情况及主要负债、或有负债情况,说明产权是否清晰,是否存在抵押、质押等权利限制,是否涉及诉讼、仲裁、司法强制执行等重大争议或者存在妨碍权属转移的其他情况;

（五）该经营性资产的违法违规情况，包括是否因涉嫌犯罪被司法机关立案侦查或者涉嫌违法违规被中国证监会立案调查，最近三年内是否受到行政处罚或者刑事处罚，如存在，应当披露相关情况，并说明对本次重组的影响；

（六）最近三年主营业务发展情况。如果该经营性资产的主营业务和产品（或服务）分属不同行业，则应当按不同行业分别披露相关信息；

（七）报告期经审计的主要财务指标；

（八）上市公司在交易完成后将成为持股型公司的，应当披露作为主要交易标的的企业股权是否为控股权。交易标的为有限责任公司股权的，应当披露是否已取得该公司其他股东的同意或者符合公司章程规定的股权转让前置条件；

（九）该经营性资产的权益最近三年曾进行与交易、增资或改制相关的评估或估值的，应当披露相关评估或估值的方法、评估或估值结果及其与账面值的增减情况、交易价格、交易对方和增资改制的情况，并列表说明该经营性资产最近三年评估或估值情况与本次重组评估或估值情况的差异原因；

（十）该经营性资产的下属企业构成该经营性资产最近一期经审计的资产总额、营业收入、净资产额或净利润来源百分之二十以上且有重大影响的，应当参照上述要求披露该下属企业的相关信息。

第十七条 交易标的不构成完整经营性资产的，应当披露：

（一）相关资产的名称、类别；

（二）相关资产的权属状况，包括产权是否清晰，是否存在抵押、质押等权利限制，是否涉及诉讼、仲裁、司法强制执行等重大争议或者存在妨碍权属转移的其他情况；

（三）相关资产最近三年的运营情况和报告期经审计的财务数据，包括但不限于资产总额、净资产额、可准确核算的收入或费用额；

（四）相关资产在最近三年曾进行评估、估值或者交易的，应当披露评估或估值结果、交易价格、交易对方等情况，并列表说明相关资产最近三年评估或估值情况与本次重组评估或估值情况的差异原因。

第十八条 交易标的涉及土地使用权、矿业权等资源类权利的，应当披露是否已取得相应的权属证书、是否已具备相应的开发或开采条件,以及土地出让金、矿业权价款等费用的缴纳情况。

交易标的涉及立项、环保、行业准入、用地、规划、施工建设等有关报批事项的,应当披露是否已取得相应的许可证书或相关主管部门的批复文件。

交易标的未取得许可证书或相关主管部门的批复文件的(如涉及),上市公司应当作出"标的资产×××许可证书或相关主管部门的批复文件尚未取得,本次重组存在重大不确定性"的特别提示。

第十九条 交易标的涉及许可他人使用自己所有的资产,或者作为被许可方使用他人资产的,应当简要披露许可合同的主要内容,包括许可人、被许可人、许可使用的具体资产内容、许可方式、许可年限、许可使用费等,以及合同履行情况;充分说明本次重组对上述许可合同效力的影响,该等资产对交易标的持续经营的影响,并就许可的范围、使用的稳定性、协议安排的合理性等进行说明。

第二十条 资产交易涉及债权债务转移的,应当披露该等债权债务的基本情况、已取得债权人书面同意的情况,说明未获得同意部分的债务金额、债务形成原因、到期日,以及处理该部分债务的具体安排,说明交易完成后上市公司是否存在偿债风险和其他或有风险及应对措施。

第二十一条 资产交易涉及重大资产购买的,上市公司应当根据重要性原则,结合行业特点,披露拟购买资产主营业务的具体情况,包括:

(一)主要产品(或服务)所处行业的主管部门、监管体制、主要法律法规及政策等。涉及境外业务的,披露境外主要法律法规及政策;

(二)主要产品(或服务)的用途及报告期的变化情况。如从事多种产品(或服务)生产经营的,产品(或服务)分类的口径应当前后一致。如产品(或服务)分属不同行业,则应当按不同行业分别披露相关信息;

(三)主要产品的工艺流程图或主要服务的流程图;

(四)主要经营模式(通常包括采购模式、生产或服务模式、销售模式)、盈利模式和结算模式。

科创板、创业板上市公司拟购买资产的业务及其模式具有创新性的,还应当披露其独特性、创新内容及持续创新机制；

(五)列表披露报告期各期主要产品(或服务)的产能、产量、期初及期末库存、销量、销售收入,产品(或服务)的主要消费群体、销售价格的变动情况。存在多种销售模式的,应当披露各种销售模式的销售额及占当期销售总额的比重。报告期各期向前五名客户合计的销售额占当期销售总额的百分比,向单个客户的销售比例超过总额的百分之五十的、新增属于前五名客户或严重依赖于少数客户的,应当披露其名称及销售比例。如该客户为交易对方及其关联方,则应当披露产品最终实现销售的情况。受同一实际控制人控制的销售客户,应当合并计算销售额；

(六)报告期主要产品的原材料和能源及其供应情况,主要原材料和能源的价格变动趋势、主要原材料和能源占成本的比重。报告期各期向前五名供应商合计的采购额占当期采购总额的百分比,向单个供应商的采购比例超过总额的百分之五十的、新增属于前五名供应商或严重依赖于少数供应商的,应当披露其名称及采购比例。受同一实际控制人控制的供应商,应当合并计算采购额；

(七)拟购买资产报告期内的董事、监事、高级管理人员和核心技术人员,其他主要关联方或持股百分之五以上的股东在前五名供应商或客户中所占的权益。如无,亦应当明确说明；

(八)如在境外进行生产经营,应当对有关业务活动进行地域性分析。如在境外拥有资产,应当详细披露主要资产的规模、所在地、经营管理和盈利情况等具体内容；

(九)存在高危险、重污染、高耗能情况的,应当披露安全生产、污染治理和节能管理制度及执行情况,因安全生产、环境保护和能源消耗原因受到处罚的情况,相关审批备案手续的履行情况,最近三年相关费用成本支出及未来支出的情况,说明是否符合国家关于安全生产、环境保护和节约能源的要求；

(十)主要产品和服务的质量控制情况,包括质量控制标准、质量控制措施、出现的质量纠纷等；

(十一)主要产品生产技术所处的阶段,如处于基础研究、试生产、小批量生产或大批量生产阶段。

科创板、创业板上市公司还应当披露拟购买资产主要产品(或服务)核心技术的技术来源、是否取得专利或其他技术保护措施、在主营业务及产品(或服务)中的应用和贡献情况,以及报告期内研发投入的构成、占营业收入的比例。结合行业技术水平和对行业的贡献,披露拟购买资产技术先进性及具体表征;

(十二)报告期核心技术人员特点分析及变动情况。

科创板、创业板上市公司还应当披露核心技术人员、研发人员占员工总数的比例,核心技术人员的学历背景构成、取得的专业资质及重要科研成果和获得奖项情况、对拟购买资产研发的具体贡献,拟购买资产对核心技术人员实施的约束激励措施。

第二十二条 资产交易涉及重大资产购买的,上市公司应当列表披露与拟购买资产业务相关的主要固定资产、无形资产及特许经营权的具体情况,包括:

(一)生产经营所使用的主要生产设备、房屋建筑物及其取得和使用情况、成新率或尚可使用年限;

(二)商标、专利、非专利技术、土地使用权、水面养殖权、探矿权、采矿权等主要无形资产的数量、取得方式和时间、使用情况、使用期限或保护期、最近一期期末账面价值,以及上述资产对拟购买资产生产经营的重要程度;

(三)拥有的特许经营权的情况,主要包括特许经营权的取得情况、期限、费用标准,以及对拟购买资产持续生产经营的影响。

第二十三条 资产交易涉及重大资产购买的,上市公司应当披露拟购买资产报告期内财务报表编制基础、会计政策、会计估计及相关会计处理,但不应简单重述一般会计原则或《企业会计准则》的相关规定:

(一)结合拟购买资产自身业务活动实质、经营模式特点及关键审计事项等,披露对其财务状况和经营成果有重大影响的会计政策及其关键判断、会计估计及其关键假设的衡量标准等。

上市公司应当根据拟购买资产的不同销售模式、结算政策、重要合同条款等因素,披露各类业务的收入成本确认政策。详细披露对单

项履约义务的识别,对某一时点或某一时段内履约义务的判断,对控制权转移的考量与分析,对履约进度的确定方法(如有);

(二)比较分析会计政策和会计估计与同行业或同类资产之间的差异及对拟购买资产利润的影响;

(三)财务报表编制基础,确定合并报表时的重大判断和假设,合并财务报表范围、变化情况及变化原因;

(四)报告期存在资产转移剥离调整的,还应当披露资产转移剥离调整的原则、方法和具体情况,以及对拟购买资产利润产生的影响;

(五)拟购买资产的重大会计政策或会计估计与上市公司存在较大差异的,报告期发生变更的或者按规定将要进行变更的,应当分析重大会计政策或会计估计的差异或变更对拟购买资产利润产生的影响;

(六)行业特殊的会计处理政策。

第七节 交易标的评估或估值

第二十四条 重大资产重组中相关资产以资产评估结果或估值报告结果作为定价依据的,应当至少披露以下信息:

(一)评估或估值的基本情况(包括账面价值、所采用的评估或估值方法、评估或估值结果、增减值幅度,下同),分析评估或估值增减值主要原因,不同评估或估值方法的评估或估值结果的差异及其原因,最终确定评估或估值方法、结论的理由;

(二)对评估或估值结论有重要影响的评估或估值假设,如宏观和外部环境假设及根据交易标的自身状况所采用的特定假设等;

(三)选用的评估或估值方法和重要评估或估值参数以及相关依据。具体如下:

1. 收益法:具体模型、未来预期收益现金流、折现率确定方法、评估或估值测算过程、非经营性和溢余资产的分析与确认等。逐项披露重要评估或估值参数的预测依据及合理性。对于预测期数据与报告期、同行业可比公司存在较大差异的,应当逐项分析差异原因及合理性;

2. 市场法:具体模型、价值比率的选取及理由、可比对象或可比案

例的选取原则、调整因素和流动性折扣的考虑测算等;

3.资产基础法:主要资产的评估或估值方法及选择理由、评估或估值结果等,如:房地产企业的存货,矿产资源类企业的矿业权,生产型企业的主要房屋和关键设备等固定资产、对未来经营存在重大影响的在建工程,科技创新企业的核心技术等无形资产,以及持股型企业的长期股权投资等。主要资产采用收益法、市场法评估或估值的,应当参照上述收益法或市场法的相关要求进行披露;

(四)引用其他评估机构或估值机构报告内容(如矿业权评估报告、土地估价报告等)、特殊类别资产(如珠宝、林权、生物资产等)相关第三方专业鉴定等资料的,应当对相关专业机构、业务资质、签字评估师或鉴定师、评估或估值情况进行必要披露;

(五)存在评估或估值特殊处理、对评估或估值结论有重大影响事项,应当进行说明并分析其对评估或估值结论的影响。存在前述情况或因评估或估值程序受限造成评估报告或估值报告使用受限的,应当提请报告使用者关注;

(六)评估或估值基准日至重组报告书签署日的重要变化事项及其对评估或估值结果的影响;

(七)该交易标的的下属企业构成该交易标的最近一期经审计的资产总额、营业收入、净资产额或净利润来源百分之二十以上且有重大影响的,应当参照上述要求披露。交易标的涉及其他长期股权投资的,应当列表披露评估或估值的基本情况。

第二十五条　上市公司董事会应当对本次交易标的的评估或估值的合理性以及定价的公允性做出分析。包括但不限于:

(一)对资产评估机构或估值机构的独立性、假设前提的合理性、评估或估值方法与目的的相关性发表意见;

(二)结合报告期及未来财务预测的相关情况(包括各产品产销量、销售价格、毛利率、净利润等)、所处行业地位、行业发展趋势、行业竞争及经营情况等,详细说明评估或估值依据的合理性。如果未来预测与报告期财务情况差异较大的,应当分析说明差异的原因及其合理性;

(三)分析交易标的后续经营过程中政策、宏观环境、技术、行业、重大合作协议、经营许可、技术许可、税收优惠等方面的变化趋势、董事会拟采取的应对措施及其对评估或估值的影响；

（四）结合交易标的经营模式，分析报告期变动频繁且影响较大的指标（如成本、价格、销量、毛利率等方面）对评估或估值的影响，并进行敏感性分析；

（五）分析说明交易标的与上市公司现有业务是否存在显著可量化的协同效应。如有，说明对未来上市公司业绩的影响，交易定价中是否考虑了上述协同效应；

（六）结合交易标的的市场可比交易价格、同行业上市公司的市盈率或者市净率等指标，分析交易定价的公允性；

（七）说明评估或估值基准日至重组报告书签署日交易标的发生的重要变化事项，分析其对交易作价的影响；

（八）如交易定价与评估或估值结果存在较大差异，分析说明差异的原因及其合理性。

第二十六条　上市公司独立董事对评估机构或者估值机构的独立性、评估或者估值假设前提的合理性和交易定价的公允性发表的独立意见。

第八节　本次交易主要合同

第二十七条　上市公司应当披露本次交易合同的主要内容，包括但不限于：

（一）资产出售或购买协议：

1. 合同主体、签订时间；
2. 交易价格及定价依据；
3. 支付方式（一次或分次支付的安排或特别条款、股份发行条款等）；
4. 资产交付或过户的时间安排；
5. 交易标的自定价基准日至交割日期间损益的归属；
6. 与资产相关的人员安排；
7. 合同的生效条件和生效时间；
8. 合同附带的任何形式的保留条款、补充协议和前置条件；

9. 违约责任条款;

(二)业绩补偿协议(如有);

(三)募集配套资金证券认购协议(如有);

(四)其他重要协议。

第九节 交易的合规性分析

第二十八条 上市公司应当对照《重组办法》第十一条,逐项说明本次交易是否符合《重组办法》的规定。

科创板上市公司应当说明本次交易是否符合《科创板上市公司持续监管办法(试行)》第二十条的规定。

创业板上市公司应当说明本次交易是否符合《创业板上市公司持续监管办法(试行)》第十八条的规定。

第二十九条 独立财务顾问和律师事务所对本次交易是否符合《重组办法》等规定发表的明确意见。

其他证券服务机构出具的相关报告的结论性意见。

第十节 管理层讨论与分析

第三十条 上市公司董事会就本次交易对上市公司的影响进行的讨论与分析。该讨论与分析的内容应当着重于董事会已知的、从一般性财务报告分析难以取得且对上市公司未来经营具有影响的重大事项。

第三十一条 上市公司应当使用投资者可理解的语言,采用定量与定性相结合的方法,清晰披露本次交易相关的所有重大财务会计信息,并结合上市公司、交易标的业务特点和投资者决策需要,分析重要财务会计信息的构成、来源与变化等情况,保证财务会计信息与业务经营信息的逻辑一致性。

第三十二条 本次交易前上市公司财务状况和经营成果的讨论与分析;上市公司主要资产或利润构成在本次交易前一年发生重大变动的,应当详细说明具体变动情况及原因。

第三十三条 结合上市公司情况,对交易标的所属细分行业特点和经营情况的讨论与分析:

（一）行业特点：

1. 行业竞争格局和市场化程度，行业内主要企业及其市场份额，市场供求状况及变动原因，行业利润水平的变动趋势及变动原因等；

2. 影响行业发展的有利和不利因素，如境内外产业政策、技术替代、行业发展瓶颈、国际市场冲击等；

3. 进入该行业的主要障碍；

4. 行业技术水平及技术特点，经营模式，以及行业在技术、产业、业态、模式等方面的发展情况和未来发展趋势等；

5. 行业周期性，以及区域性或季节性特征；

6. 所处行业与上下游行业之间的关联性，上下游行业发展状况对该行业及其发展前景的有利和不利影响；

7. 交易标的的境外购销业务比例较大的，还应当披露产品进出口国的有关对外贸易政策，相关贸易政策对交易标的的生产经营的影响，以及进口国同类产品的竞争格局等情况；

（二）交易标的核心竞争力及行业地位：

技术及管理水平、产品（或服务）的市场占有率最近三年的变化情况及未来变化趋势等体现交易标的核心竞争力与行业地位的相关情况；

（三）交易标的财务状况分析：

1. 资产、负债的主要构成。对于报告期各期末占比较高的资产、负债项目，应当逐项分析各项资产或者负债项目的具体构成、形成原因，对于重要资产类项目（如应收款项、存货、固定资产、商誉、其他应收款等），应当充分论证其减值损失计提的充分性。报告期内，资产结构、负债结构发生重大变化的，还应当分析说明导致变化的主要因素。对于报告期各期末变动较大的资产、负债项目，还应当逐项分析变动原因及合理性；

2. 报告期流动比率、速动比率、资产负债率、息税折旧摊销前利润、利息保障倍数的变动趋势以及与同行业可比公司的对比情况。交易标的的报告期经营活动产生的现金流量净额为负数或者远低于当期净利润的，应当分析原因；

3. 报告期应收账款周转率、存货周转率等反映资产周转能力的财务指标的变动趋势,并结合市场发展、行业竞争状况、生产模式及物流管理、销售模式及赊销政策等情况,分析说明交易标的的资产周转能力;

4.最近一期末持有金额较大的财务性投资的,应当分析其投资目的、对交易标的的资金安排的影响、投资期限、交易标的对投资的监管方案、投资的可回收性及减值准备的计提是否充足;

(四)交易标的盈利能力分析:

1.基于交易标的报告期营业收入的分部数据,结合交易标的具体情况,分别按各产品(或服务)类别及各业务、各地区的收入构成,分析营业收入变化的情况及原因。营业收入存在季节性波动的,应当分析季节性因素对各季度经营成果的影响。如交易标的存在经销模式、线上销售、境外销售等特殊情形的,应当进行针对性分析,并说明终端销售情况;

2.报告期营业成本的分部数据、主要成本项目构成及变动原因。结合主要原材料、能源等采购对象的数量与价格变动,分析营业成本变化的影响因素;

3.结合交易标的所从事主营业务、采用的经营模式及行业竞争情况,分析报告期利润的主要来源、可能影响盈利能力持续性和稳定性的主要因素;

4.结合利润构成及资产周转能力等说明盈利能力的驱动要素及其可持续性;

5.按照利润表项目逐项分析报告期经营成果变化的原因,对于变动幅度较大的项目应当重点说明;

6.列表披露并分析报告期交易标的的综合毛利率、分产品(或服务)毛利率的数据及变动情况。报告期发生重大变化的,还应当用数据说明相关因素对毛利率变动的影响程度。存在同行业可比公司相同或相近产品(或服务)的,应当对比分析毛利率差异和原因;

7.报告期非经常性损益的构成及原因,非经常性损益(如财政补贴)是否具备持续性,非经常性损益对盈利稳定性的影响及影响原因;

8.报告期投资收益、少数股东损益对经营成果有重大影响的,应当分析原因及对盈利稳定性的影响;

9. 报告期销售费用、管理费用、研发费用、财务费用的主要构成，如存在较大变动的，应当披露变动原因。期间费用水平的变动趋势，与同行业可比公司存在显著差异的，应当结合业务特点和经营模式分析原因；

（五）交易标的报告期财务指标变化较大或报告期财务数据不足以真实、准确、完整反映交易标的经营状况的情况下，应当披露反映交易标的经营状况的其他信息。

第三十四条 上市公司应当披露并分析对拟购买资产的整合管控安排，包括在业务、资产、财务、人员、机构等方面的具体整合管控计划。

第三十五条 就本次交易对上市公司的持续经营能力、未来发展前景、当期每股收益等财务指标和非财务指标的影响进行详细分析：

（一）本次交易对上市公司的持续经营能力影响的分析：

1. 从本次交易完成后的规模效应、产业链整合、运营成本、销售渠道、技术或资产整合等方面，分析本次交易对上市公司盈利能力驱动因素及持续经营能力的影响；

2. 本次交易完成后形成多主业的，结合财务指标分析说明未来各业务构成、经营发展战略、业务管理模式以及对上市公司持续经营能力的影响；

3. 结合本次交易完成后将从事的新业务的市场情况、风险因素等，分析说明上市公司未来经营中的优势和劣势；

4. 结合本次交易完成后的资产、负债的主要构成及行业分析说明交易后上市公司资产负债率是否处于合理水平。结合上市公司的现金流量状况、可利用的融资渠道及授信额度、或有负债（如担保、诉讼、承诺）等情况，分析说明上市公司的财务安全性；

5. 结合与本次交易有关的企业合并的会计政策及会计处理，分析本次交易对上市公司财务状况、持续经营能力的影响；

6. 本次交易前交易标的商誉的形成过程、金额及减值情况，本次交易完成后上市公司商誉的金额及相当于净利润、净资产额、资产总额的比例，以及后续商誉减值的具体应对措施；

7. 科创板上市公司还应当披露本次交易对上市公司科研创新能

力的影响；

（二）本次交易对上市公司未来发展前景影响的分析：

1. 结合本次交易的具体整合管控计划，分析对上市公司未来发展的影响；

2. 交易当年和未来两年拟执行的发展计划，包括提高竞争能力、市场和业务开拓等方面；

（三）本次交易对上市公司当期每股收益等财务指标和非财务指标影响的分析：

1. 分析本次交易对上市公司主要财务指标及反映上市公司未来持续经营能力的其他重要非财务指标（如每股储量、每股产能或每股用户数等）的影响。如预计交易后将摊薄上市公司当年每股收益的，根据《重组办法》第三十五条披露填补每股收益的具体措施；

2. 预计本次交易对上市公司未来资本性支出的影响，以及上市公司为满足该等资本性支出初步拟定的融资计划；

3. 结合本次交易职工安置方案及执行情况，分析其对上市公司的影响；

4. 结合本次交易成本（包括但不限于交易税费、中介机构费用等）的具体情况，分析其对上市公司的影响。

第十一节 财务会计信息

第三十六条 交易标的为完整经营性资产的，报告期的简要财务报表。

第三十七条 依据交易完成后的资产、业务架构编制的上市公司最近一年及一期的简要备考财务报表。

第三十八条 上市公司或相关资产盈利预测的主要数据（如有，包括主营业务收入、利润总额、净利润等）。

第十二节 同业竞争和关联交易

第三十九条 交易标的在报告期是否存在关联交易、关联交易的具体内容、必要性及定价公允性。

第四十条 列表披露本次交易前后上市公司最近一年及一期关

联交易的金额及占比；本次交易完成后，上市公司与实际控制人及其关联企业之间是否存在同业竞争或关联交易、同业竞争或关联交易的具体内容和拟采取的具体解决或规范措施。

第十三节　风险因素

第四十一条　上市公司应当以简明扼要的方式，遵循重要性原则，对本次重组及重组后上市公司的相关风险予以揭示，并进行定量分析，无法进行定量分析的，应当有针对性地作出定性描述。

第四十二条　上市公司应当披露的风险包括但不限于以下内容：

（一）本次重组审批风险。本次重组尚未履行的决策程序及报批程序未能获得批准的风险；

（二）交易标的权属风险。如抵押、质押等权利限制，诉讼、仲裁或司法强制执行等重大争议或者妨碍权属转移的其他情形，可能导致本次重组存在的潜在不利影响和风险等；

（三）债权债务转移风险。资产交易涉及债权债务转移的，未获得债权人同意的债务可能给上市公司带来的偿债风险或其他或有风险；

（四）交易标的评估或估值风险。本次评估或估值存在报告期变动频繁且对评估或估值影响较大的指标，该指标的预测对本次评估或估值的影响，进而对交易价格公允性的影响等；

（五）交易标的对上市公司持续经营影响的风险。由于政策、市场、技术、汇率等因素引起的风险：

1.政策风险。交易标的经营环境和法律环境发生变化导致的政策风险，如财政、金融、税收（如所得税优惠、出口退税等）、贸易、土地使用、产业政策（如属国家限制发展的范围）、行业管理、环境保护等，或可能因重组后生产经营情况发生变化不能继续适用原有的相关政策引致的风险；

2.市场风险。交易标的主要产品（或服务）的市场前景、行业经营环境的变化、商业周期或产品生命周期的影响、市场饱和或市场分割、过度依赖单一市场、市场占有率下降和市场竞争的风险等；

3.经营风险。经营模式发生变化，经营业绩不稳定，主要产品或主要原材料价格波动、过度依赖某一重要原材料、产品(或服务)，经营场所过度集中或分散，非经常性损益或投资收益金额较大等；

4. 技术风险。交易标的涉及的技术不成熟、技术尚未产业化、技术缺乏有效保护或保护期限短或保护期限到期、缺乏核心技术或核心技术依赖他人、产品或技术的快速更新换代可能导致现有产品或技术面临被淘汰、核心技术人员流失及核心技术失密等风险；

5. 可能严重影响上市公司持续经营的其他因素，如自然灾害、安全生产、汇率变化、外贸环境等；

(六)整合风险。上市公司管理水平不能适应重组后上市公司规模扩张或业务变化的风险，交易标的与上市公司原有业务、资产、财务、人员、机构等方面的整合风险；

(七)业务转型风险。上市公司所购买资产与现有主营业务没有显著协同效应的，涉及的业务转型升级可能面临的风险；

(八)财务风险。本次重组导致上市公司财务结构发生重大变化的风险。

上市公司和相关各方应当全面、审慎评估可能对本次重组以及重组后上市公司产生重大不利影响的所有因素，如有除上述风险之外的因素，应当予以充分披露。

第十四节 其他重要事项

第四十三条 报告期内，拟购买资产的股东及其关联方、资产所有人及其关联方是否存在对拟购买资产的非经营性资金占用。

本次交易完成后，上市公司是否存在资金、资产被实际控制人或其他关联人占用的情形；上市公司是否存在为实际控制人或其他关联人提供担保的情形。

第四十四条 上市公司负债结构是否合理，是否存在因本次交易大量增加负债(包括或有负债)的情况。

第四十五条 上市公司在最近十二个月内曾发生资产交易的，应当说明与本次交易的关系。

第四十六条 本次交易对上市公司治理机制的影响。

第四十七条 本次交易后上市公司的现金分红政策及相应的安

排、董事会对上述情况的说明。

第四十八条 本次交易涉及的相关主体买卖上市公司股票的自查情况。

第四十九条 其他能够影响股东及其他投资者做出合理判断的有关本次交易的所有信息。

上市公司已披露的媒体说明会、对证券交易所问询函的回复中有关本次交易的信息，应当在重组报告书相应章节进行披露。

第五十条 独立财务顾问和律师事务所对本次交易出具的结论性意见。

第五十一条 本次交易所聘请的独立财务顾问、律师事务所、会计师事务所、资产评估机构（如有）、估值机构（如有）等专业机构名称、法定代表人、住所、联系电话、传真，以及有关经办人员的姓名。

第五十二条 中国证监会、证券交易所要求披露的其他信息。

第五十三条 上市公司应当在重组报告书的扉页载明：

"本公司及全体董事、监事、高级管理人员保证本报告书内容的真实、准确、完整，对报告书的虚假记载、误导性陈述或重大遗漏负相应的法律责任。"

第五十四条 上市公司控股股东、实际控制人、董事、监事、高级管理人员及交易对方应当公开承诺：如本次交易所披露或提供的信息涉嫌虚假记载、误导性陈述或者重大遗漏，被司法机关立案侦查或者被中国证监会立案调查的，在形成调查结论以前，不转让在该上市公司拥有权益的股份，并于收到立案稽查通知的两个交易日内将暂停转让的书面申请和股票账户提交上市公司董事会，由董事会代其向证券交易所和证券登记结算机构申请锁定；未在两个交易日内提交锁定申请的，授权董事会核实后直接向证券交易所和证券登记结算机构报送本人或本单位的身份信息和账户信息并申请锁定；董事会未向证券交易所和证券登记结算机构报送本人或本单位的身份信息和账户信息的，授权证券交易所和证券登记结算机构直接锁定相关股份。如调查结论发现存在违法违规情节，本人或本单位承诺锁定股份自愿用于相关投资者赔偿安排。

第十五节 重组上市

第五十五条 上市公司重大资产重组构成重组上市的,除应当按本章第一节至第十四节规定编制重组报告书外,还应当按照《公开发行证券的公司信息披露内容与格式准则第57号——招股说明书》(以下简称《57号准则》)相关章节的要求,对重组报告书的相关内容加以补充或调整。

需要补充或调整披露的内容包括但不限于:

(一)在"风险因素"部分,按照《57号准则》"风险因素"相关要求予以调整;

(二)在"交易标的"部分,补充《57号准则》"发行人基本情况""业务与技术"相关内容;

(三)在"管理层讨论与分析"和"财务会计信息"部分,分别补充《57号准则》"财务会计信息与管理层分析"相关内容;

(四)在"管理层讨论与分析"部分,补充《57号准则》第六十八条规定的相关内容;

(五)在"同业竞争和关联交易"部分,补充《57号准则》第七十四条至第七十八条规定的相关内容;

(六)在"其他重要事项"部分,补充《57号准则》"公司治理与独立性""投资者保护""其他重要事项"相关内容。

第五十六条 上市公司重大资产重组构成重组上市的,还应当在本章第九节规定的"交易的合规性分析"部分,逐项说明本次交易是否符合《重组办法》第十三条的规定。

第十六节 重组支付方式

第五十七条 上市公司拟支付现金购买资产的,应当在本章第四节规定的"本次交易概况"部分披露资金来源及具体支付安排。如资金来源于借贷,应当披露借贷协议的主要内容,包括借款方、借贷数额、利息、借贷期限、担保及其他重要条款,并披露还款计划及还款资金来源。如涉及分期支付,应当披露分期支付的条件、金额及付款期限等。

第五十八条　上市公司拟发行股份购买资产的,重组报告书中还应当包括以下内容:

(一)在本章第六节规定的"交易标的"部分后,加入一节"发行股份情况",其以下各部分依次顺延。在"发行股份情况"部分应当披露以下内容:

1. 上市公司发行股份的价格、定价原则及合理性分析。上市公司应当披露按照《重组办法》第四十五条计算的董事会就发行股份购买资产作出决议公告日前二十个交易日、六十个交易日或者一百二十个交易日的公司股票交易均价,以及发行股份市场参考价的选择依据及理由,并进行合理性分析;

2. 本次发行股份购买资产的董事会决议明确的发行价格调整方案及可能产生的影响,是否有利于股东保护;如发行价格仅单向调整,应当说明理由。

如董事会已决定对发行价格进行调整的,还应当说明发行价格调整结果、调整程序、是否相应调整交易标的的定价及理由、发行股份数量的变化情况等;

3. 上市公司拟发行股份的种类、每股面值;

4. 上市公司拟发行股份的数量、占发行后总股本的比例;

5. 特定对象所持股份的转让或交易限制,股东关于锁定所持股份的相关承诺;

(二)在本章第七节规定的"交易标的评估或估值"部分,披露董事会结合股份发行价对应的市盈率、市净率水平以及本次发行对上市公司盈利能力、持续发展能力的影响等对股份发行定价合理性所作的分析;

(三)在本章第九节规定的"交易的合规性分析"部分,逐项说明是否符合《重组办法》第四十三条的规定。

第五十九条　上市公司拟发行优先股购买资产的,重组报告书中除包括本准则第五十八条第(二)项、第(三)项规定的内容外,还应当在"发行股份情况"部分,比照本准则第五十八条第(一)项相关要求,并结合《公开发行证券的公司信息披露内容与格式准则第34号——发行优先股募集说明书》第四节、第六节第三十五条相关要求,披露相关信息。

如本次优先股发行涉及公司章程的,还应当披露公司章程相应修订情况。

第六十条 上市公司拟发行可转债购买资产的,重组报告书还应当包括以下内容:

(一)在本章第六节规定的"交易标的"部分后,加入一节"发行可转换为股票的公司债券情况",其以下各部分依次顺延。在"发行可转换为股票的公司债券情况"部分应当披露以下内容:

1. 上市公司拟发行可转债的种类、面值;

2. 上市公司拟发行可转债的数量;

3. 可转债的期限、利率及确定方式、还本付息期限及方式、评级情况(如有);

4. 可转债的初始转股价格及确定方式、转股期限、转股价格调整的原则及方式;

5. 可转债的其他基本条款,包括赎回条款(如有)、回售条款(如有)等;

6. 债券持有人保护的相关约定,包括受托管理事项安排,债券持有人会议规则,构成可转债违约的情形、违约责任及其承担方式,以及可转债发生违约后的诉讼、仲裁或其他争议解决机制等;

7. 特定对象所持可转债及转股后股份的转让或交易限制,股东关于锁定所持股份的相关承诺;

(二)在本章第九节规定的"交易的合规性分析"部分,逐项说明是否符合《证券法》第十五条第三款及中国证监会关于发行可转换为股票的公司债券购买资产的相关规定。

第六十一条 上市公司拟通过定向权证、存托凭证等其他支付方式购买资产的,应当比照上述要求,披露相关内容。

第十七节 换股吸收合并

第六十二条 换股吸收合并涉及上市公司的,重组报告书还应当在本章第六节规定的"交易标的"部分后,加入一节"换股吸收合并方案",其以下各部分依次顺延。"换股吸收合并方案"部分应当比照本

准则第五十八条相关要求进行披露,此外还应当包括以下内容:

(一)换股各方名称;

(二)换股价格及确定方法;

(三)本次换股吸收合并的董事会决议明确的换股价格调整方案;

(四)本次换股吸收合并对异议股东权利保护的相关安排,如为提供现金选择权,应当披露其安排,包括定价及定价原则、被提供现金选择权的股东范围(异议股东或全体股东)、现金选择权提供方、与换股价格的差异及差异原因;

(五)本次换股吸收合并涉及的债权债务处置及债权人权利保护的相关安排;

(六)本次换股吸收合并涉及的相关资产过户或交付的安排;

(七)本次换股吸收合并涉及的员工安置。

第六十三条 上市公司发行优先股、可转债、定向权证、存托凭证用于与其他公司合并的,应当比照上述要求,披露相关内容。

第十八节 募集配套资金

第六十四条 上市公司发行股份购买资产同时发行股份募集部分配套资金的,在重组报告书"发行股份情况"部分还应当披露以下内容:

(一)募集配套资金的金额及相当于发行证券购买资产交易价格的比例;

(二)募集配套资金的股份发行情况。比照本准则第五十八条相关要求,披露上市公司募集配套资金的股份发行情况,包括发行股份的种类、每股面值、发行价格、定价原则、发行数量及占本次发行前总股本的比例、占发行后总股本的比例、限售期;

(三)募集配套资金的用途。包括具体用途、资金安排、测试依据、使用计划进度和预期收益,如募集配套资金用于投资项目的,应当披露项目是否取得相应的许可证书或者有关主管部门的批复文件;

(四)募集配套资金的必要性。结合行业特点、资金用途、前次募集资金使用效率、上市公司及交易标的现有生产经营规模、财务状况等方面,说明募集配套资金的必要性及配套金额是否与之相匹配;

（五）其他信息。本次募集配套资金管理和使用的内部控制制度，募集配套资金使用的分级审批权限、决策程序、风险控制措施及信息披露程序。本次募集配套资金失败的补救措施。对交易标的采取收益法评估时，预测现金流中是否包含了募集配套资金投入带来的收益；

（六）上市公司董事会决议确定具体发行对象的，应当披露发行对象的基本情况、认购数量或者数量区间。上市公司董事会决议确定部分发行对象的，还应当披露发行对象在没有通过竞价方式产生发行价格的情况下是否继续参与认购、认购数量及价格确定原则；

（七）科创板上市公司募集配套资金的，应当披露相关资金是否用于科技创新领域，以及募投项目实施促进上市公司科技创新水平提升的方式；

（八）在本章第九节规定的"交易的合规性分析"部分，上市公司还应当逐项说明是否符合《上市公司证券发行注册管理办法》第十一条的规定。

第六十五条 上市公司发行可转债募集配套资金的，应当比照本准则第六十条第（一）项和第六十四条相关要求，披露相关内容，并在本章第九节规定的"交易的合规性分析"部分逐项说明是否符合《上市公司证券发行注册管理办法》第十三条、第十四条及《可转换公司债券管理办法》相关规定。

第十九节 重组报告书摘要

第六十六条 编制重组报告书摘要的目的是为向公众提供有关本次重组的简要情况，摘要内容必须忠实于重组报告书全文，不得出现与全文相矛盾之处。上市公司编制的重组报告书摘要应当至少包括以下内容：

（一）本准则第三章第一节到第三节部分的内容；

（二）上市公司应当在重组报告书摘要的显著位置载明：

"本重大资产重组报告书摘要的目的仅为向公众提供有关本次重组的简要情况，并不包括重大资产重组报告书全文的各部分内容。重大资产重组报告书全文同时刊载于×××网站。"

"本公司及全体董事、监事、高级管理人员保证重大资产重组报告书及其摘要内容的真实、准确、完整,对报告书及其摘要的虚假记载、误导性陈述或重大遗漏负相应的法律责任。"

第四章 证券服务机构报告

第一节 独立财务顾问报告

第六十七条 上市公司应当披露由独立财务顾问按照本准则及有关业务准则的规定出具的独立财务顾问报告。独立财务顾问应当至少就以下事项发表明确的结论性意见:

(一)结合对本准则第三章规定的内容进行核查的实际情况,逐项说明本次重组是否符合《重组办法》第十一条的规定。拟发行股份购买资产的,还应当结合核查的实际情况,逐项说明是否符合《重组办法》第四十三条的规定。拟发行可转债购买资产的,还应当逐项说明是否符合《证券法》第十五条第三款及中国证监会关于发行可转换为股票的公司债券购买资产的规定;

(二)本次交易是否构成重组上市。如构成,还应当结合核查的实际情况,逐项说明是否符合《重组办法》第十三条的规定;

(三)上市公司拟发行股份募集配套资金的,应当结合核查的实际情况,逐项说明是否符合《上市公司证券发行注册管理办法第十一条的规定。拟发行可转债募集配套资金的,应当逐项说明是否符合《上市公司证券发行注册管理办法》第十三条、第十四条及《可转换公司债券管理办法》的相关规定;

(四)对本次交易所涉及的资产定价和股份定价(如涉及)进行全面分析,说明定价是否合理;

(五)本次交易以资产评估结果作为定价依据的,应当对所选取的评估方法的适当性、评估假设前提的合理性、重要评估参数取值的合理性发表明确意见。本次交易不以资产评估结果作为定价依据的,应当对相关资产的估值方法、参数选择的合理性及其他影响估值结果的指标和因素发表明确意见;

(六)结合上市公司管理层讨论与分析以及盈利预测(如有),分析说明本次交易完成后上市公司的持续经营能力和财务状况、本次交易是否有利于上市公司的持续发展、是否存在损害股东合法权益的问题；

（七）对交易完成后上市公司的市场地位、经营业绩、持续发展能力、公司治理机制进行全面分析；

（八）对交易合同约定的资产交付安排是否可能导致上市公司交付现金或其他资产后不能及时获得对价的风险、相关的违约责任是否切实有效，发表明确意见；

（九）对本次重组是否构成关联交易进行核查，并依据核查确认的相关事实发表明确意见。涉及关联交易的，还应当充分分析本次交易的必要性及本次交易是否损害上市公司及非关联股东的利益；

（十）交易对方与上市公司根据《重组办法》第三十五条的规定，就相关资产实际盈利数不足利润预测数的情况签订补偿协议或提出填补每股收益具体措施的，独立财务顾问应当对补偿安排或具体措施的可行性、合理性发表意见(如有)。

第二节 法律意见书

第六十八条 上市公司应当披露由律师事务所按照本准则及有关业务准则的规定出具的法律意见书。律师事务所应当对照中国证监会的各项规定，在充分核查验证的基础上，至少就上市公司本次重组涉及的以下法律问题和事项发表明确的结论性意见：

（一）上市公司和交易对方是否具备相应的主体资格、是否依法有效存续；

（二）本次交易是否构成重组上市。如构成，还应当结合核查的实际情况，逐项说明是否符合《重组办法》第十三条的规定；

（三）本次交易是否已履行必要的批准或授权程序，相关的批准和授权是否合法有效。本次交易是否构成关联交易。构成关联交易的，是否已依法履行必要的信息披露义务和审议批准程序。本次交易涉及的须呈报有关主管部门批准的事项是否已获得有效批准。本次交易的相关合同和协议是否合法有效；

（四）交易标的(包括标的股权所涉及企业的主要资产)的权属状

况是否清晰，权属证书是否完备有效。尚未取得完备权属证书的，应当说明取得权属证书是否存在法律障碍。交易标的是否存在产权纠纷或潜在纠纷，如有，应当说明对本次交易的影响。交易标的是否存在抵押、担保或其他权利受到限制的情况，如有，应当说明对本次交易的影响；

（五）本次交易所涉及的债权债务的处理及其他相关权利、义务的处理是否合法有效，其实施或履行是否存在法律障碍和风险；

（六）上市公司、交易对方和其他相关各方是否已履行法定的披露和报告义务，是否存在应当披露而未披露的合同、协议、安排或其他事项；

（七）本次交易是否符合《重组办法》等规章、规范性文件规定的原则和实质性条件；

（八）参与上市公司本次交易活动的证券服务机构是否已履行《证券法》规定的审批或备案程序；

（九）本次交易是否符合相关法律、法规、规章和规范性文件的规定，是否存在法律障碍，是否存在其他可能对本次交易构成影响的法律问题和风险。

第三节 相关财务资料

第六十九条 上市公司应当披露本次交易所涉及的相关资产的财务报告和审计报告。经审计的最近一期财务资料在财务报告截止日后六个月内有效；本次交易涉及发行股份的，特别情况下可适当延长，但延长时间至多不超过三个月。

交易标的的财务资料虽处于第一款所述有效期内，但截至重组报告书披露之日，该等资产的财务状况和经营成果发生重大变动的，应当补充披露最近一期的相关财务资料（包括该等资产的财务报告、备考财务资料等）。

交易标的财务报告截止日至提交中国证监会注册的重组报告书披露日之间超过七个月的，应当补充披露截止日后至少六个月的财务报告和审阅报告。

有关财务报告和审计报告应当按照与上市公司相同的会计制度

和会计政策编制。如不能披露完整财务报告,应当解释原因,并出具对相关资产财务状况、经营成果的说明及审计报告。交易标的涉及红筹企业的,应当按照《公开发行证券的公司信息披露编报规则第24号——注册制下创新试点红筹企业财务报告信息特别规定》及其他相关业务规则披露交易标的财务会计信息。

上市公司拟进行重组上市的,还应当披露依据重组完成后的资产架构编制的上市公司最近一年及一期的备考财务报告和审计报告。其他重大资产重组,应当披露最近一年及一期的备考财务报告和审阅报告。

发生第二款规定情形的,上市公司应当在重组报告书管理层讨论与分析中披露相关变动情况、变动原因和由此可能产生的影响,并作重大事项提示。发生第三款规定情形的,上市公司应当在重组报告书管理层讨论与分析中披露交易标的财务报告截止日后财务信息和主要经营状况变动情况。发生第二款和第三款规定情形的,独立财务顾问还应当就交易标的财务状况和经营成果是否发生重大不利变动及对本次交易的影响出具核查意见。

第七十条 根据《重组办法》第二十二条规定,披露盈利预测报告。

盈利预测报告数据包含了非经常性损益项目的,应当特别说明。

第四节 资产评估报告及估值报告

第七十一条 上市公司重大资产重组以评估值为交易标的定价依据的,应当披露相关资产的资产评估报告及评估说明。

上市公司重大资产重组不以资产评估结果作为定价依据的,应当披露相关资产的估值报告;估值报告应当包括但不限于以下内容:估值目的、估值对象和估值范围、价值类型、估值基准日、估值假设、估值依据、估值方法、估值参数及其他影响估值结果的指标和因素、估值结论、特别事项说明、估值报告日等;估值人员需在估值报告上签字并由所属机构加盖公章。

资产评估机构或估值机构为本次重组而出具的评估或估值资料应当明确声明在评估或估值基准日后×月内(最长十二个月)有效。

第五章 二级市场自查报告

第七十二条 上市公司董事会应当就本次重组申请股票停牌前或首次作出决议前(孰早)六个月至重组报告书披露之前一日止,上市公司及其董事、监事、高级管理人员,上市公司控股股东、实际控制人及其董事、监事、高级管理人员(或主要负责人),交易对方及其控股股东、实际控制人、董事、监事、高级管理人员(或主要负责人),相关专业机构及其他知悉本次重大资产交易内幕信息的法人和自然人,以及上述相关人员的直系亲属买卖该上市公司股票及其他相关证券情况进行自查,并制作自查报告。

法人的自查报告应当列明法人的名称、股票账户、有无买卖股票行为并盖章确认;自然人的自查报告应当列明自然人的姓名、职务、身份证号码、股票账户、有无买卖股票行为,并经本人签字确认。

前述法人及自然人在第一款规定的期限内存在买卖上市公司股票行为的,当事人应当书面说明其买卖股票行为是否利用了相关内幕信息;上市公司及相关方应当书面说明相关重组事项的动议时间,买卖股票人员是否参与决策,买卖行为是否与本次重组事项有关;律师事务所应当对相关当事人及其买卖股票行为进行核查,对该行为是否涉嫌内幕交易、是否对本次交易构成法律障碍发表明确意见。

第六章 重组实施情况报告书

第七十三条 上市公司编制的重大资产重组实施情况报告书应当至少披露以下内容:

(一)本次重组的实施过程,相关资产过户或交付、相关债权债务处理以及证券发行登记等事宜的办理状况;

(二)相关实际情况与此前披露的信息是否存在差异(包括相关资产的权属情况及历史财务数据是否如实披露,相关盈利预测、利润预测或者管理层预测达到的目标是否实现,控股股东及其一致行动人、董事、监事、高级管理人员等特定主体自本次重组预案或重组报告书披露之日起至实施完毕期间的股份减持情况是否与计划一致等);

(三)交易标的董事、监事、高级管理人员的更换情况及其他相关人员的调整情况；

（四）重组实施过程中,是否发生上市公司资金、资产被实际控制人或其他关联人占用的情形,或上市公司为实际控制人或其他关联人提供担保的情形；

（五）相关协议及承诺的履行情况；

（六）相关后续事项的合规性及风险；

（七）其他需要披露的事项。

独立财务顾问应当对前款所述内容逐项进行核查,并发表明确意见。律师事务所应当对前款所述内容涉及的法律问题逐项进行核查,并发表明确意见。

第七章 重大资产重组申请文件格式和报送方式

第七十四条 上市公司进行需经中国证监会注册的资产交易行为,应当通过证券交易所审核业务系统报送申请文件。

报送的电子文件应当和原始纸质文件一致。律师事务所应当对所报送电子文件与原始纸质文件的一致性出具鉴证意见。报送的电子文件与原始纸质文件具有同等的法律效力。

第七十五条 申请文件的原始纸质文件所有需要签名处,应当载明签名字样的印刷体,并由签名人亲笔签名,不得以名章、签名章等代替。

对于申请文件的原始纸质文件,如上市公司不能提供有关文件原件,应当由上市公司聘请的律师事务所提供鉴证意见,或由出文单位盖章,以保证与原件一致。如原出文单位不再存续,可由承继其职权的单位或做出撤销决定的单位出文证明文件的真实性。

需要由律师事务所鉴证的文件,律师应当在该文件首页注明"以下第×页至第×页与原件一致",并签名和签署鉴证日期,律师事务所应当在该文件首页加盖公章,并在第×页至第×页侧面以公章加盖骑缝章。

上市公司应当确保申请文件的原始纸质文件已存档。

第七十六条 上市公司应当根据证券交易所对申请文件的审核问询提供补充和修改材料。相关证券服务机构应当对审核问询相关问题进行尽职调查或补充出具专业意见。

上市公司重大资产重组申请获得中国证监会注册的,上市公司及相关证券服务机构应当根据中国证监会的注册情况重新修订并披露重组报告书及相关证券服务机构的报告或意见。上市公司及相关证券服务机构应当在修订的重组报告书及相关证券服务机构报告或意见的首页就补充或修改的内容作出特别提示。

第七十七条 上市公司向证券交易所审核业务系统报送的申请文件应当采用标准".doc"".docx"或".pdf"格式文件,按幅面为209毫米×295毫米规格的纸张(标准A4纸张规格)进行排版,并应当采用合适的字体、字号、行距,以便于阅读。

申请文件的正文文字应当为宋体小四,1.5倍行距。一级标题应当为黑体三号,二级标题应当为黑体四号,三级标题应当为黑体小四号,且各级标题应当分别采用一致的段落间距。

第七十八条 申请文件的封面应当标有"×××公司重大资产重组申请文件"字样及重大资产重组报告书标题。

第七十九条 申请文件章与章之间、章与节之间应当有明显的分隔标识。为便于阅读,".doc"".docx"文档应当根据各级标题建立文档结构图,".pdf"文档应当建立书签。

第八十条 申请文件中的页码应当与目录中的页码相符。例如,第四部分4-1的页码标注为4-1-1,4-1-2,4-1-3,……4-1-n。

第八章 附 则

第八十一条 本准则由中国证监会负责解释。

第八十二条 本准则自公布之日起施行。2022年1月5日施行的《公开发行证券的公司信息披露内容与格式准则第26号——上市公司重大资产重组(2022年修订)》(证监会公告〔2022〕10号)同时废止。

附件

上市公司重大资产重组申请文件目录

0-0 重大资产重组申请文件目录及交易各方和中介机构联系表(包含上市公司及其控股股东、实际控制人、董事、监事和高级管理人员,构成收购人的交易对方,以及独立财务顾问、律师事务所、会计师事务所、资产评估机构、估值机构等证券服务机构及其签字人员的名单,包括名称/姓名、组织机构代码、统一社会信用代码/公民身份证号码或其他身份信息、联系方式)

0-1 并购重组方案概况表

0-2 关于电子文件与原始纸质文件一致的承诺函及律师事务所鉴证意见

0-3 关于本次重大资产重组申请文件不适用内容的说明

第一部分 上市公司重大资产重组报告书及相关文件

1-1 重大资产重组报告书

1-2 重大资产重组的董事会决议和股东大会决议

1-3 公告的其他相关信息披露文件

第二部分 独立财务顾问和律师事务所出具的文件

2-1 独立财务顾问报告

2-2 法律意见书

2-3 关于本次交易符合中国证监会关于重大资产重组对板块定位的要求的独立财务顾问核查意见(如适用)

2-4 关于本次交易适用快速审核通道的独立财务顾问核查意见(如适用)

2-5 关于本次交易符合"小额快速"审核机制的独立财务顾问核查意见(如适用)

第三部分 本次重大资产重组涉及的财务信息相关文件

3-1 本次重大资产重组涉及的拟购买资产最近两年及一期的财务报告和审计报告(确实无法提供的,应当说明原因及相关资产的财务状况和经营成果)

3-2 本次重大资产重组涉及的拟购买资产的评估报告及评估

说明,或者估值报告

3-3 本次重大资产重组涉及的拟出售资产最近两年及一期的财务报告和审计报告(确实无法提供的,应当说明原因及相关资产的财务状况和经营成果)

3-4 本次重大资产重组涉及的拟出售资产的评估报告及评估说明,或者估值报告

3-5 根据本次重大资产重组完成后的架构编制的上市公司最近一年及一期的备考财务报告及其审阅报告

3-6 盈利预测报告和审核报告(如有)

3-7 上市公司董事会、会计师事务所关于上市公司最近一年及一期的非无保留意见审计报告的补充意见(如有)

3-8 交易对方最近一年的财务报告和审计报告(如有)

3-9 独立财务顾问、会计师事务所对交易标的业绩真实性的专项核查意见

第四部分 关于重组上市的申请文件要求

4-1 内部控制鉴证报告

4-2 标的资产最近三年及一期的财务报告和审计报告

4-3 标的资产最近三年原始报表及其与申报财务报表的差异比较表及会计师事务所出具的意见

4-4 标的资产最近三年及一期非经常性损益明细表及会计师事务所出具的专项说明

4-5 标的资产最近三年及一期的纳税证明文件

4-6 根据本次重大资产重组完成后的架构编制的上市公司最近一年及一期的备考财务报告及其审计报告

第五部分 本次重大资产重组涉及的有关协议、合同、决议及承诺函

5-1 重大资产重组的协议或合同

5-2 涉及本次重大资产重组的其他重要协议或合同

5-3 交易对方与上市公司就相关资产实际盈利数不足利润预测数的情况签订的补偿协议(如有)

5-4 涉及本次重大资产重组的承诺函

5-5 涉及本次重大资产重组的媒体说明会召开情况、对证券交易所问询函的回复等已披露信息

第六部分 本次重大资产重组的其他文件

6-1 有关部门对重大资产重组的审批、核准或备案文件

6-2 债权人同意函(如有)

6-3 拟购买资产的权属证书

6-4 与拟购买资产生产经营有关的资质证书或批准文件

6-5 内幕信息知情人名单,包括名称/姓名、职务、组织机构代码、统一社会信用代码/公民身份证号码或其他身份信息等

6-6 上市公司及其董事、监事、高级管理人员,上市公司控股股东、实际控制人及其董事、监事、高级管理人员(或主要负责人),交易对方及其控股股东、实际控制人、董事、监事、高级管理人员(或主要负责人),相关证券服务机构和其他知悉本次重大资产重组内幕信息的单位和自然人以及上述相关人员的直系亲属在董事会就本次重组申请股票停牌前或首次作出决议前(孰早)六个月至重大资产重组报告书披露之前一日止,买卖该上市公司股票及其他相关证券情况的自查报告,并提供证券登记结算机构就前述单位及自然人二级市场交易情况出具的证明文件

6-7 资产评估结果备案或核准文件(如有)

6-8 中国证监会、证券交易所要求提供的其他文件

附件:关于《公开发行证券的公司信息披露内容与格式准则第26号——上市公司重大资产重组》的立法说明(略)

公开发行证券的公司信息披露内容与格式准则第 18 号
——被收购公司董事会报告书

（2006 年 8 月 4 日证监公司字〔2006〕156 号发布　根据 2020 年 3 月 20 日中国证券监督管理委员会公告〔2020〕20 号《关于修改部分证券期货规范性文件的决定》修正）

第一章　总　　则

第一条　为规范上市公司收购活动中的信息披露行为，促使上市公司董事会切实履行诚信义务，保护投资者合法权益，根据《证券法》《上市公司收购管理办法》（以下简称《收购办法》）及其他相关法律、行政法规及部门规章的规定，制订本准则。

第二条　被收购公司董事会（以下简称董事会）应当在收购人要约收购上市公司或管理层收购本公司时，按照本准则的要求编制被收购公司董事会报告书（以下简称董事会报告书）。

第三条　本准则的规定是对董事会报告书信息披露的最低要求。不论本准则是否有明确规定，凡对投资者做出投资决策有重大影响的信息，均应披露。

第四条　本准则某些具体要求确实不适用的，董事会可针对实际情况，在不影响披露内容完整性的前提下做出适当修改，但应在报送时作书面说明。

董事会认为无本准则要求披露的情况的，必须明确注明无此类情形的字样。

第五条　在不影响信息披露的完整性和不致引起阅读不便的前提下，董事会可采用相互引证的方法，以避免重复和保持文字简洁。

第六条　董事会在董事会报告书中披露的所有信息应当真实、准确、完整,尤其要确保所披露的财务会计资料有充分的依据。

第七条 董事会报告书还应满足如下一般要求:

(一)引用的数据应提供资料来源,事实应有充分、客观、公正的依据;

(二)引用的数字应采用阿拉伯数字,货币金额除特别说明外,应指人民币金额,并以元、千元或万元为单位;

(三)董事会可根据有关规定或其他需求,编制董事会报告书外文译本,但应保证中、外文本的一致性,并在外文文本上注明:"本董事会报告书分别以中、英(或日、法等)文编制,在对中外文本的理解上发生歧义时,以中文文本为准";

(四)董事会报告书全文文本应采用质地良好的纸张印刷,幅面为209×295毫米(相当于标准的A4纸规格);

(五)不得刊载任何有祝贺性、广告性和恭维性的词句。

第八条 董事会报告书全文应按本准则有关章节的要求编制。文字应简洁、通俗、平实和明确,格式应符合本准则的要求。在报刊刊登的董事会报告书最小字号为标准6号字,最小行距为0.02。

第九条 董事会应在《收购办法》规定的期限内将董事会报告书刊登于证券交易所的网站和符合中国证监会规定条件的媒体,并将董事会报告书全文文本及备查文件备置于董事会住所、证券交易所,以备查阅。

第十条 董事会可将董事会报告书刊登于其他网站和报刊,但不得早于按照本准则第九条规定披露的时间。

第十一条 董事会及全体董事(或者主要负责人)应保证董事会报告书内容的真实性、准确性、完整性,并承诺其中不存在虚假记载、误导性陈述或重大遗漏,并就其保证承担个别和连带的法律责任。

第十二条 董事会在董事会报告书中援引律师、注册会计师、财务顾问及其他相关专业机构出具的专业报告或意见的内容,应当说明相关专业机构已书面同意上述援引。

第二章 被收购公司董事会报告书

第一节 封面、扉页、目录、释义

第十三条 董事会报告书封面至少应标有"××公司董事会关于×××(收购人名称)收购事宜致全体股东的报告书"字样,并应载明公司的名称和住所及签署日期。

第十四条 董事会报告书扉页应当刊登如下内容:

(一)上市公司(指被收购公司)的名称、地址、联系人、通讯方式;

(二)收购人的姓名或名称;

(三)独立财务顾问的名称、地址、联系人、通讯方式;

(四)董事会报告书签署日期。

第十五条 董事会报告书扉页应当刊登董事会如下声明:

(一)本公司全体董事确信本报告不存在任何虚假记载、误导性陈述或重大遗漏,并对其内容的真实性、准确性、完整性负个别的和连带的责任;

(二)本公司全体董事已履行诚信义务,向股东所提出的建议是基于公司和全体股东的整体利益客观审慎做出的;

(三)本公司全体董事没有任何与本次收购相关的利益冲突,如有利益冲突,相关的董事已经予以回避。

第十六条 董事会报告书目录应当标明各章、节的标题及相应的页码,内容编排也应符合通行的中文惯例。

第十七条 报告人应对可能对投资者理解有障碍及有特定含义的术语做出释义。董事会报告书的释义应在目录次页排印。

第二节 被收购公司的基本情况

第十八条 董事会应当披露被收购公司的如下基本情况:

(一)被收购公司的名称、股票上市地点、股票简称、股票代码;

(二)被收购公司注册地、主要办公地点、联系人、通讯方式;

(三)被收购公司的主营业务及最近3年的发展情况,并以列表形式介绍其最近3年主要会计数据和财务指标,包括:总资产、净资产、主营业务收入、净利润、净资产收益率、资产负债率等，注明最近3年年报刊登的媒体名称及时间；

（四）被收购公司在本次收购发生前，其资产、业务、人员等与最近一期披露的情况相比是否发生重大变化。

第十九条　董事会应当披露与被收购公司股本相关的如下情况：

（一）被收购公司已发行股本总额、股本结构；

（二）收购人在被收购公司中拥有权益的股份的种类、数量、比例；

（三）收购人公告要约收购报告书摘要或者收购报告书摘要之日的被收购公司前10名股东名单及其持股数量、比例；

（四）被收购公司持有或通过第三人持有收购人的股份数量、比例（如有）。

第二十条　被收购公司如在本次收购发生前未就前次募集资金使用情况做出说明的，应当披露前次募集资金的使用情况及会计师所出具的专项核查报告。

第三节　利益冲突

第二十一条　董事会应当说明被收购公司及其董事、监事、高级管理人员是否与收购人存在关联方关系。

第二十二条　董事会报告书中应当说明被收购公司董事、监事、高级管理人员在收购报告书摘要或者要约收购报告书摘要公告之前12个月内是否持有或通过第三人持有收购人的股份，持有股份的数量及最近6个月的交易情况；上述人员及其家属是否在收购人及其关联企业任职等。

第二十三条　董事会应当说明公司董事、监事、高级管理人员是否存在与收购相关的利益冲突，该利益冲突的重要细节，包括是否订有任何合同以及收购成功与否将对该合同产生重大影响。

董事会应当披露收购人是否存在对拟更换的上市公司董事、监事、高级管理人员进行补偿或者其他任何类似安排。

第二十四条　董事会应当说明公司董事、监事、高级管理人员及其直系亲属在收购报告书摘要或者要约收购报告书摘要公告之日是否持有被收购公司股份，如持有被收购公司股份的，应当披露其最近6

个月的交易情况。

如果本准则要求披露的交易情况过于复杂,董事会在本准则第九条所列媒体公告本报告时,无须公告具体交易记录,但应将该记录报送证券交易所备查,并在公告时予以说明。

第二十五条 董事会应当对下列情形予以详细披露:

(一)被收购公司的董事将因该项收购而获得利益,以补偿其失去职位或者其他有关损失;

(二)被收购公司的董事与其他任何人之间的合同或者安排取决于收购结果;

(三)被收购公司的董事在收购人订立的重大合同中拥有重大个人利益;

(四)被收购公司董事及其关联方与收购人及其董事、监事、高级管理人员(或者主要负责人)之间有重要的合同、安排以及利益冲突;

(五)最近12个月内作出的涉及可能阻碍收购上市公司控制权的公司章程条款的修改。

第四节 董事建议或声明

第二十六条 在要约收购中,被收购公司董事会应当按照下列要求就收购人的要约提出建议或者发表声明:

(一)就本次收购要约向股东提出接受要约或者不接受要约的建议;

董事会确实无法依前款要求发表意见的,应当充分说明理由;

(二)披露董事会表决情况、持不同意见的董事姓名及其理由;

(三)独立董事应当就本次收购单独发表意见;

(四)董事会做出上述建议或者声明的理由。

第二十七条 在管理层收购中,被收购公司的独立董事应当就收购的资金来源、还款计划、管理层收购是否符合《收购办法》规定的条件和批准程序、收购条件是否公平合理、是否存在损害上市公司和其他股东利益的行为、对上市公司可能产生的影响等事项发表独立意见。

第二十八条 被收购公司董事会或独立董事聘请的独立财务顾

问对本次收购发表的结论性意见。

第五节　重大合同和交易事项

第二十九条　董事会应当披露被收购公司及其关联方在公司收购发生前 24 个月内发生的、对公司收购产生重大影响的以下事件：

（一）被收购公司订立的重大合同；

（二）被收购公司进行资产重组或者其他重大资产处置、投资等行为；

（三）第三方拟对被收购公司的股份以要约或者其他方式进行收购，或者被收购公司对其他公司的股份进行收购；

（四）正在进行的其他与上市公司收购有关的谈判。

第六节　其他重大事项

第三十条　除上述规定要求披露的有关内容外，董事会还应披露以下信息：

（一）为避免对董事会报告书内容产生误解必须披露的其他信息；

（二）任何对被收购公司股东是否接受要约的决定有重大影响的信息；

（三）中国证监会或者证券交易所要求披露的其他信息。

第三十一条　董事会全体成员应当在本报告签字、盖章、签注日期，并声明：

"董事会已履行诚信义务，采取审慎合理的措施，对本报告书所涉及的内容均已进行详细审查；

董事会向股东提出的建议是基于公司和全体股东的利益做出的，该建议是客观审慎的（本项声明仅限于要约收购）；

董事会承诺本报告书不存在虚假记载、误导性陈述或重大遗漏，并对其真实性、准确性、完整性承担个别和连带的法律责任"。

第三十二条　独立董事除应当签字、盖章外，还应当声明是否与要约收购（或管理层收购）存在利益冲突，是否已履行诚信义务、基于公司和全体股东的利益向股东提出建议，该建议是否客观审慎。

第七节 备查文件

第三十三条 董事会应当按照规定将备查文件的原件或有法律效力的复印件备置于其住所或办公场所以及证券交易所等方便公众查阅的地点。备查文件包括：

（一）载有法定代表人签字并盖章的独立财务顾问报告；

（二）被收购公司的公司章程；

（三）报告中所涉及的所有合同及其他书面文件；

（四）中国证监会或者证券交易所依法要求的其他备查文件。

第三十四条 董事会应列示上述备查文件目录，并告知投资者查阅地点、联系人。董事会将上述备查文件在互联网上发布的，应披露网址。

第三章 附 则

第三十五条 本准则由中国证监会负责解释。

第三十六条 本准则自 2006 年 9 月 1 日起施行。

公开发行证券的公司信息披露内容与格式准则第 56 号——北京证券交易所上市公司重大资产重组

（2023 年 2 月 17 日中国证券监督管理委员会公告〔2023〕23 号公布施行）

第一章 总 则

第一条 为了规范北京证券交易所上市公司（以下简称上市公司）重大资产重组的信息披露行为，根据《中华人民共和国证券法》（以下简称《证券法》）、《中华人民共和国公司法》《上市公司重大资产重组管理办法》(以下简称《重组办法》)、《北京证券交易所上市公司持续监管办法(试行)》及其他相关法律、行政法规及部门规章的规定,制定本准则。

第二条 上市公司实施《重组办法》规定的资产交易行为(以下简称重大资产重组),应当按照《重组办法》、本准则的要求编制并披露重大资产重组报告书(以下简称重组报告书)及其他相关信息披露文件。上市公司披露的所有信息应当真实、准确、完整,简明清晰、通俗易懂,不得有虚假记载、误导性陈述或者重大遗漏。

上市公司发行股份购买资产的,还应当按照本准则的要求制作和报送申请文件。

第三条 本准则的规定是对重组报告书及其他相关信息披露文件的最低要求。不论本准则是否有明确规定,凡对上市公司股票及其衍生品交易价格可能产生较大影响或对投资者投资决策有重大影响的信息,均应当披露。

上市公司根据自身及所属行业或业态特征,可在本准则基础上增加有利于投资者判断和信息披露完整性的相关内容。本准则某些具体要求对上市公司不适用的,上市公司可根据实际情况,在不影响内容完整性的前提下作适当调整,但应当在披露时作出相应说明。

中国证券监督管理委员会(以下简称中国证监会)、北京证券交易所(以下简称北交所)可以根据监管实际需要,要求上市公司补充披露其他有关信息或提供其他有关文件。

有充分依据证明本准则要求披露的信息涉及国家秘密、商业秘密及其他因披露可能导致其违反国家有关保密法律法规或严重损害公司利益的,上市公司可不予披露或提供,但应当在相关章节中详细说明未按本准则要求进行披露或提供的原因。

第四条 重大资产重组有关各方应当及时、公平地披露或提供信息,披露或提供的所有信息应当真实、准确、完整,所描述的事实应当有充分、客观、公正的依据,所引用的数据应当注明资料来源,不得有虚假记载、误导性陈述或者重大遗漏。

上市公司全体董事、监事、高级管理人员及相关证券服务机构及其人员应当按要求在所披露或提供的有关文件上发表声明,确保披露或提供文件的真实性、准确性和完整性。

交易对方应当按要求在所披露或申请的有关文件上发表声明，确保为本次重组所提供的信息的真实性、准确性和完整性。

第五条 上市公司应当在符合《证券法》规定的信息披露平台披露重组报告书及其备查文件，以及中国证监会、北交所要求披露的其他文件，供投资者查阅。

第二章 重组预案

第六条 上市公司披露重大资产重组预案（以下简称重组预案），应当至少包括以下内容：

（一）重大事项提示、重大风险提示；

（二）公司基本情况、交易对方基本情况、本次交易的背景和目的、本次交易的方案概况、交易标的基本情况，披露本次交易是否构成《重组办法》第十三条规定的交易情形（以下简称重组上市）及其判断依据。

以公开招标、公开拍卖等方式购买或出售资产的，如确实无法在重组预案中披露交易对方基本情况，应当说明无法披露的原因及影响。交易标的属于境外资产或者通过公开招标、公开拍卖等方式购买的，如确实无法披露财务数据，应当说明无法披露的原因和影响，并提出解决方案；

（三）重组支付方式、募集配套资金等情况（如涉及）；

（四）公司最近三十六个月的控制权变动情况，最近三年的主营业务发展情况以及因本次交易导致的股权控制结构的预计变化情况；

（五）本次交易对公司的影响以及交易过程中对保护投资者合法权益的相关安排；

（六）本次交易存在其他重大不确定性因素，应当对相关风险作出充分说明和特别提示，涉及有关报批事项的，应当详细说明已向有关主管部门报批的进展情况和尚需呈报批准的程序，并对可能无法获得批准的风险作出特别提示；

（七）独立财务顾问、律师事务所、会计师事务所等证券服务机构的结论性意见；证券服务机构尚未出具意见的，应当作出关于"证券服务机构意见将在重大资产重组报告书中予以披露"的特别提示；

（八）上市公司的控股股东及其一致行动人对本次重组的原则性意见，及控股股东及其一致行动人、董事、监事、高级管理人员自本次重组预案披露之日起至实施完毕期间的股份减持计划。上市公司披露为无控股股东的，应当比照前述要求，披露第一大股东及持股百分之五以上股东的意见及减持计划。

第三章 重大资产重组报告书

第七条 上市公司披露重组报告书，应当就与本次重组有关的重大事项进行"重大事项提示"，至少包括以下内容：

（一）本次重组方案简要介绍，以及按《重组办法》规定计算的相关指标、是否构成关联交易、是否构成重组上市及判断依据、重组支付方式及募集配套资金安排（如涉及）、交易标的评估或估值情况、重组对上市公司影响等简要介绍；

（二）如披露本次交易不构成重组上市，但交易完成后，持有上市公司百分之五以上股份的股东或者实际控制人持股情况或者控制公司的情况以及上市公司的业务构成都将发生较大变化的，应当披露未来三十六个月上市公司维持或变更控制权、调整主营业务的相关安排、承诺、协议等，如存在，应当详细披露主要内容；

（三）本次重组已履行的和尚未履行的决策程序及报批程序，本次重组方案实施前尚需取得的有关批准。涉及并联审批的，应当明确取得批准前不得实施本次重组方案；

（四）披露本次重组相关方作出的重要承诺；

（五）上市公司的控股股东及其一致行动人对本次重组的原则性意见，及控股股东及其一致行动人、董事、监事、高级管理人员自本次重组预案或重组报告书披露之日起至实施完毕期间的股份减持计划。上市公司披露为无控股股东的，应当比照前述要求，披露第一大股东及持股百分之五以上股东的意见及减持计划；

（六）本次重组对中小投资者权益保护的安排；

（七）其他需要提醒投资者重点关注的事项。

第八条 上市公司应当在重组报告书中针对本次重组的实际情

况,遵循重要性和相关性原则,在所披露的"风险因素"基础上选择若干可能直接或间接对本次重组及重组后上市公司生产经营状况、财务状况和持续经营能力等产生严重不利影响的风险因素,进行"重大风险提示"。

第九条 重组报告书中应当介绍本次重组的基本情况,包括交易背景及目的、交易决策过程和批准情况、交易具体方案、重组对上市公司的影响。

第十条 重组报告书中应当披露本次交易各方情况,包括:

(一)上市公司基本情况,包括公司设立情况及曾用名称,最近三十六个月的控股权变动情况及重大资产重组情况、主要业务发展情况和主要财务指标,以及控股股东、实际控制人概况。

上市公司是否因涉嫌犯罪被司法机关立案侦查或者涉嫌违法违规被中国证监会立案调查,最近三年是否受到行政处罚或者刑事处罚,如存在,应当披露相关情况,并说明对本次重组的影响。构成重组上市的,还应当说明上市公司及其最近三年内的控股股东、实际控制人是否存在因涉嫌犯罪正被司法机关立案侦查或涉嫌违法违规被中国证监会立案调查的情形,如存在,涉嫌犯罪或违法违规的行为终止是否已满三年,交易方案是否能够消除该行为可能造成的不良后果,是否影响对相关行为人追究责任。上市公司及其控股股东、实际控制人最近十二个月内是否受到证券交易所公开谴责,是否存在其他重大失信行为;

(二)交易对方基本情况及其与上市公司之间的关联关系情况、向上市公司推荐董事或者高级管理人员的情况,交易对方及其主要管理人员最近三年内的违法违规情况及说明(与证券市场明显无关的除外)、诚信情况以及涉及与经济纠纷有关的重大民事诉讼或者仲裁的情况说明。交易对方为多个主体的,应当披露交易对方之间是否存在关联关系及其情况说明。交易对方成立不足一个完整会计年度、没有具体经营业务或者专为本次交易而设立的,应当充分披露交易对方的实际控制人或者相关控股公司的相关资料。

第十一条 交易标的为完整经营性资产的(包括股权或其他构成可独立核算会计主体的经营性资产),应当披露:

（一）该经营性资产的名称、企业性质、注册地、主要办公地点、法定代表人、注册资本、成立日期、统一社会信用代码、历史沿革情况；

（二）该经营性资产的产权或控制关系，包括其主要股东或权益持有人及持有股权或权益的比例、公司章程中可能对本次交易产生影响的主要内容或相关投资协议、原高级管理人员的安排、是否存在影响该资产独立性的协议或其他安排（如让渡经营管理权、收益权等）；

（三）主要资产的权属状况、对外担保情况、主要负债情况、或有负债情况、权利限制情况、违法违规、涉及诉讼等重大争议或存在妨碍权属转移的其他情况；

（四）最近三年业务发展情况及报告期经审计的主要财务指标；

（五）交易标的为企业股权的，应当披露该企业是否存在出资瑕疵或影响其合法存续的情况；上市公司在交易完成后将成为持股型公司的，应当披露作为主要交易标的的企业股权是否为控股权；交易标的为有限责任公司股权的，应当披露是否已取得该公司其他股东的同意或者符合公司章程规定的股权转让前置条件；

（六）该经营性资产的权益最近三年曾进行与交易、增资或改制相关的评估或估值的，应当披露相关评估或估值的方法、评估或估值结果及其与账面值的增减情况，交易价格、交易对方和增资改制的情况，并列表说明该经营性资产最近三年评估或估值情况与本次重组评估或估值情况的差异原因；

（七）该经营性资产的下属企业构成该经营性资产最近一期经审计的资产总额、营业收入、净资产额或净利润来源百分之二十以上且有重大影响的，应当参照上述要求披露该下属企业的相关信息。

第十二条　交易标的不构成完整经营性资产的，应当披露：

（一）相关资产的名称、类别及最近三年的运营情况和报告期经审计的财务数据，包括但不限于资产总额、资产净额、可准确核算的收入或费用额；

（二）相关资产的权属状况，包括产权是否清晰、是否存在抵押、质押等权利限制，是否涉及诉讼、仲裁、司法强制执行等重大争议或存在妨碍权属转移的其他情况；

（三）相关资产在最近三年曾进行资产评估、估值或者交易的，应当披露评估或估值结果、交易价格、交易对方等情况。

第十三条 重大资产重组中相关资产以资产评估结果或估值报告结果作为定价依据的,应当至少披露以下信息:

(一)评估或估值的基本情况,分析评估或估值增减值主要原因、不同评估或估值方法的评估或估值结果的差异及其原因、最终确定评估或估值结论的理由;

(二)对评估或估值结论有重要影响的评估或估值假设;

(三)选用的评估或估值方法和重要评估或估值参数以及相关依据;

(四)引用其他评估机构或估值机构报告内容、特殊类别资产相关第三方专业鉴定等资料的,应当对其相关专业机构、业务资质、签字评估师或鉴定师、评估或估值情况进行必要披露;

(五)存在评估或估值特殊处理、对评估或估值结论有重大影响事项的,应当进行说明并分析其对评估或估值结论的影响;存在前述情况或因评估或估值程序受限造成评估报告或估值报告使用受限的,应当提请报告使用者关注;

(六)评估或估值基准日至重组报告书签署日的重要变化事项及其对评估或估值结果的影响;

(七)该交易标的的下属企业构成该交易标的最近一期经审计的资产总额、营业收入、净资产额或净利润来源百分之二十以上且有重大影响的,应当参照上述要求披露。交易标的涉及其他长期股权投资的,应当列表披露评估或估值的基本情况。

第十四条 上市公司董事会应当对本次交易标的评估或估值的合理性以及定价的公允性做出分析,包括但不限于:

(一)资产评估机构或估值机构的独立性、假设前提的合理性、评估或估值方法与目的的相关性;

(二)评估或估值依据的合理性;

(三)交易标的后续经营中行业、技术等方面的变化趋势、拟采取的应对措施及其对评估或估值的影响;

(四)报告期变动频繁且影响较大的指标对评估或估值的影响,并进行敏感性分析;

（五）交易标的与上市公司现有业务的协同效应、对未来上市公司业绩的影响，对交易定价的影响；

（六）结合交易标的的市场可比交易价格、同行业上市公司的市盈率或者市净率等指标，分析交易定价的公允性；

（七）说明评估或估值基准日至重组报告书披露日交易标的发生的重要变化事项，分析其对交易作价的影响；

（八）如交易定价与评估或估值结果存在较大差异，分析说明差异的原因及其合理性。

上市公司独立董事对评估机构或者估值机构的独立性、评估或者估值假设前提的合理性和交易定价的公允性发表的独立意见。

第十五条 资产交易涉及重大资产购买的，上市公司应当根据重要性原则披露拟购买资产主要业务的具体情况，包括：

（一）主要业务、主要产品或服务及其用途、报告期内的变化情况；

（二）业务模式或商业模式；

（三）与主要业务相关的情况，主要包括：

1. 报告期内各期主要产品或服务的规模、产能、产量、期初及期末库存、销售收入，产品或服务的主要消费群体、销售价格的变动情况，报告期内各期向前五名客户的销售及关联关系情况，如前五大客户为交易对方及其关联方的，应当披露产品最终实现销售的情况；

2. 报告期内主要产品或服务的原材料、能源及其供应情况，价格变动趋势及占成本的比重，报告期内各期向前五名供应商的采购及关联关系情况；

3. 报告期董事、监事、高级管理人员和核心技术人员，其他关联方或持有拟购买资产百分之五以上股份的股东在前五名供应商或客户中所占的权益情况；

4. 主要产品或服务所处行业的主管部门、监管体制、主要法律法规及政策，所从事的业务需要取得许可资格或资质的，还应当披露当前许可资格或资质的情况；

5. 安全生产、环保、质量控制等合规经营情况。

（四）与其业务相关的资源要素，主要包括：

1. 产品或服务所使用的主要技术及其所处阶段；

2. 主要生产设备、房屋建筑物的取得和使用情况、成新率或尚可使用年限等;

3. 主要无形资产的取得方式和时间、使用情况、使用期限或保护期、最近一期末账面价值及上述资产对拟购买资产生产经营的重要程度;

4. 拟购买所从事的业务需要取得许可资格或资质的,还应当披露当前许可资格或资质的情况;

5. 特许经营权的取得、期限、费用标准及对拟购买资产持续生产经营的影响;

6. 员工的简要情况,其中核心业务和技术人员应当披露姓名、年龄、主要业务经历及职务、现任职务及任期以及持有上市公司股份情况;

7. 其他体现所属行业或业态特征的资源要素。

(五)拟购买资产报告期的会计政策及相关会计处理,主要包括:

1. 收入成本的确认原则和计量方法;

2. 比较分析会计政策和会计估计与同行业或同类资产之间的差异及对拟购买资产利润的影响;

3. 财务报表编制基础,确定合并报表时的重大判断和假设,合并财务报表范围、变化情况及变化原因;

4. 报告期存在资产转移剥离调整的,还应当披露资产转移剥离调整的原则、方法和具体剥离情况,及对拟购买资产利润产生的影响;

5. 拟购买资产的重大会计政策或会计估计与上市公司存在较大差异的,报告期发生变更的或者按规定将要进行变更的,应当分析重大会计政策或会计估计的差异或变更对拟购买资产利润产生的影响;

6. 行业特殊的会计处理政策。

第十六条 资产交易涉及重大资产出售的,上市公司应当按照本准则第十五条(一)、(二)的要求进行披露,简要介绍拟出售资产主要业务及与其相关的资源要素的基本情况。

第十七条 资产交易涉及债权债务转移的,应当披露该等债权债务的基本情况、债权人同意转移的情况及与此相关的解决方案,交易完成后上市公司是否存在偿债风险和其他或有风险及应对措施。

第十八条 上市公司应当披露本次交易合同的主要内容,包括但不限于:

(一)资产出售或购买协议:

1. 合同主体、签订时间;

2. 交易价格、定价依据以及支付方式(一次或分次支付的安排及特别条款、股份发行条款等);

3. 资产交付或过户的时间安排;

4. 交易标的自定价基准日至交割日期间损益的归属和实现方式;

5. 合同的生效条件和生效时间;合同附带的任何形式的保留条款、补充协议和前置条件;

6. 与资产相关的人员安排;

7. 违约责任条款。

(二)业绩补偿协议(如有);

(三)募集配套资金证券认购协议(如有);

(四)其他重要协议。

上市公司应当披露本次资产交易中相关当事人的公开承诺事项及提出的未能履行承诺时的约束措施(如有)。

第十九条 上市公司应当对照《重组办法》第十一条,逐项说明本次交易是否符合《重组办法》的规定。

独立财务顾问和律师对本次交易是否符合《重组办法》等规章的规定发表的明确意见。

其他证券服务机构出具的相关报告的结论性意见。

第二十条 上市公司应当按照《重组办法》第十九条披露管理层就本次交易对上市公司影响的讨论与分析,包括且不限于:

(一)本次交易前上市公司财务状况和经营成果的讨论与分析;上市公司主要资产或利润构成在本次交易前一年发生重大变动的,应当详细说明具体变动情况及原因;

(二)交易标的的行业特点,包括但不限于行业的竞争格局、发展影响因素、行业特征、进入壁垒、上下游发展状况、进出口相关政策与环境影响等;交易标的的技术及管理水平等核心竞争力情况、产品的市场占有率及变化等行业地位情况;

（三）交易标的的财务状况及盈利能力分析，至少包括：

1. 资产、负债的主要构成及其变动情况；

2. 主要财务指标的变动分析；

3. 结合交易标的具体情况，分别按各产品或服务类别及各业务、各地区的收入构成，分析营业收入增减变化的情况及原因；

4. 逐项分析报告期利润表项目变化的原因，列表披露报告期交易标的毛利率的数据及变动情况；报告期上述指标发生重大变化的，应当重点分析；

5. 其他可能影响其财务状况和盈利能力的主要情况。

（四）本次交易对上市公司的持续经营能力、未来发展前景、当期每股收益等财务指标和非财务指标的影响。

上市公司应当披露并分析对拟购买资产的整合管控安排，包括在业务、资产、财务、人员、机构等方面的具体整合管控计划。

第二十一条　交易标的为完整经营性资产的，应当披露报告期的简要财务报表。

上市公司可自愿披露拟购买资产盈利预测的主要数据。

第二十二条　上市公司应当披露交易标的在报告期是否存在关联交易、关联交易的具体内容、必要性及定价公允性。

本次交易完成后，上市公司与实际控制人及其关联企业之间是否存在同业竞争或关联交易、同业竞争或关联交易的具体内容和拟采取的具体解决或规范措施。

第二十三条　上市公司应当以简明扼要的方式，遵循重要性原则，对本次重组及重组后上市公司的相关风险予以揭示，并进行定量分析，无法进行定量分析的，应当有针对性地作出定性描述。

上市公司应当披露的风险包括但不限于本次重组审批风险、交易标的权属风险、债权债务转移风险、交易标的评估或估值风险、交易标的由于政策、市场、经营、技术、汇率等因素对上市公司持续经营影响的风险，以及整合风险、业务转型风险、财务风险等。

上市公司和相关各方应当全面、审慎评估可能对本次重组以及重组后上市公司产生重大不利影响的所有因素，如有除上述风险之外的因素，应当予以充分披露。

第二十四条 上市公司应当披露重组涉及的其他重要事项,包括:

(一)本次交易完成后,上市公司是否存在资金、资产被实际控制人或其他关联人占用的情形;上市公司是否存在为实际控制人或其他关联人提供担保的情形;

(二)上市公司负债结构是否合理,是否存在因本次交易大量增加负债(包括或有负债)的情况;

(三)上市公司在最近十二个月内曾发生资产交易的,应当说明与本次交易的关系;

(四)本次交易对上市公司治理机制的影响;

(五)本次交易后上市公司的现金分红政策及相应的安排、董事会对上述情况的说明;

(六)本次交易涉及的相关主体买卖上市公司股票的自查情况;

(七)独立财务顾问和律师事务所对本次交易出具的结论性意见;

(八)本次交易聘请的独立财务顾问、律师事务所、会计师事务所、资产评估机构(如有)等专业机构名称、法定代表人、住所、联系电话、传真,以及有关经办人员的姓名;

(九)其他能够影响股东及其他投资者做出合理判断的、有关本次交易的所有信息,以及中国证监会及北交所要求披露的其他信息。

第二十五条 上市公司重大资产重组构成重组上市的,除应当按本章规定编制重组报告书外,还应当按照《公开发行证券的公司信息披露内容与格式准则第46号——北京证券交易所公司招股说明书》第二章第三节至第八节等相关章节的要求,对重组报告书的相关内容加以补充。上市公司应当逐项说明其购买的资产对应的经营实体是否符合《北京证券交易所向不特定合格投资者公开发行股票注册管理办法》(以下简称《注册管理办法》)规定的发行条件和北交所规定的置入资产的条件,证券服务机构应当发表明确的结论性意见。

第二十六条 上市公司以发行普通股作为对价向特定对象购买资产(以下简称发行股份购买资产)的,重组报告书中除包括本准则第二十五条规定的内容外,还应当包括以下内容:

(一)披露发行股份情况:

1. 上市公司发行股份的价格、定价原则、发行价格调整方案(如有),并充分说明定价的依据及合理性;

2. 上市公司拟发行股份的种类、每股面值、拟发行股份的数量及占发行后总股本的比例;

3. 特定对象所持股份的转让或交易限制,股东关于自愿锁定所持股份的相关承诺,本次重组涉及的业绩承诺;

4. 上市公司发行股份前后主要财务数据(如每股收益、每股净资产等)和其他重要财务指标的对照表;

5. 本次发行股份前后上市公司的股权结构,说明本次发行股份是否导致上市公司控制权发生变化。

(二)披露董事会结合股份发行价对应的市盈率、市净率水平以及本次发行对上市公司盈利能力、持续发展能力的影响等对股份发行定价合理性所作的分析;

(三)逐项说明是否符合《重组办法》第四十三条的规定。

上市公司重大资产重组以优先股、可转换公司债券等支付手段作为支付对价的,应当比照上述要求,并按照中国证监会及北交所的相关规定进行披露。

第二十七条 换股吸收合并涉及上市公司的,除比照本准则第二十六条相关要求进行披露之外,还应当包括以下内容:

(一)换股各方名称;

(二)换股价格及确定方法、换股价格调整方案;

(三)异议股东权利保护及现金选择权的相关安排;

(四)债权债务处置及债权人权利保护的相关安排;

(五)相关资产过户或交付的安排、员工安置情况。

上市公司发行优先股、向特定对象发行可转换公司债券等用于与其他公司合并的,应当比照上述要求,并按照中国证监会及北交所的相关规定进行披露。

第二十八条 上市公司发行股份购买资产同时募集部分配套资金的,在重组报告书"发行股份情况"部分还应当披露以下内容:

(一)募集配套资金的金额及占交易总金额的比例;

(二)募集配套资金发行股份的种类、每股面值、定价原则、发行数量及占本次交易前总股本的比例、占发行后总股本的比例；

（三）募集配套资金的必要性、具体用途、资金安排、测试依据、使用计划进度和预期收益；

（四）其他信息。本次募集配套资金管理和使用的内部控制制度，募集配套资金使用的分级审批权限、决策程序、风险控制措施及信息披露程序；本次募集配套资金失败的补救措施；对交易标的采取收益法评估时，预测现金流中是否包含了募集配套资金投入带来的收益。

第二十九条　上市公司应当编制重组报告书摘要，向公众提供有关本次重组的简要情况。摘要内容必须忠实于重组报告书全文，不得出现与全文相矛盾之处。上市公司编制的重组报告书摘要应当至少包括以下内容：

（一）本准则第七条到第九条的内容；

（二）上市公司应当在重组报告书摘要的显著位置载明：

"本重大资产重组报告书摘要的目的仅为向公众提供有关本次重组的简要情况，并不包括重大资产重组报告书全文的各部分内容。重大资产重组报告书全文同时刊载于×××网站；备查文件的查阅方式为：×××。"

"本公司及全体董事、监事、高级管理人员保证重大资产重组报告书及其摘要内容的真实、准确、完整，对报告书及其摘要的虚假记载、误导性陈述或者重大遗漏负相应的法律责任。"

第四章　中介机构的意见

第三十条　独立财务顾问应当按照本准则及有关业务准则的规定出具独立财务顾问报告，报告应当至少包括以下内容：

（一）说明本次重组是否符合《重组办法》的规定；是否构成重组上市，如构成，购买的资产对应的经营实体是否符合《注册管理办法》规定的发行条件和北交所规定的置入资产的条件；

（二）全面分析本次交易所涉及的资产定价和支付手段定价，并对定价的合理性发表明确意见；

（三）本次交易根据资产评估结果定价，应当对所选取的评估方法的适当性、评估假设前提的合理性、重要评估参数取值的合理性发表明确意见；本次交易不以资产评估结果作为定价依据的，应当对相关资产的估值方法、参数选择的合理性及其他影响估值结果的指标和因素发表明确意见；

（四）说明本次交易完成后上市公司的持续经营能力、市场地位、持续发展能力、公司治理机制、财务状况及是否存在损害股东合法权益的问题；

（五）对交易合同约定的资产交付安排是否可能导致上市公司交付现金或其他资产后不能及时获得对价的风险、相关的违约责任是否切实有效发表明确意见；

（六）对本次重组是否构成关联交易进行核查，并依据核查确认的相关事实发表明确意见。涉及关联交易的，还应当充分分析本次交易的必要性及本次交易是否损害上市公司及非关联股东的利益；

（七）交易对方与上市公司就相关资产实际盈利数不足利润预测数的情况签订补偿协议或提出填补每股收益具体措施的，独立财务顾问应当对补偿安排或具体措施的可行性、合理性发表意见（如有）。

第三十一条 上市公司应当提供由律师事务所按照本准则及有关业务准则的规定出具的法律意见书。律师事务所应当对照中国证监会的各项规定，在充分核查验证的基础上，至少就上市公司本次重组涉及的以下法律问题和事项发表明确的结论性意见：

（一）上市公司和交易对方是否具备相应的主体资格、是否依法有效存续；

（二）本次交易是否构成重组上市，如构成，购买的资产对应的经营实体是否符合《注册管理办法》规定的发行条件和北交所规定的置入资产的条件；

（三）本次交易是否已履行必要的批准或授权程序，相关的批准和授权是否合法有效；本次交易是否构成关联交易，构成关联交易的，是否已依法履行必要的审议批准程序和信息披露义务；本次交易涉及的须呈报有关主管部门批准的事项是否已获得有效批准；本次交易的相关合同和协议是否合法有效；

（四）标的资产（包括标的股权所涉及企业的主要资产）的权属状况是否清晰，权属证书是否完备有效，尚未取得完备权属证书的，应当说明取得权属证书是否存在法律障碍；标的资产是否存在产权纠纷或潜在纠纷，如有，应当说明对本次交易的影响；标的资产是否存在抵押、担保或其他权利受到限制的情况，如有，应当说明对本次交易的影响；

（五）本次交易所涉及的债权债务的处理及其他相关权利、义务的处理是否合法有效，其实施或履行是否存在法律障碍和风险；

（六）上市公司、交易对方和其他相关各方是否已履行法定的披露和报告义务，是否存在应当披露而未披露的合同、协议、安排或其他事项；

（七）本次交易是否符合《重组办法》等规章和相关规范性文件规定的原则和实质性条件；

（八）参与上市公司本次交易活动的证券服务机构是否具备必要的资格；

（九）本次交易是否符合相关法律、行政法规、部门规章和规范性文件的规定，是否存在法律障碍，是否存在其他可能对本次交易构成影响的法律问题和风险。

第三十二条 上市公司应当提供本次交易所涉及的相关资产的财务报告和审计报告。经审计的最近一期财务资料在财务会计报表截止日后六个月内有效，特别情况下可申请适当延长，但延长时间至多不超过一个月。

财务报告和审计报告应当按照与上市公司相同的会计制度和会计政策编制。

上市公司拟进行《重组办法》第十三条规定的重大资产重组的，还应当披露依据重组完成后的资产架构编制的上市公司最近一年及一期的备考财务报告和审计报告。其他重大资产重组，应当披露最近一年及一期的备考财务报告和审阅报告。

截至重组报告书披露之日，交易标的资产的财务状况和经营成果发生重大变动的，应当补充披露最近一期相关财务资料。

第三十三条 上市公司重大资产重组以评估值或资产估值报告中的估值金额作为交易标的定价依据的，应当披露相关资产的资产评估报告或资产估值报告。

资产评估机构或估值机构为本次重组而出具的评估或估值资料中应当明确声明在评估或估值基准日后××月内(最长十二个月)有效。

第五章 声明及附件

第三十四条 上市公司全体董事、监事、高级管理人员应当在重组报告书正文的尾页声明：

"本公司全体董事、监事、高级管理人员承诺本重大资产重组报告书不存在虚假记载、误导性陈述或者重大遗漏，并对其真实性、准确性、完整性承担个别和连带的法律责任。"

声明应当由全体董事、监事、高级管理人员签名，并加盖上市公司公章。

第三十五条 独立财务顾问应当对重组报告书的真实性、准确性、完整性进行核查，并在重组报告书正文后声明：

"本公司已对重大资产重组报告书进行了核查，确认不存在虚假记载、误导性陈述或者重大遗漏，并对其真实性、准确性和完整性承担相应的法律责任。"

声明应当由法定代表人或授权代表人、项目负责人、独立财务顾问主办人签名，并由独立财务顾问加盖公章。

第三十六条 为上市公司重大资产重组提供服务的其他证券服务机构应当在重组报告书正文后声明：

"本机构及经办人员(经办律师、签字注册会计师、签字注册资产评估师)已阅读重大资产重组报告书，确认重大资产重组报告书与本机构出具的专业报告(法律意见书、审计报告、资产评估报告)无矛盾之处。本机构及经办人员对上市公司在重大资产重组报告书中引用的专业报告的内容无异议，确认重大资产重组报告书不致因上述内容而出现虚假记载、误导性陈述或者重大遗漏，并对其真实性、准确性和完整性承担相应的法律责任。"

声明应当由经办人员及所在机构负责人签名，并由机构加盖公章。

第三十七条 重组报告书结尾应当列明附件并披露。附件应当包括下列文件：

（一）独立财务顾问报告；

（二）财务会计报表及审计报告；

（三）法律意见书；

（四）资产评估报告、资产估值报告（如有）；

（五）拟购买资产盈利预测报告（如有）；

（六）自查报告及相关说明；

（七）其他与本次重组有关的重要文件。

第三十八条 上市公司董事会应当就本次重组申请股票停止交易前或首次作出决议前（孰早）六个月至重组报告书披露之前一日止，上市公司及其董事、监事、高级管理人员，上市公司控股股东、实际控制人及其董事、监事、高级管理人员（或主要负责人），交易对方及其控股股东、实际控制人、董事、监事、高级管理人员（或主要负责人），相关专业机构及其他知悉本次重大资产交易内幕信息的法人和自然人，以及上述相关人员的直系亲属买卖上市公司股票及其他相关证券情况进行自查并制作自查报告。

前述主体在上述期限内存在买卖上市公司股票行为的，当事人应当书面说明其买卖股票行为是否利用了相关内幕信息；上市公司及相关方应当书面说明相关申请事项的动议时间，买卖股票人员是否参与决策，买卖行为与本次申请事项是否存在关联关系；律师事务所应当对相关当事人及其买卖行为进行核查，对该行为是否涉嫌内幕交易、是否对本次交易构成法律障碍发表明确意见。

第六章 持续披露

第三十九条 上市公司重大资产重组申请经中国证监会同意注册的，上市公司及相关证券服务机构应当根据中国证监会的注册情况重新修订重组报告书及相关证券服务机构的报告或意见，并作出补充披露。

第四十条 上市公司重大资产重组实施完毕后应当编制并披露至少包含以下内容的重大资产重组实施情况报告书：

（一）本次重组的实施过程，相关资产过户或交付、相关债权债务

处理以及证券发行登记等事宜的办理状况;

(二)相关实际情况与此前披露的信息是否存在差异,包括相关资产的权属情况及历史财务数据是否如实披露、相关盈利预测或者管理层预计达到的目标是否实现、控股股东及其一致行动人、董事、监事、高级管理人员等特定主体自本次重组预案或重组报告书披露之日起至实施完毕期间的股份减持情况是否与计划一致等;

(三)董事、监事、高级管理人员的更换情况及其他相关人员的调整情况;重组过程中,是否存在上市公司资产被实际控制人及其他关联人占用、为实际控制人及其关联方提供担保的情形;

(四)相关协议、承诺的履行情况及未能履行承诺时相关约束措施的执行情况、后续事项的合规性及风险;

(五)其他需要披露的事项。

独立财务顾问应当对前款所述内容逐项进行核查,并发表明确意见。律师事务所应当对前款所述内容涉及的法律问题逐项进行核查,并发表明确意见。

第七章 附 则

第四十一条 本准则所述报告期指最近二年及一期,涉及重组上市情形的,报告期指最近三年及一期。

第四十二条 国家有关部门对上市公司信息披露另有规定的,上市公司还应当遵守相关规定并履行信息披露义务。

第四十三条 本准则由中国证监会负责解释。

第四十四条 本准则自公布之日起施行。《公开发行证券的公司信息披露内容与格式准则第56号——北京证券交易所上市公司重大资产重组》(证监会公告〔2021〕36号)同时废止。

附件:上市公司重大资产重组申请文件目录

附件

上市公司重大资产重组申请文件目录

一、报送要求

上市公司应当按本准则的规定制作和报送重大资产重组申请文件。需要报送电子文件的,报送的电子文件应当和预留原件一致。上市公司律师应当对所报送电子文件与预留原件的一致性出具鉴证意见。

上市公司不能提供有关文件原件的,应当由其聘请的律师提供鉴证意见,或由出文单位盖章,以保证与原件一致。如原出文单位不再存续,由承继其职权的单位或作出撤销决定的单位出文证明文件的真实性。

申请文件所有需要签名处,均应当为签名人亲笔签名,不得以名章、签名章等代替。

申请文件一经受理,未经中国证监会、北交所同意,不得增加、撤回或更换。

二、报送的具体文件

(一)上市公司重大资产重组报告书

1-1　发行股份购买资产申请报告

1-2　重大资产重组报告书

1-3　重大资产重组的董事会决议和股东大会决议

1-4　上市公司独立董事意见

1-5　公告的其他相关信息披露文件

(二)独立财务顾问和律师事务所出具的文件

2-1　独立财务顾问报告

2-2　法律意见书

2-3　关于本次交易产业政策和交易类型的独立财务顾问核查意见

2-4　关于申请电子文件与预留原件一致的鉴证意见

(三)本次重大资产重组涉及的财务信息相关文件

3-1　本次重大资产重组涉及的拟购买、出售资产的财务报告和

审计报告(确实无法提供的,应当说明原因及相关资产的财务状况和经营成果)

3-2 本次重大资产重组涉及的拟购买、出售资产的评估报告及评估说明,资产估值报告(如有)

3-3 交易对方最近一年的财务报告和审计报告(如有)

3-4 拟购买资产盈利预测报告(如有)

3-5 根据本次重大资产重组完成后的架构编制的上市公司最近一年及一期的备考财务报告及其审阅报告

3-6 上市公司董事会、注册会计师关于上市公司最近一年及一期的非无保留意见审计报告的补充意见(如有)

3-7 独立财务顾问、会计师事务所对交易标的业绩真实性的专项核查意见

(四)重组上市的申请文件要求(如涉及)

4-1 内部控制鉴证报告

4-2 标的资产最近三年及一期的财务报告和审计报告

4-3 标的资产最近三年原始报表及其与申报财务报表的差异比较表及会计师事务所出具的意见

4-4 标的资产最近三年及一期非经常性损益明细表及会计师事务所出具的专项说明

4-5 标的资产最近三年及一期的纳税证明文件

4-6 根据本次重大资产重组完成后的架构编制的上市公司最近一年及一期的备考财务报告及其审计报告

(五)本次重大资产重组涉及的有关协议、合同和决议

5-1 重大资产重组的协议或合同

5-2 涉及本次重大资产重组的其他重要协议或合同

5-3 交易对方内部权力机关批准本次交易事项的相关决议

5-4 涉及本次重大资产重组的承诺函

5-5 交易对方与上市公司就相关资产实际盈利数不足利润预测数的情况签订的补偿协议(如有)

(六)本次重大资产重组的其他文件

6-1 有关部门对重大资产重组的审批、核准或备案文件

6－2　关于股份锁定期的承诺

6－3　交易对方的营业执照复印件

6－4　拟购买资产的权属证明文件

6－5　与拟购买资产生产经营有关的资质证明或批准文件

6－6　上市公司及其控股股东、实际控制人、全体董事、监事、高级管理人员、独立财务顾问、律师事务所、会计师事务所、资产评估机构等证券服务机构及其签字人员对重大资产重组申请文件真实性、准确性和完整性的承诺书以及前述主体及独立财务顾问、证券服务机构的相关责任人员关于不得影响或干扰发行上市审核注册工作的承诺书

6－7　上市公司与交易对方就重大资产重组事宜采取的保密措施及保密制度的说明,并提供与所聘请的证券服务机构签署的保密协议及交易进程备忘录

6－8　本次重大资产重组前十二个月内上市公司购买、出售资产的说明及专业机构意见(如有)

6－9　上市公司及其董事、监事、高级管理人员,上市公司控股股东、实际控制人及其董事、监事、高级管理人员(或主要负责人),交易对方及其控股股东、实际控制人、董事、监事、高级管理人员(或主要负责人),相关证券服务机构以及其他知悉本次重大资产重组内幕信息的单位和自然人以及上述相关人员的直系亲属在董事会就本次重组申请股票停牌前或首次作出决议前(孰早)六个月至重大资产重组报告书披露之前一日止,买卖该上市公司股票及其他相关证券情况的自查报告,并提供证券登记结算机构就前述单位及自然人二级市场交易情况出具的证明文件

6－10　资产评估结果备案或核准文件(如有)

6－11　中国证监会、北交所要求提供的其他文件

附件:关于《公开发行证券的公司信息披露内容与格式准则第46号——北京证券交易所公司招股说明书》等十九件规范性文件的立法说明(略)

公开发行证券的公司信息披露内容与格式准则第 55 号——北京证券交易所上市公司权益变动报告书、上市公司收购报告书、要约收购报告书、被收购公司董事会报告书

(2021 年 10 月 30 日中国证券监督管理委员会公告〔2021〕35 号公布 自 2021 年 11 月 15 日起施行)

第一章 总 则

第一条 为了规范北京证券交易所上市公司(以下简称上市公司)的收购及相关股份权益变动活动中的信息披露行为,保护投资者的合法权益,维护证券市场秩序,根据《证券法》《公司法》《上市公司收购管理办法》(证监会令第 166 号,以下简称《收购办法》)、《北京证券交易所上市公司持续监管办法(试行)》(证监会令第 189 号)及其他相关法律、行政法规及部门规章的有关规定,制订本准则。

第二条 《证券法》《收购办法》规定的信息披露义务人,应当按照《收购办法》、本准则的要求编制和披露权益变动报告书、上市公司收购报告书(以下简称收购报告书)、要约收购报告书或者被收购公司董事会报告书(以下简称董事会报告书)。

第三条 信息披露义务人是多人的,可以书面形式约定由其中一人作为指定代表以共同名义负责统一编制和报送权益变动报告书、收购报告书或者要约收购报告书,依照《收购办法》及本准则的规定披露相关信息,并同意授权指定代表在信息披露文件上签字、盖章。

各信息披露义务人应当对信息披露文件中涉及其自身的信息承担责任;对信息披露文件中涉及的与多个信息披露义务人相关的信息,各信息披露义务人对相关部分承担连带责任。

第四条 本准则的规定是对上市公司收购及相关股份权益变动

信息披露的最低要求。不论本准则中是否有明确规定，凡对投资者作出投资决策有重大影响的信息，信息披露义务人均应当予以披露。

第五条　本准则某些具体要求对信息披露义务人确实不适用的，信息披露义务人可以针对实际情况，在不影响披露内容完整性的前提下作适当修改，但应在报送时作书面说明。信息披露义务人认为无本准则要求披露的情况，必须明确注明"无此类情形"的字样。

由于商业秘密（如核心技术的保密资料、商业合同的具体内容等）等特殊原因，本准则规定的某些信息确实不便披露的，信息披露义务人可以免于披露，并在报告书中予以说明。但中国证券监督管理委员会（以下简称中国证监会）认为需要披露的，应当披露。

第六条　在不影响信息披露的完整性和不致引起阅读不便的前提下，信息披露义务人可以采用相互引证的方法，对各相关部分的内容进行适当的技术处理，以避免重复和保持文字简洁。

第七条　信息披露义务人在编制本准则第二条规定的报告书时，应当遵循以下一般要求：

（一）文字应当简洁、通俗、平实和明确，引用的数据应当提供资料来源，事实应有充分、客观、公正的依据；

（二）引用的数字应当采用阿拉伯数字，货币金额除特别说明外，应指人民币金额，并以元、千元或百万元为单位；

（三）信息披露义务人可以根据有关规定或其他需求，编制报告书外文译本，但应当保证中、外文本的一致性，并在外文文本上注明："本报告书分别以中、英（或日、法等）文编制，在对中外文本的理解上发生歧义时，以中文文本为准"；

（四）不得刊载任何有祝贺性、广告性和恭维性的词句。

第八条　信息披露义务人如在权益变动报告书、收购报告书、要约收购报告书或者董事会报告书中援引财务顾问、律师等专业机构出具的专业报告或意见的内容，应当说明相关专业机构已书面同意上述援引。

第九条　信息披露义务人董事会及其董事或者主要负责人，应当保证权益变动报告书、收购报告书、要约收购报告书和董事会报告书内容的真实性、准确性、完整性，承诺其中不存在虚假记载、误导性陈述或者重大遗漏,并就其保证承担个别和连带的法律责任。

如个别董事或主要负责人对报告内容的真实性、准确性、完整性无法做出保证或者存在异议的,应当单独陈述理由和发表意见。

第十条 信息披露义务人应在符合《证券法》规定的信息披露平台(在其他媒体上进行披露的,披露内容应当一致,披露时间不得早于前述披露的时间)上披露权益变动报告书、收购报告书、要约收购报告书或者董事会报告书及中国证监会要求披露的其他文件,并列示备查文件目录,同时将其置备于公司住所、北京证券交易所(以下简称北交所),供社会公众查阅。

信息披露义务人应告知投资者备查文件的备置地点或披露网址。

第二章 基本情况

第十一条 信息披露义务人应当按照如下要求披露其基本情况:

(一)信息披露义务人为法人或者其他经济组织的,应当披露公司名称、法定代表人、设立日期、注册资本、注册地、邮编、所属行业、主要业务、经营范围、统一社会信用代码、企业类型及经济性质、主要股东或者发起人的姓名或者名称(如为有限责任公司或者股份有限公司)、通讯方式等;董事及其主要负责人的姓名(包括曾用名)、性别、身份证件号码(可不公开披露)、国籍、长期居住地及是否取得其他国家或者地区的居留权、在公司任职或在其他公司兼职情况;以及做出本次收购及相关股份权益变动决定所履行的相关程序及具体时间;

(二)信息披露义务人为自然人的,应当披露姓名(包括曾用名)、性别、国籍、身份证件号码、住所、通讯地址、通讯方式以及是否拥有永久境外居留权等,其中,身份证件号码、住所、通讯方式可不公开披露;

(三)信息披露义务人还应当简要披露其在境内、境外其他上市公司中拥有权益的股份达到或超过该公司已发行股份5%的情况。

第十二条 信息披露义务人为多人的,除应当分别按照本准则第十一条披露各信息披露义务人的情况外,还应当披露:

(一)各信息披露义务人之间在股权、资产、业务、人员等方面的关系,并以方框图的形式加以说明;

(二)信息披露义务人为一致行动人的,应当说明一致行动的目的、达成一致行动协议或者意向的时间、一致行动协议或者意向的内容(特别是一致行动人行使股份表决权的程序和方式)、是否已向证券登记结算机构申请临时保管各自持有的该上市公司的全部股票以及保管期限；

(三)各信息披露义务人在上市公司中拥有权益的股份详细名称、种类、数量、占上市公司已发行股份的比例。

第十三条 上市公司收购及相关股份权益变动活动需要取得国家相关部门批准的,信息披露义务人应当披露须履行的批准程序及相关批准情况。

第十四条 信息披露义务人应当披露其在上市公司中拥有权益的股份是否存在任何权利限制,包括但不限于股份被质押、冻结等。

第三章 权益变动报告书

第十五条 信息披露义务人因增加其在一个上市公司中拥有权益的股份,导致其在该上市公司中拥有权益的股份达到或超过该上市公司已发行股份的20%但未超过30%,或者虽未超过20%但成为该上市公司第一大股东或者实际控制人的,应当按照本准则的规定编制详式权益变动报告书。

除依法须编制收购报告书、要约收购报告书、详式权益变动报告书的情形外,信息披露义务人(包括出让人和受让人)增加或减少其在一个上市公司中拥有权益的股份变动达到法定比例的,应当按照本准则第十六条至第二十七条的规定编制简式权益变动报告书。

第十六条 信息披露义务人除应当披露本准则第二章要求的基本情况外,还应当按照《收购办法》的规定计算并披露其持有、控制上市公司股份的详细名称、种类、数量、占上市公司已发行股份的比例、所持股份性质及性质变动情况,以及该类股份变动的时间及方式；其拥有权益的股份增减变动达到法定比例的日期；增持目的及资金来源,是否有意在未来12个月内继续增加或减少其在上市公司中拥有权益的股份；权益变动事实发生之日起前6个月通过证券交易所的集中交易买卖该上市公司股票的简要情况。

信息披露义务人应披露权益变动涉及的相关协议、行政划转或变更、法院裁定、继承或赠与等文件的主要内容。

信息披露义务人持有表决权未恢复的优先股的,还应当披露持有数量和比例。

信息披露义务人应当在报告书中声明:"除本报告书披露的信息外,没有通过任何其他方式增加或减少其在上市公司中拥有权益的股份。"

第十七条 通过协议转让导致信息披露义务人在上市公司中拥有权益的股份变动达到法定比例的,信息披露义务人还应当披露转让协议的主要内容,包括协议转让的当事人、转让股份的种类、数量、比例、股份性质及性质变动情况、转让价款、股份转让的支付对价(如现金、资产、债权、股权或其他安排)及其来源、付款安排、协议签订时间、生效时间及条件、特别条款等;本次拟转让的股份是否存在被限制转让的情况、本次股份转让是否附加特殊条件、是否存在补充协议、协议双方是否就股份表决权的行使存在其他安排、是否就出让人在该上市公司中拥有权益的其余股份存在其他安排。

第十八条 通过信托或其他资产管理方式导致信息披露义务人在上市公司中拥有权益的股份变动达到法定比例的双方当事人,还应当披露信托合同或者其他资产管理安排的主要内容,包括信托或其他资产管理的具体方式、信托管理权限(包括上市公司股份表决权的行使等)、涉及的股份种类、数量及占上市公司已发行股份的比例、信托或资产管理费用、合同的期限及变更、终止的条件、信托资产处理安排、合同签订的时间及其他特别条款等。

第十九条 虽不是上市公司股东,但通过股权控制关系、协议或其他安排在上市公司中拥有权益的股份变动达到法定比例的,信息披露义务人还应当披露其形成股权控制关系或者达成协议或其他安排的时间、与控制关系相关的协议(如取得对上市公司股东的控制权所达成的协议)的主要内容及其生效和终止条件、控制方式(包括相关股份表决权的行使权限)、控制关系结构图及各层控制关系下的各主体及其持股比例、以及是否存在其他共同控制人及其身份介绍等。

第二十条 出让人为上市公司股东的股东,通过证券交易所以外的市场采用公开征集受让人方式出让其所持有的上市公司股东的股份的,应当在该市场挂牌出让之日起3日内通知上市公司进行提示性公告,并予以披露。与受让人签署协议后,出让人应当按照本准则第十七条的规定披露相关信息。

第二十一条 因国有股份行政划转、变更、国有单位合并等导致信息披露义务人拥有权益的股份变动达到法定比例的,信息披露义务人(国有单位包括划出方和划入方、合并双方)还应当在上市公司所在地国资部门批准之日起3日内披露股权划出方及划入方(变更方、合并双方)的名称、划转(变更、合并)股份的种类、数量、比例及性质、批准划转(变更、合并)的时间及机构,如需进一步取得有关部门批准的,说明其批准情况。

第二十二条 信息披露义务人拟取得上市公司向其发行的新股而导致其在上市公司中拥有权益的股份变动达到法定比例的,应当在上市公司董事会作出向信息披露义务人发行新股决议之日起3日内,按照本准则的规定编制简式或详式权益变动报告书,说明取得本次发行新股的种类、数量和比例、发行价格和定价依据、支付条件和支付方式、已履行及尚未履行的批准程序、转让限制或承诺、最近一年及一期内与上市公司之间的重大交易情况及未来与上市公司之间的其他安排,并予以公告,在报告书中应当声明"本次取得上市公司发行的新股尚须经股东大会批准及中国证监会注册"。

信息披露义务人以其非现金资产认购上市公司发行的新股的,还应当披露非现金资产最近两年经符合《证券法》规定的会计师事务所审计的财务会计报告,或经符合《证券法》规定的评估机构出具的有效期内的资产评估报告。

经中国证监会注册后,上市公司负责办理股份过户手续,公告发行结果。

上市公司董事会作出发行新股决议时未确定发行对象,信息披露义务人因取得上市公司发行新股导致其在公司拥有权益的股份变动达到法定比例的,应当在上市公司公告发行结果之日起3日内,按照本条第一款的要求予以公告。

第二十三条 因执行法院裁定对上市公司股份采取公开拍卖措施,导致申请执行人在上市公司中拥有权益的股份变动达到法定比例的,申请执行人还应当在收到裁定之日起3日内披露作出裁定决定的法院名称、裁定的日期、案由、申请执行人收到裁定的时间、裁定书的主要内容、拍卖机构名称、拍卖事由、拍卖结果。

第二十四条 因继承或赠与导致信息披露义务人在上市公司中拥有权益的股份变动达到法定比例的,信息披露义务人还应当披露其与被继承人或赠与人之间的关系、继承或赠与开始的时间、是否为遗嘱继承、遗嘱执行情况的说明等。

第二十五条 信息披露义务人为上市公司董事、监事、高级管理人员及员工或者其所控制或委托的法人或者其他组织的,还应当披露上市公司董事、监事、高级管理人员及员工在上市公司中拥有权益的股份种类、数量、比例,以及董事、监事、高级管理人员个人持股的种类、数量、比例,如通过上市公司董事、监事、高级管理人员及员工所控制或委托的法人或者其他组织持有上市公司股份,还应当披露该控制或委托关系、相关法人或其他组织的股本结构、内部组织架构、内部管理程序、公司章程的主要内容、所涉及的人员范围等;在上市公司中拥有权益的股份变动达到法定比例的时间、方式及定价依据、支付方式及资金来源,是否向第三方借款,该股份取得、处分及表决权的行使是否与第三方存在特殊安排,是否通过赠与方式取得股份;董事、监事、高级管理人员是否在其他公司任职、是否存在《公司法》第一百四十八条规定的情形,最近3年是否有证券市场不良诚信记录的情形;上市公司是否已履行必要的批准程序;上市公司实行董事、监事、高级管理人员及员工持股的目的及后续计划,是否将于近期提出利润分配方案等;上市公司董事会、监事会声明等。

第二十六条 因可转换优先股转换为普通股导致信息披露义务人在上市公司中拥有权益的股份变动达到法定比例的,信息披露义务人应当披露可转换优先股的转股条件、转股价格、转股比例及占上市公司已发行股份的比例。

因优先股表决权恢复导致信息披露义务人在上市公司中拥有权益的股份变动达到法定比例的,信息披露义务人应当披露表决权恢复的条件和原因,及其在上市公司中拥有权益的股份变动的时间及方式。

第二十七条 协议转让股份的出让人或国有股权行政划转的划出方为上市公司控股股东或者实际控制人的,还应当披露以下内容:

(一)本次股权转让或划转后是否失去对上市公司的控制权;在本次转让控制权前,是否对受让人的主体资格、资信情况、受让意图等已进行合理调查和了解,说明相关调查情况;

(二)出让人或者划出方及其关联方是否存在未清偿其对上市公司的负债,未解除上市公司为其负债提供的担保,或者损害上市公司利益的其他情形;如有前述情形,应披露具体的解决方案。

第二十八条 根据本准则规定须编制详式权益变动报告书的信息披露义务人,应当比照本准则对收购报告书的要求编制详式权益变动报告书,同时说明信息披露义务人是否存在《收购办法》第六条规定的情形、是否能够按照《收购办法》第五十条的规定提供相关文件。

第二十九条 信息披露义务人在披露之日前6个月内,已经披露过权益变动报告书或收购报告书的,因拥有权益的股份变动需要再次披露权益变动报告书的,可以仅就与前次报告书不同的部分作出披露。自前次披露之日起超过6个月的,信息披露义务人应当按照《收购办法》和本准则的规定编制并披露权益变动报告书。

第三十条 按照《收购办法》规定仅须就拥有权益的股份变动予以公告,但无须编制权益变动报告书的,信息披露义务人应当披露以下情况:

(一)信息披露义务人的姓名或者名称;

(二)信息披露义务人在上市公司中拥有权益的股份的详细名称、股份性质、股份种类、股份数量、占上市公司已发行股份的比例;

(三)本次拥有权益的股份变动达到法定比例的日期及方式。

第三十一条 如已经编制并披露权益变动报告书,信息披露义务人除按照本章要求就股份变动情况予以披露外,还应当简要提示前次权益变动报告书披露的日期、前次持股种类和数量。

第四章 收购报告书

第三十二条 通过协议收购、间接收购和其他合法方式,在上市公司中拥有权益的股份超过该上市公司已发行股份的30%的投资者及其一致行动人(以下简称收购人),应当按照本准则的要求编制和披露收购报告书。

第三十三条 收购人应当按照《收购办法》以及本准则第二章和第三章的要求,披露收购人基本情况和权益变动等相关内容。

收购人为法人或者其他组织的,还应当披露其控股股东、实际控制人的有关情况,并以方框图或者其他有效方式,全面披露与控股股东、实际控制人之间的股权控制关系,实际控制人原则上应披露到自然人、国有资产管理部门或者股东之间达成某种协议或安排的其他机构;控股股东、实际控制人所控制的核心企业和核心业务、关联企业及主营业务的情况;收购人最近3年财务状况的简要说明;收购人最近5年受到的行政处罚(与证券市场明显无关的除外)、刑事处罚、或者涉及与经济纠纷有关的重大民事诉讼或者仲裁;收购人董事、监事、高级管理人员(或者主要负责人)的姓名、最近5年受到的行政处罚(与证券市场明显无关的除外)、刑事处罚、或者涉及与经济纠纷有关的重大民事诉讼或者仲裁;收购人为两个或两个以上上市公司控股股东或实际控制人的,还应当披露持股5%以上的银行、信托公司、证券公司、保险公司等其他金融机构的简要情况。

收购人是自然人的,还应当披露最近5年内的职业、职务、所任职单位的名称、主营业务及注册地,以及是否与所任职单位存在产权关系;其所控制的核心企业和核心业务、关联企业及主营业务的情况说明;最近5年受到的行政处罚(与证券市场明显无关的除外)、刑事处罚、或者涉及与经济纠纷有关的重大民事诉讼或者仲裁;收购人为两个或两个以上上市公司控股股东或实际控制人的,还应当披露持股5%以上的银行、信托公司、证券公司、保险公司等其他金融机构的简要情况。

第三十四条 收购人应披露是否具备收购人资格且不存在《收购办法》第六条规定的情形,并作出相应的承诺。

第三十五条 上市公司董事、监事、高级管理人员及员工或者其所控制或委托的法人或其他组织收购本公司股份并取得控制权,或者通过投资关系、协议或其他安排导致其拥有权益的股份超过本公司已发行股份30%的,还应当披露上市公司是否具备健全且运行良好的组织机构以及有效的内部控制制度、公司董事会成员中独立董事的比例是否达到或者超过一半，收购的定价依据、资产评估方法和评估结果等基本情况。

第三十六条 收购人应当披露本次为取得在上市公司中拥有权益的股份所支付的资金总额、资金来源及支付方式，并就下列事项作出说明：

（一）如果其资金或者其他对价直接或者间接来源于借贷，应简要说明借贷协议的主要内容，包括借贷方、借贷数额、利息、借贷期限、担保及其他重要条款；

（二）收购人应当声明其收购资金是否直接或者间接来源于上市公司及其关联方，如通过与上市公司进行资产置换或者其他交易取得资金；如收购资金直接或者间接来源于上市公司及其关联方，应当披露相关的安排；

（三）上述资金或者对价的支付或者交付方式（一次或分次支付的安排或者其他条件）。

第三十七条 收购人应当披露各成员以及各自的董事、监事、高级管理人员（或者主要负责人），以及上述人员的直系亲属，在收购事实发生之日起前6个月内有通过证券交易所的证券交易买卖被收购公司股票的情况；每个月买卖股票的种类和数量（按买入和卖出分别统计）、交易的价格区间（按买入和卖出分别统计）。

前款所述收购人的关联方未参与收购决定且未知悉有关收购信息的，收购人及关联方可以向中国证监会提出免于披露相关交易情况的申请。

第三十八条 收购人应当披露各成员以及各自的董事、监事、高级管理人员（或者主要负责人），在报告日前24个月内，与下列当事人发生的以下重大交易：

（一）与上市公司及其子公司进行资产交易的合计金额高于3000万元或者高于被收购公司最近经审计的合并财务报表总资产的2%以上的交易的具体情况（前述交易按累计金额计算）；

（二）与上市公司的董事、监事、高级管理人员进行的合计金额超过人民币5万元以上的交易；

（三）是否存在对拟更换的上市公司董事、监事、高级管理人员进行补偿或者存在其他任何类似安排；

（四）对上市公司有重大影响的其他正在签署或者谈判的合同、默契或者安排。

第三十九条　收购人为法人或者其他组织的，收购人应当披露最近3年的财务会计报表，并提供最近1个会计年度经符合《证券法》规定的会计师事务所审计的财务会计报告，注明审计意见的主要内容及采用的会计制度及主要会计政策、主要科目的注释等。会计师应当说明公司前2年所采用的会计制度及主要会计政策与最近1年是否一致，如不一致，应做出相应的调整。

如截至收购报告书摘要公告之日，收购人的财务状况较最近一个会计年度的财务会计报告有重大变动的，收购人应当提供最近一期财务会计报告并予以说明。

如果该法人或其他组织成立不足1年或者是专为本次上市公司收购而设立的，则应当比照前述规定披露其实际控制人或者控股公司的财务资料。

收购人是境内上市公司的，可以免于披露最近3年的财务会计报表，但应当说明刊登其年度报告的网站地址及时间。

收购人为境外投资者的，应当提供依据中国会计准则或国际会计准则编制的财务会计报告。

收购人因业务规模巨大、下属子公司繁多等原因，难以按照前述要求提供相关财务资料的，须请财务顾问就其具体情况进行核查，在所出具的核查意见中说明收购人无法按规定提供财务资料的原因、收购人具备收购上市公司的实力、且没有规避信息披露义务的意图。

第四十条　收购人应当披露本次收购的目的、后续计划，包括是否拟在未来12个月内对上市公司或其子公司的主营业务、资产作出重大调整，是否拟改变上市公司现有董事会及管理层的组成、可能阻碍收购上市公司控制权的公司章程条款、被收购公司现有员工聘用计划、分红政策、业务及组织结构等。

收购人应充分披露收购完成后对上市公司的影响和风险，并披露上市公司与收购人之间是否人员独立、资产完整、财务独立，上市公司是否具有独立经营能力，收购人所从事的业务与上市公司的业务之间是否存在同业竞争或潜在的同业竞争，是否存在关联交易；如存在，收购人已做出的确保收购人及其关联方与上市公司之间避免同业竞争以及保持上市公司独立性的相应安排。

第四十一条 收购人应当披露所作公开承诺事项及未能履行承诺事项时的约束措施。

第四十二条 收购人拟根据《收购办法》第六章的规定免于发出要约的，应当详细披露免于发出要约的事项及理由，本次收购前后上市公司股权结构，有关本次股权变动的证明文件，本次受让的股份是否存在质押、担保等限制转让的情形，以及中国证监会或北交所要求披露的其他内容。

第四十三条 收购人应当聘请律师事务所就本次免于发出要约事项出具法律意见书，该法律意见书至少应当就下列事项发表明确的法律意见，并就本次免除发出要约事项发表整体结论性意见：

（一）收购人是否具有合法的主体资格；

（二）本次收购是否属于《收购办法》规定的免除发出要约情形；

（三）本次收购是否已经履行法定程序；

（四）本次收购是否存在或者可能存在法律障碍；

（五）收购人是否已经按照《收购办法》履行信息披露义务；

（六）收购人在本次收购过程中是否存在证券违法行为等。

第四十四条 收购人通过协议方式收购上市公司的，如存在被收购公司原控股股东及其关联方未清偿对被收购公司的负债、未解除被收购公司为其负债提供的担保或者其他损害公司利益情形的，应当披露原控股股东和其他实际控制人就上述问题提出的解决方案，被收购公司董事会、独立董事应当对解决方案是否切实可行发表意见。

为挽救出现严重财务困难的上市公司而进行收购的，收购人应当在披露公告的同时提出切实可行的重组方案，并披露上市公司董事会的意见及独立财务顾问对该方案出具的专业意见。

第四十五条 收购人应当列明参与本次收购的各专业机构名称，说明各专业机构与收购人、被收购公司以及本次收购行为之间是否存在关联关系及其具体情况。

第四十六条　收购人应当按照《收购办法》及本准则的相关要求披露收购报告书摘要，并在该摘要中披露被收购公司和收购人基本情况、收购决定和目的、收购方式和免于发出要约的情况等本次收购的重要事项，以及收购人声明。

第五章　要约收购报告书

第四十七条　以要约收购方式增持被收购上市公司股份的收购人应当按照本准则的要求编制要约收购报告书。

收购人应当自公告收购要约文件之日起30日内就本次要约收购在符合《证券法》规定的信息披露平台上至少做出3次提示性公告。

第四十八条　收购人应当按照本准则第二章、第三章及第四章的要求，披露收购人基本情况、收购方式、财务信息以及后续计划等相关内容。

第四十九条　收购人应当披露要约收购上市公司的目的，包括是否为了取得上市公司控制权、是否为履行法定要约收购义务、是否为终止上市公司的上市地位，是否拟在未来12个月内继续增持上市公司股份或者处置其已拥有权益的股份。

第五十条　采取要约收购方式的，收购人应当详细披露要约收购的方案，包括：

（一）被收购公司名称、收购股份的种类、预定收购的股份数量及其占被收购公司已发行股份的比例；涉及多人收购的，还应当注明每个成员预定收购股份的种类、数量及其占被收购公司已发行股份的比例；

（二）要约价格及其计算基础：在要约收购报告书摘要提示性公告日前6个月内，收购人买入该种股票所支付的最高价格；在提示性公告日前30个交易日内，该种股票的每日加权平均价格的算术平均值。

（三）收购资金总额、资金来源及资金保证、其他支付安排及支付方式；

（四）要约收购的约定条件；

（五）要约收购期限；

（六）受要约人预受要约的方式和程序；

（七）受要约人撤回预受要约的方式和程序；

（八）受要约人委托办理要约收购中相关股份预受、撤回、结算、过户登记等事宜的证券公司名称及其通讯方式；

（九）本次要约收购以终止被收购公司的上市地位为目的的，说明终止上市后收购行为完成的合理时间及仍持有上市公司股份的剩余股东出售其股票的其他后续安排。

第五十一条 收购人除应当按照本准则第三十六条的规定披露要约收购的资金来源，还应当就以下事项作出说明：

（一）采用证券支付方式的，收购人应当披露证券发行人及本次证券发行的有关信息，提供相关证券的估值分析；

（二）收购人保证其具备履约能力的安排：

1. 如采取缴纳履约保证金方式，应按现金支付方式或者证券支付方式，在要约收购报告书中做出承诺具备履约能力的相关声明；

2. 如采取银行保函方式，收购人和出具保函的银行应当在要约收购报告书中做出承诺具备履约能力的相关声明；

3. 如采取财务顾问出具承担连带保证责任的书面承诺方式的，收购人和出具承担连带保证责任书面承诺的财务顾问均应当在要约收购报告书中做出承诺具备履约能力的相关声明。

第五十二条 收购人各成员及其各自董事、监事、高级管理人员（或者主要负责人），以及上述人员的直系亲属，应当如实披露在要约收购报告书摘要公告日各自在被收购公司中拥有权益的股份的详细名称、数量及占被收购公司已发行股份的比例。

收购人应当披露各成员以及各自的董事、监事、高级管理人员（或者主要负责人），以及上述人员的直系亲属，在要约收购报告书摘要公告之日起前6个月内有通过证券交易所的证券交易买卖被收购公司股票行为的，应当按本准则第三十七条的规定披露其具体的交易情况。

前两款所述关联方未参与要约收购决定、且未知悉有关要约收购信息的，收购人及关联方可以免于披露。但中国证监会认为需要披露的，收购人及关联方应当披露。

第五十三条 收购人应当如实披露其与被收购公司股份有关的

全部交易。

如就被收购公司股份的转让、质押、表决权行使的委托或者撤销等方面与他人存在其他安排,应当予以披露。

第五十四条 收购人应当按照《收购办法》及本准则的相关要求披露要约收购报告书摘要,在该摘要中披露收购人及被收购公司基本情况、要约收购目的、要约价格及数量等本次要约的重要事项,收购人声明,以及专业机构的结论性意见。

第六章 董事会报告书

第五十五条 被收购公司董事会(以下简称董事会)应当在收购人要约收购上市公司或管理层收购本公司时,按照本准则本章的要求编制董事会报告书。

第五十六条 董事会应当披露被收购公司的如下基本情况:

(一)被收购公司的名称、股票上市地点、股票简称、股票代码;

(二)被收购公司注册地、主要办公地点、联系人、通讯方式;

(三)被收购公司的主营业务及最近3年的发展情况,并以列表形式介绍其最近3年主要会计数据和财务指标,包括:总资产、净资产、主营业务收入、净利润、净资产收益率、资产负债率等,注明最近3年年报披露的信息披露平台或者刊登的媒体名称及时间;

(四)被收购公司在本次收购发生前,其资产、业务、人员等与最近一期披露的情况相比是否发生重大变化。

被收购公司如在本次收购发生前未就前次募集资金使用情况做出说明的,应当披露前次募集资金的使用情况及会计师所出具的专项核查报告。

第五十七条 董事会应当披露与被收购公司股本相关的如下情况:

(一)被收购公司已发行股本总额、股本结构;

(二)收购人在被收购公司中拥有权益的股份的种类、数量、比例;

(三)收购人公告要约收购报告书摘要或者收购报告书摘要之日的被收购公司前10名股东名单及其持股数量、比例;

(四)被收购公司持有或通过第三人持有收购人的股份数量、比例

(如有)。

第五十八条 董事会应当说明被收购公司及其董事、监事、高级管理人员是否与收购人存在关联方关系。

董事会报告书中应当说明被收购公司董事、监事、高级管理人员在收购报告书摘要或者要约收购报告书摘要公告之前 12 个月内是否持有或通过第三人持有收购人的股份，持有股份的数量及最近 6 个月的交易情况；上述人员及其家属是否在收购人及其关联企业任职等。

第五十九条 董事会应当说明公司董事、监事、高级管理人员是否存在与收购相关的利益冲突，该利益冲突的重要细节，包括是否订有任何合同以及收购成功与否将对该合同产生重大影响。

董事会应当披露收购人是否存在对拟更换的上市公司董事、监事、高级管理人员进行补偿或者其他任何类似安排。

第六十条 董事会应当说明公司董事、监事、高级管理人员及其直系亲属在收购报告书摘要或者要约收购报告书摘要公告之日是否持有被收购公司股份，如持有被收购公司股份的，应当披露其最近 6 个月的交易情况。

如果本准则要求披露的交易情况过于复杂，董事会在其他媒体公告本报告时，无须公告具体交易记录，但应将该记录报送北交所备查，并在公告时予以说明。

第六十一条 董事会应当对下列情形予以详细披露：

（一）被收购公司的董事将因该项收购而获得利益，以补偿其失去职位或者其他有关损失；

（二）被收购公司的董事与其他任何人之间的合同或者安排取决于收购结果；

（三）被收购公司的董事在收购人订立的重大合同中拥有重大个人利益；

（四）被收购公司董事及其关联方与收购人及其董事、监事、高级管理人员（或者主要负责人）之间有重要的合同、安排以及利益冲突；

（五）最近 12 个月内作出的涉及可能阻碍收购上市公司控制权的公司章程条款的修改。

第六十二条 在要约收购中，被收购公司董事会应当按照下列要求就收购人的要约提出建议或者发表声明：

（一）就本次收购要约向股东提出接受要约或者不接受要约的建议；董事会确实无法依前款要求发表意见的，应当充分说明理由；

（二）披露董事会表决情况、持不同意见的董事姓名及其理由；

（三）独立董事应当就本次收购单独发表意见；

（四）董事会做出上述建议或者声明的理由。

第六十三条　在管理层收购中，被收购公司的独立董事应当就收购的资金来源、还款计划、管理层收购是否符合《收购办法》规定的条件和批准程序、收购条件是否公平合理、是否存在损害上市公司和其他股东利益的行为、对上市公司可能产生的影响等事项发表独立意见。

第六十四条　董事会应当披露被收购公司及其关联方在公司收购发生前24个月内发生的、对公司收购产生重大影响的以下事件：

（一）被收购公司订立的重大合同；

（二）被收购公司进行资产重组或者其他重大资产处置、投资等行为；

（三）第三方拟对被收购公司的股份以要约或者其他方式进行收购，或者被收购公司对其他公司的股份进行收购；

（四）正在进行的其他与上市公司收购有关的谈判。

第七章　其他重大事项

第六十五条　各信息披露义务人（如为法人或者其他组织）的董事会及其董事（或者主要负责人）或者自然人（如信息披露义务人为自然人）应当在权益变动报告书、收购报告书、要约收购报告书或者董事会报告书上签字、盖章、签注日期，并载明相关声明。

权益变动报告书及收购报告书应载明以下声明：

"本人（以及本人所代表的机构）承诺本报告不存在虚假记载、误导性陈述或重大遗漏，并对其真实性、准确性、完整性承担个别和连带的法律责任。"

要约收购报告书应载明以下声明：

"本人（以及本人所代表的机构）已经采取审慎合理的措施，对本要约收购报告书及其摘要所涉及内容均已进行详细审查,报告内容真实、准确、完整,并对此承担个别和连带的法律责任。"

董事会报告书应载明以下声明:

"董事会已履行诚信义务,采取审慎合理的措施,对本报告书所涉及的内容均已进行详细审查;

董事会向股东提出的建议是基于公司和全体股东的利益做出的,该建议是客观审慎的(本项声明仅限于要约收购);

董事会承诺本报告书不存在虚假记载、误导性陈述或重大遗漏,并对其真实性、准确性、完整性承担个别和连带的法律责任。"

第六十六条 各信息披露义务人应当在报告书中披露聘请的财务顾问就本次收购或权益变动所发表的结论性意见。

财务顾问及其法定代表人或授权代表人、财务顾问主办人应当在相应报告书上签字、盖章、签注日期,并作出相应声明。

要约收购报告书应载明以下声明:

"本人及本人所代表的机构已按照执业规则规定的工作程序履行尽职调查义务,经过审慎调查,本人及本人所代表的机构确认收购人有能力按照收购要约所列条件实际履行收购要约,并对此承担相应的法律责任。"

其他报告书应载明以下声明:

"本人及本人所代表的机构已履行勤勉尽责义务,对本报告书的内容进行了核查和验证,未发现虚假记载、误导性陈述或重大遗漏,并对此承担相应的责任。"

第六十七条 各信息披露义务人应当在报告书中披露聘请的律师在法律意见书中就本报告书内容的真实性、准确性、完整性所发表的结论性意见。

律师及其所就职的律师事务所应当在报告书上签字、盖章、签注日期,并载明以下声明:

"本人及本人所代表的机构已按照执业规则规定的工作程序履行勤勉尽责义务,对本报告书的内容进行核查和验证,未发现虚假记载、误导性陈述或重大遗漏,并对此承担相应的责任。"

第六十八条 涉及权益变动报告书、收购报告书或要约收购报告书的,信息披露义务人应当将备查文件报送北交所及上市公司,并告知投资者披露方式。涉及董事会报告书的,董事会应当按照规定将备查文件备置于其住所或办公场所以及证券交易所等方便公众查阅的地方。该备查文件应当为原件或有法律效力的复印件。备查文件范围包括:

（一）信息披露义务人为法人或其他组织的,提供营业执照和税务登记证或在中国境外登记注册的文件;信息披露义务人为自然人的,提供身份证明文件;

（二）权益变动信息披露义务人董事及其主要负责人的名单及其身份证明文件,收购人董事、监事、高级管理人员(或者主要负责人)的名单及其身份证明文件,要约收购人董事、监事、高级管理人员(或者主要负责人)直系亲属的名单及身份证明文件;

（三）信息披露义务人关于收购上市公司的相关决定;通过协议方式进行上市公司收购的,有关当事人就本次股份转让事宜开始接触的时间、进入实质性洽谈阶段的具体情况说明;

（四）涉及收购资金来源的协议(如有);

（五）收购人将履约保证金存入并冻结于指定银行等金融机构的存单、收购人将用以支付的全部证券委托中国证券登记结算有限责任公司保管的证明文件、银行对于要约收购所需价款出具的保函或者财务顾问出具承担连带担保责任的书面承诺;

（六）收购人所聘请的专业机构及相关人员在要约收购报告书摘要公告之日起前6个月内持有或买卖被收购公司、收购人(如收购人为上市公司)股票的情况;

（七）收购人与上市公司、上市公司的关联方之间在报告日前24个月内发生的相关交易的协议、合同;收购人与上市公司、上市公司的关联方之间已签署但尚未履行的协议、合同,或者正在谈判的其他合作意向;

（八）收购人为法人或其他组织的,其控股股东、实际控制人最近2年未发生变化的证明;

（九）在事实发生之日起前6个月内,收购人各成员及各自的董事、监事、高级管理人员(或者主要负责人)以及上述人员的直系亲属

的名单及其持有或买卖该上市公司股份的说明;

(十)收购人就本次股份转让协议收购应履行的义务所做出的承诺(如有);

(十一)收购人不存在《收购办法》第六条规定情形及符合《收购办法》第五十条规定的说明;

(十二)按照本准则第三十九条要求提供的收购人的财务资料,包括但不限于收购人最近3年财务会计报告及最近一个会计年度经审计的财务会计报告;最近1年经审计的财务会计报告应包括审计意见、财务报表和附注;

(十三)任何与本次收购及相关股份权益活动有关的合同、协议和其他安排的文件;

(十四)被收购公司的公司章程(如适用);

(十五)财务顾问意见或者载有法定代表人签字并盖章的独立财务顾问报告(如适用);

(十六)法律意见书(如适用);

(十七)中国证监会或者北交所依法要求的其他备查文件。

第八章 附 则

第六十九条 本准则由中国证监会负责解释。

第七十条 国家有关部门对上市公司信息披露另有规定的,上市公司还应当遵守相关规定并履行信息披露义务。

第七十一条 本准则自2021年11月15日起施行。

附件:关于北京证券交易所相关配套规范性文件的立法说明(略)

《上市公司收购管理办法》第七十四条有关通过集中竞价交易方式增持上市公司股份的收购完成时点认定的适用意见
——证券期货法律适用意见第 9 号

（2011 年 1 月 17 日中国证券监督管理委员会公告〔2011〕3 号公布　根据 2017 年 12 月 7 日中国证券监督管理委员会公告〔2017〕16 号《关于修改、废止〈证券公司次级债管理规定〉等十三部规范性文件的决定》修改　根据 2021 年 1 月 15 日中国证券监督管理委员会公告〔2021〕1 号《关于修改、废止部分证券期货制度文件的决定》修正）

《上市公司收购管理办法》（证监会令第 166 号,以下简称《收购办法》）第七十四条第一款规定:"在上市公司收购中,收购人持有的被收购公司的股份,在收购完成后 18 个月内不得转让。"为明确《收购办法》有关规定,现就《收购办法》第七十四条有关规定提出适用意见如下:

一、收购人通过集中竞价交易方式增持上市公司股份的,当收购人最后一笔增持股份登记过户后,视为其收购行为完成。自此,收购人持有的被收购公司的股份,在 18 个月内不得转让。

二、在上市公司中拥有权益的股份达到或者超过该公司已发行股份的 30% 的当事人,自上述事实发生之日起一年后,拟在 12 个月内通过集中竞价交易方式增加其在该公司中拥有权益的股份不超过该公司已发行股份的 2%,并拟根据《收购办法》第六十三条第一款第(四)项的规定免于发出要约的,当事人可以选择在增持期届满时进行公告,也可以选择在完成增持计划或者提前终止增持计划时进行公告。当事人在进行前述公告后,应当按照《收购办法》规定的相关程序办理。

《上市公司收购管理办法》第六十二条、第六十三条及《上市公司重大资产重组管理办法》第四十六条有关限制股份转让的适用意见
——证券期货法律适用意见第 4 号

(2023 年 2 月 17 日中国证券监督管理委员会公告〔2023〕36 号公布施行)

为了正确理解与适用《上市公司收购管理办法》(以下简称《收购办法》)及《上市公司重大资产重组管理办法》(以下简称《重组办法》)有关规定,中国证券监督管理委员会制定了《〈上市公司收购管理办法〉第六十二条、第六十三条及〈上市公司重大资产重组管理办法〉第四十六条有关限制股份转让的适用意见——证券期货法律适用意见第 4 号》,现予公布,请遵照执行。

一、适用《收购办法》第六十二条第(二)项、第六十三条第一款第(三)项及《重组办法》第四十六条规定时,在控制关系清晰明确,易于判断的情况下,同一实际控制人控制之下不同主体之间转让上市公司股份,不属于上述规定限制转让的范围。

二、上市公司的实际控制人、控股股东及相关市场主体不得通过持股结构调整进行利益输送等损害上市公司及投资者利益的行为。

三、前述在同一实际控制人控制之下不同主体之间转让上市公司股份行为完成后,受让方或实际控制人仍应当按照诚实信用原则忠实履行相关承诺义务,不得擅自变更、解除承诺义务。

四、律师事务所应当就上市公司的股份转让是否属于同一实际控制人之下不同主体之间的转让出具法律意见书。律师事务所应当确保法律意见书的结论明确,依据适当、充分,法律分析清晰、合理,违反相关规定的,除依法采取相应的监管措施外,监管部门还将对律师事

务所此后出具的法律意见书给予重点关注。律师事务所和律师存在违法违规行为的，将依法追究其法律责任。

五、上述股份转让中，涉及股份过户登记的，应按照有关股份协议转让规则办理。

六、本规定自公布之日起施行。2021年1月15日施行的《〈上市公司收购管理办法〉第六十二条、第六十三条及〈上市公司重大资产重组管理办法〉第四十六条有关限制股份转让的适用意见——证券期货法律适用意见第4号》（证监会公告〔2021〕1号）同时废止。

《上市公司重大资产重组管理办法》第二十九条、第四十五条的适用意见——证券期货法律适用意见第15号

（2023年2月17日中国证券监督管理委员会公告〔2023〕38号公布施行）

为了正确理解与适用《上市公司重大资产重组管理办法》（以下简称《重组办法》）第二十九条、第四十五条的规定，中国证券监督管理委员会制定了《〈上市公司重大资产重组管理办法〉第二十九条、第四十五条的适用意见——证券期货法律适用意见第15号》，现予公布，请遵照执行。

一、《重组办法》第二十九条第一款规定："股东大会作出重大资产重组的决议后，上市公司拟对交易对象、交易标的、交易价格等作出变更，构成对原交易方案重大调整的，应当在董事会表决通过后重新提交股东大会审议，并及时公告相关文件。"现就该规定中构成重组方案重大调整的认定，提出适用意见如下：

（一）拟对交易对象进行变更的，原则上视为构成对重组方案重大调整，但是有以下两种情况的，可以视为不构成对重组方案重大调整：

1. 拟减少交易对象的，如交易各方同意将该交易对象及其持有的

标的资产份额剔除出重组方案，且剔除相关标的资产后按照下述有关交易标的变更的规定不构成对重组方案重大调整的；

2. 拟调整交易对象所持标的资产份额的，如交易各方同意交易对象之间转让标的资产份额，且转让份额不超过交易作价百分之二十的；

（二）拟对标的资产进行变更的，原则上视为构成对重组方案重大调整，但是同时满足以下条件的，可以视为不构成对重组方案重大调整：

1. 拟增加或减少的交易标的的交易作价、资产总额、资产净额及营业收入占原标的资产相应指标总量的比例均不超过百分之二十；

2. 变更标的资产对交易标的的生产经营不构成实质性影响，包括不影响标的资产及业务完整性等；

（三）新增或调增配套募集资金，应当视为构成对重组方案重大调整。调减或取消配套募集资金不构成重组方案的重大调整。证券交易所并购重组委员会会议可以提出本次交易符合重组条件和信息披露要求的审议意见，但要求申请人调减或取消配套募集资金。

二、《重组办法》第四十五条第四款规定："前款规定的发行价格调整方案应当明确、具体、可操作，详细说明是否相应调整拟购买资产的定价、发行股份数量及其理由，在首次董事会决议公告时充分披露，并按照规定提交股东大会审议。股东大会作出决议后，董事会按照已经设定的方案调整发行价格的，上市公司无需按照本办法第二十九条的规定向证券交易所重新提出申请。"现就该规定中发行价格调整方案的相关要求，提出适用意见如下：

（一）发行价格调整方案应当建立在市场和同行业指数变动基础上，且上市公司的股票价格相比最初确定的发行价格须同时发生重大变化；

（二）发行价格调整方案应当有利于保护股东权益，设置双向调整机制。若仅单向调整，应当说明理由，是否有利于中小股东保护；

（三）调价基准日应当明确、具体。股东大会授权董事会对发行价格调整进行决策的，在调价条件触发后，董事会应当审慎、及时履职；

（四）董事会决定在重组方案中设置发行价格调整机制时，应对发行价格调整方案可能产生的影响以及是否有利于股东保护进行充分评估论证并做信息披露；

（五）董事会在调价条件触发后根据股东大会授权对是否调整发行价格进行决议。决定对发行价格进行调整的，应对发行价格调整可能产生的影响、价格调整的合理性、是否有利于股东保护等进行充分评估论证并做信息披露，并应同时披露董事会就此决策的勤勉尽责情况。决定不对发行价格进行调整的，应当披露原因、可能产生的影响以及是否有利于股东保护等，并应同时披露董事会就此决策的勤勉尽责情况；

（六）独立财务顾问和律师事务所应当对以上情况进行核查并发表明确意见。

三、本规定自公布之日起施行。2020年7月31日施行的《〈上市公司重大资产重组管理办法〉第二十八条、第四十五条的适用意见——证券期货法律适用意见第15号》（证监会公告〔2020〕53号）同时废止。

公开发行证券的公司信息披露内容与格式准则第16号——上市公司收购报告书

（2014年5月28日中国证券监督管理委员会公告〔2014〕25号发布　根据2020年3月20日中国证券监督管理委员会公告〔2020〕20号《关于修改部分证券期货规范性文件的决定》修正）

第一章　总　　则

第一条　为了规范上市公司收购活动中的信息披露行为，保护投资者的合法权益，维护证券市场秩序，根据《证券法》《上市公司收购管理办法》（以下简称《收购办法》）及其他相关法律、行政法规及部门规章的有关规定,制订本准则。

第二条 通过协议收购、间接收购和其他合法方式,在上市公司中拥有权益的股份超过该上市公司已发行股份的30%的投资者及其一致行动人(以下简称收购人),应当按照本准则的要求编制和披露上市公司收购报告书(以下简称收购报告书)。

第三条 收购人是多人的,可以书面形式约定由其中一人作为指定代表以共同名义负责统一编制和报送收购报告书,依照《收购办法》及本准则的规定披露相关信息,并同意授权指定代表在信息披露文件上签字盖章。

第四条 本准则的规定是对上市公司收购信息披露的最低要求。不论本准则中是否有明确规定,凡对上市公司投资者做出投资决策有重大影响的信息,收购人均应当予以披露。

第五条 本准则某些具体要求对收购人确实不适用的,收购人可以针对实际情况,在不影响披露内容完整性的前提下做适当修改,但应在报送时作书面说明。

第六条 由于商业秘密(如核心技术的保密资料、商业合同的具体内容等)等特殊原因,本准则规定的某些信息确实不便披露的,收购人可以向中国证监会申请免于披露,经中国证监会同意后,可以不予披露。

第七条 在不影响信息披露的完整性和不致引起阅读不便的前提下,收购人可以采用相互引证的方法,对各相关部分的内容进行适当的技术处理,以避免重复和保持文字简洁。

第八条 收购人在编制收购报告书时,应当遵循以下一般要求:

(一)文字应当简洁、通俗、平实和明确,引用的数据应当提供资料来源,事实应有充分、客观、公正的依据;

(二)引用的数字应当采用阿拉伯数字,货币金额除特别说明外,应指人民币金额,并以元、千元或百万元为单位;

(三)收购人可以根据有关规定或其他需求,编制收购报告书外文译本,但应当保证中、外文本的一致性,并在外文文本上注明:"本收购报告书分别以中、英(或日、法等)文编制,在对中外文本的理解上发生歧义时,以中文文本为准";

（四）收购报告书全文文本应当采用质地良好的纸张印刷，幅面为209×295毫米（相当于标准的A4纸规格）；

（五）在报刊刊登的收购报告书最小字号为标准6号字，最小行距为0.02；

（六）不得刊载任何有祝贺性、广告性和恭维性的词句。

第九条 收购人在收购报告书中援引律师、注册会计师、财务顾问及其他相关专业机构出具的专业报告或意见的内容，应当说明相关专业机构已书面同意上述援引。

第十条 收购人在报送收购报告书的同时，应当提交按照本准则附表的要求所编制的收购报告书附表及有关备查文件。有关备查文件应当为原件或有法律效力的复印件。

第十一条 收购人应当按照《收购办法》的规定将收购报告书摘要、收购报告书及附表刊登于证券交易所的网站和符合中国证监会规定条件的媒体；在其他媒体上进行披露的，披露内容应当一致，披露时间不得早于前述披露的时间。

收购人应当将收购报告书、附表和备查文件备置于上市公司住所和证券交易所，以备查阅。

第十二条 收购人董事会及其董事或者主要负责人，应当保证收购报告书及相关申报文件内容的真实性、准确性、完整性，承诺其中不存在虚假记载、误导性陈述或重大遗漏，并就其保证承担个别和连带的法律责任。

如个别董事或主要负责人对报告内容的真实性、准确性、完整性无法做出保证或者存在异议的，应当单独陈述理由和发表意见。

第二章 上市公司收购报告书

第一节 封面、书脊、扉页、目录、释义

第十三条 收购报告书全文文本封面应标有"××公司（上市公司名称）收购报告书"字样，并应载明以下内容：

（一）上市公司的名称、股票上市地点、股票简称、股票代码；

（二）收购人的名称或姓名、住所、通讯地址；

（三）收购报告书签署日期。

第十四条 收购报告书全文文本书脊应标明"××公司收购报告书"字样。

第十五条 收购报告书扉页应当刊登收购人如下声明：

（一）编写本报告书的法律依据；

（二）依据《证券法》《收购办法》的规定，本报告书已全面披露收购人（包括投资者及与其一致行动的他人）在××公司拥有权益的股份；

截至本报告书签署之日，除本报告书披露的持股信息外，上述收购人没有通过任何其他方式在××公司拥有权益；

（三）收购人签署本报告已获得必要的授权和批准，其履行亦不违反收购人章程或内部规则中的任何条款，或与之相冲突；

（四）涉及须经批准方可进行的收购行为，收购人应当声明本次收购在获得有关主管部门批准后方可进行、有关批准的进展情况；是否符合《收购办法》第六章规定的免除发出要约的情形；涉及其他法律义务的，应当声明本次收购生效的条件；

（五）本次收购是根据本报告所载明的资料进行的。除本收购人和所聘请的专业机构外，没有委托或者授权任何其他人提供未在本报告书中列载的信息和对本报告书做出任何解释或者说明。

第十六条 收购报告书目录应当标明各章、节的标题及相应的页码，内容编排也应符合通行的中文惯例。

第十七条 收购人应就投资者理解可能有障碍及有特定含义的术语作出释义。收购报告书的释义应在目录次页排印。

第二节　收购人介绍

第十八条 收购人为法人或者其他组织的，应当披露如下基本情况：

（一）收购人的名称、注册地、法定代表人、注册资本、工商行政管理部门或者其他机构核发的注册号码及代码、企业类型及经济性质、经营范围、经营期限、股东或者发起人的姓名或者名称（如为有限责任公司或者股份有限公司）、通讯地址、通讯方式（包括联系电话）；

(二)收购人应当披露其控股股东、实际控制人的有关情况,并以方框图或者其他有效形式,全面披露与其控股股东、实际控制人之间的股权控制关系,实际控制人原则上应披露到自然人、国有资产管理部门或者股东之间达成某种协议或安排的其他机构;

收购人应当说明其控股股东、实际控制人所控制的核心企业和核心业务、关联企业及主营业务的情况;

(三)收购人从事的主要业务及最近3年财务状况的简要说明,包括总资产、净资产、收入及主营业务收入、净利润、净资产收益率、资产负债率等;如收购人设立不满3年或专为本次收购而设立的公司,应当介绍其控股股东或实际控制人所从事的业务及最近3年的财务状况;

(四)收购人最近5年受过行政处罚(与证券市场明显无关的除外)、刑事处罚、或者涉及与经济纠纷有关的重大民事诉讼或者仲裁的,应当披露处罚机关或者受理机构的名称,处罚种类,诉讼或者仲裁结果,以及日期、原因和执行情况;

(五)收购人董事、监事、高级管理人员(或者主要负责人)的姓名(包括曾用名)、身份证号码(可以不在媒体公告)、国籍,长期居住地,是否取得其他国家或者地区的居留权;

前述人员最近5年受过行政处罚(与证券市场明显无关的除外)、刑事处罚或者涉及与经济纠纷有关的重大民事诉讼或者仲裁的,应当按照本款第(四)项的要求披露处罚的具体情况;

(六)收购人及其控股股东、实际控制人在境内、境外其他上市公司拥有权益的股份达到或超过该公司已发行股份5%的简要情况;收购人或其实际控制人为两个或两个以上上市公司的控股股东或实际控制人的,还应当披露持股5%以上的银行、信托公司、证券公司、保险公司等其他金融机构的简要情况。

第十九条　收购人是自然人的,应当披露如下基本情况:

(一)姓名(包括曾用名)、性别、国籍、身份证号码、住所、通讯地址、通讯方式以及是否取得其他国家或者地区的居留权等,其中,身份证号码、住所、通讯方式可以不在媒体公告;

(二)最近5年内的职业、职务,应注明每份职业的起止日期以及所任职单位的名称、主营业务及注册地以及是否与所任职单位存在产权关系；

（三）最近5年受过行政处罚（与证券市场明显无关的除外）、刑事处罚或者涉及与经济纠纷有关的重大民事诉讼或仲裁的，应披露处罚机关或者受理机构的名称，所受处罚的种类，诉讼或者仲裁的结果，以及日期、原因和执行情况；

（四）收购人所控制的核心企业和核心业务、关联企业及主营业务的情况说明；

（五）收购人在境内、境外其他上市公司拥有权益的股份达到或超过该公司已发行股份5%的简要情况；收购人为两个或两个以上上市公司控股股东或实际控制人的，还应当披露持股5%以上的银行、信托公司、证券公司、保险公司等其他金融机构的简要情况。

第二十条 收购人为多人的，除应当分别按照本准则第十八条和第十九条的规定披露各收购人的情况外，还应当披露：

（一）各收购人之间在股权、资产、业务、人员等方面的关系，并以方框图的形式加以说明；

（二）收购人应当说明采取一致行动的目的、达成一致行动协议或者意向的时间、一致行动协议或者意向的内容（特别是一致行动人行使股份表决权的程序和方式）、是否已向证券登记结算机构申请临时保管各自持有的该上市公司的全部股票以及保管期限。

第三节 收购决定及收购目的

第二十一条 收购人应当披露其关于本次收购的目的、是否拟在未来12个月内继续增持上市公司股份或者处置其已拥有权益的股份。

第二十二条 收购人为法人或者其他组织的，还应当披露其做出本次收购决定所履行的相关程序及具体时间。

第四节 收购方式

第二十三条 收购人应当按照《收购办法》及本准则的规定计算其在上市公司中拥有权益的股份种类、数量和比例。

收购人为多人的,还应当分别披露其一致行动人在上市公司中拥有权益的股份种类、数量、占上市公司已发行股份的比例。

收购人持有表决权未恢复的优先股的,还应当披露持有数量和比例。

第二十四条 通过协议收购方式进行上市公司收购的,收购人应当披露以下基本情况:

(一)转让协议的主要内容,包括协议转让的当事人、转让股份的种类、数量、比例、股份性质及性质变动情况、转让价款、股份转让的支付对价(如现金、资产、债权、股权或其他安排)、付款安排、协议签订时间、生效时间及条件、特别条款等;

(二)本次拟转让的股份是否存在被限制转让的情况、本次股份转让是否附加特殊条件、是否存在补充协议、协议双方是否就股份表决权的行使存在其他安排、是否就出让人在该上市公司中拥有权益的其余股份存在其他安排;

(三)本次协议转让导致信息披露义务人在上市公司中拥有权益的股份变动的时间及方式;

(四)如本次股份转让需要有关部门批准的,应当说明批准部门的名称、批准进展情况。

第二十五条 通过信托或其他资产管理方式进行上市公司收购的双方当事人,应当披露信托合同或者其他资产管理安排的主要内容,包括信托或其他资产管理的具体方式、信托管理权限(包括上市公司股份表决权的行使等)、涉及的股份的种类、数量及占上市公司已发行股份的比例、导致双方当事人在上市公司中拥有权益的股份变动的时间及方式、信托或资产管理费用、合同的期限及变更、终止的条件、信托资产处理安排、合同签订的时间及其他特别条款等。

第二十六条 虽不是上市公司股东,但通过股权控制关系、协议或其他安排进行上市公司收购的,收购人应当披露形成股权控制关系或者达成协议或其他安排的时间、其在上市公司中拥有权益的股份变动的时间及方式、与控制关系相关的协议(如取得对上市公司股东的控制权所达成的协议)的主要内容及其生效和终止条件、控制方式(包括相关股份表决权的行使权限)、控制关系结构图及各层控制关系下的各主体及其持股比例、以及是否存在其他共同控制人及其身份介绍等。

第二十七条 通过国有股份行政划转、变更、国有单位合并等进行上市公司收购的,收购人应当在上市公司所在地国资部门批准之日起3日内披露股权划出方及划入方(变更方、合并双方)的名称、划转(变更、合并)股份的种类、数量、比例及性质、批准划转(变更、合并)的时间及机构、其在上市公司中拥有权益的股份变动的时间及方式,如需进一步取得有关部门批准的,说明其批准情况。

第二十八条 收购人拟取得上市公司向其发行的新股而导致其拥有权益的股份超过上市公司股本总额30%,且公司控制权发生改变的,应当在上市公司董事会作出向收购人发行新股决议之日起3日内,按照本准则的规定编制收购报告书,说明取得本次发行新股的种类、数量和比例、发行价格及定价依据、支付条件和支付方式、已履行及尚未履行的批准程序、转让限制或承诺、与上市公司之间的其他安排等,并予以公告,在收购报告书的扉页应当声明"本次取得上市公司发行的新股尚须经股东大会批准及中国证监会核准"。

收购人以其非现金资产认购上市公司发行的新股的,还应当披露非现金资产最近两年经符合《证券法》规定的会计师事务所审计的财务会计报告,或经符合《证券法》规定的评估机构出具的有效期内的资产评估报告。

经中国证监会核准后,上市公司负责办理股份过户手续,公告发行结果。

第二十九条 因执行法院裁定对上市公司股份采取公开拍卖措施,导致申请执行人在上市公司中拥有权益的股份超过上市公司股本总额30%,且公司控制权发生改变的,申请执行人应当在收到裁定之日起3日内披露作出裁定决定的法院名称、裁定的日期、案由、申请执行人收到裁定的时间、裁定书的主要内容、拍卖机构名称、拍卖事由、拍卖结果。

第三十条 因继承或赠与取得上市公司股份而进行上市公司收购的,收购人应当披露其与被继承人或赠与人之间的关系、继承或赠与开始的时间、是否为遗嘱继承、遗嘱执行情况的说明等。

第三十一条　上市公司董事、监事、高级管理人员及员工或者其所控制或委托的法人或其他组织收购本公司股份并取得控制权,或者通过投资关系、协议或其他安排导致其拥有权益的股份超过本公司已发行股份30%的,应当披露以下基本情况:

(一)上市公司是否具备健全且运行良好的组织机构以及有效的内部控制制度、公司董事会成员中独立董事的比例是否达到或者超过一半;

(二)上市公司董事、监事、高级管理人员及员工在上市公司中拥有权益的股份种类、数量、比例,该类股份变动的时间及方式,以及董事、监事、高级管理人员个人持股的种类、数量、比例;

如通过上市公司董事、监事、高级管理人员及员工所控制或委托的法人或其他组织持有上市公司股份,还应当披露该控制或委托关系、相关法人或其他组织的股本结构、内部组织架构、内部管理程序、公司章程的主要内容、所涉及的人员范围、数量、比例等;

(三)收购的定价依据、资产评估方法和评估结果;

(四)支付方式及资金来源,如资金来源于向第三方借款,应当披露借款协议的主要内容,包括借款方、借款的条件、金额、还款计划及资金来源;

(五)除上述借款协议外,如果就该股份的取得、处分及表决权的行使与第三方存在特殊安排的,应当披露该安排的具体内容;

(六)如该股份通过赠与方式取得,应当披露赠与的具体内容及是否附加条件;

(七)上市公司实行董事、监事、高级管理人员及员工收购的后续计划,包括是否将于近期提出利润分配方案等;

(八)上市公司董事、监事、高级管理人员是否在其他公司任职、是否存在《公司法》第一百四十八条规定的情形;

(九)上市公司董事、监事、高级管理人员最近3年是否有证券市场不良诚信记录情形;

(十)上市公司是否已履行必要的批准程序;

(十一)上市公司董事会、监事会声明其已经履行诚信义务,有关本次管理层收购符合上市公司及其他股东的利益,不存在损害上市公司及其他股东权益的情形。

第三十二条 因可转换优先股转换为普通股导致收购人取得商业银行控制权,或者导致其拥有权益的股份超过商业银行已发行股份30%的,收购人应当披露可转换优先股的转股条件、转股价格、转股比例及占商业银行已发行股份的比例。

因优先股表决权恢复导致收购人取得上市公司控制权,或者导致其拥有权益的股份超过上市公司已发行股份30%的,收购人应当披露表决权恢复的条件和原因,及其在上市公司中拥有权益的股份变动的时间及方式。

第三十三条 收购人应当披露其拥有权益的上市公司股份是否存在任何权利限制,包括但不限于股份被质押、冻结。

第五节 资金来源

第三十四条 收购人应当披露本次为取得在上市公司中拥有权益的股份所支付的资金总额、资金来源及支付方式,并就下列事项做出说明:

(一)如果其资金或者其他对价直接或者间接来源于借贷,应简要说明借贷协议的主要内容,包括借贷方、借贷数额、利息、借贷期限、担保及其他重要条款;

(二)收购人应当声明其收购资金是否直接或者间接来源于上市公司及其关联方,如通过与上市公司进行资产置换或者其他交易取得资金;如收购资金直接或者间接来源于上市公司及其关联方,应当披露相关的安排;

(三)上述资金或者对价的支付或者交付方式(一次或分次支付的安排或者其他条件)。

第六节 免于发出要约的情况

第三十五条 收购人拟根据《收购办法》第六章的规定免于发出要约的,应当详细披露以下情况:

(一)免于发出要约的事项及理由;

(二)本次收购前后上市公司股权结构;

(三)中国证监会或证券交易所要求披露的其他内容。

第三十六条 收购人通过协议方式收购上市公司的,如存在被收购公司原控股股东及其关联方未清偿对被收购公司的负债、未解除被收购公司为其负债提供的担保或者其他损害公司利益情形的,应当披露原控股股东和其他实际控制人就上述问题提出的解决方案。

被收购公司董事会、独立董事应当对解决方案是否切实可行发表意见。

第三十七条 为挽救出现严重财务困难的上市公司而进行收购的,收购人应当在披露公告的同时提出切实可行的重组方案,并披露上市公司董事会的意见及独立财务顾问对该方案出具的专业意见。

第三十八条 收购人应当披露有关本次股权变动的证明文件,表明本次受让的股份是否存在质押、担保等限制转让的情形。

第三十九条 收购人应当聘请律师事务所就本次免于发出要约事项出具法律意见书,该法律意见书至少应当就下列事项发表明确的法律意见,并就本次免除发出要约事项发表整体结论性意见:

(一)收购人是否具有合法的主体资格;

(二)本次收购是否属于《收购办法》规定的免除发出要约情形;

(三)本次收购是否已经履行法定程序;

(四)本次收购是否存在或者可能存在法律障碍;

(五)收购人是否已经按照《收购办法》履行信息披露义务;

(六)收购人在本次收购过程中是否存在证券违法行为等。

第四十条 涉及国家授权机构持有的股份或者必须取得相关主管部门批准的,应当按照国务院和有关部门的相关规定,提供相关批准文件作为备查文件。

第七节 后续计划

第四十一条 收购人应当披露其收购上市公司的后续计划,包括:

(一)是否拟在未来12个月内改变上市公司主营业务或者对上市公司主营业务作出重大调整;

(二)未来12个月内是否拟对上市公司或其子公司的资产和业务进行出售、合并、与他人合资或合作的计划,或上市公司拟购买或置换资产的重组计划；

（三）是否拟改变上市公司现任董事会或高级管理人员的组成，包括更改董事会中董事的人数和任期、改选董事的计划或建议、更换上市公司高级管理人员的计划或建议；如果拟更换董事或者高级管理人员的，应当披露拟推荐的董事或者高级管理人员的简况；说明收购人与其他股东之间是否就董事、高级管理人员的任免存在任何合同或者默契；

（四）是否拟对可能阻碍收购上市公司控制权的公司章程条款进行修改及修改的草案；

（五）是否拟对被收购公司现有员工聘用计划作重大变动及其具体内容；

（六）上市公司分红政策的重大变化；

（七）其他对上市公司业务和组织结构有重大影响的计划。

第八节 对上市公司的影响分析

第四十二条 收购人应当就本次收购完成后，对上市公司的影响及风险予以充分披露，包括：

（一）本次收购完成后，收购人与上市公司之间是否人员独立、资产完整、财务独立；

上市公司是否具有独立经营能力，在采购、生产、销售、知识产权等方面是否保持独立；

（二）收购人及其关联方所从事的业务与上市公司的业务之间是否存在同业竞争或潜在的同业竞争，是否存在关联交易；如存在，收购人已做出的确保收购人及其关联方与上市公司之间避免同业竞争以及保持上市公司独立性的相应安排。

第九节 与上市公司之间的重大交易

第四十三条 收购人应当披露各成员以及各自的董事、监事、高级管理人员（或者主要负责人）在报告日前24个月内，与下列当事人发生的以下重大交易：

（一）与上市公司及其子公司进行资产交易的合计金额高于3000

万元或者高于被收购公司最近经审计的合并财务报表净资产5%以上的交易的具体情况(前述交易按累计金额计算);

(二)与上市公司的董事、监事、高级管理人员进行的合计金额超过人民币5万元以上的交易;

(三)是否存在对拟更换的上市公司董事、监事、高级管理人员进行补偿或者存在其他任何类似安排;

(四)对上市公司有重大影响的其他正在签署或者谈判的合同、默契或者安排。

第十节 前6个月内买卖上市交易股份的情况

第四十四条 收购人在事实发生之日前6个月内有通过证券交易所的证券交易买卖被收购公司股票的,应当披露如下情况:

(一)每个月买卖股票的种类和数量(按买入和卖出分别统计);

(二)交易的价格区间(按买入和卖出分别统计)。

第四十五条 收购人及各自的董事、监事、高级管理人员(或者主要负责人),以及上述人员的直系亲属在事实发生之日起前6个月内有通过证券交易所的证券交易买卖被收购公司股票行为的,应当按照第四十四条的规定披露其具体的交易情况。

前款所述收购人的关联方未参与收购决定、且未知悉有关收购信息的,收购人及关联方可以向中国证监会提出免于披露相关交易情况的申请。

第十一节 收购人的财务资料

第四十六条 收购人为法人或者其他组织的,收购人应当披露最近3年财务会计报表,并提供最近一个会计年度经符合《证券法》规定的会计师事务所审计的财务会计报告,注明审计意见的主要内容及采用的会计制度及主要会计政策、主要科目的注释等。会计师应当说明公司前两年所采用的会计制度及主要会计政策与最近一年是否一致,如不一致,应做出相应的调整。

如截止收购报告书摘要公告之日,收购人的财务状况较最近一个会计年度的财务会计报告有重大变动的,收购人应提供最近一期财务会计报告并予以说明。

如果该法人或其他组织成立不足一年或者是专为本次收购而设立的,则应当比照前款披露其实际控制人或者控股公司的财务资料。

收购人为境内上市公司的,可以免于披露最近3年财务会计报表,但应当说明发布其年报的媒体名称及时间。

收购人为境外投资者的,应当提供依据中国会计准则或国际会计准则编制的财务会计报告。

收购人因业务规模巨大、下属子公司繁多等原因,难以按照前述要求提供相关财务资料的,须请财务顾问就其具体情况进行核查,在所出具的核查意见中说明收购人无法按规定提供财务资料的原因、收购人具备收购上市公司的实力、且没有规避信息披露义务的意图。

第十二节 其他重大事项

第四十七条 收购人应当披露为避免对报告书内容产生误解而必须披露的其他信息,以及中国证监会或者证券交易所依法要求收购人披露的其他信息。

第四十八条 各收购人的法定代表人(或者主要负责人)或者其指定代表应当在收购报告书上签字、盖章、签注日期,并载明以下声明:

"本人(以及本人所代表的机构)承诺本报告及其摘要不存在虚假记载、误导性陈述或重大遗漏,并对其真实性、准确性、完整性承担个别和连带的法律责任。"

第四十九条 财务顾问及其法定代表人或授权代表人、财务顾问主办人应当在上市公司收购报告书上签字、盖章、签注日期,并载明以下声明:

"本人及本人所代表的机构已履行勤勉尽责义务,对收购报告书的内容进行了核查和验证,未发现虚假记载、误导性陈述或者重大遗漏,并对此承担相应的责任。"

第五十条 收购人聘请的律师及其所就职的律师事务所应当在上市公司收购报告书上签字、盖章、签注日期,并载明以下声明:

"本人及本人所代表的机构已按照执业规则规定的工作程序履行勤勉尽责义务,对收购报告书的内容进行核查和验证,未发现虚假记载、误导性陈述或者重大遗漏，并对此承担相应的责任。"

第十三节 备查文件

第五十一条 收购人应当将备查文件的原件或有法律效力的复印件报送证券交易所及上市公司。备查文件包括：

（一）收购人为自然人的，提供其身份证明文件；收购人为法人或其他组织的，在中国境内登记注册的法人或者其他组织的工商营业执照，或在中国境外登记注册的文件；

（二）收购人的董事、监事、高级管理人员（或者主要负责人）的名单及其身份证明；

（三）收购人关于收购上市公司的相关决定；通过协议方式进行上市公司收购的，有关当事人就本次股份转让事宜开始接触的时间、进入实质性洽谈阶段的具体情况说明；

（四）与本次收购有关的法律文件，包括股份转让协议、行政划转（变更、合并）的决定、法院裁决的有关判决或裁决书、公开拍卖、遗产继承、赠与等有关法律文件，以及做出其他安排的书面文件，如质押、股份表决权行使的委托或其他安排等；

（五）涉及收购资金来源的协议，包括借贷协议、资产置换及其他协议；

（六）收购人与上市公司、上市公司的关联方之间在报告日前24个月内发生的相关交易的协议、合同；

收购人与上市公司、上市公司的关联方之间已签署但尚未履行的协议、合同，或者正在谈判的其他合作意向；

（七）收购人为法人或其他组织的，其控股股东、实际控制人最近两年未发生变化的证明；

（八）在事实发生之日起前6个月内，收购人及各自的董事、监事、高级管理人员（或者主要负责人）以及上述人员的直系亲属的名单及其持有或买卖该上市公司股份的说明；

（九）收购人所聘请的专业机构及相关人员在事实发生之日起前6个月内持有或买卖被收购公司、收购人（如收购人为上市公司）股票的情况；

（十）收购人就本次股份转让协议收购应履行的义务所做出的承诺（如有）；

（十一）收购人不存在《收购办法》第六条规定情形及符合《收购办法》第五十条规定的说明；

（十二）按照本准则第四十六条要求提供的收购人的财务资料，包括但不限于收购人最近 3 年财务会计报告及最近一个会计年度经审计的财务会计报告；最近一年经审计的财务会计报告应包括审计意见、财务报表和附注；

（十三）财务顾问意见；

（十四）法律意见书；

（十五）中国证监会及证券交易所要求的其他材料。

第五十二条 收购人应列示上述备查文件目录，并告知投资者备置地点。备查文件上网的，应披露网址。

第三章 上市公司收购报告书摘要

第五十三条 收购人应当在收购报告书摘要的显著位置，按照本准则第十三条的规定披露有关本次收购的重要事项。

第五十四条 收购人应当按照本准则第十五条规定在收购报告书摘要中披露有关声明。

第五十五条 收购报告书摘要应当至少包括本准则第二章第二节、第三节、第四节及第六节的内容。

第四章 附　则

第五十六条 本准则所称拥有权益的股份，是指普通股（含表决权恢复的优先股），不包括表决权未恢复的优先股。

第五十七条 本准则由中国证监会负责解释。

第五十八条 本准则自公布之日起施行。《公开发行证券的公司信息披露内容与格式准则第 16 号——上市公司收购报告书》（证监公司字〔2006〕156 号）同时废止。

附表：收购报告书（略，详情请登录证监会网站）

证监会、财政部、国资委、银监会关于鼓励上市公司兼并重组、现金分红及回购股份的通知

（2015年8月31日　证监发〔2015〕61号）

为进一步提高上市公司质量,建立健全投资者回报机制,提升上市公司投资价值,促进结构调整和资本市场稳定健康发展,现就有关事项通知如下：

一、大力推进上市公司兼并重组

1.大力推进兼并重组市场化改革。全面梳理上市公司兼并重组涉及的审批事项,进一步简政放权,扩大取消审批的范围。优化兼并重组市场化定价机制,增强并购交易的灵活性。

2.进一步简化行政审批程序,优化审核流程。完善上市公司兼并重组分类审核制度,对市场化、规范化程度高的并购交易实施快速审核,提高并购效率。

3.鼓励上市公司兼并重组支付工具和融资方式创新。推出上市公司定向可转债。鼓励证券公司、资产管理公司、股权投资基金以及产业投资基金等参与上市公司兼并重组,并按规定向企业提供多种形式的融资支持,探索融资新模式。

4.鼓励国有控股上市公司依托资本市场加强资源整合,调整优化产业布局结构,提高发展质量和效益。有条件的国有股东及其控股上市公司要通过注资等方式,提高可持续发展能力。支持符合条件的国有控股上市公司通过内部业务整合,提升企业整体价值。

5.加大金融支持力度。推动商业银行积极稳妥开展并购贷款业务,扩大贷款规模,合理确定贷款期限。鼓励商业银行对兼并重组后的上市公司实行综合授信。通过并购贷款、境内外银团贷款等方式支持上市公司实行跨国并购。

6.各有关部门要加强对上市公司兼并重组的监管,进一步完善信

息披露制度,采取有效措施依法打击和防范兼并重组过程中的内幕交易、利益输送等违法违规行为。

二、积极鼓励上市公司现金分红

7. 上市公司应建立健全现金分红制度,保持现金分红政策的一致性、合理性和稳定性,并在章程中明确现金分红相对于股票股利在利润分配方式中的优先顺序。具备现金分红条件的,应当采用现金分红进行利润分配。

8. 鼓励上市公司结合本公司所处行业特点、发展阶段和盈利水平,增加现金分红在利润分配中的占比,具备分红条件的,鼓励实施中期分红。

9. 完善鼓励长期持有上市公司股票的税收政策,降低上市公司现金分红成本,提高长期投资收益回报。

10. 加大对上市公司现金分红信息披露的监管力度,加强联合执法检查。

三、大力支持上市公司回购股份

11. 上市公司股票价格低于每股净资产,或者市盈率或市净率低于同行业上市公司平均水平达到预设幅度的,可以主动回购本公司股份。支持上市公司通过发行优先股、债券等多种方式,为回购本公司股份筹集资金。

12. 国有控股上市公司出现上述情形时,鼓励其控股股东、实际控制人结合自身状况,积极增持上市公司股份,推动上市公司回购本公司股份,有能力的,可以在资金方面提供必要支持。

13. 上市公司回购股份应当遵守《公司法》等法律法规,并依法履行内部决策程序和信息披露义务。上市公司的董事、监事和高级管理人员在回购股份活动中,应当诚实守信、勤勉尽责。

四、在上市公司实施兼并重组、现金分红及回购股份活动中,各相关部门应当按照便利企业的原则,给予积极指导、支持,并依法合规做好监督工作。

五、本通知自发布之日起施行。

上市公司监管指引第 1 号
——上市公司实施重大资产重组后存在未弥补亏损情形的监管要求

(2012 年 3 月 23 日中国证券监督管理委员会公告〔2012〕6 号公布)

上市公司发行股份购买资产实施重大资产重组后,新上市公司主体全额承继了原上市公司主体存在的未弥补亏损,根据《公司法》、《上市公司证券发行管理办法》等法律法规的规定,新上市公司主体将由于存在未弥补亏损而长期无法向股东进行现金分红和通过公开发行证券进行再融资。对于上市公司因实施上述重组事项可能导致长期不能弥补亏损,进而影响公司分红和公开发行证券的情形,现明确监管要求如下:

一、相关上市公司应当遵守《公司法》规定,公司的资本公积金不得用于弥补公司的亏损。

二、相关上市公司不得采用资本公积金转增股本同时缩股以弥补公司亏损的方式规避上述法律规定。

三、相关上市公司应当在临时公告和年报中充分披露不能弥补亏损的风险并做出特别风险提示。

四、相关上市公司在实施重大资产重组时,应当在重组报告书中充分披露全额承继亏损的影响并做出特别风险提示。

上市公司并购重组专家咨询委员会工作规则

(2012年2月6日中国证券监督管理委员会
公告〔2012〕2号公布施行)

第一条 为进一步规范上市公司并购重组审核工作,充分发挥上市公司并购重组专家咨询委员会(以下简称专家咨询委)的专家咨询作用,根据《中国证券监督管理委员会上市公司并购重组审核委员会工作规程(2011年修订)》(证监会公告〔2011〕40号,以下简称《工作规程》),制定本规则。

第二条 专家咨询委为非常设机构,履行以下职责:

(一)对并购重组规则的制订、审核中的重大疑难问题、重大创新事项等提供专家咨询意见;

(二)对并购重组监管审核中涉及的法律、会计、资产评估、产业政策等问题提供专家咨询意见;

(三)对并购重组审核标准提供专家咨询意见;

(四)对并购重组申请人的申诉提供评审意见;

(五)对上市公司破产重整事项提供评审意见;

(六)中国证券监督管理委员会(以下简称中国证监会)上市公司监管部门以及上市公司并购重组审核委员会(以下简称并购重组委)认为需要咨询的其他事项。

第三条 专家咨询委由中国证监会会内外法律、会计、资产评估等专业领域或熟悉产业政策的专家组成,人数不超过35名。专家咨询委委员每届任期3年,可以连任。

专家咨询委根据需要可以设立法律、会计、资产评估等专业小组。各专业小组设组长1名。

第四条 专家咨询委委员由中国证监会聘任。中国证监会可以商请相关行业自律组织、主管单位推荐专家咨询委委员人选。

中国证监会依据本规则对专家咨询委委员实施监督管理。

第五条 专家咨询委委员应当符合以下条件：

（一）遵守国家法律法规，没有因违法违规行为受到刑事处罚、行政处罚或存在其他不良诚信记录；

（二）坚持原则，公正廉洁，忠于职守，作风严谨，具有良好的职业声誉；

（三）熟悉上市公司并购重组的法律和政策，具有扎实的专业知识和丰富的实践经验，从业时间不少于8年，且目前仍从事该专业或行业工作；

（四）本人愿意且有一定时间参加专家咨询委工作。

第六条 专家咨询委通过召开全体会议、评审会议、专题会议等方式开展工作。

专家咨询委根据工作需要，可以开展并购重组专题调研、会同并购重组委进行回访。

第七条 专家咨询委每年至少召开1次全体会议，研究会商并购重组市场发展和监管中的重大问题，总结分析并购重组审核工作并提出意见和建议。

第八条 并购重组申请人按照《工作规程》第三十一条规定提出申诉，中国证监会经审查认为确有必要的，可以提请专家咨询委召开评审会议，就申诉理由是否正当进行研究判断，形成评审意见。

第九条 中国证监会接到人民法院关于上市公司破产重整的会商函后，可以提请专家咨询委召开评审会议对上市公司重整计划草案中涉及的并购重组相关事项提供评审意见。

第十条 专家咨询委评审会议参会委员不得少于7人，由中国证监会上市公司监管部门根据评审事项和所涉及的专业领域确定。会议设召集人，由1名专业小组组长担任。会议讨论形成评审意见草稿，提交投票表决，出席会议委员一人一票，过半数同意通过。会议应当形成书面记录并留存，出席会议的委员应当在会议记录上签名。

第十一条 并购重组监管审核中涉及法律、会计、资产评估、产业政策等问题及其他重大疑难问题，中国证监会可以提请相关委员召开专题会议，形成专题会议意见。

第十二条　专家咨询委委员应当按照要求参加相关会议及活动,因故不能出席的,应当事先请假并说明理由。

第十三条　中国证监会可以通过书面、邮件或电话方式向专家咨询委委员征询意见,委员应当在中国证监会要求的期限内出具专家意见书。专家意见书应当有明确的结论性意见,由本人签名确认,中国证监会留存。

第十四条　专家咨询委委员应当以个人身份独立、客观、公正地发表或提供意见,有关意见应当说明依据和理由。

第十五条　专家咨询委委员应当遵守以下规定:

(一)存在持有相关上市公司证券等可能影响公正履行职责情形的,及时提出回避;

(二)保守国家秘密及并购重组当事人的商业秘密,不得向第三方和外界泄露咨询事项、咨询意见和其他有关情况;

(三)不得直接或间接接受并购重组事项及其他咨询事项所涉及的并购重组当事人及相关单位或个人提供的资金、物品等馈赠和其他利益;不得在履行职责期间私下与并购重组当事人及相关单位或个人进行接触;

(四)未经中国证监会授权或许可,不得以专家咨询委委员名义对外公开发表言论及从事与专家咨询委有关的工作;不得在教学、演讲、写作和接受采访等活动中直接引用本人因担任专家咨询委委员而获悉的信息。

第十六条　专家咨询委委员违反本规则规定的,中国证监会根据情节轻重对相关委员采取谈话提醒、通报批评、暂停履职等措施;情节严重的,予以解聘。

第十七条　本规则自公布之日起施行。

上市公司重大资产重组申报工作指引

(2008年5月20日中国证监会上市公司监管部公布施行)

一、申报程序：上市公司在股东大会作出重大资产重组决议并公告后3个工作日内，按照《公开发行证券的公司信息披露内容与格式准则第26号——上市公司重大资产重组申请文件》的要求编制申请文件，并委托独立财务顾问向中国证券监督管理委员会(以下简称"证监会")申报，同时抄报派出机构。

二、申报接收和受理程序：证监会办公厅受理处统一负责接收申报材料，对上市公司申报材料进行形式审查。申报材料包括书面材料一式三份(一份原件和两份复印件)及电子版。

证监会上市部接到受理处转来申报材料后5个工作日内作出是否受理或发出补正通知。补正通知要求上市公司作出书面解释、说明的，上市公司及独立财务顾问需在收到补正通知书之日起30个工作日内提供书面回复意见。逾期不能提供完整合规回复意见的，上市公司应当在到期日的次日就本次重大资产重组的进展情况及未能及时提供回复意见的具体原因等予以公告。

收到上市公司的补正回复后，证监会上市部应在2个工作日内作出是否受理的决定，出具书面通知。受理后，涉及发行股份的适用《证券法》关于审核期限的规定。

为保证审核人员独立完成对书面申报材料的审核，证监会上市部自接收材料至反馈意见发出这段时间实行"静默期"制度，不接待申报人的来访。

三、审核程序：证监会上市部由并购一处和并购二处分别按各自职责对重大资产重组中法律问题和财务问题的审核，形成初审报告并提交部门专题会进行复核，经专题会研究，形成反馈意见。

四、反馈和反馈回复程序：在发出反馈意见后，证监会上市部可以就反馈意见中的有关问题与申报人和中介机构进行当面问询沟通。问询沟通由并购一处和并购二处两名以上审核员同时参加。反馈意见要求上市公司作出解释、说明的,上市公司应当自收到反馈意见之日起30个工作日内提供书面回复,独立财务顾问应当配合上市公司提供书面回复意见。逾期不能提供完整合规回复的,上市公司应当在到期日的次日就本次重大资产重组的进展情况及未能及时提供回复的具体原因等予以公告。

五、无需提交重组委项目的审结程序:上市公司和独立财务顾问及其他中介机构提交完整合规的反馈回复后,不需要提交并购重组委审议的,予以审结核准或不予核准。上市公司未提交完整合规的反馈回复的,或在反馈期间发生其他需要进一步解释或说明事项的,证监会上市部可以再次发出反馈意见。

六、提交重组委审议程序:需提交并购重组委审议的,证监会上市部将安排并购重组委工作会议审议。并购重组委审核的具体程序按照《上市公司重大资产重组管理办法》和《中国证券监督管理委员会上市公司重组审核委员会工作规程》的规定进行。

七、重组委通过方案的审结程序:并购重组委工作会后,上市公司重大资产重组方案经并购重组委表决通过的,证监会上市部将以部门函的形式向上市公司出具并购重组委反馈意见。公司应将完整合规的落实重组委意见的回复上报证监会上市部。落实重组委意见完整合规的,予以审结,并向上市公司出具相关批准文件。

八、重组委否决方案的审结程序:并购重组委否决的,予以审结,并向上市公司出具不予批准文件,同时证监会上市部将以部门函的形式向上市公司出具并购重组委反馈意见。上市公司拟重新上报的,应当召开董事会或股东大会进行表决。

九、封卷程序:上市公司和独立财务顾问及其他中介机构应按照证监会上市部的要求完成对申报材料原件的封卷存档工作。

中国证券监督管理委员会关于发布《上市公司的收购及相关股份权益变动活动监管工作规程》的通知

(2007年2月5日 证监公司字〔2007〕20号)

中国证监会各省、自治区、直辖市、计划单列市监管局,上海、深圳证券交易所:

为了进一步贯彻落实上市公司辖区监管责任制及《上市公司收购管理办法》,我会制定了《上市公司的收购及相关股份权益变动活动监管工作规程》现予发布,请遵照执行。有关上市公司收购及相关股份权益变动活动的监管工作按《上市公司的收购及相关股份权益变动活动监管工作规程》执行,2004年《上市公司并购重组监管工作规程》涉及的其他事项仍按原规定执行。

上市公司的收购及相关股份权益变动活动监管工作规程

为了规范上市公司的收购及相关股份权益变动活动,适应我会在证券市场全流通新形势下监管方式的重大转变,推动市场化的并购重组活动,根据《上市公司收购管理办法》(证监会令第35号)的规定,以及《派出机构监管工作职责》(证监发〔2003〕86号)和《上市公司辖区监管责任制工作规定》(证监公司字〔2005〕42号)的要求,制定本工作规程。

一、监管职责

(一)中国证监会上市公司监管部

中国证监会上市公司监管部(以下简称上市部)负责制定有关上

市公司的收购及相关股份权益变动活动的法规政策,并对30%以上公司控制权变化及要约收购进行审核,对上市公司的收购及相关权益变动活动中的违法违规行为采取监管措施,依法提请相关部门追究违法者的法律责任;指导证券交易所制定配套业务实施细则,组织证券交易所完善上市公司股东信息披露系统的建设;组织构建上市公司收购人、控股股东和实际控制人、财务顾问等专业机构的诚信档案共享系统并制定相关执行细则;督促和检查证监局和证券交易所监管职责的履行情况;组织、指导、协调证监局、证券交易所对上市公司收购的监管工作。制定有关从事并购重组财务顾问业务的规则,提出对财务顾问及其执业人员的具体监管要求,负责与机构部、中国证券业协会进行总体协调。

(二)证券交易所

证券交易所负责上市公司的收购及相关股份权益变动活动信息披露的监管、市场组织和提供相关技术服务,依法制定并公布配套业务规则,制定内部工作指引,对相关上市公司的证券交易活动进行实时监控,对于监管中发现的问题采取监管措施并报上市部,在诚信档案中记录对上市公司收购人、控股股东及实际控制人、财务顾问等专业机构的监管情况,并与上市部诚信档案系统进行链接,做好上市公司的收购及相关股份权益变动基础数据的收集和整理工作。

(三)证监局

证监局作为上市公司的收购及相关股份权益变动活动的一线监管者,重点监管未达到30%的公司控制权的变化及所有控制权发生变化的公司的持续督导工作。在收购未完成前,根据审慎监管原则或上市部的要求,对收购人进行实地核查;在收购完成后,负责检查财务顾问持续督导责任的落实情况,并对收购人和上市公司后续计划落实情况、相关承诺履行情况及收购效果进行跟踪监管。结合监管特别是持续监管中发现的问题,在诚信档案中记录对上市公司收购人、控股股东及实际控制人、财务顾问等专业机构的监管情况,并与上市部诚信档案系统进行链接;对有关收购及相关股份权益变动活动的投诉、涉嫌违法违规问题进行调查,提出处理意见并报上市部。

二、工作要求

(一)证券交易所

1. 日常监管。

(1)关注媒体对上市公司的收购及相关股份权益变动活动的报道、市场传闻和投诉,及由此引起的二级市场交易异常情况,督促上市公司及时披露信息或者发布澄清公告;涉及间接收购的,督促上市公司立即向其控股股东及实际控制人查询,并将查询情况及时披露。

(2)在相关信息未予披露或传闻未予澄清前,证券交易所有权采取对上市公司股票交易实施停牌处理的措施。收购人和目标公司同为上市公司的,证券交易所应注意相关信息披露和两公司股票停牌的同步性。

2. 事中监管。

(1)审核上市公司的收购及相关股份权益变动的相关信息披露文件,包括简式和详式权益变动报告书、收购报告书摘要、要约收购报告书摘要、被收购公司董事会报告书、财务顾问和独立财务顾问的专业意见。

(2)在对上市公司的收购及相关股份权益变动的信息披露监管中,按照配套业务规则、内部工作指引和审核对照表的要求,监督相关信息披露义务人切实履行信息披露义务,重点监管信息披露的及时性、信息披露内容的充分性和完整性、备查文件的齐备性,并对信息披露内容保持合理怀疑。发现上述信息披露文件因存在问题不能按时披露的,要求相关当事人或上市公司简要披露有关信息,以保证信息披露的及时性。

(3)审核中发现信息披露内容可能存在违法违规问题的,按交易所业务规则处理;发现收购人(特别是30%以下)不具备主体资格的,证券交易所督促上市公司披露本次收购中存在问题的相关信息,并将相关情况报上市部处理,抄送相关证监局。在上市部未明确处理决定之前,不予办理相关股份过户的确认手续;存在疑点的,提请相关证监局关注,或提出立案稽查的建议,报上市部处理。

(4)对于公司控股股东及实际控制人,存在非经营性占用上市公司资金及其他侵害上市公司合法权益的行为,要求上市公司董事会对此形成的原因作出说明,并且必须予以纠正;同时,将相关情况报上市部处理,抄送相关证监局。在上市部未明确处理决定之前,不予办理转让过户确认手续。

(5)对于以现金方式协议转让股权,在办理股份转让确认手续时,要求转让双方提供全额转让款存放于双方认可的银行账户的证明。

(6)证券交易所负责监管上市公司的部门应提请市场监察部门对涉及收购及相关股份权益变动的公司的股票交易活动予以关注。市场监察部门应对相关上市公司股票交易异常情况进行核查,发现相关当事人和中介机构存在内幕交易和市场操纵问题的,监管上市公司的部门按照配套业务规则对信息披露存在的问题采取监管措施,并报上市部进一步查处。

(7)完善和维护上市公司股东信息披露系统,有关信息披露文件在指定报刊公布的同时,登录于该信息系统,并将每日公布简式和详式权益变动报告书、收购报告书摘要、要约收购报告书摘要所涉及的上市公司名单通报上市部。

(8)根据交易所业务规则和监管的需要,负责股份转让的市场组织,安排上市公司收购期间的停牌和复牌。

3.持续监管。

(1)与中国证券登记结算有限责任公司协调,做好股份转让的确认与过户登记的衔接工作,设置适当程序,在收购及相关股份权益变动情况的信息披露后,督促相关当事人按照规定披露股份过户办理情况。

(2)将审核中发现的收购人、控股股东及实际控制人、财务顾问等专业机构的不当行为及所采取的监管措施,记录于诚信档案,并与上市部和证监局共享监管信息。

(3)统计上市公司的收购及相关股份权益变动情况,按规定格式每月、年向上市部报送有关统计数据。

(二)证监局

1.日常监管。

(1)掌握辖区内上市公司控股股东及其实际控制人的情况,建立辖区内上市公司收购及股份权益变动活动的历史档案,将上市公司控股股东及其实际控制人变动作为重点关注内容之一。

（2）对于股权结构相对分散、股东持股比例接近的上市公司，应特别关注其管理层是否稳定、是否存在实际控制人的变化；重点掌握上市公司是否独立于股东、高管人员的选举是否采用累计投票制以及其他可能导致公司瘫痪的问题。

（3）对辖区内涉及收购人控制多家上市公司的"一控多"情况全面掌握，"一控多"所涉及的各辖区证监局应在上市部的组织协调下，开展协作监管，积极配合，关注收购人已控制的上市公司和收购人拟收购上市公司之间的同业竞争、关联交易、资金管理、财务状况以及"一控多"是否导致各上市公司缺乏独立性，做好对收购人的核查，并及时沟通相关监管信息。

（4）关注上市公司董事会是否在公司章程中对收购设置不适当的障碍，对所发现的公司章程中的新问题，与上市部保持信息沟通。

（5）结合日常监管情况，发现上市公司存在间接收购而未履行法定义务的问题，督促相关当事人履行法定义务，并报告上市部，通知证券交易所；对于拒不履行法定义务的，报告上市部并提出处理建议，上市部研究后，报会领导作出处理决定。

（6）调查有关上市公司收购涉嫌违法违规问题的投诉，属于实名投诉的，应将调查情况及时上报上市部；属于匿名投诉的，证监局根据了解的情况，酌情处理，并将处理情况在每月月报中予以反映。

2. 事中监管。

（1）对收购人的监管。

一般要求：结合财务顾问报告，证监局根据审慎监管原则或上市部的要求对上市公司控制权的变化存疑点的，原则上在收购人就收购报告书摘要作出提示性公告后的15日内或收购人披露详式权益变动报告书后的15日内，对其进行实地核查，并将核查意见及对存在问题的处理建议报上市部，抄送相关证券交易所。实地核查中重点关注收购人的真实身份、收购人股权控制结构及人员控制关系、是否存在一致行动人、收购人及其控股股东和实际控制人所从事的业务及经营情况、收购人的资信情况、收购的资金来源及收购人是否具备收购能力、收购前24个月内收购人及其关联方与上市公司是否发生重大交易、是否存在上市公司向收购人提供财务资助的嫌疑、财务顾问是否做到勤勉尽责；对于30%以上控制权变化的情况，自收到收购报告书之日起2个工作日，通报上市公司所在地省、自治区、直辖市、计划单列市人民政府（以下简称地方政府）办公厅，如地方政府表示不同意见，请其在10日内以书面形式向中国证监会提出，并说明原因或提供证据，证监局则将了解的有关情况及时告知上市部。

特殊要求：通过协议方式收购的，应关注转让的股份是否存在被限制转让的情况、是否附加特殊条件或存在补充协议；通过信托或其他资产管理方式进行收购的，应当重点关注本次收购是否为其利用自有资金进行投资、是否与其他信托投资分账管理、是否代他人持有股份。如代持，应着重了解他人的基本情况；收购人通过非现金资产进行定向增发取得控制权的，应结合财务顾问等专业机构意见，在董事会决议公告后的15日内对拟注入的非现金资产进行实地核查，重点了解拟注入的资产权属是否清晰、与资产实际情况是否相符、资产交易定价是否存在明显不公允，并出具核查报告；涉及司法裁决的收购，应关注是否存在滥用司法、有意规避履行法定义务和审批的问题；涉及管理层收购的，应关注本次定价依据、支付方式、资金来源、融资安排、还款计划及其可行性、上市公司管理层及其直系亲属在最近24个月与上市公司业务往来情况、上市公司或关联股东是否为其提供财务资助、管理层收购前后公司经营是否存在重大变化、管理层是否存在为降低收购价格操纵公司财务报表的行为，并出具核查意见；涉及外资收购的，如收购人为在境外设立的离岸公司（如BVI公司），证监局应当严格监管，要求收购人提供尽可能详细的资料，以及财务顾问、律师等专业机构的专业意见，并充分披露相关信息，出具相关承诺；如离岸公司的控股股东或实际控制人为中国法人或自然人，证监局应要求收购人提供国内有权部门批准其在境外设立离岸公司的文件，并对控股股东或实际控制人及其主要企业所从事的业务、公司实力、诚信记录、财务状况进行实地核查，并出具核查报告；如收购人为中央企业在境外设立的离岸公司，证监局可根据审慎监管原则处理。

（2）对被收购公司、被收购公司控股股东及其关联方的监管。

关注被收购公司的控股股东、实际控制人及其关联方是否存在损害被收购公司或其他股东合法权益的事实,如大股东非经营性占用上市公司资金、由上市公司违规为其担保等相关问题。如有,应要求控股股东及其关联方制定解决方案予以消除,并结合解决方案提出监管意见和建议。

涉及协议收购的,督促协议收购双方采取切实有效措施,保证控制权转移期间上市公司经营管理的平稳过渡。在过渡期内,重点关注:来自收购人的董事(含收购人提名的董事)是否超过董事会成员的1/3;被收购公司是否为收购人及其关联方提供担保;除收购人为挽救陷入危机或者面临严重财务困难的上市公司的情形外,被收购公司是否公开发行股份募集资金,是否进行重大购买、出售资产及重大投资行为或者与收购人及其关联方进行其他关联交易。防止原控股股东以所谓的"股权托管"、"公司托管"等任何方式,违反法定程序,规避法律义务,变相转让上市公司控制权。

涉及要约收购的,重点关注收购人作出提示性公告后至要约收购完成前,被收购公司是否存在以下情形:除继续从事正常的经营活动或者执行股东大会已经作出的决议外,未经股东大会批准,被收购公司董事会通过处置公司资产、对外投资、调整公司主要业务、担保、贷款等方式,对公司的资产、负债、权益或者经营成果造成重大影响。同时关注在要约收购期间,被收购公司董事是否存在辞职情况。

(3)对财务顾问的监管。

发现财务顾问未按照《上市公司收购管理办法》履行勤勉尽责义务的,可以要求财务顾问提供工作底稿及尽职调查说明。认为财务顾问解释后仍存在疑点的,应进行实地核查。实地核查后,确实发现财务顾问未勤勉尽责履行职责的,提出处理建议并将疑点计入财务顾问的诚信档案;若财务顾问不配合证监局的检查工作,立即将情况及处理建议报告上市部。

3.持续监管。

(1)对收购人的监管。

结合财务顾问报告,重点关注收购完成后,股权是否过户;在收购完成后的12个月,对收购人所作承诺的履行情况和后续计划的落实情况进行跟踪监管;如收购人在收购的同时或收购完成后拟进行资产重组的,应关注其重组实施情况,及与有关方面的协议执行情况。对存在问题的收购人,要求其延长财务顾问的持续督导期6至12个月。同时,说明延长的原因,并将延长财务顾问持续督导期的决定通报上市部。若延长12个月后,收购人存在问题仍无法解决的,证监局则应说明无法解决的原因及性质,提出处理建议并报上市部处理。

(2) 对上市公司的监管。

结合财务顾问报告,在收购完成后的12个月内,对控制权发生变化的上市公司进行定期或者不定期的现场检查。重点关注收购完成后,上市公司业务、人员、资产、投资等方面的变化,上市公司是否保持经营的独立性;结合上市公司定期报告,约见担任公司审计的会计师事务所谈话,了解公司控制权发生变化后的上市公司财务状况和经营状况。

(3) 对财务顾问的监管。

检查财务顾问持续督导工作的情况,将财务顾问的执业情况记录在案;在持续督导期间,财务顾问与收购人解除合同的,调查合同解除的真实原因,并应督促收购人尽快另行聘请其他财务顾问机构履行督导职责,要求后任财务顾问应主动与前任财务顾问取得联系、了解公司风险。

(4) 对收购人及相关机构的处理措施。

证监局可以采取约见谈话、检查工作底稿、实地核查、限期整改、监管谈话、监管警示函等多种形式做好持续督导工作。其中,证监局拟采取监管警示函等处理措施的,应将有关监管中发现的问题及相关材料报上市部,在上市部同意后,证监局可以采取相应措施。

有关监管措施及整改情况记录于诚信档案,并与上市部和证券交易所共享监管信息。

三、监管协作

(一) 证券交易所应当在审核工作程序上做出适当安排,要求信息披露义务人应在报送的信息披露文件中明确写明是否在规定的时间内向上市部及证监局报送有关材料。

(二) 对于难以把握适用标准及没有先例的收购个案,证券交易所应当征求上市部的意见。对于审核中发现的普遍性、趋势性问题,证券交易所应提出处理建议,报上市部研究,形成相应的审核备忘录。

(三)上市部和证券交易所根据对有关收购个案的审核情况,将须持续关注的问题,提请相关证监局在收购完成后的12个月内持续监管。

各证监局报上市部的每月月报应当包括本辖区内上市公司收购、持续监管及持续督导汇总情况。

(四)收购及相关股份权益变动活动的监管,由上市公司注册地所属辖区证监局负责。涉及跨辖区的核查事项,可委托相关证监局给予协助。确有必要委托其他证监局完成核查任务的,应当向受委托证监局提交书面委托材料、说明理由并附上基础材料和具体要求。

收购人的注册地与上市公司注册地不同的,上市公司所属辖区证监局应督促财务顾问将财务顾问持续督导期间的报告同时报送收购人所在地的证监局。

(五)上市公司注册地发生变更,迁出地证监局应向迁入地证监局出具有关上市公司的收购及相关股份权益变动活动的监管情况报告,并将本次收购中收购人和财务顾问的有关档案随同上市公司档案一并移交给迁入地证监局。

(六)证券交易所和各证监局每半年度根据监管实践撰写典型收购案例并上报上市部。上市部负责汇总,并定期编写上市公司收购案例汇编。

附件:1.通报地方政府的函
  2.证监局对上市公司收购的核查及持续督导意见(略)
  3.监管谈话样本(略)
  4.监管警示函样本(略)

附件1:

通报地方政府的函

×××(省、自治区、直辖市、计划单列市人民政府)办公厅:

我局于×××年××月××日收到××收购人收购××公司的收购报告书,本次收购所涉及股份××股,占上市公司股本总额

×%。目前该行政许可事项正在中国证监会审核中。

根据《上市公司收购管理办法》的规定,贵单位如对本次收购有不同意见,请自收到本函之日起10日内以书面形式向中国证监会提出,并说明理由和依据。

特此函告。

中国证券监督管理委员会
××××局
××××年××月××日

行业规定

上海证券交易所

上海证券交易所关于发布《上海证券交易所上市公司股份协议转让业务办理指引(2021年修订)》的通知

(2021年8月20日 上证发〔2021〕67号)

各市场参与人:

为进一步优化上市公司股份协议转让业务办理机制,精简办理材料,提升服务水平,上海证券交易所(以下简称本所)对《上海证券交易所上市公司股份协议转让业务办理指引》进行了修订,现予以发布,自发布之日起施行。

本所于2018年1月26日发布的《上海证券交易所上市公司股份协议转让业务办理指引》(上证发〔2018〕6号)同时废止。

特此通知。

附件:上海证券交易所上市公司股份协议转让业务办理指引(2021年修订)

附件

上海证券交易所上市公司
股份协议转让业务办理指引
（2021年修订）

第一条 为规范上海证券交易所（以下简称本所）上市公司股份协议转让业务，明确业务受理要求和办理程序，提升市场服务水平，依据《中华人民共和国证券法》《上市公司收购管理办法》《上市公司股东、董监高减持股份的若干规定》等法律、行政法规、部门规章和规范性文件（以下简称法律法规）及《上市公司流通股协议转让业务办理暂行规则》（以下简称《暂行规则》）、《上海证券交易所上市公司股东及董事、监事、高级管理人员减持股份实施细则》（以下简称《减持细则》）等有关规定，制定本指引。

第二条 出让方和受让方（以下统称转让双方）依据依法订立的协议，办理本所上市公司流通股股份转让业务（以下简称协议转让），适用本指引。

本所对通过协议转让方式进行股票质押式回购交易违约处置另有规定的，从其规定。

第三条 转让双方在本所办理上市公司股份协议转让业务，应当遵守法律法规、本所业务规则的相关规定，不得违反转让双方或任何一方作出的承诺。

转让双方保证向本所提交的办理材料真实、准确、完整、合法合规，保证拟转让的股份为依法取得、有权处分的资产，且已根据相关规定履行相应的审批或备案程序，并自行承担协议转让的风险和与之有关的法律责任。

第四条 本所依据《暂行规则》及本指引的规定办理协议转让业务，对转让双方提交的办理材料进行完备性核对，并对符合条件的协议转让出具确认意见。

第五条 具有以下情形之一的，可以向本所提交协议转让办理材料：

（一）转让股份数量不低于上市公司总股本5%的协议转让；

（二）转让双方存在实际控制关系，或均受同一控制人所控制的协议转让，转让股份数量不受前项不低于5%的限制；

（三）外国投资者战略投资上市公司涉及的协议转让；

（四）法律法规、中国证监会及本所业务规则认定的其他情形。

收回股权分置改革中的垫付股份、国有股东转让所持上市公司股份、业绩承诺未达标导致的股份回购或补偿等情形，比照本指引办理。

第六条 转让双方办理协议转让业务，应当符合以下要求：

（一）转让协议依法生效；

（二）协议各方为自然人或者依法设立并有效存续的法人、其他组织；

（三）拟转让股份的性质为无限售条件流通股，法律法规以及本所业务规则另有规定的除外；

（四）单个受让方的受让比例不低于上市公司总股本的5%，转让双方存在实际控制关系、均受同一控制人所控制及法律法规、本所业务规则另有规定的除外；

（五）股份转让价格不低于转让协议签署日（当日为非交易日的顺延至次一交易日）公司股份大宗交易价格范围的下限，法律法规、本所业务规则另有规定的除外；

（六）转让双方就股份转让协议签订补充协议，涉及变更转让主体、转让价格或者转让股份数量等任一情形的，股份转让价格不低于补充协议签署日（当日为非交易日的顺延至次一交易日）公司股份大宗交易价格范围的下限；

（七）依据相关规定应当经行政审批方可进行的协议转让，已获得有关部门的批准；

（八）转让双方应当披露相关信息的，已经依法合规履行信息披露义务；

（九）中国证监会及本所认定的其他要求。

第七条 转让双方办理协议转让业务存在以下情形之一的，本所不予受理：

（一）不符合本指引第六条规定的要求；

（二）拟转让股份已经被质押且质权人未书面同意转让；

（三）拟转让股份存在尚未了结的诉讼、仲裁、其它争议或者被司法冻结等权利受限情形，但按照《关于进一步规范人民法院冻结上市公司质押股票工作的意见》取得人民法院准许文件的除外；

（四）拟转让股份存在中国证监会《上市公司股东、董监高减持股份的若干规定》或《减持细则》规定的不得减持的情形；

（五）本次转让可能导致规避股份限售相关规定；

（六）违反转让双方或者任何一方作出的承诺；

（七）协议签署日与提交申请日间隔超过6个月且无正当理由；

（八）本次转让可能构成短线交易或者存在其他违反法律法规或本所业务规则的情形；

（九）转让双方任意一方被中国证监会采取不得在证券交易场所交易证券的市场禁入措施尚在禁入期内的，但根据《证券市场禁入规定》第六条可以交易证券的除外；

（十）本所认定的其他情形。

第八条 转让双方根据拟办理的协议转让业务类型，按照本所相关办理指南所列材料清单，向本所法律部提交相应办理材料。

办理协议转让，转让双方涉及自然人的，由本人或者持公证授权委托书的代理人办理；涉及法人、其他组织的，由法定代表人、负责人或者其授权的代理人办理。

转让双方应当如实填写确认表、承诺相关事项，并由本人或授权代表签字、盖章。

第九条 可以通过公开的政府官方渠道进行网络核验的法定证照类证明文件，原则上不再收取，由转让双方提供相关办理信息，并保证相关信息真实、准确、完整。

材料清单中涉及由本所业务部门出具的文件，由本所法律部统一接收办理材料后，提请相关业务部门出具，无需转让双方自行提交。

拟转让股份的持有情况证明文件，由转让双方于提交协议转让办理材料当日，向中国证券登记结算有限责任公司（以下简称中国结算）上海分公司申请查询并打印。

第十条 本所按照本所相关办理指南所列材料清单，对转让双方提交的协议转让办理材料进行完备性核对。办理材料完备的，本所予以受理,并自受理之日起3个交易日内出具协议转让确认意见。

办理材料不完备的,本所自接收材料之日起3个交易日内通过书面形式向转让双方反馈需补充的材料。转让双方未补充完备的,本所不予受理。

需要补充材料的,补充材料的时间不计入确认时限。

第十一条 本所对符合《暂行规则》和本指引规定的协议转让业务出具确认意见的,转让双方应当按照本所关于股票集中竞价交易的收费标准缴纳费用,法律法规及本所业务规则另有规定的除外。

对于每笔协议转让的单个出让方和受让方,收取费用的上限各为10万元人民币,下限各为50元人民币,法律法规及本所业务规则另有规定的除外。

第十二条 同一次协议转让申请涉及多个出让方或者受让方,其中任一出让方的出让比例或者任一受让方的受让比例低于5%的,全部出让方和受让方应当同时办理股份过户手续,并一次性完成过户登记,法律法规及本所业务规则另有规定的除外。

第十三条 协议转让确认意见自本所出具之日起6个月内有效。转让双方逾期未到中国结算上海分公司申请办理股份过户登记的,应当向本所重新提交申请。

转让双方应当按照本所出具的协议转让确认表中载明的转让股份数量一次性办理过户登记。

第十四条 转让双方应当严格遵守在协议转让办理过程中作出的承诺,达到信息披露要求的,还应当及时在协议转让进展公告中披露承诺内容。

第十五条 转让双方在本次协议转让后减持公司股份的,应当严格遵守法律法规、本所业务规则等文件作出的以及转让双方自行承诺的关于股份减持的有关规定,并严格遵守短线交易的禁止性规定。

同一笔协议转让的全部出让方和受让方应当共同遵守《减持细则》关于协议转让后续减持的相关规定,共享规定的减持比例,并分别履行信息披露义务。

第十六条 协议转让过户完成后,同一受让方3个月内不得就其所受让的股份再次申请协议转让。

第十七条 转让双方或者任何一方存在以下情形之一的,本所可以采取口头警示、书面警示等监管措施;情节严重的,给予通报批评、公开谴责、限制证券账户交易、公开认定不适合担任上市公司董事、监事、高级管理人员等纪律处分:

(一)提交的协议转让办理材料不真实、不准确、不完整;

(二)办理的协议转让业务违反法律法规、本所业务规则的相关规定;

(三)办理的协议转让业务违反了转让双方或者任何一方作出的承诺;

(四)通过交易、转让或者其他安排规避本指引的规定;

(五)违反转让双方或者任何一方在办理协议转让业务时作出的承诺;

(六)违反本指引规定的其他情形。

转让双方因前款规定情形被本所给予通报批评、公开谴责或公开认定不适合担任上市公司董事、监事、高级管理人员的纪律处分的,本所在相关纪律处分决定作出之日起12个月内,暂不受理相关当事方的协议转让业务。

第十八条 本指引涉及用语含义如下:

(一)上市公司总股本:是指上市公司境内外发行股份的总数,包括人民币普通股票(A股)、人民币特种股票(B股)、境外上市股票(含H股等)的股份数量之和;

(二)转让双方存在实际控制关系,或均受同一控制人所控制:是指自然人、法人或其他主体对公司持股比例超过50%,或根据中国证监会有关规定构成实际控制关系或均受同一控制人所控制。

第十九条 本指引由本所负责解释。

第二十条 本指引自发布之日起施行。本所于2018年1月26日发布的《上海证券交易所上市公司股份协议转让业务办理指引》(上证发〔2018〕6号)同时废止。

上海证券交易所关于发布《上海证券交易所上市公司股份协议转让业务办理指南(2024年修订)》的通知

(2024年5月31日 上证函〔2024〕1505号)

各市场参与人：

为了配合减持制度修改，上海证券交易所(以下简称本所)对《上海证券交易所上市公司股份协议转让业务办理指南(2023年修订)》进行了修订，形成了《上海证券交易所上市公司股份协议转让业务办理指南(2024年修订)》，现予以发布，并自发布之日起施行。本所于2023年10月20日发布的《上海证券交易所上市公司股份协议转让业务办理指南(2023年修订)》(上证函〔2023〕3036号)同时废止。

上述指南全文可至本所官方网站(http://www.sse.com.cn/)"规则"下的"本所业务指南与流程"栏目查询。

特此通知。

附件：上海证券交易所上市公司股份协议转让业务办理指南(2024年修订)

上海证券交易所上市公司股份协议转让业务办理指南(2024年修订)

为了明确上海证券交易所(以下简称本所)上市公司股份协议转让业务(以下简称协议转让)和通过协议转让方式进行股票质押式回购交易违约处置(以下简称违约处置协议转让)的办理流程和材料要求，便利市场主体办理相关业务，根据《上市公司流通股协议转让业务办理暂行规则》(以下简称《办理规则》)、《上海证券交易所上市公司股份协议转让业务办理指引(2021年修订)》(以下简称《办理指引》)、《关于通过协议转让方式进行股票质押式回购交易违约处置相关事项的通知》(以下简称《通知》)等相关业务规则,制定本指南。

一、协议转让业务办理

(一)一站式办理

为了便利市场主体,协议转让实行"一站式办理",材料清单请查看附件1。由本所法律事务部统一接收满足要求的①转让双方提交的协议转让办理材料,进行完备性核对后予以受理,并对符合条件的协议转让出具确认意见。其中涉及信息披露事项需由本所上市公司管理部门出具确认意见的,由法律事务部代为取得并纳入办理材料,无需转让双方自行提交。

出让方和受让方(以下统称转让双方)申请办理协议转让的,可通过电子邮件、现场或邮寄方式,向法律事务部提交办理材料。

通过电子邮件申请办理协议转让的,转让双方应当向协议转让联系邮箱(xyzr@sse.com.cn)提交双方签署完毕的全套申请材料的彩色电子扫描件。法律事务部收到电子材料后,进行初步完备性核对,办理材料形式完备的,通知转让双方向本所邮寄或现场提交全套纸质办理材料(邮寄或现场提交地址:上海市杨高南路388号上海证券交易所法律事务部)。法律事务部收到全套纸质办理材料后予以受理。

现场申请办理协议转让的,转让双方需前往上海证券交易所新大楼(地址:上海市浦东新区杨高南路388号)一层前台提交办理材料。

通过邮寄申请办理协议转让的,转让双方需将全套纸质办理材料

---

① 具有以下情形之一的,可以向本所提交协议转让办理申请:(一)转让股份数量不低于上市公司总股本5%的协议转让;(二)转让双方存在实际控制关系,或均受同一控制人所控制的协议转让,转让股份数量不受前项不低于5%的限制;(转让双方存在实际控制关系,或均受同一控制人所控制是指自然人、法人或其他主体对公司持股比例超过50%,或根据中国证监会有关规定构成实际控制关系或均受同一控制人所控制。)(三)外国投资者战略投资上市公司涉及的协议转让;(四)法律法规、中国证监会及本所业务规则认定的其他情形。收回股权分置改革中的垫付股份、国有股东转让所持上市公司股份、业绩承诺未达标导致的股份回购或补偿等情形,比照办理。

邮寄至法律事务部(邮寄地址:上海市杨高南路388号上海证券交易所法律事务部)。

转让双方采用邮寄形式递交材料的,应当知悉可能存在文件丢失、毁损、延误等风险。

(二)办理材料要求

根据《办理规则》《办理指引》等规定,转让双方应当提交的协议转让办理材料清单详见附件1。

本所对办理材料形式完备性进行核对,并对材料完备的协议转让出具确认意见,不对办理材料及内容的真实性、准确性、完整性等做实质性审核。本所在事后监管中发现转让双方提交材料不真实、不准确、不完整,或者违反相关规定或承诺的,依规予以相应处理。

(三)办理流程

1. 转让双方按材料清单准备相关办理材料,并通过电子邮件、现场或邮寄方式向本所法律事务部提交。

2. 法律事务部收到转让双方提交的协议转让办理材料后3个交易日内,根据办理材料清单对其形式完备性予以核对。

转让双方涉及履行相关信息披露义务的,法律事务部通知本所上市公司管理部门对其信息披露情况进行形式核对,由本所上市公司管理部门出具确认或不予确认的意见。

3. 办理材料形式完备的(以电子邮件形式提交的,需收到全套纸质办理材料),法律事务部予以受理,并自受理之日起3个交易日内出具协议转让确认意见。

办理材料不完备的,法律事务部向转让双方反馈需补充的材料清单。转让双方按要求补充材料后,法律事务部再次予以形式核对。材料无法补充完备的,不予受理。

需要补充材料的,补充材料的时间不计入受理和确认时限。

4. 法律事务部形成协议转让确认意见后,向转让双方发出收取协议转让经手费的通知。本所财务部门收到转让双方全部款项及开票信息后告知法律事务部,法律事务部通知转让双方领取确认表(可邮寄或自取)。

转让双方可持协议转让确认意见及中国证券登记结算有限责任

公司(以下简称中国结算)上海分公司要求的其他材料,到中国结算上海分公司办理股份过户登记。

二、违约处置协议转让业务办理

(一)一站式办理

为了便利市场主体,违约处置协议转让实行"一站式办理"。由本所法律事务部统一接收转让双方及质权人(以下统称办理人)提交的违约处置协议转让相关办理材料①,进行完备性核对并转交本所相关业务部门分别出具确认意见后,予以受理,并对符合条件的协议转让出具确认意见(流程图见附件4)。

出让方和受让方(以下统称转让双方)申请办理违约处置协议转让的,可通过电子邮件、现场或邮寄方式,向法律事务部提交办理材料。

通过电子邮件申请办理违约处置协议转让的,转让双方应当向违约处置联系邮箱(xyzr@sse.com.cn)提交双方签署完毕的全套申请材料的彩色电子扫描件。法律事务部收到电子材料后,进行初步完备性核对,办理材料形式完备的,通知转让双方向本所邮寄或现场提交全套纸质办理材料(邮寄或现场提交地址:上海市杨高南路388号上海证券交易所法律事务部)。法律事务部收到全套纸质办理材料后予以受理。

现场申请办理违约处置协议转让的,转让双方需前往上海证券交易所新大楼(地址:上海市浦东新区杨高南路388号)一层前台提交办理材料。

通过邮寄申请办理违约处置协议转让的,转让双方需将全套纸质办理材料邮寄至法律事务部(邮寄地址:上海市杨高南路388号上海证券交易所法律事务部)。

转让双方采用邮寄形式递交材料的,应当知悉可能存在文件丢

---

① 符合以下条件的股票质押回购违约处置协议转让,可以向本所提交办理申请:(一)拟转让股票为股票质押式回购交易初始交易或者合并管理的补充质押股票,且拟转让股票质押登记已满12个月;(二)提交协议转让申请时,该笔交易出质人为对应上市公司持股2%以上的股东;(三)不存在《办理指引》规定的不予受理情形。

失、毁损、延误等风险。

（二）违约处置协议转让的办理材料

根据《办理规则》《办理指引》《通知》等规定，办理人应当提交的违约处置协议转让办理材料清单见附件5。

本所对办理材料形式完备性进行核对，并对材料完备的协议转让出具确认意见，不对办理材料及内容的真实性、准确性、完整性等做实质性审核。本所在事后监管中发现办理人提交材料不真实、不准确、不完整，或者违反相关规定或承诺的，依规予以相应处理。

（三）违约处置协议转让的办理流程

1. 法律事务部收到违约处置协议转让办理材料后，分别转送本所会员管理部和上市公司管理部门。

2. 收到办理材料后3个交易日内，会员管理部对证券公司出具的违约处置协议转让确认表予以形式核对，出具确认或不予确认的意见；上市公司管理部门对办理人信息披露义务履行情况予以形式核对，出具确认或不予确认的意见；法律事务部根据办理清单，对其他办理材料的形式完备性予以核对。

办理材料不完备的，法律事务部向办理人反馈需补充的材料清单，办理人按要求补充材料后，本所法律事务部再次予以形式核对。

需要补充材料的，补充材料的时间不计入受理和确认时限。

3. 会员管理部、上市公司管理部门均出具确认意见，且其他办理材料完备的（以电子邮件形式提交的，需收到全套纸质办理材料），法律事务部予以受理并告知办理人，并自受理之日起3个交易日内形成协议转让确认意见。

会员管理部或上市公司管理部门出具不予确认意见的，或者其他材料无法补充齐备的，法律事务部告知办理人不予受理。

4. 法律事务部形成协议转让确认意见后，向办理人发出收取协议转让经手费的通知。本所财务部门收到办理人全部款项及开票信息后告知法律事务部，法律事务部通知办理人领取确认表（可邮寄或自取）。

办理人可持协议转让确认意见及中国结算上海分公司要求的其他材料，到中国结算上海分公司办理股份过户登记。

附件：

一、协议转让业务

1. 上海证券交易所上市公司股份协议转让业务办理材料清单

2. 上海证券交易所上市公司股份协议转让确认表及附表

3. 上海证券交易所上市公司股份协议转让办理承诺函

二、违约处置协议转让业务

4. 股票质押式回购交易违约处置协议转让办理流程图

5. 上海证券交易所股票质押式回购交易违约处置协议转让业务办理材料清单

6. 上海证券交易所上市公司股票质押式回购交易违约处置协议转让确认表及附表

7. 上海证券交易所上市公司股票质押式回购交易违约处置协议转让办理承诺函

8. 证券公司股票质押式回购交易违约处置协议转让信息表（含初始和补充）

三、参考格式文本

9. 质权人同意函（参考格式）

10. 法定代表人/负责人/执行事务合伙人（委派代表）授权委托书（参考格式）

11. 上市公司董事会关于本次股份转让的情况说明要点（适用于出让方为上市公司董事、监事、高级管理人员情形）

附件1：

上海证券交易所上市公司
股份协议转让业务办理材料清单

序号	类型	本所具体材料
1	转让确认表和承诺函	转让双方填写的《上海证券交易所上市公司股份协议转让确认表》（详见附件2）和《上海证券交易所上市公司股份协议转让办理承诺函》（详见附件3），如出让方或受让方涉及多个主体的，请一并提交附表。

续表

序号	类型	本所具体材料
2	标的股份基本信息	出让方提供由中国证券登记结算有限责任公司上海分公司出具的证券查询信息单原件（可通过"中国结算营业厅"微信公众号等渠道获取证券查询信息单电子凭证）。证券查询信息单需要包含拟转让证券持有信息单及冻结信息单。
		拟转让股份已经设定质押的，需提供质权人出具的书面同意转让文件原件（质权人同意函参考格式见附件9）和身份证明文件（质权人为自然人的提供身份证明文件复印件、质权人为法人的提供营业执照复印件）。
3	转让协议文本	依法生效的转让协议原件。转让协议附生效条件的，需提交双方签署的协议生效说明原件。如转让协议非法定代表人/负责人/执行事务合伙人（委派代表）亲自签署的，需提供相应授权委托书。如转让协议非自然人本人亲自签署的，亦需提供经公证的相应授权委托书。
		涉及补充协议的，应当一并提交相关补充协议原件。补充协议内容涉及变更转让主体、转让价格或者转让股份数量的，计算转让价格时的协议签署日以补充协议的签署日为准。
4	转让双方身份证明文件	境内法人： ①法人主体资格证明文件复印件（法人主体资格证明文件为营业执照或事业单位法人证书的转让双方无需提交）； ②法定代表人/负责人/执行事务合伙人（委派代表）身份证明文件复印件； ③法定代表人/负责人/执行事务合伙人（委派代表）授权委托书（参考格式见附件10）； ④经办人身份证明文件复印件。 境内自然人： ①身份证明文件复印件； ②经公证的授权委托书（如委托他人代办）； ③经办人身份证明文件复印件及经办人手持身份证照片（手持身份证照片需同时拍摄身份证正反面）；如为境内自然人本人亲自办理，则需拍摄自然人本人手持身份证正反面照片）。

续表

序号	类型	本所具体材料
		境外法人： ①所在国(地区)有权机关核发的证明境外法人主体资格的证明文件(如该证明文件未包含该法人合法存续内容，还需提供该法人合法存续证明)； ②授权人签署的授权委托书(关于协议签署以及业务办理的授权)； ③境外机构或有权机关出具的能够证明授权人有权签署授权委托书的证明文件； ④授权人身份证明文件复印件； ⑤经办人身份证明文件复印件。 境外自然人： ①身份证明文件复印件； 境外自然人身份证明文件包括：外国(地区)公民身份证或者护照；有外国(地区)永久居留权的中国公民的永久居留证明及中国护照；台湾居民来往大陆通行证；香港永久性居民身份证、澳门永久性居民身份证。 ②授权委托书(如委托他人代办)； ③经办人身份证明文件复印件(如委托他人代办)。 受让方的证券账户卡复印件，或者由中国证券登记结算有限责任公司上海分公司出具的证券查询信息单原件(可通过"中国结算营业厅"微信公众号等渠道获取证券查询信息单电子凭证)
		境外主体的身份证明文件、授权委托书以及授权人有权授权的证明文件需要符合以下要求：申请人所在国(地区)为《取消外国公文书认证要求的公约》签署方，提交的文件应当按照公约要求附有附加证明书。申请人所在国(地区)未参加《取消外国公文书认证要求的公约》，但与我国共同缔结或者参加了其他国际公约，或者与我国缔结了其他双边条约，提交的文件应当按照公约或者双边条约要求履行身份证明手续。申请人所在国(地区)与我国已建立外交关系，但未参加任何国际公约、未与我国缔结双边条约，提交的文件应经过我国驻该国使、领馆认证。申请人所在国(地区)与我国无外交关系，其提供的文件，需要经过国(地区)外交机构或者其授权机构和我国有外交关系国家驻该国(地区)使、领馆认证后，再办理我国驻该第三国使、领馆认证。香港地区申请人提

行业规定

续表

序号	类型	本所具体材料
		交的文件,应当经我国司法部委托的香港公证人公证,并加盖中国法律服务(香港)有限公司转递香港公证文书专用章。澳门地区申请人提交的文件,应当经澳门特别行政区政府公证部门或者我国司法部委托的公证人公证,并经中国法律服务(澳门)公司加盖核验章。台湾地区申请人提交的文件,应当经台湾地区的公证部门公证,并由台湾海峡交流基金会按照1993年《海峡两岸公证书使用查证协议》寄送公证书副本。台湾地区申请人还应当提交接收台湾公证书的内地公证协会出具的公证书正本与台湾海峡交流基金会寄送该会的副本一致的核对证明。境外主体的身份证明文件、授权委托书以及其他授权人有权授权的证明文件非中华人民共和国官方语言的,应当经过有资质的翻译机构的翻译和境内公证。
5	涉及信息披露的文件	本所上市公司管理部门出具的《上市公司股权协议转让表》(转让双方无须提交)。
6	需提供上市公司说明的情形	拟转让股份由上市公司董事、监事、高级管理人员持有的,或者上市公司董事、监事、高级管理人员离职后拟转让股份的,提供上市公司董事会关于本次股份转让不违反法律、行政法规、部门规章、规范性文件、公司章程以及本所业务规则的说明原件(参考格式见附件11)。
		属于股权分置改革代垫股份偿还的,需提交上市公司出具的股权分置改革代垫股份偿还情况说明原件。
		涉及重组业绩承诺未达标需回购或分发股份的,需提交上市公司出具的说明原件。
7	需提供转让双方实际控制关系证明文件的情形	非国有股协议转让,因转让双方存在实际控制关系或均受同一控制人控制,单一受让比例低于5%的,需提供证明转让双方存在实际控制关系或均受同一控制人控制的工商登记资料,以及任意一方绘制的双方股权关系树状图。

续表

序号	类型	本所具体材料
8	涉及国有股东的批复或备案文件	出让方为国有股东且直接适用《上市公司国有股权监督管理办法》的,需提交国有资产监督管理部门出具的批准文件复印件或备案文件原件。
		出让方为国有股东且比照适用《上市公司国有股权监督管理办法》的,需提交:(1)本次转让所适用的有效的国有资产管理规范;(2)已按照所适用的规范获得的批准文件复印件或备案文件原件;(3)出让方自行承担所有法律责任的承诺。
		出让方为国有股东且构成国有股有偿转让的,需提交协议转让价款的收款证明或说明和证明材料。
		受让方为国有股东的,需提供国有资产监督管理部门出具的批准文件复印件或备案文件原件,或者受让方出具的不需要履行批准或者备案手续的说明以及自行承担所有法律责任的承诺。
9	涉及持牌金融机构股东的文件	转让标的为银行、证券、保险等持牌金融机构的上市股份的,根据有关行业的股东资格或持股比例限制的规定,提供行业主管部门或相关机构的批准文件复印件。
10	涉及其他行政审批的文件	其他须经行政审批方可进行的股份转让,提供有关主管部门的批准文件。
11	涉及限售股转让的文件	拟依据《〈上市公司收购管理办法〉第六十二条、第六十三条及〈上市公司重大资产重组管理办法〉第四十六条有关限制股份转让的适用意见——证券期货法律适用意见第 4 号(2023 修正)》相关规定转让限售股份的,按照该意见要求,提交法律意见书原件、律师及律师事务所执业证明文件复印件及能证明转让双方实际控制关系的工商登记资料。
		拟依据《上海证券交易所股票上市规则》或《上海证券交易所科创板股票上市规则》有关规定转让限售股份的,提交上市公司出具的本次转让符合《上海证券交易所股票上市规则》或《上海证券交易所科创板股票上市规则》有关规定情形的说明原件,以及能证明转让双方实际控制关系的工商登记资料。

续表

序号	类型	本所具体材料
		拟依据《上市公司收购管理办法》第74条转让限售股份的,提交上市公司出具的本次转让符合《上市公司收购管理办法》第74条规定情形的说明原件,以及能证明转让双方实际控制关系的工商登记资料。
12	涉及要约收购的文件	办理要约收购产生的协议转让的,需提交中国结算上海分公司出具的上市公司要约收购预受结果证明以及履约保证金保管证明等原件。
13	涉及司法标记的材料	拟依据《最高人民法院 最高人民检察院 公安部 中国证券监督管理委员会关于进一步规范人民法院冻结上市公司质押股票工作的意见》的规定转让被司法标记的股票,需提供法院出具的同意本次转让的准许文件。

备注:转让双方提交的文件为复印件的,应当由提交主体盖章(法人相关文件)或者由经办人签字(自然人相关文件)。文件涉及多页的需加盖骑缝章(法人相关文件)或者骑缝签字(自然人相关文件)。

附件2:

上海证券交易所上市公司股份协议转让确认表

上证股转确字[20   ]第   号(-   )

转让类型	转让事由	□国有股协议转让　　　　□国有股无偿划转 □非国有股协议转让　　　□业绩承诺股份回购 □业绩承诺股份补偿　　　□对价偿还　　　□其他_____
	是否构成上市公司收购	□构成要约收购　　　□构成协议收购 □不构成收购
	转让双方是否存在实际控制关系或均受同一控制人所控制	□是　　　　　　　□否

续表

		证券账户名称	（如有多个出让方以附表列示）	实体性质		
转让双方基本情况	出让方	注册号码/身份证号码		证券账户号码		
		本次申请前6个月内是否增持过股份	□是 时间和方式：_____		□否	
		拟转让股份是否涉及司法标记	□是 质押编号：_____		□否	
		经办人及身份证号码		联系电话		
		本次变动前持股比例	%	本次变动后持股比例	%	
		是否为拟转让股份上市公司的董事、监事或高级管理人员		□是	□否	
		出让方是否为国有股东		□是	□否	
转让双方基本情况	受让方	证券账户名称	（如有多个受让方以附表列示）	实体性质		
		注册号码/身份证号码		证券账户号码		
		经办人及身份证号码		联系电话		
		本次变动前持股比例	%	本次变动后持股比例	%	
		受让方是否为国有股东	□是	□否		
股份情况拟转让	证券简称			证券代码		
	上市公司总股本		（股）	本次转让总价		（元）
	拟转让股份数量		（股）	每股转让价格		（元）
	拟转让股份比例		%	拟转让股份性质	□无限售流通股 □限售流通股 □非流通股	

续表

本次转让涉及的全部信息披露文件名称及披露时间	
转让双方签署	出让方：_____（盖章）　　受让方：_____（盖章） 经办人（签字）：_____　　经办人（签字）：_____
上交所确认意见	（本栏由上交所法律事务部填写） 年　月　日

备注（本备注不得删除）：1. 本表格含正反两页，打印在一张纸上（不含填表说明）。由转让双方填写，并保证所填内容真实、准确、完整。

2. 本表格自上交所确认之日起六个月内有效；逾期未向中国结算上海分公司申请办理过户的，须重新向上交所提交材料进行确认。

3. 本表格原件与中国结算上海分公司收到的信息核对一致，方可办理过户手续。

填表说明（填表说明无需打印提交）：

1. 确认表备注不得删除或者修改。

2. "是否构成上市公司收购"：要约收购勾选构成要约收购；取得和巩固上市公司控制权勾选构成协议收购；其余情形均勾选不构成收购。

3. "实体性质"：境内法人（或其他机构）按照营业执照、事业单位法人证书、统一社会信用代码证书等主体身份证明文件列明的类型填写，例如，合伙企业、有限责任公司、股份有限公司、事业单位、政府机关等;境外法人填写境外法人;自然人填写自然人;资管产品、基金产品等按照所属类型如实填写,如资管计划、信托计划、公募基金产品、私募基金产品等。

4."上市公司总股本"是指上市公司人民币普通股(A股)、人民币特种股票(B股)、境外上市股票(含H股等)的股份数量之和。

5. 比例无法除尽的,至少保留至小数点后两位(四舍五入)。如转让比例低于1%的,则小数点后非零保留两位小数。涉及信息披露的,应当与信息披露的比例保持一致。

6. 单价无法除尽的,至少保留小数点后两位(四舍五入)。涉及信息披露的,应当与信息披露单价保持一致。

7."本次转让涉及的全部信息披露文件名称及披露时间"是指本次转让涉及的相关提示性公告、简式权益变动报告书、详式权益变动报告书、收购报告书及其他相关信息披露文件;触发要约收购义务的,提供要约收购结果公告;符合中国证监会规定的免于发出要约的,提供免于发出要约的有关公告。

上海证券交易所上市公司
股份协议转让确认表——出让方附表

上证股转确字[20]第   号(-)

出让方一	证券账户名称		实体性质	
	注册号码/身份证号码		证券账户号码	
	本次申请前6个月内是否增持过股份	□是 时间和方式:_____	□否	
	拟转让股份是否涉及司法标记	□是 质押编号:_____	□否	
	经办人及身份证号码		联系电话	
	本次变动前持股比例	%	本次变动后持股比例	%
	是否为拟转让公司的董事、监事或高级管理人员	□是	□否	
	出让方是否为国有股东	□是	□否	
	本次转让总价	(元)		
	拟转让股份数量	(股)	每股转让价格	(元)

续表

拟转让股份比例	%	拟转让股份性质	□无限售流通股 □限售流通股 □非流通股
转让双方是否存在实际控制关系或均受同一控制人所控制	□是 □否		

出让方一或其经办人（签字）：

<table>
<tr><td rowspan="11">出让方二</td><td colspan="2">证券账户名称</td><td>实体性质</td><td></td></tr>
<tr><td colspan="2">注册号码/身份证号码</td><td>证券账户号码</td><td></td></tr>
<tr><td colspan="2">本次申请前6个月内是否增持过股份</td><td>□是
时间和方式：_____</td><td>□否</td></tr>
<tr><td colspan="2">拟转让股份是否涉及司法标记</td><td>□是
质押编号：_____</td><td>□否</td></tr>
<tr><td colspan="2">经办人及身份证号码</td><td>联系电话</td><td></td></tr>
<tr><td colspan="2">本次变动前持股比例</td><td>%</td><td>本次变动后持股比例</td><td>%</td></tr>
<tr><td colspan="2">是否为拟转让公司的董事、监事或高级管理人员</td><td>□是</td><td>□否</td></tr>
<tr><td colspan="2">出让方是否为国有股东</td><td>□是</td><td>□否</td></tr>
<tr><td colspan="2">本次转让总价</td><td colspan="2">（元）</td></tr>
<tr><td colspan="2">拟转让股份数量</td><td>（股）</td><td>每股转让价格</td><td>（元）</td></tr>
<tr><td colspan="2">拟转让股份比例</td><td>%</td><td>拟转让股份性质</td><td>□无限售流通股
□限售流通股
□非流通股</td></tr>
<tr><td colspan="2">转让双方是否存在实际控制关系或均受同一控制人所控制</td><td>□是
□否</td><td></td><td></td></tr>
</table>

出让方二或其经办人（签字）：

填表说明（填表说明无需打印提交）：
　　此表格适用于本次协议转让涉及多个出让方的情形，表格形式为样表，请根据出让方实际数量如实增加表格数量，每页至多2个表格。

上海证券交易所上市公司
股份协议转让确认表——受让方附表

上证股转确字[20   ]第   号(-   )

<table>
<tr><td rowspan="9">受让方一</td><td>证券账户名称</td><td colspan="2"></td><td>实体性质</td><td></td></tr>
<tr><td>注册号码/身份证号码</td><td colspan="2"></td><td>证券账户号码</td><td></td></tr>
<tr><td>经办人及身份证号码</td><td colspan="2"></td><td>联系电话</td><td></td></tr>
<tr><td>本次变动前持股比例</td><td colspan="2">%</td><td>本次变动后持股比例</td><td>%</td></tr>
<tr><td>转让双方是否存在实际控制关系或均受同一控制人所控制</td><td colspan="2">□是</td><td colspan="2">□否</td></tr>
<tr><td>受让方是否为国有股东</td><td colspan="2">□是</td><td colspan="2">□否</td></tr>
<tr><td>本次转让总价 （元）</td><td colspan="2">每股转让价格</td><td colspan="2">（元）</td></tr>
<tr><td>拟转让股份数量</td><td>（股）</td><td rowspan="2">拟转让股份性质</td><td colspan="2">□无限售流通股
□限售流通股
□非流通股</td></tr>
<tr><td>拟转让股份比例</td><td>%</td></tr>
</table>

受让方一或其经办人（签字）

<table>
<tr><td rowspan="7">受让方二</td><td>证券账户名称</td><td></td><td>实体性质</td><td></td></tr>
<tr><td>注册号码/身份证号码</td><td></td><td>证券账户号码</td><td></td></tr>
<tr><td>经办人及身份证号码</td><td></td><td>联系电话</td><td></td></tr>
<tr><td>本次变动前持股比例</td><td>%</td><td>本次变动后持股比例</td><td>%</td></tr>
<tr><td>转让双方是否存在实际控制关系或均受同一控制人所控制</td><td>□是</td><td colspan="2">□否</td></tr>
<tr><td>受让方是否为国有股东</td><td>□是</td><td colspan="2">□否</td></tr>
<tr><td>本次转让总价____（元）</td><td colspan="2">每股转让价格</td><td>（元）</td></tr>
</table>

拟转让股份数量	（股）	拟转让股份性质	□无限售流通股
拟转让股份比例	%		□限售流通股
			□非流通股
受让方二或其经办人（签字）			

填表说明（填表说明无需打印提交）：
　　此表格适用于本次协议转让涉及多个受让方的情形，表格形式为样表，请根据受让方实际数量如实增加表格数量，每页至多2个表格。

附件3：

上海证券交易所上市公司股份协议转让办理承诺函

上证股转确字[20　]第　号（　-　）

　　出让方＿＿＿＿＿＿＿＿＿＿＿＿＿、受让方＿＿＿＿＿＿＿＿＿＿＿＿（以下统称转让双方）因＿＿＿＿＿＿＿＿（转让事由）申请转让上市公司＿＿＿＿＿（证券简称）＿＿＿＿＿＿＿股（拟转让股份数量）股份。转让双方已充分知悉并将严格遵守法律、行政法规、部门规章、规范性文件、上海证券交易所（以下简称上交所）业务规则等文件关于股份协议转让的有关规定。转让双方确认并承诺：

　　1. 转让双方提交的全部股份转让办理材料真实、准确、完整、合法合规。

　　2. 转让双方已依据《证券法》《上市公司收购管理办法》《上海证券交易所股票上市规则》《上海证券交易所科创板股票上市规则》等有关规定，依法合规地就本次股份转让履行了应尽的信息披露义务。

　　3. 转让双方保证本次拟转让股份不存在尚未了结的司法、仲裁程序、其他争议或者被司法冻结等权利受限的情形（已提供法院出具的同意本次转让的司法文书的除外），也不存在上交所业务规则中规定的不予受理协议转让的其他情形。

　　4. 转让双方保证本次股份转让不存在法律障碍，或者在中国证券登记结算有限责任公司上海分公司（以下简称中国结算上海分公司）办理股份过户时相关障碍能够消除。

5. 转让双方保证拟转让股份为合法取得并有权处置，本次股份转让不损害其他任何第三人的权利，如存在任何权利障碍或引发任何纠纷，自愿承担由此引起的一切后果。

6. 转让双方保证本次股份转让不构成短线交易，不违反任何一方作出的承诺，拟转让的股份不存在不得转让的情形，不存在违反《公司法》《证券法》《证券市场禁入规定》《上市公司股东减持股份管理暂行办法》《上市公司董事、监事和高级管理人员所持本公司股份及其变动管理规则》《上海证券交易所上市公司自律监管指引第 15 号——股东及董事、监事、高级管理人员减持股份》(以下简称《指引》) 及其他法律、行政法规、部门规章、规范性文件、上交所业务规则等规定的情形。

7. 转让双方承诺,在本次股份转让后减持股份的,将严格遵守法律、行政法规、部门规章、规范性文件、上交所业务规则等文件当前及今后作出的关于股份减持的有关规定，包括股份减持相关政策解答口径等文件明确的要求。

上市公司大股东减持或者特定股东减持,采取协议转让方式的,受让方在受让后 6 个月内,不得减持其所受让的股份。

大股东通过协议转让方式减持股份,导致其不再具有大股东身份的,应当在减持后 6 个月内继续遵守《指引》第十条至第十三条的规定。控股股东、实际控制人通过协议转让方式减持股份导致其不再具有控股股东、实际控制人身份的,还应当在减持后 6 个月内继续遵守《指引》第七条的规定。

8. 转让双方将严格遵守《证券法》关于禁止短线交易的规定。本次协议转让后受让方持股比例达到 5% 以上，或者受让方为上市公司董事、监事和高级管理人员的,受让方承诺自本次协议转让股份过户后 6 个月内不得卖出公司股份。

9. 转让双方承诺,本次协议转让的全部出让方、受让方同时办理股份过户手续,并一次性完成过户登记。

10. 双方提交的协议转让办理材料经上交所受理后,至本次股份转让过户完成之前,相关协议、批复或者其他材料内容发生重大变更,或者转让双方在本承诺函中确认、承诺的事项发生变化,双方将自前述事实发生之日起 2 个交易日内及时通知上交所和中国结算上海分公司终止办理,按照规定履行信息披露义务。

11. 转让双方承诺,如提交的协议转让办理材料存在不真实、不准确、不完整或者不合法合规等情形或者未能遵守上述承诺的,自愿承担由此引起的一切法律后果,并自愿接受上交所对其采取的监管措施或者纪律处分。

出让方:_____(盖章)　　　受让方:_____(盖章)
经办人(签字):_____　　　经办人(签字):_____
　　　　　　　　　　　　　　　日期:　　年　　月　　日

附件4:

股票质押式回购交易违约处置协议转让办理流程图

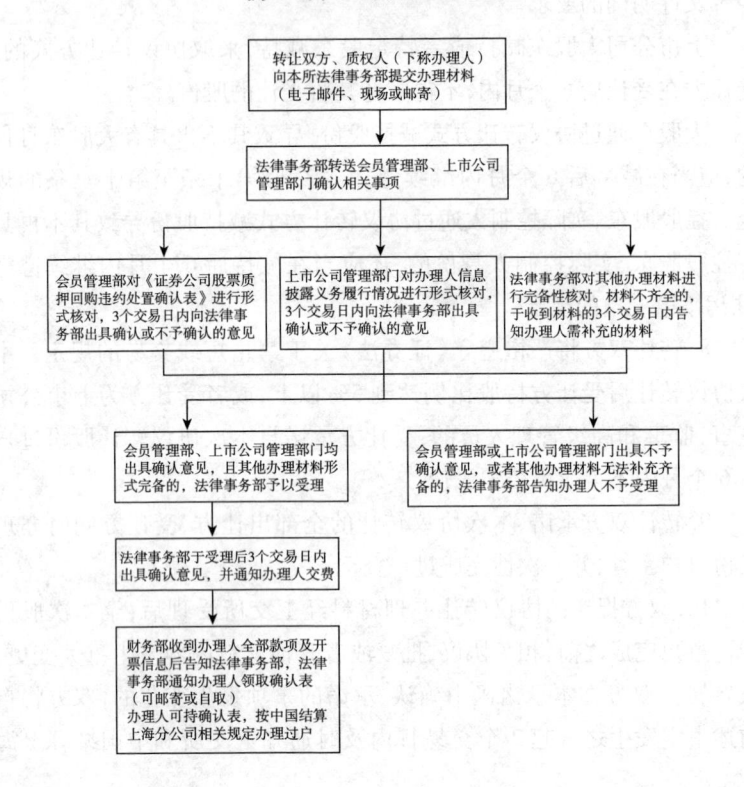

```
┌─────────────────────────────────┐
│ 转让双方、质权人(下称办理人)      │
│ 向本所法律事务部提交办理材料      │
│ (电子邮件、现场或邮寄)           │
└─────────────────────────────────┘
              │
              ▼
┌─────────────────────────────────┐
│ 法律事务部转送会员管理部、上市公司│
│ 管理部门确认相关事项              │
└─────────────────────────────────┘
     │              │              │
     ▼              ▼              ▼
┌──────────┐ ┌──────────────┐ ┌──────────────┐
│会员管理部 │ │上市公司管理部门│ │法律事务部对其他│
│对《证券公 │ │对办理人信息披 │ │办理材料进行完备│
│司股票质押 │ │露义务履行情况 │ │性核对。材料不齐│
│回购违约处 │ │进行形式核对,3 │ │全的,于收到材料│
│置确认表》 │ │个交易日内向法 │ │的3个交易日内告│
│进行形式核 │ │律事务部出具确 │ │知办理人需补充的│
│对,3个交易 │ │认或不予确认的 │ │材料            │
│日内向法律 │ │意见           │ │                │
│事务部出具 │ │               │ │                │
│确认或不予 │ │               │ │                │
│确认的意见 │ │               │ │                │
└──────────┘ └──────────────┘ └──────────────┘
       │              │              │
       ▼              ▼              ▼
┌──────────────────────┐ ┌──────────────────────┐
│会员管理部、上市公司管 │ │会员管理部或上市公司管 │
│理部门均出具确认意见,且│ │理部门出具不予确认意见,│
│其他办理材料形式完备的,│ │或者其他办理材料无法补│
│法律事务部予以受理     │ │充齐备的,法律事务部告 │
│                      │ │知办理人不予受理       │
└──────────────────────┘ └──────────────────────┘
       │
       ▼
┌──────────────────────┐
│法律事务部于受理后3个  │
│交易日内出具确认意见,并│
│通知办理人交费         │
└──────────────────────┘
       │
       ▼
┌──────────────────────┐
│财务部收到办理人全部款 │
│项及开票信息后告知法律 │
│事务部,法律事务部通知办│
│理人领取确认表(可邮寄 │
│或自取)               │
│办理人可持确认表,按中 │
│国结算上海分公司相关规│
│定办理过户             │
└──────────────────────┘
```

附件 5：

上海证券交易所股票质押式回购交易
违约处置协议转让业务办理材料清单

序号	类型	具体材料
1	转让确认表	办理人填写的《上海证券交易所上市公司股票质押式回购交易违约处置协议转让确认表》(详见附件6)和《上海证券交易所上市公司股票质押式回购交易违约处置协议转让办理承诺函》(详见附件7)，如出让方或受让方涉及多个主体的，请一并提交附表。
2	标的股份基本信息	出让方提供由中国证券登记结算有限责任公司上海分公司出具的证券查询信息单原件(可通过"中国结算营业厅"微信公众号等渠道获取证券查询信息单电子凭证)。证券查询信息单需要包含拟转让证券持有信息单及冻结信息单。
3	转让协议文本	出让方(出质人)与质权人、受让方就质押股票的协议转让签订的书面协议原件。转让协议附生效条件的，需提交各方签署的协议生效说明原件。如转让协议非法定代表人/负责人/执行事务合伙人(委派代表)亲自签署的，亦需提供相应授权委托书。如转让协议非自然人本人亲自签署的，亦需提供经公证的相应授权委托书。
		涉及补充协议的，应当一并提交相关补充协议原件。补充协议内容涉及变更转让主体、转让价格或者转让股份数量的，计算转让价格时的协议签署日以补充协议的签署日为准。

续表

序号	类型	具体材料
4	办理人身份证明文件	境内法人： ①法人主体资格证明文件复印件(法人主体资格证明文件为营业执照或事业单位法人证书的转让双方无需提交)； ②法定代表人/负责人/执行事务合伙人(委派代表)身份证明文件复印件； ③法定代表人/负责人/执行事务合伙人(委派代表)授权委托书(参考格式见附件10)； ④经办人身份证明文件复印件。 境内自然人： ①身份证明文件复印件； ②经公证的授权委托书(如委托他人代办)； ③经办人身份证明文件复印件及经办人手持身份证照片(手持身份证照片需同时拍摄身份证正反面；如境内自然人本人亲自办理，则需拍摄自然人本人手持身份证正反面照片)。 境外法人： ①所在国(地区)有权机关核发的证明境外法人主体资格的证明文件(如该证明文件未包含该法人合法存续内容，还需提供该法人合法存续证明)； ②授权人签署的授权委托书(关于协议签署以及业务办理的授权)； ③境外机构或有权机关出具的能够证明授权人有权签署授权委托书的证明文件； ④授权人身份证明文件复印件； ⑤经办人身份证明文件复印件。 境外自然人： ①身份证明文件复印件； 境外自然人身份证明文件包括：外国(地区)公民身份证或者护照；有外国(地区)永久居留权的中国公民的永久居留证明及中国护照；台湾居民来往大陆通行证；香港永久性居民身份证、澳门永久性居民身份证。 ②授权委托书(如委托他人代办)； ③经办人身份证明文件复印件(如委托他人代办)。

续表

序号	类型	具体材料
		受让方的证券账户卡复印件,或者由中国证券登记结算有限责任公司上海分公司出具的证券查询信息单原件(可通过"中国结算营业厅"微信公众号等渠道获取证券查询信息单电子凭证)。
		境外主体的身份证明文件、授权委托书以及授权人有权授权的证明文件需要符合以下要求: 申请人所在国(地区)为《取消外国公文书认证要求的公约》签署方,提交的文件应当按照公约要求附有附加证明书。 申请人所在国(地区)未参加《取消外国公文书认证要求的公约》,但与我国共同缔结或者参加了其他国际公约,或者与我国缔结了其他双边条约,提交的文件应当按照公约或者双边条约要求履行身份证明手续。 申请人所在国(地区)与我国已建立外交关系,但未参加任何国际公约、未与我国缔结双边条约,提交的文件应经过我国驻该国使、领馆认证。 申请人所在国(地区)与我国无外交关系,其提供的文件,需要经该国(地区)外交机构或者其授权机构和我国有外交关系国家驻该国(地区)使、领馆认证后,再办理我国驻该第三国使、领馆认证。 香港地区申请人提交的文件,应当经我国司法部委托的香港公证人公证,并加盖中国法律服务(香港)有限公司转递香港公证文书专用章。澳门地区申请人提交的文件,应当经澳门特别行政区政府公证部门或者我国司法部委托的公证人公证,并经中国法律服务(澳门)公司加盖核验章。 台湾地区申请人提交的文件,应当经台湾地区的公证部门公证,并由台湾海峡交流基金会按照1993年《海峡两岸公证书使用查证协议》寄送公证书副本。台湾地区申请人还应当提交接收台湾公证书的内地公证协会出具的公证书正本与台湾海峡交流基金会寄送该会的副本一致的核对证明。 境外主体的身份证明文件、授权委托书以及其他授权人有权授权的证明文件非中华人民共和国官方语言的,应当经过有资质的翻译机构的翻译和境内公证。

续表

序号	类型	具体材料
5	涉及信息披露的文件	本所上市公司管理部门出具的《上市公司股权协议转让表》(办理人无须提交)。
6	证券公司提交的文件	《证券公司股票质押式回购交易违约处置协议转让信息表》(见附件8),其中应当包含该笔股票质押式回购交易已进入违约处置程序、拟转让股票质押登记已满12个月及相关违约处置安排的说明,并承诺已核查该协议转让符合《通知》要求,协议转让申请真实、合法、合规。
7	需提供上市公司说明的情形	拟转让股份由上市公司董事、监事、高级管理人员持有的,或者上市公司董事、监事、高级管理人员离职后拟转让股份的,提供上市公司董事会关于本次股份转让不违反法律、行政法规、部门规章、规范性文件、公司章程以及本所业务规则的说明原件(参考格式见附件11)。
8	需提供转让双方实际控制关系证明文件的情形	非国有股协议转让,因转让双方存在实际控制关系或均受同一控制人控制,单一受让比例低于2%的,需提供证明转让双方存在实际控制关系或均受同一控制人控制的工商登记资料,以及任意一方绘制的双方股权关系树状图。
9	涉及国有股东的批复或备案文件	出让方为国有股东且直接适用《上市公司国有股权监督管理办法》的,需提交国有资产监督管理部门出具的批准文件复印件或备案文件原件。
		出让方为国有股东且比照适用《上市公司国有股权监督管理办法》的,需提交:(1)本次转让所适用的有效的国有资产管理规范;(2)已按照所适用的规范获得的批准文件复印件或备案文件原件;(3)出让方自行承担所有法律责任的承诺。
		出让方为国有股东且构成有偿转让的,需提交协议转让价款的收款证明或说明和证明材料。
		受让方为国有股东的,需提供国有资产监督管理部门出具的批准文件复印件或备案文件原件,或者受让方出具的不需要履行批准或者备案手续的说明以及自行承担所有法律责任的承诺。

续表

序号	类型	具体材料
10	涉及持牌金融机构股东的文件	转让标的为银行、证券、保险等持牌金融机构的上市股份的,根据有关行业的股东资格或持股比例限制的规定,提供行业主管部门或相关机构的批准文件复印件。
11	涉及其他行政审批的文件	其他须经行政审批方可进行的股份转让,提供有关主管部门的批准文件。
12	涉及限售股转让的文件	拟依据《〈上市公司收购管理办法〉第六十二条、第六十三条及〈上市公司重大资产重组管理办法〉第四十六条有关限制股份转让的适用意见——证券期货法律适用意见第4号(2023修正)》相关规定转让限售股份的,按照该意见要求,提交法律意见书原件、律师及律师事务所执业证明文件复印件及能证明转让双方实际控制关系的工商登记资料。
		拟依据《上海证券交易所股票上市规则》或《上海证券交易所科创板股票上市规则》有关规定转让限售股份的,提交上市公司出具的本次转让符合《上海证券交易所股票上市规则》或《上海证券交易所科创板股票上市规则》有关规定情形的说明原件,以及能证明转让双方实际控制关系的工商登记资料。
		拟依据《上市公司收购管理办法》第74条转让限售股份的,提交上市公司出具的本次转让符合《上市公司收购管理办法》第74条规定情形的说明原件,以及能证明转让双方实际控制关系的工商登记资料。
13	涉及司法标记的材料	拟依据《最高人民法院 最高人民检察院 公安部 中国证券监督管理委员会关于进一步规范人民法院冻结上市公司质押股票工作的意见》的规定转让被司法标记的股票,需提供法院出具的同意本次转让的准许文件。

备注:转让双方提交的文件为复印件的,应当由提交主体盖章(法人相关文件)或者由经办人签字(自然人相关文件)。文件涉及多页的需加盖骑缝章(法人相关文件)或者骑缝签字(自然人相关文件)。

附件6：

上海证券交易所上市公司股票质押式回购
交易违约处置协议转让确认表

上证股违约处置确字[20　]第　　号(　-　)

<table>
<tr><td rowspan="2">转让类型</td><td colspan="2">是否构成上市公司收购</td><td colspan="2">□构成协议收购　　□不构成收购</td></tr>
<tr><td colspan="2">转让双方是否存在实际控制关系或均受同一控制人所控制</td><td colspan="2">□是　　□否</td></tr>
<tr><td rowspan="15">办理人基本情况</td><td rowspan="8">出让方</td><td>证券账户名称</td><td>(如有多个出让方以附表列示)</td><td>实体性质</td><td></td></tr>
<tr><td>注册号码/身份证号码</td><td></td><td>证券账户号码</td><td></td></tr>
<tr><td>本次申请前6个月内是否增持过股份</td><td>□是
时间和方式：＿＿＿</td><td colspan="2">□否</td></tr>
<tr><td>拟转让股份是否涉及司法标记</td><td>□是
质押编号：＿＿＿＿</td><td colspan="2">□否</td></tr>
<tr><td>经办人及身份证号码</td><td></td><td>联系电话</td><td></td></tr>
<tr><td>本次变动前持股比例</td><td>　　%</td><td>本次变动后持股比例</td><td>　　%</td></tr>
<tr><td>是否为拟转让股份上市公司的董事、监事或高级管理人员</td><td>□是</td><td colspan="2">□否</td></tr>
<tr><td>出让方是否为国有股东</td><td>□是</td><td colspan="2">□否</td></tr>
<tr><td rowspan="5">受让方</td><td>证券账户名称</td><td>(如有多个受让方以附表列示)</td><td>实体性质</td><td></td></tr>
<tr><td>注册号码/身份证号码</td><td></td><td>证券账户号码</td><td></td></tr>
<tr><td>经办人及身份证号码</td><td></td><td>联系电话</td><td></td></tr>
<tr><td>本次变动前持股比例</td><td>　　%</td><td>本次变动后持股比例</td><td>　　%</td></tr>
<tr><td>受让方是否为国有股东</td><td>□是</td><td colspan="2">□否</td></tr>
<tr><td rowspan="2">质权人</td><td>名称(姓名)</td><td colspan="3">注册号码/身份证号码</td></tr>
<tr><td>经办人及身份证号码</td><td colspan="3">联系电话</td></tr>
</table>

续表

拟转让股份情况	证券简称		证券代码		
	上市公司总股本	（股）	本次转让总价	（元）	
	拟转让股份数量	（股）	每股转让价格	（元）	
	拟转让股份比例	％	拟转让股份性质	□无限售流通股 □限售流通股 □非流通股	

转让过户明细	序号	出让方账户	受让方账户	转让数量	冻结申请书编号
				（股）	
				（股）	
				（股）	

本次转让涉及的全部信息披露文件名称及披露时间	

办理人签署	出让方：_____（盖章）　　受让方：_____（盖章） 经办人（签字）：_____　　　经办人（签字）：_____ 质权人：_____（盖章） 经办人（签字）：_____

续表

上交所确认意见	（本栏由上交所法律事务部填写） 年　　月　　日

备注（本备注不得删除）：1. 本表格含正反两页，打印在一张纸上（不含填表说明），由办理人填写，并保证所填内容真实、准确、完整。

2. 本表格自上交所确认之日起六个月内有效。逾期未向中国结算上海分公司办理过户的，须重新向上交所提交材料进行确认。

3. 本表格原件与中国结算上海分公司收到的信息核对一致，方可办理过户手续。

填表说明（填表说明无需打印提交）：

1. 确认表备注不得删除或者修改。

2. "是否构成上市公司收购"：要约收购勾选构成要约收购；取得和巩固上市公司控制权勾选构成协议收购；其余情形均勾选不构成收购。

3. "实体性质"，境内法人（或其他机构）按照营业执照、事业单位法人证书、统一社会信用代码证书等主体身份证明文件列明的类型填写，例如，合伙企业、有限责任公司、股份有限公司、事业单位、政府机关等；境外法人填写境外法人；自然人填写自然人；资管产品、基金产品等按照所属类型如实填写，如资管计划、信托计划、公募基金产品、私募基金产品等。

4. "上市公司总股本"指上市公司人民币普通股（A股）、人民币特种股票（B股）、境外上市股票（含H股等）的股份数量之和。

5. 比例无法除尽的，至少保留至小数点后两位（四舍五入）；涉及信息披露的，应当与信息披露的比例保持一致。

6. 单价无法除尽的，至少保留小数点后两位（四舍五入）；涉及信息披露的，应当与信息披露的单价保持一致。

7. 冻结申请书编号是中国结算上海分公司对该笔股票质押提供的质押编号（以ZYG开头）。

8. "本次转让涉及的全部信息披露文件名称及披露时间"是指本次转让涉及的相关提示性公告、简式权益变动报告书、详式权益变动报告书、收购报告书及其他相关信息披露文件；触发要约收购义务的，提供要约收购结果公告；符合中国证监会规定的免于发出要约的，提供免于发出要约的有关公告。

上海证券交易所上市公司股票质押式回购
交易违约处置协议转让确认表－出让方附表

上证股违约处置确字[20]第 号（ － ）

<table>
<tr><td rowspan="10">出让方一</td><td colspan="2">证券账户名称</td><td colspan="2">实体性质</td><td></td></tr>
<tr><td colspan="2">注册号码/身份证号码</td><td colspan="2">证券账户号码</td><td></td></tr>
<tr><td colspan="2">本次申请前6个月内是否增持过股份</td><td colspan="2">□是
时间和方式：_____</td><td>□否</td></tr>
<tr><td colspan="2">拟转让股份是否涉及司法标记</td><td colspan="2">□是
质押编号：_____</td><td>□否</td></tr>
<tr><td colspan="2">经办人及身份证号码</td><td colspan="2">联系电话</td><td></td></tr>
<tr><td colspan="2">本次变动前持股比例</td><td>%</td><td>本次变动后持股比例</td><td>%</td></tr>
<tr><td colspan="2">是否为拟转让公司的董事、监事或高级管理人员</td><td colspan="2">□是</td><td>□否</td></tr>
<tr><td colspan="2">出让方是否为国有股东</td><td colspan="2">□是</td><td>□否</td></tr>
<tr><td colspan="2">本次转让总价</td><td colspan="3">（元）</td></tr>
<tr><td colspan="2">拟转让股份数量</td><td>（股）</td><td>每股转让价格</td><td>（元）</td></tr>
<tr><td colspan="5">（此处结构延续）</td></tr>
</table>

	拟转让股份比例	%		
出让方一	转让双方是否存在实际控制关系或均受同一控制人所控制	□是　□否	拟转让股份性质	□无限售流通股 □限售流通股 □非流通股

出让方一或其经办人（签字）：

<table>
<tr><td rowspan="4">出让方二</td><td>证券账户名称</td><td></td><td>实体性质</td><td></td></tr>
<tr><td>注册号码/身份证号码</td><td></td><td>证券账户号码</td><td></td></tr>
<tr><td>本次申请前6个月内是否增持过股份</td><td>□是
时间和方式：_____</td><td colspan="2">□否</td></tr>
<tr><td>拟转让股份是否涉及司法标记</td><td>□是
质押编号：_____</td><td colspan="2">□否</td></tr>
</table>

续表

经办人及身份证号码		联系电话	
本次变动前持股比例	%	本次变动后持股比例	%
是否为拟转让公司的董事、监事或高级管理人员		□是	□否
出让方是否为国有股东		□是	□否
本次转让总价		（元）	
拟转让股份数量	（股）	每股转让价格	（元）
拟转让股份比例	%		
转让双方是否存在实际控制关系或均受同一控制人所控制	□是 □否	拟转让股份性质	□无限售流通股 □限售流通股 □非流通股
出让方二或其经办人（签字）：			

填表说明（填表说明无需打印提交）：

此表格适用于本次协议转让涉及多个出让方的情形，表格形式为样表，请根据出让方实际数量如实增加表格数量，每页至多2个表格。

上海证券交易所上市公司股票质押式回购交易违约处置协议转让确认表－受让方附表

上证股违约处置确字[20　]第　号(　-　)

	证券账户名称		实体性质	
受让方一	注册号码/身份证号码		证券账户号码	
	经办人及身份证号码		联系电话	
	本次变动前持股比例	%	本次变动后持股比例	%
	转让双方是否存在实际控制关系或均受同一控制人所控制		□是	□否
	受让方是否为国有股东		□是	□否
	本次转让总价	（元）	每股转让价格	（元）

续表

受让方一	拟转让股份数量	（股）	拟转让股份性质	□无限售流通股 □限售流通股 □非流通股
	拟转让股份比例	%		

受让方一或其经办人（签字）

受让方二	证券账户名称		实体性质	
	注册号码/身份证号码		证券账户号码	
	经办人及身份证号码		联系电话	
	本次变动前持股比例	%	本次变动后持股比例	%
	转让双方是否存在实际控制关系或均受同一控制人所控制	□是		□否
	受让方是否为国有股东	□是		□否
	本次转让总价	（元）	每股转让价格	（元）
	拟转让股份数量	（股）	拟转让股份性质	□无限售流通股 □限售流通股 □非流通股
	拟转让股份比例	%		

受让方二或其经办人（签字）

填表说明（填表说明无需打印提交）：

此表格适用于本次协议转让涉及多个受让方的情形，表格形式为样表，请根据受让方实际数量如实增加表格数量，每页至多2个表格。

附件7：

上海证券交易所上市公司股票质押式回购交易违约处置协议转让办理承诺函

上证股违约处置确字[20]第   号（   -   ）

出让方_____、受让方_____、质权人_____（以下统称办理人）因股票质押式回购交易违约处置申请转让上市公司_____（证券简称）_____股（拟转让股份数量股份。办理人已充分知悉并将严格遵守法律、行政法规、部门规章、规范性文件、上海证券交易所（以下简称上交所）业务规则等文件关于股份协议转让的有关规定。办理人确认并承诺：

1. 办理人提交的全部股份转让办理材料真实、准确、完整、合法合规。

2. 办理人已依据《证券法》《上市公司收购管理办法》《上海证券交易所股票上市规则》《上海证券交易所科创板股票上市规则》《上海证券交易所关于通过协议转让方式进行股票质押式回购交易违约处置相关事项的通知》等有关规定，依法合规地就本次股份转让履行了应尽的信息披露义务。

3. 办理人保证本次拟转让股份不存在尚未了结的司法、仲裁程序、其他争议或者被司法冻结等权利受限的情形（已提供法院出具的同意本次转让的司法文书的除外），也不存在上交所业务规则中规定的不予受理协议转让的其他情形。

4. 办理人保证本次股份转让不存在法律障碍，或者在中国证券登记结算有限责任公司上海分公司（以下简称中国结算上海分公司）办理股份过户时相关障碍能够消除。

5. 办理人保证拟转让股份为合法取得并有权处置，本次股份转让不损害其他任何第三人的权利，如存在任何权利障碍或引发任何纠纷，自愿承担由此引起的一切后果。

6. 办理人保证本次股份转让不构成短线交易，不违反任何一方作出的承诺，拟转让的股份不存在不得转让的情形，不存在违反《公司法》《证券法》《证券市场禁入规定》《上市公司股东减持股份管理暂行办法》《上市公司董事、监事和高级管理人员所持本公司股份及其变动管理规则》《上海证券交易所上市公司自律监管指引第 15 号——股东及董事、监事、高级管理人员减持股份》（以下简称《指引》）及其他法律、行政法规、部门规章、规范性文件、上交所业务规则等规定的情形。

7. 办理人承诺，在本次股份转让后减持股份的，将严格遵守法律、行政法规、部门规章、规范性文件、上交所业务规则等文件当前及今后作出的关于股份减持的有关规定，包括股份减持相关政策解答口径等文件明确的要求。

上市公司大股东减持或者特定股东减持，采取协议转让方式的，受让方在受让后 6 个月内,不得减持其所受让的股份。

大股东通过协议转让方式减持股份,导致其不再具有大股东身份的,应当在减持后 6 个月内继续遵守《指引》第十条至第十三条的规定。控股股东、实际控制人通过协议转让方式减持股份导致其不再具有控股股东、实际控制人身份的,还应当在减持后 6 个月内继续遵守《指引》第七条的规定。

8. 办理人将严格遵守《证券法》关于禁止短线交易的规定。本次协议转让后受让方持股比例达到 5% 以上,或者受让方为上市公司董事、监事和高级管理人员的,受让方承诺自本次协议转让股份过户后 6 个月内不得卖出公司股份。

9. 办理人保证本次协议转让符合《关于通过协议转让方式进行股票质押式回购交易违约处置相关事项的通知》要求,协议转让真实、合法、合规,且不存在《上海证券交易所上市公司股份协议转让业务办理指引》规定的不予受理情形。

10. 办理人承诺,本次协议转让的全部出让方、受让方同时办理股份过户手续,并一次性完成过户登记。

11. 办理人提交的协议转让办理材料经上交所受理后,至本次股份转让过户完成之前,相关协议、批复或者其他材料内容发生重大变更,或者办理人在本承诺函中确认、承诺的事项发生变化的,办理人将自前述事实发生之日起 2 个交易日内及时通知上交所和中国结算上海分公司终止办理,按照规定履行信息披露义务。

12. 办理人承诺,如提交的协议转让办理材料存在不真实、不准确、不完整或者不合法合规等情形或者未能遵守上述承诺的,自愿承担由此引起的一切法律后果,并自愿接受上交所对其采取的监管措施或者纪律处分。

出让方:_____(盖章)　　受让方:_____(盖章)
经办人(签字):_____　　　经办人(签字):_____

质权人:_____(盖章)
经办人(签字):_____　　　日期:　　年　　月　　日

附件 8-1：

证券公司股票质押式回购交易
违约处置协议转让信息表

（适用于初始交易）

编号：

交易信息	初始交易成交编号		合约购回日期	
	初始交易日期		质押标的证券代码	
	融入方应付金额（元）		质押标的证券数量（股）	
	质押标的证券简称		质权人实体性质	
	质押标的证券是否属于无限售条件流通股		融出方账户名称	
	质权人名称		融入方账户名称	
	融出方证券账户号码		履约保障比例	
	融出方属性		融入方股东性质	
	融入方证券账户号码			
	其他需要说明的内容			
违约情形				
协议转让安排	拟转让股份冻结申请书编号			
	初始交易质押登记日期			
	该笔初始交易中拟转让数量（股）			
	受让方账户名称			
	受让方证券账号			
	拟转让价格（元）			
	就该笔初始交易，受让方受让数量占上市公司总股本的比例			

续表

拟转让价格与协议签署日前一交易日股票收盘价格的比值	
其他需要说明的处置安排	

  我公司确认本信息单列明的股票质押式回购交易已进入违约处置程序，拟转让的股票质押登记已满12个月，承诺本信息单内容真实、准确、完整、合法、合规。我公司已对本协议转让事项进行核查，确认其符合《上海证券交易所关于通过协议转让方式进行股票质押式回购交易违约处置相关事项的通知》等相关规定。如本申请单内容存在虚假记载、误导性陈述和重大遗漏，我公司将承担全部法律责任。

证券公司：(公章)

联系人： 联系电话：   日期： 年 月 日

  注：1. 融出方属性填写"自有资金""集合资产管理计划""定向资产管理客户""专项资产管理计划"。

  2. "实体性质"一栏，境内法人(或其他机构)按照营业执照、事业单位法人证书、统一社会信用代码证书等主体身份证明文件列明的类型填写，例如，合伙企业、有限责任公司、股份有限公司、事业单位、政府机关等；境外法人填写境外法人；自然人填写自然人；资管产品等按照所属类型如实填写。

  3. 融入方股东性质填列股东是否为上市公司控股股东及其一致行动人、持股5%以上股东及其一致行动人、特定股东、董事、监事、高级管理人员。

  4. 融入方应付金额指证券公司填写本申请单之日前一交易日，融入方尚需支付给融出方的资金余额。

  5. 质押标的证券数量指证券公司填写本申请单之日前一交易日实际质押的证券数量。

  6. 履约保障比例指证券公司填写本申请单之日前一交易日证券公司合并管理的履约保障比例。

  7. 拟转让股份冻结申请书编号指中国证券登记结算有限责任公司上海分公司对该笔股票质押提供的质押编号(以ZYG开头)。

  8. 申请表中的金额，请精确至小数点后两位(四舍五入)。

附件8-2：

证券公司股票质押式回购交易违约处置协议转让信息表

（适用于补充质押）

编号：

交易信息	补充质押交易成交编号		该补充质押对应的初始交易成交编号	
	补充质押交易日期		合约购回日期	
	融入方应付金额(元)			
	补充质押标的证券简称		补充质押标的证券代码	
	质押标的证券是否属于无限售条件流通股		补充质押标的证券数量(股)	
	质权人名称		质权人实体性质	
	融出方证券账户号码		融出方账户名称	
	融出方属性			
	融入方证券账户号码		融入方账户名称	
	融入方股东性质		履约保障比例	
	其他需要说明的内容			
违约情形				
协议转让安排	拟转让股份冻结申请书编号			
	补充质押登记日期			
	该笔补充质押中拟转让数量(股)			
	受让方账户名称			
	受让方证券账号			
	拟转让价格(元)			

续表

就该笔补充质押,受让方受让数量占上市公司总股本的比例	
拟转让价格与协议签署日前一交易日股票收盘价格的比值	
其他需要说明的处置安排	

  我公司确认本信息单列明的股票质押式回购交易已进入违约处置程序,拟转让的股票质押登记已满 12 个月,承诺本信息单内容真实、准确、完整、合法、合规。我公司已对本协议转让事项进行核查,确认其符合《上海证券交易所关于通过协议转让方式进行股票质押式回购交易违约处置相关事项的通知》等相关规定。如本信息单内容存在虚假记载、误导性陈述和重大遗漏,我公司将承担全部法律责任。

证券公司:(公章)

联系人:　　　　　联系电话:

日期:　　年　　月　　日

  注:1. 融出方属性填写"自有资金""集合资产管理计划""定向资产管理客户""专项资产管理计划"。

  2. "实体性质"一栏,境内法人(或其他机构)按照营业执照、事业单位法人证书、统一社会信用代码证书等主体身份证明文件列明的类型填写,例如,合伙企业、有限责任公司、股份有限公司、事业单位、政府机关等;境外法人填写境外法人;自然人填写自然人;资管产品等按照所属类型如实填写。

  3. 融入方股东性质填列股东是否为上市公司控股股东及其一致行动人、持股 5% 以上股东及其一致行动人、特定股东、董事、监事、高级管理人员。

  4. 融入方应付金额指证券公司填写本信息单之日前一交易日,融入方尚需支付给融出方的资金余额。

  5. 质押标的证券数量指证券公司填写本信息单之日前一交易日实际质押的证券数量。

  6. 履约保障比例指证券公司填写本信息单之日前一交易日证券公司合并管理的履约保障比例。

  7. 拟转让股份冻结申请书编号指中国证券登记结算有限责任公司上海分公司对该笔股票质押提供的质押编号(以 ZYG 开头)。

  8. 信息表中的金额,请精确至小数点后两位(四舍五入)。

附件9：

质权人同意函

（参考格式）

×××年××月××日，×××与×××签订了股权质押协议，×××将其持有的××股×××公司（股票代码：××××××）股票质押给×××。

经质押双方协商一致，×××作为质权人同意×××将质押股份中的×××股以×元/股的价格转让给×××。

×××公司（盖章）/自然人签字：

年　月　日

附件10：

法定代表人/负责人/执行事务合伙人（委派代表）授权委托书

（参考格式）

兹授权×××（身份证号：××××××××××××××）代表×××公司前往上海证券交易所，办理（证券简称）"×××"（股票代码：××××××）的股份协议转让确认手续。

授权期限：自　年　月　日至　年　月　日。

×××公司（盖章）

法定代表人/负责人/执行事务合伙人（委派代表）（签字）：

年　月　日

附件：被授权人身份证明复印件

附件11：

上市公司董事会关于本次股份转让的情况说明要点

（适用于出让方为上市公司董事、监事、高级管理人员情形）

一、协议转让具体情况

此次协议转让的双方主体、数量、比例、价格等，及出让方的职务。

二、公司董事会就相关事项的说明

1. 出让方本次协议转让不违反《公司法》《证券法》《上市公司股东减持股份管理暂行办法》《上市公司董事、监事和高级管理人员所持本公司股份及其变动管理规则》《上海证券交易所上市公司自律监管指引第15号——股东及董事、监事、高级管理人员减持股份》等相关法律、行政法规、部门规章、规范性文件以及上交所业务规则等关于股份持有期限、卖出时间、卖出数量、卖出方式、信息披露等规定。

2. 出让方本次协议转让涉及的股份不存在相关法律、行政法规、部门规章、规范性文件、上交所业务规则等规定以及出让方自行承诺（如有）的不得转让的情形。

3. 出让方本次协议转让不违反公司章程。

×××公司（公司公章或者董事会章）

年　　月　　日

上海证券交易所关于发布
《上海证券交易所上市公司自律监管指引第 5 号——交易与关联交易（2023 年 1 月修订）》的通知

（2023 年 1 月 13 日　上证发〔2023〕6 号）

各市场参与人：

为贯彻落实《中华人民共和国期货和衍生品法》，引导上市公司规范有序开展期货和衍生品交易，真实、准确、完整、及时地披露期货和衍生品交易相关信息，上海证券交易所（以下简称本所）对《上海证券交易所上市公司自律监管指引第 5 号——交易与关联交易》进行了修订（详见附件），适用于主板、科创板上市公司。现予以发布，并自发布之日起施行。本所此前发布的《上海证券交易所上市公司自律监管指引第 5 号——交易与关联交易》（上证发〔2022〕6 号）同时废止。《科创板上市公司持续监管通用业务规则目录》将同步调整。

特此通知。

附件：上海证券交易所上市公司自律监管指引第 5 号——交易与关联交易（2023 年 1 月修订）

附件

上海证券交易所上市公司自律监管指引第 5 号——交易与关联交易（2023 年 1 月修订）

第一章 总 则

第一条 为规范上市公司交易与关联交易行为，提高上市公司规范运作水平，保护投资者合法权益，根据《中华人民共和国公司法》（以下简称《公司法》）、《中华人民共和国证券法》（以下简称《证券法》）和《上市公司信息披露管理办法》等法律法规、部门规章、规范性文件，以及《上海证券交易所股票上市规则》《上海证券交易所科创板股票上市规则》（以下合称《股票上市规则》）等业务规则，制定本指引。

第二条 上市公司发生《股票上市规则》规定的交易与关联交易事项适用本指引。

第三条 上市公司应当建立健全交易与关联交易的内部控制制度，明确交易与关联交易的决策权限和审议程序，并在关联交易审议过程中严格实施关联董事和关联股东回避表决制度。

公司交易与关联交易行为应当定价公允、审议程序合规、信息披露规范。

第四条 上市公司交易与关联交易行为应当合法合规，不得隐瞒关联关系，不得通过将关联交易非关联化规避相关审议程序和信息披露义务。相关交易不得存在导致或者可能导致上市公司出现被控股股东、实际控制人及其他关联人非经营性资金占用、为关联人违规提供担保或者其他被关联人侵占利益的情形。

第五条 上市公司在审议交易与关联交易事项时，应当详细了解交易标的真实状况和交易对方诚信记录、资信状况、履约能力等，审慎评估相关交易的必要性、合理性和对上市公司的影响，根据充分的定价依据确定交易价格。重点关注是否存在交易标的权属不清、交易对方履约能力不明、交易价格不公允等问题，并按照《股票上市规则》的要求聘请中介机构对交易标的进行审计或者评估。

交易对方应当配合上市公司履行相应的审议程序和信息披露义务。

第六条 上市公司应当及时通过上海证券交易所(以下简称本所)业务管理系统填报和更新上市公司关联人名单及关联关系信息。

第七条 上市公司披露的交易事项涉及资产评估的,应当按照相关规定披露评估情况。

提交股东大会审议的交易事项涉及的交易标的评估值较账面值增减值较大的,上市公司应当详细披露增减值原因、评估结果的推算过程。上市公司独立董事应当对评估机构的选聘、评估机构的独立性、评估假设的合理性和评估结论的公允性发表明确意见。

第二章 关联交易的审议和披露

第一节 财务公司关联交易

第八条 上市公司与存在关联关系的企业集团财务公司(以下简称财务公司)以及上市公司控股的财务公司与关联人发生存款、贷款等金融业务的,相关财务公司应当具备相应业务资质,且相关财务公司的基本财务指标应当符合中国人民银行、中国银行保险监督管理委员会等监管机构的规定。

上市公司通过不具备相关业务资质的财务公司与关联人发生关联交易,构成关联人非经营性资金占用的,上市公司应当及时披露并按照规定予以解决。

第九条 上市公司与存在关联关系的财务公司发生存款、贷款等金融业务的,应当以存款本金额度及利息、贷款利息金额中孰高为标准适用《股票上市规则》关联交易的相关规定。

上市公司控股的财务公司与关联人发生存款、贷款等金融业务的,应当以存款利息、贷款本金额度及利息金额中孰高为标准适用《股票上市规则》的相关规定。

第十条 上市公司与关联人发生涉及财务公司的关联交易应当签订金融服务协议,并作为单独议案提交董事会或者股东大会审议并披露。

金融服务协议应当明确协议期限、交易类型、各类交易预计额度、交易定价、风险评估及控制措施等内容，并予以披露。

金融服务协议超过3年的，应当每3年重新履行审议程序和信息披露义务。

第十一条 上市公司与存在关联关系的财务公司签署金融服务协议，应当在资金存放于财务公司前取得并审阅财务公司经审计的年度财务报告，对财务公司的经营资质、业务和风险状况进行评估，出具风险评估报告，并作为单独议案提交董事会审议并披露。风险评估报告应至少包括财务公司及其业务的合法合规情况、是否存在违反《企业集团财务公司管理办法》等规定情形、经符合《证券法》规定的会计师事务所审计的最近一年主要财务数据、持续风险评估措施等内容。

第十二条 上市公司与关联人发生涉及财务公司的关联交易，上市公司应当制定以保障资金安全性为目标的风险处置预案，分析可能出现的影响上市公司资金安全的风险，针对相关风险提出解决措施及资金保全方案并明确相应责任人，作为单独议案提交董事会审议并披露。

关联交易存续期间，上市公司应当指派专门机构和人员对存放于财务公司的资金风险状况进行动态评估和监督。如出现风险处置预案确定的风险情形，上市公司应当及时予以披露，并积极采取措施保障上市公司利益。财务公司等关联人应当及时书面告知上市公司，并配合上市公司履行信息披露义务。

第十三条 上市公司独立董事应当对财务公司的资质、关联交易的必要性、公允性以及对上市公司的影响等发表意见，并对金融服务协议的合理性、风险评估报告的客观性和公正性、风险处置预案的充分性和可行性等发表意见。

第十四条 上市公司与存在关联关系的财务公司或者上市公司控股的财务公司与关联人发生存款、贷款等关联交易的，应当披露存款、贷款利率等的确定方式，并与存款基准利率、贷款市场报价利率等指标对比，说明交易定价是否公允，是否充分保护上市公司利益和中小股东合法权益。

第十五条 上市公司与关联人签订金融服务协议约定每年度各类金融业务规模,应当在协议期间内的每个年度及时披露预计业务情况:

(一)该年度每日最高存款限额、存款利率范围;

(二)该年度贷款额度、贷款利率范围;

(三)该年度授信总额、其他金融业务额度等。

上市公司与关联人签订超过一年的金融服务协议,约定每年度各类金融业务规模,并按照规定提交股东大会审议,且协议期间财务公司不存在违法违规、业务违约、资金安全性和可收回性难以保障等可能损害上市公司利益或者风险处置预案确定的风险情形的,上市公司应当按照前款规定履行信息披露义务,并就财务公司的合规经营情况和业务风险状况、资金安全性和可收回性,以及不存在其他风险情形等予以充分说明。

如财务公司在协议期间发生前述风险情形,且上市公司拟继续在下一年度开展相关金融业务的,上市公司与关联人应当重新签订下一年度金融服务协议,充分说明继续开展相关金融业务的主要考虑及保障措施,并履行股东大会审议程序。

第十六条 上市公司应当在定期报告中持续披露涉及财务公司的关联交易情况,每半年取得并审阅财务公司的财务报告,出具风险持续评估报告,并与半年度报告、年度报告同步披露。

风险持续评估报告应当强化现金管理科学性,结合同行业其他上市公司资金支出情况,对报告期内资金收支的整体安排及其在财务公司存款是否将影响正常生产经营作出必要说明,包括是否存在重大经营性支出计划、同期在其他银行存贷款情况、在财务公司存款比例和贷款比例及其合理性、对外投资理财情况等。其中,上市公司在财务公司存(贷)款比例是指上市公司在财务公司的存(贷)款期末余额占其在财务公司和银行存(贷)款期末余额总额的比例。

为上市公司提供审计服务的会计师事务所应当每年度提交涉及财务公司关联交易的存款、贷款等金融业务的专项说明,按照存款、贷款等不同金融业务类别,分别统计每年度的发生额、余额,并与年度报告同步披露。保荐人、独立财务顾问在持续督导期间应当每年度对金融服务协议条款的完备性、协议的执行情况、风险控制措施和风险处置预案的执行情况,以及上市公司对上述情况的信息披露的真实性进行专项核查,并与年度报告同步披露。独立董事应当结合会计师事务所等中介机构的专项说明,就涉及财务公司的关联交易事项是否公平、上市公司资金独立性、安全性以及是否存在被关联人占用的风险、是否损害上市公司利益等发表明确意见,并与年度报告同步披露。

第二节 关联共同投资

第十七条 上市公司与关联人共同投资,向共同投资的企业增资、减资时,应当以上市公司的投资、增资、减资金额作为计算标准,适用《股票上市规则》的相关规定。

第十八条 上市公司关联人单方面向上市公司控制或者参股的企业增资或者减资,涉及有关放弃权利情形的,应当适用放弃权利的相关规定。不涉及放弃权利情形,但可能对上市公司的财务状况、经营成果构成重大影响或者导致上市公司与该主体的关联关系发生变化的,上市公司应当及时披露。

第十九条 上市公司及其关联人向上市公司控制的关联共同投资企业以同等对价同比例现金增资,达到应当提交股东大会审议标准的,可免于按照《股票上市规则》的相关规定进行审计或者评估。

第三节 日常关联交易

第二十条 上市公司根据《股票上市规则》的相关规定对日常关联交易进行预计应当区分交易对方、交易类型等分别进行预计。

关联人数量众多,上市公司难以披露全部关联人信息的,在充分说明原因的情况下可以简化披露,其中预计与单一法人主体发生交易金额达到《股票上市规则》规定披露标准的,应当单独列示关联人信息及预计交易金额,其他法人主体可以以同一控制为口径合并列示上述信息。

第二十一条 上市公司对日常关联交易进行预计,在适用关于实际执行超出预计金额的规定时,以同一控制下的各个关联人与上市公司实际发生的各类关联交易合计金额与对应的预计总金额进行比较。非同一控制下的不同关联人与上市公司的关联交易金额不合并计算。

第二十二条 上市公司委托关联人销售公司生产或者经营的各种产品、商品，或者受关联人委托代为销售其生产或者经营的各种产品、商品的，除采取买断式委托方式的情形外，可以按照合同期内应当支付或者收取的委托代理费为标准适用《股票上市规则》的相关规定。

第四节　关联购买和出售资产

第二十三条 上市公司向关联人购买或者出售资产，达到《股票上市规则》规定披露标准，且关联交易标的为公司股权的，上市公司应当披露该标的公司的基本情况、最近一年又一期的主要财务指标。

标的公司最近 12 个月内曾进行资产评估、增资、减资或者改制的，应当披露相关评估、增资、减资或者改制的基本情况。

第二十四条 上市公司向关联人购买资产，按照规定须提交股东大会审议且成交价格相比交易标的账面值溢价超过 100% 的，如交易对方未提供在一定期限内交易标的盈利担保、补偿承诺或者交易标的回购承诺，上市公司应当说明具体原因，是否采取相关保障措施，是否有利于保护上市公司利益和中小股东合法权益。

第二十五条 上市公司因购买或者出售资产可能导致交易完成后上市公司控股股东、实际控制人及其他关联人对上市公司形成非经营性资金占用的，应当在公告中明确合理的解决方案，并在相关交易实施完成前解决。

第三章　重大交易的审议和披露

第一节　证券投资

第二十六条 上市公司从事证券投资适用本节规定。以证券投资为主营业务的上市公司及其控股子公司，其业务行为不适用本节规定。

第二十七条 上市公司应当合理安排、使用资金，致力发展公司主营业务，不得使用募集资金从事证券投资。

第二十八条 上市公司从事证券投资,应当遵循合法、审慎、安全、有效的原则,建立健全内控制度,控制投资风险。

公司应当全面分析从事证券投资的必要性与可行性,制定严格的决策程序、报告制度、风险监控与应对措施,明确授权范围、操作要点与信息披露等具体要求,并根据公司的风险承受能力确定投资规模及期限。

公司董事会应当持续跟踪证券投资的进展和风险状况,如发生较大损失等异常情况的,应当立即采取措施并按规定履行信息披露义务。

第二十九条 上市公司因交易频次和时效要求等原因难以对每次证券交易履行审议程序和披露义务的,可以对未来12个月内证券交易的范围、额度及期限等进行合理预计,证券投资额度超出董事会权限范围的,还应当提交股东大会审议。

相关额度的使用期限不应超过12个月,期限内任一时点的交易金额(含前述投资的收益进行再投资的相关金额)不应超过经审议的证券投资额度。

第二节 委托理财

第三十条 上市公司进行委托理财的,应当建立健全委托理财专项制度,明确决策程序、报告制度、内部控制及风险监控管理措施等。

公司应当选择资信状况及财务状况良好、无不良诚信记录以及盈利能力强的合格专业理财机构作为受托方,并与受托方签订书面合同,明确委托理财的金额、期限、投资品种、双方的权利义务及法律责任等。

以资金管理、投资理财等投融资活动为主营业务的持有金融牌照的上市公司及其控股子公司,其业务行为不适用本节规定。

第三十一条 上市公司不得通过委托理财等投资的名义规避购买资产或者对外投资应当履行的审议程序和信息披露义务,或者变相为他人提供财务资助。

公司可以对理财产品资金投向实施控制或者重大影响的,应当充分披露资金最终投向、涉及的交易对手方或者标的资产的详细情况,并充分揭示投资风险以及公司的应对措施。

第三十二条 上市公司进行委托理财，因交易频次和时效要求等原因难以对每次投资交易履行审议程序和披露义务的，可以对投资范围、额度及期限等进行合理预计，以预计的委托理财额度计算占净资产的比例，适用《股票上市规则》的有关规定。

相关额度的使用期限不应超过 12 个月，期限内任一时点的交易金额（含前述委托理财的收益进行委托理财再投资的相关金额）不应超过委托理财额度。

科创板上市公司适用本条规定时，净资产指标调整为市值指标。

第三十三条 上市公司进行委托理财，发生以下情形之一的，应当及时披露相关进展情况和拟采取的应对措施：

（一）理财产品募集失败、未能完成备案登记、提前终止、到期不能收回；

（二）理财产品协议或者相关担保合同主要条款变更；

（三）受托方、资金使用方经营或者财务状况出现重大风险事件；

（四）其他可能会损害上市公司利益或者具有重要影响的情形。

第三节 与专业投资机构共同投资及合作

第三十四条 主板上市公司与专业投资机构共同设立并购基金或者产业基金等投资基金（以下简称投资基金，组织形式包括但不限于公司制、普通合伙、有限合伙等），认购专业投资机构发起设立的投资基金份额，与上述投资基金进行后续资产交易，以及上市公司与专业投资机构签订战略合作、市值管理、财务顾问、业务咨询等合作协议（以下简称合作协议），适用本节规定。

上市公司控股股东、实际控制人、持股 5% 以上的股东、董事、监事、高级管理人员与专业投资机构进行合作，涉及向上市公司购买或者转让资产等相关安排的，参照本节规定执行。

上市公司及其控股子公司因实施证券发行、权益变动、股权激励等事项按照相关规定与中介机构签订财务顾问、业务咨询等合作协议，或者以资金管理、投资理财、经纪业务等投融资活动为主营业务的持有金融牌照的上市公司及其控股子公司涉及本节规定的共同投资及合作事项的,可免于适用本节规定。

本节所称专业投资机构是指私募基金、私募基金管理人、基金管理公司、证券公司、期货公司、资产管理公司及证券投资咨询机构等专业从事投资业务活动的机构。

第三十五条 上市公司与专业投资机构共同投资,无论参与金额大小均应当及时披露,并以其承担的最大损失金额,参照上市公司对外投资相关规定履行相应的审议程序,构成关联交易的还应当履行关联交易审议程序。

前款所称"最大损失金额",应当以上市公司因本次投资可能损失的投资总额、股份权益或者承担其他责任可能导致的损失金额的较高者为准。

第三十六条 上市公司与专业投资机构共同投资,应当及时披露相关公告,并向本所报备有关协议。公告内容应当包括专业投资机构基本情况、关联关系或其他利益关系说明、投资基金的具体情况、管理模式、投资模式和利益分配方式、投资协议主要条款,并说明对上市公司的影响和存在的风险,是否可能导致同业竞争或者关联交易等。

如上市公司控股股东、实际控制人、持股5%以上的股东、董事、监事、高级管理人员参与投资基金份额认购、在有关专业投资机构或者投资基金中任职的,还应当在公告中说明具体情况。

第三十七条 上市公司将超募资金用于永久性补充流动资金后的12个月内,不得与专业投资机构共同投资。

公司与专业投资机构共同投资与主营业务相关的投资基金,或者市场化运作的贫困地区产业投资基金和扶贫公益基金等投资基金,不适用前款规定。

第三十八条 上市公司与专业投资机构共同投资,发生以下情形时,应当及时披露相关进展情况:

(一)拟参与设立或者认购份额的投资基金募集完毕或者募集失败;

(二)投资基金完成备案登记(如涉及);

(三)投资基金进行对上市公司具有重大影响的投资或者资产收购事项;

（四）投资基金发生重大变更事项或者投资运作出现重大风险事件,可能会对上市公司造成较大影响。

第三十九条 上市公司与专业投资机构签订合作协议的,应当披露专业投资机构基本情况、与上市公司存在的关联关系或者其他利益关系,并完整披露合作协议主要条款、专业投资机构提供服务内容等,并对合作协议可能存在的风险进行充分揭示。上市公司应当完整披露与专业投资机构签订的各项协议,并承诺不存在其他未披露的协议。

第四十条 上市公司与专业投资机构签订合作协议,发生以下情形时,应当及时披露相关进展情况:

（一）完成合作协议约定的各项主要义务或者计划安排;

（二）根据合作协议筹划对公司有重大影响的事项;

（三）合作协议发生重大变更或者提前终止。

第四十一条 上市公司与专业投资机构存在前述共同投资及合作事项,又购买其直接、间接持有或者推荐的交易标的,除按照法律、行政法规、部门规章、规范性文件及本所《股票上市规则》等相关规定进行信息披露外,还应当披露该专业投资机构及其控制的其他主体、管理的全部基金、信托、资产管理计划等产品在交易标的中持有的股份或者投资份额情况,最近6个月内买卖上市公司股票情况,与上市公司及交易标的存在的关联关系及其他利益关系等情况。

第四十二条 上市公司与专业投资机构共同投资及合作事项的筹划和实施过程中,应当建立有效的防范利益输送与利益冲突的机制,健全信息隔离制度,不得从事内幕交易、操纵市场、虚假陈述等违法违规行为。

第四十三条 上市公司应当在年度报告披露与专业投资机构共同投资及合作事项进展情况。

第四节 期货和衍生品交易

第四十四条 上市公司从事期货和衍生品交易的,适用本节规定。以期货和衍生品交易为主营业务的上市公司及其控股子公司,其业务行为不适用本节规定。

第四十五条 本节所述期货交易是指以期货合约或者标准化期权合约为交易标的的交易活动。本节所述衍生品交易是指期货交易以外的,以互换合约、远期合约和非标准化期权合约及其组合为交易标的的交易活动。期货和衍生品的基础资产既可以是证券、指数、利率、汇率、货币、商品等标的,也可以是上述标的的组合。

第四十六条 上市公司参与期货和衍生品交易应当遵循合法、审慎、安全、有效的原则。本所支持内部控制制度健全、具备风险管理能力的上市公司利用期货市场和衍生品市场从事套期保值等风险管理活动,不鼓励公司从事以投机为目的的期货和衍生品交易。

公司不得使用募集资金从事期货和衍生品交易。

第四十七条 上市公司从事套期保值业务,是指为管理外汇风险、价格风险、利率风险、信用风险等特定风险而达成与上述风险基本吻合的期货和衍生品交易的活动。公司从事套期保值业务的期货和衍生品品种应当仅限于与公司生产经营相关的产品、原材料和外汇等,且原则上应当控制期货和衍生品在种类、规模及期限上与需管理的风险敞口相匹配。用于套期保值的期货和衍生品与需管理的相关风险敞口应当存在相互风险对冲的经济关系,使得期货和衍生品与相关风险敞口的价值因面临相同的风险因素而发生方向相反的变动。

本节所述套期保值业务主要包括以下类型的交易活动:

(一)对已持有的现货库存进行卖出套期保值;

(二)对已签订的固定价格的购销合同进行套期保值,包括对原材料采购合同进行空头套期保值、对产成品销售合同进行多头套期保值,对已定价贸易合同进行与合同方向相反的套期保值;

(三)对已签订的浮动价格的购销合同进行套期保值,包括对原材料采购合同进行多头套期保值、对产成品销售合同进行空头套期保值,对浮动价格贸易合同进行与合同方向相同的套期保值;

(四)根据生产经营计划,对预期采购量或预期产量进行套期保值,包括对预期原材料采购进行多头套期保值、对预期产成品进行空头套期保值;

(五)根据生产经营计划,对拟履行进出口合同中涉及的预期收付汇进行套期保值;

(六)根据投资融资计划,对拟发生或已发生的外币投资或资产、融资或负债、浮动利率计息负债的本息偿还进行套期保值;

(七)本所认定的其他情形。

以签出期权或构成净签出期权的组合作为套期工具时,应当满足《企业会计准则第24号——套期会计》的相关规定。

第四十八条 上市公司从事期货和衍生品交易应当建立健全内部控制制度,合理配备投资决策、业务操作、风险控制等专业人员,制定严格的决策程序、报告制度和风险监控措施,明确授权范围、操作要点、会计核算及信息披露等具体要求,并根据公司的风险承受能力确定交易品种、规模及期限。

公司应当指定董事会相关委员会审查期货和衍生品交易的必要性、可行性及风险控制情况,必要时可以聘请专业机构出具可行性分析报告。董事会相关委员会应加强对期货和衍生品交易相关风险控制政策和程序的评价与监督,及时识别相关内部控制缺陷并采取补救措施。

公司应当制定切实可行的应急处置预案,以及时应对交易过程中可能发生的重大突发事件。公司应当针对各类期货和衍生品或者不同交易对手设定适当的止损限额(或者亏损预警线),明确止损处理业务流程并严格执行。

第四十九条 上市公司拟在境外开展期货和衍生品交易的,应当审慎评估交易必要性和在相关国家和地区开展交易的政治、经济和法律等风险,充分考虑结算便捷性、交易流动性、汇率波动性等因素。拟开展场外衍生品交易的,应当评估交易必要性、产品结构复杂程度、流动性风险及交易对手信用风险。

第五十条 上市公司从事期货和衍生品交易,应当编制可行性分析报告并提交董事会审议,独立董事应当发表专项意见。

期货和衍生品交易属于下列情形之一的,应当在董事会审议通过后提交股东大会审议:

(一)预计动用的交易保证金和权利金上限(包括为交易而提供的担保物价值、预计占用的金融机构授信额度、为应急措施所预留的保证金等,下同)占公司最近一期经审计净利润的50%以上,且绝对金额超过500万元人民币;

（二）预计任一交易日持有的最高合约价值占公司最近一期经审计净资产的 50% 以上，且绝对金额超过 5000 万元人民币；

（三）公司从事不以套期保值为目的的期货和衍生品交易。

第五十一条　上市公司因交易频次和时效要求等原因难以对每次期货和衍生品交易履行审议程序和披露义务的，可以对未来 12 个月内期货和衍生品交易的范围、额度及期限等进行合理预计并审议。相关额度的使用期限不应超过 12 个月，期限内任一时点的金额（含使用前述交易的收益进行交易的相关金额）不应超过已审议额度。

第五十二条　上市公司拟开展期货和衍生品交易的，应当披露交易目的、交易品种、交易工具、交易场所、预计动用的交易保证金和权利金上限、预计任一交易日持有的最高合约价值、专业人员配备情况等，并进行充分的风险提示。

公司以套期保值为目的开展期货和衍生品交易的，应当明确说明拟使用的期货和衍生品合约的类别及其预期管理的风险敞口，明确两者是否存在相互风险对冲的经济关系，以及如何运用选定的期货和衍生品合约对相关风险敞口进行套期保值。公司应当对套期保值预计可实现的效果进行说明，包括持续评估是否达到套期保值效果的计划举措。

公司从事投机为目的的期货和衍生品交易的，应当在公告标题和重要内容提示中真实、准确地披露交易目的，不得使用套期保值、风险管理等类似用语，不得以套期保值为名变相进行以投机为目的的期货和衍生品交易。

第五十三条　上市公司相关部门应当跟踪期货和衍生品公开市场价格或者公允价值的变化，及时评估已交易期货和衍生品的风险敞口变化情况，并向管理层和董事会报告期货和衍生品交易授权执行情况、交易头寸情况、风险评估结果、盈亏状况、止损规定执行情况等。

公司开展以套期保值为目的的期货和衍生品交易，应及时跟踪期货和衍生品与已识别风险敞口对冲后的净敞口价值变动，并对套期保值效果进行持续评估。

第五十四条　上市公司期货和衍生品交易已确认损益及浮动亏损金额每达到公司最近一年经审计的归属于上市公司股东净利润的

10%且绝对金额超过1000万元人民币的,应当及时披露。公司开展套期保值业务的,可以将套期工具与被套期项目价值变动加总后适用前述规定。

公司开展套期保值业务出现前款规定的亏损情形时,还应当重新评估套期关系的有效性,披露套期工具和被套期项目的公允价值或者现金流量变动未按预期抵销的原因,并分别披露套期工具和被套期项目价值变动情况等。

第五十五条 上市公司开展以套期保值为目的的期货和衍生品交易,在披露定期报告时,可以同时结合被套期项目情况对套期保值效果进行全面披露。套期保值业务不满足会计准则规定的套期会计适用条件或者未适用套期会计核算,但能够通过期货和衍生品交易实现风险管理目标的,可以结合套期工具和被套期项目之间的关系等说明是否有效实现了预期风险管理目标。

第四章 附 则

第五十六条 上市公司及有关各方违反本指引规定的,本所可以采取开展现场检查、提请中国证监会及其派出机构核查等措施,并视情况对上市公司及相关当事人采取监管措施或者予以纪律处分。

第五十七条 本指引由本所负责解释。

第五十八条 本指引自发布之日起施行。

上海证券交易所关于发布《上海证券交易所上市公司自律监管指引第6号——重大资产重组(2023年修订)》的通知

(2023年2月17日 上证发〔2023〕49号)

各市场参与人:

为了落实党中央、国务院关于全面实行股票发行注册制的决策部署,规范上市公司各类重组活动,根据《中华人民共和国证券法》《上市公司重大资产重组管理办法》《上海证券交易所股票上市规则》《上海证券交易所科创板股票上市规则》等有关规定,上海证券交易所(以下简称本所)对《上海证券交易所上市公司自律监管指引第6号——重大资产重组》进行了修订。新修订的《上海证券交易所上市公司自律监管指引第6号——重大资产重组(2023年修订)》(详见附件),现予以发布,并自发布之日起施行。本所于2022年1月7日发布的《关于发布〈上海证券交易所上市公司自律监管指引第6号——重大资产重组〉的通知》(上证发〔2022〕7号)同时废止。

特此通知。

附件:1.上海证券交易所上市公司自律监管指引第6号——重大资产重组(2023年修订)

2.《上海证券交易所上市公司自律监管指引第6号——重大资产重组(2023年修订)》起草说明

附件1

上海证券交易所上市公司自律监管指引第6号——重大资产重组(2023年修订)

第一章 总 则

第一条 为规范上市公司重大资产重组信息披露及相关行为,维护证券市场秩序,保护投资者合法权益,根据中国证监会《上市公司重大资产重组管理办法》(以下简称《重组办法》)、《科创板上市公司持续监管办法(试行)》《科创板上市公司重大资产重组特别规定》《公开发行证券的公司信息披露内容与格式准则第26号——上市公司重大资产重组》(以下简称《内容与格式准则第26号》)、《上海证券交易所股票上市规则》和《上海证券交易所科创板股票上市规则》(以下统称《股票上市规则》)、《上海证券交易所上市公司重大资产重组审核规则》(以下简称《重组审核规则》)等规定,制定本指引。

第二条 上海证券交易所(以下简称本所)上市公司及有关各方筹划、实施《重组办法》规定的资产交易行为(以下简称重大资产重组或重组),其信息披露及其他相关行为,应当遵守《重组办法》《内容与格式准则第 26 号》《股票上市规则》《重组审核规则》和本指引等相关规定。

前款所称有关各方,主要包括上市公司股东、实际控制人、董事、监事、高级管理人员和其他交易各方,以及为重大资产重组提供服务的证券服务机构和人员等相关方。

上市公司发行存托凭证、优先股、可转换为股票的公司债券(以下简称可转换公司债券)、定向权证购买资产或者募集配套资金,或者实施涉及股份发行的合并、分立的,参照适用本指引规定。

第三条 上市公司应当及时、公平地披露重组相关信息,并保证所披露信息的真实、准确、完整。有关各方应当主动配合上市公司做好信息披露工作,及时、主动地向上市公司提供涉及重大资产重组的相关信息,并保证所提供信息的真实、准确、完整。

第四条 上市公司及有关各方应当审慎筹划涉及上市公司的重大资产重组事项,保证重大资产重组事项的真实性和可行性,有利于提高上市公司质量。

第五条 上市公司及有关各方应当按照中国证监会及本所相关规定登记、报送内幕信息知情人档案,并编制交易进程备忘录。

上市公司及有关各方须制定切实可行的保密措施,严格履行保密义务。

第六条 上市公司应当审慎申请对上市公司股票及其衍生品种停牌,严格控制停牌时间,避免滥用停牌或者无故拖延复牌时间,避免以申请停牌代替上市公司及有关各方的信息保密义务。

涉及停复牌业务的,上市公司应当按照《上海证券交易所上市公司自律监管指引第 4 号——停复牌》相关规定办理(公告格式详见附件1)。

第七条 独立财务顾问应当遵守法律、行政法规和中国证监会的有关规定,以及本所的相关规则,诚实守信、勤勉尽责,审慎接受业务委托,切实履行尽职调查义务,认真核查披露和申请文件,独立出具专业意见,并督促、协助上市公司及有关各方及时履行信息披露义务。

其他提供服务的证券服务机构也应当按照相关规定履行职责。

第八条 上市公司在筹划、实施重大资产重组事项过程中,应当及时、公平地向所有投资者披露相关信息,回应市场或媒体重大质疑,并按照本指引等相关规定召开投资者说明会或媒体说明会。

媒体说明会及投资者说明会应当使用事实描述性的语言,确保真实准确、简明清晰、通俗易懂,不得有虚假记载、误导性陈述或者重大遗漏,不得利用说明会进行广告性、夸大性等不实宣传。

第九条 上市公司应当在非交易时间向本所提交重大资产重组相关信息披露文件。本所对上市公司重大资产重组相关信息披露进行监管,根据相关规定及监管需要对重组方案实施问询,上市公司及有关各方应当及时披露本所问询函及回复,并披露修订后的信息披露文件。

第十条 上市公司应当关注社交媒体或市场出现的关于本公司重大资产重组的媒体报道、市场传闻(以下简称传闻)。如传闻可能或者已经对公司股票及其衍生品种交易情况产生较大影响的,上市公司及有关各方应当按照《股票上市规则》等规定,及时予以核实并披露澄清公告。

第二章 重组方案

第一节 重组方案披露

第十一条 上市公司首次披露重组方案,可以披露重组预案,也可以直接披露重组报告书。重组预案、重组报告书应符合《内容与格式准则第 26 号》《重组审核规则》以及本指引的要求(重组预案格式详见附件 2)。有关各方应当积极推进重组事项,及时披露重组方案。

上市公司筹划不需要中国证监会注册的重大资产重组,可以按照分阶段披露原则,在披露重组方案前披露筹划重大资产重组提示性公告(以下简称重组提示性公告)。重组提示性公告应当明确披露重组方案的预计时间、重组标的名称或标的范围、主要交易对方、交易方式等。预计时间届满前,上市公司应当披露重组方案。公司未在预定时间内披露重组方案的,应当及时披露原因、风险及是否存在重大障碍。

第十二条 上市公司首次披露重组方案至发出审议本次重组方案的股东大会通知前,应当与交易各方保持沟通联系,并至少每30日披露一次进展公告,说明本次重组事项的具体进展情况。若本次重组发生重大进展或重大变化,上市公司应当及时披露。确实已不具备实施条件的,上市公司应当尽快终止。

上市公司披露重组提示性公告的,应当参照上述内容,及时履行信息披露义务。

第十三条 本指引第十二条所称重大进展包括但不限于以下内容:

(一)与独立财务顾问等证券服务机构签订重组服务协议等书面文件;

(二)与交易对方签订重组相关协议,或者对已签订的重组框架或意向协议作出重大修订或变更;

(三)取得有权部门关于重组事项的审批意见等;

(四)尽职调查、审计、评估等工作取得阶段性进展;

(五)筹划事项出现终止风险,如交易双方对价格产生严重分歧、市场出现大幅波动、税收政策及交易标的行业政策发生重大变化,可能导致交易失败。

本指引第十二条所称重大变化包括但不限于以下内容:

(一)更换、增加、减少交易标的;

(二)更换独立财务顾问等证券服务机构;

(三)配套融资方案、交易作价出现重大调整;

(四)重组交易标的所在产业、行业及市场环境等发生重大变化;

(五)重组交易标的的经营及财务状况发生重大变化;

(六)交易对方、重组交易标的涉及重大诉讼或仲裁;

(七)交易各方无法在预定时间内获得有关部门审批、达到重组先决条件或完成重组方案中做出的相关承诺;

(八)本次重大资产重组相关主体被中国证监会立案调查或者被司法机关立案侦查;

(九)上市公司无法与交易对方取得联系并及时获取重组进展

情况；

（十）其他可能影响本次重组顺利推进的重大事项。

第十四条 上市公司披露重组报告书的，独立财务顾问应当按照《重组办法》《内容与格式准则第 26 号》《上市公司并购重组财务顾问业务管理办法》《重组审核规则》等规定，出具独立财务顾问报告和相关核查意见。

上市公司和有关各方存在不规范行为的，独立财务顾问应当督促其整改，并将整改情况在相关核查意见中予以说明。因上市公司或重组交易对方不配合，使尽职调查范围受限制，导致独立财务顾问无法做出判断的，独立财务顾问不得为上市公司出具独立财务顾问报告和相关核查意见。

第十五条 上市公司与有关各方签订业绩承诺等补偿协议的，上市公司披露的补偿协议应当包含以下内容：业绩承诺方、补偿方式、计算方法、补偿的数量和金额、触发补偿的条件、补偿的执行程序、补偿的时间期限、补偿的保障措施、争议解决方式等。上市公司应当说明补偿协议条款是否清晰明确、切实可行，并审慎论证履约风险。

上市公司董事会和独立财务顾问应当基于现有条件客观论证分析业绩承诺的可实现性，包括补偿时间安排、股份解除限售安排、股份质押安排、补偿股份的表决权和股利分配权安排等，说明业绩补偿协议是否明确可行，以及保证上市公司能够获得切实可行的业绩补偿的相关措施，并充分提示是否存在补偿不足、补偿不及时的风险等。

第十六条 上市公司披露重组方案后，市场出现重大质疑的，公司应当及时披露公告予以澄清，并说明本次方案是否存在实质性障碍、是否拟继续推进。公司聘请的独立财务顾问应当出具专项意见。

第二节 重组方案审议程序

第十七条 上市公司筹划重大资产重组的，应当按规定编制重组预案或重组报告书，经董事会审议通过后予以披露。

上市公司披露重组预案的，应当在董事会审议通过后的次一交易日披露重组预案摘要及全文、董事会决议公告、独立董事意见、独立财务顾问核查意见（如适用）、其他证券服务机构出具的文件或意见（如适用），并根据披露内容提交下列备查文件：

（一）上市公司与交易对方签订的附生效条件的交易合同或协议；

（二）交易对方按照中国证监会《上市公司监管指引第9号——上市公司筹划和实施重大资产重组的监管要求》第一条的要求出具的承诺；

（三）国家相关有权主管部门出具的原则性批复（如适用）；

（四）上市公司拟购买资产的，在本次交易的首次董事会决议公告前，交易对方原则上应当提供已经合法拥有交易标的完整权利的证明文件，及不存在限制或者禁止转让情形的说明材料；

（五）上市公司拟采用发行股份购买资产，且最近一年及一期财务会计报告被会计师事务所出具保留意见、否定意见或者无法表示意见的，会计师事务所就相关非标准审计意见涉及事项的重大影响是否已经消除或者将通过本次交易予以消除出具的专项核查意见；

（六）被立案调查上市公司符合发行股份购买资产条件的说明（如适用）；

（七）交易进程备忘录；

（八）本所要求的其他文件。

第十八条 上市公司披露重组报告书的，经董事会审议通过后，应当及时披露董事会决议公告、股东大会召开通知（如适用）、权益变动报告书或者收购报告书摘要（如适用）、重大资产重组报告书（草案）摘要及全文、独立财务顾问报告、独立核查意见和其他证券服务机构出具的报告和意见，并提交下列备查文件：

（一）第十七条第二款要求提交的备查文件；

（二）重组方案调整说明，包括：与预案相比，交易对方、重组方式、交易标的范围及估值、发行股份价格是否发生变化（如适用）；

（三）业绩补偿具体协议（如适用）；

（四）有关部门对重大资产重组的审批、核准或备案文件（如适用）；

（五）上市公司与交易对方签订的附生效条件的交易合同或协议；

（六）本所要求的其他文件。

第十九条 发行股份购买资产的首次董事会决议公告后，董事会在 6 个月内未发布召开股东大会通知的,上市公司应当披露关于 6 个月内未发布召开股东大会通知的专项说明。专项说明应当解释原因,并明确是否继续推进或终止。继续推进的,应当重新召开董事会审议发行股份购买资产事项,并以该次董事会决议公告日作为发行股份的定价基准日。

发行股份购买资产事项提交股东大会审议未获批准的,上市公司董事会如再次作出发行股份购买资产的决议,应当以该次董事会决议公告日作为发行股份的定价基准日。

第二十条 上市公司股东大会审议重大资产重组事项的,应当针对《重组办法》所列事项逐项表决。

上市公司发行股份购买资产同时募集配套资金的,如购买资产不以配套融资为前提,购买资产与配套融资的交易方案可以分拆为两项议案、分别表决;如购买资产与配套融资互为前提,购买资产与配套融资议案均获审议通过后,交易方案方可继续推进。

第二十一条 上市公司披露重组方案后,拟对交易对方、交易标的、交易价格等作出变更,构成对原交易方案重大调整的,应当重新履行相关决策程序并公告。

第二十二条 上市公司筹划重大资产重组出现如下情形的,本次重组方案应当提供现金选择权或者其他合法形式的异议股东保护措施:

(一)上市公司被其他公司通过换股方式吸收合并的;

(二)上市公司吸收合并其他公司,上市公司给予其股东现金收购请求权的;

(三)上市公司分立成两个或两个以上独立法人,上市公司给予其股东现金收购请求权的。

第三章 重组终止

第二十三条 上市公司披露重组提示性公告、重组预案或者重组报告书后终止重大资产重组,或者因重大资产重组停牌后终止重大资产重组的,应当披露终止重大资产重组公告(格式详见附件 3),公告应当包括重组框架介绍(如适用)、终止重组原因说明、终止本次重组事项的具体过程、履行的相关审议程序等，同时承诺自公告之日起至少 1 个月内不再筹划重大资产重组事项。

第二十四条　上市公司披露重组预案或重组报告书后、股东大会召开前，上市公司或交易对方拟终止重大资产重组的，上市公司应当及时召开董事会审议终止重大资产重组事项，披露董事会决议内容、独立董事意见及独立财务顾问核查意见（如适用），并提交以下备查文件：

（一）终止本次重大资产重组的协议；

（二）交易对方对终止本次重大资产重组事项的说明（如适用）；

（三）终止本次重大资产重组事项的交易进程备忘录。

交易对方可以通过上市公司同时披露其关于终止重大资产重组事项的说明，上市公司应当配合交易对方进行信息披露。

第二十五条　上市公司股东大会审议通过重组方案后，在股东大会决议有效期内董事会决议终止重大资产重组的，上市公司除适用本指引第二十三条、第二十四条履行决策程序和信息披露义务外，还应当根据股东大会的授权情况，决定是否召开股东大会审议终止重组事项。

第二十六条　上市公司因违反《重组办法》《重组审核规则》及本规则等相关规定，被中国证监会责令暂停重组活动或被本所中止交易的，公司应当暂缓召开股东大会或实施重组方案，并及时披露；被中国证监会责令终止重组事项或被本所终止交易的，公司应当终止本次重组，并及时披露。

第二十七条　上市公司首次披露重组事项至召开相关股东大会前，如该重组事项涉嫌内幕交易被中国证监会立案调查或者被司法机关立案侦查的，上市公司应当暂停本次重组进程，不得将重组事项提交股东大会进行审议，并及时披露相关信息，就本次重组可能被终止等情况进行风险提示。

上市公司召开相关股东大会后至向本所报送发行股份购买资产申请文件前，如该重大资产重组事项涉嫌内幕交易被中国证监会立案调查或者被司法机关立案侦查的，上市公司应当暂停本次重组进程，及时披露相关信息并就本次重组可能被终止等情况进行风险提示。

在暂停期间，上市公司可以自主决定是否终止本次重组。

第二十八条 上市公司按照本指引第二十七条的规定暂停重组进程的，在满足下列条件后，可以恢复本次重组进程：

（一）中国证监会或者司法机关经调查核实未发现上市公司、占本次重组总交易金额比例在百分之二十以上的交易对方（如涉及多个交易对方违规的，交易金额合并计算），及上述主体的控股股东、实际控制人及其控制的机构存在内幕交易的；

（二）中国证监会或者司法机关经调查核实未发现上市公司董事、监事、高级管理人员，上市公司控股股东、实际控制人的董事、监事、高级管理人员，交易对方的董事、监事、高级管理人员，占本次重组总交易金额比例在百分之二十以下的交易对方及其控股股东、实际控制人及上述主体控制的机构，为本次重大资产重组提供服务的证券公司、证券服务机构及其经办人员，参与本次重大资产重组的其他主体等存在内幕交易的；或者上述主体虽涉嫌内幕交易，但已被撤换或者退出本次重大资产重组交易的；

（三）被立案调查或者立案侦查的事项未涉及本款第（一）项、第（二）项所列主体的。

依据前款第（二）项规定撤换独立财务顾问的，上市公司应当重新聘请独立财务顾问出具独立财务顾问报告，本所可就独立财务顾问的聘任及专业意见发表情况通过问询、现场督导等方式进行监管。

上市公司对交易对象、交易标的等作出变更导致重大资产重组方案重大调整的，还应当重新履行相应的决策程序。

上市公司有证据证明其重大资产重组符合恢复进程条件的，经聘请的独立财务顾问及律师事务所对本次重大资产重组有关主体进行尽职调查，并出具确认意见，可以恢复进程。

第二十九条 上市公司按照本指引第二十七条的规定暂停重组进程后，本指引第二十八条第一款第（一）项所列主体因本次重大资产重组相关的内幕交易被中国证监会行政处罚或者被司法机关依法追究刑事责任的，上市公司应当终止本次重大资产重组。

第三十条 上市公司筹划、实施重大资产重组期间，其控股股东或者实际控制人因本次重组事项相关的内幕交易行为被中国证监会行政处罚或者被司法机关依法追究刑事责任的,上市公司应当及时终止本次重组进程,并披露终止重大资产重组公告,同时承诺自公告之日起至少12个月内不再筹划重大资产重组。

本指引第二十八条所列主体因涉嫌本次重大资产重组相关的内幕交易被立案调查或者立案侦查的,自立案之日起至责任认定前不得参与任何上市公司的重大资产重组。中国证监会作出行政处罚或者司法机关依法追究刑事责任的,上述主体自中国证监会作出行政处罚决定或者司法机关作出相关裁判生效之日起至少36个月内不得参与任何上市公司的重大资产重组。

第四章 重组相关说明会

第一节 媒体说明会

第三十一条 上市公司重大资产重组构成重组上市的,应当召开媒体说明会。对于不属于以上情形的重大资产重组,中国证监会或本所可以根据需要,要求公司召开媒体说明会(会议流程要求详见附件4)。

上市公司应当聘请律师见证媒体说明会召开过程,并披露律师对媒体说明会的通知、召开程序、参会人员及信息披露等是否符合本指引的专项意见。

第三十二条 上市公司拟召开媒体说明会的,应当在首次披露重组方案后的非交易时间召开。

第三十三条 上市公司拟召开媒体说明会的,应当在披露重组预案或报告书的同时,或收到召开媒体说明会要求的2个交易日内,公告召开媒体说明会的具体安排。

上市公司原则上应当在上述公告披露之日起5个交易日内召开媒体说明会。

第三十四条 上市公司召开媒体说明会后,出现如下情形的,本所可要求上市公司再次召开媒体说明会:

(一)媒体说明会存在重大质疑或投诉举报的;

(二)重组方案发生重大调整的;

(三)终止重组的;

(四)本所认为必要的其他情形。

第三十五条 上市公司应当在不晚于媒体说明会召开后次一交易日,披露媒体说明会的召开情况,包括媒体在会上提出的问题、公司现场答复情况及未答复理由(如有)、公司会后补充说明内容。

第三十六条 上市公司在媒体说明会上发布的信息未在重组方案中披露的,应当相应修改重组方案并及时披露。

独立财务顾问、会计师事务所、律师事务所及评估机构等证券服务机构应当对重组方案补充披露的内容与媒体说明会发布的信息是否一致发表意见,并予以披露。

第二节 投资者说明会

第三十七条 上市公司披露重组预案或重组报告书后终止重组的,应当在董事会审议通过终止重大资产重组决议后,及时召开投资者说明会。

上市公司披露重组提示性公告后终止筹划重组的,本所鼓励上市公司召开投资者说明会,并可以视情况要求上市公司召开投资者说明会。

上市公司根据前两款规定召开投资者说明会的,应当就终止重组事项的具体原因、决策过程及其影响等内容作出说明,并及时披露投资者说明会的相关情况。参加投资者说明会的人员至少需包括上市公司董事长或总经理、董事会秘书、交易对方或其代表、重组标的主要董事和高级管理人员、独立财务顾问主办人。

第三十八条 上市公司应当在非交易时间召开投资者说明会,并履行通知和相应的信息披露义务。

第五章 重组审核与注册

第三十九条 上市公司重大资产重组事项需由本所审核、中国证监会注册的,在向本所提交重组相关申请文件后,重组申请被本所作出受理、不予受理、中止审核、恢复审核或者终止审核决定的,或者被本所出具审核问询等函件的,以及其他部门在行政审批程序中作出相关决定的,上市公司应当及时披露有关情况,并作出风险提示。

上市公司应当在本次重组方案中就重组可能无法获得批准的风险作出特别提示。

第四十条 本所对重组方案审核期间,上市公司拟申请中止审核、恢复审核的,应当及时召开董事会审议并披露。

第四十一条 上市公司收到本所出具的审核问询等函件的,应当及时提供书面回复意见并予以披露,相关证券服务机构应按照要求出具专业意见。涉及需履行决策程序的,应当及时履行决策程序。

第四十二条 上市公司重大资产重组需提交本所并购重组委员会(以下简称并购重组委)审议的,应当在收到拟召开并购重组委工作会议的通知时,披露并购重组委审议提示性公告。上市公司应当密切关注本所网站公告,在并购重组委工作会议召开日期明确后,及时披露并购重组委工作会议安排公告。上市公司在本所并购重组委工作会议召开当日原则上无需申请停牌。

上市公司收到并购重组委审议结果后,应于次一交易日公告相关情况。公告应当说明,上市公司在收到本所作出的认为本次交易符合重组条件和信息披露要求的审核意见或终止审核的决定、中国证监会作出的予以注册或不予注册的决定后将再行公告。

第四十三条 上市公司收到本所作出的认为本次交易符合重组条件和信息披露要求的审核意见或终止审核的决定、中国证监会作出的予以注册或不予注册决定后,应当在次一交易日予以公告。

第四十四条 本所出具认为本次交易符合重组条件和信息披露要求的审核意见、中国证监会予以注册的,上市公司应当在公告相关决定的同时,披露重组报告书修订说明公告,及修订后的重组报告书全文和相关证券服务机构意见,同时披露尚需取得有关部门批准的情况。

第四十五条 本所终止审核、中国证监会不予注册的,上市公司董事会应当在收到前述决定后10日内,根据股东大会的授权,就是否修改或者终止本次重组方案作出决议并予以公告。

上市公司董事会根据股东大会的授权决定终止重组的,应当在董事会公告中予以明确披露;上市公司董事会根据股东大会的授权拟重新申报的,应当在董事会公告中充分披露重新申报的原因、后续安排等情况。

第六章　重组实施及持续监管

第一节　重组实施

第四十六条　上市公司重大资产重组事项完成必要的批准程序或者取得全部相关部门审批后,应当及时公告并尽快安排实施。

第四十七条　重组实施完毕的,上市公司应当在3个交易日内披露重组实施情况报告书,并披露独立财务顾问和律师事务所意见。

重组方案在完成相关审批、注册程序之日起60日内未实施完毕的,上市公司应当于期满后次一交易日披露重组实施情况公告,并在实施完毕前每30日披露一次进展情况。

第四十八条　置入和置出资产(含负债)全部过户完毕后,上市公司应当在资产过户完成后的3个交易日内,公告相关情况并提供独立财务顾问核查意见和律师事务所法律意见。

重组涉及发行股份购买资产的,上市公司向中国证券登记结算有限责任公司上海分公司(以下简称中国结算)办理新增股份登记手续并取得其出具的新增股份托管证明后,应当及时披露发行结果暨股份变动公告。

重组涉及向特定对象发行可转换公司债券的,上市公司向中国结算申请办理新增可转换公司债券登记手续并取得相关证明后,应当及时披露相关公告。

第四十九条　上市公司重大资产重组方案涉及配套融资的,应当在注册文件规定时间内实施完毕并履行相应的信息披露义务。

第五十条　上市公司未能在股东大会决议有效期内实施重大资产重组,拟继续推进本次重组的,应当在决议有效期结束前召开股东大会审议延长决议有效期。

第二节　持续监管

第五十一条　上市公司重组产生商誉的,上市公司应当按照《企业会计准则》和《会计监管风险提示第 8 号——商誉减值》等规定,每年进行减值测试,并在年度报告中披露资产组认定、选取的关键参数和假设等与商誉减值相关的重要信息。

第五十二条 上市公司向控股股东、实际控制人或者其控制的关联人购买资产,或者向除前述主体之外的特定对象购买资产导致控制权发生变更,且采取收益现值法、假设开发法等基于未来收益预期的估值方法对购买资产进行评估或者估值并作为定价参考依据的,上市公司应当在重大资产重组实施完毕后业绩承诺期内的年度报告中单独披露相关资产的实际盈利数与利润预测数的差异情况,并由符合《证券法》规定的会计师事务所对此出具专项审核意见。上市公司在重组交易中自愿披露盈利预测报告或者交易对方自愿作出业绩承诺的,应当参照前述要求执行。

第五十三条 重大资产重组实施完毕后、承诺事项未完全履行完毕前,上市公司应当在年度报告中披露承诺期内有关各方重大资产重组承诺的履行情况。在承诺事项履行完毕时,上市公司应当及时披露承诺事项完成情况公告。

第五十四条 上市公司与交易对方签订业绩补偿协议,且相关资产的实际盈利数低于利润预测数的,公司董事会应当在审议年度报告的同时,对实际盈利数与利润预测数的差异情况进行单独审议,详细说明差异情况及上市公司已采取或者拟采取的措施,并督促交易对方履行承诺。

交易对方应当及时、足额履行业绩补偿承诺,不得逃废、变更补偿义务。交易对方超期未履行或者违反业绩补偿协议、承诺的,上市公司应当及时披露,并说明相应解决措施。

上市公司与交易对方存在每股收益填补措施安排的,应披露相关填补安排的具体履行情况。

第五十五条 上市公司向控股股东、实际控制人或者其控制的关联人发行股份购买资产,或者发行股份购买资产将导致上市公司实际控制权发生变更的,公司董事会及独立财务顾问应当充分关注本次交易完成后 6 个月内上市公司股票是否存在连续 20 个交易日的收盘价低于发行价,或者交易完成后 6 个月期末收盘价低于发行价的情况。

如出现上述情况,上市公司应及时提请认购股份的特定对象公告其持有公司股票的锁定期自动延长至少6个月(如适用)。

第五十六条 上市公司应当在年度报告管理层讨论与分析中披露重组整合管控的具体进展情况,包括但不限于上市公司在报告期内对交易标的进行整合管控的具体措施、是否与前期计划相符、面临的整合风险与阶段性效果评估等内容,独立董事应当对此发表意见。

整合管控效果的披露期限自本次重组交易实施完毕之日起,不少于3个会计年度。如重组交易存在业绩承诺的,直至相关业绩承诺事项全部完成。

独立财务顾问应当在持续督导期间督促上市公司有效控制并整合标的资产,并就公司控制标的资产的能力、整合计划及实施效果发表明确意见。

第五十七条 独立财务顾问应当根据相关规定,勤勉尽责,出具持续督导意见,切实履行持续督导义务。

持续督导期内,独立财务顾问应当督促交易对方切实履行相关业绩补偿承诺和保障措施。

第五十八条 独立财务顾问应当通过日常沟通、定期回访等方式,结合上市公司定期报告的披露,做好持续督导工作,如发现交易标的存在重大财务造假嫌疑、重大风险事项,可能损害上市公司利益的,应当及时向本所报告,并督促上市公司及有关各方提供解决措施。

第七章 附 则

第五十九条 上市公司及有关各方违反本指引规定的,本所可以采取现场检查等措施,并将视情况对上市公司及相关当事人采取自律监管措施或者予以纪律处分。

为上市公司重大资产重组事项提供服务的证券服务机构和人员在上市公司重组过程中未能勤勉尽责,出具意见不审慎的,本所视情况采取自律监管措施或者予以纪律处分。

本所发现上市公司及有关各方在重组过程中涉嫌违反法律、行政法规及中国证监会有关规定的,将提请中国证监会及其派出机构核查。

第六十条　本指引由本所负责解释。

第六十一条　本指引自发布之日起施行。

附件 1

上市公司筹划重大资产重组停牌公告

适用范围：

上市公司进入重大资产重组停牌程序，其信息披露事项适用本公告格式。

证券代码：　　　　证券简称：　　　　公告编号：

××××公司重大资产重组停牌公告

本公司董事会及全体董事保证本公告内容不存在任何虚假记载、误导性陈述或者重大遗漏，并对其内容的真实性、准确性和完整性承担相应的法律责任。

如有董事对临时公告内容的真实性、准确性和完整性无法保证或存在异议的，公司应当在公告中作特别提示。

一、停牌事由和工作安排

二、本次重组的基本情况

（一）交易标的基本情况

交易标的名称，符合《上海证券交易所上市公司自律监管指引第 4 号——停复牌》暂缓披露情形的除外。

（二）交易对方的基本情况

交易对方的名称，符合《上海证券交易所上市公司自律监管指引第 4 号——停复牌》暂缓披露情形的除外。

（三）交易方式

交易方式指发行股份、可转换公司债券购买资产或其他重组方式。

三、本次重组的意向性文件

意向性文件的签署时间、主要内容，及签署正式重组文件的有关安排计划。

四、风险提示

×××× 公司董事会

×××× 年 ×× 月 ×× 日

- 备查文件

（一）经董事长签字并加盖公司公章的停牌申请

（二）有关资产重组的相关意向性协议文件或证明文件

（三）交易对方关于不存在《上市公司监管指引第 7 号——上市公司重大资产重组相关股票异常交易监管》第十二条或者本指引第三十条情形的说明文件

（四）本所要求的其他文件

上市公司重大资产重组停牌申请表

一、公司证券简称及证券代码

二、停牌时间安排

三、本次重大资产重组方式（可多选）

（一）现金购买；

（二）出售资产；

（三）发行股份购买资产；

（四）发行可转换公司债券购买资产；

（五）资产置换；

（六）吸收合并；

（七）其他交易行为。

四、交易标的名称

五、交易对方名称和与上市公司的关系

六、本次重大资产重组是否构成重组上市

（一）是；

（二）否。

七、上市公司及其现任董事、高级管理人员是否存在因涉嫌犯罪正被司法机关立案侦查或涉嫌违法违规正被中国证监会立案调查的情形。

八、独立财务顾问名称、联系人、联系方式（如适用）。

董事长签字

××××公司（盖章）

××××年××月××日

附件2

上市公司重大资产重组预案格式

第一节 总 则

一、上市公司进行重大资产重组的，在首次召开董事会前，相关资产尚未完成审计、估值或评估，应当在首次董事会决议公告的同时按照本指引披露重大资产重组预案（以下简称重组预案）。

二、本指引是对上市公司重组预案信息披露的最低要求。不论本指引是否有明确规定，凡对上市公司股票及其衍生品交易价格可能产生较大影响或对投资者做出投资决策有重大影响的信息，均应披露。

本指引某些具体要求对本次重组预案确实不适用的，上市公司可根据实际情况，在不影响披露内容完整性的前提下予以适当调整，但应当在信息披露时作出说明。

本所可以根据监管实际需要，要求上市公司补充披露其他有关信息。

三、上市公司应当在证券交易所网站披露重组预案全文。

第二节 封面、目录、释义

四、上市公司应当在重组预案文本封面列明重组预案的标题。重组预案标题应当明确具体交易形式，包括但不限于：××公司重大资产购买预案、××公司重大资产出售预案、××公司重大资产置换预案、××公司发行股份购买资产预案、××公司吸收合并××公司预案。资产重组采取其他交易形式的，应当在标题中予以明确。

资产重组采取两种以上交易形式组合的，应当在标题中列明，如"××公司重大资产置换及发行股份购买资产预案"；发行股份购买资产同时募集配套资金的,应当在标题中标明"并募集配套资金",如"××公司发行股份购买资产并募集配套资金预案";资产重组构成关联交易的,还应当在标题中标明"暨关联交易"的字样,如"××公司重大资产购买暨关联交易预案"。

封面应当载明上市公司名称、股票代码、股票简称、主要交易对方的名称或姓名、重组预案签署日期、独立财务顾问名称。

五、重组预案的目录应当标明各章、节的标题及相应的页码,内容编排应当符合通行的中文惯例。

六、上市公司应当在重组预案中对可能造成投资者理解障碍及有特定含义的术语作出释义,释义应当在目录次页排印。

第三节 交易各方声明

七、上市公司应当在重组预案中载明:"本公司及全体董事、监事、高级管理人员保证本预案内容的真实、准确、完整,对预案的虚假记载、误导性陈述或者重大遗漏负相应的法律责任"。

上市公司董事会应当声明:"本预案所述事项并不代表中国证监会、上海证券交易所对该证券的投资价值或者投资者收益作出实质判断或者保证,也不表明中国证监会和证券交易所对重组预案的真实性、准确性、完整性作出保证。本预案所述本次重大资产重组相关事项的生效和完成尚待取得上海证券交易所的审核、中国证监会的注册(如适用)"。

八、交易对方应当声明:"本次重大资产重组的交易对方×××已出具承诺函,将及时向上市公司提供本次重组相关信息,并保证所提供的信息真实、准确、完整,如因提供的信息存在虚假记载、误导性陈述或者重大遗漏,给上市公司或者投资者造成损失的,将依法承担相应的法律责任"。

九、相关证券服务机构及人员应当声明(如适用):"本次重大资产重组的证券服务机构×××及人员×××保证披露文件的真实、准确、完整,如本次重组申请文件存在虚假记载、误导性陈述或重大遗漏,且该证券服务机构未能勤勉尽责,将承担相应的法律责任"。

十、上市公司控股股东、实际控制人、董事、监事、高级管理人员及交易对方应当声明：如本次交易所披露或提供的信息涉嫌虚假记载、误导性陈述或者重大遗漏，被司法机关立案侦查或者被中国证监会立案调查的，在形成调查结论以前，不转让在该上市公司拥有权益的股份，并于收到立案稽查通知的2个交易日内将暂停转让的书面申请和股票账户提交上市公司董事会，由董事会代其向证券交易所和证券登记结算机构申请锁定；未在2个交易日内提交锁定申请的，授权董事会核实后直接向证券交易所和证券登记结算机构报送本人或本单位的身份信息和账户信息并申请锁定；董事会未向证券交易所和证券登记结算机构报送本人或本单位的身份信息和账户信息的，授权证券交易所和证券登记结算机构直接锁定相关股份。如调查结论发现存在违法违规情节，本人或本单位承诺锁定股份自愿用于相关投资者赔偿安排。

第四节　重大事项提示

十一、上市公司应当在重大事项提示部分，就与本次重组有关的重大事项进行提示，包括但不限于以下内容：

（一）本次重组方案的简要介绍，其中应说明本次重组是否构成关联交易、重大资产重组、重组上市；本次购买资产的交易标的是否符合板块定位（如适用）、是否属于上市公司的同行业或上下游、是否与上市公司主营业务具有协同效应。

（二）本次交易标的评估/估值及作价情况，或预估作价情况的简要介绍（如适用）。

（三）本次重组支付方式的简要介绍。

（四）本次重组募集配套资金情况的简要介绍（如适用）。

第五节　重大风险提示

十二、上市公司应当针对本次重组的实际情况，遵循重要性和相关性原则，在第十一节"风险因素"基础上，选择若干可能直接或间接对本次重组及重组后上市公司生产经营状况、财务状况和持续经营能力等产生严重不利影响的风险因素，进行"重大风险提示"。不得简单重复第十一节"风险因素"的相关内容。

第六节 本次交易概况

十三、本次交易的背景及目的概况。

十四、本次交易的方案概况，方案介绍中应当披露本次交易是否构成《上市公司重大资产重组管理办法》(以下简称《重组办法》)第十二条规定的重大资产重组，以及按《重组办法》规定计算的相关指标；本次交易是否构成关联交易，如构成关联交易，应披露构成关联交易的原因、涉及董事和股东的回避表决安排；本次交易是否构成重组上市及判断依据。

第七节 上市公司基本情况

十五、上市公司最近36个月的控制权变动情况，最近3年的主营业务发展情况，以及因本次交易导致的股权控制结构的预计变化情况。

第八节 主要交易对方

十六、主要交易对方基本情况。

主要交易对方为法人的，应当披露其名称、注册地、法定代表人，与其控股股东、实际控制人之间的产权及控制关系结构图；

主要交易对方为自然人的，应当披露其姓名(包括曾用名)、性别、国籍、是否取得其他国家或者地区的居留权等；

主要交易对方为其他主体的，应当披露其名称、性质，如为合伙企业，还应披露合伙企业相关的产权及控制关系、主要合伙人等情况。

上市公司以公开招标、公开拍卖等方式购买或出售资产的，如确实无法在重组预案中披露交易对方基本情况，应说明无法披露的原因及影响。

上市公司以公开招标、公开拍卖等方式购买或出售资产的，可以在履行相关授权程序(如涉及)后先行披露重组预案，也可以由上市公司及有关各方充分履行保密义务，在明确交易对方、交易价格等要素后直接披露重组报告书，并履行董事会、股东大会审议程序。

第九节 交易标的

十七、交易标的基本情况,包括:

(一)交易标的名称、企业性质、注册地、主要办公地点、法定代表人、注册资本、成立日期;

(二)交易标的产权及控制关系;

(三)交易标的报告期(本指引所述报告期指最近2年及一期,如初步估算属于重组上市的情形,报告期指最近3年及一期)主营业务,包括主要产品或服务、盈利模式、核心竞争力等概要情况等;

(四)交易标的报告期主要财务指标(包括总资产、净资产、营业收入、净利润、经营活动产生的现金流量净额等),并说明是否为经审计数;

交易标的属于境外资产或者通过公开招标、公开拍卖等方式购买的,如确实无法披露财务数据,应说明无法披露的原因和影响,并提出解决方案;

(五)交易标的预估值及拟定价等(如适用)。上市公司应当披露交易标的价值预估的基本情况,包括所采用的估值方法、增减值幅度等,简要分析预估合理性(如适用)。如无法披露预估值及拟定价的,应当说明无法披露的原因及影响;

相关证券服务机构未完成审计、评估或估值、盈利预测审核的(如涉及),上市公司应当作出"相关资产经审计的财务数据、评估或估值结果以及经审核的盈利预测数据(如涉及)将在重大资产重组报告书中予以披露"的特别提示以及"相关资产经审计的财务数据、评估或估值最终结果可能与预案披露情况存在较大差异"的风险揭示。

第十节 交易方式

十八、重组支付方式情况。上市公司支付现金购买资产的,应当披露资金来源。上市公司发行股份购买资产的,应当披露发行股份的定价及依据、本次发行股份购买资产的董事会决议明确的发行价格调整方案等相关信息。

上市公司通过发行优先股、向特定对象发行可转换公司债券、定向权证、存托凭证等购买资产的，应当比照前述发行股份的要求披露相关信息。

十九、交易方案涉及吸收合并的，应当披露换股价格及确定方法、本次吸收合并的董事会决议明确的换股价格调整方案、异议股东权利保护安排、债权人权利保护安排等相关信息。

二十、交易方案涉及募集配套资金的，应当简要披露募集配套资金的预计金额及相当于发行证券购买资产交易价格的比例、证券发行情况、用途等相关信息。

第十一节　风险因素

二十一、上市公司应当就本次交易对重组后上市公司经营和财务产生严重不利影响的重大风险因素，及本次交易行为存在的重大不确定性风险等予以充分披露。上市公司应披露的风险包括但不限于以下内容：

（一）本次重组审批风险。本次交易行为涉及有关报批事项的，应当详细说明已向有关主管部门报批的进展情况和尚需呈报批准的程序，以及可能无法获得批准的风险（如适用）；

（二）交易标的权属风险。如抵押、质押等权利限制，诉讼、仲裁或司法强制执行等重大争议或者妨碍权属转移的其他情形可能导致交易标的存在潜在不利影响和风险等（如适用）；

（三）交易标的评估或估值风险。本次评估或估值存在报告期变动频繁且对评估或估值影响较大的指标，该指标的预测对本次评估或估值的影响，进而对交易价格公允性的影响等（如适用）；

（四）交易标的对上市公司持续经营影响的风险。由于政策、市场、技术、汇率等因素引致的风险（如适用）；

（五）公司治理与整合风险。上市公司管理水平不能适应重组后上市公司规模扩张或业务变化的风险、交易标的与上市公司原有业务、资产、财务、人员、机构等方面的整合风险。如本次拟购买的主要交易标的不属于同行业或紧密相关的上下游行业的，应充分披露本次交易的必要性以及后续整合存在的不确定性及风险（如适用）；

（六）财务风险。本次重组导致上市公司财务结构发生重大变化

的风险(如适用);

(七)内幕交易风险。剔除大盘因素和同行业板块因素影响,公司股价在重组停牌前或者重组方案首次披露前20个交易日内累计涨跌幅超过20%的相关情况及由此产生的风险(如适用);

(八)其他与本次重组相关的风险(如适用)。

第十二节　其他重要事项

二十二、上市公司的控股股东及其一致行动人对本次重组的原则性意见,以及上市公司控股股东及其一致行动人、董事、监事、高级管理人员自本次重组预案披露之日起至实施完毕期间的股份减持计划。

上市公司披露为无控股股东的,应当比照前述要求,披露第一大股东及持股5%以上股东的意见及减持计划。

二十三、本次重组相关主体是否存在依据《上市公司监管指引第7号——上市公司重大资产重组相关股票异常交易监管》第十二条或者本指引第三十条不得参与任何上市公司重大资产重组情形的说明。

二十四、相关证券服务机构对重组预案已披露内容发表的核查意见(如适用)。

附件3

上市公司终止重大资产重组公告

适用范围:

上市公司终止重大资产重组,其信息披露事项适用本公告格式。

证券代码:　　　证券简称:　　　公告编号:

××××公司终止重大资产重组公告

本公司董事会及全体董事保证本公告内容不存在任何虚假记载、误导性陈述或者重大遗漏,并对其内容的真实性、准确性和完整性承担相应的法律责任。

如有董事对临时公告的内容的真实性、准确性和完整性无法保证或存在异议的,公司应当在公告中作特别提示。

一、本次筹划重大资产重组的基本情况

（一）筹划重大资产重组背景、原因；

（二）披露重组框架，重组框架至少包括主要交易对方、交易方式、交易标的。

二、公司在推进重大资产重组期间所做的主要工作

（一）推进重大资产重组所做的工作；

（二）终止重组的相关审议程序；

（三）已履行的信息披露义务；

（四）已取得的核准同意函（如适用）；

（五）已签订的协议书等（如适用）。

三、终止筹划本次重大资产重组的原因，以及从交易一方提出终止重大资产重组动议到董事会审议终止本次重组事项的具体过程。

四、上市公司控股股东、交易对方及其他内幕信息知情人自重组方案首次披露至终止重大资产重组期间买卖上市公司股票及其（或）衍生品种的情况。

五、交易对方关于本次重组终止的说明（如适用）。

六、本次终止重大资产重组对上市公司影响的分析、相关违约责任及已采取或拟采取的措施（如适用）。

七、承诺

公司应承诺在披露本公告之日起至少1个月（或12个月）内，不再筹划重大资产重组事项。公司应说明召开投资者说明会的相关安排。

八、股票及其衍生品种复牌安排（如适用）

根据有关规定，公司股票及其衍生品种将于××××年××月××日开始复牌。

特此公告。

××××公司董事会

××××年××月××日

附件 4

<h2 style="text-align:center">上市公司重组上市媒体说明会流程</h2>

一、上市公司应当在媒体说明会前,通过"上证 e 互动"网络平台访谈栏目等渠道进行问题收集,及时整理汇总媒体和投资者关注的问题,并在媒体说明会时予以统一答复。

二、下列人员应当出席媒体说明会,并全程参加:

(一)上市公司相关人员,包括实际控制人、上市公司主要董事、独立董事、监事、总经理、董事会秘书及财务负责人等;

(二)标的资产相关人员,包括实际控制人、主要董事、总经理及财务负责人等;

(三)证券服务机构相关人员,包括独立财务顾问、会计师事务所、律师事务所和评估机构等的主办人员和签字人员等;

(四)停牌前 6 个月及停牌期间取得标的资产股权的个人或机构负责人(如适用)。

公司或标的资产相关方认为有必要的,可以邀请相关行业专家、证券分析师等参会。

三、上市公司应当邀请符合中国证监会规定条件的媒体出席会议,并确保邀请出席会议的媒体不少于 3 家。

中证中小投资者服务中心有限责任公司代表、依法持有国家新闻出版署核发新闻记者证的新闻记者、证券分析师可以出席会议。

四、上市公司可以在本所交易大厅或本所认可的其他地点召开媒体说明会,或者采用网络远程的方式召开,但本所要求需在线下召开的除外。

上市公司、重组上市交易对方、证券服务机构等相关方及人员应当在媒体说明会上全面、充分地回应市场关注和提出的问题。

五、媒体说明会应当包括重组上市交易各方陈述、媒体现场提问及现场答复问题等环节。

六、上市公司重组上市交易的相关人员应当在媒体说明会上简明扼要地说明有关事项,包括:

(一)上市公司实际控制人应当说明本次重组上市交易的必要性、

交易定价原则、标的资产的估值合理性(如有);

(二)上市公司独立董事应当对评估机构或者估值机构的独立性、评估或者估值假设前提的合理性和交易定价的公允性发表明确意见(如有);

(三)标的资产实际控制人应当说明标的资产的行业状况、生产经营情况、未来发展规划、业绩承诺(如有)、业绩补偿承诺的可行性及保障措施等(如有);

(四)证券服务机构相关人员应当对其职责范围内的尽职调查、审计、评估等工作发表明确意见。

上市公司或重组标的最近5年内因违法违规受到中国证监会行政处罚或交易所自律监管措施的,相关人员应当说明整改情况及对本次交易的影响。

七、媒体说明会应当为媒体留出充足的提问时间,充分回应市场关注和质疑的问题。

八、参会人员应当在现场答复媒体提问和会前整理汇总的问题。上市公司现场不能答复的,应当说明不能答复的原因。

现场未能答复的,上市公司应当在媒体说明会召开情况公告中予以答复。

附件2

《上海证券交易所上市公司自律监管指引第6号——重大资产重组(2023年修订)》起草说明

为了落实党中央国务院关于全面实行股票发行注册制的决策部署,进一步加强对各类重组活动的监管,维护上市公司和中小投资者权益,根据《上市公司重大资产重组管理办法》(以下简称《重组办法》)及《公开发行证券的公司信息披露内容与格式准则第26号——上市公司重大资产重组》(以下简称《26号准则》)、《上海证券交易所上市公司重大资产重组审核规则》(以下简称《重组审核规则》)等重组配套规定,本所对《上海证券交易所上市公司自律监管指引第6号——重大资产重组》(以下简称《自律监管指引第6号》)进行了修订。现就本次修订的相关事项说明如下。

一、规则修订背景

《自律监管指引第6号》主要规范上市公司重大资产重组信息披露及相关行为。新修订的《重组办法》及配套规则明确上市公司重组环节全面实行注册制,资本市场基础制度的适应性、包容性明显提升,资本市场并购重组主渠道作用进一步强化,对上市公司实施并购重组也提出了新要求。本次修订,一是为实现并购重组监管规则有效衔接,根据全面实行注册制的要求,对部分条款表述进行了修改和调整。二是为解决实践中部分上市公司重组预案披露重复冗余、重大风险提示针对性不强等问题,根据《26号准则》完善重组预案格式相关条文,提高信息披露质量。三是根据证监会规则要求,进一步完善现金类重组股票异常交易监管相关规定,实现与发股类重组的规则统一。四是结合最新监管实践及要求,强化对重组业绩承诺监管;为增强对忽悠式重组监管力度,进一步规范重组投资者说明会相关要求。

二、修订主要内容

一是明确全面实行注册制后的重组信息披露流程。本次修订明确,上市公司重大资产重组事项需由本所审核、中国证监会注册的,上市公司在收到本所出具的审核问询等函件、作出的符合重组条件和信息披露要求的审核意见或终止审核决定、中国证监会作出的予以注册或者不予注册决定时,应当及时披露有关情况。同时,为减少停牌,上市公司在本所并购重组委员会工作会议召开当日,原则上无需申请停牌。

二是做好与重组审核等相关规则衔接。考虑到本所《重组审核规则》已对快速审核机制作出明确规定,本次修订删除了分道制审核机制有关条文。同时,《科创板上市公司持续监管办法(试行)》对科创板公司重大资产重组有特别规定,《重组审核规则》对重组信息披露、独立财务顾问报告也已明确相关要求,本次修订援引相应规则,督促公司做好重组信息披露工作。

三是优化重组预案信息披露要求。为提高信息披露质量,本次修订优化"重大事项提示"章节,归纳交易方案披露要点重点;精简"重大风险提示"章节,要求公司选择可能产生严重不利影响的风险进行提示,强化提示效果,便利投资者快速了解、整体把握交易概况及存在的重大风险。

四是完善现金类重组股票异常交易监管规定。上市公司现金类重组事项如因涉嫌内幕交易被中国证监会立案调查或者被司法机关立案侦查而暂停重组进程的,本次修订根据《上市公司监管指引第7号——上市公司重大资产重组相关股票异常交易监管》相关要求,明确其恢复重组进程的条件。同时,明确特定主体因本次重组内幕交易被证监会行政处罚或者被司法机关依法追究刑事责任的,上市公司应当终止本次交易。

五是强化对重组业绩承诺监管。本次修订明确,上市公司与交易对方签订业绩补偿协议,且相关资产的实际盈利数低于利润预测数的,公司董事会应当在审议年度报告的同时,对实际盈利数与利润预测数的差异情况进行单独审议,详细说明差异情况及上市公司已采取或者拟采取的措施,并督促交易对方履行承诺。上市公司与交易对方存在每股收益填补措施安排的,应披露相关填补安排的具体履行情况。

六是进一步规范重组投资者说明会相关要求。为强化对忽悠式重组监管力度,对于上市公司披露重组提示性公告后终止重组的,鼓励公司召开投资者说明会,并可以视情况要求公司召开投资者说明会;进一步明确投资者说明会信息披露内容,上市公司应当就终止重组事项的具体原因、决策过程及其影响等内容作出说明,并及时披露投资者说明会的相关情况。

特此说明。

上市公司股权分置改革信息披露工作备忘录第 7 号——就上市公司资产重组作为股权分置改革方案的组成部分，以及股权分置改革过程中股东持股变动的相关问题提醒保荐机构和上市公司的注意事项

(2006 年 2 月 16 日)

为便于本所股权分置改革重点推进阶段工作积极、稳妥和有序地展开，根据《上市公司股权分置改革管理办法》、《上市公司股权分置改革业务操作指引》的有关规定，结合窗口指导和信息披露审核发现的问题，本所公司管理部就上市公司资产重组作为股权分置改革方案的组成部分，以及股权分置改革过程中股东持股变动的相关问题提醒保荐机构和上市公司注意：

一、上市公司将资产重组作为股权分置改革方案组成部分的，应按照以下程序办理：

（一）根据《关于上市公司重大购买、出售、置换资产若干问题的通知》（证监公司字〔2001〕105 号）的规定，构成重大资产重组的，上市公司董事会对相关重组方案作出决议后的 2 个工作日内公告重大资产重组报告书，并就本次重大资产重组作为股权分置改革方案组成部分作出如下特别提示：

"本次重大资产重组经中国证监会审核无异议后，公司控股股东将及时提议启动股权分置改革工作，本次重大资产重组将作为股权分置改革方案的组成部分"。

公告日为交易日的，公司股票停牌一小时。同时，上市公司应根据相关规定向中国证监会报送重大资产重组申报材料。

中国证监会对重组方案无异议的，董事会可以在就审议重组方案

发布股东大会通知的同时,发布审议股权分置改革方案的相关股东会议通知,并披露重大资产重组报告书全文和股权分置改革说明书。审议重大资产重组的股东大会与审议股改方案的相关股东会议不可合并为一个会议。审议重大资产重组的股东大会应当安排在审议股改方案的相关股东会议之前召开,同时,公司应当在相关公告中作出如下提示:

"若本次股东大会否决公司重大资产重组方案,则相关股东会议将相应取消"。

另外,公司还应当就若股东大会审议通过重大资产重组方案,而相关股东会议否决股改方案的情形下,是否继续实施重大资产重组方案作出适当安排。

相关重组方案在取得中国证监会无异议函后原则上不应进行调整,如作出调整,需征得中国证监会的同意。

(二)未构成重大资产重组的,上市公司董事会应当按照证券交易所的相关规定履行报告和公告义务,同时发布相关股东会议通知及股权分置改革方案。涉及股东大会批准的,相关重组方案须获得股东大会批准,同时股权分置改革方案获得相关股东会议同意后,上市公司可以实施重组方案和股权分置改革方案。公司可以将审议非重大资产重组的股东大会和审议股改方案的相关股东会议合并为一个会议召开。

(三)股权分置改革期间有关停牌、复牌的安排按照《上市公司股权分置改革管理办法》执行。

二、股权分置改革中非流通股股东定向缩股,或向流通股股东支付对价,导致流通股股东的持股变动达到信息披露标准的,由上市公司对有关情况进行公告,相关股东无须发布持股变动公告。相关股东后续持股变动达到信息披露标准的,仍应当按照相关规定履行相应的信息披露义务。

三、为支持交易所推进股改工作,凡中国证监会上市部在审的并购重组事项,如相关公司向交易所提交股权分置改革方案,本所将把公司名单转给上市部。证监会上市部将根据本所提供的名单,将在审公司列入审核绿色通道。

各保荐机构和上市公司在使用过程中对本备忘录如果有任何意见和建议，请及时告诉我们。联系人：林勇峰、周文伟、张明远，联系电话：（021）68804233、68804358、68814597，联系信箱：yflin@sse.com.cn、wwzhou@sse.com.cn、myzhang@sse.com.cn。

深圳证券交易所

深圳证券交易所关于发布《深圳证券交易所上市公司自律监管指引第8号——重大资产重组（2023年修订）》的通知

（2023年2月17日　深证上〔2023〕114号）

各市场参与人：

为了落实全面实行股票发行注册制相关要求，进一步规范上市公司重大资产重组信息披露行为，本所对《深圳证券交易所上市公司自律监管指引第8号——重大资产重组》进行了修订，现予以发布，自发布之日起施行。

本所于2022年1月7日发布的《深圳证券交易所上市公司自律监管指引第8号——重大资产重组》（深证上〔2022〕20号）同时废止。

附件：1.深圳证券交易所上市公司自律监管指引第8号——重大资产重组（2023年修订）

2.《深圳证券交易所上市公司自律监管指引第8号——重大资产重组》修订说明

附件1

深圳证券交易所上市公司自律监管指引第8号——重大资产重组(2023年修订)

第一章 总 则

第一条 为了规范深圳证券交易所(以下简称本所)上市公司重大资产重组信息披露相关行为,根据《中华人民共和国证券法》(以下简称《证券法》)、《上市公司重大资产重组管理办法》(以下简称《重组办法》)、《创业板上市公司持续监管办法(试行)》《公开发行证券的公司信息披露内容与格式准则第26号——上市公司重大资产重组》(以下简称《26号准则》),以及《深圳证券交易所股票上市规则》《深圳证券交易所创业板股票上市规则》(以下统称《股票上市规则》)、《深圳证券交易所上市公司重大资产重组审核规则》(以下简称《重组审核规则》)等规定,制定本指引。

第二条 上市公司及其股东、实际控制人、董事、监事、高级管理人员和其他交易各方,以及提供服务的证券服务机构和人员等相关方(以下统称上市公司及有关各方)依照《重组办法》筹划、实施重大资产重组的信息披露及相关事宜,应当遵守《重组办法》《26号准则》《股票上市规则》《重组审核规则》和本指引等规定。

上市公司及有关各方筹划、实施发行股份、优先股、定向可转债、定向权证、存托凭证购买资产、吸收合并等其他资产交易行为的信息披露及相关事宜,适用本指引规定。

第三条 上市公司及有关各方应当审慎研究、筹划决策涉及上市公司的重大资产重组事项,保证筹划中的重大资产重组事项的真实性、可行性和可操作性,有利于提高上市公司质量。

第四条 上市公司及有关各方应当及时、公平地披露或者提供信息,保证所披露或者提供信息的真实、准确、完整,不得有虚假记载、误导性陈述或者重大遗漏。

第五条 提供服务的证券服务机构和人员应当遵守法律、行政法规和中国证监会的相关规定,以及本所的相关规则,遵循本行业公认的业务标准和道德规范,诚实守信,勤勉尽责,严格履行职责,对其所制作、出具文件的真实性、准确性和完整性承担责任。

第六条 上市公司应当维护证券交易连续性,审慎向本所申请对公司股票及其衍生品种停牌,切实保护投资者的交易权和知情权,不得随意以存在重大资产重组事项为由向本所申请停牌或者故意虚构重大资产重组信息损害投资者合法权益,严格控制停牌时间,避免滥用停牌或者无故拖延复牌时间,不得以申请停牌代替上市公司及有关各方的信息保密义务。

涉及停复牌业务的,上市公司应当按照《深圳证券交易所上市公司自律监管指引第6号——停复牌》相关规定办理(停牌申请表、公告格式见附件1、附件2)。

第七条 上市公司应当在非交易时间向本所提交重大资产重组相关的信息披露文件。本所对重大资产重组信息披露文件进行审查,并可以根据监管需要要求上市公司及有关各方作出解释说明、补充披露或者提供其他相关文件。

第八条 上市公司及有关各方应当采取必要且充分的保密措施,制定严格有效的保密制度,限定相关敏感信息的知悉范围,按照中国证监会及本所相关规定登记、报送内幕信息知情人档案,并编制交易进程备忘录。

重大资产重组有关各方对所知悉的重大资产重组事项在依法依规披露前负有保密义务。

第九条 上市公司应当关注公共媒体或者市场出现的关于公司重大资产重组的相关报道。如相关报道可能或者已经对公司股票及其衍生品种交易价格产生较大影响,上市公司及有关各方应当按照《股票上市规则》等规定,及时予以核实并发布澄清公告。

第二章 重组方案

第一节 重组方案披露

第十条 上市公司首次披露重组方案,可以披露重组预案,也可以直接披露重组报告书。上市公司披露重大资产重组方案,应当按照《26号准则》和本指引相关规定的内容和格式要求编制重组信息披露文件。

上市公司筹划不涉及发行股份的重大资产重组,可以按照分阶段披露原则,在披露重组方案前披露筹划重大资产重组提示性公告。提示性公告应当至少包括本次重组交易方式、交易标的所属行业、是否已签署交易意向性文件、必要的风险揭示等信息。

第十一条 上市公司披露重组预案的,应当按照本指引附件3规定的重组预案报送材料要求向本所报送相关文件;披露重组报告书的,应当按照《26号准则》《重组审核规则》有关规定进行信息披露并向本所报送相关文件。

第十二条 上市公司应当在首次披露重组方案的同时披露风险提示公告,就本次重组进程可能被暂停或者可能被终止作出风险提示。

第十三条 重组预案和重组报告书应当披露本次重组相关主体是否存在依据《上市公司监管指引第7号——上市公司重大资产重组相关股票异常交易监管》第十二条或者本指引第三十条不得参与任何上市公司重大资产重组情形的说明。

第十四条 上市公司与有关各方签订业绩补偿协议的,补偿协议应当包含下列内容:业绩承诺方、补偿方式、补偿的数量和金额、触发补偿的条件、补偿的执行程序、补偿的时间期限、补偿的保障措施、争议解决方式等。补偿协议条款应当清晰明确、切实可行,不存在争议。

上市公司董事会和独立财务顾问应当基于现有条件客观论证分析业绩承诺的可实现性,包括补偿时间安排、股份解限安排、股份质押安排、补偿股份的表决权和股利分配权安排等,并说明业绩补偿协议是否明确可行,以及保证上市公司能够获得足额业绩补偿的相关措施,并充分提示是否存在补偿不足、补偿不及时的风险等。

第十五条 上市公司披露重组报告书的,独立财务顾问应当按照《重组办法》《26号准则》《上市公司并购重组财务顾问业务管理办法》《重组审核规则》等规定,出具独立财务顾问报告和相关核查意见。

上市公司及有关各方存在不规范行为的,独立财务顾问应当督促其整改，并将整改情况在相关核查意见中予以说明。因上市公司或者重组交易对方不配合，使尽职调查范围受限，导致独立财务顾问无法做出判断的，独立财务顾问不得为上市公司出具独立财务顾问报告和相关核查意见。

第十六条 上市公司重大资产重组出现下列情形的，本次重组方案应当提供现金选择权或者其他合法形式的异议股东权利保护措施：

（一）上市公司被其他公司通过换股方式吸收合并的；

（二）上市公司吸收合并其他公司，并给予其股东现金收购请求权的；

（三）上市公司分立成两个或者两个以上独立法人，并给予其股东现金收购请求权的。

第十七条 重大资产重组报告书、独立财务顾问报告、法律意见书以及重组涉及的审计报告、资产评估报告或者估值报告至迟应当与召开股东大会的通知同时公告。

第十八条 上市公司在召开股东大会审议重组方案之前，应当披露内幕信息知情人股票交易自查报告。股票交易自查期间为首次披露重组事项或者就本次重组申请股票停牌（孰早）前六个月至披露重组报告书。

上市公司披露重组报告书后重组方案重大调整、终止重组的，应当补充披露股票交易自查报告。股票交易自查期间为披露重组报告书至披露重组方案重大调整或者终止重组。

上市公司披露股票交易自查报告时，独立财务顾问和律师应当核查并发表明确意见。

上市公司披露股票交易自查报告，暂时无法及时提供证券登记结算机构就相关单位及自然人二级市场交易情况出具的文件的，可以在后续取得相关文件时补充提交。

第十九条 上市公司发行股份购买资产导致特定对象持有或者控制的股份达到法定比例的，应当按照《上市公司收购管理办法》的规定履行相关义务。

交易对方免于发出要约的，应当按照《上市公司收购管理办法》的规定编制相关文件，并在规定期限内履行信息披露义务。

第二十条　上市公司应当根据本所出具的审核问询等函件及时对重组方案等信息披露文件进行补充完善，并在规定的时限内披露本所审核问询等函件的完整内容及对重组方案补充完善的具体情况。

第二十一条　上市公司首次披露重组方案后，应当每三十日公告一次筹划、尽职调查、审计、评估、取得有权部门事前审批意见等工作进展情况，直至发出召开股东大会通知。

前款规定的进展公告应当以特别提示的方式，充分披露本次重组事项尚存在的重大不确定风险，说明是否存在可能导致中止、取消本次重组方案或者对本次重组方案产生实质性变更的相关事项。

上市公司披露重组提示性公告的，应当参照前两款规定，及时履行进展情况的信息披露义务。首次披露重组提示性公告后六个月届满时，上市公司未能披露重组预案的，应当详细披露筹划本次重组事项的具体工作、主要进展，以及未能披露重组预案的原因，并充分论证筹划本次重组事项的必要性和可行性；十二个月届满时，仍未披露重组预案的，还应当说明预计披露重组方案的时间安排，确实无法继续推进重组的，应当终止筹划本次重组。

第二十二条　上市公司披露重组方案后，出现下列情形之一的，应当及时披露并提示相关风险，确实已不具备实施条件的，应当尽快终止本次重组：

（一）交易对方、重组标的资产范围出现重大变化或者调整；

（二）与交易对方就已签订的重组框架或者意向协议作出重大修订或者变更；

（三）重组标的资产涉及重大诉讼或者仲裁；

（四）重组标的资产因产业、行业及市场因素导致其估值可能出现重大变化；

（五）上市公司及有关各方无法在预定时间内完成重组方案中作出的相关承诺；

（六）本次重组方案无法在规定时间内取得有关部门的批准；

（七）变更证券服务机构；

（八）知悉本次重大资产重组相关方被中国证监会立案调查或者被司法机关立案侦查；

（九）其他可能对本次重组产生较大影响的情形。

上市公司披露重组提示性公告的，应当参照前款规定，及时履行信息披露义务。

第二节 重组方案审议

第二十三条 上市公司董事会审议重大资产重组方案的，应当对下列议案作出决议：

（一）《关于上市公司进行重大资产重组的议案》，至少应当包括：重大资产重组的方式、交易标的和交易对方，交易价格或者价格区间（如有），定价方式或者定价依据，相关资产自定价基准日至交割日期间损益的归属，相关资产办理权属转移的合同义务和违约责任，决议的有效期，对董事会办理重大资产重组事宜的具体授权，以及其他需要明确的事项（需逐项表决）；

（二）《关于本次重组符合〈上市公司监管指引第 9 号——上市公司筹划和实施重大资产重组的监管要求〉第四条规定的议案》；

（三）《关于评估机构或者估值机构的独立性、评估（估值）假设前提的合理性、评估（估值）方法与评估（估值）目的的相关性以及评估（估值）定价的公允性的议案》（如有）；

（四）《关于本次重组是否构成关联交易的议案》；

（五）《关于本次重组符合〈重组审核规则〉第十条或者第十一条规定的议案》（如适用）；

（六）《关于签订重组相关协议的议案》；

（七）《关于批准本次重组有关审计、评估和盈利预测报告的议案》（如有）；

（八）《重大资产重组预案》或者《重大资产重组报告书及其摘要》；

（九）《关于提请股东大会审议同意相关方免于按照有关规定向全体股东发出（全面）要约的议案》（如适用）；

（十）《关于本次重组符合〈重组办法〉第十三条规定的议案》（适用于构成重组上市的情形）；

（十一）《关于召开上市公司股东大会的议案》（如有）。

第二十四条 上市公司股东大会审议重大资产重组方案的,应当对本指引第二十三条第一项所列事项进行逐项表决。

上市公司发行股份购买资产同时募集配套资金的,如购买资产不以募集配套资金为前提,购买资产与募集配套资金的交易方案可以分拆为两项议案、分别表决;如购买资产与募集配套资金互为前提,购买资产与募集配套资金的议案均获审议通过后,交易方案方可继续推进。

第二十五条 上市公司在发行股份购买资产的首次董事会决议公告后,六个月内未发出召开股东大会通知的,应当在六个月期限届满时,及时披露关于未发出召开股东大会通知的专项说明。专项说明应当披露相关原因,并明确是否继续推进或者终止本次重组事项。继续推进的,上市公司应当重新召开董事会审议发行股份购买资产事项,并以该次董事会决议公告日作为发行股份的定价基准日。

发行股份购买资产事项提交股东大会审议未获批准的,上市公司董事会如再次作出发行股份购买资产的决议,应当以该次董事会决议公告日作为发行股份的定价基准日。

第二十六条 上市公司披露重组方案后,拟对交易对方、交易标的、交易价格等作出变更,构成对原交易方案重大调整的,应当重新履行相关决策程序并作出公告。

第三章 重组终止

第二十七条 上市公司首次披露重组事项至召开相关股东大会前,如该重组事项涉嫌内幕交易被中国证监会立案调查或者被司法机关立案侦查的,公司应当暂停本次重组进程,不得将重组事项提交股东大会进行审议,并及时披露相关信息,以及就本次重组可能被终止等情况进行风险提示。

上市公司召开相关股东大会后至向本所报送发行股份购买资产申请文件前,如该重组事项涉嫌内幕交易被中国证监会立案调查或者被司法机关立案侦查的,公司应当暂停本次重组进程,及时公告相关信息并就本次重组可能被终止等情况进行风险提示。

第二十八条 上市公司按照本指引第二十七条的规定暂停重组

进程的,在满足下列条件后,可以恢复本次重组进程:

(一)中国证监会或者司法机关经调查核实未发现上市公司、占本次重组总交易金额比例在百分之二十以上的交易对方(如涉及多个交易对方违规的,交易金额合并计算),及上述主体的控股股东、实际控制人及其控制的机构存在内幕交易的;

(二)中国证监会或者司法机关经调查核实未发现上市公司董事、监事、高级管理人员,上市公司控股股东、实际控制人的董事、监事、高级管理人员,交易对方的董事、监事、高级管理人员,占本次重组总交易金额比例在百分之二十以下的交易对方及其控股股东、实际控制人及上述主体控制的机构,为本次重大资产重组提供服务的证券公司、证券服务机构及其经办人员,参与本次重大资产重组的其他主体等存在内幕交易的;或者上述主体虽涉嫌内幕交易,但已被撤换或者退出本次重大资产重组交易的;

(三)被立案调查或者立案侦查的事项未涉及本款第一项、第二项所列主体的。

依据前款第二项规定撤换独立财务顾问的,上市公司应当重新聘请独立财务顾问出具独立财务顾问报告,本所可就独立财务顾问的聘任及专业意见发表情况通过问询、现场督导等方式进行监管。

上市公司对交易对象、交易标的等作出变更导致重大资产重组方案重大调整的,还应当重新履行相应的决策程序。

上市公司有证据证明其重大资产重组符合恢复进程条件的,经聘请的独立财务顾问及律师事务所对本次重大资产重组有关主体进行尽职调查,并出具确认意见,可以恢复进程。

第二十九条 上市公司按照本指引第二十七条的规定暂停重组进程后,本指引第二十八条第一款第一项所列主体因本次重大资产重组相关的内幕交易被中国证监会行政处罚或者被司法机关依法追究刑事责任的,上市公司应当终止本次重大资产重组。

第三十条 上市公司筹划重组停牌后又终止重组的,或者披露重组提示性公告、重组预案或者重组报告书后又终止重组的,应当披露终止重大资产重组公告(见附件4),说明终止本次重大资产重组的原因、具体过程、履行的相关审议程序等,同时承诺自公告之日起至少一个月内不再筹划重大资产重组。

上市公司筹划、实施重大资产重组期间,其控股股东或者实际控制人因本次重组事项相关的内幕交易行为被中国证监会行政处罚或者被司法机关依法追究刑事责任的,公司应当及时终止本次重组进程,并发布终止重大资产重组公告,同时承诺自公告之日起至少十二个月内不再筹划重大资产重组。

本指引第二十八条所列主体因涉嫌本次重大资产重组相关的内幕交易被立案调查或者立案侦查的,自立案之日起至责任认定前不得参与任何上市公司的重大资产重组。中国证监会作出行政处罚或者司法机关依法追究刑事责任的,上述主体自中国证监会作出行政处罚决定或者司法机关作出相关裁判生效之日起至少三十六个月内不得参与任何上市公司的重大资产重组。

第三十一条 上市公司筹划、实施重大资产重组期间,因出现违反《重组办法》《重组审核规则》及本指引等相关规定被中国证监会责令暂停重组活动或者被本所要求暂停本次交易的,应当暂缓召开股东大会或者实施重组方案,并及时履行信息披露义务;被中国证监会责令终止重组活动或者被本所要求终止本次交易的,公司应当终止本次重组进程,并及时发布终止重大资产重组公告。

第三十二条 上市公司首次披露重组方案后、股东大会审议前,公司或者交易对方拟终止本次重大资产重组的,应当及时召开董事会审议终止重大资产重组事项,并披露董事会决议公告、终止重大资产重组公告、独立董事意见和独立财务顾问核查意见(如适用)。

交易对方提出终止本次重大资产重组的,应当同时通过上市公司披露其关于终止重大资产重组事项的说明,上市公司应当配合交易对方进行信息披露。

第三十三条 重大资产重组方案经上市公司股东大会审议通过,且尚在股东大会决议有效期内,公司或者交易对方拟终止本次重大资产重组的,上市公司除应当按照本指引第三十条、第三十二条履行董事会审议程序和信息披露义务外,还应当召开股东大会审议终止重组事项。

除另有规定外,上市公司股东大会此前已经授权董事会在必要情况下办理终止重组事项相关事宜的,在授权有效期内,上市公司原则上可以不再召开股东大会。

第四章 重组相关说明会

第一节 媒体说明会

第三十四条 上市公司重大资产重组事项涉及下列情形之一的,应当按照本指引第三十五条的规定召开媒体说明会:

(一)属于《重组办法》第十三条规定的交易情形的;
(二)涉嫌规避重组上市监管要求的;
(三)受到重大媒体质疑或者投诉举报的;
(四)中国证监会及其派出机构和本所认为必要的其他情形。

上市公司发现前款第三项情形的,应当主动、及时向本所报告。

第三十五条 上市公司应当在召开媒体说明会前发出召开通知,公告媒体说明会召开时间、地点、参与方式、网络直播地址、参与人员以及议程等事项。

出现本指引第三十四条第一款第一项情形的,上市公司应当在披露关于对本所重组问询函的回复公告时发出召开通知,并在发出通知后的两个交易日内召开媒体说明会。

出现本指引第三十四条第一款第二项至第四项情形的,上市公司应当在发现相关情形或者有权部门提出要求后及时发出召开通知,并在发出通知后的两个交易日内召开媒体说明会。

第三十六条 上市公司股票及其衍生品种处于交易状态的,媒体说明会应当在非交易时间召开。

第三十七条 上市公司召开媒体说明会应当有不少于三家符合中国证监会规定条件的媒体参加。

第三十八条 媒体说明会的参会人员应当包括上市公司的现任控股股东、实际控制人或其授权代表,上市公司主要董事、监事及高级管理人员,拟新进入的控股股东、实际控制人(如有)或者其授权代表和其他主要交易对方代表,重组标的主要董事和高级管理人员以及中介机构代表。

参会人员应当认真答复媒体的问询，全面回应市场关注和质疑，保证发言的真实、准确、完整，不得含有宣传、广告、恭维或者夸大等性质的词句，不得有误导性陈述，不得透露、泄露未公开重大信息。

媒体说明会应当为媒体留出充足的提问时间，充分回应市场关注和质疑的问题。

第三十九条 媒体说明会应当详细介绍重大资产重组方案情况，并至少包括下列内容：

（一）上市公司现任控股股东、实际控制人应当充分说明本次交易的必要性、交易作价的合理性、承诺履行和规范运作等情况；

（二）上市公司董事、监事及高级管理人员应当充分说明其对交易标的及其行业的了解情况、重大媒体质疑和投诉举报的主要内容及说明（如有），以及董事、监事及高级管理人员在本次重大资产重组项目的推进和筹划中是否切实履行忠实、勤勉义务等；

（三）拟新进入的控股股东、实际控制人应当详细说明交易作价的合理性、业绩承诺的合规性和合理性（如有）；

（四）交易对方和重组标的董事及高级管理人员应当充分说明重组标的报告期生产经营情况和未来发展规划，以及对相关的重大媒体质疑和投诉举报的说明（如有）；

（五）中介机构应当充分说明核查过程和核查结果，评估机构应当说明重组标的的估值假设、估值方法、估值过程的合规性和估值结果的合理性，披露重组预案但未披露交易标的的预估值及拟定价的，应当说明原因及影响（如适用）；

（六）参会人员认为应当说明的其他问题；

（七）中国证监会及其派出机构和本所要求说明的其他问题。

因涉嫌规避重组上市监管要求召开媒体说明会的，上市公司现任控股股东、实际控制人以及独立财务顾问应当明确说明本次重大资产重组是否构成重组上市。

第四十条 上市公司应当做好媒体说明会的会议记录。上市公司应当将参会媒体的身份证明、会议记录、现场录音（如有）、演示文稿（如有）、向参会媒体提供的文档（如有）等资料存档并妥善保管。

第四十一条 上市公司应当在媒体说明会召开后次一交易日披

露媒体说明会的召开情况,主要包括:

(一)时间、地点、参会人员及媒体;

(二)涉及重大资产重组的主要问题及答复情况;

(三)上市公司认为应当说明的其他事项。

上市公司应当在媒体说明会召开后的两个交易日内,在互动易刊载媒体说明会文字记录。

第二节 投资者说明会

第四十二条 上市公司披露重组事项后出现重大市场质疑的,可以在披露澄清公告的同时主动召开投资者说明会。本所可以视情况要求上市公司及有关各方召开投资者说明会。

第四十三条 上市公司披露重组预案或者重组报告书后终止重组的,应当在董事会审议通过终止重大资产重组决议后,及时召开投资者说明会。

上市公司披露重组提示性公告后,终止筹划重组的,本所鼓励上市公司召开投资者说明会,并可以视情况要求上市公司召开投资者说明会。

上市公司根据前两款规定召开投资者说明会的,应当就终止重组事项的具体原因、决策过程及其影响等内容作出说明,并及时披露投资者说明会的相关情况。

第四十四条 上市公司应当在非交易时间召开投资者说明会,并履行通知和相应的信息披露义务。

第四十五条 投资者说明会的参会人员至少应当包括上市公司董事长或者总经理、董事会秘书、交易对方或者其代表、重组标的主要董事和高级管理人员、独立财务顾问主办人。

第五章 重组审核与注册

第四十六条 上市公司重大资产重组事项需由本所审核、中国证监会注册的,在向本所提交重组相关申请文件后,重组申请被本所作出受理、不予受理、中止审核、恢复审核或者终止审核决定的,或者被本所出具审核问询等函件的,以及其他部门在行政审批程序中作出相关决定的,上市公司应当及时披露有关情况,并作出风险提示(见附件5)。

上市公司应当在本次重组方案中就重组可能无法获得批准的风险做出特别提示。

第四十七条 本所对重组方案审核期间,上市公司拟申请中止审核、恢复审核的,应当及时召开董事会审议并披露。

第四十八条 上市公司收到本所出具的审核问询等函件的,应当及时提供书面回复意见并予以披露,相关证券服务机构应当按照要求出具专业意见。涉及需履行决策程序的,应当及时履行决策程序。

第四十九条 上市公司重大资产重组需提交本所并购重组审核委员会(以下简称并购重组委)审议的,应当在收到拟召开并购重组委工作会议的通知时,披露并购重组委审议提示性公告。上市公司应当密切关注本所网站公告,在并购重组委工作会议召开日期明确后,及时披露并购重组委工作会议安排公告。上市公司在本所并购重组委工作会议召开日原则上无需申请停牌。

上市公司收到并购重组委审议结果后,应当在次一交易日公告相关情况。公告应当说明,上市公司在收到本所作出的认为符合重组条件和信息披露要求的审核意见或者终止审核的决定、中国证监会作出的予以注册或者不予注册的决定后将再行公告。

第五十条 上市公司收到本所作出的认为符合重组条件和信息披露要求的审核意见或者终止审核的决定、中国证监会作出的予以注册或者不予注册决定后,应当在次一交易日公告决定相关情况。

第五十一条 本所出具认为本次交易符合重组条件和信息披露要求的审核意见、中国证监会予以注册的,上市公司应当在公告相关决定的同时,披露重组报告书修订说明公告,及修订后的重组报告书全文和相关证券服务机构专项意见,同时披露尚需取得有关部门批准的情况。

第五十二条 本所终止审核、中国证监会不予注册的,上市公司董事会应当在收到前述决定后十日内,根据股东大会的授权,就是否修改或者终止本次重组方案作出决议并予以公告。

上市公司董事会根据股东大会的授权决定终止重组的,应当在董事会公告中予以明确披露;上市公司董事会根据股东大会的授权拟重新申报的,应当在董事会公告中充分披露重新申报的原因、后续安排等情况。

第六章　重组实施及持续监管

第一节　重组实施

第五十三条　上市公司重大资产重组事项完成必要的批准程序或者取得全部相关部门审批后,应当及时公告并尽快安排实施。

重组方案自完成相关批准、注册程序之日起六十日内未实施完毕的,上市公司应当于期满后次一交易日披露重组实施进展情况公告,并在此后每三十日披露一次进展公告,直至实施完毕。中国证监会予以注册的重组交易,自收到注册文件之日起未在注册文件规定时间内实施完毕的,注册文件失效。

第五十四条　置入和置出资产(含负债)全部过户完毕后,上市公司应当在三个交易日内提交并披露过户结果公告,同时提交资产(含负债)转移手续完成的相关证明文件。独立财务顾问和律师事务所应当对重组标的资产(含负债)过户事宜的合规性及风险进行核查,发表明确的结论性意见并披露。

第五十五条　上市公司重大资产重组如涉及新增股份上市,需在披露重组标的资产(含负债)过户结果公告及相关中介机构核查意见后向证券登记结算机构申请办理新增股份登记工作,并在证券登记结算机构出具《股份登记申请受理确认书》后的次一交易日到本所办理股份上市手续。

如涉及定向可转债发行的,上市公司应当在发行结束后及时向本所申请定向可转债代码,向证券登记结算机构申请办理新增定向可转债登记手续并及时披露相关公告。

第五十六条　上市公司重大资产重组申请取得中国证监会注册文件后,若因实施利润分配或者资本公积转增股本方案需要调整股份发行价格及发行数量的,公司应当在办理新增股份登记托管及上市手续前,根据重组方案规定的调整办法对发行价格及发行数量进行调整,并对外披露调整公告,同时聘请律师出具专项法律意见书。

第五十七条 上市公司重大资产重组实施完成后,应当在三个交易日内按照《26号准则》第六章和本指引附件6的要求编制重大资产重组实施情况报告书并予以公告,并披露独立财务顾问、律师事务所出具的意见和重大资产重组相关承诺事项。

第五十八条 上市公司未能在股东大会决议有效期内实施重大资产重组,拟继续推进本次重组的,应当在决议有效期结束前召开股东大会审议延长决议有效期事项。

第二节 持续监管

第五十九条 上市公司重组交易产生商誉的,公司应当按照《企业会计准则》和《会计监管风险提示第8号——商誉减值》的规定,每年进行减值测试,并在定期报告中披露资产组认定、选取的关键参数和假设等与商誉减值相关的重要信息。

第六十条 上市公司应当在年度报告管理层讨论与分析中披露重组整合管控的具体进展情况,包括但不限于上市公司在报告期内对交易标的进行整合管控的具体措施、是否与前期计划相符、面临的整合风险与阶段性效果评估等内容,独立董事应当对此发表意见。

整合管控效果的披露期限自本次重组交易实施完毕之日起,不少于三个会计年度。如重组交易存在业绩承诺的,直至相关业绩承诺事项全部完成。

独立财务顾问应当在持续督导期间督促上市公司有效控制并整合标的资产,并就公司控制标的资产的能力、整合计划及实施效果发表明确意见。

第六十一条 重大资产重组实施完毕后、承诺事项未完全履行完毕前,上市公司应当在披露年度报告的同时,就有关各方重大资产重组承诺事项的履行情况予以单独披露;在承诺事项履行完毕时,公司应当及时披露承诺事项完成情况公告。

第六十二条 上市公司向控股股东、实际控制人或者其控制的关联人购买资产,或者向除前述主体之外的特定对象购买资产导致控制权发生变更,且采取收益现值法、假设开发法等基于未来收益预期的估值方法对购买资产进行评估或者估值并作为定价参考依据的,上市公司应当在重大资产重组实施完毕后业绩承诺期内的年度报告中单独披露相关资产的实际盈利数与利润预测数的差异情况,并由符合《证券法》规定的会计师事务所对此出具专项审核意见,与公司年度报告同时披露。

上市公司在重组交易中自愿披露盈利预测报告或者交易对方自愿作出业绩承诺的,应当参照前款要求执行。

第六十三条 上市公司与交易对方签订业绩补偿协议,且相关资产的实际盈利数低于利润预测数的,公司董事会应当在审议年度报告的同时,对实际盈利数与利润预测数的差异情况进行单独审议,详细说明差异情况及上市公司已采取或者拟采取的措施,并督促交易对方履行承诺。

交易对方应当及时、足额履行业绩补偿承诺,不得逃废、变更补偿义务。交易对方超期未履行或者违反业绩补偿协议、承诺的,上市公司应当及时披露,并说明相应解决措施。

上市公司与交易对方存在每股收益填补措施安排的,应披露相关填补安排的具体履行情况。

第六十四条 上市公司向控股股东、实际控制人或者其控制的关联人发行股份购买资产,或者发行股份购买资产将导致上市公司实际控制权发生变更的,公司董事会及独立财务顾问应当充分关注本次交易完成后六个月内上市公司股票是否存在连续二十个交易日的收盘价低于发行价,或者交易完成后六个月期末收盘价低于发行价的情况。如出现上述情况,上市公司应当及时提请认购股份的特定对象公告其持有公司股票的锁定期自动延长至少六个月(如适用)。

第六十五条 独立财务顾问应当通过日常沟通、定期回访等方式,结合上市公司定期报告的披露,做好持续督导工作,切实履行持续督导义务。持续督导期内,交易对方对上市公司存在业绩补偿承诺的,独立财务顾问应当督促交易对方切实履行相关业绩补偿承诺和保障措施,如发现交易标的存在重大财务造假嫌疑、重大风险事项,可能损害上市公司利益情况的,应当及时向本所报告,并督促上市公司及有关各方提供解决措施。

第七章　附　　则

第六十六条　上市公司及有关各方违反本指引规定,本所可以采取现场检查等措施,并视情况对公司及相关当事人采取自律监管措施或者予以纪律处分。

为上市公司重大资产重组事项提供服务的证券服务机构和人员在公司重组过程中未能勤勉尽责,出具意见不审慎的,本所视情况采取自律监管措施或者予以纪律处分。

本所发现上市公司及有关各方在重组过程中涉嫌违反法律、行政法规及中国证监会相关规定的,本所将及时提请中国证监会及其派出机构核查。

第六十七条　本指引由本所负责解释。

第六十八条　本指引自发布之日起施行。本所于2022年1月7日发布的《深圳证券交易所上市公司自律监管指引第8号——重大资产重组》(深证上〔2022〕20号)同时废止。

附件:1. 上市公司重大资产重组停牌申请表
　　　2. ××公司关于筹划发行股份购买资产/发行定向可转债购买资产事项的停牌公告
　　　3. 重组预案报送材料
　　　4. ××公司关于终止筹划重大资产重组公告
　　　5. ××公司董事会关于重大资产重组申请不予受理(暂停审核、暂停注册或者终止审核、终止注册)的风险提示公告
　　　6. ××公司董事会关于重大资产重组实施情况报告书

附件1

上市公司重大资产重组停牌申请表

重要提示:

1. 上市公司及有关各方承诺不进行重大资产重组的期限未届满的,本所不受理重组停牌申请;

2.除"其他"栏目和注明适用栏可以视实际情况选择填写外,其余栏目均为必填项目。

公司简称	证券代码	
重组涉及金额(万元)(如适用)	是否构成《上市公司重大资产重组管理办法》第十二条规定的重大资产重组	
是否发行股份购买资产或者发行定向可转债购买资产	是否构成《上市公司重大资产重组管理办法》第十三条规定的重组上市	
是否涉及配套融资	是否需由中国证监会予以注册	
上市公司及其现任董事、高级管理人员是否存在因涉嫌犯罪正被司法机关立案侦查或者涉嫌违法违规正被中国证监会立案调查的情形	上市公司最近一年及一期财务会计报告是否被注册会计师出具无保留意见的审计报告	
上市公司及有关各方是否存在公开承诺不进行重大资产重组且承诺期限未届满的情形	上市公司本次向特定对象发行股份或可转债是否未违反《上市公司证券发行注册管理办法》第十一条、第十三条和第十四条的规定	
创业板上市公司标的资产所属行业是否符合创业板定位,或者与公司处于同行业或者上下游	创业板上市公司本次交易构成重组上市的,是否符合《上市公司重大资产重组管理办法》第十三条、《深圳证券交易所上市公司重大资产重组审核规则》第十条、第十一条的规定	
本次交易是否符合行业准入相关规定	重组事项是否需要向相关部门咨询论证	
本次交易是否已经完成前置审批程序或者前置审批不存在实质性障碍	独立财务顾问名称(如适用)	
独立财务顾问联系人(如适用)	独立财务顾问联系电话(如适用)	

续表

上市公司经办人		上市公司经办人联系电话	
停牌申请提交时间		年　月　日	
预计最晚复牌时间		年　月　日	
申请内容			
申请事项	本公司申请对下列证券自下一交易日至　　年　月　日停牌： 证券1简称：＿＿＿＿＿＿，证券1代码：＿＿＿＿＿＿； 证券2简称：＿＿＿＿＿＿，证券2代码：＿＿＿＿＿＿； 证券3简称：＿＿＿＿＿＿，证券3代码：＿＿＿＿＿＿。		
重组方案简介			
承诺	1.本公司保证申请停牌的重组事项是真实的,且具备可行性和可操作性,无重大法律政策障碍。本公司经慎重决定,申请公司证券停牌。本公司不存在故意虚构重组信息及其他损害投资者权益的情形。 2.深交所在下列情形下可以对本公司股票强制复牌:(1)本公司证券停牌后,深交所发现本公司的停牌事由不成立,或者其停牌申请不符合或者不再符合相关规定的条件和要求,深交所要求本公司立即申请复牌但本公司未按要求申请的;(2)本公司违反有关规定滥用停牌或者不履行相应决策程序和信息披露义务,损害投资者合法权益的,深交所可以交易所公告等形式,向市场说明有关情况,并对本公司股票及其衍生品种实施强制复牌处理。 3.本公司承诺预计于　　年　月　日前披露符合《公开发行证券的公司信息披露内容与格式准则第26号——上市公司重大资产重组》要求的重组预案或者重组报告书。		
其他			
上市公司 董事长签字		上市公司 董事会签章	

附件2

××公司关于筹划发行股份购买资产/
发行定向可转债购买资产事项的停牌公告

本公司及董事会全体成员(或者除董事×××、×××外的董事会全体成员)保证信息披露的内容真实、准确、完整,没有虚假记载、误导性陈述或者重大遗漏。

董事×××因(具体和明确的理由)不能保证公告内容真实、准确、完整。

一、停牌事由和工作安排

本公司正在筹划发行股份购买资产/发行定向可转债购买资产事项,因有关事项尚存不确定性,为了维护投资者利益,避免对公司证券交易造成重大影响,根据深圳证券交易所的相关规定,经公司申请,公司证券(品种、简称、代码)自××××年××月××日×时×分起(或者开市时起)开始停牌。

公司预计在不超过10个交易日的时间内披露本次交易方案,即在××××年××月××日前按照《公开发行证券的公司信息披露内容与格式准则第26号——上市公司重大资产重组》的要求披露相关信息。

若公司未能在上述期限内召开董事会审议并披露交易方案,公司证券最晚将于××××年××月××日开市起复牌并终止筹划相关事项,同时披露停牌期间筹划事项的主要工作、事项进展、对公司的影响以及后续安排等事项,充分提示相关事项的风险和不确定性,并承诺自披露相关公告之日起至少1个月内不再筹划重大资产重组事项。

二、本次筹划事项的基本情况

(一)标的资产的名称;

(二)主要交易对方的名称;

(三)交易方式;

(四)本次重组的意向性文件或者框架协议的主要内容,包括但不限于交易基本方案、交易定价依据、是否有业绩补偿安排、股份锁定安排、违约条款等；

（五）本次重组涉及的中介机构名称，包括独立财务顾问、律师事务所、审计机构、评估机构等(如适用)。

三、停牌期间安排

公司自停牌之日起将按照相关规定，积极开展各项工作，履行必要的报批和审议程序，督促公司聘请的独立财务顾问、审计、评估等中介机构加快工作，按照承诺的期限向交易所提交并披露符合相关规定要求的文件。

四、必要风险提示

本公司筹划发行股份购买资产/发行定向可转债购买资产事项，尚存较大不确定性，敬请广大投资者注意投资风险。

五、备查文件

（一）经董事长签字、董事会盖章的《上市公司重大资产重组停牌申请表》；

（二）经本次重组的交易对方或者其主管部门盖章确认的关于本次重组的意向性文件或者框架协议；

（三）交易对方关于不存在《上市公司监管指引第7号——上市公司重大资产重组相关股票异常交易监管》第十二条或者本指引第三十条情形的说明文件；

（四）本所要求的其他文件。

特此公告

××公司董事会
年　月　日

附件3

重组预案报送材料

1. 按照《公开发行证券的公司信息披露内容与格式准则第26号——上市公司重大资产重组》第二章规定编制的重组预案。

2. 上市公司与交易对方签订的附生效条件的交易合同或者协议。

3. 相关董事会决议。

4. 关于重组预案的独立董事意见。

5. 董事会关于重组履行法定程序的完备性、合规性及提交的法律文件的有效性的说明。

6. 上市公司拟购买资产的,在本次交易的首次董事会决议公告前,资产出售方原则上应当提供已经合法拥有标的资产的完整权利的证明文件,及不存在限制或者禁止转让的情形的说明材料。

7. 重大资产重组事项交易进程备忘录。

8. 独立财务顾问、律师出具的核查意见(如有)。

9. 上市公司拟采用发行股份购买资产,且最近一年及一期财务会计报告被会计师事务所出具保留意见、否定意见或者无法表示意见的审计报告的,应当根据《上市公司重大资产重组管理办法》第四十三条提交会计师事务所专项核查意见。专项核查意见应当明确说明相关非标准审计意见涉及事项的重大影响是否已经消除或者将通过本次交易予以消除(如有)。

10. 本所要求的其他材料。

附件4

××公司关于终止筹划重大资产重组公告

本公司及董事会全体成员(或者除董事×××、×××外的董事会全体成员)保证信息披露的内容真实、准确、完整,没有虚假记载、误导性陈述或者重大遗漏。

董事×××因(具体和明确的理由)不能保证公告内容真实、准确、完整。

本公司曾于××××年××月××日与交易对方筹划重大资产重组事项。公司证券已于××××年××月××日开始停牌(如有)。

一、本次筹划的重大资产重组基本情况

(一)交易对方

(二)筹划的重大资产重组基本内容

二、公司筹划重组期间的相关工作

三、终止筹划的原因

四、终止筹划的决策程序

五、内幕信息知情人买卖上市公司股票及其衍生品种的自查情况（如适用）

六、终止筹划重组对上市公司的影响分析，相关违约责任及已采取或者拟采取的措施（如适用）

七、承诺：本公司自公告之日起至少1个月内（或者至少12个月内）不再筹划重大资产重组事项（如适用）。

八、证券复牌安排：公司证券将于×××年××月××日开市起复牌（如有）。

九、备查文件

（一）终止本次重大资产重组的协议；

（二）交易对方对终止本次重大资产重组事项的说明（如适用）；

（三）终止本次重大资产重组事项的交易进程备忘录。

特此公告

××公司董事会
年　月　日

附件5

××公司董事会关于重大资产重组申请不予受理（暂停审核、暂停注册或者终止审核、终止注册）的风险提示公告

本公司及董事会全体成员（或者除董事×××、×××外的董事会全体成员）保证信息披露的内容真实、准确、完整，没有虚假记载、误导性陈述或者重大遗漏。

董事×××因（具体和明确的理由）不能保证公告内容真实、准确、完整。

上市公司简述重大资产重组相关情况。

立案调查情形：根据《上市公司监管指引第7号——上市公司重大资产重组相关股票异常交易监管》，本公司重大资产重组相关方因涉嫌内幕交易被中国证监会立案调查（或者被司法机关立案侦查），导致本次重大资产重组申请被作出不予受理（暂停审核、暂停注册）决定。

行政处罚情形：根据《上市公司监管指引第7号——上市公司重大资产重组相关股票异常交易监管》，本公司重大资产重组相关方因内幕交易被中国证监会行政处罚（或者被司法机关追究刑事责任），本次重大资产重组申请被作出终止审核、终止注册决定。

本公司郑重提示投资者注意投资风险。

××公司董事会
年　月　日

附件6

××公司董事会关于重大资产重组实施情况报告书

本公司及董事会全体成员（或者除董事×××、×××外的董事会全体成员）保证信息披露的内容真实、准确、完整，没有虚假记载、误导性陈述或者重大遗漏。

董事×××因（具体和明确的理由）不能保证公告内容真实、准确、完整。

一、说明本次重组的实施过程、相关资产过户或者交付、相关债权债务处理以及证券发行登记等事宜的办理状况

（一）本次重大资产重组方案简介

（二）说明本次重大资产重组的实施过程

（三）说明本次重大资产重组实施结果

1.说明相关资产过户或者交付情况和相关后续安排。如果有相关资产过户或者交付的手续未办理完毕，说明该等安排是否存在实质

性法律障碍。

2. 说明相关债权债务处理情况。分类别说明相关债权、有息债务、担保等或有债务、生产经营性债务等的处理情况。

3. 说明证券发行登记等事宜的办理状况（如适用）。说明公司完成增发股份、定向可转债的登记情况，包括增发股数，增发前后公司总股本等，并提示投资者关注公司发布的证券发行暨上市公告。

4. 说明关于期间损益的认定及其实施结果。

二、说明相关实际情况与此前披露的信息是否存在差异

（一）说明相关资产的权属情况及历史财务数据是否如实披露。

（二）说明相关盈利预测、利润预测或者管理层预计达到的目标是否实现。

（三）说明控股股东及其一致行动人、董事、监事、高级管理人员等特定主体自本次重组预案或重组报告书披露之日起至实施完毕期间的股份减持情况是否与计划一致。

（四）说明其它情况与此前披露的信息是否存在差异。

三、说明人员更换或者调整情况

（一）说明上市公司在重组期间董事、监事、高级管理人员的更换情况及其他相关人员的调整情况。

（二）主要标的资产是公司股权的，说明在重组期间，该公司董事、监事、高级管理人员的更换情况及其他相关人员的调整情况（如适用）。

四、说明是否存在资金占用和违规担保情形

（一）说明重组实施过程中以及实施后，是否发生上市公司资金、资产被实际控制人或者其他关联人占用的情形。

（二）说明重组实施过程中以及实施后，上市公司为实际控制人或者其他关联人提供担保的情形。

五、说明相关协议的履行情况

六、说明相关承诺及其履行情况

说明与该次重大资产重组相关的承诺及其履行情况，包括关于利润预测的承诺（如适用）、关于规范和减少关联交易的承诺、关于维护上市公司独立性的承诺、关于锁定期的承诺（如适用）、关于资产注入

的承诺(如适用)、其他承诺等。

七、说明相关后续事项的合规性及风险

八、摘录独立财务顾问对资产重组实施情况的结论性意见

九、摘录律师事务所对本次资产重组实施情况的结论性意见

十、备查文件

(一)经加盖董事会印章的重大资产重组实施情况报告书;

(二)资产重组相关资产过户或者交付证明、相关债权债务处理证明以及证券发行登记证明(涉及新增股份上市的);

(三)新增股份上市的书面申请(涉及新增股份上市的);

(四)独立财务顾问核查意见;

(五)法律意见书;

(六)独立财务顾问协议及保荐协议(如有);

(七)发行完成后经符合《证券法》规定的会计师事务所出具的验资报告(涉及新增股份上市的);

(八)证券登记结算机构对新增股份、可转债登记托管情况的书面证明(涉及新增股份、可转债上市的);

(九)控股股东、实际控制人、其他重组方和上市公司在重大资产重组中作出的承诺(上市公司及有关各方签字盖章);

(十)本所要求的其他文件。

××公司董事会
年　月　日

附件2

《深圳证券交易所上市公司自律监管指引第 8 号——重大资产重组》修订说明

为了深入落实全面实行股票发行注册制相关要求,进一步规范注册制下上市公司重大资产重组信息披露相关行为,推动提高上市公司

质量,本所结合上位法规修订和最新监管实践情况,在原《深圳证券交易所上市公司自律监管指引第 8 号——重大资产重组》的基础上,修订形成《深圳证券交易所上市公司自律监管指引第 8 号——重大资产重组(2023 年修订)》(以下简称《重组指引(修订稿)》)。现说明如下:

一、修订思路

《重组指引(修订稿)》结合创业板注册制改革试点成果和监管实践,明确了全面注册制下审核、注册信息披露要求,增加了对上市公司重组股票异常交易监管的内容,强化了并购重组全链条监管。主要修订思路如下:

一是贯彻落实全面注册制改革要求,消除板块间制度性差异。原注册制下部分规则扩大适用至深市主板上市公司。

二是做好与上位规则配套衔接。根据修订后的《上市公司监管指引第 7 号——上市公司重大资产重组相关股票异常交易监管》(以下简称《7 号指引》)要求,针对不涉及发行股份的上市公司重大资产重组股票异常交易制定相应监管安排。

三是完善信息披露监管与审核注册程序衔接,进一步明确上市公司进入审核及注册程序时应履行的信息披露义务及时限要求。

四是加强对并购重组全链条监管,进一步强化重大资产重组标的资产整合管控的披露和监管要求,压实中介机构责任。

二、主要修订内容

《重组指引(修订稿)》共七章六十八条,与原指引在章节、体例及条款方面基本保持一致,其主要修订内容有以下六个方面。

一是在规则依据、适用范围等方面落实全市场注册制要求。鉴于本所修订后的《深圳证券交易所上市公司重大资产重组审核规则》(以下简称《重组审核规则》)将扩大适用于深市主板上市公司,《重组指引(修订稿)》第一条、第二条、第十一条、第十五条、第二十三条等对规则依据、适用范围、报送文件要求等方面进行了适应性调整。

二是进一步强化对上市公司长期筹划重组行为的监管。目前,部分公司披露筹划重组的提示性公告后长期不披露重组方案,以及披露发行股份购买资产的首次董事会决议公告后,六个月内未能按照上位规定发出召开股东大会通知且未及时披露相应原因。对此,《重组指引(修订稿)》第二十一条、第二十五条要求公司在规定期限内明确相关交易的后续安排并及时披露。

三是进一步完善重组相关股票异常交易监管。不涉及发行股份的上市公司重大资产重组如因涉嫌内幕交易被中国证监会立案调查或者被司法机关立案侦查而暂停重组进程的,《重组指引(修订稿)》根据《7号指引》相关要求,明确其恢复重组进程的条件。同时,明确特定主体因本次重组内幕交易被证监会行政处罚或者被司法机关依法追究刑事责任的,上市公司应当终止本次交易。

四是明确审核注册阶段的信息披露及停复牌要求。根据全面实行注册制的相关安排,对《重组指引(修订稿)》第四十六条至五十二条相关表述进行适应性调整,明确上市公司向本所提交重组申请文件以及本所审核、证监会注册等环节的信息披露义务及时限要求。同时,明确本所并购重组委会议召开当日,上市公司原则上无需停牌。

五是关注并购标的整合情况并压实中介机构责任。《重组指引(修订稿)》新增第六十条,要求上市公司应当在年度报告中披露重组整合管控的具体进展情况,明确整合管控效果的披露期限,强化重组事后监管。同时,要求中介机构在持续督导期间督促公司有效控制、整合标的资产,并发表明确意见。

六是部分条款进一步精简优化。第一,考虑到《公开发行证券的公司信息披露内容与格式准则第26号——上市公司重大资产重组》已对重组预案及报告书中"重大事项提示""重大风险提示"等内容作出明确规定,本次修订删除相关条款。第二,鉴于本所《重组审核规则》已对快速审核机制作出明确规定,《重组指引(修订稿)》删除了分道制审核机制相关条款。

此外,根据《上市公司重大资产重组管理办法》及配套规则的修改情况,《重组指引(修订稿)》对引用上述规则的条款进行了相应调整。

上市公司业务办理指南第 10 号
——重大重组停牌及材料报送

（2008 年 5 月 18 日深圳证券交易所公司
管理部印发并实施 2009 年 9 月 25 日修订）

为了进一步落实《上市公司重大资产重组管理办法》（以下简称《重组办法》）精神，规范上市公司重大资产重组的信息披露和相关业务办理流程，根据《公司法》、《证券法》、《上市公司信息披露管理办法》、《重组办法》、《深圳证券交易所股票上市规则》等有关规定，制定本业务办理指南。

上市公司与交易对方筹划重大资产重组事项（以下简称重大重组事项）时，除做好保密工作外，应结合重大重组事项进展，密切关注媒体传闻、公司股票及其衍生品种（以下简称证券）的交易情况，及时申请公司证券停牌和报送材料。

一、停牌及报送材料的原则

1. 上市公司必须保证筹划中的重大重组事项的真实性，属于《重组办法》规范的事项，且具备可行性和可操作性，无重大法律政策障碍。上市公司不得随意以存在重大重组事项为由向本所申请停牌或故意虚构重大重组信息损害投资者权益。

2. 在上市公司证券交易时段，本所概不接受关于上市公司重大重组事项的停牌申请及材料报送。该类停牌申请业务只在交易日收市后 15 时 30 分至 16 时 30 分之间受理。

3. 在上市公司证券停牌前，本所不接受与该上市公司有关的任何与重大重组事项相关的业务咨询。

二、需及时申请公司证券停牌的情形

1. 上市公司与中介机构已制作好重大重组事项相关公告和文件，准备报送并披露。

2. 上市公司正筹划重大重组事项，在相关董事会决议公告前，相关信息已在媒体上传播或者公司证券交易出现异常波动的,上市公司应当立即将有关计划、方案或者相关事项的现状以及相关进展情况和风险因素等予以公告,并及时向本所主动申请办理公司证券停牌。

3. 上市公司预计筹划中的重大重组事项难以保密的,应及时向本所主动申请办理公司证券停牌。

三、停牌及材料报送具体办理方法

1. 上市公司在交易日 15 时 30 分至 16 时 30 分之间可以以存在重大重组事项为由向本所申请停牌。

2. 上市公司的停牌申请必须采用附件 1 的格式。《上市公司重大资产重组停牌申请表》除"其他"栏可以视实际情况选择填写外,其他栏目均为必填栏目。

3. 停牌申请提交时间必须填写至"分"。停牌申请必须经上市公司董事长亲笔签字。

4. 本所设立专门的纸面传真机(传真号 0755 - 25918587)在交易日收市后 15 时 30 分至 16 时 30 分之间接收上市公司的有效停牌申请。该传真机只在上述时段方能接收上市公司停牌申请。上市公司通过其他方式、其他渠道提交的停牌申请不得早于通过前述专门用途传真机的提交时间。

5. 本所对接收到的上市公司重大重组事项停牌申请实行统一登记、集中管理。停牌申请经统一登记后才分发到监管人员。上市公司必须在确认监管人员收到停牌申请后才能开始与监管人员沟通重大重组相关的业务。

6. 上市公司必须在重大重组停牌申请得到同意后,方能向本所提交相关材料。

7. 上市公司在按本所要求办理停牌申请事宜后,在停牌期满的五个交易日前,应向本所提交相关人员买卖上市公司证券的自查报告和内幕信息知情人及直系亲属名单。相关人员范围按照附件 2 的要求确定。存在《关于规范上市公司信息披露及相关各方行为的通知》第五条情形的,上市公司应充分举证相关内幕信息知情人及直系亲属等不存在内幕交易行为,并向本所提交相关说明。

8. 本所设立专门的材料接收人员,对上市公司报送的与重大重组相关的材料实行统一登记、集中管理。

9. 上市公司待重组事项公告完全符合披露要求后,可通过本所业务系统提交,并入常规信息披露业务流程完成相应的披露工作。

四、证券停牌后的工作

1. 上市公司申请停牌时间一般不得超过 5 个交易日。如确有必要,可以申请延期,每次延期停牌时间也不能超过 5 个交易日,但总停牌时间原则上不得超过 30 天。每次延期仍需按本指南第三条"停牌及材料报送具体办理办法"的要求填写停牌申请,同时向本所提交符合披露要求的实质性进展公告。本所将视情况同意或不同意延期申请。

2. 公司至少应在停牌期满前 3 个交易日,向本所提交按《重组办法》要求制作的相关文件。公司披露文件经本所对其完整性进行形式审查后对外披露,同时恢复公司证券交易。

3. 上市公司申请停牌到期后未申请延期或虽申请延期但未获同意的,本所将对该公司证券复牌。同时,该公司应按统一的格式及内容发布提示公告(附件 3),说明上市公司曾筹划重大重组事项,但重大重组事项尚存在障碍或不成熟,同时承诺至少三个月内不再筹划重大重组事项。

附件 1:

上市公司重大资产重组停牌申请表

公司简称		证券代码	
重组涉及金额(万元)		重组是否属于《重组办法》规范的范畴	
重组是否涉及上市公司发行股份		重组是否需上重组委审核	
上市公司是否处于被证监会立案稽查尚未结案状态		独立财务顾问联系人及联系方式	
申请人名称		申请人联系电话	
停牌申请提交时间		年 月 日 时 分	

续表

申请内容	
被申请人	深圳证券交易所公司管理部
申请事项	本公司申请对下列证券停牌： 证券1简称：_____，证券1代码：_____； 证券2简称：_____，证券2代码：_____； 证券3简称：_____，证券3代码：_____。 开始停牌时间：_____； 预计复牌时间：_____。
重组方案简介	
停牌原因	1. 准备报送重组材料； 2. 媒体已有传言； 3. 证券交易出现异常波动； 4. 预计筹划中的重组事项难以保密； 5. 其他：
承诺	1. 本公司保证申请停牌的重组事项是真实的，且具备可行性和可操作性，无重大法律政策障碍。本公司经慎重决定，申请公司证券停牌。本公司不存在故意虚构重组信息及其他损害投资者权益的情形。 2. 自停牌之日起5个交易日内，本公司如果不能针对筹划中的重组事项向深交所提交符合披露要求的实质性进展公告或重组事项相关公告的，深交所可对本公司证券强制复牌。同时，本公司将按要求发布提示公告。 3. 本公司承诺于　　年　月　　日前披露符合《公开发行证券的公司信息披露内容与格式准则26号——上市公司重大资产重组申请文件》要求的重组预案或重组报告书。本公司至少在此日期前三个交易日向深交所提交相关信息披露文件。逾期未牌事项，并在公司董事会公告重大资产重组预案后对公司股票予以复牌能披露的，公司证券自动复牌。公司自复牌之日起三个月内不再筹划重大资产重组事项。 4. 本公司承诺至少在停牌期满5个交易日前向深交所提交相关人员买卖上市公司证券的自查报告和内幕信息知情人及直系亲属名单。

续表

预计重组进展安排	重组各阶段时间安排、停复牌安排
其他	
上市公司董事长签字	上市公司董事会签章

附件2：

内幕信息知情人及直系亲属名单

上市公司申请重大资产重组停牌的，应当在停牌期满的五个交易日前，向我所提交内幕信息知情人及直系亲属名单和相关人员买卖上市公司证券的自查报告，具体填报范围包括但不限于：

1. 上市公司的董事、监事、高级管理人员；

2. 持有上市公司5%以上股份的股东和公司的实际控制人，以及其董事、监事、高级管理人员；

3. 由于所任上市公司职务可以获取公司本次重组相关信息的人员；

4. 本次重大资产重组的交易对方及其关联方，以及其董事、监事、高级管理人员，若交易对方为公司控股股东，则不需要提供本款人员名单；

5. 为本次重大资产重组方案提供服务以及参与本次方案的咨询、制定、论证等各环节的相关单位和人员；

6. 参与本次重大资产重组方案筹划、制定、论证、审批等各环节的相关单位和人员；

7. 前述自然人的直系亲属。

内幕信息知情人及直系亲属名单填报格式如下：

姓名/名称	类型	股东代码	身份证明文件号码	联系电话	通讯地址

报送人： 签章： 报送日期：

附件3：

××股份公司关于中止筹划
重大资产重组事项暨公司证券复牌公告

本公司曾于××××年××月××日与对手方筹划重大资产重组事项,公司证券已于××××年××月××日开始停牌。

一、曾筹划重大资产重组事项的介绍。

二、上市公司在停牌期间做的工作。

三、中止筹划的原因：重大资产重组事项尚存在障碍或不成熟或其他。

四、承诺：本公司至少三个月内不再筹划重大资产重组事项。

五、证券复牌安排：公司证券将于××××年××月××日开始复牌。

特此公告

××股份有限公司董事会
××××年××月××日

深圳证券交易所公司管理部关于做好
上市公司重大资产重组信息披露工作的通知

（2008年5月18日）

各上市公司：

《上市公司重大资产重组管理办法》（以下简称重组办法）于2008年5月18日起施行。为了进一步落实重组办法的精神，规范上市公司重大资产重组的信息披露和相关业务办理流程，现就有关问题通知如下：

1. 做好保密工作。上市公司与交易对方就重大资产重组事项（以下简称重大重组事项)进行初步磋商时,应当做好保密工作。上市公司应立即采取必要且充分的保密措施,制定严格有效的保密制度,限定相关敏感信息的知悉范围。上市公司及交易对方聘请证券服务机构的,应当立即与所聘请的证券服务机构签署保密协议。

2. 停牌申请及材料报送时间要求。在上市公司证券交易时段,本部概不接受关于上市公司重大重组事项的停牌申请及材料报送。该类停牌申请业务只在交易日收市后15时30分至16时30分之间受理。在上市公司证券停牌前,本部不接受与该上市公司有关的任何与重大重组事项相关的业务咨询。

3. 上市公司的停牌申请必须采用统一的格式。停牌申请提交时间必须填写至"分"。停牌申请必须经上市公司董事长亲笔签字。

4. 本部对接收到的上市公司重大重组事项停牌申请实行统一登记、集中管理。

5. 上市公司必须保证筹划中的重大重组事项的真实性,属于《重组办法》规范的事项,且具备可行性和可操作性,无重大法律政策障碍。上市公司不得随意以存在重大重组事项为由向本部申请停牌或故意虚构重大重组信息损害投资者权益。

关于相关业务的具体办理方法和要求,请参照《上市公司业务办理指南第10号——重大重组停牌及材料报送》(见附件)。

特此通知。

附件:上市公司业务办理指南第10号——重大重组停牌及材料报送(略)

北京证券交易所

北京证券交易所关于发布《北京证券交易所上市公司重大资产重组业务指引》的公告

(2023年2月17日　北证公告〔2023〕21号)

为落实全面实行股票发行注册制的有关要求,规范北京证券交易所(以下简称本所)上市公司重大资产重组信息披露及相关行为,本所修订了《北京证券交易所上市公司重大资产重组业务指引》,现予以发布,自发布之日起施行。

特此公告。

附件:北京证券交易所上市公司重大资产重组业务指引

北京证券交易所上市公司重大资产重组业务指引

(2021年11月2日发布　2023年2月17日修订)

第一章　总　　则

第一条　为了规范北京证券交易所(以下简称本所或北交所)上市公司重大资产重组信息披露及相关行为,维护证券市场秩序,保护投资者合法权益,根据中国证监会《上市公司重大资产重组管理办法》(以下简称《重组办法》)、《北京证券交易所上市公司持续监管办法(试行)》(以下简称《持续监管办法》)、《公开发行证券的公司信息披露内容与格式准则第56号——北京证券交易所上市公司重大资产重组》(以下简称《内容与格式准则第56号》)、《北京证券交易所股票上市规则(试行)》(以下简称《上市规则》)、《北京证券交易所上市公司重大资产重组审核规则》(以下简称《重组审核规则》)等规定,制定本指引。

第二条　北交所上市公司及有关各方筹划、实施《重组办法》规定的资产交易行为(以下简称重大资产重组或重组),其信息披露及其他相关行为,应当遵守《重组办法》《持续监管办法》《内容与格式准则第56号》《上市规则》《重组审核规则》和本指引等规定。

前款所称有关各方,主要包括上市公司股东、实际控制人、董事、监事、高级管理人员和其他交易各方,以及为重大资产重组提供服务的证券服务机构和人员等相关方。

第三条　上市公司及有关各方应当及时、公平地披露或者提供信息,保证所披露或者提供信息的真实、准确、完整,不得有虚假记载、误导性陈述或者重大遗漏。

提供服务的证券服务机构和人员应当遵守法律法规及其他有关规定,遵循本行业公认的业务标准和道德规范,严格履行职责,对其所制作、出具文件的真实性、准确性和完整性承担责任。

第四条　上市公司及有关各方应当审慎筹划涉及上市公司的重大资产重组事项,保证筹划中的重大资产重组事项的真实性、可行性及可操作性,有利于提高上市公司质量。

第五条　上市公司应当维护证券交易连续性,上市公司应当审慎申请对上市公司股票及其衍生品种停牌,严格控制停牌时间,不得随意以存在重大资产重组事项为由向本所申请停牌或故意虚构重大资产重组信息损害投资者合法权益,不得滥用停牌或者无故拖延复牌时间,不得以申请停牌代替上市公司及有关各方的信息保密义务。

第六条　独立财务顾问应当按照《上市公司并购重组财务顾问业务管理办法》(以下简称《财务顾问管理办法》)关于诚实守信、勤勉尽责及独立性的相关要求,审慎接受业务委托,切实履行尽职调查义务,认真核查申报文件,独立出具专业意见,并督促、协助上市公司及有关各方及时履行信息披露义务。

其他提供服务的证券服务机构也应当按照相关规定履行职责。

第七条　本所对上市公司重大资产重组信息披露及其他申请文件进行审查,通过提出问题、回答问题等多种方式督促上市公司完善重组方案的信息披露，或要求上市公司解释说明、补充披露或提供其他有关文件；上市公司应当及时披露本所问询函回复，并披露修订后的信息披露文件。

　　第八条　上市公司在筹划、实施重大资产重组事项过程中，应当及时、公平地向所有投资者披露相关信息，回应市场或媒体重大质疑，并按照本指引等相关规定召开媒体说明会或投资者说明会。

　　媒体说明会及投资者说明会应当使用事实描述性的语言，确保真实准确、简明扼要、通俗易懂，不得有虚假记载、误导性陈述或者重大遗漏，不得利用说明会进行广告性、夸大性等不实宣传。

　　第九条　上市公司应当关注公共媒体或市场出现的关于本公司重大资产重组的相关报道和传闻。如相关报道或传闻可能或者已经对该公司股票及其衍生品种交易价格产生较大影响的，上市公司及有关各方应当按照《上市规则》等规定，及时予以核实并发布澄清公告。

　　第十条　上市公司及相关主体违反本指引及相关规定的，本所可以采取自律监管措施或纪律处分。

第二章　内幕交易防控

　　第十一条　上市公司及有关各方筹划重大资产重组，应当采取必要且充分的保密措施，制定严格有效的保密制度，限定相关敏感信息的知悉范围，并按照中国证监会及本所相关规定登记、报送内幕信息知情人档案，并编制交易进程备忘录（附件1），做好内幕信息保密工作。

　　重大资产重组有关各方对所知悉的重大资产重组事项在依法依规披露前负有保密义务。

　　第十二条　上市公司应当在首次披露重组事项时填报内幕信息知情人名单，并通过内幕信息知情人报备系统或本所规定的其他方式提交相关内幕信息知情人登记表（附件1）。前述首次披露重组事项是指首次披露筹划重组、披露重组预案或披露重组报告书孰早时点。

　　上市公司首次披露重组事项至披露重组报告书期间重组方案重大调整、终止重组的，或者首次披露重组事项未披露标的资产主要财务指标、预估值、拟定价等重要要素的，应当于披露重组方案重大变化或披露重要要素时补充提交内幕信息知情人名单。

上市公司首次披露重组事项后股票交易异常波动的,本所可以视情况要求上市公司更新或补充提交内幕信息知情人名单。

第十三条 上市公司筹划重大资产重组事项,应当编制重大资产重组交易进程备忘录。上市公司应当督促备忘录涉及的相关人员在备忘录上签名确认,并与内幕信息知情人名单一同报送本所。

第十四条 上市公司应当在披露重组报告书时披露内幕信息知情人股票交易自查报告。股票交易自查期间为首次披露重组事项或就本次重组申请股票停牌(孰早)前6个月至披露重组报告书。

上市公司披露重组报告书后重组方案重大调整、终止重组的,应当补充披露股票交易自查报告。股票交易自查期间为披露重组报告书至披露重组方案重大调整或终止重组。

上市公司披露股票交易自查报告时,独立财务顾问和律师应当核查并发表明确意见。

第三章 筹划重大资产重组停复牌

第十五条 上市公司因筹划发行股份购买资产申请停牌的,停牌时间不超过10个交易日。公司应当在停牌期限届满前披露经董事会审议通过的重组预案或者报告书,并申请复牌;未能按期披露重组预案或者报告书的,应当终止筹划本次重组并申请复牌。

上市公司可以在披露重组预案或者报告书后,以对相关方案作出重大调整为由申请停牌,停牌时间不超过5个交易日。公司应当及时披露重大调整的具体情况、当前进展、后续安排以及尚需履行的程序等事项,并申请复牌。

上市公司不停牌筹划重大资产重组的,应当做好信息保密工作,在按规定披露重组预案或者报告书等文件前,不得披露所筹划重组的相关信息。相关信息泄露的,公司应当及时申请停牌。

第十六条 上市公司因筹划发行股份购买资产停牌的,应当披露交易标的名称、主要交易对方、交易方式、本次重组的意向性文件或框架协议、本次重组涉及的证券服务机构名称(如有)等基本信息。

相关交易涉及通过竞拍等方式进行,在停牌公告中披露交易标的名称等可能不利于公司获取交易标的的,公司可以暂缓披露。财务顾问(如有)应当就此发表核查意见并对外披露。暂缓披露的原因已消除的,公司应当及时披露交易标的名称等信息及本次交易的进展情况。

交易标的涉及境外上市公司,在停牌公告中披露交易标的名称可能影响交易标的在境外市场交易的,公司可以暂缓披露交易标的及交易对方名称,但需在停牌公告中披露交易标的行业类型。财务顾问(如有)应当就此发表核查意见并对外披露。公司应当与境外上市公司同步披露交易标的及交易对方。

第十七条 上市公司应当在复牌前披露截至停牌前一交易日的公司前10大股东的名称、前10大无限售条件流通股股东的名称、持股数量和所持股份类别、股东总人数。

第十八条 上市公司披露重组预案或者报告书后,本所按规定进行信息披露问询以及上市公司回复本所问询函期间,公司股票及衍生品种原则上不停牌。

第十九条 上市公司筹划重组期间更换财务顾问等证券服务机构的,不得以此为由申请停牌或者延期复牌,并应当及时披露有关事项,充分提示风险。

第二十条 上市公司筹划发行股份购买资产停牌期间,公司或其现任董事、高级管理人员因涉嫌违法违规被司法机关立案侦查或者被中国证监会立案调查的,公司应当核实并披露该事项对公司本次重组或发行的影响,不能继续推进的,应当及时申请复牌。

第四章 重组方案

第一节 重组方案披露

第二十一条 上市公司首次披露重组方案,可以披露重组预案,也可以直接披露重组报告书。重组预案或重组报告书均应符合《内容与格式准则第 56 号》以及本指引的要求(附件2)。上市公司发行股份购买资产的,应当在董事会首次决议后公告的预案或报告书中披露确定的发行对象。

有关各方应当积极推进重组事项,及时披露重组方案。上市公司筹划不需要中国证监会注册的重大资产重组,可以按照分阶段披露原则,在披露重组方案前披露筹划重大资产重组提示性公告(以下简称重组提示性公告)。重组提示性公告应当明确披露重组方案的预计时间、重组标的名称或标的范围、主要交易对方、交易方式等。上市公司应当在预计披露重组方案的时间过半后及时披露重组方案披露的进展公告,在预计时间届满前披露重组方案。公司未在预计时间内披露重组方案的,应当及时披露原因、风险及是否存在重大障碍。

第二十二条 重大资产重组报告书、独立财务顾问报告、法律意见书以及重组涉及的审计报告、资产评估报告或者估值报告至迟应当与召开股东大会的通知同时公告。

第二十三条 上市公司应当在重大资产重组预案中就本次重组存在的重大不确定性因素,可能对重组后上市公司的生产经营状况、财务状况和持续经营能力产生不利影响的有关风险因素以及其他需要提醒投资者重点关注的事项,进行"重大事项提示"或"重大风险提示",包括但不限于以下内容:

(一)本次交易的主要方案;

(二)本次交易与近期历次增减资及股权转让价格差异较大的原因及合理性(如适用);

(三)拟注入资产评估增值较大的风险(如适用);

(四)与拟注入资产经营相关的风险,以及尚需取得相关业务资质的风险(如适用);

(五)业绩承诺与补偿安排,以及业绩补偿无法实现的风险(如适用);

(六)审批风险,包括本次重组尚未履行的决策程序及报批程序未能获得批准的风险;

(七)剔除大盘因素和同行业板块因素影响,上市公司股价在重组停牌前或重组方案首次披露前二十个交易日内累计涨跌幅超过30%的相关情况及由此产生的风险(如适用);

(八)本次拟购买资产的股东及其关联人、资产所有人及其关联人存在对拟购买资产非经营性资金占用的风险及解决措施,以及本次交易完成后,上市公司存在资金、资产被实际控制人及其关联人、重组交易对方及其关联人或其他关联人占用的风险及解决措施(如适用);

(九)本次交易完成后,上市公司存在为实际控制人及其关联人、重组交易对方及其关联人提供担保情形的风险(如适用);

(十)本次交易完成后对标的公司的整合计划、整合风险以及解决措施;

(十一)采用发行股份购买资产方式且上市公司最近一年及一期财务会计报告被会计师事务所出具非标准审计意见的,尚未经会计师事务所专项核查确认非标准审计意见所涉及事项的重大影响已经消除或者将通过本次交易予以消除的风险(如适用);

(十二)上市公司被中国证监会或其派出机构立案调查尚未结案的风险(如适用);

(十三)上市公司股票终止上市的风险(如适用);

(十四)上市公司控股股东所持限售股份即将解除限售并减持的风险,以及控股股东、实际控制人的减持计划(如适用);

(十五)对标的公司剩余股权的安排或者计划(如适用);

(十六)其他与本次重组相关的风险。

重大资产重组预案、重组报告书中应当披露本次重组是否存在本指引第四十八条第(一)项、第(二)项所列主体参与上市公司重大资产重组的情形。

第二十四条 上市公司首次披露重组方案至发出审议本次重组方案的股东大会通知前,上市公司应当与交易各方保持沟通联系,并至少每30日发布一次进展公告,说明本次重组事项的具体进展情况。

重大资产重组进展公告内容至少应当包括:相关审计、评估或估值的具体进展和预计完成时间,有关协议或者决议的签署、推进情况,有关申报审批事项的进展以及获得反馈的情况等。同时,公告应当以特别提示的方式,充分披露本次重组事项尚存在的重大不确定风险,明确说明是否存在可能导致上市公司或者交易对方撤销、中止本次重组方案或者对本次重组方案作出重大调整的相关事项。

第二十五条 若本次重组发生重大进展或重大变化,上市公司应当立即披露。确实已不具备实施条件的,上市公司应当尽快终止本条所称重大进展包括但不限于以下内容：

（一）与独立财务顾问等证券服务机构签订重组服务协议等书面文件；

（二）与交易对方签订重组相关协议，或者对已签订的重组框架或意向协议作出重大修订或变更；

（三）取得有权部门关于重组事项的审批意见等；

（四）尽职调查、审计、评估等工作取得阶段性进展；

（五）筹划事项出现终止风险，如交易双方对价格产生严重分歧、市场出现大幅波动、税收政策及交易标的行业政策发生重大变化，可能导致交易失败。

本条所称重大变化包括但不限于以下内容：

（一）更换、增加、减少交易标的；

（二）更换独立财务顾问等证券服务机构；

（三）交易对方、配套融资方案、交易作价出现重大调整；

（四）重组交易标的所在产业、行业及市场环境等发生重大变化；

（五）重组交易标的经营及财务状况发生重大变化；

（六）重组标的资产经审计的财务数据与已经披露的财务数据出现重大差异；

（七）交易对方、重组交易标的涉及重大诉讼或仲裁；

（八）交易各方无法在预定时间内获得有关部门审批、达到重组先决条件或完成重组方案中做出的相关承诺；

（九）经核查发现公司股票交易存在明显异常；

（十）本次重大资产重组相关主体被中国证监会立案调查或者被司法机关立案侦查；

（十一）上市公司无法与交易对方取得联系并及时获取重组进展情况；

（十二）其他可能影响本次重组顺利推进的重大事项。

第二十六条 上市公司披露重组报告书的，独立财务顾问应当按照《重组办法》《内容与格式准则第 56 号》《财务顾问管理办法》的规定，出具独立财务顾问报告。

上市公司和有关各方存在不规范行为的，独立财务顾问应当督促其整改,并将整改情况在相关核查意见中予以说明。因上市公司或重组交易对方不配合,使尽职调查范围受限制,导致独立财务顾问无法做出判断的,独立财务顾问不得为上市公司出具独立财务顾问报告和相关核查意见。

第二十七条 上市公司与有关各方签订业绩承诺等补偿协议的,上市公司披露的补偿协议应当包含以下内容:业绩承诺方、补偿方式、计算方法、补偿的数量和金额、触发补偿的条件、补偿的执行程序、补偿的时间期限、补偿的保障措施、争议解决方式等。补偿协议条款应当清晰明确、切实可行,不存在争议。

上市公司董事会和独立财务顾问应当基于现有条件客观论证分析业绩承诺的可实现性,及业绩补偿机制的合规性、可操作性,包括补偿时间安排、股份解限安排、股份质押安排、补偿股份的表决权和股利分配权安排等,并说明业绩补偿协议是否合法合规、是否明确可行,业绩补偿保障措施是否完备,充分提示是否存在补偿不足、补偿不及时的风险等。

第二节 重组方案审议程序

第二十八条 上市公司董事会审议重大资产重组事项,应至少对下列议案作出决议:

(一)《关于公司进行重大资产重组的议案》,至少应当包括:本次重大资产重组的方式、交易标的和交易对方,交易价格或者价格区间(如有),定价方式或者定价依据,相关资产自定价基准日至交割日期间损益的归属,相关资产办理权属转移的合同义务和违约责任,决议的有效期,对董事会办理本次重大资产重组事宜的具体授权,以及其他需要明确的事项(需逐项表决);

(二)《关于评估机构或估值机构的独立性、评估(估值)假设前提的合理性、评估(估值)方法与评估(估值)目的的相关性以及评估(估值)定价的公允性的议案》(如有);

(三)《关于本次重组是否构成关联交易的议案》;

(四)《关于签订重组相关协议的议案》(如有);

(五)《关于批准本次重组有关审计、评估和盈利预测报告的议

案》(如有);

(六)《重大资产重组预案》或《重大资产重组报告书及其摘要》;

(七)《关于提请股东大会审议同意相关方免于按照有关规定向全体股东发出(全面)要约的议案》(如适用);

(八)《关于本次重组符合〈重组办法〉第十三条及〈持续监管办法〉规定的议案》(适用于构成重组上市的情形);

(九)《关于召开上市公司股东大会相关安排的议案》。

第二十九条 上市公司拟实施重大资产重组的,董事会应当就本次交易是否符合下列规定作出审慎判断,并记载于董事会决议记录中:

(一)交易标的资产涉及立项、环保、行业准入、用地、规划、建设施工等有关报批事项的,应当在重大资产重组预案和报告书中披露是否已取得相应的许可证书或有关主管部门的批复文件;本次交易行为涉及有关报批事项的,应当在重大资产重组预案和报告书中详细披露已向有关主管部门报批的进展情况和尚需呈报批准的程序。重大资产重组预案和报告书中应当对报批事项可能无法获得批准的风险作出特别提示。

(二)上市公司拟购买资产的,在本次交易的首次董事会决议公告前,资产出售方必须已经合法拥有标的资产的完整权利,不存在限制或者禁止转让的情形。

上市公司拟购买的资产为企业股权的,该企业应当不存在出资不实或者影响其合法存续的情况;上市公司在交易完成后成为持股型公司的,作为主要标的资产的企业股权应当为控股权。

上市公司拟购买的资产为土地使用权、矿业权等资源类权利的,应当已取得相应的权属证书,并具备相应的开发或者开采条件。

(三)上市公司购买资产应当有利于提高上市公司资产的完整性(包括取得生产经营所需要的商标权、专利权、非专利技术、采矿权、特许经营权等无形资产),有利于上市公司在人员、采购、生产、销售、知识产权等方面保持独立。

(四)本次交易应当有利于上市公司改善财务状况、增强持续经营能力,有利于上市公司突出主业、增强抗风险能力,有利于上市公司增强独立性、减少关联交易、避免同业竞争。

第三十条 上市公司筹划重大资产重组应当按规定编制重组预案或重组报告书,经董事会审议通过后予以披露。

上市公司披露重组预案的,应当在董事会审议通过后的当日披露重组预案摘要及全文、董事会决议公告、独立董事意见、独立财务顾问核查意见(如适用)、其他证券服务机构出具的文件或意见(如适用),并根据披露内容提交下列备查文件:

(一)上市公司与交易对方签订的附生效条件的交易合同或协议;

(二)交易对方保证其所提供信息的真实性、准确性和完整性,保证不存在虚假记载、误导性陈述或者重大遗漏,并声明承担法律责任的相关承诺;

(三)国家相关有权主管部门出具的原则性批复(如适用);

(四)上市公司拟购买资产的,在本次交易的首次董事会决议公告前,交易对方原则上应当提供已经合法拥有交易标的完整权利的证明文件,及不存在限制或者禁止转让情形的说明材料;

(五)上市公司拟采用发行股份购买资产方式,且最近一年及一期财务会计报告被会计师事务所出具保留意见、否定意见或者无法表示意见的审计报告的,会计师事务所就相关非标审计意见涉及事项的重大影响是否已经消除或者将通过本次交易予以消除出具的专项核查意见;

(六)被立案调查上市公司符合发行股份购买资产条件的说明(如适用);

(七)交易进程备忘录;

(八)本所要求的其他文件。

第三十一条 上市公司披露重组报告书的,经董事会审议通过后,应当及时披露董事会决议公告、股东大会召开通知(如适用)、权益变动报告书或者收购报告书摘要(如适用)、重大资产重组报告书(草案)摘要及全文、独立财务顾问报告、独立核查意见和其他证券服务机构出具的报告和意见,并提交下列备查文件:

(一)第三十条第二款要求提交的备查文件;

(二)重组方案调整说明,包括:与预案相比,交易对方、重组方式、

交易标的范围及估值、发行股份价格是否发生变化;

(三)盈利补偿具体协议(如适用);

(四)有关部门对重大资产重组的审批、核准或备案文件(如适用);

(五)上市公司与交易对方签订的附生效条件的交易合同或协议;

(六)本所要求的其他文件。

第三十二条 发行股份购买资产的首次董事会决议公告后,董事会在6个月内未发布召开股东大会通知的,上市公司应当披露关于6个月内未发布召开股东大会通知的专项说明。专项说明应当解释原因,并明确是否继续推进或终止。继续推进的,应当重新召开董事会审议发行股份购买资产事项,并以该次董事会决议公告日作为发行股份的定价基准日。

第三十三条 上市公司股东大会审议重大资产重组事项的,应当针对《重组办法》所列事项逐项表决。

上市公司发行股份购买资产同时募集配套资金的,如购买资产不以配套融资为前提,购买资产与配套融资的交易方案可以分拆为两项议案、分别表决;如购买资产与配套融资互为前提,购买资产与配套融资议案均获审议通过后,交易方案方可继续推进。

发行股份购买资产事项提交股东大会审议未获批准的,上市公司董事会如再次作出发行股份购买资产决议,应当以该次董事会决议公告日作为发行股份的定价基准日。

第三十四条 上市公司披露重组方案后,拟对交易对方、交易标的、交易价格等作出变更,构成对原交易方案重大调整的,应当在董事会审议通过后重新履行决策程序,并及时公告相关文件。

本指引所称重大调整应当符合以下要求:

(一)拟对交易对象进行变更的,原则上视为构成对重组方案重大调整,但是有以下两种情况的,可以视为不构成对重组方案重大调整:

1. 拟减少交易对象的,如交易各方同意将该交易对象及其持有的标的资产份额剔除出重组方案,且剔除相关标的资产后按照下述有关交易标的变更的规定不构成对重组方案重大调整的;

2. 拟调整交易对象所持标的资产份额的,如交易各方同意交易对象之间转让标的资产份额,且转让份额不超过交易作价20%的。

(二)拟对标的资产进行变更的,原则上视为构成对重组方案重大调整,但是同时满足以下条件的,可以视为不构成对重组方案重大调整。

1. 拟增加或减少的交易标的的交易作价、资产总额、资产净额及营业收入占原标的资产相应指标总量的比例均不超过20%;

2. 变更标的资产对交易标的的生产经营不构成实质性影响,包括不影响标的资产及业务完整性等。

(三)新增或调增配套募集资金,应当视为构成对重组方案重大调整。调减或取消配套募集资金不构成重组方案的重大调整。

第五章 重组相关说明会

第一节 媒体说明会

第三十五条 上市公司重大资产重组构成重组上市的,应当召开媒体说明会(附件3)。对于未构成重组上市的重大资产重组,中国证监会及派出机构或本所可以根据需要,要求公司召开媒体说明会。

第三十六条 上市公司召开媒体说明会后,出现如下情形的,本所可要求上市公司再次召开媒体说明会:

(一)对媒体说明会存在重大质疑或投诉举报的;

(二)重组方案发生重大调整的;

(三)终止重组的;

(四)中国证监会和本所认为必要的其他情形。

第三十七条 上市公司拟召开媒体说明会的,应当在披露重组问询回复公告时发出召开通知;上市公司按照中国证监会或本所要求召开媒体说明会的,应当在收到相关要求后2个交易日内发出召开通知。

媒体说明会召开通知应当包括说明会召开时间、地点、参与方式、网络直播地址、参与人员以及议程等事项。

媒体说明会应当在发出通知后2个交易日内召开。上市公司股票处于交易状态的,应当在非交易时间召开。

第三十八条 上市公司应当在不晚于媒体说明会召开后次一交易日,披露媒体说明会的召开情况,主要包括:

(一)时间、地点、参会人员及媒体;

(二)涉及重大资产重组的主要问题及答复情况;

(三)上市公司认为应说明的其他事项。

第三十九条 上市公司在媒体说明会上发布的信息未在重组方案中披露的,应当相应修改重组方案并及时披露。

独立财务顾问、会计师事务所、律师事务所及评估机构等证券服务机构应当对重组方案补充披露的内容与媒体说明会发布的信息是否一致发表意见,并予以披露。

第二节 投资者说明会

第四十条 上市公司披露重组事项后出现重大市场质疑的,上市公司在披露澄清公告的同时可以主动召开投资者说明会,本所可以视情况要求公司召开投资者说明会。

上市公司披露重组预案或重组报告书后终止重组的,在董事会审议通过终止重大资产重组决议后,应当及时召开投资者说明会。上市公司应当就终止重组事项的具体原因、决策过程以及对公司的影响等内容作出说明,并披露投资者说明会的相关情况。

第四十一条 上市公司应当在非交易时间召开投资者说明会,并履行通知和相应的信息披露义务。

参加投资者说明会的人员至少需包括上市公司董事长或总经理、董事会秘书、交易对方或其代表、重组标的主要董事和高级管理人员、独立财务顾问主办人。

第六章 重组暂停进程及终止

第四十二条 上市公司披露重组提示性公告后终止重大资产重组的,应当披露终止重大资产重组公告,公告应当包括重组框架介绍(如适用)、终止重组原因的说明等;上市公司披露重组预案或者重组报告书后终止重大资产重组,或者重大资产重组停牌后终止重大资产重组的,还应当在终止重大资产重组的公告中承诺自公告之日起至少

1个月内不再筹划重大资产重组事项。

终止重组原因的说明应当至少包括以下内容：

（一）终止本次重大资产重组的原因；

（二）从交易一方提出终止重大资产重组动议到董事会审议终止本次重组事项的具体过程；

（三）本次终止事项是否充分履行相关审议程序；

（四）上市公司控股股东、交易对方及其他内幕信息知情人自重组方案首次披露至终止重大资产重组期间买卖上市公司股票及（或）其衍生品种的情况；

（五）本次重大资产重组终止事项是否构成交易一方或多方违约、违约责任及已采取或拟采取的措施（如适用）；

（六）本次重大资产重组终止对上市公司的影响分析。

第四十三条 上市公司披露重组预案或重组报告书后、股东大会召开前，上市公司或交易对方拟终止重大资产重组的，上市公司还应当及时召开董事会审议终止重大资产重组事项，披露董事会决议公告、独立董事意见及独立财务顾问核查意见（如适用），并提交以下备查文件：

（一）终止本次重大资产重组的协议；

（二）交易对方对终止本次重大资产重组事项的说明（如适用）；

（三）终止本次重大资产重组事项的交易进程备忘录。

交易对方可以通过上市公司同时披露其关于终止重大资产重组事项的说明，上市公司应当配合交易对方进行信息披露。

第四十四条 上市公司股东大会审议通过重组方案后，在股东大会决议有效期内董事会决议终止本次重大资产重组的，上市公司除适用本指引的规定履行决策程序和信息披露义务外，还应当根据股东大会的授权情况，决定是否召开股东大会审议终止重组事项。

第四十五条 上市公司因违反《重组办法》相关规定，被中国证监会责令暂停重组活动或被本所中止交易的，上市公司应当暂缓召开股东大会或实施重组方案，并及时披露；被中国证监会责令终止重组事项或被本所终止交易的，上市公司应当终止本次重组，并及时披露。

第四十六条 上市公司首次披露重组事项后，本所将启动二级市场股票交易核查程序,并在后续各阶段对二级市场股票交易情况进行持续监管。本所核查结果显示上市公司股票交易存在明显异常且告知上市公司核查结论的,上市公司可以自主决定是否终止本次重组进程。上市公司决定继续推进本次重组进程的,应当在首次披露重组方案的同时,就股票交易存在明显异常,可能导致本次重组进程被暂停或者被终止的情况披露特别风险提示公告。

第四十七条 上市公司首次披露重组方案后,如该重组事项涉嫌内幕交易被中国证监会立案调查或者被司法机关立案侦查的,上市公司应当暂停本次重组进程,尚未提交股东大会审议的,不得将重组事项提交股东大会进行审议。上市公司应当及时披露相关信息,并就本次重组可能被终止等情况进行风险提示。

在暂停期间,上市公司可以自主决定是否终止本次重组,决定终止的应当及时发布终止重大资产重组公告,并承诺自公告之日起至少1个月内不再筹划重大资产重组。

第四十八条 上市公司按照本指引第四十七条的规定暂停重组进程的,在满足下列条件后,可以恢复本次重组进程:

(一)中国证监会或者司法机关经调查核实未发现上市公司、占本次重组总交易金额的比例在20%以上的交易对方(如涉及多个交易对方违规的,交易金额应当合并计算),及上述主体的控股股东、实际控制人及其控制的机构存在内幕交易行为的。

(二)中国证监会或者司法机关经调查核实未发现上市公司董事、监事、高级管理人员,上市公司控股股东、实际控制人的董事、监事、高级管理人员,交易对方的董事、监事、高级管理人员,占本次重组总交易金额的比例在20%以下的交易对方及其控股股东、实际控制人及其控制的机构,为本次重大资产重组提供服务的证券公司、证券服务机构及其经办人员,参与本次重大资产重组的其他主体存在内幕交易行为的;或者上述主体虽涉嫌内幕交易,但已被撤换或者退出本次重大资产重组交易的。

(三)被立案调查或者立案侦查的事项未涉及前述第(一)项、第(二)项所列主体的。

上市公司有证据证明其重大资产重组符合恢复重组进程条件的,

经聘请的独立财务顾问及律师事务所对本次重大资产重组有关的主体进行尽职调查,并出具确认意见,可以向本所提出拟恢复重组进程的报告。经中国证监会确认后,上市公司恢复重组进程。上市公司应当及时披露重组进程恢复情况,并同时披露独立财务顾问及律师事务所出具的确认意见。

第四十九条 上市公司筹划、实施重大资产重组期间,其控股股东或者实际控制人因本次重组事项相关的内幕交易被中国证监会行政处罚或者被司法机关依法追究刑事责任的,上市公司应当终止本次重组,并及时披露,同时承诺自公告之日起至少 12 个月内不再筹划重大资产重组。

第七章 重组注册及实施

第五十条 对于不需要中国证监会注册的重大资产重组,上市公司应当在股东大会审议通过重组方案并完成必要的批准程序后,尽快实施重组方案。

重组实施完毕的,上市公司应当在 3 个交易日内披露重组实施情况报告书,并披露独立财务顾问和律师事务所出具的意见。

重组方案在股东大会决议公告披露之日起 60 日内未实施完毕的,上市公司应当于期满后次一交易日披露重组实施情况公告,并在实施完毕前每 30 日披露一次进展公告。

第五十一条 对于实施前需经中国证监会注册以及其他部门批准的重大资产重组,在上市公司取得同意注册以及完成批准前,不得实施。

上市公司应当在本次重组方案中就重组可能无法获得批准的风险作出特别提示,明确未取得相关部门批准前,不能实施本次重大资产重组。

本所对上市公司发行股份购买资产申请作出受理、不予受理、中止审核、恢复审核或者终止审核决定,或者其他部门在批准程序中做出相关决定的,上市公司应当及时披露有关情况,并进行风险提示。

第五十二条 本所对上市公司发行股份购买资产申请审核期间,上市公司拟申请中止审核、恢复审核的,应当在董事会审议通过并在公告披露后,向本所提出申请。

第五十三条 上市公司应当在不晚于收到并购重组委审议会议通知的次一交易日,披露并购重组委审议提示性公告。

上市公司应当在不晚于收到并购重组委审议结果的次一交易日披露审议结果公告,公告中应当明确在收到中国证监会作出的予以注册或者不予注册的决定后将再行公告。

第五十四条 中国证监会对上市公司发行股份购买资产申请作出予以注册或不予注册的决定的,上市公司应当及时披露收到中国证监会予以注册或不予注册文件的公告。

第五十五条 中国证监会对上市公司发行股份购买资产申请予以注册的,上市公司应当披露重组报告书修订说明公告(如适用),并披露修订后的重组报告书全文和相关证券服务机构意见,同时披露尚需取得有关部门核准的情况。独立财务顾问和律师事务所应当对此出具专业意见。

第五十六条 中国证监会对上市公司发行股份购买资产申请不予注册的或本所认为不符合重组条件或信息披露要求的,上市公司董事会应当根据股东大会的授权,在收到中国证监会不予注册或本所终止审核的决定后10日内,就是否修改或终止本次重组方案做出决议并予以公告;如上市公司董事会根据股东大会的授权决定终止重组方案,应当在董事会公告中向投资者明确说明;如上市公司董事会根据股东大会的授权准备重新上报的,应当在董事会公告中明确说明重新上报的原因、计划等。

第五十七条 上市公司重大资产重组事项取得全部相关部门批准后,应当公告并尽快安排实施。

重组涉及发行股份购买资产的,上市公司应当在资产过户完成后的3个交易日内,公告相关情况,并及时向本所报送以下股份登记申请文件:

(一)重大资产重组实施情况报告书;

(二)独立财务顾问核查意见;

(三)法律意见书;

(四)股份登记申请表;

（五）申请出具股份登记函的报告；

（六）发行完成后经符合《证券法》规定的会计师事务所出具的验资报告；

（七）标的资产权属完成转移的证明文件；

（八）控股股东、实际控制人、其他重组方和上市公司在重大资产重组中作出的承诺（上市公司及有关各方签字盖章）。

上市公司在中国证券登记结算有限责任公司北京分公司办理新增股份登记手续并取得其出具的相关文件后，应当及时披露发行结果暨股份变动公告。

重组实施完毕后，上市公司应当及时披露重大资产重组实施情况报告书、独立财务顾问和律师事务所出具的意见。

第五十八条 上市公司重大资产重组方案涉及配套融资的，应当在注册文件规定时间内实施完毕并履行相应的信息披露义务。

第五十九条 上市公司未能在股东大会决议有效期内实施重大资产重组，拟继续推进本次重组的，应当在决议有效期结束前召开股东大会审议延长决议有效期。

第八章 重组实施后的持续信息披露

第六十条 上市公司向控股股东、实际控制人或者其控制的关联人购买资产，或者向除前述主体之外的特定对象购买资产导致控制权发生变更的，且采取收益现值法、假设开发法等基于未来收益预期的估值方法对购买资产进行评估或者估值并作为定价参考依据的，上市公司应当在重大资产重组实施完毕后业绩承诺期内的年度报告中单独披露相关资产的实际盈利数与利润预测数的差异情况，并由会计师事务所对此出具专项审核意见。上市公司在重组交易中自愿披露盈利预测报告或者交易对方自愿作出业绩承诺的，应当参照前述要求执行。

上市公司重组产生商誉的，上市公司应当按照《企业会计准则》等规定，每年年末进行减值测试，并在年度报告中披露资产组认定、选取的关键参数和假设等与商誉减值相关的重要信息。

第六十一条 上市公司与交易对方签订盈利补偿协议，且上市公司及相关资产的实际盈利数低于利润预测数的,上市公司董事会应当在审议年度报告的同时,对实际盈利数与利润预测数的差异情况进行单独审议,详细说明差异情况及上市公司已经或拟采取的措施,并督促交易对方履行承诺。

上市公司与交易对方存在每股收益填补措施安排的,应披露相关填补安排的具体履行情况。

第六十二条 上市公司应当在年度报告中披露承诺期内有关各方重大资产重组承诺的履行情况。在承诺事项履行完毕时,上市公司应当及时披露承诺事项完成情况公告。

重大资产重组承诺涉及业绩补偿的,交易对方应当及时、足额补偿,不得逃废、变更补偿义务。交易对方超期未履行或者违反业绩补偿协议、承诺的,上市公司应当及时披露,并说明相应解决措施。

第六十三条 上市公司应当在年度报告管理层讨论与分析中披露重组整合的具体进展情况,包括但不限于上市公司在报告期内对交易标的进行整合的具体措施、是否与前期计划相符、面临的整合风险与阶段性效果评估等内容,独立董事应当对此发表意见。

整合效果的披露期限自本次重组交易实施完毕之日起,不少于3个会计年度;如重组交易存在业绩承诺的,直至相关业绩承诺事项全部完成。

第六十四条 独立财务顾问应当根据《重组办法》《财务顾问管理办法》《重组审核规则》等相关要求,勤勉尽责,出具持续督导意见,切实履行持续督导义务。

持续督导期内,独立财务顾问应当督促交易对方切实履行相关业绩补偿承诺和保障措施。独立财务顾问应当对公司的整合计划及实施效果发表意见。

独立财务顾问应当通过日常沟通、定期回访等方式,结合上市公司定期报告的披露,做好持续督导工作,如发现交易标的存在重大财务造假嫌疑、重大风险事项,可能损害上市公司利益情况的,应当及时向本所报告,并督促上市公司及有关各方提供解决措施。

第九章　附　　则

第六十五条 上市公司发行可转债购买资产参照适用本指引关于发行股份购买资产的相关规定。

第六十六条 本指引由本所负责解释。

第六十七条 本指引自发布之日起施行。

附件：1. 内幕信息知情人报备文件及要求
　　　2. 上市公司重大资产重组预案格式
　　　3. 上市公司重组上市媒体说明会流程

附件1

内幕信息知情人报备文件及要求

序号	文件名称	内容要求
1	内幕信息知情人登记表	内幕信息知情人范围，根据《证券法》《重组办法》的有关规定确定，包括但不限于： (1) 上市公司及其董事、监事、高级管理人员； (2) 持有上市公司5%以上股份的股东和上市公司的实际控制人，以及其董事、监事、高级管理人员； (3) 上市公司控股或者实际控制的公司及其董事、监事、高级管理人员； (4) 重大资产重组的交易对方及其关联方，交易对方及其关联方的董事、监事、高级管理人员或者主要负责人； (5) 交易各方聘请的证券服务机构及其从业人员； (6) 参与重大资产重组筹划、论证、决策、审批等环节的相关机构和人员； (7) 因直系亲属关系（配偶、父母、子女）、提供服务和业务往来等知悉或者可能知悉股价敏感信息的其他相关机构和人员。 登记表加盖公司公章或公司董事会公章，并写明填报日期。
2	承诺书	上市公司全体董事对内幕信息知情人报备文件真实性、准确性和完整性的承诺书，由全体董事签字并加盖公司公章。

续表

序号	文件名称	内容要求
3	交易进程备忘录	包括但不限于筹划决策过程中各个关键时点的时间、参与筹划决策人员名单、筹划决策方式等。涉及的相关人员均应在备忘录上签名确认。
4	报备文件电子件与预留原件一致的鉴证意见	律师应当对报送的电子文件与原件的一致性出具鉴证意见,并签名和签署鉴证日期,律师事务所应当在鉴证意见首页加盖律师事务所公章,并加盖骑缝章。

上市公司应提交与预留原件一致的电子文件(WORD、EXCEL、PDF 等文件格式)。
报备文件中应当注明上市公司、券商联系人姓名、电话、联系邮箱等信息;报备文件所需签名处,均应为签名人亲笔签名,不得以名章、签名章等代替。

内幕信息知情人登记表

公司简称:＿＿＿＿＿＿　　证券代码:
内幕信息事项:

序号	姓名或名称	证件类型	证件号码	证券账户	联系方式	所在单位/部门	职务/岗位	与上市公司关系	知悉内幕信息时间	知悉内幕信息方式	内幕信息内容	内幕信息所处阶段	登记时间	登记人

(加盖公章或董事会章)　　　　　填报日期:

注:1. 本表所列项目为必备项目,上市公司可根据自身内幕信息管理的需要增加内容。
　　2. 内幕信息事项应当采取一事一记的方式,即每份内幕信息知情人登记表仅涉及一个内幕信息事项,不同内幕信息事项涉及的知情人档案应当分别记录。
　　3. 填报获取内幕信息的方式,包括但不限于会谈、电话、传真、书面报告、电子邮件等。
　　4. 填报各内幕信息知情人员所获知的内幕信息的内容,可根据需要添加附页进行详细说明。
　　5. 填报内幕信息所处阶段,包括商议筹划、论证咨询、合同订立、公司内部的报告、传递、编制、决议等。
　　6. 如为上市公司登记,填写上市公司登记人姓名;如为上市公司汇总,保留所汇总表格中原登记人姓名。

7. 应当分为以下部分填列:(一)上市公司及其董事、监事、高级管理人员,以及前述自然人的直系亲属;(二)持有上市公司5%以上股份的股东和上市公司的实际控制人,以及其董事、监事、高级管理人员,以及前述自然人的直系亲属;(三)上市公司控股或者实际控制的公司及其董事、监事、高级管理人员,以及前述自然人的直系亲属;(四)重大资产重组的交易对方及其关联方、交易对方及其关联方的董事、监事、高级管理人员或者主要负责人,以及前述自然人的直系亲属;(五)交易各方聘请的证券服务机构及其从业人员,以及前述自然人的直系亲属;(六)参与重大资产重组筹划、论证、决策、审批等环节的相关机构和人员,以及前述自然人的直系亲属;(七)其他知悉本次重大资产重组内幕信息的法人和自然人,以及前述自然人的直系亲属。

交易进程备忘录

上市公司简称:_____   证券代码:

所涉重大事项简述:

关键时点	时间	地点	参与筹划决策人员	筹划决策方式	商议和决议内容	签名

注:1. 本表所列项目为必备项目,上市公司可根据自身内幕信息管理的需要增加内容。
2. 交易进程备忘录涉及的相关人员应当在备忘录上签名确认。

法定代表人签名:
（上市公司公章或董事会章）

附件 2

上市公司重大资产重组预案格式

第一节 总 则

一、上市公司进行重大资产重组的,在首次召开董事会前,相关资产尚未完成审计、估值或评估,应当在首次董事会决议公告的同时按照本指引披露重大资产重组预案(以下简称重组预案)。

二、不论本指引是否有明确规定,凡对上市公司股票及其衍生品交易价格可能产生较大影响或对投资者做出投资决策有重大影响的信息,均应披露。

以下格式内容某些具体要求对本次重大资产重组预案确实不适用的,上市公司可根据实际情况,在不影响披露内容完整性的前提下予以适当调整,但应当在信息披露时作出说明。

本所可以根据监管实际需要,要求上市公司补充披露其他有关信息。

三、上市公司应当在本所网站披露重组预案全文。

第二节 封面、目录、释义

四、上市公司应当在重组预案文本封面列明重组预案的标题。重组预案标题应当明确具体交易形式,包括但不限于:××公司重大资产购买预案、××公司重大资产出售预案、××公司重大资产置换预案、××公司发行股份购买资产预案、××公司吸收合并××公司预案。资产重组采取其他交易形式的,应当在标题中予以明确。

资产重组采取两种以上交易形式组合的,应当在标题中列明,如"××公司重大资产置换及发行股份购买资产预案";发行股份购买资产同时募集配套资金的,应当在标题中标明"并募集配套资金",如"××公司发行股份购买资产并募集配套资金预案";资产重组构成关联交易的,还应当在标题中标明"暨关联交易"的字样,如"××公司重大资产购买暨关联交易预案"。

封面应当载明上市公司名称、股票代码、股票简称、主要交易对方的名称或姓名、重组预案披露日期、独立财务顾问名称。

五、重组预案的目录应当标明各章、节的标题及相应的页码，内容编排应当符合通行的中文惯例。

六、上市公司应当在重组预案中对可能造成投资者理解障碍及有特定含义的术语作出释义，释义应当在目录次页排印。

第三节　交易各方声明

七、上市公司应当在重组预案中载明："本公司及全体董事、监事、高级管理人员保证本预案内容的真实、准确、完整，对预案的虚假记载、误导性陈述或者重大遗漏负相应的法律责任"。

上市公司董事会应当声明："本预案所述事项并不代表中国证监会、北京证券交易所对于本次重大资产重组相关事项的实质性判断、确认或批准。本预案所述本次重大资产重组相关事项的生效和完成尚待取得中国证监会的注册（如适用）"。

八、交易对方应当声明："本次重大资产重组的交易对方××已出具承诺函，将及时向上市公司提供本次重组相关信息，并保证所提供的信息真实、准确、完整，如因提供的信息存在虚假记载、误导性陈述或者重大遗漏，给上市公司或者投资者造成损失的，将依法承担相应的法律责任"。

九、相关证券服务机构及人员应当声明（如适用）："本次重大资产重组的证券服务机构××及人员××保证披露文件的真实、准确、完整，如本次重组申请文件存在虚假记载、误导性陈述或重大遗漏，且该证券服务机构未能勤勉尽责，将承担相应的法律责任"。

第四节　重大事项提示

十、上市公司应当在重大事项提示部分，就与本次重组有关的重大事项进行提示，包括但不限于以下内容：

（一）本次重组方案简要介绍；

（二）按《重组办法》规定计算的相关指标、本次重组是否构成关联交易（如构成关联交易，应披露构成关联交易的原因，涉及董事和股东的回避表决安排）、是否构成《重组办法》第十三条规定的交易情形

(以下简称重组上市)及判断依据;

(三)本次重组支付方式、募集配套资金安排简要介绍(如适用);

(四)交易标的预估作价情况简要介绍(如适用)。

第五节 重大风险提示

十一、就本次交易对重组后上市公司经营和财务产生严重不利影响的重大风险因素,及本次交易行为存在的重大不确定性风险等,进行"重大风险提示",包括但不限于以下内容:

(一)本次重组审批风险。本次交易行为涉及有关报批事项的,应当详细说明已向有关主管部门报批的进展情况和尚需呈报批准的程序,以及可能无法获得批准的风险(如适用);

(二)交易标的权属风险。如抵押、质押等权利限制,诉讼、仲裁或司法强制执行等重大争议或者妨碍权属转移的其他情形可能导致交易标的存在潜在不利影响和风险等(如适用);

(三)交易标的评估或估值风险。本次评估或估值存在报告期变动频繁且对评估或估值影响较大的指标,该指标的预测对本次评估或估值的影响,进而对交易价格公允性的影响等(如适用);

(四)交易标的对上市公司持续经营影响的风险。由于政策、市场、技术、汇率等因素引致的风险(如适用);

(五)公司治理与整合风险:上市公司管理水平不能适应重组后上市公司规模扩张或业务变化的风险、交易标的与上市公司原有业务、资产、财务、人员、机构等方面的整合风险。如本次拟购买的主要交易标的不属于同行业或紧密相关的上下游行业的,应充分披露本次交易的必要性以及后续整合存在的不确定性及风险(如适用);

(六)财务风险:本次重组导致上市公司财务结构发生重大变化的风险(如适用);

(七)其他与本次重组相关的风险(如适用)。

第六节 本次交易概况

十二、本次交易的背景及目的概况。

十三、本次交易的方案概况,方案介绍中应当披露本次交易是否构成《重组办法》第十三条规定的交易情形及其判断依据。

第七节 上市公司基本情况

十四、上市公司最近36个月的控制权变动情况,最近3年的主营业务发展情况,以及因本次交易导致的股权控制结构的预计变化情况。

第八节 主要交易对方

十五、主要交易对方基本情况。

主要交易对方为法人的,应当披露其名称、注册地、法定代表人,与其控股股东、实际控制人之间的产权控制关系结构图;

主要交易对方为自然人的,应当披露其姓名(包括曾用名)、性别、国籍、是否取得其他国家或者地区的居留权等;

主要交易对方为其他主体的,应当披露其名称、性质,如为合伙企业,还应披露合伙企业及其相关的产权及控制关系、主要合伙人等情况。

上市公司以公开招标、公开拍卖等方式购买或出售资产的,如确实无法在重组预案中披露交易对方基本情况,应说明无法披露的原因及影响。

上市公司以公开招标、公开拍卖等方式购买或出售资产的,可以在履行相关授权程序(如涉及)后先行披露重组预案,也可以由上市公司及有关各方充分履行保密义务,在明确交易对方、交易价格等要素后直接披露重组报告书,并履行董事会、股东大会审议程序。

第九节 交易标的

十六、交易标的基本情况,包括:

(一)交易标的的名称、企业性质、注册地、主要办公地点、法定代表人、注册资本、成立日期;

(二)交易标的的产权或控制关系;

(三)交易标的报告期(指最近2年及一期,如初步估算属于重组上市的情形,报告期指最近3年及一期,下同)主营业务,包括主要产品或服务、盈利模式、核心竞争力等概要情况等；

（四）交易标的报告期主要财务指标（包括总资产、净资产、营业收入、净利润、经营活动产生的现金流量净额等），并说明是否为经审计数；

交易标的属于境外资产或者通过公开招标、公开拍卖等方式购买的，如确实无法披露财务数据，应说明无法披露的原因和影响，并提出解决方案；

（五）交易标的预估值及拟定价等（如适用）。上市公司应当披露交易标的价值预估的基本情况，包括所采用的估值方法、增减值幅度等，简要分析预估合理性（如适用）。如无法披露预估值及拟定价的，应当说明无法披露的原因及影响；

相关证券服务机构未完成审计、评估或估值、盈利预测审核的（如涉及），上市公司应当作出"相关资产经审计的财务数据、评估或估值结果、以及经审核的盈利预测数据（如涉及）将在重大资产重组报告书中予以披露"的特别提示以及"相关资产经审计的财务数据、评估或估值最终结果可能与预案披露情况存在较大差异"的风险揭示。

第十节 交易方式

十七、支付方式情况。上市公司发行股份购买资产的，应当披露发行股份的定价及依据、本次发行股份购买资产的董事会决议明确的发行价格调整方案等相关信息。

上市公司通过发行优先股、向特定对象发行可转换为股票的公司债券等非现金支付方式购买资产的，应当比照前述要求披露相关信息。

上市公司支付现金购买资产的，应当披露资金来源。

十八、交易方案涉及吸收合并的，应当披露换股价格及确定方法、本次吸收合并的董事会决议明确的换股价格调整方案、异议股东权利保护安排、债权人权利保护安排等相关信息。

十九、交易方案涉及募集配套资金的，应当简要披露募集配套资金的预计金额及占发行证券购买资产交易价格的比例、证券发行情况、用途等相关信息。

第十一节 风险因素

二十、本次交易存在其他重大不确定性因素,包括尚需取得有关主管部门的报批等情况的,应当对相关风险作出充分说明和特别提示。

第十二节 其他重要事项

二十一、上市公司的控股股东及其一致行动人对本次重组的原则性意见,及控股股东及其一致行动人、董事、监事、高级管理人员自本次重组预案披露之日起至实施完毕期间的股份减持计划。

上市公司披露为无控股股东的,应当比照前述要求,披露第一大股东及持股5%以上股东的意见及减持计划。

二十二、本次重组是否存在本指引第四十八条第(一)项、第(二)项所列主体参与上市公司重大资产重组的情形。

二十三、相关证券服务机构对重组预案已披露内容发表的核查意见(如适用)。

附件3

上市公司重组上市媒体说明会流程

一、上市公司应当在媒体说明会前,通过本所认可的渠道进行问题收集,及时整理汇总媒体和投资者关注的问题,并在媒体说明会上予以统一答复。

二、下列人员应当出席媒体说明会,并全程参加:

(一)上市公司相关人员,包括实际控制人、上市公司主要董事、独立董事、监事、总经理、董事会秘书及财务负责人等;

(二)标的资产相关人员,包括实际控制人、主要董事、总经理及财务负责人等;

(三)证券服务机构相关人员,包括独立财务顾问、会计师事务所、律师事务所和评估机构等的主办人员和签字人员等;

(四)停牌前6个月及停牌期间取得标的资产股权的个人或机构

负责人。

公司或标的资产相关方认为有必要的,可以邀请相关行业专家、证券分析师等参会。

三、上市公司应当邀请至少三家符合中国证监会规定条件的媒体出席会议。

中证中小投资者服务中心有限责任公司代表、依法持有国家新闻出版广电总局核发新闻记者证的新闻记者、证券分析师可以出席会议。

四、上市公司可以通过本所认可的方式召开媒体说明会。上市公司、重组上市交易对方、证券服务机构等相关方及人员应当在媒体说明会上全面、充分地回应市场关注和提出的问题。

五、媒体说明会应当包括重组上市交易各方陈述、媒体现场提问及现场答复问题等环节。

六、上市公司重组上市交易的相关人员应当在媒体说明会上简明扼要地说明有关事项,包括:

(一)上市公司现控股股东、实际控制人应充分说明本次交易的必要性、交易作价的合理性、承诺履行和上市公司规范运作等情况;

(二)上市公司董事、监事及高级管理人员应充分说明其对交易标的及其行业的了解情况、重大媒体质疑和投诉举报的主要内容及说明(如有),以及董事、监事及高级管理人员在本次重大资产重组项目的推进和筹划中是否切实履行了忠实、勤勉义务等;

(三)拟新进入的控股股东、实际控制人应详细说明交易作价的合理性、业绩承诺的合规性和合理性(如有);

(四)交易对方和重组标的的董事及高级管理人员应充分说明重组标的报告期生产经营情况和未来发展规划,以及对相关的重大媒体质疑和投诉举报的说明(如有);

(五)中介机构应充分说明核查过程和核查结果,评估机构应说明重组标的的估值假设、估值方法、估值过程的合规性和估值结果的合理性,披露重组预案但未披露交易标的的预估值及拟定价的,应当说明原因及影响(如适用);

(六)参会人员认为应说明的其他问题;

（七）中国证监会及其派出机构和本所要求说明的其他问题。

七、媒体说明会应当为媒体留出充足的提问时间，充分回应市场关注和质疑的问题。

八、参会人员应当在现场答复媒体提问和会前整理汇总的问题。上市公司现场不能答复的，应当说明不能答复的原因。

现场未能答复的，上市公司应当在媒体说明会召开情况公告中予以答复。

北京证券交易所关于发布《北京证券交易所上市公司重大资产重组审核规则（试行）》的公告

（2021年10月30日　北证公告〔2021〕12号）

为了规范北京证券交易所（以下简称本所）上市公司重大资产重组行为，提高上市公司质量，保护投资者合法权益，本所制定了《北京证券交易所上市公司重大资产重组审核规则（试行）》，经中国证监会批准，现予以发布，自2021年11月15日起施行。

特此公告。

附件：北京证券交易所上市公司重大资产重组审核规则（试行）

北京证券交易所上市公司重大资产重组审核规则（试行）

第一章　总　　则

第一条　为了规范北京证券交易所（以下简称本所）上市公司重大资产重组行为，保护上市公司和投资者合法权益，提高上市公司质量，根据《中华人民共和国证券法》《上市公司重大资产重组管理办法》(以下简称《重组办法》)《北京证券交易所上市公司持续监管办法(试行)》(以下简称《持续监管办法》)等法律法规、部门规章、规范性文件以及《北京证券交易所股票上市规则(试行)》(以下简称《上市规则》)及本所其他业务规则,制定本规则。

第二条 上市公司实施重大资产重组、发行股份购买资产或者重组上市的,适用本规则;本规则未作规定的,适用本所其他相关业务规则。

除重组上市外,上市公司实施不涉及股份发行的重大资产重组的,不适用本规则第三章至第五章的规定。

本规则所称重组上市,是指《重组办法》第十三条规定的重大资产重组行为。

第三条 本所对上市公司发行股份购买资产或者重组上市的申请文件(以下统称申请文件)进行审核。

本所审核通过的,将审核意见、申请文件及相关审核资料报送中国证券监督管理委员会(以下简称中国证监会)履行注册程序;审核不通过的,作出终止审核的决定。

对上市公司不涉及股份发行的重组上市申请,本所审核通过的,作出同意重组上市的决定;审核不通过的,作出终止审核的决定。

第四条 本所建立公开透明的重组审核机制,向市场公开在审企业名单及审核进度、审核问询与回复文件、并购重组委员会(以下简称并购重组委)审议会议通知与审议会议结果、注册结果、自律监管措施和纪律处分等信息,接受社会公众监督。

第五条 上市公司、交易对方及有关各方应当及时、公平地披露或者提供信息,保证所披露或者提供信息的真实、准确、完整,不得有虚假记载、误导性陈述或者重大遗漏。

独立财务顾问、证券服务机构及其相关人员,应当严格履行职责,对其所制作、出具文件的真实性、准确性和完整性承担相应法律责任。

第六条 本所依据法律、行政法规、部门规章、规范性文件、本规则及本所其他相关规定(以下简称相关法律法规),对前条规定的主体在上市公司发行股份购买资产或者重组上市中的相关活动进行自律监管。

前条规定的主体应当积极配合本所重组审核工作,接受本所自律监管并承担相应的法律责任。

第七条 同意上市公司实施发行股份购买资产或者重组上市,不表明本所对申请文件及所披露信息的真实性、准确性、完整性作出保证,也不表明本所对股票的投资价值、投资者的收益或者本次交易作出实质性判断或者保证。

第二章 重组标准与条件

第八条 上市公司实施重大资产重组的,按照《持续监管办法》关于重大资产重组的标准予以认定。

上市公司使用现金购买与主营业务和生产经营相关的土地、厂房、机械设备等,充分说明合理性和必要性的,可以视为日常经营行为,不纳入重大资产重组管理。

第九条 上市公司实施发行股份购买资产的,应当符合《重组办法》关于发行股份购买资产的规定,股份发行价格应当符合《持续监管办法》的相关规定。

上市公司向特定对象发行可转换为股票的公司债券购买资产的,应当符合《重组办法》《持续监管办法》及中国证监会和本所关于发行可转换为股票的公司债券购买资产的规定。

第十条 上市公司实施重组上市的,标的资产对应的经营实体应当是符合《北京证券交易所向不特定合格投资者公开发行股票注册管理办法(试行)》(以下简称《注册管理办法》)规定的发行条件的股份有限公司或者有限责任公司,不存在《上市规则》规定的不得申请公开发行并上市的情形,并符合下列条件之一:

(一)最近两年净利润均不低于1500万元且加权平均净资产收益率平均不低于8%,或者最近一年净利润不低于2500万元且加权平均净资产收益率不低于8%;

(二)最近两年营业收入平均不低于1亿元,且最近一年营业收入增长率不低于30%,最近一年经营活动产生的现金流量净额为正。

前款所称净利润以扣除非经常性损益前后的孰低者为准,所称净利润、营业收入、经营活动产生的现金流量净额均指经审计的数值。

第十一条 上市公司重组标的资产对应的经营实体存在表决权差异安排的，除符合《注册管理办法》规定的发行条件外，其表决权安排等应当符合《上市规则》的规定。

第十二条 上市公司股东在公司实施发行股份购买资产或者重组上市中取得的股份，应当遵守《重组办法》关于股份限售期的有关规定；但控制关系清晰明确，易于判断，同一实际控制人控制之下不同主体之间转让上市公司股份的除外。

上市公司实施重组上市，标的资产对应的经营实体尚未盈利的，控股股东、实际控制人的股份减持应当符合《上市规则》关于公司上市时未盈利的减持相关规定。

第三章 重组信息披露要求

第十三条 上市公司、交易对方及有关各方应当依法披露信息，并为独立财务顾问、证券服务机构及时提供真实、准确、完整的业务运营、财务会计及其他资料，全面配合相关机构开展尽职调查和其他相关工作。独立财务顾问、证券服务机构应当依法对信息披露进行核查把关。

第十四条 上市公司及交易对方的控股股东、实际控制人、董事、监事、高级管理人员应当诚实守信，保证申请文件和信息披露的真实、准确、完整，依法审慎作出并履行相关承诺，不得利用控制地位或者影响能力要求上市公司实施显失公允的重组交易，不得指使或者协助上市公司、交易对方进行虚假记载、误导性陈述或者重大遗漏等违法违规行为，不得损害上市公司和投资者合法权益。

第十五条 独立财务顾问应当诚实守信、勤勉尽责，保证重大资产重组报告书及其出具的独立财务顾问报告等文件的真实、准确、完整，切实履行尽职调查、报告和披露以及持续督导等职责。

独立财务顾问应当严格遵守相关法律法规、行业自律规范的要求，严格执行内部控制制度，对申请文件进行全面核查验证，对本次交易是否符合法定条件和信息披露要求作出专业判断，审慎出具相关文件。

第十六条 会计师事务所、律师事务所、资产评估机构等证券服务机构应当诚实守信、勤勉尽责，保证其出具文件的真实、准确、完整。

证券服务机构应当严格遵守相关法律法规、业务规则、行业自律规范，严格执行内部控制制度，对与其专业职责有关的业务事项进行核查验证，履行特别注意义务，审慎发表专业意见。

第十七条　上市公司的申请文件及信息披露内容应当真实、准确、完整，并符合下列要求：

（一）包含对投资者作出投资决策有重大影响的信息，披露程度达到投资者作出投资决策所必需的水平；

（二）所披露的信息一致、合理且具有内在逻辑性；

（三）简明易懂，便于一般投资者阅读和理解。

第十八条　上市公司应当充分披露本次交易是否合法合规，至少包括下列事项：

（一）是否符合《重组办法》《持续监管办法》及中国证监会其他相关规定所规定的条件；

（二）是否符合本规则的规定及本所其他相关规则。

独立财务顾问、证券服务机构在出具的独立财务顾问报告、法律意见书等文件中，应当就本次交易是否合法合规逐项发表明确意见，且具备充分的理由和依据。

第十九条　上市公司应当结合本次交易是否与公司主营业务具有协同效应、交易后经营发展战略和业务管理模式，以及业务转型升级可能面临的风险等因素，说明本次交易是否有利于增强公司持续经营能力。

第二十条　上市公司应当充分披露本次交易的必要性，至少包括下列事项：

（一）是否具有明确可行的发展战略；

（二）是否存在不当市值管理行为；

（三）公司控股股东、实际控制人、董事、监事、高级管理人员在本次交易披露前后是否存在股份减持情形或者大比例减持计划；

（四）本次交易是否具有商业实质，是否存在利益输送的情形；

（五）是否违反国家相关产业政策。

第二十一条　上市公司应当充分披露本次交易资产定价的合理

性，至少包括下列事项：

（一）资产定价过程是否经过充分的市场博弈，交易价格是否显失公允；

（二）所选取的评估或者估值方法与标的资产特征的匹配度，评估或者估值参数选取的合理性；

（三）标的资产交易作价与历史交易作价是否存在重大差异及存在重大差异的合理性；

（四）相同或者类似资产在可比交易中的估值水平；

（五）商誉确认是否符合会计准则的规定，是否足额确认可辨认无形资产。

第二十二条　上市公司应当充分披露本次交易中与业绩承诺相关的信息，至少包括下列事项：

（一）业绩承诺是否合理，是否存在异常增长，是否符合行业发展趋势和业务发展规律；

（二）交易对方是否按照规定与上市公司签订了明确可行的补偿协议；

（三）交易对方是否具备相应的履约能力，在承诺期内是否具有明确的履约保障措施。

第四章　重组审核内容与方式

第二十三条　本所重组审核遵循依法合规、公开透明、便捷高效的原则，提高审核透明度，明确市场预期。

本所实行电子化审核，申请、受理、问询、回复等事项通过本所并购重组审核业务系统（以下简称审核系统）办理。

第二十四条　本所重大资产重组审核机构（以下简称重组审核机构）按照规定对申请文件进行审核，出具审核报告，提出初步审核意见后，提交并购重组委审议，提出审议意见。

本所结合并购重组委审议意见，出具同意发行股份购买资产或者重组上市的审核意见，或者作出终止审核的决定；对上市公司不涉及股份发行的重组上市申请，本所结合并购重组委的审议意见，作出同意重组上市或者终止审核的决定。

第二十五条　本所对上市公司发行股份购买资产或者重组上市是否符合法定条件、是否符合中国证监会和本所信息披露要求进行审核。

第二十六条　本所通过提出问题、回答问题等多种方式，督促上市公司、交易对方、独立财务顾问、证券服务机构完善信息披露，真实、准确、完整地披露或者提供信息，提高信息披露质量。

本所对申请文件进行审核时，可以视情况在审核问询中对上市公司、交易对方、独立财务顾问、证券服务机构，提出下列要求：

（一）说明并披露相关问题及原因；

（二）补充核查相关事项并披露核查过程、结果；

（三）补充提供信息披露的证明文件；

（四）修改或者更新信息披露内容。

第五章　重组审核程序

第一节　申请与受理

第二十七条　上市公司实施发行股份购买资产或者重组上市的，应当按照规定聘请独立财务顾问，并委托独立财务顾问在股东大会作出重大资产重组决议后三个工作日内，通过本所审核系统报送下列申请文件：

（一）重大资产重组报告书及相关文件；

（二）独立财务顾问报告及相关文件；

（三）法律意见书、审计报告及资产评估报告或者估值报告等证券服务机构出具的文件；

（四）中国证监会或者本所要求的其他文件。

申请文件的内容与格式应当符合中国证监会和本所的相关规定。

第二十八条　本所收到申请文件后，对申请文件的齐备性进行核对，并在五个工作日内作出是否受理的决定，告知上市公司及其独立财务顾问。

申请文件齐备的，出具受理通知；申请文件不齐备的，一次性告知需要补正的事项。补正时限最长不得超过三十个工作日。多次补正的,补正时间累计计算。

上市公司补正申请文件的,本所收到申请文件的时间以上市公司最终提交补正文件的时间为准。本所按照收到上市公司申请文件的先后顺序予以受理。

第二十九条 存在下列情形之一的,本所不予受理申请文件:

(一)申请文件不齐备且未按要求补正;

(二)独立财务顾问、证券服务机构及其相关人员不具备相关资质;或者因证券违法违规被采取认定为不适当人选、限制业务活动、一定期限内不接受其出具的相关文件等相关措施,尚未解除;

(三)独立财务顾问、证券服务机构或者相关签字人员因公开发行股票并上市、上市公司证券发行、并购重组业务涉嫌违法违规,或者其他业务涉嫌违法违规且对市场有重大影响被中国证监会立案调查或者被司法机关立案侦查,尚未结案;

(四)上市公司存在尚未实施完毕的证券发行、重大资产重组、收购、股票回购等情形;

(五)本次交易涉嫌内幕交易被中国证监会立案调查或者被司法机关立案侦查,尚未结案,但中国证监会另有规定的除外;

(六)中国证监会及本所规定的其他情形。

第三十条 自申请文件申报之日起,上市公司、交易对方及有关各方,以及为本次交易提供服务的独立财务顾问、证券服务机构及其相关人员即须承担相应的法律责任。

本所受理申请文件后至中国证监会作出注册决定前,上市公司、独立财务顾问、证券服务机构应当按照本规则的规定,对披露的重大资产重组报告书、独立财务顾问报告、法律意见书、财务报告、审计报告、资产评估报告或者估值报告等文件予以修改、补充。

未经本所同意,申请文件不得更改。

第二节 审核机构审核

第三十一条 本所重组审核机构按照申请文件受理的先后顺序开始审核。

上市公司申请发行股份购买资产的,本所重组审核机构自受理申请文件之日起十个工作日内，发出首轮审核问询；上市公司申请重组上市的，本所重组审核机构自受理申请文件之日起二十个工作日内，发出首轮审核问询。

第三十二条 在首轮审核问询发出前，上市公司、交易对方及有关各方，独立财务顾问、证券服务机构及其相关人员不得就审核事项与审核人员接触，不得以任何形式干扰审核工作。

第三十三条 在首轮审核问询发出后，上市公司、交易对方、独立财务顾问、证券服务机构对本所审核问询存在疑问的，可与本所重组审核机构进行沟通；确需当面沟通的，应当预约。

第三十四条 上市公司、交易对方、独立财务顾问、证券服务机构应当按照审核问询要求进行必要的补充调查和核查，及时、逐项回复本所重组审核机构提出的审核问询，相应补充或者修改申请文件并披露。

上市公司、交易对方、独立财务顾问、证券服务机构对本所重组审核机构审核问询的回复是申请文件的组成部分，上市公司、交易对方、独立财务顾问、证券服务机构应当保证回复的真实、准确、完整。

第三十五条 本所重组审核机构收到上市公司对首轮审核问询的回复后，存在下列情形之一的，可以继续提出审核问询：

（一）首轮审核问询后，发现新的需要问询事项；

（二）上市公司、交易对方、独立财务顾问、证券服务机构的回复未能有针对性地回答本所重组审核机构提出的审核问询，或者本所就其回复需要继续审核问询；

（三）上市公司、交易对方、独立财务顾问、证券服务机构的信息披露仍未满足中国证监会和本所规定的要求；

（四）本所认为需要继续审核问询的其他情形。

第三十六条 本所重组审核机构收到上市公司、交易对方、独立财务顾问、证券服务机构对本所审核问询的回复后，认为不需要进一步审核问询的，将出具审核报告，并提交并购重组委审议，同时通知上市公司及其独立财务顾问。

第三十七条 本所在审核中，发现上市公司申请文件存在重大疑问且上市公司、交易对方、独立财务顾问、证券服务机构回复中无法作出合理解释,或者本次交易涉及重组上市的,本所可以对上市公司、交易对方、标的资产、独立财务顾问、证券服务机构进行现场检查或者核查。

第三十八条 上市公司申请发行股份购买资产的,本所自受理申请文件之日起两个月内出具同意发行股份购买资产的审核意见或者作出终止审核的决定。上市公司申请重组上市,涉及股份发行的,本所自受理申请文件之日起两个月内出具同意重组上市的审核意见或者作出终止审核的决定;不涉及股份发行的,本所自受理申请文件之日起三个月内作出同意重组上市的决定或者作出终止审核的决定。

上市公司、交易对方、独立财务顾问、证券服务机构回复本所审核问询的时间,以及本规则规定的中止审核、请示有权机关、实施现场检查、落实并购重组委意见、暂缓审议、处理会后事项、要求进行专项核查,并要求上市公司补充、修改申请文件等情形,不计算在前款规定的时限内。

第三十九条 上市公司申请发行股份购买资产的,回复审核问询的时间总计不得超过一个月;申请重组上市的,回复审核问询的时间总计不得超过三个月。逾期未回复的,上市公司应当在到期日的次日,披露本次交易的进展情况及未能及时回复的具体原因等事项。

上市公司难以在前款规定的时限内回复的,可以在期限届满前向本所申请延期一次,时间不得超过一个月。

本规则规定的中止审核、请示有权机关、实施现场检查、落实并购重组委意见、暂缓审议、处理会后事项、要求进行专项核查等情形的时间,不计算在前两款规定的时限内。

第三节 并购重组委员会审议

第四十条 并购重组委召开审议会议,对本所重组审核机构出具的审核报告及上市公司申请文件进行审议。并购重组委的审议程序等事项适用《北京证券交易所上市委员会管理细则》的相关规定。

第四十一条 并购重组委进行审议时,认为需要对上市公司、交易对方、独立财务顾问、证券服务机构等主体进行现场问询的,相关主体代表应当到会接受问询,回答并购重组委提出的问题。

第四十二条 并购重组委审议会议通过合议形成同意或不同意的审议意见。

审议会议过程中,发现上市公司存在法定条件或者信息披露方面的重大事项有待进一步核实,无法形成审议意见的,经会议合议,并购重组委可以对该公司的发行股份购买资产或者重组上市申请暂缓审议,暂缓审议时间不超过两个月。对上市公司的同一次申请,只能暂缓审议一次。

第四十三条 本所结合并购重组委审议意见,出具同意发行股份购买资产或者重组上市的审核意见,或者作出终止审核的决定;对上市公司不涉及股份发行的重组上市申请,本所结合并购重组委审议意见,作出同意重组上市或者终止审核的决定。

并购重组委审议意见同意上市公司发行股份购买资产或者重组上市,但要求补充披露有关信息的,本所重组审核机构告知独立财务顾问组织落实,并对落实情况进行核对,通报参会委员。上市公司补充披露相关事项后,本所出具同意发行股份购买资产或者重组上市的审核意见,或者作出同意重组上市的决定。

第四十四条 上市公司应当根据并购重组委审议意见,更新申请文件并披露。

第四节 向中国证监会报送审核意见

第四十五条 本所审核通过的,向中国证监会报送同意发行股份购买资产或者重组上市的审核意见、相关审核资料及上市公司申请文件,但不涉及股份发行的重组上市除外。

第四十六条 中国证监会在注册程序中,要求本所进一步问询的,由本所提出反馈问题。

中国证监会在注册程序中,决定退回本所补充审核的,本所重组审核机构对要求补充审核的事项重新审核,并提交并购重组委审议。本所审核通过的,重新向中国证监会报送审核意见、相关审核资料及上市公司申请文件;审核不通过的,作出终止审核的决定。

第四十七条 上市公司应当及时披露中国证监会反馈问题以及注册结果,并根据需要更新申请文件并披露。

第五节　审核中止与终止

第四十八条　出现下列情形之一的,上市公司、交易对方、独立财务顾问、证券服务机构应当及时告知本所,本所将中止审核:

(一)本次交易涉嫌内幕交易被中国证监会立案调查或者被司法机关立案侦查,尚未结案;

(二)上市公司因涉嫌违法违规被行政机关调查,或者被司法机关侦查,尚未结案,对本次交易影响重大;

(三)上市公司、独立财务顾问、证券服务机构被中国证监会依法采取限制业务活动、责令停业整顿、指定其他机构托管或者接管等监管措施,尚未解除;

(四)独立财务顾问、证券服务机构或者相关签字人员因公开发行股票并上市、上市公司证券发行、并购重组业务涉嫌违法违规,或者其他业务涉嫌违法违规且对市场有重大影响被中国证监会立案调查,或者被司法机关立案侦查,尚未结案;

(五)独立财务顾问、证券服务机构的相关签字人员,被中国证监会依法采取市场禁入、认定为不适当人选等监管措施,或者被本所实施一定期限内不接受其出具的相关文件的纪律处分,尚未解除;

(六)申请文件中记载的财务资料已过有效期,需要补充提交;

(七)中国证监会根据《重组办法》等规定责令暂停重组活动,或者责令相关主体作出公开说明或者披露专业意见;

(八)上市公司、独立财务顾问主动要求中止审核,理由正当并经本所同意;

(九)本所规定的其他情形。

出现前款第一项至第七项所列情形,上市公司、交易对方、独立财务顾问、证券服务机构未及时告知本所,本所经核实符合中止审核情形的,将直接中止审核。

因第一款第四项规定情形中止审核的,独立财务顾问、证券服务机构应当指派与被调查事项无关的人员,对该机构或者有关人员为被中止审核的申请事项制作、出具的申请材料进行复核。按照要求提交复核报告,并对申请事项符合本次交易法定条件、标准,所制作、出具的文件不存在虚假记载、误导性陈述或者重大遗漏发表明确复核意见的,本所经确认后恢复对申请文件的审核。

第一款所列情形消除后,上市公司、交易对方、独立财务顾问、证券服务机构应当及时告知本所。本所经审核确认后,恢复对申请文件的审核。审核时限自恢复审核之日起继续计算;但财务报告期调整达到一个或者一个以上会计年度的,审核时限自恢复审核之日重新起算。存在第一款第一项规定的情形,但符合中国证监会和本所有关规定的,视为相关情形已消除。

第四十九条　出现下列情形之一的,本所将终止审核:

(一)中国证监会根据《重组办法》等规定,责令上市公司终止重组活动;

(二)上市公司更换独立财务顾问、对交易方案进行重大调整或者撤回申请文件;

(三)上市公司未在规定时限内回复本所审核问询或者未对申请文件作出解释说明、补充修改;

(四)申请文件内容存在重大缺陷,严重影响本所正常审核,或者严重影响投资者作出价值判断或者投资决策;

(五)申请文件被认定存在虚假记载、误导性陈述或者重大遗漏;

(六)上市公司、交易对方、独立财务顾问、证券服务机构等主体阻碍或者拒绝中国证监会或者本所依法实施的检查或者核查;

(七)上市公司、交易对方、独立财务顾问、证券服务机构等主体以不正当手段严重干扰本所审核工作;

(八)前条第一款第三项至第八项规定的中止审核情形未能在两个月内消除;

(九)本所审核不通过。

第六节　复审与复核

第五十条　本所对上市公司发行股份购买资产或者重组上市申请终止审核的,上市公司可以在收到本所相关文件后五个工作日内,向本所申请复审;但因本规则第四十九条第二项终止审核的,不得申请复审。复审的有关事项,适用《北京证券交易所向不特定合格投资者公开发行股票并上市审核规则(试行)》关于复审的有关规定。

经复审,上市公司申请理由成立的,本所对申请文件重新审核,审核时限自重新审核之日重新起算;申请理由不成立的,本所维持原决定。

第五十一条 本所对上市公司发行股份购买资产或者重组上市申请作出不予受理决定或按照本规则第五十条的规定作出复审决定的,上市公司可以按照本所相关规定申请复核。

第七节 重大事项报告与处理

第五十二条 本所受理申请文件后至本次交易实施完毕前,发生重大事项的,上市公司、交易对方、独立财务顾问应当及时向本所报告,按照要求履行信息披露义务、更新申请文件。上市公司的独立财务顾问、证券服务机构应当持续履行尽职调查职责,并向本所提交专项核查意见。

第五十三条 并购重组委形成审议意见后至中国证监会作出注册决定前,发生重大事项,对上市公司本次交易是否符合法定条件或者信息披露要求产生重大影响的,本所重组审核机构经审核决定是否重新提交并购重组委审议。重新提交并购重组委审议的,应当报告中国证监会,并按照本章相关规定办理。

第五十四条 中国证监会作出注册决定后至本次交易实施完毕前,发生重大事项,可能导致上市公司本次交易不符合法定条件或者信息披露要求的,上市公司应当暂停本次交易。本所发现上市公司存在上述情形的,有权要求上市公司暂停本次交易。

上市公司、交易对方、独立财务顾问应当将上述情况及时报告本所并作出公告,说明重大事项相关情况及上市公司将暂停本次交易。

本所经审核认为相关重大事项导致上市公司本次交易不符合法定条件或者信息披露要求的,将出具明确意见并报告中国证监会。

第五十五条 本所受理申请文件后至本次交易实施完毕前,上市公司及其独立财务顾问应当密切关注公共媒体关于本次交易的重大报道、市场传闻。

相关报道、传闻与上市公司信息披露存在重大差异,或者所涉事项可能对本次交易产生重大影响的,上市公司、交易对方、独立财务顾问、证券服务机构应当向本所作出解释说明,并按照规定履行信息披露义务。独立财务顾问、证券服务机构应当进行必要的核查并向本所报告核查结果。

第五十六条 本所受理申请文件后至本次交易实施完毕前,本所收到与本次交易相关的投诉举报的,可以就投诉举报涉及的事项向上市公司、交易对方、独立财务顾问、证券服务机构进行问询,要求其向本所作出解释说明,并按照规定履行信息披露义务;要求独立财务顾问、证券服务机构进行必要的核查并向本所报告核查结果。

第六章 持续督导

第五十七条 为上市公司提供服务的独立财务顾问,应当按照中国证监会和本所的相关规定,履行持续督导职责。

独立财务顾问应当指定项目主办人负责持续督导工作,并在资产重组实施情况报告书中披露。前述项目主办人不能履职的,独立财务顾问应当另行指定履职能力相当的人员并披露。

上市公司、标的资产及其相关人员,应当积极配合独立财务顾问履行持续督导职责,及时提供必要的信息,保障履职所需的各项条件,协助披露持续督导意见。

第五十八条 上市公司实施除重组上市外的其他重大资产重组的,持续督导期限为本次交易实施完毕当年剩余时间以及其后一个完整会计年度。

前款规定的期限届满后,存在尚未完结事项的,独立财务顾问应当继续履行持续督导职责,并在各年度报告披露之日起十五日内就相关事项的进展情况出具核查意见。

第五十九条 独立财务顾问应当在各年度报告披露之日起十五日内,对重大资产重组实施的下列事项出具持续督导意见,报送本所并披露:

(一)交易资产的交付或者过户情况;

(二)交易各方当事人承诺的履行情况及未能履行承诺时相关约束措施的执行情况;

（三）公司治理结构与运行情况；

（四）本次重大资产重组对公司运营、经营业绩影响的状况；

（五）盈利预测的实现情况（如有）；

（六）与已公布的重组方案存在差异的其他事项。

第六十条 存在下列情形之一的，独立财务顾问应当对上市公司或者标的资产进行现场核查，出具核查报告并披露：

（一）标的资产存在重大财务造假嫌疑；

（二）上市公司可能无法有效控制标的资产；

（三）标的资产可能存在未披露担保；

（四）标的资产可能存在非经营性资金占用；

（五）标的资产股权可能存在重大未披露质押。

独立财务顾问进行现场核查的，应当就核查情况、提请上市公司及投资者关注的问题、本次现场核查结论等事项出具现场核查报告，并在现场核查结束后五个工作日内披露。

第六十一条 上市公司实施重大资产重组、发行股份购买资产或者重组上市，交易对方作出业绩承诺并与上市公司签订补偿协议的，独立财务顾问应当在业绩补偿期间内，持续关注业绩承诺方的资金、所持上市公司股份的质押等履约能力保障情况，督促其及时、足额履行业绩补偿承诺。

相关方丧失履行业绩补偿承诺的能力或者履行业绩补偿承诺存在重大不确定性的，独立财务顾问应当督促上市公司及时披露风险情况，并就披露信息是否真实、准确、完整，是否存在其他未披露重大风险发表意见并披露。

相关方未履行业绩补偿承诺或者履行业绩补偿承诺数额不足的，独立财务顾问应当督促上市公司在前述事项发生的十个工作日内，制定并披露追偿计划，并就追偿计划的可行性以及后续履行情况发表意见并披露。

第六十二条 上市公司实施重组上市的，独立财务顾问自本次交易实施完毕之日起，应当遵守《上市规则》关于股票公开发行并在本所上市持续督导的规定，以及《重组办法》《上市公司并购重组财务顾问业务管理办法》规定的持续督导职责。

第七章　自律管理

第六十三条　上市公司、交易对方未按照相关法律法规实施发行股份购买资产、重组上市，或者因定价显失公允、违反业绩承诺、不正当利益输送等问题损害上市公司、投资者合法权益的，本所可以要求限期改正，并可以采取《上市规则》规定的自律监管措施或者纪律处分；情节严重的，可以要求终止本次交易，并可以采取《上市规则》规定的纪律处分。

上市公司未经本所审核或者中国证监会注册擅自实施重组上市，交易尚未完成的，本所可以要求上市公司补充披露相关信息、中止交易并按照相关规定报送申请文件；交易已经完成的，本所可以采取《上市规则》规定的纪律处分。

第六十四条　上市公司、交易对方及有关各方存在下列情形之一的，本所可以要求限期改正，并可以对其单独或者合并采取《上市规则》规定的自律监管措施或者纪律处分：

（一）未按照相关法律法规报送重大资产重组申请文件、有关报告或者披露重大资产重组信息；

（二）申请文件、报送的报告或者披露的信息存在虚假记载、误导性陈述或者重大遗漏；

（三）拒绝、阻碍、逃避本所检查，谎报、隐匿、销毁相关证据材料；

（四）以不正当手段严重干扰本所审核工作；

（五）其他违反相关法律法规的行为。

第六十五条　上市公司董事、监事和高级管理人员未履行诚实守信、勤勉尽责义务，或者上市公司的控股股东、实际控制人及其有关负责人员未按照本规则的规定履行相关义务，导致发行股份购买资产或者重组上市损害上市公司利益的，本所可以视情节轻重对其单独或者合并采取《上市规则》规定的自律监管措施或者纪律处分。

第六十六条　为发行股份购买资产或者重组上市提供服务的独立财务顾问、证券服务机构及其相关人员未履行诚实守信、勤勉尽责义务，违反行业规范、业务规则，或者未依法履行尽职调查、报告和披露以及持续督导职责的，本所可以视情节轻重对其单独或合并采取下列自律监管措施或者纪律处分：

（一）口头警示；

（二）约见谈话；

（三）要求提交书面承诺；

（四）出具警示函；

（五）限期改正；

（六）通报批评；

（七）公开谴责；

（八）三个月至三年内不接受独立财务顾问、证券服务机构提交的申请文件或者信息披露文件；

（九）一年至三年内不接受独立财务顾问、证券服务机构相关人员签字的申请文件或者信息披露文件。

第六十七条 上市公司股东减持因发行股份购买资产或者重组上市取得的股份，违反本规则的，本所可以视情节轻重，按照《上市规则》的规定，采取相应的自律监管措施或者纪律处分。

第六十八条 本所在审核中，发现上市公司、交易对方及有关各方，独立财务顾问、证券服务机构及其相关人员涉嫌证券违法的，将依法报告中国证监会。

第八章 附　　则

第六十九条 上市公司发行优先股、可转换为股票的公司债券购买资产或者募集配套资金，或者实施涉及股份发行的合并、分立的，其信息披露要求、审核程序等参照适用本规则。

第七十条 本规则所称有关各方，是指上市公司的控股股东、实际控制人、董事、监事、高级管理人员及其他相关方。

第七十一条 本规则须经中国证监会批准后生效，修改时亦同。

第七十二条 本规则自2021年11月15日起施行。

全国中小企业股份转让系统有限责任公司

全国中小企业股份转让系统有限责任公司关于发布《全国中小企业股份转让系统并购重组业务规则适用指引第2号——权益变动与收购》的公告

(2021年11月12日 股转系统公告〔2021〕1016号)

为做好深化新三板改革、设立北京证券交易所相关工作,全国中小企业股份转让系统有限责任公司修订了《全国中小企业股份转让系统并购重组业务规则适用指引第2号——权益变动与收购》,现予以发布,自2021年11月15日起施行。

特此公告。

附件:全国中小企业股份转让系统并购重组业务规则适用指引第2号——权益变动与收购

全国中小企业股份转让系统并购重组业务规则适用指引第2号——权益变动与收购

(2021年3月19日发布实施 2021年11月12日修订)

为规范挂牌公司的收购及相关股份权益变动活动,根据《非上市公众公司收购管理办法》(以下简称《收购办法》)等有关规定,制定本适用指引。

1. 权益变动

1.1 不同情形下的权益变动相关义务

投资者及其一致行动人通过做市交易、竞价交易方式买卖股票,达到权益变动披露标准,应当履行权益变动相关义务。投资者及其一致行动人申报的股份数量超过权益变动披露标准,但超出的股份数量不足 100 股的,可以一次性申报,在该笔交易完成后履行权益变动相关义务。

投资者及其一致行动人通过大宗交易方式买卖股票,达到权益变动披露标准,应履行权益变动相关义务。投资者及其一致行动人拟买卖的股份超过权益变动披露标准,但分拆交易又无法满足大宗交易方式对申报数量或交易金额的规定标准,可以一次性交易,在该笔交易完成后履行权益变动相关义务。

投资者及其一致行动人通过特定事项协议转让方式买卖股票,拟达到或超过权益变动披露标准的,应当在向全国中小企业股份转让系统有限责任公司(以下简称"全国股转公司")申请办理特定事项协议转让前及时履行权益变动相关义务。

投资者及其一致行动人通过非交易过户、可转换公司债券转股等方式导致其持股比例变动触发权益变动披露标准的,应当及时履行权益变动相关披露义务。

1.2 权益变动披露标准

权益变动披露标准是指,根据《收购办法》的规定,投资者及其一致行动人拥有权益的股份达到或超过挂牌公司总股本的 10%,或者达到 10% 后股份变动导致其拥有权益的股份占比每达到 5% 的整数倍。在计算拥有权益的股份时,投资者直接持有、间接持有及其一致行动人持有的股份应当合并计算。间接持有的股份是指虽未登记在投资者名下,但该投资者可以实际支配表决权的股份。

1.3 权益变动相关义务

权益变动相关义务是指,信息披露义务人根据《收购办法》的规定,及时编制并披露权益变动报告书,并自权益变动的事实发生之日起至披露权益变动报告书后的 2 个交易日内,不得再行买卖该挂牌公司的股票。

2. 收购

2.1 收购相关时点的认定

2.1.1 协议收购中"事实发生之日"的认定

以协议方式进行挂牌公司收购的,《收购办法》第十六条规定的"事实发生之日"为收购相关协议的签订日。收购人应当在相关协议签订日起2个交易日内履行《收购办法》第十六条规定的信息披露义务。

2.1.2 "收购完成"时点的认定

对于投资者及其一致行动人通过投资关系等《收购办法》第十六条规定的方式导致其拟成为挂牌公司第一大股东或者实际控制人的情形,收购人按照已披露的收购报告书完成所有相关股份过户或实际取得相关股份对应的权益,为收购完成。

除上述情形外,根据《收购办法》的规定,投资者及其一致行动人在成为第一大股东或实际控制人后披露收购报告书的,挂牌公司第一大股东或实际控制人实际发生变动,为收购完成。

2.2 第一大股东或实际控制人变化时的信息披露

根据《收购办法》第十六条的规定,挂牌公司第一大股东或者实际控制人发生变化,原则上收购人应当履行披露收购报告书等义务。部分特殊情形下信息披露要求如下:

2.2.1 第一大股东发生变化

挂牌公司有实际控制人,且实际控制人未发生变化,仅第一大股东变化的情形,挂牌公司自事实发生之日起2个交易日内披露第一大股东变更的公告即可。

在挂牌公司没有实际控制人的情形下第一大股东发生变化的,收购人应当按照《收购办法》第十六条的规定,履行披露收购报告书等义务。

2.2.2 第一大股东或实际控制人的人数发生变化

挂牌公司第一大股东或实际控制人的人数减少,且未新增第一大股东或实际控制人的,挂牌公司自事实发生之日起2个交易日内披露第一大股东或实际控制人变更的公告即可。除前述情形外,收购人均应按照《收购办法》第十六条的规定,履行披露收购报告书等义务。

2.2.3 第一大股东或实际控制人的一致行动人人数发生变化

挂牌公司第一大股东或实际控制人的一致行动人人数发生变化，但挂牌公司第一大股东或实际控制人未发生变化，挂牌公司自事实发生之日起2个交易日内披露第一大股东或实际控制人的一致行动人变化情况公告即可。同时，挂牌公司应当比照《收购办法》第十八条的规定，对新增的一致行动人所持有的股份办理限售手续；限售期为自其成为一致行动人之日起的12个月内。

2.2.4 被动成为第一大股东或实际控制人

投资者持有的股份未发生变化的情况下，仅因其他投资者持有的股份发生变化而被动成为挂牌公司第一大股东或实际控制人的，挂牌公司自事实发生之日起2个交易日内披露第一大股东或实际控制人变更的公告即可。

2.3 表决权委托构成收购的信息披露

收购人通过表决权委托方式实现收购的，应当披露委托权限、委托期限、委托解除条件、纠纷解决机制及委托合同其他主要条款、委托股份权利受限情况，以及维护挂牌公司控制权稳定的措施，并充分提示挂牌公司控制权不稳定的风险。财务顾问、律师等中介机构针对前述事项进行核查并发表明确意见。

2.4 收购人为法人或其他组织的信息披露

收购人为法人或其他组织的，收购人应当按照《非上市公众公司信息披露内容与格式准则第5号——权益变动报告书、收购报告书、要约收购报告书》（以下简称《第5号准则》）第十七条的规定，披露其控股股东、实际控制人的情况；同时应当承诺其控股股东、实际控制人符合《收购办法》第六条以及中国证监会、全国股转公司关于失信联合惩戒的相关规定。

2.5 收购中挂牌公司的信息披露

挂牌公司收购中，除收购人应履行披露收购报告书等义务外，根据《全国中小企业股份转让系统挂牌公司信息披露规则》的规定，挂牌公司应当自第一大股东或实际控制人实际发生变动之日起2个交易日内，披露第一大股东或实际控制人变更的公告。

2.6 特殊投资条款

2.6.1 基本要求

收购人与挂牌公司现有股东签订股份转让协议时,可以约定业绩承诺及补偿等特殊投资条款。此类条款应当符合挂牌公司股票定向发行中对特殊投资条款内容的监管要求,同时不得约定可能导致挂牌公司控制权再次发生变动的内容。

2.6.2 信息披露

收购人与挂牌公司现有股东约定业绩承诺及补偿等特殊投资条款的,应当在收购报告书中对相关特殊投资条款进行披露,至少包括以下内容:

(1)公司业绩或者其他承诺事项的具体内容、兑现期限;

(2)承诺事项的合理性,承诺中相关业绩指标的测算过程和实现条件;

(3)承诺实现或未实现时,拟补偿的现金金额或者股份数量和价格及相应的计算方式等;

(4)为保证承诺履行的相关安排,如进行股份限售或质押等;

(5)股份转让是否需要经过相关部门审批、核准和备案;如需要,应当说明履行的审批程序和结果;

(6)全国股转公司规定的其他内容。

业绩承诺及补偿等特殊投资条款涉及的相关股东如达到权益变动披露标准、需要披露权益变动报告书的,应当在权益变动报告书中同步披露上述内容。

2.6.3 中介机构意见

收购人聘请的财务顾问和律师应当对收购报告书中披露的业绩承诺及补偿等特殊投资条款进行核查验证,在此基础上分别在财务顾问专业意见和法律意见书中,对下列事项发表意见:

(1)特殊投资条款是否为协议各方真实的意思表示,是否合法有效;

(2)特殊投资条款是否符合全国股转公司的监管要求;

(3)披露的条款内容是否与各方签订的协议内容一致;

(4)是否充分说明业绩或其他承诺事项的合理性;

（5）是否已经相关部门审批、核准或备案（如需）；

（6）全国股转公司要求的其他事项。

收购人通过认购挂牌公司发行股票进行收购的，主办券商及收购人聘请的律师还应当按照股票定向发行相关要求对特殊投资条款发表意见。

挂牌公司聘请的律师应当在法律意见书中对挂牌公司是否承担特殊投资条款约定的义务发表明确意见。

2.6.4 审议程序

收购人通过认购挂牌公司发行股票进行收购的，特殊投资条款属于股票发行方案的组成部分，按照定向发行相关规则要求，应当经挂牌公司董事会、股东大会审议通过。收购人通过其他方式收购挂牌公司的，根据全国股转公司及挂牌公司章程规定，特殊投资条款涉及的事项需提交公司董事会、股东大会审议通过的，应履行相应审议程序。

2.7 中介机构相关要求

在收购过程中，收购人不得聘请挂牌公司的主办券商担任其财务顾问。根据《收购办法》与《第5号准则》的规定，收购人、挂牌公司应当分别聘请律师，出具并披露关于收购事项的法律意见书。

3. 股票发行触发权益变动与收购

3.1 股票发行触发权益变动

投资者及其一致行动人因认购挂牌公司发行的股份，导致其持股比例在股票发行完成后达到权益变动披露标准的，该投资者应当在挂牌公司披露股票定向发行情况报告书的同时披露权益变动报告书。

如投资者及其一致行动人没有认购挂牌公司发行的股份，仅因其他认购人参与认购导致其持股比例被动变化达到权益变动披露标准的，无须披露权益变动报告书。

3.2 股票发行触发收购

通过股票发行方式进行挂牌公司收购的，收购人应当在挂牌公司披露董事会决议公告和股票定向发行说明书的同时披露收购报告书；按照《收购办法》第九条的规定，无须聘请财务顾问。

投资者与挂牌公司签订股票发行的认购协议等合同，不构成《收购办法》第十七条规定的协议收购，不适用协议收购过渡期的相关规定。

全国中小企业股份转让系统有限责任公司关于发布《全国中小企业股份转让系统重大资产重组业务指南第2号——非上市公众公司发行股份购买资产构成重大资产重组文件报送指南》的公告

（2023年2月17日　股转公告〔2023〕52号）

为落实全面实行股票发行注册制的有关要求，规范全国中小企业股份转让系统非上市公众公司发行股份购买资产构成重大资产重组有关文件报送行为，全国中小企业股份转让系统有限责任公司修订了《全国中小企业股份转让系统重大资产重组业务指南第2号——非上市公众公司发行股份购买资产构成重大资产重组文件报送指南》，现予以发布，自发布之日起施行。

特此公告。

附件：全国中小企业股份转让系统重大资产重组业务指南第2号——非上市公众公司发行股份购买资产构成重大资产重组文件报送指南

全国中小企业股份转让系统重大资产重组业务指南第2号——非上市公众公司发行股份购买资产构成重大资产重组文件报送指南

（2014年7月25日发布　2020年5月22日第一次修订　2020年10月23日第二次修订　2021年11月12日第三次修订　2023年2月17日第四次修订）

为规范全国中小企业股份转让系统非上市公众公司（以下简称公

司)发行股份购买资产构成重大资产重组的申请文件报送,根据《全国中小企业股份转让系统非上市公众公司重大资产重组业务细则》(以下简称《重组业务细则》)等规定,制定本指南。

1. 发行股份购买资产构成重大资产重组的,公司应在股东大会决议后10个交易日内,委托独立财务顾问向全国中小企业股份转让系统有限责任公司(以下简称全国股转公司)报送审核申请文件(附件1、2)。

2. 公司发行股份购买资产构成重大资产重组且发行后股东人数累计超过200人的,全国股转公司审核通过后,向中国证监会报送同意发行股份购买资产的审核意见、相关审核资料及公司申请文件。

3. 公司取得全国股转公司出具的同意发行股份购买资产的函或收到中国证监会作出的同意注册的决定后,应当及时实施重大资产重组,在验资完成后20个交易日内,向全国股转公司报送股票登记申请文件(附件3—附件6)。

4. 公司出现《重组业务细则》第三十二条第(二)项的终止审核情形时,应向全国股转公司提交终止审核的相关文件(附件7)。

5. 公司应当按照本指南的要求,通过重组业务系统向全国股转公司报送审核申请、股票登记申请等文件。

6. 本指南规定的报送文件是全国股转公司对相关文件的最低要求。根据审核或股票登记需要,全国股转公司可以要求公司、独立财务顾问、律师事务所及其他证券服务机构补充相关材料。

7. 报送文件所有需要签名处,均应为签名人亲笔签名,不得以名章、签名章等代替。

附件:1. 发行股份购买资产审核申请文件目录
  2. 发行股份购买资产申请报告
  3. 股票登记申请文件目录
  4. 发行股份登记明细表
  5. 股份限售申请
  6. 发行股份购买资产重大事项确认函
  7. 终止发行股份购买资产申请文件

附件 1

发行股份购买资产审核申请文件目录

一、重大资产重组报告书

1－1 发行股份购买资产申请报告

1－2 重大资产重组报告书

1－3 重大资产重组的董事会决议、监事会书面审核意见和股东大会决议

二、独立财务顾问和律师出具的文件

2－1 独立财务顾问报告

2－2 法律意见书

三、本次重大资产重组涉及的财务信息相关文件

3－1 本次重大资产重组涉及的拟购买、出售资产的财务报告和审计报告(确实无法提供的,应当说明原因及相关资产的财务状况和经营成果)

3－2 本次重大资产重组涉及的拟购买、出售资产的评估报告及评估说明,资产估值报告(如有)

3－3 交易对方最近 1 年的财务报告和审计报告(如有)

3－4 拟购买资产盈利预测报告(如有)

四、本次重大资产重组涉及的有关协议、合同和决议

4－1 重大资产重组的协议或合同

4－2 涉及本次重大资产重组的其他重要协议或合同

4－3 交易对方内部权力机关批准本次交易事项的相关决议

五、本次重大资产重组的其他文件

5－1 有关部门对重大资产重组的审批、核准或备案文件

5－2 关于股份锁定期的承诺

5－3 交易对方的营业执照复印件

5－4 拟购买资产的权属证明文件

5－5 与拟购买资产生产经营有关的资质证明或批准文件

5－6 公司全体董事和独立财务顾问、律师事务所、会计师事务

所、资产评估机构等证券服务机构及其签字人员对重大资产重组申请文件真实性、准确性和完整性的承诺书

5-7 公司与交易对方就重大资产重组事宜采取的保密措施及保密制度的说明,并提供与所聘请的证券服务机构签署的保密协议及交易进程备忘录

5-8 本次重大资产重组前12个月内公司购买、出售资产的说明及专业机构意见(如有)

5-9 独立财务顾问关于公司发行股份购买资产构成重大资产重组审核申请文件受理检查要点的落实情况表

5-10 关于申请电子文件与预留文件一致的鉴证意见

5-11 中国证监会或全国股转公司要求提供的其他文件

附件2

发行股份购买资产申请报告

××××股份(有限)公司发行股份购买资产审核申请报告

全国中小企业股份转让系统有限责任公司:

××××股份(有限)公司经××××证券股份有限(或有限责任)公司推荐,于××××年××月××日在全国中小企业股份转让系统挂牌,证券简称:××××,证券代码:××××。

(情形一,发行后股东累计超过200人的发行适用)

××××于××××年××月××日召开董事会,审议通过了拟发行股份购买资产构成重大资产重组的决议。××××年××月××日公司召开股东大会,经出席会议的有表决权股东所持表决权2/3以上通过,决议批准本次发行股份购买资产事项,其中持股比例10%以下的股东表决情况为:××××。

截至本次发行股权登记日××××年××月××日,我司共有×名普通股股东、×名优先股股东及×名可转债持有人。本次发行完成后,证券持有人人数合计×人/预计×人。因本次发行完成后,证券持有人累计超过200人,依据《非上市公众公司重大资产重组管理办法》

的规定，须向中国证监会申请注册。

本次发行股份总计不超过×××万股。

现特就本次发行股份购买资产事项提出申请。

（情形二，发行后股东累计不超过200人的发行适用）

×××于×××年××月××日召开董事会，审议通过了拟发行股份购买资产构成重大资产重组的决议。×××年××月××日公司召开股东大会，经出席会议的有表决权股东所持表决权2/3以上通过，决议批准本次发行股份购买资产事项。

截至本次发行股权登记日×××年××月××日，我司共有×名普通股股东、×名优先股股东及×名可转债持有人。本次发行完成后，证券持有人人数合计×人/预计×人。因本次发行完成后，证券持有人累计不超过200人，依据《非上市公众公司重大资产重组管理办法》的规定，豁免向中国证监会申请注册。

本次发行股份总计不超过×××万股。

现特就本次发行股份购买资产事项提出申请。

×××股份（有限）公司（盖章）

×××年××月××日

附件3

股票登记申请文件目录

1-1 重大资产重组实施情况报告书及独立财务顾问、律师专业意见

1-2 发行股份登记明细表

1-3 自愿限售申请

1-4 验资报告

1-5 标的资产权属完成转移的证明文件

1-6 发行股份购买资产重大事项确认函

1-7 要求报送的其他文件

附件 4

××股份(有限)公司发行股份登记明细表

公司全称：××××股份(有限)公司(盖章)

证券简称：×××× 　　证券代码：××××

独立财务顾问：××证券 　　单位：股

序号	股东姓名或名称	是否为董事、监事、高级管理人员	身份证号或统一社会信用代码	投资者类型（基础层投资者/创新层投资者/受限投资者）	是否为做市股份	本次发行股份数量（股）	限售的股份数量（股）	不予限售的股份数量（股）
1								
2								
合计								

附件 5

××××股份(有限)公司及相关股东
关于提请协助办理限售股票登记的申请书

全国中小企业股份转让系统有限责任公司：

　　××××股份(有限)公司(公司简称：××××；证券代码：××××)××等××名股东自愿锁定其持有××××股份(有限)公司的股票(具体锁定股票数量和锁定时间详见附表)，经与××××股份(有限)公司协商一致，现向全国中小企业股份转让系统有限责任公司申请协助办理限售股票登记，以便于在中国证券登记结算有限责任公司办理上述限售股票登记手续。

　　　　　　　　申请人：××××股份(有限)公司(加盖公章)

　　　　　　　　股东××(自然人签字、法人及其他经济组织盖章)

　　　　　　　　　　　　　　　年　　月　　日

附表

公司股东所持股票限售明细表

公司全称：××××股份（有限）公司（盖章）

证券简称：××××　　证券代码：××××

序号	股东名称	任职	是否为控股股东、实际控制人	身份证号或统一社会信用代码	本次发行新增的股票数量（股）	本次发行新增的无限售股票数量（股）	本次申请限售登记股票数量（股）			自愿限售股票时间
							法定限售数量	自愿限售数量	限售数量合计	
1										
2										
合计										

附件6

发行股份购买资产重大事项确认函

　　由我司推荐的_____公司发行股份购买资产申请已经全国中小企业股份转让系统有限责任公司审核通过/中国证监会注册，取得了同意发行股份购买资产的函/同意注册的决定，且该公司已按规定完成了资产过户，现申请新增股票登记。

　　截至该确认函提交之日，我司确认：

　　1. 该公司及发行对象符合《公司法》《非上市公众公司重大资产重组管理办法》《全国中小企业股份转让系统非上市公众公司重大资产重组业务细则》等法律法规、部门规章和业务规则关于发行股份购买资产的相关规定。

　　2. 该公司不存在《全国中小企业股份转让系统非上市公众公司重大资产重组业务细则》规定的终止审核情形以及其他影响本次发行股份购买资产的重大事项。

　　3. 该公司不存在严重损害投资者合法权益和社会公共利益的其

他情形。

项目负责人(签名)
××证券(加盖公章)
年　　月　　日(提交日期)

附件7

7-1　××××股份(有限)公司关于
终止发行股份购买资产的申请

全国中小企业股份转让系统有限责任公司:

　　××××股份(有限)公司(公司简称:××××;证券代码:××××)已按照《非上市公众公司重大资产重组管理办法》《全国中小企业股份转让系统非上市公众公司重大资产重组业务细则》的规定,履行了内部审议程序,并于××××年××月××日向全国中小企业股份转让系统有限责任公司提交了《××××股份(有限)公司发行股份购买资产审核申请报告》及相关文件。

　　现因×××(请详细说明终止原因),本公司决定终止本次发行股份购买资产,并于××××年××月××日召开董事会,××××年××月××日召开股东大会,审议通过了终止本次发行股份购买资产的议案,上述董事会决议、股东大会决议和终止发行股份购买资产的公告已及时披露。

　　现特向贵公司申请终止本次发行股份购买资产审核。

法定代表人(签名)
××××股份(有限)公司(加盖公章)
年　　月　　日

7-2　××证券公司关于×××股份(有限)公司
终止发行股份购买资产的核查意见

全国中小企业股份转让系统有限责任公司:

　　经核查,××××股份(有限)公司(公司简称:××××;证券代码：××××)已按照《非上市公众公司重大资产重组管理办法》《全国中小企业股份转让系统非上市公众公司重大资产重组业务细则》的规定，履行了内部审议程序，并于×××年××月××日向全国中小企业股份转让系统有限责任公司提交了《××××股份(有限)公司发行股份购买资产审核申请报告》及相关文件。

现因×××(请详细说明终止原因)，××××公司决定终止本次发行股份购买资产，并于×××年××月××日召开董事会，××××年××月××日召开股东大会，审议通过终止本次发行股份购买资产的议案。

经核查，××××公司终止发行股份购买资产程序合法合规，并已及时履行了信息披露义务。××××公司已与全部交易对方就终止发行股份购买资产等事宜达成一致意见，《××××股份(有限)公司关于终止发行股份购买资产的申请》及相关文件真实、准确、完整。

项目负责人(签名)
××证券(加盖公章)
年　月　日

全国中小企业股份转让系统有限责任公司关于发布《全国中小企业股份转让系统并购重组业务规则适用指引第1号——重大资产重组》的公告

(2023年2月17日　股转公告〔2023〕48号)

为落实全面实行股票发行注册制的有关要求，进一步明确挂牌公司重大资产重组监管要求，全国中小企业股份转让系统有限责任公司修订了《全国中小企业股份转让系统并购重组业务规则适用指引第1

号——重大资产重组》,现予以发布,自发布之日起施行。

特此公告。

附件:全国中小企业股份转让系统并购重组业务规则适用指引第1号——重大资产重组

全国中小企业股份转让系统并购重组业务规则适用指引第1号——重大资产重组

(2021年3月19日发布 2023年2月17日修订)

为规范挂牌公司重大资产重组行为,根据《非上市公众公司重大资产重组管理办法》(以下简称《重组办法》)、《全国中小企业股份转让系统非上市公众公司重大资产重组业务细则》(以下简称《重组业务细则》)等有关规定,制定本适用指引。

1. 部分交易的重大资产重组认定标准

1.1 购买或出售土地、房产及机械设备

挂牌公司购买与生产经营相关的土地、房产、机械设备等,充分说明合理性和必要性的,可以视为日常经营活动,不纳入重大资产重组管理;如涉及发行证券的,应遵守全国股转系统的其他相关规定。

挂牌公司出售土地、房产、机械设备等,若达到《重组办法》第二条规定的标准,构成重大资产重组。

1.2 设立子公司或向子公司增资

挂牌公司新设全资子公司或控股子公司、向全资子公司或控股子公司增资,不构成重大资产重组。但挂牌公司新设参股子公司或向参股子公司增资,若达到《重组办法》第二条规定的标准,则构成重大资产重组。

2. 重大资产重组标准计算时的财务资料与财务数据

2.1 财务资料有效期

挂牌公司披露的重大资产重组报告书(以下简称重组报告书)中引用的标的资产财务资料有效期应当符合《非上市公众公司信息披露内容与格式准则第6号——重大资产重组报告书》第四条的相关规

定,标的资产审计报告应当在相应的财务资料有效期之内披露。对于发行股份购买资产且发行后股东人数超过200人的重大资产重组,挂牌公司在向全国中小企业股份转让系统有限责任公司(以下简称全国股转公司)提交申请文件时,重组报告书中引用的经审计的最近1期财务资料的剩余有效期应当不少于1个月。

2.2 挂牌公司非标准审计意见

原则上,挂牌公司最近一个会计年度财务报告被出具非标准审计意见,造成挂牌公司财务报告被出具非标准审计意见的原因已消除的,相关财务数据可以作为判断重大资产重组的依据。但独立财务顾问应当就审计机构出具非标准审计意见的原因以及该原因是否已消除作出专项说明,并予以披露。

2.3 净资产额的认定

挂牌公司根据《重组办法》第二条、第四十条的规定,计算购买、出售的资产净额占挂牌公司最近一个会计年度经审计的合并财务会计报表期末净资产额的比例时,前述挂牌公司净资产额不应包括少数股东权益。

2.4 连续购买或出售时重大资产重组标准的计算

挂牌公司在12个月内连续对同一或者相关资产进行购买、出售的,在计算相应指标时,应当以第一次交易时最近一个会计年度挂牌公司经审计的合并财务会计报表期末资产总额、期末净资产额作为分母;在计算分子时,最近一次交易标的资产相关财务数据应当以最近一期经审计的资产总额、资产净额为准。

3. 内幕信息知情人报备

挂牌公司及交易对方的所有董事、监事、高级管理人员及其直系亲属,无论是否知情,均应当纳入重大资产重组内幕信息知情人的报备范围。

挂牌公司因重大资产重组事项申请股票停牌后,无论是否继续推进重大资产重组事项,均需要进行内幕信息知情人报备。

4. 停牌日前证券异常交易的处理

根据《重组业务细则》第十五条的规定,全国股转公司对挂牌公司重大资产重组停牌日前6个月的证券交易情况进行核查。发现异常

交易情况的,全国股转公司将告知挂牌公司,由挂牌公司书面答复,并根据不同情形分情况处理:

(1)拟继续推进重大资产重组进程

挂牌公司拟继续推进重大资产重组进程的,需单独披露《关于×××公司与重大资产重组相关证券异常交易情况的说明》,对证券异常交易是否属于内幕交易及判断的理由进行说明,并同时对挂牌公司重大资产重组事项可能因内幕交易被中国证券监督管理委员会(以下简称中国证监会)或司法机关立案查处而暂停或终止的风险进行单独揭示。

挂牌公司聘请的独立财务顾问及律师应当对证券异常交易是否属于内幕交易发表核查意见并公开披露,同时应对挂牌公司重大资产重组事项可能存在因内幕交易被中国证监会或司法机关立案查处而暂停或终止的风险进行单独揭示。

挂牌公司聘请的独立财务顾问或律师无法发表意见,或认为存在内幕交易且不符合恢复重大资产重组进程要求的,挂牌公司应当终止本次重大资产重组。

(2)暂停重大资产重组进程

挂牌公司因与挂牌公司重大资产重组相关证券异常交易被中国证监会或司法机关立案的,应暂停重大资产重组进程,并披露被相关机构立案的临时公告,挂牌公司聘请的独立财务顾问应当同时发布风险提示公告。

挂牌公司因被中国证监会或司法机关立案暂停重大资产重组进程的,在影响重大资产重组审查的情形消除后可以申请恢复重大资产重组进程。

关于影响重大资产重组审查的情形消除的标准,参照中国证监会《上市公司监管指引第7号——上市公司重大资产重组相关股票异常交易监管》。

(3)终止重大资产重组进程

挂牌公司因自愿选择终止重大资产重组、独立财务顾问或律师对异常交易无法发表意见或认为存在内幕交易且不符合恢复重大资产重组进程要求等原因终止本次重大资产重组的,挂牌公司应当召开董事会审议终止重大资产重组的相关事项,并及时发布终止重大资产重组公告,披露本次重大资产重组的基本情况及终止原因,挂牌公司证券同时申请复牌。重组方案已经股东大会审议通过的,还应召开股东大会审议终止重大资产重组的相关事项。

挂牌公司被中国证监会要求终止本次重大资产重组的,挂牌公司应当及时发布终止重大资产重组公告,披露本次重大资产重组的基本情况及终止原因,挂牌公司证券同时申请复牌。

5. 重组方案重大调整认定标准

5.1 变更交易对象

增加交易对象的,应当视为构成重组方案重大调整;减少交易对象,交易各方同意将该交易对象及其持有的标的资产份额剔除出重组方案,且剔除后按照下述"5.2 变更交易标的"的规定未构成交易标的重大调整的,可以视为不构成重组方案重大调整。对于调整交易对象所持标的资产份额的情形,如交易各方同意交易对象之间转让标的资产份额,且转让份额的作价不超过标的资产总交易作价20%的,可以视为不构成重组方案重大调整。

5.2 变更交易标的

如同时满足以下两个条件,可以视为不构成重组方案重大调整:一是拟增加或减少的交易标的的交易作价、资产总额、资产净额占原标的资产相应指标总量的比例均不超过20%;二是变更标的资产对交易标的的生产经营不构成实质性影响,包括不影响交易标的的资产及业务完整性等。

5.3 变更交易价格

如同时满足以下两个条件,可以视为不构成重组方案重大调整:一是交易价格调整幅度不超过20%;二是交易价格的调整具有充分、合理的客观理由,独立财务顾问应当对交易价格调整的合理性出具专项意见。

5.4 变更支付手段

变更支付手段应当视为重组方案重大调整。

5.5 变更配套募集资金

调减或取消配套募集资金、调增配套募集资金的比例不超过原募资规模20%的,不构成重组方案重大调整;新增配套募集资金或调增配套募集资金的比例超过原募资规模20%的,应当视为重组方案重大调整。

6. 重组方案实施完毕认定标准

对于购买资产构成重大资产重组的情形,如涉及挂牌公司发行股份,"实施完毕"以挂牌公司披露新增股份在全国股转系统挂牌并公开转让的公告为准;如不涉及挂牌公司发行股份,"实施完毕"以标的资产完成过户为准。

对于出售资产构成重大资产重组的情形,"实施完毕"以标的资产过户完毕且交易对价支付完毕为准。

7. 200人计算标准

涉及发行股份购买资产的重大资产重组中,重组方案及配套募集资金方案中确定或预计的新增股东人数(或新增股东人数上限)与审议重大资产重组事项的股东大会规定的股权登记日在册股东人数之和不超过200人的(含200人),视为重大资产重组完成后挂牌公司股东人数不超过200人。

计算前款股东人数时,在中国证券登记结算有限责任公司登记的普通股、优先股以及可转换公司债券持有人数合并计算。

8. 与前次重大资产重组、证券发行程序的衔接

挂牌公司如存在尚未完成的重大资产重组事项,在前次重大资产重组实施完毕并披露实施情况报告书前,不得筹划新的重大资产重组事项,也不得因重大资产重组申请停牌。除发行股份购买资产构成重大资产重组并募集配套资金的情况外,在重大资产重组实施完毕并披露实施情况报告书前,挂牌公司不得启动证券发行。

挂牌公司如存在尚未完成的证券发行,在前次证券发行完成新增证券登记前,不得筹划重大资产重组事项,也不得因重大资产重组申请停牌。

9. 实现利润的计算依据

《重组办法》第三十四条规定的挂牌公司重大资产重组"购买资产实现的利润",以扣除非经常性损益后归属于母公司股东的净利润为计算依据。

10. 具有金融属性的挂牌公司重大资产重组要求

除中国人民银行、中国银保监会、中国证监会批准设立并监管的金融机构外，小额贷款公司、融资担保公司、融资租赁公司、商业保理公司、典当公司等其他具有金融属性的企业以及私募基金管理机构，在相关监管政策明确前，应当暂停重大资产重组业务。

挂牌公司重大资产重组业务问答

(2020年9月29日 股转系统公告〔2020〕724号)

一、挂牌公司购买或出售土地使用权、房产、生产设备，是否可能构成重大资产重组？挂牌公司出资设立子公司或向子公司增资，是否可能构成重大资产重组？

答：挂牌公司购买用于生产经营的土地使用权、房产达到《非上市公众公司重大资产重组管理办法》第二条规定的标准，应当按照公司章程及相关规范性文件的要求履行审议程序和信息披露义务，但不构成重大资产重组。

挂牌公司出售土地使用权、房产以及购买或出售生产设备，若达到《非上市公众公司重大资产重组管理办法》第二条规定的标准，构成重大资产重组。

挂牌公司向全资子公司或控股子公司增资、新设全资子公司或控股子公司，不构成重大资产重组。但挂牌公司新设参股子公司或向参股子公司增资，若达到《非上市公众公司重大资产重组管理办法》第二条规定的标准，则构成重大资产重组。

二、挂牌公司最近一个会计年度财务报告被出具非标准审计意见的，相关财务数据是否可以作为《非上市公众公司重大资产重组管理办法》第二条中判断重大资产重组的依据？

答：原则上，造成公司财务报告被出具非标准审计意见的原因已消除的，相关财务数据可以作为判断重大资产重组的依据，但独立财务顾问应当就审计机构出具非标准审计意见的原因以及该原因是否已消除作出专项说明,并予以披露。

三、挂牌公司计算相关交易是否达到重大资产重组标准时,其净资产额是否包括少数股东权益?

答:挂牌公司根据《非上市公众公司重大资产重组管理办法》第二条、第三十五条的规定,计算购买、出售的资产净额占挂牌公司最近一个会计年度经审计的合并财务会计报表期末净资产额的比例时,前述挂牌公司净资产额不应包括少数股东权益。

四、挂牌公司在12个月内连续对同一或者相关资产进行购买、出售的,应如何计算是否构成重大资产重组?

答:挂牌公司在12个月内连续对同一或者相关资产进行购买、出售的,在计算相应指标时,应当以第一次交易时最近一个会计年度挂牌公司经审计的合并财务会计报表期末资产总额、期末净资产额作为分母;在计算分子时,最近一次交易标的资产相关财务数据应当以最近一期经审计的资产总额、资产净额为准。

标的资产经审计的最近一期财务资料在财务会计报表截止日后6个月内有效,特别情况下可申请适当延长,但延长时间至多不超过1个月。

五、挂牌公司重大资产重组内幕信息知情人的报备范围中是否包括交易双方不知情的董事、监事、高级管理人员?

答:挂牌公司及交易对手方的所有董事、监事、高级管理人员及其直系亲属,无论是否知情,均应当纳入重组内幕信息知情人的报备范围。

六、挂牌公司因重大资产重组股票停牌后,决定取消重大资产重组,是否需要进行内幕信息知情人报备?

答:需要。挂牌公司因重大资产重组事项申请股票停牌后,无论是否继续推进重大资产重组事项,均需要进行内幕信息知情人报备。

七、在重大资产重组中,对重组标的资产审计报告的有效期是否有特别规定?

答:重大资产重组中,标的资产审计报告应当在《非上市公众公司信息披露内容与格式准则第6号——重大资产重组报告书》第四条规定的财务资料有效期之内披露。但对于发行股份购买资产且发行后股东人数超过 200 人的重组，挂牌公司在向中国证监会提交核准申请文件时，重组报告书中引用的经审计的最近 1 期财务资料的剩余有效期应当不少于 1 个月。

八、经全国股转公司核查，发现挂牌公司重大资产重组停牌申请日前六个月内公司证券存在异常交易情况的，挂牌公司及独立财务顾问应当如何处理？

答：根据《全国中小企业股份转让系统非上市公众公司重大资产重组业务细则》第十三条的规定，全国股转公司将对挂牌公司重大资产重组停牌申请日前六个月的公司证券交易情况进行核查。发现异常交易情况的，全国股转公司将告知挂牌公司，由挂牌公司书面答复，并根据不同情形分情况处理：

（一）挂牌公司拟继续推进重组进程的，需单独披露《关于××××公司与重大资产重组相关证券异常交易情况的说明》，对公司证券异常交易是否属于内幕交易及判断的理由进行说明，并同时对公司重组事项可能因内幕交易被中国证监会或司法机关立案查处而暂停或终止的风险进行单独揭示。

挂牌公司聘请的独立财务顾问及律师应当对公司证券异常交易是否属于内幕交易发表核查意见并公开披露，同时应对公司重组事项可能存在因内幕交易被中国证监会或司法机关立案查处而暂停或终止的风险进行单独揭示。

挂牌公司聘请的独立财务顾问、律师无法发表意见，或认为存在内幕交易且不符合恢复重大资产重组进程要求的，公司应当终止本次重组。

（二）挂牌公司因与挂牌公司重大资产重组相关证券异常交易被中国证监会或司法机关立案的，应暂停重组进程，并披露被相关机构立案的临时公告，挂牌公司聘请的独立财务顾问应当同时发布风险提示公告。

挂牌公司因被中国证监会或司法机关立案暂停重大资产重组进程的，在影响重组审查的情形消除后可以申请恢复重组进程。

关于影响重组审查的情形消除的标准，参照《关于加强与上市公司重大资产重组相关股票异常交易监管的暂行规定》。

（三）公司因自愿选择终止重组、独立财务顾问或律师对异常交易无法发表意见或认为存在内幕交易且不符合恢复重大资产重组进程要求等原因终止本次重大资产重组的，公司应当再次召开董事会审议终止重组的相关事项，并及时发布终止重大资产重组公告，披露本次重大资产重组的基本情况及终止原因，公司证券同时申请复牌。

挂牌公司被中国证监会要求终止本次重大资产重组的，公司应当及时发布终止重大资产重组公告，披露本次重大资产重组的基本情况及终止原因，公司证券同时申请复牌。

重大资产重组进程终止后，如经查发现挂牌公司存在违法违规的行为，我司依据相关业务规则采取自律监管措施。

九、挂牌公司在重大资产重组程序推进过程中，是否可以进行证券发行或再次筹划重大资产重组事项？挂牌公司在前次证券发行尚未完成的情况下，是否可以筹划新的重大资产重组事项？

答：挂牌公司如存在尚未完成的重大资产重组事项，在前次重大资产重组实施完毕并披露实施情况报告书之前，不得筹划新的重大资产重组事项，也不得因重大资产重组申请停牌。除发行股份购买资产构成重大资产重组并募集配套资金的情况外，在前次重大资产重组实施完毕并披露实施情况报告书前，挂牌公司不得在重组实施期间启动证券发行。

挂牌公司如存在尚未完成的证券发行，在前次证券发行完成新增证券登记前，不得筹划重大资产重组事项，也不得因重大资产重组申请停牌。

十、挂牌公司在披露重组预案或重组报告书后拟对交易对象、交易标的、交易价格、配套募集资金方案等重组方案主要内容进行调整，如何认定是否构成重大调整？

答：对于调整交易对象的情形，如拟增加交易对象的，应当视为构成对重组方案重大调整；如拟减少交易对象，但交易各方同意将该交易对象及其持有的标的资产份额剔除出重组方案，且剔除后按照下述第二款的规定未构成交易标的重大调整的，可以视为不构成重组方案重大调整。对于调整交易对象所持标的资产份额的情形，如交易各方同意交易对象之间转让标的资产份额,且转让份额不超过交易作价20%的,可以视为不构成重组方案重大调整。

对于调整标的资产的情形,如同时满足以下两个条件,可以视为不构成重组方案重大调整:一是拟增加或减少的交易标的的交易作价、资产总额、资产净额占原标的资产相应指标总量的比例均不超过20%;二是变更标的资产对交易标的的生产经营不构成实质性影响,包括不影响标的资产及业务完整性等。

对于调整交易价格的情形,如同时满足以下两个条件,可以视为不构成重组方案重大调整:一是交易价格调整幅度原则上不得超过20%;二是交易价格的变更具有充分、合理的客观理由,独立财务顾问应当对交易价格调整的合理性出具专项意见。

对于变更支付手段的情形,应当视为重组方案重大调整。

对于调整配套募集资金方案的情形,调减或取消配套募集资金、调增配套募集资金比例不超过原募资规模20%的,不构成重组方案的重大调整;新增配套募集资金或调增配套募集资金比例超过原募资规模20%的,应当视为重组方案重大调整。

十一、如何判断重大资产重组完成后挂牌公司股东人数是否不超过200人?

答:涉及发行股份购买资产的重大资产重组中,重组方案及配套资金募集方案中确定或预计的新增股东人数(或新增股东人数上限)与审议重大资产重组事项的股东大会规定的股权登记日在册股东人数之和不超过200人的(含200人),视为重组完成后挂牌公司股东人数不超过200人。

十二、《非上市公众公司重大资产重组管理办法》第二十三条第一款中"实施完毕"应如何判断?

答:对于购买资产构成重大资产重组的情形,如涉及挂牌公司发行股份,"实施完毕"以挂牌公司收到中国结算北京分公司下发的《关于发布并上传"发行新增股份在全国中小企业股份转让系统挂牌并公开转让的公告"的通知》为准;如不涉及挂牌公司发行股份,"实施完毕"以标的资产完成过户为准。

对于出售资产构成重大资产重组的情形,"实施完毕"以标的资产过户完毕且交易对价支付完毕为准。

十三、《非上市公众公司重大资产管理办法》第二十九条规定的"购买资产实现的利润"是否包括非经常性损益？

答：不包括。挂牌公司重大资产重组"购买资产实现的利润"，以扣除非经常性损益后的净利润为计算依据。

全国中小企业股份转让系统有限责任公司关于发布《全国中小企业股份转让系统重大资产重组业务指南第1号：非上市公众公司重大资产重组内幕信息知情人报备指南》的公告

（2020年5月22日　股转系统公告〔2020〕443号）

为进一步规范全国中小企业股份转让系统非上市公众公司重大资产重组行为，完善内幕信息知情人报备工作，全国中小企业股份转让系统有限责任公司对《全国中小企业股份转让系统重大资产重组业务指南第1号：非上市公众公司重大资产重组内幕信息知情人报备指南》进行了修订，现予以发布，自发布之日起施行。2014年7月25日发布的《全国中小企业股份转让系统重大资产重组业务指南第1号：非上市公众公司重大资产重组内幕信息知情人报备指南》同时废止。

特此公告。

附件：《全国中小企业股份转让系统重大资产重组业务指南第1号：非上市公众公司重大资产重组内幕信息知情人报备指南》

附件

全国中小企业股份转让系统重大资产重组业务指南第1号:非上市公众公司重大资产重组内幕信息知情人报备指南

第一条 为规范全国中小企业股份转让系统(以下简称全国股转系统)非上市公众公司(以下简称公司)重大资产重组内幕信息知情人报备,根据《非上市公众公司重大资产重组管理办法》《全国中小企业股份转让系统非上市公众公司重大资产重组业务细则》等规定,制定本指南。

第二条 公司应当在股票重大资产重组停牌之日起10个交易日内,通过全国股转系统业务支持平台向全国中小企业股份转让系统有限责任公司(以下简称全国股转公司)提交重大资产重组内幕信息知情人登记表、相关人员买卖公司证券的自查报告、公司重大资产重组交易进程备忘录及公司全体董事对内幕信息知情人报备文件真实性、准确性和完整性的承诺书。

公司股票停牌日距离首次董事会召开之日不足10个交易日的,应当在申请停牌的同时报送上述材料。

公司股票自挂牌以来未进行过交易的,无需根据本条第一款的规定报送相关文件,但应当在股票停牌之日起10个交易日内,提交关于公司股票交易情况的书面说明。

第三条 内幕信息知情人的范围包括但不限于:

(一)公司及其董事、监事、高级管理人员;

(二)持有公司5%以上股份的股东和公司的实际控制人,以及其董事、监事、高级管理人员;

(三)公司控股或者实际控制的公司及其董事、监事、高级管理人员;

(四)由于所任公司职务或者因与公司业务往来可以获取公司本次重组相关内幕信息的人员;

（五）本次重大资产重组的交易方及其控股股东、实际控制人、董事、监事、高级管理人员；

（六）为本次重大资产重组提供服务以及参与该事项的咨询、筹划、论证、审批等各环节的相关单位和人员；

（七）前述自然人的直系亲属（配偶、父母、子女及配偶的父母）；

（八）可以获取内幕信息的其他人员。

第四条 公司重大资产重组内幕信息知情人登记表应当加盖公司公章或公司董事会公章，并写明填报日期。

第五条 内幕信息知情人应对其在公司停牌申请日前6个月买卖公司证券的情况进行自查。

自然人的自查报告应当列明自然人的姓名、职务、身份证号码、股票账户、有无买卖股票行为，并经本人签字确认；机构的自查报告中应当列明机构的名称、统一社会信用代码、股票账户、有无买卖股票行为并盖章确认。

第六条 相关人员存在买卖公司股票行为的，当事人应当书面说明其买卖股票行为是否利用了相关内幕信息；公司及相关方应当书面说明与买卖股票人员相关事项的动议时间、买卖股票人员是否参与决策、买卖行为与该事项是否存在关联关系以及是否签订了保密协议书等。

第七条 交易进程备忘录应当详细记载筹划过程中每一具体环节的进展情况，包括商议相关方案、形成相关意向、签署相关协议或者意向书的具体时间、地点、参与机构和人员、商议和决议内容等。参与每一具体环节的所有人员均应在备忘录上签名确认。

第八条 公司提交的全体董事对内幕信息知情人报备文件真实性、准确性和完整性的承诺书，应由全体董事签字并加盖公司公章。

第九条 报备文件所有需要签名处，均应为签名人亲笔签名，不得以名章、签名章等代替。

第十条 本指南规定的报备文件是全国股转公司对内幕信息知情人报备文件的最低要求。根据审查需要，全国股转公司可以要求公司、独立财务顾问、律师事务所、其他证券服务机构以及相关的自然人、法人和其他组织补充材料。

第十一条 本指南由全国股转公司负责解释。

第十二条 本指南自发布之日起实施。

附表

重大资产重组内幕信息知情人登记表

证券简称：　　　　证券代码：　　　　主办券商：

序号	姓名	所在单位/部门	知情人类型	类型明细	证件类型	证件号码	证券账户代码	联系方式	获取内幕信息的时间

注：1. "获取内幕信息的时间"一栏填入内幕信息知情人获取或应当获取内幕信息的第一时间。

2. "知情人类型"一栏填写编号（一）、（二）、（三）、（四）、（五）、（六）、（七）、（八），编号对应本指南第三条相应内容。

3. "类型明细"一栏填写内幕信息知情人的具体身份，如挂牌公司、交易对方、发行对象、审计机构、评估机构、独立财务顾问、政府相关部门等，或自然人在相关主体的岗位、职务或与相关主体的亲属关系等。

4. "证件类型"一栏填写身份证号码、统一社会信用代码等。

报送日期：××××年××月××日

全国中小企业股份转让系统有限责任公司关于发布《全国中小企业股份转让系统非上市公众公司重大资产重组业务细则》的公告

(2023年2月17日 股转公告〔2023〕43号)

为落实全面实行股票发行注册制的有关要求,进一步规范全国中小企业股份转让系统非上市公众公司重大资产重组行为,全国中小企业股份转让系统有限责任公司修订了《全国中小企业股份转让系统非上市公众公司重大资产重组业务细则》,现予以发布,自发布之日起施行。

特此公告。

附件:全国中小企业股份转让系统非上市公众公司重大资产重组业务细则

全国中小企业股份转让系统非上市公众公司重大资产重组业务细则

(2014年7月25日发布《全国中小企业股份转让系统非上市公众公司重大资产重组业务指引(试行)》 2018年10月26日第一次修订并更名为《全国中小企业股份转让系统非上市公众公司重大资产重组业务指引》 2019年10月18日更名为《全国中小企业股份转让系统非上市公众公司重大资产重组业务细则》 2020年4月24日第二次修订 2023年2月17日第三次修订)

第一章 总 则

第一条 为规范股票在全国中小企业股份转让系统(以下简称全

国股转系统)公开交易的公众公司(以下简称公司)重大资产重组的信息披露和相关业务办理流程,根据《非上市公众公司监督管理办法》《非上市公众公司重大资产重组管理办法》(以下简称《重组办法》)等部门规章以及《全国中小企业股份转让系统业务规则(试行)》等相关业务规则,制定本细则。

第二条 本细则所称重大资产重组,是指公司及其控股或者控制的企业在日常经营活动之外购买、出售资产或者通过其他方式进行资产交易,导致公司业务、资产发生重大变化的资产交易行为。公司重大资产重组的判断标准,适用《重组办法》的有关规定。

第三条 公司进行重大资产重组,应当符合《重组办法》中关于重组的各项要求。

公司必须保证重大资产重组事项(以下简称重组事项)的真实性并及时进行信息披露,不得虚构重组事项向全国中小企业股份转让系统有限责任公司(以下简称全国股转公司)申请股票停牌或发布信息,不得损害投资者权益。

第四条 公司应当聘请为其提供督导服务的主办券商为独立财务顾问,但存在影响独立性、财务顾问业务资格受到限制等不宜担任独立财务顾问情形的除外。

为公司提供持续督导的主办券商未担任公司独立财务顾问的,应当按照全国股转系统相关规定履行持续督导义务。

第五条 全国股转公司对公司重大资产重组信息披露文件的完备性进行审查。其中涉及发行股份购买资产的,全国股转公司对公司提交的申请文件进行审核。

全国股转公司通过提出问题、回答问题等多种方式,督促公司、交易对方、独立财务顾问、证券服务机构等完善信息披露,真实、准确、完整地披露或者提供信息,提高信息披露质量。

第六条 同意公司实施重组事项,不表明全国股转公司对重组信息披露文件和申请文件的真实性、准确性、完整性作出保证,也不表明对公司股票的投资价值、投资者的收益或者本次交易作出实质性判断或保证。

第二章 停牌与内幕信息知情人报备

第七条 公司与交易对方筹划重组事项时,应当做好保密工作和内幕信息知情人登记工作,密切关注媒体传闻、公司股票及其他证券品种的交易价格变动情况,并结合重组事项进展,及时申请公司股票停牌并报送材料。

在公司股票停牌前,全国股转公司不接受任何与该公司重组事项相关的业务咨询,也不接收任何与重大资产重组相关的材料。

第八条 公司出现下列情形之一时,应当立即向全国股转公司申请股票停牌:

(一)交易各方初步达成实质性意向;

(二)虽未达成实质意向,但在相关董事会决议公告前,相关信息已在媒体上传播或者预计该信息难以保密或者公司证券交易价格出现异常波动;

(三)本次重组需要向有关部门进行政策咨询、方案论证。

除公司申请股票停牌的情形外,全国股转公司有权在必要情况下对公司股票主动实施停牌。

第九条 公司重大资产重组相关的停复牌事项,应当按照《全国中小企业股份转让系统挂牌公司股票停复牌业务实施细则》《全国中小企业股份转让系统挂牌公司股票停复牌业务指南》的要求办理。

第十条 公司必须在确认其股票已停牌后方能与全国股转公司工作人员就重大资产重组相关事项进行沟通。

第十一条 公司因重组事项申请停牌,首次停牌时间不得超过1个月。

公司重组事项因涉及有权部门事前审批、重大无先例或全国股转公司认定的其他情形,导致无法在停牌期限届满前披露重组预案或重组报告书的,经公司董事会审议通过后可以申请延期复牌,但自首次停牌之日起,累计停牌时间不得超过2个月。期满后仍未能披露重组预案或重组报告书的,公司应当终止筹划重组事项,并申请复牌。

除前款规定情形外,公司因筹划重大资产重组股票停牌的,不得申请延期复牌。公司无法在停牌期限届满前披露重组预案或重组报告书的,应当终止筹划本次重组并申请股票复牌。

因涉及国家重大战略项目、国家军工秘密等事项对停牌时间另有要求,或两网及退市公司在破产重整中嵌套实施重大资产重组的,停牌时间不受本条限制。

第十二条 公司因重大资产重组股票停牌后,应当每 5 个交易日披露一次重组进展公告。重组事项出现重要进展的,应当在重组进展公告中予以披露。

前款所称重要进展,包括但不限于以下情形:

(一)各方就交易方案进行磋商的相关情况;

(二)公司与交易对方签订重组框架或意向协议,对已签订的重组框架或意向协议作出重大修订或变更;

(三)公司取得有权部门关于重组事项的事前审批意见;

(四)公司与聘请的中介机构签订重组服务协议;

(五)尽职调查、审计、评估等工作取得阶段性进展;

(六)更换独立财务顾问、审计机构、评估机构等中介机构;

(七)已披露重组标的的公司,更换、增加、减少重组标的,公司应当披露拟变更标的的具体情况、变更的原因;

(八)因交易双方价格分歧、公司证券价格波动、税收政策、标的资产行业政策发生重大变化等原因,导致重组事项出现终止风险的,公司应当及时提示相关风险并披露后续进展;

(九)其他重大进展。

第十三条 公司进入重大资产重组程序前因筹划具有重大不确定性的重大事项等原因已经申请股票停牌或更换重组标的的,已停牌时间应一并计入重大资产重组停牌累计时长。

除重组事项依法须经有关部门前置审批或涉及重大无先例事项的情形外,停牌期满后仍无法披露重组预案或重组报告书的,公司应当终止本次重大资产重组,披露终止重组的公告,并在公告中承诺终止重组后 1 个月内不再筹划重大资产重组事项。终止重组相关公告披露后,公司应当向全国股转公司申请股票于次 2 个交易日复牌。

公司应当申请股票复牌但拒不提出申请的,全国股转公司有权对公司股票实施强制复牌。

第十四条 除公司股票自挂牌以来未进行过交易的情形外,公司应当在股票停牌之日起 10 个交易日内,按照《全国中小企业股份转让系统重大资产重组业务指南第 1 号——非上市公众公司重大资产重组内幕信息知情人报备指南》的要求,向全国股转公司提交完整的内幕信息知情人名单、相关人员买卖公司证券的自查报告、公司重大资产重组交易进程备忘录及公司全体董事对内幕信息知情人报备文件真实性、准确性和完整性的承诺书。

公司预计股票停牌日距离重大资产重组首次董事会召开不足 10 个交易日的,应当在申请停牌的同时提交上述材料。

公司股票自挂牌以来未进行过交易的,公司应当在股票停牌之日起 10 个交易日内,提交关于公司股票交易情况的书面说明。

第十五条 全国股转公司在收到内幕信息知情人名单及自查报告后,将对内幕信息知情人在停牌日前 6 个月的公司证券交易情况进行核查。

发现异常交易情况,全国股转公司有权要求公司、独立财务顾问及其他相关主体对交易情况做出进一步核查;涉嫌利用公司重大资产重组信息从事内幕交易、操纵证券市场等违法违规活动的,全国股转公司有权采取自律监管措施或纪律处分,并向中国证监会报告。

第三章 信息披露与审查

第十六条 公司应当在重组事项首次董事会召开后 2 个交易日内,按照《重组办法》及相关规范性文件的要求制作并披露相关信息披露文件。前述信息披露完成后,公司应当向全国股转公司申请于披露后的次 2 个交易日复牌。

两网及退市公司在破产重整中嵌套实施重大资产重组的,前款所述信息披露完成后,公司原则上应当在继续停牌 10 个交易日后向全国股转公司申请股票复牌,并在复牌公告中对重组事项尚未经过股东大会审议通过、存在不确定风险进行充分揭示。公司重组事项在审议程序、信息披露等方面存在违法违规或存在其他重大风险的,全国股转公司有权要求公司股票持续停牌,不受 10 个交易日的期限限制。

公司应当申请股票复牌但拒不提出申请的,全国股转公司有权对公司股票实施强制复牌。

第十七条　全国股转公司在公司信息披露后的10个交易日内对信息披露文件的完备性进行审查。发现信息披露文件存在完备性问题的，全国股转公司有权要求公司对存在问题的信息披露文件内容进行解释、说明和更正。

对于重组预案需更正的情形，公司应当在完成重组预案更正并披露后，再召开董事会审议并披露重组报告书等文件。

第十八条　公司应当在披露重大资产重组报告书等文件的同时，一并披露关于召开股东大会的相关安排。公司在相关安排中确定股东大会召开日期的，董事会决议披露日与股东大会召开日的时间间隔除符合法律法规、中国证监会及全国股转系统的相关规定外，还应当不少于10个交易日。

公司重大资产重组报告书等信息披露文件经全国股转公司审查需要解释、说明和更正的，应当在收到反馈问题清单后披露暂缓召开股东大会的公告。完成信息披露文件更正并经全国股转公司审查完毕后，公司应当披露更正后的相关文件，并重新披露股东大会通知。

第十九条　因公司拟对交易对象、交易标的、交易价格等重组方案主要内容作出变更，构成原重组方案重大调整的，应当在董事会审议通过后重新提交股东大会审议，并重新履行申请停牌、内幕信息知情人报备、信息披露及申请复牌等程序。支付手段发生变更的，应当视为重组方案的重大调整。

公司在重组报告书中对重组预案内容进行更改的，适用前款规定。

第二十条　公司披露重大资产重组预案或重大资产重组报告书后，因自愿选择终止重组、独立财务顾问或律师对异常交易无法发表意见或认为存在内幕交易且不符合恢复重大资产重组进程要求等原因终止本次重大资产重组的，应当经董事会或股东大会审议通过，并及时披露关于终止重大资产重组的临时公告，并同时在公告中承诺自公告之日起至少1个月内不再筹划重大资产重组。

中国证监会依据《重组办法》第三十二条的规定，要求公司终止重大资产重组进程的，公司应当及时披露关于重大资产重组终止的临时公告,并同时在公告中承诺自公告之日起至少12个月内不再筹划重大资产重组。

第四章　发行股份购买资产

第一节　申请与受理

第二十一条　公司应在股东大会决议后10个交易日内,委托独立财务顾问通过重组业务系统向全国股转公司报送申请文件。

第二十二条　全国股转公司收到申请文件后,对申请文件的齐备性进行核对,并在2个交易日内作出是否受理的决定。

申请文件齐备的,全国股转公司出具受理通知。申请文件不齐备的,原则上一次性告知公司需要补正的事项。公司补正申请文件的,全国股转公司收到申请文件的时间以公司最终提交补正文件的时间为准。

申请文件一经受理,未经全国股转公司同意不得更改。

第二十三条　存在下列情形之一的,全国股转公司不予受理:

(一)申请文件不齐备且未按要求补正;

(二)公司及其控股股东、实际控制人、董事、监事、高级管理人员,独立财务顾问、证券服务机构及其相关人员因证券违法违规被中国证监会采取认定为不适当人选、限制业务活动、证券市场禁入,被证券交易所、全国股转公司采取一定期限内不接受其出具的相关文件、公开认定不适合担任公司董事、监事、高级管理人员,或者被证券业协会采取认定不适合从事相关业务等相关措施,尚未解除;

(三)公司存在尚未实施完毕的证券发行、重大资产重组、收购、股票回购等情形;

(四)本次交易涉嫌内幕交易被中国证监会立案调查或者被司法机关立案侦查,尚未结案,但中国证监会另有规定的除外;

(五)中国证监会及全国股转系统规定的其他情形。

第二节　审核程序

第二十四条　全国股转公司按照申请文件受理的先后顺序开始

审核。

申请文件经全国股转公司审核需要问询的,全国股转公司自受理之日起10个交易日内,通过重组业务系统提出审核问询。

第二十五条 公司、交易对方、独立财务顾问、证券服务机构应当按照审核问询要求进行必要的补充调查、核查,及时、逐项回复审核问询,补充或者修改申请文件,在收到审核问询之日起10个交易日内通过重组业务系统提交回复文件。公司预计难以在规定时间内回复的,应当及时提交延期回复申请,说明延期理由及具体回复时限。

公司、交易对方、独立财务顾问、证券服务机构对全国股转公司审核问询的回复是申请文件的组成部分,公司、交易对方、独立财务顾问、证券服务机构应当保证回复的真实、准确、完整。

第二十六条 存在下列情形之一的,全国股转公司可以在收到审核问询回复之日起10个交易日内,继续提出审核问询:

(一)审核问询后,发现新的需要问询事项;

(二)公司、交易对方、独立财务顾问、证券服务机构的回复未能有针对性地回答审核问询,或者全国股转公司就其回复需要继续审核问询;

(三)公司、交易对方、独立财务顾问、证券服务机构的信息披露仍未满足中国证监会和全国股转系统规定的要求;

(四)全国股转公司认为需要继续审核问询的其他情形。

第二十七条 全国股转公司在审核中,发现公司申请文件存在重大疑问且公司、交易对方、独立财务顾问、证券服务机构回复中无法作出合理解释的,全国股转公司可以对公司、交易对方、标的资产、独立财务顾问、证券服务机构进行检查。

第二十八条 全国股转公司自受理申请文件之日起20个交易日内出具发行股份购买资产的审核意见、同意发行股份购买资产的函或作出终止审核的决定。

公司、交易对方、独立财务顾问、证券服务机构回复审核问询的时间,以及本细则规定的中止审核、请示有权机关、实施检查、要求进行专项核查等情形的时间,不计算在前款规定的时限内。

第三节　向中国证监会报送审核意见

第二十九条　发行后股东人数超过200人的，全国股转公司审核通过后，向中国证监会报送发行股份购买资产的审核意见、相关审核资料及公司申请文件。

第三十条　中国证监会在注册程序中，要求全国股转公司进一步问询的，由全国股转公司提出反馈问题。

中国证监会在注册程序中，决定退回全国股转公司补充审核的，全国股转公司对要求补充审核的事项重新审核。全国股转公司审核通过的，重新向中国证监会报送审核意见、相关审核资料及公司申请文件；审核不通过的，作出终止审核的决定。

第四节　审核中止与终止

第三十一条　出现下列情形之一的，公司、交易对方、独立财务顾问、证券服务机构应当及时告知全国股转公司，全国股转公司将中止审核：

（一）本次交易涉嫌内幕交易被中国证监会立案调查或者被司法机关立案侦查，尚未结案；

（二）公司因涉嫌违法违规被行政机关调查，或者被司法机关侦查，尚未结案，对本次交易影响重大；

（三）独立财务顾问、证券服务机构被中国证监会依法采取限制业务活动、责令停业整顿、指定其他机构托管或者接管等措施，或者被证券交易所、全国股转公司采取一定期限内不接受其出具的相关文件的纪律处分，尚未解除；

（四）独立财务顾问、证券服务机构的相关签字人员，被中国证监会依法采取认定为不适当人选等监管措施或者证券市场禁入的措施，被证券交易所、全国股转公司采取一定期限内不接受其出具的相关文件的纪律处分，或者被证券业协会采取认定不适合从事相关业务的纪律处分，尚未解除；

（五）申请文件中记载的标的资产财务资料已过有效期，需要补充提交；

（六）中国证监会根据《重组办法》等规定责令暂停重组活动，或者责令相关主体作出公开说明或者披露专业意见；

（七）公司、独立财务顾问主动要求中止审核，理由正当并经全国股转公司同意；

（八）全国股转公司认定的其他情形。

出现前款所列第一项至第六项情形，公司、交易对方、独立财务顾问、证券服务机构未及时告知全国股转公司，全国股转公司经核实符合中止审核情形的，将直接中止审核。

第一款所列中止审核情形消除后，公司、交易对方、独立财务顾问、证券服务机构应当及时告知全国股转公司。全国股转公司经核实确认后，恢复对申请文件的审核。审核时限自恢复审核之日起继续计算；但财务报告期调整达到一个或者一个以上会计年度的，审核时限自恢复审核之日重新起算。存在第一款第一项规定的情形，但符合中国证监会和全国股转系统有关规定的，视为相关情形已消除。

第三十二条 出现下列情形之一的，全国股转公司将终止审核：

（一）中国证监会根据《重组办法》等规定，责令公司终止重组活动；

（二）公司更换独立财务顾问、对交易方案进行重大调整，或者公司、独立财务顾问主动撤回申请文件；

（三）申请文件内容存在重大缺陷，严重影响全国股转公司正常审核，或者严重影响投资者作出价值判断或者投资决策；

（四）申请文件被认定存在虚假记载、误导性陈述或者重大遗漏；

（五）公司、交易对方、独立财务顾问、证券服务机构等主体阻碍或者拒绝中国证监会或者全国股转公司依法实施的检查；

（六）公司、交易对方及有关各方、独立财务顾问、证券服务机构等主体以不正当手段严重干扰全国股转公司审核工作；

（七）本细则第三十一条第一款第三项至七项规定的中止审核情形未能在3个月内消除；

（八）全国股转公司审核不通过；

（九）全国股转公司认定的其他情形。

第五节 重大事项报告与处理

第三十三条 全国股转公司受理申请文件后至本次交易实施完毕前，发生重大事项的，公司、交易对方、独立财务顾问应当及时向全国股转公司报告，按照要求履行信息披露义务、更新申请文件。公司的独立财务顾问、证券服务机构应当持续履行尽职调查职责，并向全国股转公司提交专项核查意见。

全国股转公司在审核中，发现涉嫌违反国家产业政策或全国股转系统定位的，或者发现重大敏感事项、重大无先例情况、重大舆情、重大违法线索的，应当及时向中国证监会报告，并根据中国证监会的意见进行处理。

第三十四条 中国证监会作出同意注册的决定或全国股转公司出具同意发行股份购买资产的函后至本次交易实施完毕前，发生重大事项，可能导致公司本次交易不符合法定实施要求或者信息披露要求的，公司应当暂停本次交易。全国股转公司发现公司存在上述情形的，可以要求公司暂停本次交易。

公司、交易对方、独立财务顾问应当将上述情况及时报告全国股转公司并作出公告，说明重大事项相关情况及公司将暂停本次交易。

全国股转公司经审核认为相关重大事项导致公司本次交易不符合法定实施要求或者信息披露要求的，将出具明确意见并报告中国证监会。

第六节 募集配套资金

第三十五条 公司发行股份购买资产的，可以同时募集配套资金。募集配套资金部分与购买资产部分发行的股份可以分别定价，视为两次发行，但应当逐一表决、分别审议。

第三十六条 募集配套资金行为应当符合公司股票定向发行的监管要求，且所配套资金比例不超过拟购买资产交易价格的100%。

所募资金可以用于支付本次重组交易中的现金对价，支付本次重组交易税费、人员安置费用等并购整合费用，投入标的资产在建项目建设，也可以用于补充公司和标的资产流动资金、偿还债务等合理用途,并适用公司股票定向发行募集资金的相关管理规定。

第三十七条 公司募集配套资金的发行对象应符合中国证监会及全国股转系统关于股票定向发行投资者适当性的规定。

第七节 其他规定

第三十八条 公司应当在全国股转公司出具受理通知书后2个交易日内披露取得受理通知书的公告。

公司应当在全国股转公司出具同意发行股份购买资产的函或作出中止审核决定、终止审核决定以及中国证监会作出同意注册、不予注册决定后2个交易日内披露相关公告。

公司取得全国股转公司出具同意发行股份购买资产的函或收到中国证监会同意注册的决定后,应当根据审核、注册情况更新披露申请文件。

第三十九条 公司发行股份购买资产的发行对象应符合中国证监会及全国股转系统关于投资者适当性的相关规定。

第四十条 公司发行股份同时使用现金等其他支付手段混合购买资产构成重组的,按照发行股份购买资产构成重组的规定办理。

第四十一条 公司使用优先股、债券等其他支付手段购买资产构成重组的,按照发行股份购买资产构成重组的规定办理,并遵守中国证监会及全国股转系统的其他相关规定。

第四十二条 公司取得全国股转公司出具同意发行股份购买资产的函或收到中国证监会作出同意注册的决定后,应当及时实施重组,在验资完成后20个交易日内,按照相关规定向全国股转公司报送股票登记申请文件。

第五章 退市公司补充规定

第四十三条 退市公司进行重大资产重组的,应当遵守《重组办法》及本细则的有关规定,并执行《重组办法》关于退市公司重大资产重组的特别规定。

第四十四条 退市公司在披露重大资产重组报告书时应当同时发布特别提示,对本次重大资产重组是否符合《重组办法》的要求以及公司在信息披露、公司治理方面的规范性进行说明。

第六章 自律管理和违规处分

第四十五条 公司及其董事、监事、高级管理人员和其他相关信息披露义务人，为重大资产重组出具财务顾问报告、审计报告、法律意见书、资产评估报告（或资产估值报告）及其他专业文件的证券服务机构及其从业人员存在下列行为的，全国股转公司有权依据《全国中小企业股份转让系统业务规则（试行）》等有关规定向中国证监会报告，并对相关责任主体采取自律监管措施或纪律处分：

（一）挂牌公司购买、出售或以其他方式进行资产交易构成重大资产重组，未按规定及时申请股票停牌；

（二）挂牌公司购买、出售或以其他方式进行资产交易构成重大资产重组，未按照重大资产重组标准履行审议和信息披露程序，仅按普通购买、出售资产事项予以审议和披露；

（三）挂牌公司重大资产重组事项未经信息披露或未规范履行内部审议程序即实施完毕；

（四）相关主体提交的申请文件、信息披露文件在真实性、准确性、完整性、及时性等方面存在瑕疵；

（五）相关主体未能勤勉尽责，出具的专项意见或报告在真实性、准确性、完整性等方面存在瑕疵；

（六）违反《重组办法》、本细则及相关规定的其他行为。

公司重大资产重组信息披露及相关程序违反法律、行政法规、中国证监会规定及全国股转系统相关业务规则且情形严重的，全国股转公司可以要求公司暂停重大资产重组。

第四十六条 公司及其控股股东、实际控制人、董事、监事、高级管理人员，独立财务顾问、证券服务机构及其相关人员等被证券交易所、全国股转公司采取暂不接受文件、认定为不适当人选等自律监管措施和纪律处分的，全国股转公司按照业务规则，在相应期限内不接受其提交或者签字的相关文件，或者认为其不适合担任公司的董事、监事、高级管理人员，并对该监管对象提交或者签字且已受理的其他文件中止审核，或者要求公司解聘相关人员等。

第四十七条 全国股转公司在重组信息披露文件审查和申请文件审核中,发现公司、交易对方及有关各方,独立财务顾问、证券服务机构及其相关人员涉嫌证券违法的,将依法报告中国证监会。

前款规定的有关各方,指公司的控股股东、实际控制人、董事、监事、高级管理人员及其他相关方。

第七章 附 则

第四十八条 本细则由全国股转公司负责解释。

第四十九条 本细则自发布之日起施行。

全国中小企业股份转让系统有限责任公司综合事务部(总经理办公室)关于发布挂牌公司优先股发行及重大资产重组审查要点的通知

(2020年11月20日 股转系统办发〔2020〕137号)

各市场参与人:

为进一步提高挂牌公司优先股发行及重大资产重组审查效率和审查透明度,全国中小企业股份转让系统有限责任公司对《挂牌公司优先股发行审查要点》和《挂牌公司重大资产重组审查要点》进行了修改,现予以公布,自公布之日起施行。2018年1月9日公布的《挂牌公司优先股发行审查要点》和2017年10月17日公布的《挂牌公司重大资产重组审查要点》同时废止。

特此通知。

附件:1. 挂牌公司优先股发行审查要点
2. 挂牌公司重大资产重组审查要点

附件一：

挂牌公司优先股发行审查要点

优先股发行方案审查要点		
编号	审查内容	审查中的关注要点
一、董事会决议		
1.1	董事会决策程序	1. 董事会决策程序和决议内容应当符合《公司法》、《非上市公众公司监督管理办法》、《优先股试点管理办法》、《全国中小企业股份转让系统优先股业务细则（试行）》、《公司章程》等有关规定； 2. 在董事会通过优先股发行方案后，发布召开审议优先股发行方案的股东大会通知时，应当及时查询截止到股东大会股权登记日的合并累计的股东人数，以判断本次优先股发行是否属于发行后股东人数超过200人的情形； 3. 股东大会审议发行优先股事项，应通知优先股股东（如有）。
1.2	董事会决议内容	董事会决议公告，应当包含下列事项及其表决结果： 1. 本次发行优先股的方案，包括发行数量、优先股股东参与分配利润的方式、赎回或回售条款（如有）等； 2. 董事会决议确定具体发行对象的，应当确定具体的发行对象名称及其认购价格或定价原则、认购数量或数量区间等；董事会决议未确定具体发行对象的，董事会决议应当明确发行对象的范围和资格、定价原则等； 3. 本次发行优先股对公司各类股东权益的影响； 4. 发行目的与募集资金用途； 5. 公司章程的修订方案； 6. 其他事项。
二、优先股发行方案		
整体结构和内容		
2.1	整体结构的完整性	是否包括本次优先股发行的目的、本次优先股具体发行方案、本次优先股发行带来的主要风险、本次发行募集资金用途、董事会关于本次发行对公司各类股东权益的影响分析、本次优先股发行涉及的公司章程修订情况及其他必须明确的事项。

续表

编号	审查内容	审查中的关注要点
发行方案条款		
2.2	发行种类及数量	核查本次发行后的已发行优先股是否超过公司普通股股份总数的50%,筹资金额是否超过发行前净资产的50%。
2.3	发行对象	1. 确定具体发行对象的,应当确定具体的发行对象名称及其认购价格或定价原则、认购数量或数量区间等; 2. 未确定具体发行对象的,应当明确发行对象的范围和资格、定价原则等; 3. 仅可向合格投资者发行,每次发行对象不得超过二百人,且相同条款优先股的发行对象累计不得超过二百人; 4. 同一资产管理机构以其管理的两只以上产品认购或受让优先股的,视为一人。
2.4	票面金额、发行价格或定价原则	审查有无这些基本信息
2.5	票面股息率或其确定原则	票面股息率不高于最近两个会计年度的年均加权平均净资产收益率。
2.6	优先股股东参与分配利润的方式	1. 是否明确股息发放的条件及设定条件所依据的财务报表口径、股息支付方式、股息是否累积、是否可以参与剩余利润分配等; 2. 不允许发行在股息分配和剩余财产分配上具有不同优先顺序的优先股。
2.7	回购条款（如有）	其包括发行人要求赎回或投资者要求回售的条件、期间、价格或其确定原则、回购选择权的行使主体等。
2.8	在触发事件发生时,将优先股强制转换为普通股的转换价格的确定方式（仅商业银行适用）	审查有无这些基本信息

续表

编号	审查内容	审查中的关注要点
2.9	表决权的限制和恢复	应明确包括如下条款： 1. 表决权限制：除以下情况外，优先股股东不出席股东大会会议，所持股份没有表决权：(1)修改公司章程中与优先股相关的内容；(2)一次或累计减少公司注册资本超过百分之十；(3)公司合并、分立、解散或变更公司形式；(4)发行优先股；(5)公司章程规定的其他情形。上述事项的决议，除须经出席会议的普通股股东(含表决权恢复的优先股股东)所持表决权的三分之二以上通过之外，还须经出席会议的优先股股东(不含表决权恢复的优先股股东)所持表决权的三分之二以上通过； 2. 表决权恢复：公司累计3个会计年度或连续2个会计年度未按约定支付优先股股息的，优先股股东有权出席股东大会，每股优先股股份享有公司章程规定的表决权； 3. 对于股息可累积到下一会计年度的优先股，表决权恢复直至公司全额支付所欠股息。对于股息不可累积的优先股，表决权恢复直至公司全额支付当年股息。公司章程可规定优先股表决权恢复的其他情形。
2.10	清偿顺序及清算方法	审查有无这些基本信息
2.11	信用评级情况及跟踪评级安排(如有)	审查有无这些基本信息
2.12	担保方式及担保主体(如有)	审查有无这些基本信息
2.13	本次优先股发行后转让的安排	审查有无这些基本信息

续表

编号	审查内容	审查中的关注要点
\multicolumn{3}{l}{本次优先股发行带来的主要风险}
2.14	对本次优先股发行带来的主要风险的分析和揭示	发行人应结合自身的实际情况及优先股的条款设置,充分、准确、具体地揭示相关风险因素。
\multicolumn{3}{l}{本次募集资金用途}
2.15	本次募集资金用途的分析	方案中应当详细披露本次发行募集资金的用途并进行必要性和可行性分析。
\multicolumn{3}{l}{董事会关于本次发行对公司各类股东权益的影响分析}
2.16	董事会就本次发行对公司各类股东权益的影响分析	审查有无这些基本信息
\multicolumn{3}{l}{本次优先股发行涉及的公司章程修订情况}
2.17	利润分配条款,包括票面股息率、是否强制分红、是否可累积、是否参与剩余利润分配	公司章程应明确: 1. 优先股股息率是采用固定股息率还是浮动股息率,并相应明确固定股息率水平或浮动股息率计算方法。 2. 公司在有可分配税后利润的情况下是否必须分配利润。 3. 如果公司因本会计年度可分配利润不足而未向优先股股东足额派发股息,差额部分是否累积到下一会计年度。 4. 优先股股东按照约定的股息率分配股息后,是否有权同普通股股东一起参加剩余利润分配。 5. 优先股股东按照约定的股息率分配股息后,有权同普通股股东一起参加剩余利润分配的,公司章程应明确优先股股东参与剩余利润分配的比例、条件等事项。
2.18	剩余财产分配条款	审查有无这些基本信息

续表

编号	审查内容	审查中的关注要点
2.19	表决权限制与恢复条款	审查有无这些基本信息
2.20	回购优先股的具体条件、优先股转换为普通股的具体条件(如有)	如存在回购条款,公司章程应规定回购的条件、价格和比例等事项。
2.21	与优先股股东权利义务相关的其他内容	公司章程中应明确优先股股东的有关权利和义务。
其他有必要披露的事项(如有)		
2.22	涉及非现金资产认购的优先股发行	应当按照《全国中小企业股份转让系统股票定向发行规则》等相关规定履行相应程序及进行信息披露。

优先股发行及挂牌申请文件审查要点		
编号	审查内容	审查中的关注要点
一、股东大会决议		
1.1	股东大会决策程序和决议内容	1. 决议须经出席会议的普通股股东(含表决权恢复的优先股股东)所持表决权的三分之二以上通过; 2. 已发行优先股的,还须经出席会议的优先股股东(不含表决权恢复的优先股股东)所持表决权的三分之二以上通过; 3. 向公司特定股东及其关联人发行优先股的,股东大会就发行方案进行表决时,关联股东应当回避; 4. 是否已就董事会决议事项进行逐项表决。

行业规定

续表

编号	审查内容	审查中的关注要点
二、申请文件检查		
文件格式检查		
2.1	申请文件所需要签名处,是否为签名人亲笔签名	申请文件中所有签名处不能以签章代替签名人亲笔签名。
2.2	定向发行优先股说明书签章要求	定向发行优先股说明书是否经公司全体董事、监事、高级管理人员声明并签名,加盖公司公章;公司控股股东、实际控制人是否在正文后声明并签名,加盖公章;证券公司是否在正文后声明并应由法定代表人、项目负责人签名,并由证券公司加盖公章;为申请人定向发行优先股提供服务的证券服务机构是否在正文后声明并由经办人员及所在机构负责人签名,并由机构加盖公章。
2.3	主办券商推荐工作报告签章要求	主办券商推荐工作报告是否经法定代表人(或法定代表人授权的代表)、项目负责人签字,并加盖主办券商公章,注明报告日期;主办券商法定代表人授权他人代为签字的,是否同时提供了授权委托书原件。
2.4	法律意见书签章要求	法律意见书是否经2名以上经办律师和其所在律师事务所的负责人签名,并经律师事务所加盖公章,并签署日期。
2.5	报送光盘中的电子文件是否包括pdf版本和可编辑的word版本	重点关注是否包括可编辑word版本以及两种版本材料的一致性。

续表

编号	审查内容	审查中的关注要点
文件一致性检查		
2.6	董事会决议、股东大会决议、定向发行优先股说明书和认购合同摘要（如有）等的内容是否与已披露的文件内容相一致	重点审查认购对象、认购数量、认购价格等重要条款是否一致。
三、定向发行优先股说明书		
定向发行基本情况		
3.1	定向发行基本情况的完整性	1. 是否披露发行目的和发行总额。拟分次发行的，是否披露分次发行安排； 2. 是否披露发行方式、发行对象及公司现有股东认购安排（如有）。如董事会未确定具体发行对象的，是否披露发行对象的范围和确定方法； 3. 是否披露票面金额、发行价格或定价原则； 4. 是否对本次发行优先股的种类、数量或数量上限进行披露； 5. 是否说明募集资金投向问题； 6. 本次发行涉及的主管部门审批、核准或备案事项情况。
优先股的具体条款设置是否对下列条款设置进行说明：		
3.2	优先股股东参与利润分配的方式	是否包括：1. 票面股息率或其确定原则、股息发放的条件、股息支付方式、股息是否累积、是否可以参与剩余利润分配等；2. 涉及财务数据或财务指标的，应注明相关报表口径。
3.3	优先股的回购条款	是否包括：回购选择权的行使主体、回购条件、回购期间、回购价格或确定原则及其调整方法等。

续表

编号	审查内容	审查中的关注要点
3.4	优先股转换为普通股的条款（仅商业银行适用）	是否包括：转换权的行使主体、转换条件（含触发事项）、转换时间、转换价格或确定原则及其调整方法等。
3.5	表决权的限制和恢复	是否包括表决权恢复的情形及恢复的具体计算方法。
3.6	清偿顺序及每股清算金额的确定方法	审查有无这些基本信息
3.7	有评级安排的，需披露信用评级情况	审查有无这些基本信息
3.8	有担保安排的，需披露担保及授权情况	审查有无这些基本信息
3.9	其他中国证监会认为有必要披露的重大事项	审查有无这些基本信息
是否对已发行在外优先股（如有）的简要情况进行说明		
3.10	已发行在外优先股（如有）的简要情况内容的完整性	是否包括：1.发行时间、发行总量及融资总额、现有发行在外数量、已回购优先股的数量、各期股息实际发放情况等；2.列表披露本次优先股与已发行在外优先股主要条款的差异比较。

续表

编号	审查内容	审查中的关注要点
	是否对本次定向发行对申请人的影响进行说明	
3.11	本次发行对申请人经营管理的影响	审查有无这些基本信息
3.12	本次发行后申请人财务状况、盈利能力、偿债能力及现金流量的变动情况，申请人应重点披露本次发行优先股后公司资产负债结构的变化	审查有无这些基本信息
3.13	本次发行对公司股本、净资产（净资本）、资产负债率、净资产收益率、归属于普通股股东的每股收益等主要财务数据和财务指标的影响	审查有无这些基本信息
3.14	申请人与控股股东及其关联人之间的业务关系、管理关系、关联交易及同业竞争等变化情况	审查有无这些基本信息

续表

编号	审查内容	审查中的关注要点
3.15	以资产认购优先股的行为是否导致增加本公司的债务或者或有负债	审查有无这些基本信息
3.16	本次发行对申请人的税务影响	审查有无这些基本信息
3.17	申请人应有针对性、差异化的披露属于本公司或者本行业的特有风险以及经营过程中的不确定性因素	审查有无这些基本信息
3.18	银行、证券、保险等金融行业公司还需披露本次发行对其资本监管指标的影响及相关行业资本监管要求	审查有无这些基本信息

续表

编号	审查内容	审查中的关注要点
	附生效条件的优先股认购合同摘要是否包括以下信息：	（董事会决议确定具体发行对象的适用）
3.19	附生效条件的优先股认购合同摘要的完整性	是否包括：1.合同主体、签订时间；2.认购价格、认购方式、支付方式；3.合同的生效条件和生效时间；4.合同附带的任何保留条款、前置条件；5.违约责任条款；6.优先股东参与利润分配和剩余财产分配的相关约定；7.优先股回购的相关约定；8.优先股股东表决权限制与恢复的约定；9.其他与定向发行相关的条款。
	涉及资产认购的，是否包含以下信息：	
3.20	以非股权资产认购发行股票的	是否包括：1.资产名称、类别以及所有者和经营管理者的基本情况；2.资产权属是否清晰、是否存在权利受限、权属争议或者妨碍资产转移的其他情况；3.资产独立运营和核算的，披露最近1年及1期经会计师事务所审计的主要财务数据；4.资产的交易价格及定价依据。披露相关资产经审计的账面值；交易价格以资产评估结果作为依据的，应披露资产评估方法和资产评估结果。
3.21	以股权资产认购发行股票的	是否包括：1.股权所投资的公司的名称、企业性质、注册地、主要办公地点、法定代表人、注册资本；股权及控制关系，包括公司的主要股东及其持股比例、最近2年控股股东或实际控制人的变化情况、股东出资协议及公司章程中可能对本次交易产生影响的主要内容、原高管人员的安排；2.股权所投资的公司主要资产的权属状况及对外担保和主要负债情况；3.股权所投资的公司最近1年及1期的业务发展情况和经会计师事务所审计的主要财务数据和财务指标；4.股权的资产评估价值（如有）、交易价格及定价依据。
3.22	资产转让合同的内容摘要	是否包括：1.合同主体、签订时间；2.认购价格、认购方式、支付方式；3.合同的生效条件和生效时间；4.合同附带的任何保留条款、前置条件；5.违约责任条款；6.目标资产及其价格或定价依据；7.资产交付或过户时间安排；8.资产自评估截止日至资产交付日所产生收益的归属（如有）；9.与资产相关的人员安排。

续表

编号	审查内容	审查中的关注要点
其他		
3.23	是否说明本次定向发行对普通股股东、优先股股东权益的影响	审查有无这些基本信息
3.24	是否披露相关风险因素	如不能足额派息的风险、表决权受限的风险、回购风险、交易风险、分红减少和权益摊薄风险、税务风险等。
3.25	是否说明会计处理方法、股息是否在所得税前列支及政策依据	包括是否对本次定向发行相关的会计处理方法以及本次发行的优先股发放的股息是否在所得税前列支及政策依据进行说明。
3.26	是否说明转让、股息发放、回购等相关的税费、征收依据及缴纳方式	审查有无这些基本信息
3.27	是否说明对外担保情况、未决诉讼或仲裁事项可能出现的处理结果或已生效法律文书的执行情况	申请人应披露公司最近一期末的对外担保情况,并披露对公司财务状况、经营成果、声誉、业务活动、未来前景等可能产生较大影响的未决诉讼或仲裁事项,可能出现的处理结果或已生效法律文书的执行情况。

续表

编号	审查内容	审查中的关注要点
四、中介机构意见		
主办券商推荐工作报告		
4.1	对本次优先股发行是否符合豁免申请核准的条件进行说明	审查有无这些基本信息
4.2	对发行人是否符合《优先股试点管理办法》(以下简称《试点办法》)规定的发行条件的说明	1. 发行人是否符合合法规范经营的条件; 2. 发行人是否符合公司治理机制健全的条件; 3. 发行人是否符合依法履行信息披露义务的条件。
4.3	对发行人是否存在《试点办法》规定的不得发行优先股情形的说明	挂牌公司存在下列情形之一的,不得发行优先股: 1. 本次发行申请文件有虚假记载、误导性陈述或重大遗漏;2. 最近十二个月内受到过中国证监会的行政处罚;3. 因涉嫌犯罪正被司法机关立案侦查或涉嫌违法违规正被中国证监会立案调查;4. 挂牌公司的权益被控股股东或实际控制人严重损害且尚未消除;5. 挂牌公司及其附属公司违规对外提供担保且尚未解除;6. 存在可能严重影响公司持续经营的担保、诉讼、仲裁、市场重大质疑或其他重大事项;7. 其董事和高级管理人员不符合法律、行政法规和规章规定的任职资格;8. 严重损害投资者合法权益和社会公共利益的其他情形。
4.4	是否对发行人的财务状况、偿付能力进行说明	主办券商应根据发行人最近两个完整会计年度的财务报表和审计报告,以及最近一期(如有)的会计报表,重点分析发行人的盈利能力、偿债能力及现金流等各项财务指标。各项财务指标及相关会计科目有较大变动或异常的,应分析其原因。

续表

编号	审查内容	审查中的关注要点
4.5	是否对发行人的对外担保情况、未决诉讼或仲裁事项进行说明	主办券商应对发行人是否真实、准确、完整的披露了以下内容发表明确意见：1.发行人最近一期末的对外担保情况；2.对发行人财务状况、经营成果、声誉、业务活动、未来前景等可能产生较大影响的未决诉讼或仲裁，可能出现的处理结果或已生效法律文书的执行情况。
4.6	是否对本次发行优先股决策程序合法合规性进行说明	1.主办券商应当对本次优先股发行的董事会、股东大会决策程序是否合法合规，是否执行了《试点办法》规定的表决权回避、分类表决（如有）等制度发表明确意见；2.主办券商应当对发行人监事会是否对优先股发行文件进行审核并提出书面审核意见，监事是否签署书面确认意见发表明确意见。
4.7	是否对本次优先股发行的规模、募集金额、票面股息率或发行价格合法合规性进行说明	审查有无这些基本信息
4.8	是否本次发行优先股具体条款设置合法合规性进行说明	是否包括：1.优先股股东参与分配的股息率或其确定方式、股息发放的条件、股息支付方式、股息是否累积、是否参与剩余利润分配等是否明确，是否符合《试点办法》的规定；2.优先股设置有赎回、回售、转换为普通股（如有）等特殊条款的，特殊条款是否明确，是否符合《试点办法》的规定；3.优先股股东参与分类表决、优先股股东表决权的限制与恢复等安排是否明确，是否符合《试点办法》的规定；4.优先股的清偿顺序，每股清算金额是否明确，是否符合《试点办法》的规定。

续表

编号	审查内容	审查中的关注要点
4.9	是否对本次优先股发行对象的投资者适当性进行分析	1. 优先股的发行对象是否符合《试点办法》规定的投资者人数限制； 2. 优先股的发行对象是否符合《试点办法》规定的投资者适当性的要求； 3. 发行人的董事、高级管理人员及其配偶是否参与认购本公司发行的优先股。
4.10	是否说明本次发行优先股的风险因素	审查有无这些基本信息
4.11	是否说明本次发行优先股对发行人、普通股股东、其他优先股股东（如有）的影响	审查有无这些基本信息
4.12	是否说明本次发行涉及公司章程修改的事项	1. 主办券商应当对发行人是否履行了相应的修改程序发表意见； 2. 公司章程修改内容是否与定向发行优先股说明书的相关内容一致发表明确意见。
4.13	是否说明本次发行优先股的会计处理方法，以及相关税费政策和依据	是否包括：1. 本次发行优先股的会计处理；2. 本次发行优先股的股息是否在所得税前列支及其政策依据；3. 投资者与本次发行的优先股转让、股息发放、回购等相关的税费、征收依据及缴纳方式。

续表

编号	审查内容	审查中的关注要点
4.14	对本次发行认购对象中是否存在私募投资基金管理人或私募投资基金,其是否按照《私募投资基金管理人登记和基金备案办法(试行)》等相关规定履行了登记备案程序进行说明	1. 如果发行对象为私募投资基金管理人自身的,其完成登记不作为优先股发行审查的前置条件;如果发行对象为私募投资基金的,其完成备案不作为优先股发行审查的前置条件,但其私募投资基金管理人应当已经完成登记; 2. 上述私募投资基金管理人或私募投资基金在发行审查期间未完成登记和备案的,私募投资基金管理人需出具完成登记或备案的承诺函,并明确具体(拟)登记或备案申请的日期。
4.15	对挂牌公司等相关主体和发行对象是否属于失信联合惩戒对象的说明	1. 挂牌公司或其控股股东、实际控制人、控股子公司属于失信联合惩戒对象的,在相关情形消除前不得实施优先股发行; 2. 发行对象属于失信联合惩戒对象的,主办券商应对其被纳入失信联合惩戒对象名单的原因、相关情形是否已充分规范披露进行核查并发表明确意见。
4.16	对资产认购的合规性的说明	1. 主办券商是否对交易对手是否为关联方、标的资产权属是否清晰、审计或资产评估是否规范等事项发表明确意见; 2. 涉及需呈报有关主管部门批准的,主办券商需对是否已获得有效批准发表明确意见; 3. 资产相关业务需要取得许可资格或资质的,主办券商需对是否具备相关许可资格或资质发表明确意见。
4.17	主办券商认为需要说明的其他事项	若主办券商认为公司尚有未披露或未充分披露且对本次优先股发行有影响的重大信息或事项,可以进行补充披露,并提示该信息或事项对本次优先股发行可能造成的影响。

续表

编号	审查内容	审查中的关注要点
法律意见书		
4.18	对发行人是否符合《优先股试点管理办法》(以下简称《试点办法》)第四十一条规定的发行条件的说明	审查有无这些基本信息
4.19	对发行人是否存在《试点办法》第二十五条规定的不得发行优先股相关情形的说明	审查有无这些基本信息
4.20	对本次优先股发行是否符合豁免申请核准的条件的说明	审查有无这些基本信息
4.21	对优先股发行规模和募集金额是否合法合规的说明	审查有无这些基本信息

续表

编号	审查内容	审查中的关注要点
4.22	对优先股股东的表决权、分配权等条款设置,以及优先股的赎回、回售和转股(如有)等特殊条款是否合法合规的说明	审查有无这些基本信息
4.23	对发行优先股的决策程序和定价结果是否合法合规的说明	审查有无这些基本信息,律师应当对发行人监事会是否对优先股发行文件进行审核并提出书面审核意见,监事是否签署书面确认意见发表明确意见。
4.24	对发行对象是否符合投资者适当性和投资者人数限制规定的说明	审查有无这些基本信息
4.25	对认购合同、公司章程等法律文件是否真实、合法、有效的说明	审查有无这些基本信息

续表

编号	审查内容	审查中的关注要点
4.26	对本次优先股发行涉及的公司章程修改内容是否与定向发行优先股说明书的相关内容一致的说明	审查有无这些基本信息
4.27	对本次发行认购对象中是否存在私募投资基金管理人或私募投资基金,其是否按照《私募投资基金管理人登记和基金备案办法(试行)》等相关规定履行了登记备案程序进行说明	1. 如果发行对象为私募投资基金管理人自身的,其完成登记不作为优先股发行审查的前置条件;如果发行对象为私募投资基金的,其完成备案不作为优先股发行审查的前置条件,但其私募投资基金管理人应当已经完成登记; 2. 上述私募投资基金管理人或私募投资基金在发行审查期间未完成登记和备案的,私募投资基金管理人需出具完成登记或备案的承诺函,并明确具体(拟)登记或备案申请的日期。
4.28	对挂牌公司等相关主体和发行对象是否属于失信联合惩戒对象的说明	1. 挂牌公司或其控股股东、实际控制人、控股子公司属于失信联合惩戒对象的,在相关情形消除前不得实施优先股发行; 2. 发行对象属于失信联合惩戒对象的,律师应对其被纳入失信联合惩戒对象名单的原因、相关情形是否已充分规范披露进行核查并发表明确意见。

续表

编号	审查内容	审查中的关注要点
4.29	对资产认购的合法合规性的说明	1. 说明资产评估程序是否合法合规，是否存在资产权属不清或者其他妨碍权属转移的法律风险； 2. 标的资产尚未取得完备权属证书的，应说明取得权属证书是否存在法律障碍； 3. 涉及需呈报有关主管部门批准的，应说明是否已获得有效批准； 4. 资产相关业务需要取得许可资格或资质的，应说明是否具备相关许可资格或资质。
4.30	律师事务所认为需要说明的其他事项	审查有无这些基本信息
五、其他审查要点		
5.1	是否提交证券代码和证券简称申请书和优先股转让服务协议	1. 证券代码和证券简称申请书是否加盖公章； 2. 优先股转让服务协议（一式四份）是否经发行人的法定代表人或其授权代表签字和加盖公章； 3. 发行人的法定代表人授权他人代为签字的，需同时提供授权委托书原件。
5.2	是否在中介机构意见披露后的十个交易日内，按照规定向全国股转公司报送发行申请材料	审查是否在规定的时间内报送材料。

续表

编号	审查内容	审查中的关注要点
5.3	核准情形下,发行人是否提交向中国证监会提交的关于本次定向发行优先股的申请报告、向全国股转公司提交的申请出具关于本次定向发行优先股的自律监管意见的报告、关于授权全国股转公司代为向中国证监会报送定向发行优先股申请文件等有关事宜的委托书	1. 经中国证监会核准的发行,是否选用正确的文件模板,是否符合《优先股业务指引第1号》中的模板要求。 2. 填写情况是否与实际情况相符。 3. 是否已加盖发行人公司公章并注明签署日期。

优先股挂牌登记文件审查要点		
编号	审查内容	审查中的关注要点
一、申请文件检查		
文件格式检查		
1.1	申请文件所需要签名处,是否为签名人亲笔签名	申请文件中所有签名处不能以签章代替签名人亲笔签名。

续表

编号	审查内容	审查中的关注要点
1.2	发行情况报告书签章要求	全体董事、监事、高级管理人员是否在发行情况报告书的首页声明并签名,并加盖公章公司;控股股东、实际控制人是否在正文后声明并签名,加盖公章。
二、发行情况报告书		
基本情况说明		
2.1	基本情况说明的完整性	是否包括:1.本次定向发行履行的相关程序;2.优先股的类型及主要条款;3.发行对象及认购数量;4.相关机构及经办人员;5.本次发行前后股本结构、股东人数、资产结构、业务结构、主要财务指标的变化情况。
主办券商关于本次定向发行过程、结果和发行对象合规性的结论意见		
2.2	对本次定向发行过程、定价方法及结果的合法、合规性的说明	审查有无这些基本信息
2.3	对本次定向发行对象是否符合《优先股试点管理办法》的规定,是否符合公司及其全体股东的利益的说明	审查有无这些基本信息
2.4	证券公司认为需要说明的其他事项	审查有无这些基本信息

续表

编号	审查内容	审查中的关注要点
\multicolumn{3}{	l	}{律师关于本次定向发行过程、结果和发行对象合规性的结论意见}
2.5	对发行对象资格的合规性的说明	审查有无这些基本信息
2.6	对本次定向发行过程及结果合法、合规性的说明	审查有无这些基本信息
2.7	对本次定向发行相关合同等法律文件的合规性的说明	审查有无这些基本信息
2.8	本次定向发行涉及资产转让或者其他后续事项的,应陈述办理资产过户或者其他后续事项的程序、期限,并对因资产瑕疵导致不能过户的法律风险进行评估	审查有无这些基本信息
2.9	律师认为需要说明的其他事项	审查有无这些基本信息

行业规定

续表

编号	审查内容	审查中的关注要点
专门说明		
2.10	本次定向发行的有关事项需要修正或者补充说明的,申请人是否在发行情况报告书中作出专门说明	由于情况发生变化,导致董事会决议中关于本次定向发行的有关事项需要修正或者补充说明的,申请人应在发行情况报告书中作出专门说明。
三、其他审查要点		
3.1	是否在验资完成后十个交易日内,按照规定向全国股转公司提交材料,办理挂牌手续	审查是否在规定的时间内提交挂牌登记文件。

附件二:

挂牌公司重大资产重组审查要点

挂牌公司重大资产重组审查要点(内幕信息知情人报备)			
编号	审查内容	审查意见	备注
一、内幕信息知情人登记表			
1.1	内幕信息知情人登记表的格式是否与指南附件一致,是否完整填列了需填报的各项内容,各项内容是否填报准确		
1.2	内幕信息知情人登记表是否加盖了公司公章或公司董事会公章		

续表

编号	审查内容	审查意见	备注
1.3	内幕信息知情人报备范围是否完整,是否包括了挂牌公司、本次重大资产重组交易方及其关联方的所有董事、监事、高级管理人员及其直系亲属		
1.4	在交易进程备忘录签字的人员是否都已填报在内幕知情人登记表中		
1.5	内幕信息知情人登记表中填列的内幕信息知情人知晓内幕信息的时间,是否与交易进程备忘录签字日期一致		
二、买卖证券自查报告			
2.1	内幕信息知情人登记表中的主体,是否全部提交了买卖证券自查报告		
2.2	上述主体为自然人的,是否列明了自然人的姓名、职务、身份证号码、股票账户、有无买卖股票行为,并经本人签字确认		
2.3	上述主体为机构的,自查报告中是否列明了机构的名称、注册号、股票账户、有无买卖股票行为并盖章确认		
2.4	上述主体存在买卖公司股票行为的,当事人是否提交了关于其买卖股票行为是否利用了相关内幕信息的书面说明(可以在自查报告中进行说明);是否对买卖股票人员相关事项的动议时间,买卖股票人员是否参与决策,买卖行为与该事项是否存在关联关系以及是否签订了保密协议书等信息进行了说明		
三、交易进程备忘录			
3.1	交易进程备忘录是否详细记载了公司筹划重大资产重组过程中的每一具体环节的进展情况,包括商议相关方案、形成相关意向、签署相关协议或者意向书的具体时间、地点、参与机构和人员、商议和决议内容等		

续表

编号	审查内容	审查意见	备注
3.2	所有相关人员是否均已在交易进程备忘录上即时签名		
3.3	交易进程备忘录复印件是否经过律师鉴证,鉴证意见是否符合指南要求		
四、全体董事承诺书			
4.1	公司是否提交了全体董事对内幕信息知情人报备文件真实性、准确性和完整性的承诺书		
4.2	承诺书是否经全体董事签字并加盖公司公章		
五、其他			
5.1	内幕信息知情人报备文件报送时间是否在挂牌公司股票停牌日起10个交易日内,公司停牌让日距离首次董事会召开之日不足10个交易日的,是否在申请停牌的同时报送		
5.2	内幕信息知情人报备文件(包括书面文件或电子文件)是否与指南要求一致		
5.3	内幕信息知情人报备文件中所有需要签名处,是否均为签名人亲笔签名		

挂牌公司重大资产重组审查要点(重大资产重组预案)

编号	审查内容	审查意见	备注
一、文件格式检查			
1.1	重大资产重组预案、独立财务顾问核查意见等相关文件是否齐全		
二、重大资产重组预案			
2.1	是否披露了挂牌公司基本情况、交易对方基本情况、本次交易的背景和目的、本次交易的具体方案、交易标的基本情况		
2.2	是否披露了本次交易构成重大资产重组的认定依据		

续表

编号	审查内容	审查意见	备注
2.3	是否披露了本次交易对挂牌公司的影响以及交易过程中对保护投资者合法权益的相关安排		
2.4	本次交易行为涉及有关报批事项的,是否详细说明已向有关主管部门报批的进展情况和尚需呈报批准的程序,并对可能无法获得批准的风险作出特别提示		
2.5	是否披露了独立财务顾问、律师事务所、会计师事务所等证券服务机构的结论性意见;证券服务机构尚未出具意见的,是否作出了关于"证券服务机构意见将在重大资产重组报告书中予以披露"的特别提示		
2.6	原重组方案重大调整的,董事会是否重新审议表决,并重新履行申请停牌、内幕知情人报备、信息披露及申请复牌等程序		
三、独立财务顾问报告			
3.1	是否对重组预案披露内容进行逐项核查说明		
3.2	独立财务顾问的法定代表人或者其授权代表人、部门负责人、内部核查机构负责人、独立财务顾问主办人和项目协办人是否在独立财务顾问专业意见上签名,并加盖独立财务顾问单位公章		

挂牌公司重大资产重组审查要点(重大资产重组报告书—形式规范性)

编号	审查内容	审查意见	备注
一、文件格式检查			
1.1	重大资产重组报告书、独立财务顾问意见、法律意见书及资产评估、审计、资产估值报告(如有)等相关文件是否齐全		
1.2	是否同时披露了召开股东大会相关事项的具体安排		

续表

编号	审查内容	审查意见	备注
二、重大资产重组报告书			
（一）交易概述及挂牌公司、交易对手方基本情况			
2.1	是否简要介绍本次重组的基本情况,包括交易对方名称、交易双方实施本次交易的背景和目的、决策过程、交易标的名称、交易价格、是否构成关联交易、按照《重组办法》规定计算本次交易构成重大资产重组的的相关指标、董事会表决情况等		
2.2	是否披露了挂牌公司的基本情况,包括公司设立情况及曾用名称,最近2年的控股权变动情况、主要业务发展情况和主要财务指标,控股股东、实际控制人概况,挂牌公司及其控股股东、实际控制人、控股子公司是否为失信联合惩戒对象等		
2.3	是否披露了交易对方基本情况、交易对方与挂牌公司之间是否存在关联关系及其情况说明、交易对方及其主要管理人员最近2年内是否存在违法违规情形及其情况说明(与证券市场明显无关的除外)、交易对手方及其实际控制人是否属于失信联合惩戒对象		
2.4	涉及12月内连续买卖同一资产或者相关资产的,是否对前次购买、出售资产的相关情况进行了说明		
（二）交易标的概况(完整经营性资产适用)			
2.5	是否披露了该经营性资产的名称、企业性质、注册地、主要办公地点、法定代表人、注册资本、成立日期、统一社会信用代码、历史沿革、标的资产及其控股子公司是否为失信联合惩戒对象等		
2.6	是否披露了该经营性资产的产权或控制关系,包括其主要股东或权益持有人及持有股权或权益的比例、公司章程中可能对本次交易产生影响的主要内容或相关投资协议、原高管人员的安排、是否存在影响该资产独立性的协议或其他安排(如让渡经营管理权、收益权等)		

续表

编号	审查内容	审查意见	备注
2.7	是否披露了主要资产的权属状况、对外担保情况及主要负债情况		
2.8	交易标的为有限责任公司股权的,是否披露了是否已取得该公司其他股东的同意或者符合公司章程规定的股权转让前置条件		
2.9	该经营性资产的权益最近2年曾进行资产评估、交易、增资或改制的,是否披露了相关的评估价值、交易价格、交易对方和增资改制的情况		
(三)交易标的概况(非完整经营性资产适用)			
2.10	是否披露了相关资产的名称、类别及最近2年的运营情况		
2.11	是否披露了相关资产的权属状况,包括产权是否清晰、是否存在抵押、质押等权利限制,是否涉及诉讼、仲裁、司法强制执行等重大争议		
2.12	相关资产在最近2年曾进行资产评估或者交易的,是否披露了评估价值、交易价格、交易对方等情况		
(四)评估方法与评估结果(以评估为定价依据适用)			
2.13	资产交易根据资产评估结果定价的,是否披露了资产评估方法和资产评估结果(包括各类资产的评估值、增减值额及增减值率、主要评估参数及取值依据,以及主要的增减值原因等)		
(五)拟购买资产的主要业务概况(购买资产适用)			
2.14	是否披露了主要业务、主要产品或服务及其用途		
2.15	是否披露了业务模式或商业模式		

续表

编号	审查内容	审查意见	备注
2.16	是否披露了与主要业务相关的情况,主要包括: a.报告期内各期主要产品或服务的规模、销售收入,产品或服务的主要消费群体,报告期内各期向前五名客户合计的销售额占当期销售总额的百分比; b.报告期内主要产品或服务的原材料、能源及其供应情况,占成本的比重,报告期内各期向前五名供应商合计的采购额占当期采购总额的百分比; c.所从事的业务需要取得许可资格或资质的,还应当披露当前许可资格或资质的情况。		
2.17	是否披露了与其业务相关的资源要素,主要包括: a.产品或服务所使用的主要技术; b.主要生产设备、房屋建筑物的取得和使用情况、成新率或尚可使用年限等; c.主要无形资产的取得方式和时间、使用情况、使用期限或保护期、最近1期末账面价值; d.拟购买所从事的业务需要取得许可资格或资质的,还应当披露当前许可资格或资质的情况; e.特许经营权的取得、期限、费用标准; f.员工的简要情况,其中核心业务和技术人员应披露姓名、年龄、主要业务经历及职务、现任职务及任期以及持有挂牌公司股份情况; g.其他体现所属行业或业态特征的资源要素。		
(六)出售资产主要业务概况(出售资产适用)			
2.18	是否结合拟出售资产的主要业务、主要产品或服务及其用途、业务模式或商业模式,简要介绍了拟出售资产主要业务及与其相关的资源要素的基本情况		
(七)债权债务基本情况(涉及债权债务转移适用)			
2.19	资产交易涉及债权债务转移的,是否披露了披露该等债权债务的基本情况、债权人同意转移的情况及与此相关的解决方案。		

续表

编号	审查内容	审查意见	备注
(八)资产权属转移潜在障碍(如有)			
2.20	是否披露了资产交易中存在的可能妨碍权属转移的其他情形		
(九)发行股份情况(涉及发行股份适用)			
2.21	是否披露了挂牌公司发行股份的价格及定价原则,并充分说明定价的合理性		
2.22	是否披露了挂牌公司拟发行股份的种类、每股面值		
2.23	是否披露了挂牌公司拟发行股份的数量、占发行后总股本的比例		
2.24	是否披露了特定对象所持股份的转让或交易限制,以及股东关于自愿锁定所持股份的相关承诺		
2.25	是否披露了挂牌公司发行股份前后主要财务数据(如每股收益、每股净资产等)和其他重要财务指标的对照表		
2.26	是否披露了本次发行股份前后挂牌公司的股权结构,以及本次发行股份是否导致挂牌公司控制权发生变化、是否导致挂牌公司第一大股东发生变化		
2.27	是否披露了募集配套资金的相关情况(如有)		
2.28	挂牌公司以优先股、可转换债券等支付手段作为支付对价的,是否按照相关规定进行了披露		
(十)交易合同的主要内容			
2.29	是否披露了合同主体、签订时间		
2.30	是否披露了交易价格、定价依据以及支付方式(一次或分次支付的安排及特别条款、股份发行条款等)		
2.31	是否披露了资产交付或过户的时间安排		

续表

编号	审查内容	审查意见	备注
2.32	是否披露了交易标的自定价基准日至交割日期间损益的归属和实现方式		
2.33	是否披露了合同的生效条件和生效时间;合同附带的任何形式的保留条款、补充协议和前置条件		
2.34	是否披露了与资产相关的人员安排		
(十一)承诺事项(如有)			
2.35	涉及公开承诺的,是否披露了本次资产交易中相关当事人的公开承诺事项及提出的未能履行承诺时的约束措施		
(十二)财务信息			
2.36	交易标的为完整经营性资产的,是否披露了最近2年的简要财务报表 交易标的不构成完整经营性资产的,是否披露了相关资产最近2年经审计的财务数据,包括但不限于资产总额、资产净额、可准确核算的收入或费用额		
2.37	涉及盈利预测的,是否披露了拟购买资产盈利预测的主要数据(如有)		
(十三)中介机构意见及相关信息			
2.38	是否披露了独立财务顾问和律师对本次交易出具的结论性意见		
2.39	独立财务顾问不是为其提供持续督导业务的主办券商的,是否详细披露了主办券商不适宜担任独立财务顾问的具体原因		
2.40	是否披露了本次交易聘请的独立财务顾问、律师事务所、会计师事务所、资产评估机构(如有)等专业机构名称、法定代表人、住所、联系电话、传真,以及有关经办人员的姓名;聘请的会计师事务所及资产评估机构(如有)是否具有证券期货从业资格		

续表

编号	审查内容	审查意见	备注
（十四）声明及备查文件			
2.41	挂牌公司全体董事、监事、高级管理人员是否在重组报告书正文的尾页按规定声明,亲笔签字并加盖公司公章		
2.42	独立财务顾问是否对重组报告书的真实性、准确性、完整性进行核查,并在重组报告书正文后声明,且由法定代表人或授权代表人、项目负责人、独立财务顾问主办人签名,并由独立财务顾问加盖公章		
2.43	其他中介机构是否按规定声明,并由经办人员及所在机构负责人签名,并由机构加盖公章		
2.44	重组报告书末尾是否列明附件并披露,附件应当包括： （一）独立财务顾问报告； （二）财务会计报表及审计报告； （三）法律意见书； （四）资产评估报告、资产估值报告（如有）； （五）拟购买资产盈利预测报告（如有）； （六）挂牌公司及其董事、监事、高级管理人员,交易对方及其董事、监事、高级管理人员（或主要负责人）,相关专业机构及其他知悉本次重大资产交易内幕信息的法人和自然人,以及上述相关人员的直系亲属买卖该挂牌公司股票及其他相关证券情况的自查报告及说明； （七）其他与公开转让有关的重要文件。		
三、独立财务顾问报告			
3.1	是否说明了本次重组是否符合《重组办法》的规定		
3.2	是否说明了本次交易所涉及的资产定价和支付手段定价的合理性		

续表

编号	审查内容	审查意见	备注
3.3	是否说明了本次交易完成后挂牌公司的财务状况及是否存在损害股东合法权益的问题		
3.4	是否对交易合同约定的资产交付安排是否可能导致挂牌公司交付现金或其他资产后不能及时获得对价的风险、相关的违约责任是否切实有效发表明确意见		
3.5	是否对本次重组是否构成关联交易进行核查,并依据核查确认的相关事实发表明确意见。涉及关联交易的,是否充分分析了本次交易的必要性及本次交易是否损害挂牌公司及非关联股东的利益		
3.6	是否对挂牌公司及其控股股东、实际控制人、控股子公司,标的资产及其控股子公司,交易对手方及其实际控制人是否属于失信联合惩戒对象进行核查。如涉及失信联合惩戒对象,应对其被纳入失信联合惩戒对象名单的原因、相关情况是否已规范披露、是否可能造成标的资产存在权属纠纷或潜在诉讼、是否可能损害挂牌公司及股东的合法权益进行核查发表明确意见		
3.7	独立财务顾问的法定代表人或者其授权代表人、部门负责人、内部核查机构负责人、独立财务顾问主办人和项目协办人是否在独立财务顾问专业意见上签名,并加盖独立财务顾问单位公章		
四、法律意见书			
4.1	是否说明了挂牌公司和交易对方是否具备相应的主体资格、是否依法有效存续		
4.2	是否说明了本次交易是否履行必要的批准或授权程序,相关的批准和授权是否合法有效;本次交易是否构成关联交易,构成关联交易的,是否已依法履行必要的审议批准程序和信息披露义务;本次交易涉及的须呈报有关主管部门批准的事项是否已获得有效批准;本次交易的相关合同和协议是否合法有效		

续表

编号	审查内容	审查意见	备注
4.3	是否说明了标的资产(包括标的股权所涉及企业的主要资产)的权属状况是否清晰,权属证书是否完备有效,标的资产是否存在产权纠纷或潜在纠纷,标的资产是否存在抵押、担保或其他权利受到限制的情况		
4.4	标的资产尚未取得完备权属证书的,是否说明了取得权属证书是否存在法律障碍;标的资产存在权属纠纷、抵押、担保或其他权利受限情况的,是否说明了对本次交易的影响		
4.5	是否说明了本次交易所涉及的债权债务的处理及其他相关权利、义务的处理是否合法有效,其实施或履行是否存在法律障碍和风险		
4.6	是否说明了挂牌公司、交易对方和其他相关各方是否已履行法定的披露和报告义务,是否存在应当披露而未披露的合同、协议、安排或其他事项		
4.7	是否说明了本次交易是否符合《重组办法》和相关规范性文件规定的原则和条件		
4.8	是否说明了参与挂牌公司本次交易活动的证券服务机构是否具备必要的资格		
4.9	是否对挂牌公司及其控股股东、实际控制人、控股子公司,标的资产及其控股子公司,交易对手方及其实际控制人是否属于失信联合惩戒对象进行核查。如涉及失信联合惩戒对象,应对其被纳入失信联合惩戒对象名单的原因、相关情况是否已规范披露、是否可能造成标的资产存在权属纠纷或潜在诉讼、是否可能损害挂牌公司及股东的合法权益进行核查发表明确意见		
4.10	是否说明了本次交易是否符合相关法律、行政法规、部门规章和规范性文件的规定,是否存在法律障碍,是否存在其他可能对本次交易构成影响的法律问题和风险		

行业规定

续表

编号	审查内容	审查意见	备注
五、其他文件			
5.1	是否提供了本次交易所涉及的相关资产最近2年及一期(如有)的财务会计报表(财务数据)或审计报告		
5.2	挂牌公司重大资产重组以评估值或资产估值报告中的估值金额作为交易标的定价依据的,是否提供了相关资产的资产评估报告或资产估值报告		
5.3	挂牌公司对拟购买资产作出盈利预测的,是否披露了盈利预测报告		
5.4	原重组方案重大调整的,是否在董事会表决后重新提交股东大会审议,并重新履行申请停牌、内幕知情人报备、信息披露及申请恢复转让等程序		

挂牌公司重大资产重组审查要点(重大资产重组报告书—重点问题)			
编号	审查内容	审查意见	备注
一、标的资产历史沿革			
1.1	是否披露标的资产历次增资、减资、股权转让等股本变化情况及履行的内部决议、外部审批程序;涉及非现金资产出资的,是否披露了相关资产评估和权属转移情况、验资情况		
1.2	标的资产出资履行的程序、出资形式及相应比例等是否符合当时有效法律法规的规定		
1.3	是否披露标的资产出资瑕疵的形成原因、具体情形,出资瑕疵对公司经营或财务的影响,标的资产针对出资瑕疵所采取的规范措施,以及该瑕疵对标的资产合法合规性的影响(如有)		

续表

编号	审查内容	审查意见	备注
二、合同特殊条款			
(一)总体要求			
2.1	业绩承诺及补偿、股份回购、反稀释等特殊条款是否符合《挂牌公司股票发行常见问题解答(四)》的相关监管要求		
2.2	是否对特殊条款进行了完整披露,独立财务顾问、律师是否就相关条款的合法合规性发表明确意见		
(二)标的资产业绩相关条款			
2.3	是否披露了业绩补偿的具体安排,业绩补偿安排是否可行、合理,相关补偿的提供方是否具备履行补偿的能力,是否披露了无法完成业绩补偿的补救措施,以及补救措施的可行性、合理性(如有)		
三、标的资产评估定价			
3.1	是否披露了交易价格确定的基础(净资产、评估结果或其他)		
3.2	资产交易定价以资产评估结果为依据的,资产评估机构是否采取了两种以上评估方法进行评估;只采用一种评估方法的,是否对原因进行了解释说明		
3.3	是否对评估方法适用的合理性进行了充分说明		
3.4	评估假设是否合理、客观,被评估资产权属是否清晰(包括权益类资产对应的实物资产和无形资产的权属)		
3.5	对不同资产部分采取了不同的评估方法的(例如在资产基础法评估中对长期股权投资采用收益法评估),是否披露了该项资产的具体评估过程		
3.6	不同评估方法评估结论具有显著差异的,是否充分说明了该差异的合理性		
3.7	本次交易定价与评估结论或经审计财务数据存在较大差异的,是否对交易定价及差异合理性进行了充分说明		

续表

编号	审查内容	审查意见	备注
四、发行股份购买资产及配套募资			
(一)发行股份购买资产			
4.1	是否对挂牌公司发行股份的定价依据及合理性进行了充分分析,是否存在发行定价低于每股净资产或显著不公允的情形		
4.2	挂牌公司本次发行价格与前次发行价格具有显著差异的,是否对价差合理性进行了充分解释		
4.3	是否披露了挂牌公司前次股票发行募集资金使用情况		
4.4	是否披露了本次重组所涉及发行对象是否符合投资者适当性管理要求		
4.5	是否披露了私募投资基金与私募投资基金管理人登记备案程序的进展情况		
4.6	是否披露了本次重组所涉发行对象是否存在"股权代持"情形、是否属于持股平台		
(二)募集配套资金			
4.7	是否对配套募集资金部分发行定价的合理性和公允性进行说明;配套募资与购买资产的发行定价存在差异的,是否对价差的合理性进行了解释和说明;是否适用《企业会计准则第11号——股份支付》		
4.8	是否根据股票发行相关监管要求对募集资金用途进行必要性和可行性分析,是否对募集资金存放专项账户情况、三方监管协议签订情况进行了说明		
4.9	是否对现有股东优先认购安排和现有股东的合法权益保障进行说明		
4.10	配套募集资金比例是否合法合规		
4.11	是否披露了募集配套资金所涉及发行对象是否符合投资者适当性管理要求		

续表

编号	审查内容	审查意见	备注
4.12	是否披露了私募投资基金与私募投资基金管理人登记备案程序的进展情况		
4.13	是否披露了募集配套资金所涉发行对象是否存在"股权代持"情形、是否属于持股平台		
4.14	是否披露了募集配套资金所涉及发行对象失信联合惩戒情况		
4.15	募集配套资金发行对象包含证券公司的,向其发行的股份是否为做市库存股;独立财务顾问、主办券商参与本次募集配套资金认购的,是否执行了内部控制制度和业务隔离制度		
五、其他			
5.1	是否披露了挂牌公司前次重大资产重组情况		
5.2	是否披露了本次重组前后挂牌公司关联交易、同业竞争、公司治理变化情况		

挂牌公司重大资产重组审查要点(超200人公司申请出具自律监管意见)

编号	审查内容	审查意见	备注
一、文件格式检查			
1.1	指南中列明的各项文件(包括书面文件或电子文件)是否齐全,是否与指南要求一致		
1.2	董事会决议、监事会决议、股东大会决议、重组报告书、独立财务顾问意见、律师意见、审计评估报告等内容是否与已披露的文件内容相一致		
二、股东大会通知			
2.1	股东大会通知披露日距离股东大会召开日是否大于等于15日		
2.2	股权登记日是否为交易日,与股东大会召开日期之间的间隔是否不多于7个交易日,且晚于公告的披露时间		

续表

编号	审查内容	审查意见	备注
2.3	股东大会召开日期发生变更的,是否符合股权登记日不得变更的规定		
2.4	审议事项列表是否已包括董事会审议通过须提交股东大会审议的议案		
三、股东大会决议			
3.1	股东大会就重大资产重组事项作出的决议是否经出席会议的股东所持表决权2/3以上通过,是否对出席会议的持股比例在10%以下的股东表决情况实施单独计票		
3.2	是否审议通过修改公司章程的议案		
3.3	是否审议通过关于公司与交易对手方签署附生效条件相关合同或协议的议案		
3.4	是否审议通过提请股东大会授权董事会办理本次重大资产重组相关事宜的议案		
3.5	交易对手方与公司现有股东存在关联关系的,股东大会审议时,相关股东是否已履行回避表决程序		
3.6	股东大会决议是否已经参会股东签字或提供有关授权文件等,并加盖公司公章		
四、其他审查要求			
4.1	公司授权全国股转公司代为向中国证监会报送发行股份购买资产的申请文件等有关事宜的委托书是否按模板填写		
4.2	申请出具自律监管意见的报告是否按模板填写		
4.3	重组相关协议或合同内容与信息披露文件是否一致		
4.4	重组涉及其他主管部门批准的,是否已经获批		
4.5	股份锁定(限售)承诺与信息披露文件是否一致		
4.6	如果在12个月内连续对同一或者相关资产进行购买、出售的,公司重组程序的履行是否及时		

挂牌公司重大资产重组审查要点（不超200人公司股票发行备案）

编号	审查内容	审查意见	备注
一、文件格式检查			
1.1	指南中列明的各项文件（包括书面文件或电子文件）是否齐全，是否与指南要求一致		
1.2	董事会决议、股东大会决议、重组报告书、独立财务顾问意见、律师意见、审计评估报告等内容是否与已披露的文件内容相一致		
二、重大资产重组实施情况报告书			
2.1	是否介绍了本次重组的实施过程，相关资产过户或交付、相关债权债务处理以及证券发行登记等事宜的办理状况		
2.2	相关实际情况与此前披露的信息是否一致		
2.3	是否披露了相关协议、承诺的履行情况及未能履行承诺时相关约束措施的执行情况		
2.4	涉及募集配套资金的，是否参照股票发行相关监管要求，披露了募集配套资金的具体实施情况		
2.5	是否存在其他需要披露的事项		
三、律师及独立财务顾问意见			
3.1	律师及独立财务顾问是否就实施情况报告书的内容逐项进行核查并发表明确意见		
3.2	律师及独立财务顾问意见是否一致，不存在结论冲突的情况		
3.3	律师及独立财务顾问在重组全程是否始终未经更换，如有更换是否披露了更换的具体原因		
3.4	涉及募集配套资金的，律师及独立财务顾问是否参照股票发行相关规则的要求，针对募集配套资金相关事项发表了中介机构意见		

续表

编号	审查内容	审查意见	备注
四、其他审查要求			
4.1	股东大会就重大资产重组事项作出的决议是否经出席会议的股东所持表决权2/3以上通过		
4.2	首次信息披露中存在承诺事项的,相关事项是否已经履行完毕		
4.3	涉及自愿限售的,是否提交了自愿限售的相关材料		
4.4	涉及其他主管部门批准的,是否已经获批		
4.5	涉及需取得特殊行业准入资质的,是否已获得了相关资质		

挂牌公司重大资产重组审查要点(超200人公司股票登记)

编号	审查内容	审查意见	备注
一、文件格式检查			
1.1	指南中列明的各项文件(包括书面文件或电子文件)是否齐全,是否与指南要求一致		
二、重大资产重组实施情况报告书			
2.1	是否介绍了本次重组的实施过程,相关资产过户或交付、相关债权债务处理以及证券发行登记等事宜的办理状况		
2.2	相关实际情况与此前披露的信息是否一致		
2.3	是否披露了相关协议、承诺的履行情况及未能履行承诺时相关约束措施的执行情况		
2.4	涉及募集配套资金的,是否参照股票定向发行相关监管要求,披露了募集配套资金的具体实施情况		
2.5	是否存在其他需要披露的事项		

续表

编号	审查内容	审查意见	备注
三、律师及独立财务顾问意见			
3.1	律师及独立财务顾问是否就实施情况报告书的内容逐项进行核查并发表明确意见		
3.2	律师及独立财务顾问意见是否一致，不存在结论冲突的情况		
3.3	律师及独立财务顾问在重组全程是否始终未经更换，如有更换是否披露了更换的具体原因		
3.4	涉及募集配套资金的，律师及独立财务顾问是否参照股票定向发行相关规则的要求针对募集配套资金相关事项发表了中介机构意见		
四、其他审查要求			
4.1	核准批文是否在中国证监会要求的有效期内		
4.2	首次信息披露中存在承诺事项的，相关事项是否已经履行完毕		
4.3	涉及自愿限售的，是否提交了自愿限售的相关材料		
4.4	涉及其他主管部门批准的，是否已经获批		
4.5	涉及需取得特殊行业准入资质的，是否已获得了相关资质		

中国资产评估协会关于印发
《资产评估专家指引第6号——上市公司重大资产重组评估报告披露》的通知

(2015年7月22日　中评协〔2015〕67号)

各省、自治区、直辖市、计划单列市资产评估协会(注册会计师协会),具有证券评估业务资格的资产评估机构:

为进一步提高上市公司重大资产重组评估报告信息披露质量,防范执业风险,体现资产评估师职业资格管理制度改革相关要求,中国资产评估协会组织专家在修订《资产评估操作专家提示——上市公司重大资产重组评估报告披露》(中评协〔2012〕246号)的基础上,制定了《资产评估专家指引第6号——上市公司重大资产重组评估报告披露》,现予以发布,供评估机构和资产评估师执行上市公司重大资产重组评估业务时参考。

请各地方协会将《资产评估专家指引第6号——上市公司重大资产重组评估报告披露》及时转发评估机构。

中国资产评估协会于2012年12月28日发布的《资产评估操作专家提示——上市公司重大资产重组评估报告披露》(中评协〔2012〕246号)自本专家指引发布时起同时废止。

附件：

资产评估专家指引第 6 号——上市公司重大资产重组评估报告披露

本专家指引是一种专家建议。评估机构执行资产评估业务，可以参照本专家指引，也可以根据具体情况采用其他适当的做法。中国资产评估协会将根据业务发展，对本专家指引进行更新。

第一条 为进一步提高上市公司重大资产重组评估报告信息披露质量，使监管部门和评估报告使用者能够充分理解评估结论，中国资产评估协会组织制定了本专家指引。

第二条 上市公司重大资产重组评估报告，是指中国证监会上市公司重大资产重组相关规定涉及的评估报告。

第三条 上市公司重大资产重组评估业务可能涉及多种资产类型和多重监管，资产评估师编写上市公司重大资产重组评估报告时，应当遵守相关监管规定和评估准则对于信息披露的格式和内容的要求。

第四条 上市公司重大资产重组评估报告，应当关注相关审计报告的审计目标、审计范围及审计意见。

审计意见为带强调事项段的无保留意见或者保留意见时，资产评估师应当关注并恰当考虑强调事项或者保留事项对评估结论的影响，并在评估报告中进行披露。

审计意见为否定意见或无法表示意见时，资产评估师应当在评估报告中对相关事项及评估处理方式进行披露。

上市公司重大资产重组评估报告中，评估对象是完整经营性实体的，应当披露评估对象涉及的资产、负债与已经审计财务报表之间的对应关系；评估对象不是完整经营性实体的，应当披露委托评估范围和被审计单位财务报表的关系。

第五条 资产评估中涉及土地使用权评估，评估报告通常披露如下内容：

（一）土地使用权评估基准日现状状态与评估设定状态，包括宗数、面积、用途、剩余年限、取得方式、取得成本、相关费用缴纳等；相关费用的承担方式以及对评估值的影响；

（二）土地使用权权属资料，包括土地证、出让协议、使用协议等；土地使用状态，法规或政策限制交易、抵押等权利限制或者诉讼等权利争议事项；

存在抵押、担保等权利限制情形的，评估报告应当披露处理方式。

第六条 资产评估中涉及矿业权评估，评估报告通常披露如下内容：

（一）矿业权评估范围，包括矿产资源勘查许可证或采矿许可证取得时间、有效期、勘查或开采矿种、开采方式、矿区面积、开采深度、生产规模等；取得方式；取得成本；有偿处置情况及相关税费，包括矿产资源补偿费、资源税、探矿权使用费、采矿权使用费等的缴纳情况；

对于无偿取得的矿业权，披露矿业权价款对资产评估结论的影响；

对于以出让方式取得的矿业权，披露矿业权出让的合同、批准文件，矿业权价款缴纳情况；

对于以转让方式取得的矿业权，披露矿业权交易价格及依据；

矿业权人出资勘查形成的矿产地，披露目前勘查及其投入情况；

上市公司购买拥有矿业权公司的股权，如果矿业权处置价款已确定，披露是否存在未付的款项并已足额记为负债；如果矿业权应当处置而未处置并且涉及价款的，披露未来支付的相关协议或者意向以及支付方式，及其对评估结论的影响。

（二）矿业权权属文件，包括《矿产资源勘查许可证》、《采矿许可证》、"矿区范围划定批复文件"、与矿业权管理部门签署的"探矿权采矿权出让合同"等，矿业权权属是否存在抵押等权利限制或者诉讼等权属争议；

已经付清相关费用或不属于国家出资勘查探明矿产、但尚未取得《矿产资源勘查许可证》或《采矿许可证》的，披露对应的矿种、面积、评估价值、相应权证办理进展情况、相关费用承担方式，以及对评估结论的影响；

《矿产资源勘查许可证》或《采矿许可证》存在抵押等权利限制等情形的,披露对评估结论的影响。

(三)矿产资源储量评审备案情况,评审意见书及备案证明的时间和文号等;最近三年内最后一次储量核实与本次储量评审的差异情况。

(四)确定的收益期长于《采矿许可证》有效期,或处于申办《采矿许可证》而《矿产资源勘查许可证》到期的"探转采"矿产的,披露到期续展情况或"探转采"是否涉及矿业权价款及相关费用的缴纳,及其对评估结论的影响。

第七条 上市公司重大资产重组评估报告中,评估对象是完整经营性实体的,应当根据《资产评估准则——企业价值》的要求恰当选择评估方法,并结合评估方法的适用性,披露评估方法选择的理由。

评估对象不是完整经营性实体的,披露主要资产的评估方法及选择理由。

第八条 采用收益法进行企业价值评估,评估报告应当披露:

(一)结合所选择的具体方法,披露评估结论测算时涉及的相关表格。当采用现金流量折现法时,通常包括资产调整表、负债调整表、折现现金流量测算表、营业收入预测表、营业成本预测表、营业税金及附加预测表、销售费用预测表、管理费用预测表、财务费用预测表、营运资金预测表、折旧摊销预测表、资本性支出预测表、负债预测表等;

折现现金流测算表中,建议将历史数据与预测数据按可比口径列示在同一张表格中,并列示营业收入增长率、营业成本、销售费用、管理费用等占销售收入比例;

(二)资产、负债调整表中溢余资产、非经营性资产、负债以及付息负债的情况;

(三)业绩承诺期前后预测趋势存在重大差异的原因及其合理性;

(四)折现率模型或估算方法,以及无风险利率、风险溢价、个别风险或行业收益率、附加风险的估算过程及结果;引用数据的出处,可比公司的选择标准和选择结果。

第九条 采用市场法评估企业价值,评估报告应当披露:

(一)可比上市公司的选择标准、股票简称及代码;

（二）交易案例选择标准、案例来源及相关信息，案例相关信息通常包括交易目的、交易时间、交易股权比例等；

（三）价值比率选择过程、调整过程及结果。

第十条 采用资产基础法评估企业价值，评估报告应当披露对评估对象价值有重大影响的表外资产、负债的识别过程和结论；主要单项资产的评估方法及选择理由。

第十一条 上市公司重大资产重组评估报告中，引用土地、矿业权等单项资产评估报告作为资产评估结论的组成部分，评估报告应当披露：

（一）引用评估报告的评估机构名称、资质、报告编号、出具日期、备案情况；

（二）引用评估报告的资产类型、数量、产权权属、取得成本、会计核算、相关负债以及账面价值；

（三）引用评估报告采用的评估方法、披露的假设前提、使用限制及相关事项；

（四）引用评估报告披露的评估结论数据，以及对于可能存在相关负债的处理情况；

（五）其他需要披露的重要事项。

第十二条 评估结论形成过程应当披露：

（一）不同评估方法的结果差异及原因分析；

（二）形成评估结论的过程和理由；

（三）评估结果考虑了具有控制权溢价或者缺乏控制权折价，或流动性对评估对象价值影响的，应当披露溢价或折价数值的测算过程及确定依据，并对相关差异进行分析说明；

（四）评估对象涉及境外资产的，应当披露评估假设、重要参数的选取是否考虑了资产所在地的市场环境、人员、技术、法律、税收等方面的因素；

（五）可以结合对应的重组方式分析评估结论合理性。

第十三条 应当披露主要资产的瑕疵事项。当瑕疵事项对评估结论可能存在重大影响时，还应当披露是否考虑瑕疵事项对评估结论的影响，存在瑕疵事项的资产评估值占总资产评估值以及评估结论的比例,相关方对瑕疵事项的承诺。

第十四条 应当披露影响评估对象价值的重大不确定性事项,以及对该事项的处理方式。

第十五条 应当披露评估基准日至评估报告日期间发生的影响评估结论的重大事项,以及对该事项的处理方式。

第十六条 本专家指引是以上市公司重大资产重组业务中的评估实践为基础,针对此类评估业务评估报告披露的重点、难点提出的建议。本专家指引不涉及评估报告格式及评估报告基本内容的建议,未包括此类业务评估报告应该披露的全部内容。本专家指引不是对相关资产评估准则和上市公司信息披露有关规定的修正,也不是一项新的评估报告准则。

第二部分 典型案例

一、PE 对赌条款有效与无效的认定

北京银海通投资中心、新疆西龙土工新材料股份有限公司股权转让纠纷案

【案号】

(2020)最高法民申 2957 号

【裁判要旨】

公司以其全部资产对公司债权人承担责任,公司债权人利益的实现与否与公司资产的变化情况直接相关。"对赌"模式中,投资方要求目标公司回购股份,属于减少公司注册资本的情形,减资有可能使得公司的责任资本减少,使公司的偿债能力降低,从而对债权人的利益产生较大影响。因此,在投资方诉请要求目标公司回购股份时,如果没有完成减资程序,充分保障公司债权人利益的情况下,人民法院一般不予支持。

【案情简介】

2011 年 8 月 11 日,北京银海通投资中心(以下简称银海通)与新疆西龙土工新材料股份有限公司(以下简称新疆西龙公司)签订《增资扩股协议》,约定银海通以增资扩股的方式对新疆西龙公司进行投资。同日,银海通与新疆西龙公司及奎屯西龙无纺土工制品有限公司(新疆西龙公司全资子公司,以下简称奎屯西龙公司)签订《补充协议》,约定若 2012 年 9 月 30 日前新疆西龙公司仍未公开发行股票并上市,则银海通有权要求新疆西龙公司回购其持有的股份,且新疆西龙公司应在银海通提出回购要求后 3 个月内完成回购;如新疆西龙公司不能履行回购义务,则奎屯西龙公司应按照约定收购股份,以保障银海通的投资退出。2011 年 8 月 16 日,银海通将投资款 900 万元支付给新疆西龙公司,但新疆西龙公司未在约定期限内公开发行股票并上市。就此,银海通请求法院判决新疆西龙公司支付其股权回购价款,同时请

求奎屯西龙公司承担连带保证责任。

该案中,一审法院支持了银海通的诉求,判决新疆西龙公司支付银海通股权回购价款,同时奎屯西龙公司对股权回购款项承担连带责任。新疆西龙公司不服,提出上诉;二审法院则撤销了一审判决,驳回银海通的诉讼请求。银海通向最高人民法院申请再审;最终最高人民法院驳回了银海通的再审申请,维持二审判决。

【裁判结论】

一审判决:一、新疆西龙公司于本判决生效之日起三十日内一次性支付银海通投资中心股权回购价款 13275000 元;二、奎屯西龙公司对上述款项承担连带责任。

二审判决:一、撤销新疆维吾尔自治区高级人民法院伊犁哈萨克自治州分院(2014)伊州民二初字第 53 号民事判决;二、驳回银海通(有限合伙)的诉讼请求。

再审判决:驳回银海通(有限合伙)的再审申请。

【裁判观点】

子公司对母公司股权的持有,在实质效果上与母公司持有自己的股权效果相同。因此,投资人在母公司未完成减资程序的情况下,要求子公司在母公司不能履行上述回购义务的情况下承担支付股权回购款的责任于法无据。并且,母公司回购义务是主合同义务,主合同义务未成就,作为从义务的子公司的担保义务也未成就。

广东南方广播影视传媒集团有限公司、广东南方领航影视传播有限公司公司增资纠纷案

【案号】

(2020)最高法民申 6234 号

【裁判要旨】

目标公司因未减资而存在股权回购履行障碍,不影响其他股东承担连带责任。

【案情简介】

2014 年,润信鼎泰、鼎泰资本、美锦公司等作为投资人,与目标公

司广东南方领航影视传播有限公司(以下简称领航公司)、老股东广东南方广播影视传媒集团有限公司(以下简称传媒集团)签署投资协议及补充协议,约定投资人向领航公司投资,目标公司领航公司与投资人进行上市对赌,若对赌失败目标公司领航公司需回购投资人股权;老股东传媒集团对目标公司领航公司的回购义务承担连带责任。此后,投资人缴付出资款。2018年,因目标公司未在约定时间内上市,投资人向法院提起诉讼,要求目标公司领航公司、老股东传媒集团承担回购义务。本案中一审法院驳回了投资人的全部诉讼请求,二审(广东省高级人民法院)及再审法院(最高人民法院)驳回了投资人要求目标公司领航公司承担回购义务的诉讼请求,支持了投资人要求老股东传媒集团承担回购义务的诉讼请求。

【裁判结论】

一审判决:驳回润信鼎泰、鼎泰资本、美锦公司的诉讼请求。

二审判决:一、撤销(2019)粤01民初8号民事判决;二、领航公司、传媒集团向润信鼎泰、鼎泰公司、美锦公司支付违约金24000元;三、传媒集团向润信鼎泰、鼎泰公司、美锦公司支付投资款本金4800万元及相应费用和违约金(其中相应费用分别以3800万元和1000万元为基数,按年利率8%从2014年12月15日和2014年12月18日计算至2019年1月2日;违约金以4800万元为基数,按每日万分之五从2019年1月3日计算至实际清偿之日止);四、驳回润信鼎泰、鼎泰公司、美锦公司其他诉讼请求。

再审判决:驳回传媒集团、领航公司的再审申请。

【裁判观点】

《全国法院民商事审判工作会议纪要》执行后,涉对赌股权回购纠纷,投资人诉求能否得到支持,既要考虑对赌协议的效力,又要从公司资本维持的角度,考虑回购是否具有可履行性,若目标公司未完成减资程序的,人民法院应当驳回其诉讼请求。考虑到公司减资属于资本多数决事项(所持表决权2/3以上同意),在未就公司减资形成决议的情况下,减资往往存在障碍,进而阻却投资人要求目标公司回购股权诉求的实现,故应尽量减少与目标公司对赌,尽量选择与目标公司控股股东对赌,目标公司承担连带责任。如选择与目标公司对赌,应设置目标公司控股股东对回购承担连带责任,而非保证责任,防止目标公司股东援引《民法典》第七百零一条的规定,行使主债务人对债权人的抗辩权。

南京报业集团有限责任公司、南京时代传媒投资有限责任公司等合同纠纷案

【案号】
(2022)最高法民申232号

【裁判要旨】
《公司法》第六十六条仅规定国有独资公司的合并、分立、解散等情形,必须由国有资产监督管理机构决定及报批,并不涉及股权回购事宜。《企业国有资产法》第三十条规定国家出资企业的合并、分立、增减注册资本、进行重大投资等重大事项,应遵守相关规定,不得损害出资人和债权人的权益,并无关于股权回购须经审批的规定。《企业国有资产监督管理暂行条例》第二十三条系关于国有股权转让的规定,若致使国家不再拥有控股地位的,须经政府批准;第二十一条、第二十四条等规定情形,均无股权回购须经批准的规定。

【案情简介】
2010年4月30日,投资人汇金立方中心等与目标公司时代股份公司、老股东南京报业集团有限责任公司(以下简称报业集团)(国有独资公司)及南京时代传媒投资有限责任公司(以下简称时代投资公司)(国有全资公司)签订《增资协议》,约定投资人向目标公司增资相关事宜。同日,各方又签订《备忘录》,约定若目标公司时代股份公司在《备忘录》签署三年后未实现上市,投资人汇金立方中心等应将其持有的目标公司的全部股权转让给老股东报业集团和时代投资公司,且约定了股权转让价格。《增资协议》明确约定须经审批生效,而《备忘录》未作须审批生效的相关约定。《增资协议》及《备忘录》签署后,投资人如期向目标公司投资;三年后,目标公司未如期上市。2013年10月17日,投资人向老股东报业集团、时代投资公司发出《关于催告履行协议义务的函》,要求报业集团、时代投资公司在接函后立即按照上

述《备忘录》之约定履行回购义务,支付全部投资本金及利息。老股东报业集团未履行回购义务,投资人诉至法院。

【裁判结论】

(没有找到一审二审的判决书原文)

再审判决:驳回报业集团、时代投资公司的再审申请。

【裁判观点】

《公司法》第六十六条仅规定国有独资公司的合并、分立、解散等情形,必须由国有资产监督管理机构决定及报批,并不涉及股权回购事宜。《企业国有资产法》第三十条规定国家出资企业的合并、分立、增减注册资本、进行重大投资等重大事项,应遵守相关规定,不得损害出资人和债权人的权益,并无关于股权回购须经审批的规定。《企业国有资产监督管理暂行条例》第二十三条系关于国有股权转让的规定,若致使国家不再拥有控股地位的,须经政府批准;第二十一条、第二十四条等规定情形,均无股权回购须经批准的规定。

《增资协议》涉及公司增资问题,按照约定和相关规定履行了审批手续而生效。《备忘录》约定关于股权回购问题,在相关法律、行政法规未作出强制性规定时,各方当事人约定签署及《增资协议》经审批生效后发生效力,属当事人对股权回购协议效力的真实意思表示,二审判决依法认定《备忘录》已生效,并无不妥。

南京高科新浚成长一期股权投资合伙企业(有限合伙)诉房某某、梁某某等上市公司股份回购合同纠纷案

【案号】

(2020)沪02民初234号,(2021)沪民终745号

【裁判要旨】

目标公司上市后对赌协议的效力和履行,不仅涉及公司内部关系的调整,还涉及证券监管要求以及证券市场交易秩序和金融安全等问题。当事人隐瞒未披露的对赌条款,属于上市审核规则明确必须在上市前予以清理的对赌条款的,对其效力认定应充分考察审核规则所体现的公共法益、监管对象是针对交易行为还是市场准入资格,对金融

安全及社会影响等方面内容。与股票市值直接挂钩的回购条款,存在投资人为追求自身投资利益而故意在行权期内操纵二级市场股票交易价格的潜在风险,应认定为无效条款。

【案情简介】

2016年12月,房某某、梁某某与南京高科新浚成长一期股权投资合伙企业(有限合伙)(以下简称高科新浚)、南京高科新创投资有限公司(以下简称高科新创)签订协议约定,高科新浚、高科新创认购绍兴闰康生物医药股权投资合伙企业(有限合伙)(以下简称绍兴闰康)新增出资1亿元,而绍兴闰康是作为江苏硕世的股东之一,对江苏硕世进行股权投资。此后,各方签订《修订合伙人协议》,其中4.2条上市后回售权约定:在江苏硕世完成首次公开发行之日起6个月届满之日,投资方有权要求任一回售义务人(房某某、梁某某或绍兴闰康)按照规定的价格购买其全部或部分合伙份额对应的收益权;上市后回售价款以按发出回售通知之日前30个交易日江苏硕世股份在二级市场收盘价算出平均值作为计算依据。

2019年12月,江苏硕世在上海证券交易所科创板上市。根据《上海证券交易所科创板股票发行上市审核问答二》第十条规定,前述4.2条约定属于发行人在申报科创板股票发行上市前应予以清理的对赌协议。但江苏硕世在申报发行过程中,未按监管要求对回购条款予以披露和清理。2020年7月13日,高科新浚、高科新创向房某某、梁某某、绍兴闰康发出《回售通知书》,要求绍兴闰康履行上市后回购义务。当日,江苏硕世盘中的股票交易价格达到历史最高价476.76元。此前30个交易日,江苏硕世的股票价格涨幅达155%。次日起江苏硕世股价一直处于跌势,直至2020年9月11日交易收盘价为183.80元。因房某某、梁某某、绍兴闰康未于高科新浚发出回售通知后3个月内支付相应回购价款。高科新浚遂提起本案诉讼:1. 判令房某某、梁某某、绍兴闰康共同向高科新浚支付合伙份额的回售价款499023228.60元;2. 判令房某某、梁某某、绍兴闰康共同向高科新浚赔偿因逾期支付回售价款导致的利息损失;3. 判令绍兴闰康协助高科新浚办理绍兴闰康所持江苏硕世204.0995万股股份的质押登记手续,在前述股份质押登记手续办结后或逾期未在法院判决限定期限内办理股份质押手续的,高科新浚可通过协议折价或以拍卖、变卖后的价款在房某某、梁某某、绍兴闰康应向高科新浚支付的回售价款及利息损失范围内享有优先受偿权。

上海市第二中级人民法院一审认为,案涉上市后回售权的约定违反金融监管秩序,判决驳回高科新浚、高科新创全部诉讼请求。高科新浚、高科新创上诉至上海市高级人民法院。二审认为,案涉《修订合伙人协议》系绍兴闰康的合伙人之间签订,但房某某、梁某某系江苏硕世的实际控制人,高科新浚、高科新创借合伙形式,实质上与上市公司股东、实际控制人签订了直接与二级市场短期内股票交易市值挂钩的回购条款,不仅变相架空了禁售期的限制规定,更是对二级市场投资人的不公平对待,有操纵股票价格的风险,扰乱证券市场秩序,属于《民法典》第一百五十三条违反公序良俗之情形,应认定无效,故驳回上诉,维持原判。

【裁判结论】

(没找到判决书原文)

一审判决:驳回高科新浚、高科新创全部诉讼请求。

二审判决:驳回上诉,维持原判。

【裁判观点】

本案中,回购约定与江苏硕世的市值是挂钩的,而江苏硕世在申报发行过程中并未对此情况进行披露和清理,而相应的回购约定显然违反了科创板的上市规则。上海二中院就此认定案涉回购权约定违反金融监管秩序,驳回了投资人的诉请。更进一步的,虽然证券交易所的审核规则效力级别较低,本案情形未达到直接"违反法律、行政法规的强制性规定"的标准,但上海高院参照《全国法院民商事审判工作会议纪要》第三十一条,适用民法典第一百五十三条第二款的规定,认为回购约定"不仅变相架空了禁售期的限制规定,更是对二级市场投资人的不公平对待,有操纵股票价格的风险,扰乱证券市场秩序",认为该种约定违反公序良俗,就此认定回购约定无效。

二、企业资产收购

新乡日升数控轴承装备股份有限公司与黑石香港投资有限公司、河南新机股份有限公司、新乡市日升投资管理有限公司、申万宏源证券有限公司债权追偿纠纷案

【案号】

(2019)最高法民申2330号

【裁判要旨】

本案涉及的虽然不是企业改制,但是企业债务随资产变动原则,却是肇始于公司分立的原理。从《公司法》第一百七十五条、第一百七十六条之规定可以看出,无论是企业改制,亦或是公司分立,其规则设计的内在原理机制是一致的,即当分割公司财产时,涉及对公司资产进行剥离,对资产剥离的数量无论多与少,一个直接的后果就是减少了被分立公司的责任财产,此时即可能会使债权人赖以实现其债权的责任财产的安全无法得到保障。在此情况下,为平衡保护公司运营及债权人的合法权益,根据前述法律规定,公司在剥离优质资产时,应当通知债权人,除公司在分立前与债权人就债务清偿达成的书面协议另有约定之外,公司债务由分立后的公司承担连带责任。而《最高人民法院关于审理与企业改制相关的民事纠纷案件若干问题的规定》中则对承担债务的范围予以了限制,即明确了在接受企业资产的范围内承担责任,故二审判决遵循企业债务随企业资产变动原则,依照《最高人民法院关于审理与企业改制相关的民事纠纷案件若干问题的规定》认定由新乡日升数控轴承装备股份有限公司(以下简称日升轴承公司)在接受河南新机股份有限公司(以下简称新机公司)财产价值范围内承担连带责任,并未超出日升轴承公司应当承担的责任范围,亦不存在适用法律错误的情形。

【案情简介】

2003年,机械公司从银行借款。

2009年,机械公司与关联公司即日升轴承公司签订资产收购协议,前者将其优质资产即钢球事业部资产低价出售给后者,约定机械公司欠银行债务仍留在机械公司。

2016年,银行诉请机械公司偿还借款本息2200万余元,日升轴承公司承担连带责任。

【裁判结论】

一审判决:一、河南新机股份有限公司于本判决生效之日起十日内向黑石香港投资有限公司(以下简称黑石公司)偿还借款本金16382800元及利息6346365.60元,共计22729165.6元;二、驳回黑石公司其他诉讼请求。

二审判决:一、维持河南省新乡市中级人民法院(2016)豫07民初171号民事判决第一项;二、撤销河南省新乡市中级人民法院(2016)豫07民初171号民事判决第二项;三、日升轴承公司在接收新机公司财产价值19257566.74元范围内对本判决第一项债务向黑石公司承担连带清偿责任;四、驳回黑石公司的其他诉讼请求。

再审判决:驳回日升轴承公司的再审申请。

【裁判观点】

涉案钢球事业部相关资产系新机公司的经营性优质资产,在新机公司经营活动中占据重要地位。在未通知其债权人黑石公司及未取得其债权人黑石公司同意的情况下,新机公司转让优质资产和保留部分债务造成企业财产与债务的分离,新机公司因优质资产被转移,降低了财产责任能力,违背了企业法人财产责任原则,损害了债权人的合法权益。根据企业债务随企业资产变动原则,日升轴承公司应当在接收新机公司价值19257566.74元的财产范围内就涉案债务与新机公司承担连带责任。

三、股权转让纠纷

曾某诉甘肃华慧能数字科技有限公司、冯某、冯某坤股权转让合同纠纷案

【案号】

(2017)甘民初155号,(2019)最高法民终230号

【裁判要旨】

1. 股东出资不实或者抽逃资金等瑕疵出资情形不影响股权的设立和享有。目标公司股权已经实际变更,股权受让人虽以终止合同提出抗辩,但并不符合法定合同解除条件,其依据股权转让之外的法律关系拒付股权转让价款缺乏法律依据。

2. 股东转让股权时所认缴股权的出资期限尚未届满,不构成《最高人民法院关于适用〈中华人民共和国公司法〉若干问题的规定(三)》第十三条第二款、第十八条规定的"未履行或者未全面履行出资义务即转让股权"的情形,不应对公司的债务承担责任。

【案情简介】

2015年10月27日,曾某与甘肃华慧能数字科技有限公司(以下简称甘肃华慧能公司)签订《股权转让协议》,约定曾某将其持有的深圳市华慧能照明科技有限公司(以下简称深圳华慧能公司)70%的股权以3500万元的价格转让给甘肃华慧能公司,甘肃华慧能公司支付曾某股权转让款2300万元,并约定协议生效后1个工作日内,甘肃华慧能公司委托中介机构对合营公司进行实地财务尽职调查。若《财务尽职调查报告》显示公司资产负债、内部控制、经营管理等的真实状况与曾某事前所介绍的相差在合理范围以内,本协议继续履行。否则,甘肃华慧能公司有权单方面终止本协议。

协议签订后,甘肃华慧能公司支付了1200万元转让款,2015年12月2日曾某将持有的深圳华慧能公司70%的股权变更登记到甘肃华

慧能公司名下。

2015年10月31日,深圳正理会计师事务所作出的《财务尽职调查报告》显示,深圳华慧能公司注册资本5000万元,实收资本1601万元。

甘肃华慧能公司原股东冯某、冯某坤分别于2017年1月19日、2017年4月26日受让公司股权后,又分别于2017年12月12日、2018年11月6日将二人持有的甘肃华慧能公司股权变更登记在张某涛、魏某涛名下。冯某、冯某坤认缴出资额分别为3000万、2000万,其中冯某坤实缴出资额为0,二人认缴出资期限均为2025年12月31日。

甘肃华慧能公司以曾某向深圳华慧能公司出资不实为由,拒付剩余转让款。曾某遂起诉请求甘肃华慧能公司支付股权转让款2300万元及逾期支付违约金;冯某、冯某坤对上述债务承担补充赔偿责任。

【裁判结论】

一审判决:驳回曾某的诉讼请求。

二审判决:一、撤销甘肃省高级人民法院(2017)甘民初155号民事判决;二、甘肃华慧能于本判决生效之日起十日内向曾某支付股权转让款23000000元及逾期支付股权转让款利息(以23000000元为基数,按中国人民银行发布的同期贷款利率计算,自2015年12月3日起算至实际支付之日止);三、驳回曾某的其他诉讼请求。

【裁判观点】

最高人民法院认为,依据《股权转让协议》约定,在《财务尽职调查报告》作出后,甘肃华慧能公司若认定目标公司资产不实、股东瑕疵出资,可通过终止合同来保护自己的权利。但甘肃华慧能公司并未实际行使该项合同权利,其在《财务尽职调查报告》作出后,明知目标公司实收资本与注册资本不符,仍选择继续支付股权转让款,应视为对其合同权利的处分。甘肃华慧能公司虽然认为在曾某出资不实的情况下,其有权选择何时终止合同,拒付剩余股权转让款即是其以实际行动终止合同,但鉴于本案目标公司股权已经实际变更,甘肃华慧能公司虽然以终止合同提出抗辩,但并不符合法定合同解除条件。曾某已依约将所持目标公司70%的股权变更登记在甘肃华慧能公司名下,履行了股权转让的合同义务,甘肃华慧能公司通过股权受让业已取得目标公司股东资格,曾某的瑕疵出资并未影响甘肃华慧能公司股东权利的行使。此外,股权转让关系与瑕疵出资股东补缴出资义务分属不同法律关系。甘肃华慧能公司以股权转让之外的法律关系为由而拒付股权转让价款缺乏法律依据。对于甘肃华慧能公司因受让瑕疵出资股权而可能承担的相应责任,其可另寻法律途径解决。

股东享有出资的"期限利益",公司债权人在与公司进行交易时有机会在审查公司股东出资时间等信用信息的基础上综合考察是否与公司进行交易,债权人决定交易即应受股东出资时间的约束。冯某、冯某坤二人转让全部股权时,所认缴股权的出资期限尚未届满,不构成《最高人民法院关于适用〈中华人民共和国公司法〉若干问题的规定(三)》第十三条第二款、第十八条规定的"未履行或者未全面履行出资义务即转让股权"的情形,曾某主张冯某、冯某坤二人在未出资本息范围内对甘肃华慧能公司债务不能清偿的部分承担补充赔偿责任缺乏法律依据,不应予以支持。

鸿大(上海)投资管理有限公司与姚某城公司决议纠纷上诉案(《最高人民法院公报》2021年第3期)

【案号】

(2019)沪02民终8024号

【裁判要旨】

有限责任公司章程或股东出资协议确定的公司注册资本出资期限系股东之间达成的合意,除法律规定或存在其他合理性、紧迫性事由需要修改出资期限的情形外,股东会会议作出修改出资期限的决议应经全体股东一致通过。公司股东滥用控股地位,以多数决方式通过修改出资期限决议,损害其他股东期限权益,其他股东请求确认该项决议无效的,人民法院应予支持。

【案情简介】

鸿大(上海)投资管理有限公司(以下简称鸿大公司)股东共四人,分别为章某(占股70%)、姚某城(占股15%)、蓝某球(占股7.5%)、何某松(占股7.5%)。

2017年7月17日,鸿大公司形成新的公司章程,载明:第四条鸿大公司注册资本1000万元;第五条章某出资700万元,姚某城出资150万元,蓝某球、何某松各出资75万元,出资时间均为2037年7月1日;第十一条……股东会会议由股东按照出资比例行使表决权;股东会会议作出修改公司章程、增加或者减少注册资本的决议,以及公司合并、分立、解散或者变更公司形式的决议,必须经代表全体股东2/3以上表决权的股东通过。

2018年10月30日,鸿大公司向姚某城发送召开临时股东会的通知,会议事项:更换并选举新的监事;修改公司章程;限制部分未履行出资义务股东的股东权利;授权公司就敦促未履行出资义务的股东缴付出资事项采取必要措施。

2018年11月18日,鸿大公司形成2018年第一次临时股东会决议,载明:应到会股东4人,实际到会股东为3人,占总股数85%,姚某城收到股东会通知后未出席股东会,也未委托其他人出席股东会。到会股东一致同意形成决议如下:1.选举何某松为公司监事,免除姚某城的公司监事职务;2.通过章程修正案;3.姚某城未按照约定缴付出资款700万元,且在鸿大公司多次催缴的情况下仍拒不履行出资义务,股东会决定限制姚某城的一切股东权利(包括但不限于收益分配权、表决权、知情权等),直至姚某城履行全部出资义务之日止;4.采取一切必要措施要求姚某城履行出资义务(包括但不限于向姚某城发送催款函、委托律师代表鸿大公司向姚某城提起诉讼或仲裁等);三个股东合计持有鸿大公司85%股权,代表的表决权超过2/3,以上决议内容符合公司法及公司章程的规定,合法有效。

上述临时股东会决议第二项决议所涉章程修正案,载明如下内容:将鸿大公司章程第五条姚某城等4人作为鸿大公司股东的出资时间2037年7月1日修改为出资时间2018年12月1日等。

姚某城向上海市虹口区人民法院起诉,请求确认鸿大公司于2018年11月18日作出的2018年第一次临时股东会决议无效。

【裁判结论】

一审判决:一、确认被告鸿大公司于2018年11月18日作出的2018年第一次临时股东会决议中的第二项决议"通过章程修正案"无效;二、驳回原告姚某城的其他诉讼请求。

二审判决:驳回上诉,维持原判。

王某群、武汉天九工贸发展有限公司与中国农产品交易有限公司股权转让纠纷案

【案号】

(2011)鄂民四初字第 00001 号,(2014)民四终字第 33 号

【裁判要旨】

外国投资者以股权作为支付手段并购境内公司,应严格执行商务部等部门联合发布的《关于外国投资者并购境内企业的规定》中对"股权并购"的文件申报与程序的规定。当事人串通签订阴阳合同,规避必要的较为严格的行政审批要求,破坏了国家对外商投资、对外投资的监管秩序和外汇管理秩序,属于双方恶意串通,损害国家利益;也属于以合法形式掩盖规避更严格审批要求的非法目的,应依照合同法的规定,认定该协议无效。

【案情简介】

2007 年,白沙洲大市场的拥有者王某群和武汉天九工贸发展有限公司(以下简称天九公司)与中国农产品交易有限公司(以下简称中国农产品交易公司)签订股权转让协议,分别以 11.56 亿港币的价格将各自持有的 70% 和 20% 的股权转让给中国农产品交易(以下简称"11.56 亿收购协议")。2007 年 5 月 11 日,中国农产品交易公司就上述收购在港交所做了公告。

为了规避商务部较为严格的专项审查和避税,在中国农产品交易公司的认可和默认下,白沙洲公司相关人员炮制出一份虚假的《关于武汉白沙洲农副产品大市场有限公司的股权转让协议》(以下简称"0.89亿收购协议"),根据该协议,中国农产品交易公司以总价 0.89亿元从王某群和天九公司收购白沙洲大市场,转让价款全部以现金形式支付。

白沙洲公司根据虚假的"0.89 亿收购协议"向商务部报批,商务部于 2007 年 11 月 26 日正式批复同意该项并购。根据商务部的批复,

中国农产品交易公司在湖北省工商行政管理局办理了白沙洲公司的股权、公司性质等事项的变更登记。

王某群和天九公司向湖北省高级人民法院起诉,要求确认"0.89亿收购协议"无效。

【裁判结论】

一审判决:驳回王某群、天九公司的诉讼请求。

二审判决:一、撤销湖北省高级人民法院(2011)鄂民四初字第00001号民事判决;二、《关于武汉白沙洲农副产品大市场有限公司的股权转让协议》无效。

【裁判观点】

在王某群、天九公司与中国农产品交易公司股权转让纠纷案("王某群案")中,王某群和天九公司将其分别持有的70%和30%白沙洲公司权益出售给在百慕大注册成立的农产品公司,为此在同一天签订了两套协议,一套协议价款为11.56亿元,约定适用香港地区法律且由香港地区法院管辖,另一套协议价款为0.89亿元,适用内地法律且由内地法院管辖,后一套协议用以申请中国主管部门批准交易的时候使用,一审法院判决"0.89亿收购协议"有效,"中国农产品交易公司和王某群、天九公司就白沙洲股权转让事宜达成了合意,且股权转让事宜获得了商务行政主管部门的审批,在实际履行中,双方以'11.56亿收购协议'为依据进行履行,现王某群和天九公司请求通过宣告'0.89亿收购协议'无效来否定整个股权交易行为,有违诚实信用原则。虽然'0.89亿收购协议'中关于价款、价款支付方式、法律适用及争议解决的约定系仅为报批之用而订立,但不能因此否定整个股权转让交易的效力,故对王某群和天九公司要求整体宣告'0.89亿收购协议'无效的诉讼请求,一审法院不予支持",二审法院则判决"0.89亿收购协议"无效,"当事人串通签订'0.89亿收购协议',目的是规避必要的较为严格的行政审批要求,破坏了国家对外商投资、对外投资的监管秩序和外汇管理秩序,属于双方恶意串通,损害国家利益;也属于以合法形式掩盖规避更严格审批要求的非法目的,应依照合同法第五十二条第二项、第三项的规定,认定该协议无效。"

恒生阳光集团有限公司、北京巨浪时代投资管理有限公司股权转让纠纷案

【案号】

（2018）皖民初91号，（2020）最高法民终202号

【裁判要旨】

由于股权转让协议成立未生效，受让人不能依据股权转让协议取得拟转让股份，其无权处分拟转让股份，受让人与其他主体签订的股权代持协议不发生股权代持的法律效力。

【案情简介】

北京巨浪时代投资管理有限公司（以下简称巨浪公司）与恒生阳光集团有限公司（以下简称恒生阳光公司）于2016年6月29日签订《股份转让合同》，受让恒生阳光公司当时持有蚌埠农商行占总股本10%的股权。同日，巨浪公司还分别与恒生阳光公司等五法人股东，顾某莲等十自然人股东签订《股份转让合同》，合计约定受让上述股东所持蚌埠农商行股份64.93%。2016年7月6日，巨浪公司向恒生阳光公司支付了上述三份协议所约定的定金23615578元。2016年8月18日，巨浪公司与恒生阳光公司签订《股份代持协议》。2018年6月，因蚌埠农商行增资扩股，巨浪公司拟受让恒生阳光公司的股份所占总股本的比例降至5%，巨浪公司拟受让股份达到该行总股本32.465%。2018年6月19日，蚌埠银监分局分别向国轩公司、中胜公司发出《风险提示书》，称该公司将股权转让给巨浪公司未经监管部门批准，要求其立即纠正违规股权转让行为。2019年3月26日，蚌埠银监分局向巨浪公司发出《关于巨浪公司受让蚌埠农商行股权有关情况的函》，载明：巨浪公司受让蚌埠农商行股权存在持股严重超比例、受让行为未经监管部门批准、未按照监管要求将违规持有股权问题及时整改规范等违反相关法律法规行为。下一步拟采取对违规股权转让行为进行行政处罚；依法责令转让股权，同时单独或会同有关部门和单位对存在违法违规的股东予以联合惩戒的监管和处罚措施。

【裁判结论】

一审判决：一、解除巨浪公司与恒生阳光公司于2016年6月29日

签订的《股份转让合同》、《债权转让协议书》、《股权转让协议书》及2016年8月18日签订的《股份代持协议》;二、恒生阳光公司于本判决生效之日起十五日内返还巨浪公司转让款117690241.68元及资金占用费(自2016年7月6日起,以23615578元为基数,按中国人民银行公布的同期同类贷款基准利率计算至2016年8月17日;自2016年8月18日起,以117690241.68元为基数,按中国人民银行公布的同期同类贷款基准利率计算至款项实际返还之日止);三、驳回巨浪公司其他诉讼请求。如未按判决指定的期间履行给付金钱义务,依照《民事诉讼法》第二百五十三条的规定,加倍支付迟延履行期间的债务利息。

二审判决:驳回上诉,维持原判。

【裁判观点】

《商业银行法》第二十八条规定:"任何单位和个人购买商业银行股份总额百分之五以上的,应当事先经国务院银行业监督管理机构批准。"本案中,巨浪公司与恒生阳光公司于2016年6月29日签订《股份转让合同》,受让恒生阳光公司当时持有蚌埠农商行占总股本10%的股权。同日,巨浪公司还分别与恒生公司等五法人股东,顾某莲等十自然人股东签订《股份转让合同》,合计约定受让上述股东所持蚌埠农商行股份64.93%。因蚌埠农商行增资扩股,巨浪公司拟受让恒生阳光公司的股份所占总股本的比例降至5%,巨浪公司拟受让股份达到该行总股本32.465%。

最高人民法院认为,巨浪公司在同一日与多个蚌埠农商行股东签订《股份转让合同》,拟受让蚌埠农商行股份64.93%(诉讼时为32.465%),已经远超过蚌埠农商行股份总额5%以上,依法需要银行业监督管理机构批准。案涉《股份转让合同》未经银行业监督管理机构批准,一审法院依照《合同法》第四十四条第二款、《最高人民法院关于适用〈中华人民共和国合同法〉若干问题的解释(一)》第九条关于法律规定应当办理批准手续的合同效力的规定,认定《股份转让合同》成立未生效并无不当。《股份转让合同》签订后,巨浪公司依约支付了转让价款,因《股份转让合同》成立未生效,巨浪公司不能依据《股份转让合同》取得拟转让股份。巨浪公司与恒生阳光公司签订的《股份代持协议》,约定由恒生阳光公司代巨浪公司持有蚌埠农商行公司股份。

因巨浪公司未取得拟转让股份,其无权处分拟转让股份,故《股份代持协议》不发生股权代持的法律效力。

鑫城公司与实嘉公司股权转让纠纷上诉案

【案号】

(2013)民二终字第83号

【裁判要旨】

股权竞买人应该正视股权拍卖的特点和规律,只有在转让人披露信息不实并构成违约时,才能请求法院支持其减少支付相应转让价款的主张,反之则败诉。

【案情简介】

2010年11月15日,鑫城公司与合肥市产权交易中心签订《产权转让委托协议书》一份,鑫城公司将其持有的合肥城市建设综合开发集团有限责任公司(以下简称城开公司)70%国有股权委托合肥市产权交易中心代为转让。同日,合肥市产权交易中心发布《合肥城市建设综合开发集团有限责任公司70%国有股权转让公告》(以下简称《城开公司70%国有股权转让公告》),载明:转让方承诺本次产权公开交易已履行了必要的审批程序,因此本次公开交易不存在任何障碍,保证本公告的内容不存在任何重大遗漏、虚假陈述或严重误导,并对其内容的真实性、完整性和有效性负责。

2010年12月8日,实嘉公司向合肥市产权交易中心出具《履行合同义务的承诺函》,承诺:"我方确认,我方已仔细阅读并研究了贵方的城开公司股权转让文件及其附件,我方完全熟悉其中的要求、条款和条件,并充分了解标的情况"、"完全接受转让文件及所附《产权转让合同》条款的全部内容。"实嘉公司便于同日,开始着手股权转让具体事宜,2010年12月31日,鑫城公司与实嘉公司签订《产权转让合同》。

2011年10月12日,实嘉公司向鑫城公司出具《关于尽快处理产权转让善后工作的报告》,该报告称《审计报告》《资产评估报告》《城开公司70%国有股权转让公告》在有关康城水云间项目等七个方面存在评估、审计不实及信息披露不完整的问题,后又要求鑫城公司从交易总价款中扣除 11519.06 万元。双方就此协商未果,鑫城公司遂向法院提起诉讼。

【裁判结论】

一审判决:驳回鑫城公司的诉讼请求。

二审判决:驳回上诉,维持原判。

【裁判观点】

在鑫城公司将目标公司股权转让给实嘉公司过程中,实嘉公司以鑫城公司在股权转让时存在不实信息披露为由,起诉要求鑫城公司支付赔偿金和违约金等。二审法院认为争议焦点问题是"鑫城公司在转让案涉股权时是否履行了信息披露义务,实嘉公司是否因其信息披露瑕疵而受到了重大损失"。

对于该争议焦点,最高人民法院认为,实嘉公司作为标的资产或股权的购买者和独立的商事主体,在作出交易标的额高达数亿元的商业决定前,理应认真研读相关材料,以便在对交易标的有充分了解之后作出理性的商业判断。由于实嘉公司未能全面履行竞买者的审慎审查义务,故其主张鑫城公司存在不实信息披露缺乏事实和法律依据,对其诉求不予支持。

四、国有股权转让合同纠纷

深圳市标榜投资发展有限公司与鞍山市财政局股权转让纠纷案(《最高人民法院公报》2017 年第 12 期)

【案号】

(2015)辽民二初字第 00060 号,(2016)最高法民终 802 号,(2018)最高法民申 1609 号

【裁判要旨】

(未经批准程序,国有股权转让合同成立但未生效)

1. 合同约定生效条件为报批允准,承担报批义务方不履行报批义

务的,应当承担缔约过失责任。

2. 缔约过失人获得利益以善意相对人丧失交易机会为代价,善意相对人要求缔约过失人赔偿的,人民法院应予支持。

3. 除直接损失外,缔约过失人对善意相对人的交易机会损失等间接损失,应予赔偿。间接损失数额应考虑缔约过失人过错程度及获得利益情况、善意相对人成本支出及预期利益等,综合衡量确定。

【案情简介】

2011年11月29日,鞍山市财政局(以下简称鞍山财政局)为委托方,沈阳联合产权交易登记所(以下简称沈交所)为受托方,双方签订一份《产权转让挂牌登记委托协议》,约定:鞍山财政局作为出让方将标的资产,即鞍山银行69300万股国有股权出让信息委托沈交所登记并挂牌公布。

2012年4月17日,转让方鞍山财政局(甲方)与受让方深圳市标榜投资发展有限公司(以下简称标榜公司)(乙方)签订一份编号为2012-jr003《股份转让合同书》,该合同主要约定的内容为:鉴于甲方拟转让其合法持有的标的企业9.9986%即22500万股份,乙方拟收购甲方转让的上述股份,签订本股权交易合同。

2013年6月6日,鞍山财政局作出鞍财债[2013]137号《关于终止鞍山银行国有股权转让的函》。该函载明:"沈交所:鞍山银行国有及国有法人股8.08亿股于2011年12月30日在贵所挂牌交易,并于2012年3月28日由宏运集团等四户企业摘牌。该项国有金融资产转让的价格为每股2元,但至今仍未最终成交。截至2011年12月31日,根据资产评估机构对鞍山银行的资产评估报告,每股评估值为2.52元,与当初的转让价格相比发生了重大变化,国有资产明显增值。根据《财政部关于印发金融企业非上市国有产权交易规则的通知》[财金(2011)118号]第44条的规定,产权转让过程中,出现可能影响国有金融资产合法权益的,主管财政部门可以要求产权交易机构中止或终止产权交易。鉴于本次国有金融资产转让未成交,目前实际情况与挂牌时相比已经发生较大变化,为维护国有金融资产的合法权益,经研究,我局决定终止本次鞍山银行国有及国有法人股8.08亿股的转让,请协助办理相关手续。"

2013年6月14日,沈交所根据鞍山财政局上述文件,向标榜公司、宏运集团及中信红河矿业有限公司、辽宁融信资产经营有限公司发出《关于终止鞍山银行国有股权转让的通知》。该通知载明:为维护国有金融资产的合法权益,现终止鞍山银行股份有限公司32.3155%国有股权转让。

2014年1月16日,标榜公司向一审法院提起诉讼,请求判令鞍山财政局履行合同,并承担全部诉讼费用。

【裁判结论】

一审判决:一、鞍山财政局在本判决发生法律效力之日起十日内赔偿标榜公司交易费本金人民币27.846535万元及相应利息(自2012年3月30日起至实际给付之日止,按银行同期贷款利率支付);二、鞍山财政局在本判决发生法律效力之日起十日内赔偿标榜公司1350万元的保证金利息(以1350万元为基数,自2012年2月24日起至2013年10月16日止,按银行同期贷款利率支付);三、鞍山财政局在本判决发生法律效力之日起十日内赔偿标榜公司1294.30693万元的保证金利息(以1294.30693万元为基数,自2012年3月30日起至2012年7月2日止,按银行同期贷款利率支付);四、驳回标榜公司其他诉讼请求。

二审判决:一、维持辽宁省高级人民法院(2015)辽民二初字第00060号民事判决第一项、第二项、第三项;二、撤销辽宁省高级人民法院(2015)辽民二初字第00060号民事判决第四项;三、鞍山市财政局于本判决生效之日起十五日内,赔偿标榜公司损失1125万元;四、驳回标榜公司的其他诉讼请求。

再审判决:驳回鞍山财政局的再审申请。

【裁判观点】

《合同法》第四十四条规定,依法成立的合同,自成立时生效。法律、行政法规规定应当办理批准、登记等手续生效的,依照其规定。本案中,依据相关规定,该合同应经有批准权政府及金融行业监督管理部门批准方产生法律效力。由此,本案的《股份转让合同书》虽已经成立,但因未经有权机关批准,应认定其效力为未生效。

陈某树与云南红塔集团有限公司股权转让纠纷案

【案号】

(2013)民二终字第42号,(2015)民申字第1号

【裁判要旨】

1.未通过审批的合同属于不生效合同。

本案所涉《股份转让协议》依法属于应当办理批准手续的合同,需经财政部批准才能生效,但因云南红塔集团有限公司(以下简称红塔集团)上级主管部门中国烟草总公司不同意本次股权转让,报批程序已经结束,《股份转让协议》已确定无法得到有权机关批准,故应依法认定为不生效合同。

2.合同未通过审批的,因合同取得的财产应当予以返还。

因《股份转让协议》未生效,二审判决参照《合同法》第五十八条关于"合同无效或者被撤销后,因该合同取得的财产,应当予以返还"的规定,判令红塔集团负有返还财产的义务。返还财产旨在使财产关系恢复到合同订立前的状态,其范围应包含本金及利息,二审判决判令红塔集团按照银行同期贷款利率计算利息返还陈某树并无不当,对陈某树要求更改利息为赔偿损失的主张,不予支持。

【案情简介】

2009年9月10日,红塔集团与陈某树签订了《股份转让协议》,约定红塔集团将其持有的占云南白药集团总股本12.32%的股份全部转让给陈某树,对价为每股33.543元,总价款2207596050.22元,在转让协议签订后五个工作日内一次性付清。该协议第十二条约定红塔集团在转让协议生效并收到全部价款后,应当及时办理所有与本次目标股份转让有关的报批、信息披露等法律手续,陈某树应当配合红塔集团的上述工作。该协议第三十条约定,转让协议自签订之日起生效,但须获得有权国资监管机构的批准同意后方能实施。

此后28个月中,陈某树虽然不断催促,但一直没有结果。2011年12月8日,陈某树向云南省高级人民法院递交《民事起诉状》,正式起诉红塔集团。2012年12月28日,云南省高级人民法院作出一审判决,判决确认《股份转让协议》有效,驳回陈某树的其他诉讼请求,其中

包括请求判令红塔集团继续全面履行该《股份转让协议》等。陈某树不服,于 2013 年 2 月向最高人民法院提起上诉。

【裁判结论】

一审判决:一、陈某树与红塔集团 2009 年 9 月 10 日签订的《股份转让协议》合法有效;二、驳回原告陈某树的其他诉讼请求。

二审判决:一、撤销云南省高级人民法院(2012)云高民二初字第 1 号民事判决;二、红塔集团自本判决生效之日起十日内向陈某树返回 2207596050.22 元本金及利息(利息标准按同期人民银行贷款利率计算,其中 2 亿元从 2009 年 8 月 20 日计算至实际给付之日,2007596050.22 元从 2009 年 9 月 16 日计算至实际给付之日);三、驳回陈某树的其他诉讼请求。如未按本判决指定的期间履行给付金钱义务,应当依照《民事诉讼法》第二百五十三条之规定,加倍支付迟延履行期间的债务利息。一审、二审案件受理费各 16968480.02 元,共 33936960.04 元,由陈某树承担 40%,即 13574784.02 元,由红塔集团承担 60%,即 20362176.02 元。

再审判决:驳回陈某树的再审申请。

【裁判观点】

1. 在实务案例中,已成立但未生效的股权转让协议对当事人仍依然具有约束力,当事人应当遵循公平、诚信原则,根据协议性质、目的和交易习惯来履行协助义务。因此受让股权的一方或者出让股权的一方都可以请求对方协助自己办理股权转让协议审批手续。若审批机关对该股权转让交易予以批准,则该协议有效;否则无效。

2. 在处理实务案例中,相应的股权转让合同务必设计好付款流程和股权交割的时间节点,确保股权转让款的支付方式等和股权转让的审批。当事人可通过银行共管账户的模式,将股权转让款汇入双方共同监管的资金共管账户,股权转让合同获得批准及股权变更完成后,再将该股权转让款释放汇入转让方账户。在未支付股权转让款的情况下,拟转让股权的原股东就有动力协助并促成办理完成相关审批、过户等义务。

五、国企进场交易问题

武汉银城实业发展总公司、中国农业银行股份有限公司湖北省分行营业部与湖北信联实业发展有限公司国有土地使用权转让合同纠纷案

【案号】

(2011)武民商初字第00060号,(2014)鄂民一终字第00152号,(2016)最高法民申876号

【裁判要旨】

《企业国有资产监督管理暂行条例》《国有资产评估管理办法》《企业国有产权转让管理暂行办法》中关于国有资产转让需在规定场所交易的规定属于管理性强制性规定,国有企业转让土地使用权违反上述规定不会导致合同无效。

【案情简介】

1. 2006年3月,湖北信联实业发展有限公司(以下简称信联公司)与武汉银城实业发展总公司(以下简称银城公司)签订《协议书》,约定信联公司受让银城公司某土地,信联公司代银城公司向第三人偿还债务。信联公司向法院提起诉讼,请求银城公司将案涉土地使用权过户至信联公司名下。

2. 本案的争议焦点之一是《协议书》是否有效,一审、二审判决均认定《协议书》有效,判令银城公司向信联公司按照合同约定履行土地过户义务。

3. 银城公司向最高人民法院申请再审称:原判决认定银城公司与信联公司签订的《协议书》有效,适用法律错误。银城公司作为国有企业,在与信联公司签订《协议书》过程中,未经评估,未得到其开办单位审查批准,也未在湖北省政府指定的交易机构进行交易,损害了国家利益,依法应当认定为无效。

4. 最高人民法院裁定驳回银城公司的再审申请。

【裁判结论】

一审判决：一、被告银城公司于本判决生效之日起十日内将其位于武汉市某区经济开发区两湖大道上的土地（地号为：JK010××××，面积为73537.7平方米）过户至原告信联公司名下；二、被告中国农业银行股份有限公司湖北省分行营业部对以上判项内容履行协助、配合义务；三、驳回原告信联公司的其他诉讼请求。

（二审判决：暂未找到）

再审判决：驳回银城公司和中国农业银行股份有限公司湖北省分行营业部的再审申请。

【裁判观点】

首先，银城公司主张《协议书》无效，理由是转让作为国有资产的土地使用权时没有报上级主管部门批准，没有进行评估，也没有在规定场所交易，违反了国务院《企业国有资产监督管理暂行条例》第三条，国务院《国有资产评估管理办法》第三条，国务院国有资产监督管理委员会、财政部《企业国有产权转让管理暂行办法》，《湖北省企业国有产权交易操作规则》的相关规定，应当适用《合同法》第五十二条第五项的规定认定《协议书》无效。对此最高人民法院认为，根据《最高人民法院关于适用〈中华人民共和国合同法〉若干问题的解释（二）》第十四条的规定，"合同法第五十二条第（五）项规定的'强制性规定'，是指效力性强制性规定"，而上述行政和地方法规均属管理性规定，故原判决没有认定《协议书》无效，不存在适用法律错误的问题。

其次，根据《企业国有资产法》及《合同法》相关规定，国有资产转让中，当事人恶意串通，损害国家利益的，该交易行为无效。但本案《协议书》签订于2006年，银城公司以协议签订十年后的市场价值作为标准，主张双方当事人在当时恶意串通损害国家利益，证据不足，故最高人民法院不予支持。

巴菲特投资有限公司与上海自来水投资建设有限公司股权转让纠纷上诉案

【案号】

(2009)沪高民二(商)终字第22号

【裁判要旨】

(未进场交易,股权股权回购行为无效)

国有产权的转让,应当遵循相关的法律法规的规定。根据《企业国有资产监督管理暂行条例》第十三条第二款的规定,国务院国有资产监督管理机构可以制定企业国有资产监督管理的规章、制度。国务院国资委、财政部制定实施的《企业国有产权转让管理暂行办法》第四条规定,企业国有产权转让应当在依法设立的产权交易机构中公开进行,不受地区、行业、出资或者隶属关系的限制。擅自将国有产权委托他人通过拍卖方式转让的,未在依法设立的产权交易机构中公开进行的,违反了该办法的规定。根据《合同法》第五十二条规定,违反法律、行政法规的强制性规定的合同无效。

【案情简介】

被告(反诉原告)上海自来水投资建设有限公司(以下简称自来水公司)出具董事会决议,委托第三人(反诉被告)上海水务资产经营发展有限公司(以下简称上海水务公司)处置其拥有的光大银行国有法人股;上海水务公司委托第三人金槌拍卖公司公开拍卖该股份;原告(反诉被告)巴菲特投资有限公司(以下简称巴菲特公司)通过竞拍取得该股份,与第三人水务公司签订了《光大银行法人股股权转让协议》。

被告自来水公司的上级主管单位认为,股权处置应由股东会决定,要求设法中止股权交易。因此,被告自来水公司向光大银行发出《关于中止股权变更有关事宜的函》称:"先前因公司改制需委托上海水务公司办理股权变更有关事宜,目前由于情况发生变化,我公司尚未递交转让方股权转让申请,根据我公司上级主管机构的意见,决定中止我公司光大银行股权变更手续。"被告自来水公司致函原告巴菲特公司称:"上海水务公司无权处分我司财产,上海水务公司与巴菲特公司签订的股权转让协议不予追认。"被告自来水公司同时致函第三人上海水务公司称:"立即采取补救措施,撤销与巴菲特公司签署的股权转让协议。"

原告认为,与被告签订的《光大银行法人股股权转让协议》合法有效。遂起诉至法院,要求被告履行《光大银行法人股股权转让协议》。被告自来水公司辩称,从未授权第三人上海水务公司拍卖被告持有的光大银行股权,也未与原告巴菲特公司订立过股权转让协议。讼争的光大银行法人股系国有资产,根据《企业国有产权转让管理暂行办法》的有关规定,转让国有产权应当履行审批、评估程序,并且按规定进入产权交易场所交易。本次股权转让的过程不符合上述有关规定,转让行为不合法。因此,被告不同意原告的诉讼请求,并提出反诉,请求法院判决确认原告与上海水务公司签订的《光大银行法人股股权转让协议》无效。

【裁判结论】

一审判决:一、确认原告巴菲特公司与第三人上海水务公司于2007年2月12日签订的《光大银行法人股股权转让协议》无效;二、对原告巴菲特公司的诉讼请求不予支持。

二审判决:驳回上诉,维持原判。

【裁判观点】

根据《企业国有资产监督管理暂行条例》第十三条第二款的规定,国务院国有资产监督管理机构可以制定企业国有资产监督管理的规章、制度。根据国务院国资委、财政部制定实施的《企业国有产权转让管理暂行办法》第四条、第五条的规定,企业国有产权转让应当在依法设立的产权交易机构中公开进行,企业国有产权转让可以采取拍卖、招投标、协议转让等方式进行。企业未按照上述规定在依法设立的产权交易机构中公开进行企业国有产权转让,而是进行场外交易的,其交易行为违反公开、公平、公正的交易原则,损害社会公共利益,应依法认定其交易行为无效。

六、VIE 架构

亚兴置业诉安博教育案

【案号】
(2015)民二终字第 117 号

【裁判要旨】
1. 最高人民法院将《外商投资产业指导目录》定性为部门规章。
2. 本案并未涉及对 VIE 协议的合法性论证。

【案情简介】
湖南长沙同升湖实验学校和湖南长沙同升湖幼儿园(以下简称目标学校)最初的举办人是亚兴置业公司。2009 年 7 月 28 日,亚兴公司(转让方)和安博公司(受让方)签署了《合作框架协议》,根据该协议,亚兴置业公司将目标学校 70% 的举办权益、100% 的经营收益权和 100% 的经营处置权作价 16779 万元转让予安博公司。

在签订该《合作框架协议》时,安博公司为内资企业,股东是两个自然人。安博教育控股公司为开曼群岛公司,后于 2010 年在美国上市。安博教育控股公司在中国境内设立了外资企业北京安博在线软件有限公司(以下简称安博在线公司)。安博教育控股公司搭建了典型的 VIE 架构,安博教育控股公司通过其在中国的全资子公司安博在线公司与安博公司及其股东签署了一系列协议安排开展教育业务。但安博教育控股公司在上市后股价下跌,并被纽约证券交易所暂停交易,亚兴置业公司提起诉讼,要求法院确认《合作框架协议》无效,收回被转让给安博公司的目标学校。

【裁判结论】
一审判决:驳回亚兴置业公司的全部诉讼请求。
二审判决:驳回上诉,维持原判。

【裁判观点】

从最高人民法院对本案的二审判决书来看,尚无法推断其对于义务教育领域存在的 VIE 架构合法性的意见,更无法据此预测其对其他领域涉 VIE 架构的案件将如何裁判。本案对于涉 VIE 架构交易的启示可能在于:首先,目前法律和司法裁判对于 VIE 架构的合法性尚未明确的情况下,在考虑 VIE 架构和有关协议的安排和设计时,需要更多地探究我国法律对某些领域进行禁止或限制的立法本意以及行业主管部门的监管态度,尽量避免触及相关法律所保护的"核心利益",从而为其合法性提供更多的辩护空间。其次,从个案来看,VIE 架构的法律风险主要来自 VIE 协议或者有关交易文件各方的争议,尤其是当这种争议被诉诸法院而被公之于众时更是如此。因此,在设计 VIE 的架构以及起草相关交易文件和 VIE 协议时,需要妥善设计 VIE 实体的控制权,并对参与签署文件的当事人、交易文件涉及 VIE 架构的最低限度、有关争议解决条款等方面进行精心的安排,尽量避免 VIE 架构被诉诸争议解决,尤其是法院诉讼。

杨某荣诉网某(福建)智能科技有限公司合同纠纷案

【案号】

(2018)闽 0111 民初 3837 号,(2019)闽 01 民终 948 号

【裁判要旨】

VIE(协议控制)模式是一种境外间接上市的法律架构,由境外上市公司依靠合同安排控制境内营运实体,从而实现境内业务在境外融资并上市的目的。在 VIE 模式下,境内运营实体与境外上市公司之间并不存在股权关系或投资关系,但一系列合同的签订使境外上市公司对境内营运实体的有效控制得以实现,同时 VIE 合并报表规则在多层次法律主体之间实现了利润的无缝对接。在 VIE 模式下,境外上市公司成功上市后,投资人通过直接或间接持有境外上市主体的股权的方式,实际投资并有效控制境内营运实体。

【案情简介】

2009 年 11 月 13 日,杨某荣(乙方)与网某(福建)智能科技有限

公司(以下简称网某公司)(甲方)订立《网某(福建)智能科技公司引入战略投资者合同》,约定:甲方同意乙方作为个人投资者身份成为甲方的持股股东(持股方式:通过设立的职工股与股权互换战略合作股管理咨询公司间接持有股份),股权由甲方现有股东等比例稀释取得;乙方对甲方的战略投资金额为人民币100万元,占甲方公司总股本的1.67%(折合拟改制后的网某公司6000万股中的100万股);乙方应于本合同签订时按本合同条款规定的币种和金额将个人战略合作投资款的20%以现金方式交至甲方对公账户,剩余80%投资款在2009年11月20日前交纳至甲方对公账户;甲方账户信息:户名:网某公司,开户行:某银行支行金山分理处,账号:＊＊＊＊＊＊＊01;甲方在协议签订后三个月内通过新设立的职工持股管理咨询公司使乙方持有甲方1.67%股权;若甲方选择在境外证券市场上市,乙方应同意由香港网某科技集团(控股)有限公司以合并的方式收购网某公司股份,同时,甲方给予乙方在境外设立的甲方母公司(上市地注册的拟发行股票的上市公司)在网某公司等比例股份,该股份通过境外设立的BVI(网某职工及战略投资者持股公司)公司方或间接持有甲方母公司等比例股份;如果3年内甲方没有在境内外独立或通过控股母公司达到向境内外证券交易所递交申请材料并受理的程度,乙方可以要求甲方将人民币100万元加上每年按银行同期利率在一年内退还给乙方,同时乙方将间接持有的甲方公司的股权无偿转让退还给甲方。

当天,杨某荣向网某公司上述指定账户转入20万元。2009年11月20日,杨某荣再次向网某公司上述指定账户转入80万元。2009年11月20日,网某公司向杨某荣出具《战略投资者间接持股证明书》(编号:格资013),其中载明:杨某荣于2009年11月20日向网某公司缴纳战略投资人民币100万元,该战略投资者股份由网某公司股东等比例出让给公司设立的职工股管理公司后,由该战略投资者通过持有职工股管理公司相应的股份间接持有网某公司签订的战略投资者协议所规定的股份。

2012年6月21日,某律师事务所上海分所向网某公司出具一份《上市工作完成证明》,内容为:网某公司已于2012年6月21日通过在境外设立的VSG AG母公司作为上市主体在德国法兰克福交易所初级市场完成首次发行股票并成功持牌上市,公司的股票代码 CHO14955＊＊＊＊。

2012年11月28日,China Grid Limited 向杨某荣出具《股票(代持)证书》,其中载明:根据杨某荣与网某公司签订的投资合同,经过海外重组,网某公司已通过设立于瑞士的控股母公司 VSG AG 于2012年6月21日成功在德国证券交易所上市;截止本证书签发之日止,杨某荣取得由上市公司 VSG AG 的持股股东 China Grid Limited 代持代码为 CHO14955＊＊＊的股票41601股。11月29日,China Grid Limited 向杨某荣补发遗漏的1820股《股票(代持)证书》。该两份《股票(代持)证书》中均注明:原由网某公司发出的"战略投资者间接持股证明书"从股票实际持有人签收本股票证书之日起自动作废;限售与交割条件:以原合同约定条件为准,由股票代持人 China Grid Limited 承担原合同约定的网某公司的责任与义务,交易费用按瑞士或德国投行相应规定收取。杨某荣在该两份《股票(代持)证书》下方"股票实际持有人"处签字并持有该两份《股票(代持)证书》,China Grid Limited 在"股票代持证书签发人(代持机构)"处盖章,郑某坚以 China Grid Limited 代表身份在上面签字。

2013年8月15日,杨某荣与 China Grid Limited 签订《股票交易管理规定协议》,该协议载明如下主要内容:根据杨某荣与网某公司签订的投资合同,网某公司已通过在瑞士注册的 VSG AG 作为上市主体成功实现了境外上市目标,根据 VGS AG 上市公司重组后架构确定由 China Grid Limited 作为杨某荣间接持有 VSG AG 股票的代持机构承担杨某荣与网某公司签订的投资合同所有后续事务和责任。

2013年9月6日,China Grid Limited 向网某公司发出《合同主体法律责任义务转移告知书》,主要内容为:根据我司于2013年8月与杨某荣先生签订的《股票交易管理规定协议》之条款规定,贵司2009年与杨某荣先生签订的《网某(福建)智能科技公司引入战略投资者合同》的贵司法律主体责任与义务转移由我司承担,我司已根据贵司与杨某荣先生合同约定的股票数与杨某荣先生签署了并发放我司为杨某荣先生代持的贵司在德国上市母公司 VSG AG(股票代码:CH014955＊＊＊)的股票的《股票(代持)证书》,原由贵公司向杨某荣发出的《战略投资者间接持股证书》已经杨某荣先生确认自动作废。

2015年5月4日,杨某荣向股票代持人China Grid Limited下达以2.2欧元的价格出售VSG AG股票1000股的交易指令。5月11日,杨某荣再次向股票代持人China Grid Limited下达以2.6欧元的价格出售VSG AG股票5000股的交易指令。

杨某荣于2018年向法院提起本案诉讼,请求:1.解除杨某荣与网某公司之间签订的《网某(福建)智能科技公司引入战略投资者合同》;2.判令网某公司立即返还杨某荣投资款100万元并向其支付资金占用损失486862.48元(以100万元为基数,按银行同期贷款利息,自2009年11月21日起暂计至2017年12月31日止,此后计至投资款还清之日止);3.本案诉讼费由网某公司负担。

审理中,网某公司称其通过VIE模式于2012年6月在德国法兰克福证券交易所成功上市,具体方式为:在瑞士设立的VSG AG作为上市主体,由VSG AG全资控股网某科技集团(控股)有限公司,由网某科技集团(控股)有限公司全资控股福州网某ZG技术开发有限公司,由福州网某ZG技术开发有限公司与被上诉人网某公司签订合作协议通过协议控制的方式获得网某公司的控制权,最终由VSG AG获得网某公司的控制权。

【裁判结论】

一审判决:驳回杨某荣的诉讼请求。

二审判决:驳回上诉,维持原判。

【裁判观点】

法院生效判决认为:关于VIE模式。VIE模式是一种境外间接上市的法律架构,由境外上市主体依靠合同安排控制境内营运实体,从而实现境内业务在境外融资并上市的目的。在VIE模式下,境内运营实体与境外上市公司之间并不存在股权关系或投资关系,但是一系列合同的签订使境外上市公司对境内营运实体的有效控制得以实现,同时VIE合并报表规则在多层次法律主体之间实现了利润的无缝对接。VIE以"协议"控制的形式,实现"股权"控制下的两大核心功能:合并财务报表与实施有效控制。当前,我国相关部门对VIE模式持默许态度,我国现行法律也未禁止VIE模式。杨某荣关于"VIE模式下的投资并非现实意义上的投资"的上诉意见,缺乏事实和法律依据,不予支持。

关于《股票(代持)证书》《股票交易管理规定协议》。杨某荣主张其基于重大误解签订《股票(代持)证书》《股票交易管理规定协议》,直至2016年6月方知晓相关事实,却未提交有效证据证明其主张,应当承担举证不能的不利后果。《股票(代持)证书》签订于2012年11月28日,《股票交易管理规定协议》则签订于2013年8月15日,至今均已逾六年,杨某荣却从未请求撤销前述《股票(代持)证书》《股票交易管理规定协议》,故《股票(代持)证书》《股票交易管理规定协议》的约定对杨某荣具有约束力。

关于杨某荣的投资。杨某荣认可其通过间接持股方式持有VSG AG的股票,但认为这与其在本案中诉请的100万元投资款无关。本院注意到,根据杨某荣与网某公司签订的《网某(福建)智能科技公司引入战略投资者合同》第五条的约定,"网某公司有权选择在境外证券市场上市,同时,网某公司给予杨某荣在境外设立的母公司(上市地注册的拟发行股票的上市公司)在网某公司的等比例股份,该股份通过境外设立的BVI(网某职工及战略投资者持股公司)公司方或间接持有甲方母公司等比例股份"。前述合同签订后,网某公司向杨某荣出具《战略投资者间接持股证书》。在网某公司以VSG AG为上市主体通过VIE模式成功在德国法兰克福证券交易所上市后,杨某荣与China Grid Limited签订《股票(代持)证书》《股票交易管理规定协议》,对同一笔投资款100万元的投资对象、持股方式和持股数作出了新的安排和调整:杨某荣同意前述《战略投资者间接持股证书》作废,由China Grid Limited代持其享有权益的VSG AG股票,由China Grid Limited承担其与网某公司所签订合同所有后续事务和责任。结合China Grid Limited向网某公司发出的《合同主体法律责任义务转移告知书》,以及杨某荣向股票代持人China Grid Limited下达股票交易指令的事实,在杨某荣未提交相反证据的情况下,应认定杨某荣的100万元投资已转化为43421股VSG AG股票,杨某荣作为VSG AG公司43421股股票的实际持有人已开始行使持股权益。杨某荣关于其投资尚未完成的上诉意见,与事实相悖,不予采信。

第三部分 文书范本

文书范本使用说明

本书文书范本放在有章平台，可以直接下载使用，使用说明如下：

输入网址（https://www.ilawpress.com/）- 搜索范本标题 - 阅读、下载文件；客户端：下载"有章阅读"APP - 浏览器/微信扫描二维码 - 打开有章阅读APP - 阅读文件。